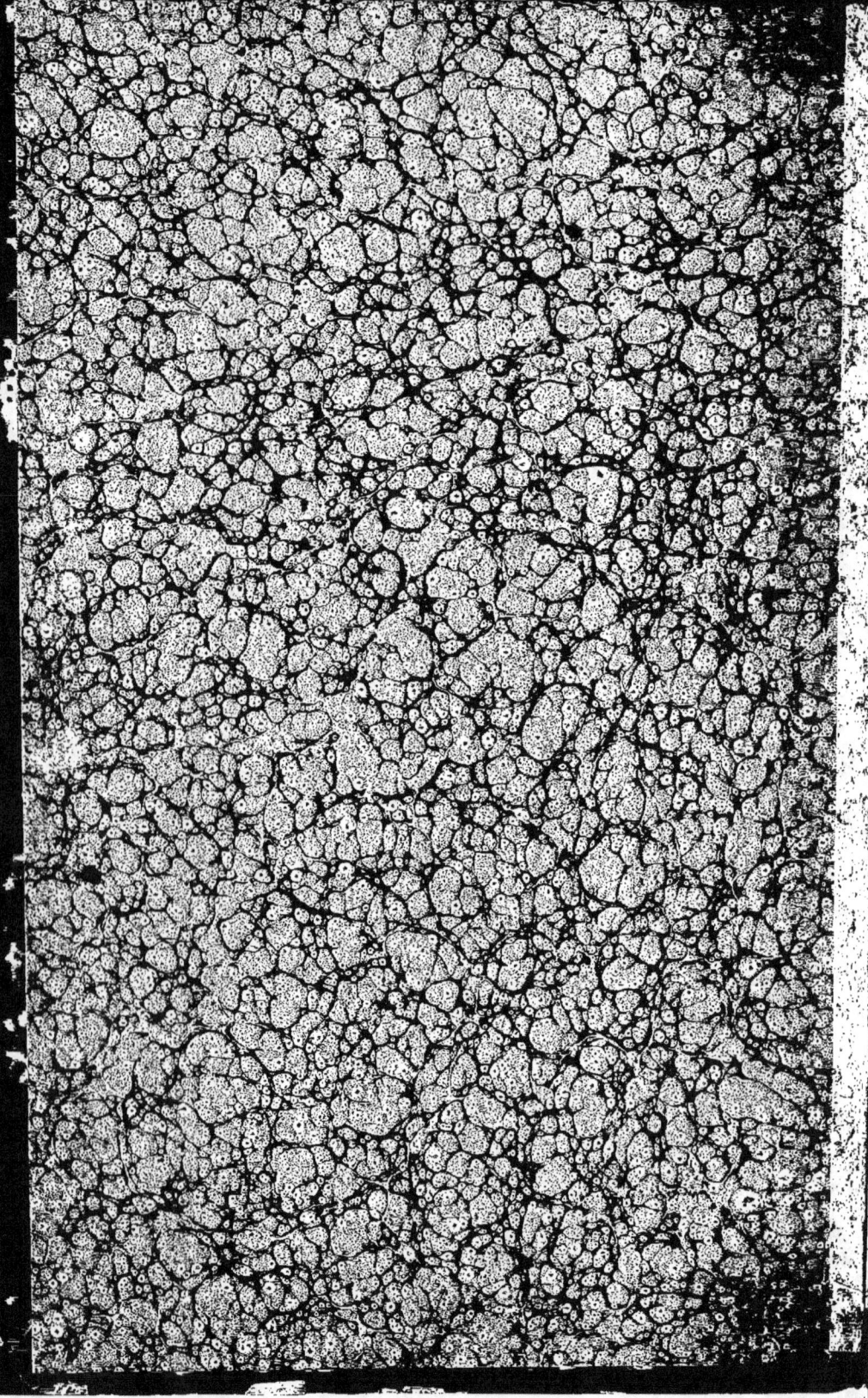

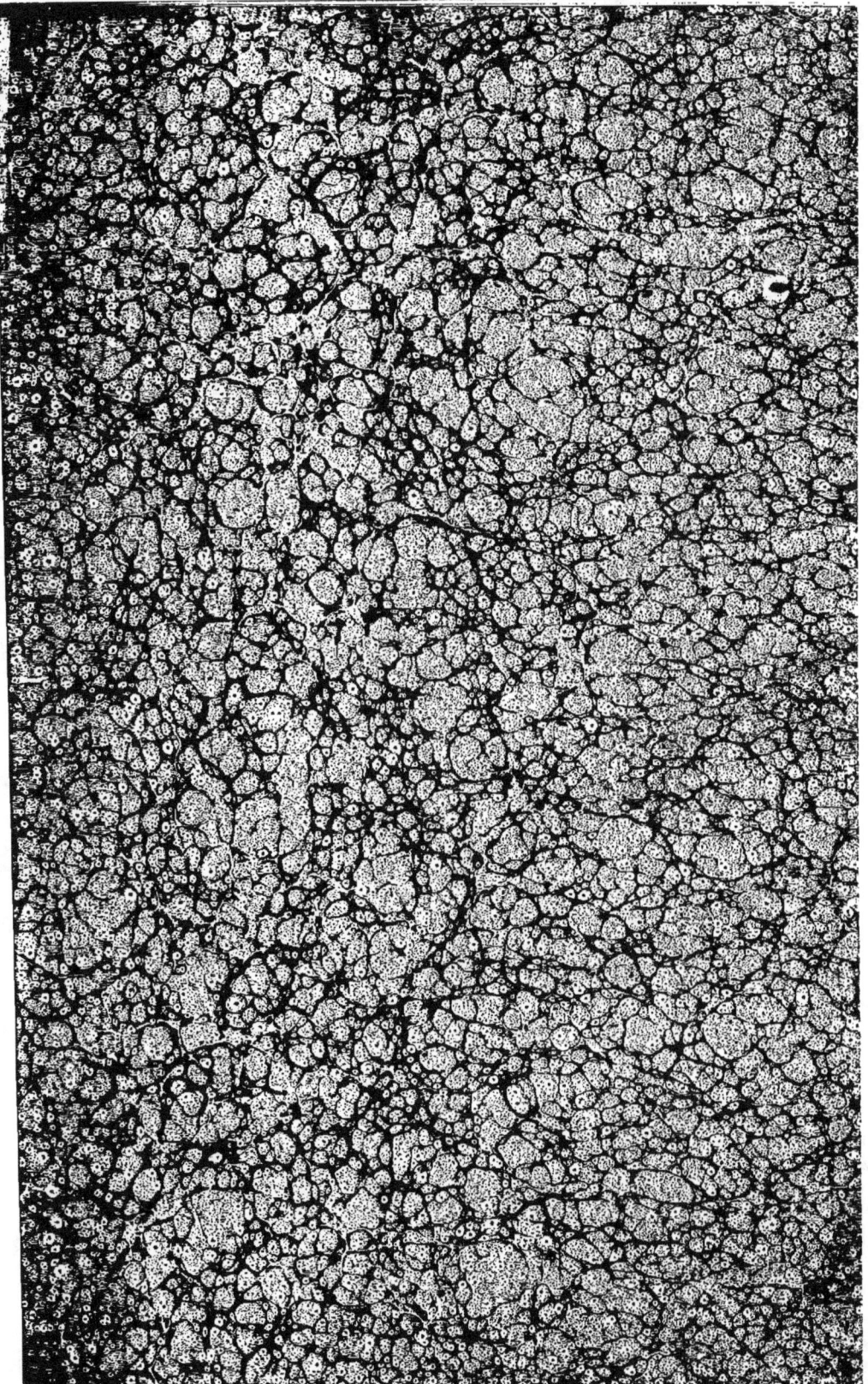

Oe
110

(C.)

L'INQUISITION DÉVOILÉE.

TYPOGRAPHIE HENNUYER ET Cⁱᵉ, RUE LEMERCIER, 24, BATIGNOLLES

Les Chatelains.

L'INQUISITION

DÉVOILÉE.

MYSTÈRES. — DÉLATIONS. — TORTURES.

NOUVELLE ÉDITION
REVUE ET CORRIGÉE

PAR J. FELLENS.

GRAVURES PAR M. J. DAVID.

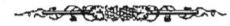

PARIS
CHEZ L'ÉDITEUR, RUE RAMBUTEAU, 13.
1850

PRÉFACE.

La féodalité, si fertile en scandales, étendait ses ravages sur les campagnes et les bourgades. L'homme des champs était plus avili que les animaux les plus immondes; l'ouvrier était l'esclave d'un maître insolent, et le seigneur le plus inepte affichait une arrogance qui n'aurait été que risible, si elle n'eût été l'avant-coureur des excès et des abus les plus révoltants[1]. Heureusement, l'homme dégradé ne perd ni sa force ni le sentiment de ses droits, quand c'est le malheur des temps et non ses propres méfaits qui l'ont courbé sous l'infortune. Lassé enfin de cet état d'esclavage et de honte, le rustre se révolta contre son seigneur, et plus d'un manant sut tirer une ven-

---

[1] Sous ce titre piquant : LA FÉODALITÉ OU LES DROITS DU SEIGNEUR, nous publierons sous peu, par livraisons illustrées à 20 cent., un ouvrage plein d'intérêt, destiné à mettre en relief les scandales, les abus, le despotisme, le libertinage de la noblesse et du clergé de cette monstrueuse époque.

geance éclatante des cruautés qu'il avait endurées. Les sombres cachots destinés aux vilains renfermèrent plus d'une fois le despote qui les avait fait construire, témoin ce seigneur d'Arsonval qui tomba frappé d'un coup de hache, pendant que son château s'engloutissait au milieu des flammes [1]. La féodalité n'avait encore rien perdu de sa force, lorsqu'elle donna naissance à l'INQUISITION, cette lèpre hideuse qui rongea si longtemps la société, au nom de la religion. Non, l'écrivain n'aura jamais assez d'expressions énergiques pour flétrir d'aussi énormes abus que ceux qui prirent naissance de cette abominable institution. Il faut les voir en mouvement, il faut les voir à l'œuvre, ces hommes sanguinaires qui, le crucifix à la main, vouaient aux tortures et aux bûchers jusqu'aux femmes et aux enfants de ceux auxquels, le plus souvent, on n'avait à reprocher que des crimes imaginaires. Aussi l'auteur des pages sinistres qui vont suivre n'a-t-il pu se borner à de simples commentaires sur des institutions monstrueuses, la honte et le déshonneur des nations qui les ont tolérées. Il a cru devoir suivre dans toutes les phases de sa douloureuse existence, l'un des hommes les plus recommandables de l'époque, celui qui, luttant avec plus de courage que de bonheur contre ses injustes persécuteurs, eut à subir tous les genres de tortures. D'un autre côté, s'il a présenté, sous forme de dialogue, des scènes qui, sans cette précaution, eussent paru empreintes d'aridité et de monotonie, c'est qu'il devait, non-seulement se

---

[1] Voir le Frontispice.

conformer aux règles adoptées par les meilleurs écrivains modernes, mais encore suivre son penchant qui le portait à frapper impitoyablement tout ce qui lui paraissait s'écarter des lois de l'humanité et de la justice.

INTRODUCTION.

Torquemada!!! Inquisition!!! que de scènes mystérieuses et terribles ces deux noms rappellent au monde épouvanté! Les prononcer, n'est-ce pas réveiller le souvenir de la violation des lois les plus saintes et les plus chères aux hommes? des lois sans lesquelles la société ni la famille ne sauraient exister? Quels liens, en effet, l'inquisition a-t-elle respectés? L'ami ne devait-il pas livrer son ami au bûcher? le fils n'était-il pas contraint d'être le dénonciateur de son père? l'époux, le délateur de son épouse? Oserons-nous, sans témérité, dérouler, à notre tour, les fastes lugubres d'une institution qui, née d'un faux zèle pour la religion, maintenue par un fanatisme aveugle et sanguinaire, a fait couler des flots de sang, dépeuplé des villes entières, anéanti les lettres, les arts, l'agriculture partout où elle a pu étendre son souffle mortifère, et surtout dans cette Espagne au climat favorisé du Ciel, au sol riche et fécond, à la population brave et industrieuse ? « On reconnaîtra, dit Llhorente, historien aussi consciencieux que profond, aussi judicieux qu'impartial, que la conduite du saint-office a été une des principales causes qui ont affaibli la population d'Espagne, en obligeant, à toutes les époques, une multitude innombrable de familles d'abandonner le royaume, en provoquant l'expulsion des Juifs et des Maures, en immolant sur ses bûchers, dans l'espace de trois siècles, plus de trois cent mille personnes. »

Notre intention ne saurait être, dans l'exposé que nous allons présenter au lecteur, de donner jusque dans ses plus petits détails l'histoire d'une institution qui avait pour loi fondamentale le *mystère*, pour principe la *terreur*, pour règle universelle la *délation*. On comprend qu'une pareille institution, toujours prête à donner aux actions les plus innocentes, aux paroles les plus pacifiques, une interprétation telle qu'elles devenaient criminelles ou suspectes; dont l'occupation constante était d'explorer les consciences jusque dans leurs replis les plus intimes, et cela par les moyens que pouvaient lui fournir le fanatisme de ses adeptes, la faiblesse des monarques, la terreur ou la superstition des peuples, et par-dessus tout la trahison déguisée sous le nom tout aussi infâme de *délation;* on comprend, disons-nous, de quel dédale de lois, d'instructions, de brefs, d'usages, de classifications, de catégories elle devait s'entourer afin d'accroître le nombre de ses victimes, et de n'en pas laisser échapper une seule. La lecture de tous ces détails, longue et fastidieuse, ne serait pas supportable, et nous voulons épargner cette fatigue au lecteur.

Nous choisirons donc, parmi les règlements et les actes de l'inquisition, ceux qui nous paraîtront de nature à piquer la curiosité, persuadé qu'ils suffiront pour donner une idée assez étendue de cette institution extraordinaire.

Mais avant d'aller plus loin, nous devons protester d'avance contre toute fausse interprétation qui pourrait être donnée à nos intentions. Nous ne craignons point, Dieu merci, d'être livré au bûcher du saint-office; mais nous n'aimerions pas non plus à être soupçonné de mauvais vouloir envers la religion. Insensé serait celui qui la rendrait responsable des excès que des énergumènes ont commis en son nom. Charité, patience, douceur, tolérance, telles sont les vertus dont le fondateur du christianisme a donné l'exemple, et c'est sur les ruines de ces vertus divines que l'inquisition a élevé son horrible tribunal.

Les papes, en établissant l'inquisition, ne se proposèrent d'abord autre chose que de faire rechercher et punir le crime d'hérésie, quand il était manifeste. Cependant le simple soupçon d'hérésie fut, presque dès le principe, recommandé aussi aux poursuites des inquisiteurs.

Étaient suspects d'hérésie : les *blasphémateurs*, parce que leurs blasphèmes contre Dieu ou contre les saints, eussent-ils été proférés dans l'emportement ou l'ivresse, pouvaient être considérés comme la manifestation des sentiments habituels de ceux qui s'en rendaient coupables; les *devins* et tous ceux qui s'adonnaient aux sortiléges, si, pour annoncer l'avenir, ou pour découvrir les choses passées, ils baptisaient les morts, rebaptisaient les enfants, ou se servaient de choses employées pour les cérémonies de l'Eglise et dans l'administration des sacrements; ceux qui avaient recours aux démons dans leurs pratiques superstitieuses. Les lumières, par leurs progrès en Europe, ont fait peu à peu justice de la sotte crédulité qui fondait la connaissance de l'avenir sur ces moyens superstitieux et sur d'autres semblables.

Ceux qui passaient un an ou plus longtemps sans demander l'absolution donnaient aussi lieu au soupçon d'hérésie; les schismatiques, et surtout ceux qui, en admettant tous les articles de foi, niaient le devoir d'obéissance au pape, étaient rangés aussi parmi les suspects; de même que les recéleurs d'hérétiques et les fauteurs d'hérésies; les seigneurs qui refusaient de chasser les hérétiques de leurs États étaient également déclarés suspects, ainsi que les gouverneurs de provinces qui ne prenaient pas la défense de l'Église contre les hérétiques, quand ils en étaient requis par les inquisiteurs.

Les tribunaux des villes par où un inquisiteur devait passer étaient tenus, sous les peines les plus sévères, de lui fournir tous les secours dont il avait besoin, de le loger, de lui procurer toutes les commodités nécessaires pour son voyage, et non-seulement à lui, mais encore à ceux qui l'accompagnaient, sans en excepter les *familiers*. L'inquisiteur arrivait-il dans une ville où il se proposait d'entrer en fonction, aussitôt il en informait le magistrat et le mandait auprès de lui, afin de lui communiquer l'objet de sa mission. Le commandant de la ville devait prêter serment entre les mains de l'inquisiteur de faire exécuter les lois contre les hérétiques, et de fournir tous les moyens pour les découvrir. S'il refusait d'obéir, il était déclaré excommunié et déchu de ses fonctions; s'il persistait, l'interdit était jeté sur la ville, et l'office divin suspendu. Aucune classe n'était à l'abri du soupçon d'hérésie, on n'épargnait même pas les morts; leurs cadavres devaient être exhumés et leur mémoire vouée à l'infamie, s'ils avaient été dénoncés comme hérétiques, même après leur mort. Enfin les Juifs et les Maures, bien que n'étant point soumis aux lois de l'Eglise, puisqu'ils n'étaient pas baptisés, étaient aussi considérés comme sujets au saint-office, lorsqu'ils engageaient par leurs paroles ou par leurs écrits les catholiques à embrasser leur secte.

« Les inquisiteurs pouvaient requérir l'assistance de la justice séculière pour l'exercice de leur autorité, et l'on ne pouvait la leur refuser sans encourir la peine de l'excommunication et sans être poursuivi comme suspect d'hérésie; au reste, pour n'être pas en défaut, les inquisiteurs avaient su s'entourer d'un nombre suffisant d'alguazils et d'hommes armés pour défendre leurs personnes et celles du greffier et des familiers. »

En Espagne, l'inquisition, au commencement, poursuivit les hérétiques d'après les règles générales du droit commun; mais cette sage conduite ne dura pas longtemps, et les conciles établirent à peu près des règles particulières à l'usage des inquisiteurs.

Quand les inquisiteurs arrivaient dans une ville, après s'être assurés du concours du gouverneur ou du magistrat, ils se rendaient à l'église, le dimanche, pour prêcher contre les hérétiques. Ils lisaient ensuite au peuple l'édit de délation qui obligeait tous les habitants de dénoncer les hérétiques dans un délai prescrit, sous peine d'excommunication. Ce délai de grâce était ordinairement d'un mois, et était accordé aussi aux hérétiques, à qui il était enjoint de se présenter d'eux-mêmes pour s'accuser avant leur mise en jugement. S'ils le faisaient avant l'expiration du délai, ils pouvaient obtenir l'absolution, et n'encouraient qu'une légère pénitence canonique; dans le cas contraire, ils étaient poursuivis suivant toute la rigueur des lois inquisitoriales. On verra ce que l'inquisition entend par une légère pénitence canonique.

Lorsque des dénonciations avaient lieu, elles n'avaient aucun effet avant que le terme de grâce fût expiré, afin de laisser aux dénoncés le temps de se présenter volontairement. Après l'expiration du terme, le dénonciateur était mandé ; on lui annonçait qu'il y avait trois manières de procéder pour découvrir la vérité : l'*accusation*, la *dénonciation*, et l'*inquisition*.

Les délateurs n'usaient guère du premier moyen, parce qu'ils étaient tenus de fournir les preuves et s'exposaient à subir la peine du talion si l'accusation se trouvait fausse. Ils étaient, en conséquence, condamnés aux peines qu'auraient encourues les dénoncés si l'accusation eût été prouvée. — On ne voit pas que l'inquisition ait jamais sévi contre aucun délateur ; presque tous employaient la simple *dénonciation* secrète et laissaient au saint-office le soin de procéder par voie d'*inquisition*. C'était moins dangereux et infiniment plus commode pour le délateur.

L'inquisiteur interrogeait les témoins, assisté du greffier et de deux prêtres chargés de veiller à ce que les déclarations fussent fidèlement rédigées. — Après l'arrestation du dénoncé, on le soumettait à l'interrogatoire ; ses réponses étaient comparées avec les témoignages recueillis dans l'instruction préliminaire. — Si l'accusé s'avouait coupable d'une hérésie, en vain assurait-il qu'il était innocent à l'égard des autres, il ne lui était pas permis de se défendre.

Si l'accusé niait les charges et entreprenait de se défendre, on lui remettait une copie du procès ; mais cette pièce était incomplète, on y avait omis les noms du délateur et des témoins, ainsi que les circonstances qui pouvaient les lui faire découvrir.

On n'admettait d'autre récusation que celle qui avait pour motif l'inimitié la plus violente ; pour savoir si celle-ci était réelle, on demandait à l'accusé s'il avait des ennemis, depuis quel temps ils s'étaient déclarés, et quels étaient les motifs de leur inimitié.

Il n'y avait pas devant l'inquisition de procédure régulière, et les juges ne fixaient pas de terme pour établir la preuve des faits énoncés. Après la réponse et la défense de l'accusé, il était procédé au jugement, sans délai et sans autre formalité. — Si l'accusé niait les charges, on lui faisait subir la *question* afin d'en obtenir l'aveu de son crime.

Dans aucun cas l'accusé, lors même qu'il était acquitté, ne devait connaître son dénonciateur.

Comme on voulait proportionner les peines à la gravité du soupçon, on avait divisé celui-ci en trois degrés, qui furent caractérisés par les noms de *léger*, *grave* et *violent*.

On regardait comme *relaps* celui qui avait été déjà condamné comme *hérétique formel* ou comme *violemment* suspect des mêmes erreurs.

Le soupçon, à quelque degré qu'il appartînt, n'entraînait point la peine de mort la première fois ; cette peine était inévitable pour le *relaps*.

Les inquisiteurs ne condamnaient point directement à la peine de mort, mais seulement à la *relaxation*, c'est-à-dire à être livré à la justice ordinaire, qui ne pouvait se dispenser de prononcer une sentence de mort. Les juges séculiers qui auraient été assez audacieux pour ne pas le faire, auraient été traités eux-mêmes comme *violemment* suspects d'hérésie. — L'hérétique *impénitent*, non *relaps*, c'est-à-dire qui n'avait pas encore été condamné comme hérétique ou comme violemment suspect d'hérésie, était cependant condamné à la *relaxation* ; mais s'il se convertissait avant l'*auto-da-fé*, la relaxation était convertie en une prison perpétuelle. — S'il persistait dans son erreur, il était brûlé vif.

Mais si l'*hérétique était relaps*, c'était en vain qu'il annonçait la résolution de revenir à la foi, il lui était impossible d'éviter la peine de mort ; la seule grâce qu'on lui faisait, était de lui épargner les tourments du bûcher ; après avoir été confessé et communié, il était étranglé par la main du bourreau et jeté au feu après sa mort.

Les condamnés *contumaces* étaient brûlés en effigie. — Jamais le saint-office ne condamnait à la *relaxation*, sans joindre à la formule du jugement une prière au juge séculier de traiter le coupable avec douceur et de ne point lui appliquer la peine capitale. Cette prière n'était qu'une vaine formalité dictée par l'hypocrisie, et qui seule eût été capable de déshonorer le saint-office, puisqu'il est prouvé que le juge assez imprudent pour s'y conformer aurait été mis en jugement.

Les sentences que les inquisiteurs avaient portées entraînaient la *peine du feu*, la *confiscation* entière ou partielle des biens, la *prison* perpétuelle ou limitée, l'*exil* ou la *déportation*, l'*infamie*, la *perte des emplois*, des honneurs ou des dignités.

Parmi les peines que l'on faisait subir au condamné, il faut compter celle de porter l'habit de pénitent, connu en Espagne sous le nom de *san-benito*. Avant le treizième siècle, on avait coutume de bénir le *sac* que devaient porter ceux à qui l'on imposait une pénitence publique, et cet usage lui fit donner l'épithète de *benito*, bénit. C'était, dans le principe, une sorte de tunique fermée comme la soutane des prêtres; mais dans la suite elle subit différentes modifications qui seront indiquées dans les *Mémoires d'une victime du saint-office* [1].

Résumons. La première pierre sur laquelle devait s'élever

---

[1] Voyez le *Directorium inquisitorum* et Llorente.

l'inquisition, fut posée le jour où l'autorité temporelle consentit à infliger des peines corporelles aux hérétiques. Cette base fondamentale s'élargit lorsque le pape Luce III érigea la délation en principe ; enfin l'inquisition fut définitivement instituée en France, par Innocent III, vers l'an 1208, sous le règne de Philippe II, Auguste. De la France, elle pénétra bientôt en Italie, puis en Espagne, où Grégoire IX, en 1227, 1229 et 1232, lui donna une forme stable. Nous allons bientôt la voir armée d'une toute-puissance redoutable par la création d'un grand-inquisiteur général, en 1483. Le premier sera Torquemada, le représentant le plus digne, la personnification la plus complète des idées dominatrices, fiscales et fanatiques qui animaient alors le souverain d'Espagne et celui de Rome.

L'INQUISITION DÉVOILÉE.

CHAPITRE I.

Le vieillard. — Le fugitif. — La caverne. — Le précipice.

La nuit tombait lentement, et les étoiles commençaient à percer la voûte des cieux. Quelques nuages rougeâtres amoncelés vers l'horizon occidental reflétaient les derniers rayons du soleil couchant. L'air était doux et calme, les oiseaux étaient silencieux, et l'on n'entendait plus, à cette heure où l'âme aime à se recueillir, que le bourdonnement de quelques insectes ailés et le frémissement du feuillage agité par la brise des montagnes.

Au sommet des Pyrénées, un peu sur le versant opposé à celui de la France, un homme d'un aspect imposant, d'une physionomie pleine de distinction et de noblesse, était assis, ce soir-là, sur un tertre couvert de mousse, et, les yeux attachés sur l'Espagne, il semblait prendre un plaisir infini à contempler cette terre où il avait pris naissance, mais qu'il ne pouvait s'empêcher de maudire. Des larmes roulaient sur ses prunelles, son cœur se gonflait, ses mains se fermaient convulsivement, et la figure mobile de ce beau vieillard aux cheveux blancs passait ainsi instantanément de la sérénité qu'apportent les heureuses illusions du moment aux contractions nerveuses que fait naître un terrible souvenir.

« O terre d'Espagne ! dit-il avec un accent empreint d'amertume, ô ma patrie ! sous le ciel embaumé du Midi, que tu es belle ! que ton climat est doux ! Pourquoi faut-il que des moines fanatiques aient fait de toi la plus abominable contrée de l'univers! Ô mes amis! mes enfants! ô vous tous qui m'étiez si chers et que j'ai vus périr sous mes yeux, il faudra donc que je meure loin de vous sans que l'espoir de savoir mes restes réunis aux vôtres soutienne mon courage et dissipe la tristesse de mes derniers jours! »

Après avoir ajouté à ces paroles quelques mots de prière adressés au Ciel, le vieillard se leva et descendit d'un pas ferme, mais avec précaution, le long d'un terrain escarpé, jusqu'à ce qu'il fût arrivé à une petite plate-forme dissimulée par des broussailles et des rochers dont l'extérieur et la netteté attestaient la rareté des visiteurs. Il jeta un dernier regard vers l'immense horizon qui se projetait au loin, puis se glissa furtivement entre les rochers, et s'arrêta près d'une ouverture à peine assez large pour donner passage à son corps, à cause des ronces et des épines qui l'entouraient.

Cette ouverture avait quelque chose de sinistre et de mystérieux. Elle conduisait à une caverne d'une certaine dimension, œuvre de la nature, perfectionnée par la main du temps, et considérablement augmentée par celle des hommes.

Cette caverne était-elle le repaire habituel de quelques animaux sauvages, ou bien avait-elle servi de retraite à une troupe de malfaiteurs, c'est ce que nous n'affirmerons pas, bien que cette dernière hypothèse fût tout à fait vraisemblable. Peut-être aussi des bûcherons s'en faisaient-ils, au besoin, un lieu de refuge contre les intempéries passagères, car on y avait pratiqué une espèce de banc avec de la terre et des bâtons. D'ailleurs, au moyen des ronces et des épines dont nous avons parlé, l'entrée avait été rétrécie de manière à la dissimuler autant que possible. L'intérieur était d'une obscurité complète. On avait essayé de percer çà et là quelques trous destinés à donner de l'air et du jour, mais il paraît qu'on avait été obligé de renoncer à l'exécution de ce projet.

Au moment où le vieillard allait pénétrer dans cette étrange demeure, un immense cri de détresse retentit au-dessus de sa tête. Il se blottit aussitôt derrière la roche, dans la crainte de quelque surprise. Un moment après, un nouveau cri aigu, perçant un bruit confus de voix menaçantes, se fit entendre, et un corps humain vint rouler à quelques pas de lui.

A cette vue, ses cheveux se dressèrent sur sa tête. De sinistres pensées s'agitaient tumultueusement dans son esprit.

« Pauvre victime ! dit-il en jetant tristement les yeux sur le cadavre. Cet homme est sans doute un proscrit comme moi. Ne pouvant le livrer aux bûchers de l'inquisition, les alguazils attachés à sa poursuite, après l'avoir traîtreusement assassiné, l'auront précipité du haut de ces roches anguleuses. Pauvre victime ! répéta-t-il, tu ne sais pas tout ce que ces monstres m'ont fait subir de tortures et d'agonies. Ils te réservaient sans doute le même sort, mais Dieu, moins rigoureux pour toi que pour moi, t'a délivré assez tôt de leurs mains sanguinaires. O mon frère, je n'abandonnerai pas tes restes à la voracité des oiseaux de proie, et, puisqu'il ne m'a pas été donné de défendre ta vie, je remplirai envers toi les derniers et les plus tristes devoirs de la fraternité. »

En disant ces mots, il sortit avec précaution de sa retraite, s'approcha du corps de l'inconnu, et, se penchant vers lui, se disposa à l'enlever dans ses bras, lorsqu'il reconnut qu'il n'était qu'évanoui. Redoublant alors de soins et de précautions, il se hâta de l'emporter dans sa grotte, et de lui prodiguer tous les secours qu'il était en son pouvoir de lui donner.

L'étranger revint à lui. Étourdi par sa chute, il n'avait reçu que des contusions plus ou moins graves, mais dont aucune n'était de nature à compromettre ses jours. Sa jeunesse, sa force physique, le hasard un peu, Dieu peut-être beaucoup, avaient protégé sa vie dans cette chute périlleuse.

« Où suis-je? demanda-t-il avec inquiétude, lorsqu'il eut repris connaissance.

— Un ami, un frère, lui répondit le vieillard, a compris que vous étiez malheureux, et il a voulu veiller sur vous.

— Grâces vous soient rendues, noble vieillard. Poursuivi

comme hérétique jusque dans ces montagnes, j'allais être saisi, lorsque je me suis précipité du haut de ces rochers, préférant une mort prompte aux tourments et à l'infamie.

— Je vous félicite, brave jeune homme, dit le vieillard, d'une pareille résolution. Les rochers vous ont épargné, l'inquisition vous eût massacré : le cœur des ministres de cette impitoyable institution est formé d'un roc plus dur que celui de ces montagnes.

— Auriez-vous eu aussi quelques démêlés avec ces fanatiques apôtres de la plus belle des religions?

— Personne peut-être n'eut à subir de misères, d'injustes cruautés, de persécutions sans fin, plus que l'infortuné qui vous parle.

— Infortuné, dites-vous? Votre extérieur pourtant...

— N'est pas celui d'un mendiant, d'un vagabond, sans doute. Quelques débris d'une grande fortune me permettent de me couvrir décemment, et, quant à la nourriture, que me faut-il ici? Quelques fruits sauvages, quelques racines. Songe-t-on à la succulence des mets quand la tristesse est dans l'âme!

— Excusez, bon vieillard, une indiscrétion qui naît de l'intérêt que vos paroles m'inspirent, et veuillez satisfaire ma curiosité en m'apprenant...

— Ecoutez, dit le vieillard en prêtant l'oreille, j'entends un piétinement sourd et comme un cliquetis d'armes.

— Seraient-ce encore les familiers qui me poursuivaient?

— Ce sont eux, sans doute. Ils ont tourné la montagne, et ils se dirigent de ce côté. Laissez-moi faire. »

Le vieillard roula une pierre à l'entrée de la caverne, et éteignit une mèche huilée qui, depuis un instant, servait à les éclairer.

« Ils rôdent autour de nous, reprit le vieillard. S'ils nous attaquent, nous vendrons chèrement notre vie... Silence! »

Les alguazils passèrent un à un à quelques pas de la grotte.

« C'est ici qu'il a dû tomber, dit l'un d'eux; par conséquent, il ne peut être loin.

— Il se sera tué dans sa chute, dit un autre.

— S'il s'est tué, il ne se sauvera pas; mais, mort ou vif, il faut le trouver, c'est le point important.

— Mais la nuit tombe, et nous avons à peine le temps de gagner le plus prochain village pour y attendre l'aube du jour.

— Coucher au village! dit celui qui paraissait être le chef de la bande, pour que demain l'oiseau ait pris la fuite! Non pas. Allons, vous autres, disposez-vous à passer la nuit dans cet endroit.

— Cependant...

— Pas de réplique, ou, par la sainte inquisition, j'endormirai si bien ceux qui murmurent, qu'ils pourront bien ne pas s'éveiller de sitôt. »

Et un poignard brillait dans sa main.

« Il existe par ici, reprit le chef, nommé Gil Rosez, une caverne qui a servi plus d'une fois de retraite à des mécréants maudits. Demain, au lever du soleil, nous en découvrirons l'ouverture, et si notre homme s'y est réfugié, j'en jure par la lame de ce poignard, il n'en sortira pas vivant.

— La vie d'un hérétique appartient au tribunal secret, et personne de nous n'a le droit d'en disposer, dit un des hommes de la troupe d'un ton sentencieux.

— Comme je ne veux pas qu'il s'échappe encore, répond Gil Rosez, je le ferai comme je le dis. »

La troupe, composée de huit alguazils, se disposa, sans répliquer, à suivre les ordres de son chef. Six d'entre eux s'étendirent sur la mousse, tandis que les deux autres allèrent à la découverte.

« Je suis perdu, dit l'étranger au vieillard à voix basse, ils nous découvriront infailliblement, et ma perte entraînera la vôtre.

— Du courage, jeune homme, répondit celui-ci sur le même ton. Ne songeons qu'à vous, car la mort serait un bienfait pour moi. Tenons-nous sur la défensive. Cette caverne ne leur est peut-être pas inconnue.

— J'en doute, car ils n'attendraient pas à demain pour y pénétrer.

— Qui sait? Les traîtres sont toujours poltrons et lâches.

— Dans tous les cas, prenons nos mesures comme si nous avions à soutenir un siége; ménageons nos vivres et préparons nos armes. Avez-vous un poignard?

— Non, je n'ai qu'un mauvais couteau; mais ce bâton noueux qui m'a déjà servi de bouclier pourra bien me servir de massue.

— C'est tout ce qu'il faut. Vous vous tiendrez derrière moi.

— Quoi! m'abriter derrière vous, quand c'est moi qui appelle le danger sur votre tête!

— Qu'importe! n'ai-je pas d'anciennes et cruelles blessures à venger? Votre cause n'est-elle pas la mienne?

— Ma cause est celle de tous ceux que l'inquisition a mis au ban de ses injustes préventions.

— Et de son oppression plus injuste encore.

— Pourrais-je savoir qui vous êtes, ô bon vieillard? Pour moi, je suis Français d'origine, et je me nomme Olivier Fleury. J'ai quitté mon pays pour aller tenter la fortune en Espagne. Mais après un séjour de quelques années, les tracasseries sans nombre que la rivalité me fit subir jetèrent le découragement et le dépit dans mon esprit. J'étais décidé à quitter l'Espagne vers la fin de l'année, lorsqu'une dernière querelle avec un de mes concurrents jaloux me fit dénoncer au saint-office.

« Cette délation, dont heureusement j'avais été menacé, dont je prévoyais les suites et dont je craignais les effets, me fit précipiter mon départ. Je marchai nuit et jour.

« J'étais sur le point de passer la frontière, après avoir gravi péniblement ces montagnes, lorsque j'aperçus les familiers du saint-office qu'on avait envoyés à ma recherche. A cette vue, je redoublai d'ardeur et de courage, je me cachai dans un buisson épais; mais ils m'eurent bientôt découvert, et je fus forcé de m'enfuir de nouveau. Déjà ils poussaient des cris de joie, comme si la possession de ma personne eût été pour eux une bonne fortune. Je jetai un cri de détresse..., j'appelai à mon secours avec l'accent du désespoir. Mon appel fut entendu, non des hommes, mais du Ciel, car en ce moment je fis un faux pas et je me sentis rouler. Dieu sans doute avait permis que j'échappasse de cette manière, puisque je ne me suis fait aucun mal, et qu'il a envoyé auprès de moi l'homme le plus compatissant et le plus respectable qu'il me tarde de connaître.

— Je ne sais, dit à son tour le vieillard, si mon nom est parvenu jusqu'à vous; mais à ceux qui l'ont connu, il rappelle bien des malheurs. Je me nomme Juan d'Abadia.

— Est-il possible! vous seriez ce seigneur si puissant, qui a su résister avec tant de persévérance aux atroces persécutions du saint-office?

— C'est moi-même. Tout ce qui m'est cher a péri sur ma terre natale, cette terre que je suis toujours prêt à maudire, cette terre d'Espagne dont je suis exilé pour jamais, et la seule consolation qui me reste est de venir passer tous les mois quelques jours sur ces montagnes pour jeter mes regards sur ce sol funeste qui recouvre les restes de mes pauvres enfants et de mes malheureux compagnons.

— Le récit des maux qu'on a soufferts jette quelquefois dans l'âme un soulagement mêlé d'amertume sans doute, mais qui n'est pas non plus sans douceur et...

— Je comprends ce que vous désirez, interrompit d'Abadia; mais le temps nous manquerait, et vous ne connaîtriez qu'un abrégé insuffisant de ma déplorable histoire. Attendons l'issue des événements qui vont se passer. Si nous échappons au danger, je vous ferai connaître mes aventures. Dans le cas où je succomberais seul, comme je l'espère, sachez que j'habite à Toulouse une maison antique que la superstition a vouée depuis longtemps à l'abandon. Vous la connaîtrez facilement à son aspect imposant, à ses murs élevés, mais noircis et lézardés par le temps. Dans la chambre à coucher, à la tête du lit, se trouve une armoire scellée dans le mur. Sur l'une des tablettes inférieures et vers le fond, est disposée une cassette contenant mes mémoires. Vous les lirez, Olivier, et vous connaîtrez, non-seulement les luttes fatales que j'ai eu à soutenir contre le saint-office, mais encore le système étrange qui sert de base à cette abominable institution. »

La nuit touchait à sa fin ; les étoiles perdaient insensiblement leur éclat, et l'horizon commençait à refléter les premières lueurs du matin.

« Allons, vous autres, debout ! s'écria le chef des sbires, et suivez-moi. »

D'Abadia et son compagnon prêtèrent une oreille attentive.

Les alguazils se dirigèrent précisément vers la caverne.

« Ils vont écarter la pierre qui ferme l'ouverture, dit d'Abadia, éloignons-nous prudemment vers le fond, peut-être ne pousseront-ils pas leurs investigations jusqu'à nous.

— Je suis pourtant bien tenté d'assommer une couple de ces coquins, lui répondit son compagnon.

— Holà ! qu'on enlève cette pierre, reprit le chef.

— Je crois, dit un des hommes de la troupe, qu'il serait bon d'abord d'enlever toutes ces épines.

— Tu as raison, Pétro. Allons, vous autres, à l'œuvre. »

Lorsque les épines furent arrachées, ou plutôt coupées à ras terre, deux hommes tentèrent de pousser la pierre en dedans ; mais ils parvinrent à peine à la faire mouvoir. Ils appelèrent à leur aide deux autres de leurs compagnons, et la pierre ayant cédé, l'un d'eux pénétra dans la caverne.

« Diable ! s'écria-t-il, il fait noir ici comme dans l'enfer. Cette caverne doit être pleine de serpents et de chauves-souris.

— Arrière, poltron, dit Gil Rosez ; cinquante maravédis à qui pénétrera jusqu'au fond.

— J'accepte, moi, dit un des plus résolus de la troupe, mais à condition que je porterai une torche pour m'éclairer.

— Prends-en quatre si c'est nécessaire; l'essentiel est de voir, et pour voir dans l'obscurité, deux yeux d'un maroufle comme toi ne sauraient suffire. »

Et Gil Rosez cherchait à lire sur le visage de ses gens l'effet qu'avait pu produire l'agréable épithète qu'il venait d'adresser à celui qui s'était offert. Mais personne n'avait souri.

Un morceau de bois résineux fut bientôt enflammé, et celui à qui il était destiné s'avança dans l'intérieur de la caverne. Mais aussitôt une nuée de chauves-souris, chassées par la flamme, s'élancèrent par l'ouverture après avoir, avec leurs ailes, éteint la torche dans les mains de celui qui la portait, lequel faillit tomber à la renverse de surprise et de saisissement.

« J'y renonce, dit-il, en reparaissant à l'entrée. Cette caverne n'est peuplée que de bêtes féroces. Il m'a semblé voir dans le fond des yeux...

— Des chauves-souris, reprit Gil Rosez. Quoi! quelques oiseaux de nuit vous font peur : vous n'êtes que des femmelettes. Rallumez cette torche, je vais vous donner l'exemple.

— A quoi bon t'exposer? Gil Rosez, dit celui qui se trouvait le plus rapproché de lui. Un chef est fait pour commander et non pour agir. Reste. Je vais moi-même explorer la caverne jusque dans ses moindres recoins, et je ne tarderai pas à vous rendre bon compte de ma visite.

— Cette bourse, Pétro, t'attend au retour. Ta bravoure sera récompensée par la sainte inquisition.

— Folie! dit un autre. Nous sommes neuf : nous ferions mieux d'aller tous les neuf ensemble; le danger, puisqu'on peut en craindre, sera toujours moins grand, et nous partagerons la bourse.

— Bravo! L'observation est sensée, reprend Pétro. Je marche en tête du cortége.

— Soit, reprend Gil Rosez. Pétro! la torche, prends donc la torche.

— C'est juste, je l'oubliais.

— Que d'affaires pour rien ! dit Olivier à d'Abadia à voix basse.

— Ils ont peur, répond d'Abadia, leur nombre ne les rassure même pas. Ils approchent... baissons-nous dans l'ombre.

— Non, réplique Olivier, j'aime mieux éteindre le flambeau et briser le chandelier. »

En disant ces mots, il atteint le porte-torche à la tête d'un coup de bâton, qui lui brise le crâne et l'étend raide mort.

« Les alguazils, confondus de cette attaque imprévue, se hâtent de regagner l'ouverture.

— Celui que nous cherchons est là, dit Rosez ; il faut l'avoir mort ou vif, et venger sur lui la mort de notre camarade.

— Mort à l'hérétique ! » crièrent tous les sbires ensemble.

Les deux assiégés se consultèrent sur le parti qu'il leur restait à prendre.

« Vous êtes allé trop loin, dit d'Abadia à Olivier. Peut-être ne se fussent-ils pas avancés jusqu'au fond de la caverne, et fussions-nous restés inaperçus ; votre imprudence nous a trahis.

— J'ai peut-être eu tort, dit Olivier. Pourtant il me semble bien douteux qu'ils fussent partis sans nous avoir découverts. Ils peuvent croire maintenant que cette caverne est peuplée de gens qu'ils qualifieront comme ils le voudront, et qu'ils supposeront assez nombreux et surtout assez résolus pour leur tenir tête avec succès.

— Le mal est fait, dit d'Abadia, veillons sur nous plus que jamais. Tâchons de connaître le fond de leurs intentions. Attendons. Il ne faut pas nous dissimuler le péril où nous sommes, et il faut nous armer surtout de prudence et de résolution. Rapprochons-nous et faisons en sorte d'être au courant de leurs projets. »

L'entrée de la caverne était entièrement libre. Les familiers, comme nous l'avons vu, avaient commencé par l'agrandir, en la dégageant des épines vivaces qui l'obstruaient en partie, puis ils avaient débarrassé l'ouverture de la pierre qui servait à la fermer. D'Abadia pensa qu'il était possible de profiter de cette circonstance, et son compagnon fut d'avis qu'il était préférable pour eux de tenter de s'échapper par une fuite prompte, impétueuse et presque certaine, que de risquer de périr de faim en s'obstinant à rester dans la caverne jusqu'à ce que l'ennemi eût battu en retraite.

« Profitons, dit d'Abadia, de ce qu'ils ne sont que quatre à l'entrée de la caverne.

— Je suis prêt, dit Olivier.

— Laissez-moi marcher devant, reprit d'Abadia, je connais la montagne mieux qu'ils ne la connaissent, et si nous parvenons à passer au milieu d'eux sains et saufs, je vous réponds de notre délivrance. »

Olivier voulait répondre, mais ne sachant comment formuler son objection, il balbutiait des mots sans suite.

D'Abadia sourit.

« Je vous comprends, Olivier; vous croyez mon jarret affaibli par l'âge, et vous avez peur que la lenteur de ma course ne retarde la vôtre; soyez sans crainte à cet égard. Dans ma jeunesse, les meilleurs coureurs n'ont jamais pu m'atteindre, et je puis encore aujourd'hui défier à la course des hommes moins lourds et moins embarrassés que les familiers de l'inquisition. »

D'Abadia n'avait pas encore fini de parler, que les quatre absents revinrent avec des broussailles, des feuilles sèches et des branches d'arbres, qu'ils entassèrent à l'entrée de la caverne.

« Voilà, dit d'Abadia à son compagnon, un obstacle fâcheux.

— Que veulent-ils faire? dit celui-ci.

— Je l'ignore, mais je n'augure rien de bon de ces préparatifs. »

Les alguazils ajoutèrent de nouvelles broussailles aux premières, jusqu'à ce qu'ils en eussent accumulé un monceau tel que l'ouverture de la caverne en fût complétement obstruée, puis ils y mirent le feu. La fumée se répandit bientôt dans toute la caverne. C'est alors que d'Abadia et son compagnon comprirent le but des alguazils. Les moments devenaient de plus en plus précieux. Il fallait braver la mort en essayant de recouvrer la liberté, ou périr infailliblement et périr étouffés. L'alternative était cruelle, mais le choix ne pouvait être douteux.

Les deux prisonniers profitèrent d'un moment où la flamme, cherchant une issue en s'élançant au dehors, avait fait reculer les gardiens de quelques pas, et s'ouvrirent un passage à travers les broussailles en feu.

Le malheureux d'Abadia, s'abusant sur ses forces affaiblies par les années, suffoqué par la fumée, couvert de brûlures, ne put opposer qu'une résistance insuffisante aux efforts des alguazils, que la stupéfaction semblait avoir frappés d'abord d'immobilité, mais que les menaces et les reproches de Gil Rosez réveillèrent de leur apathique étonnement. Peut-être cette circonstance eût-elle contribué à le faire échapper, mais il s'embarrassa dans les broussailles à demi consumées, et tomba sur les genoux. En ce moment il fut saisi et maintenu par la troupe entière.

Son compagnon, plus heureux, s'était élancé comme la foudre, en faisant tournoyer son bâton dans tous les sens, et avait disparu dans les ravins avant que les sbires eussent songé à s'opposer à sa fuite. D'ailleurs, ils étaient ou devaient être payés pour un hérétique seulement, et puisqu'ils en avaient un sous la main, il leur semblait d'autant plus inutile de poursuivre le second, qu'ils pouvaient courir le risque de les perdre tous les deux. La Fontaine n'avait pas encore fait sa fable du *Chien qui lâche sa proie pour l'ombre* ; Gil Rosez en avait deviné la morale.

Ils commencèrent par garrotter leur prisonnier le plus étroitement possible.

« Je voudrais savoir, lui demanda d'Abadia, de quel droit vous attentez à ma liberté.

— De quel droit? observa Gil Rosez, en toisant le prisonnier.

— Sans doute, répond d'Abadia ; de quel droit attentez-vous à la liberté d'un homme qui se plaît à vivre seul au fond d'une caverne?

— Je vous demanderai, à mon tour, répond Gil Rosez, de quel droit vous avez assassiné l'un des nôtres.

— Je ne suis pas le coupable, et celui qui l'a fait ne l'a fait qu'à son corps défendant.

— Nous ne l'avons pas attaqué.

— Avouez que vous étiez dans l'intention de le faire.

— Que vous importe? Vous êtes son complice, d'ailleurs, et cela suffit.

— Et que prétendez-vous faire de moi?

— Vous ramener à Saragosse, où vous rendrez compte à la sainte inquisition du meurtre que vous avez commis, et de la protection que vous avez accordée à l'hérétique que nous poursuivions et qui s'est échappé.

— Échappé! dites-vous; Dieu soit loué!

— Le bûcher n'y perdra rien, vieillard, et vous y monterez pour lui. En marche!

— Senor Gil Rosez, dit l'un des alguazils, abandonnerons-nous donc notre compagnon au fond de cette caverne, sans même nous être assurés s'il est tout à fait mort?

— S'il n'est pas mort, répondit Rosez, il reviendra, et s'il est mort, il est aussi bien où il est que dans le fond d'une fosse. Ne perdons pas un temps précieux. »

Les alguazils se préparèrent, sans répliquer, à regagner la ville prochaine.

« Ne voyez-vous pas, dit d'Abadia, qu'il m'est impossible de marcher? mes jambes sont couvertes de brûlures.

— Qu'est-ce que cela? Une misère... qui vous prépare à merveille, d'ailleurs, à celles qui vous attendent quand vous serez sur le bûcher. Marchons, marchons, vous dis-je.

— Au moins, en l'état où je suis, ayez pitié de ma faiblesse. Débarrassez-moi de ces liens. N'êtes-vous pas assez nombreux, et craignez-vous que je ne m'échappe? Votre intérêt même vous commande d'user de ménagements envers moi. En effet, l'inquisition vous saura plus de gré de lui livrer un prisonnier bien portant que de lui amener un cadavre.

— Ce vieillard a raison, dirent quelques alguazils, alléchés par l'attrait d'une récompense plus forte que celle qui leur avait été promise. Détachons ses liens.

— Vous le voulez? dit Gil Rosez, j'y consens; mais vous répondrez de lui devant la sainte inquisition.

— Nous en répondons.

— Merci, dit d'Abadia. Encore un service?

— Lequel?

— Je meurs de faim et de soif.

— Impossible de vous satisfaire avant d'être arrivés au village prochain.

— Rendons-nous-y donc par le chemin le plus court. Je connais par ici un sentier...

— Je le connais aussi, dit Gil Rosez; mais je me garderai bien de le prendre. Il longe un précipice d'une hauteur effroyable, et le moindre faux pas coûte la vie à celui qui le fait.

— Songez qu'il abrége le chemin de trois heures, et si ce n'est pour moi, que ce soit au moins en faveur de vos malheureux compagnons qui semblent harassés de fatigue.

— Oui, oui, s'écrièrent les moins soumis, touchés de l'intérêt que leur témoignait le prisonnier, le sentier! prenons le sentier!

— Aucun danger n'est à craindre, reprit d'Abadia, il y a plus de six pieds de distance entre le chemin et le précipice, et pour y tomber, il faut le vouloir.

— Le sentier! répétèrent les mêmes voix, le sentier!

— Je cède à vos désirs, dit Gil Rosez; mais j'avoue que je préfère le chemin que voici.

— Dans les montagnes, dit d'Abadia, les précipices ne sont pas rares, et il faut s'habituer à les envisager d'un œil tranquille. Vous êtes... prudent, senor chef. »

Gil Rosez ne répondit rien ; mais il lança à d'Abadia, en se rapprochant de lui, un coup d'œil qui signifiait : tu dis *prudent* et tu penses *poltron*...; tu me le payeras.

D'Abadia comprit sa pensée, il sourit intérieurement :

« L'inquisition, se dit-il, m'a déjà tenu plusieurs fois en son pouvoir, mais elle ne m'aura pas cette fois, je le jure par les mânes de mes enfants, dussé-je entraîner avec moi tous ces alguazils de malheur. »

Avant d'arriver au sentier en question, d'Abadia tâcha de captiver la confiance de ses gardiens. Sa physionomie noble et distinguée, le courage avec lequel il souffrait, sa résignation, ses manières polies, tout en lui inspirait la confiance et le respect. D'Abadia prisonnier, conduit par huit alguazils, paraissait plutôt emmener huit prisonniers.

« Voilà le sentier, redoublez d'attention, dit Gil Rosez ; qu'on marche trois par trois, le prisonnier au milieu. »

Pendant qu'on exécute les ordres du chef, d'Abadia aperçoit à quelque distance, à travers un buisson d'épines, une tête qu'il reconnaît pour celle de son compagnon de la caverne.

« Brave jeune homme, pensa-t-il, il veut me sauver ; mais il se perdrait sans parvenir à me délivrer, et l'inquisition aurait deux nouvelles victimes à égorger... Ne lui donnons pas le temps d'agir. »

Au même instant il s'élance sur Gil Rosez qui se trouvait à sa droite, le précipite dans le gouffre et s'y précipite après lui, en prononçant le nom de Béatrice et celui de Tristan...

Un instant après, deux cadavres gisaient au fond du précipice.

CHAPITRE II.

LA MAISON MYSTÉRIEUSE.

Dans la nuit du 16 au 17 juin 1535, des cris de vengeance réveillèrent en sursaut les paisibles habitants de Toulouse, l'antique capitale du Languedoc, le poétique berceau de Clémence Isaure et des jeux floraux. Une grande profanation avait eu lieu dans quelques églises de la vieille cité : les autels avaient été renversés, les croix brisées, les statues des saints mises en pièces. Le premier qui s'aperçut de ces sacriléges ravages donna l'alarme, et bientôt la population entière se trouva en mesure de venger l'outrage fait à ses églises.

Sur qui devait tomber la colère publique? On l'ignorait. Les luthériens étaient déjà nombreux à Toulouse; mais, loin d'être persécuteurs ou intolérants, ils étaient eux-mêmes victimes des rigoureuses mesures adoptées contre eux par le roi François Ier. Leur vie était paisible, et leurs assemblées se distinguaient par la simplicité et le calme qui y régnaient. Les groupes nombreux qui, au premier appel, s'étaient rassemblés devant la principale église discutaient avec chaleur sur le parti à prendre et sur la direction à donner à la vindicte publique.

« Ce sont les réformés qui ont fait ce mauvais coup!

— Non! ce sont les juifs!

— Vous n'y êtes pas, ce sont les magiciens de toute la province qui ont tenu leur sabbat sur la ville à minuit, et ils l'ont terminé par des sacriléges abominables.

— Que monsieur l'archevêque exorcise la ville!

— A mort les réformés!

— A mort les Israélites!

— Au diable les sorciers! »

Pendant que ces clameurs s'élevaient du milieu de la foule, un homme jeune et plein de courage, enveloppé d'un manteau sous lequel il dérobait aux regards des curieux son visage et son costume espagnol, errait comme une ombre dans les intervalles qui séparaient les groupes les uns des autres, tâchant de distinguer quelques-unes des paroles qui bourdonnaient autour de lui. Arrivé à l'angle le plus obscur et le plus désert de la place, au pied d'un grand mur faisant face à l'église, il entendit assez distinctement la voix de cinq ou six personnes qui disputaient sur un sujet qui devait intéresser vivement l'inconnu, car il s'arrêta et retint son souffle, de peur de laisser échapper un seul mot de l'entretien.

« Savez-vous qui sont les sacrilèges qui ont profané nos églises, cette nuit? dit une des voix de ce petit comité.

— Si nous le savions, répondit une autre, la profanation dont ils se sont rendus coupables serait déjà punie comme elle le mérite.

— Eh bien, écoutez-moi. »

Le groupe se serra davantage, et l'inconnu redoubla d'attention.

« Vous connaissez tous, reprit celui qui se disait mieux instruit que les autres, la maison du seigneur... »

Il s'arrêta comme pour chercher le nom du seigneur qu'il voulait désigner, mais sa mémoire se trouva en défaut.

« Du seigneur qui?... demandèrent les auditeurs.

— Du seigneur qui demeurait en cette maison inconnue, au pied du mur de laquelle nous sommes en ce moment? Dites, avez-vous jamais su son nom? ses qualités? ce qu'il faisait? d'où il venait?

— Il est mort depuis vingt ans; voilà tout ce qu'on en sait.

— Mort? N'en croyez rien. C'est un bruit qu'on a fait courir dans le temps, on ne sait pourquoi; ou plutôt c'était pour couper court à toutes les recherches et à toutes les questions que la vie mystérieuse de cet homme pouvait occasionner. Mais ne croyez pas qu'il soit mort.

— Allons donc! il y a vingt ans qu'il est enterré.

— Pourquoi, alors, cette maison reste-t-elle fermée continuellement? Pourquoi aucun propriétaire ne s'est-il présenté pour l'acheter?

— Parce que, dit l'inconnu qui s'était approché insensiblement, cette maison n'est pas à vendre; et si elle reste inhabitée, c'est que probablement le dernier propriétaire le voulait ainsi.

— Pourquoi tout ce mystère? reprit celui qui doutait de la mort du propriétaire.

— Dame! si telle était son idée, dit un des auditeurs.

— On n'a pas d'idées sans motifs, reprit l'autre.

— Quant à moi, je soupçonne notre homme d'être mauvais catholique, chef de bandits, de faux monnayeurs, ou pis que ça encore; je le crois voué corps et âme à Satan et à ses fils les réformés luthériens... qui pillent nos églises, brisent nos saints, et tournent en dérision notre sainte religion catholique, apostolique et romaine. Il est mort? dites-vous, lui? Allons donc! Est-ce que des hommes comme lui ont envie de mourir?

— On n'en a pas envie, mais on meurt tout de même.

— Les honnêtes gens, oui; mais les fils du diable, pas si simples.

— Si c'était vrai, pourtant? disent quelques-uns des auditeurs.

— Si cela est vrai? Mais on n'en peut douter; pourquoi donc a-t-on pris tant de soin pour cacher cette maison? Pourquoi a-t-on fait élever ce grand mur qu'on dit épais comme les murs de Ninive, sur lesquels les chars pouvaient se promener à l'aise? Avez-vous remarqué comme la porte est basse et bardée de fer? Ne dirait-on pas la porte d'une citadelle? Que se passe-t-il dans cette maison? si toutefois il y a une maison derrière ce mur? Non, c'est un repaire de brigands, de sorciers ou de réformés : cela ne peut pas durer plus longtemps.

— Non ! il faut savoir ce qui se passe là-dedans !

— Qui veut faire avec moi la gageure que ces damnés sont maintenant occupés à faire bombance, pour se réjouir du beau coup qu'ils viennent d'exécuter?

— Qui nous empêche de nous en assurer ?

— Oui, c'est cela, il faut nous en assurer.

— Escaladons les murs ! cherchons des échelles !

— A l'assaut ! à l'assaut ! »

Ce cri fut répété par toute la foule, qui commença à s'agiter de nouveau. Quelques torches de résine furent apportées ainsi que des cordes, des échelles, des pics, des leviers, des pioches. On se mit aussitôt à l'œuvre. Pendant que les uns sapent le mur, soulèvent la porte, cherchent à la briser, d'autres appliquent les échelles et montent. Parvenus au sommet de la muraille, haute d'une quinzaine de pieds, ils se déchirent les mains à des fragments de verre et à des pointes de fer implantés dans le ciment. La fureur des assaillants en est augmentée; ils font entendre d'affreuses menaces de mort contre les hôtes présumés de cette mystérieuse maison.

Déjà quelques-uns des assaillants étant parvenus à pratiquer une brèche dans le haut du mur, commençaient à tirer à eux les échelles pour les faire passer de l'autre côté, lorsqu'un coup d'arquebuse tiré du milieu de la foule atteignit un des assaillants qui tomba sur la place.

A cette vue, ceux qui étaient au pied du mur deviennent furieux, ceux qui étaient sur le mur descendent à la hâte, tous se pressent autour du malheureux qui vient de tomber. On l'examine, on l'appelle ; il ne fait aucun mouvement.

« Il est mort ! » dit un des assistants.

A ce mot la rage éclate avec plus de force que jamais.

« Vengeance ! crie-t-on de toutes parts ; mort aux habitants de cette maison ! Quels qu'ils soient, il faut qu'ils meurent. Ce sont eux qui ont tiré sur nous ; ce sont eux qui nous tuent.

— Mort aux hérétiques, ajoute une voix.

— Mort aux assassins. »

L'attaque recommença : quelques hommes étaient allés chercher une pièce de bois pour s'en servir comme de bélier. Cette pièce, longue de deux toises environ, sur un pied d'épaisseur, était portée par huit hommes. Ils se placèrent en face de la porte, et à un signal donné par l'un d'eux, poussant la pièce de bois par un commun effort, ils frappèrent la porte à coups redoublés. Chaque coup était suivi des acclamations de cette foule insensée qui s'acharnait, sans raison comme sans prévoyance, après des coupables inconnus et imaginaires.

La porte fut brisée. On se précipita à l'envi dans l'enceinte où, suivant ces furieux, se passaient tant de mystères depuis tant d'années. Une longue allée, ombragée de chaque côté par d'épais tilleuls dans tout l'éclat de leur nouvelle parure printanière, s'offrit aux yeux des assaillants. Ils la suivirent, précédés de quelques jeunes garçons qui portaient des torches.

De chaque côté de cette allée où l'herbe croissait à sa guise, de telle sorte qu'un étroit sentier divisait à peine par le milieu la zone de verdure qui couvrait le sol, les terres, complétement en friche, disparaissaient sous une épaisse couche de feuillage et d'herbes parasites complétement décomposés, et d'où s'échappaient cependant quelques tiges verdoyantes d'orties ou quelques touffes de blonds chardons aussi inutiles et aussi impérissables que les orties. Partout l'aspect de ces lieux témoignait de la plus complète incurie du propriétaire ou du deuil qui accablait son âme et le rendait insensible aux choses de cette vie.

Les assaillants étaient entrés bruyants et furieux en brisant la porte; leurs dispositions étaient encore hostiles, mais ils marchaient déjà silencieux et comme saisis d'une crainte respectueuse, vague, comme celle qui saisit l'homme lorsqu'il pénètre dans ces mystérieux monuments consacrés par les siècles, tels que les Pyramides, les Catacombes, ou ces réduits rendus fameux par un fait impérissable.

Lorsqu'ils arrivèrent à l'extrémité de l'allée de tilleuls, on n'entendait déjà plus que le bruissement produit par les pas des visiteurs sur les feuilles desséchées et les hautes herbes de l'allée. Bientôt ils se trouvèrent, au sortir de l'allée, dans un endroit découvert d'environ vingt pas en carré. Ils aperçurent alors une petite maison sombre, triste, silencieuse comme un tombeau caché au fond d'un désert. Du reste, on n'entrevoyait aucun point lumineux, on n'entendait aucun bruit, rien qui annonçât la vie ou la réunion de plusieurs personnes.

« Jamais, dit un de ceux qui marchaient les premiers, cette maison n'a servi de retraite à des humains.

— Il n'y a que les chouettes, les démons, ou les réformés, qui aient pu la visiter.

— C'est mon avis, à moi; mais je ne vois rien de tout cela en ce moment. Des pierres partout, partout des ruines, rien d'habitable; qu'allons-nous faire ici?

— Il faut appeler; il y a quelqu'un, puisqu'on a tiré un coup d'arquebuse qui a tué un homme. Faisons le tour de la maison. »

Ce qui fut dit fut fait, mais le même silence régnait partout.

« — Est-ce qu'il n'y a pas de porte à cette maison?

— Est-ce que les chouettes et les diables ont besoin de porte pour pénétrer quelque part?

— Par ici! venez par ici! j'aperçois une fenêtre.

— A défaut de porte nous passerons par là. Apportez une échelle. »

On appliqua une échelle à la fenêtre étroite et cintrée qui était en apparence la seule qu'il y eût à cette maison.

Ils virent des meubles rongés par les vers et l'humidité, des tapis couverts d'une poussière grise et d'une couche de moisissure, des chambres délabrées. Ils arrivèrent à une chambre à coucher; l'alcôve était à demi fermée par des rideaux en lambeaux; tout sentait l'abandon et la mort dans cette maison mystérieuse. Ils cherchèrent, pensant trouver quelque reste de celui qui avait habité ce réduit. Le lit était défait sans être bouleversé; il était dans l'état où il se trouve lorsqu'après un paisible sommeil celui qui l'occupait s'est levé tranquillement pour vaquer à ses affaires.

On ne saurait dire à quel point ces hommes étaient maintenant silencieux et respectueux.

L'inconnu dont nous avons déjà parlé, et qui, comme le lecteur s'en doute avec raison, n'était autre qu'Olivier, avait suivi la foule, tout en réprimant, autant que la prudence pouvait le lui permettre, les excès de cette multitude excitée par de superstitieuses et chimériques conjectures.

Il remarqua les dispositions plus pacifiques de cette foule tout à l'heure si bruyante, et maintenant recueillie et silencieuse; il résolut de profiter de l'instant qui lui parut le plus favorable.

« Toulousains, dit-il d'une voix forte, vous voyez que vos craintes étaient exagérées; vous reconnaissez que le propriétaire de cette maison n'est point ce que vous supposiez.

— Nous l'ignorons encore, puisque nous ne le connaissons pas.

— Du moins, vous êtes persuadés maintenant que ce n'est pas lui qui a brisé les images des saints, puisqu'il n'aurait pu le faire seul, et que l'état de cette maison annonce qu'elle est abandonnée depuis plusieurs jours.

— Quel intérêt a donc cet étranger à prendre ainsi la défense du maître de cette maison?

— Quel intérêt, dites-vous?

— Oui.

— Un intérêt que vous partagerez bientôt.

— Comment cela? Expliquez-vous, jeune homme.

— Je le connais, moi, le maître de cette maison.

— Son nom, alors?

— Vous voulez le connaître?

— Oui, oui.

— Vous voulez savoir son nom?

— Sans doute, parlez donc, répondait la foule impatiente.

— Écoutez-moi donc, reprit Olivier. Sachez d'abord que la France est ma patrie, et que je n'ai jamais cessé de pratiquer le culte de la religion catholique, apostolique et romaine. Le costume que je porte vous annonce que je suis nouvellement arrivé d'Espagne en ces lieux. Poursuivi, il y a quelques jours, par les alguazils espagnols chargés de me traîner devant le tribunal de l'inquisition, où j'étais appelé comme hérétique, sur la dénonciation d'un de mes ennemis, j'allais tomber, pour la seconde fois, entre les mains de ces émissaires du saint-office, lorsqu'un homme de bien se dévoua pour me sauver. C'était un vieillard dont la figure vénérable, douce et calme, annonçait la bonté et inspirait la confiance. Son nom était don Juan d'Abadia, Espagnol de naissance, bon catholique, voué pendant plus de trente ans aux cachots et aux tortures de l'inquisition. Les persécutions qu'il a subies, les malheurs qu'il a éprouvés ont été terribles. Cet homme qui m'a protégé, c'est celui que vous cherchez, c'est le maître de cette maison.

— Qu'est-il devenu? demanda une voix.

— Il est mort d'une manière tragique et déplorable. Traqués tous les deux dans une caverne dont il faisait sa demeure habituelle lorsqu'il allait dans les montagnes, et dans laquelle il m'avait donné asile au péril de sa vie, nous allions périr, lorsque je suis parvenu à m'échapper. Moins heureux que moi, cet infortuné vieillard a été saisi par les familiers qui me poursuivaient, et pour échapper aux supplices que l'inquisition lui réservait, il s'est précipité d'une hauteur immense et s'est brisé sur les rochers. Je suis venu, non pour recueillir son héritage. Son testament, déposé chez le prévôt, est fait, m'a-t-il dit, entièrement en faveur des pauvres, auxquels il abandonne tous ses biens. Mon seul but est de me procurer, d'après les indications qu'il m'a fournies lui-même, une cassette contenant ses mémoires. Je veux les lire, afin de marcher sur les traces de cet homme de bien, et apprendre de lui à lutter contre le fanatisme et l'adversité.

— Lisez-les à haute voix, nous en profiterons tous.

— J'y consens, dit Olivier. Nous nous rassemblerons ici tous les soirs, et tous les soirs je vous lirai une partie des mémoires de cet homme qui a rempli l'Espagne de sa renommée.

— Cherchons la cassette.

— Vers la tête du lit, reprit Olivier, doit se trouver dans le mur une armoire peu visible.

— La voici. »

Un instant après, Olivier était possesseur de la cassette. On l'ouvrit avec précaution et l'on en tira les mémoires.

On s'ajourna au lendemain pour en entendre une première lecture, et bientôt l'intérêt de cette foule ignorante et fanatique fut excité au suprême degré. On se retrouva le lendemain. Chaque soir on se rassembla au même endroit, et chaque soir, comme nous l'avons déjà dit, Olivier poursuivait la lecture des mémoires.

Les auditeurs attentifs, émus, forcés d'admirer le courage, la persévérance, la vertu de d'Abadia, le dévouement d'Esteban, essuyèrent plus d'une fois leurs yeux et étouffèrent leurs sanglots. Insensiblement ils sentirent rentrer dans leur âme des sentiments plus doux, et finirent par comprendre qu'un homme peut commettre quelques écarts de religion sans cesser d'être bon, généreux, et surtout digne de respect.

CHAPITRE III.

LES MÉMOIRES D'UNE VICTIME DU SAINT-OFFICE.

La *race maudite*. — Arrestation. — Le *san-benito*. — L'*auto-da-fé* de réconciliation. — Sentence.

Je suis né au mois d'avril 1445, d'une famille chrétienne par les hommes, juive par les femmes; Juan d'Abadia est mon nom, et je suis noble d'Aragon; la capitale de ce royaume, Saragosse, est ma ville natale. Je ne sais pourquoi je ne tais pas mon nom; n'a-t-il pas été assez couvert de l'infamie que lui ont jetée mes contemporains, sans qu'il soit besoin de l'exposer encore, sinon à la haine fanatique, du moins au mépris de leurs descendants? Qu'on le sache aussi, l'inquisition, et avec elle l'opinion publique, en Espagne, ne se contentent pas de punir un accusé, coupable ou innocent, elles font encore rejaillir la honte sur la famille et sur les enfants pendant plusieurs générations, à l'exemple de Dieu, dit-elle, qui punit les crimes des pères sur les enfants, pour leur apprendre à ne pas les imiter. L'inquisition n'excepte que les enfants dénonciateurs de leurs propres pères! Voilà ceux qu'elle proclame innocents! C'est en étouffant les sentiments les plus naturels, les plus sacrés, qu'on acquiert l'indulgence et l'estime de l'inquisition?

Le pape Grégoire IX, d'odieuse mémoire, fulmina, en 1231, une bulle d'excommunication contre tous les hérétiques disséminés dans les quatre Espagnes : la Castille, l'Aragon, la Navarre et le Portugal. Ce fut ce pape qui introduisit l'inquisition dans ma patrie; le pape Sixte IV, de plus odieuse mémoire encore, accrut le pouvoir de l'inquisition en l'armant de nouvelles rigueurs et en lui donnant pour chef Thomas de Torquemada. C'est à eux que je dois d'avoir été privé de ma liberté, plongé dans un affreux cachot, livré enfin à toute la fureur fanatique de Torquemada et de ses suppôts; qu'ils soient maudits!!! Maudit soit surtout cet inique Torquemada, qui a fait de cette institution le marchepied de son ambition immodérée, et qui, de tyrannique, inhumaine, l'a rendue atroce! L'inquisition, avant lui, avait conservé quelque apparence de tribunal régulier; aujourd'hui ce n'est plus qu'un autel sanglant où les victimes viennent recevoir la mort par hécatombes.

Non, la postérité ne pourra pas croire que dans ce siècle les idées aient pu être perverties à ce point qu'une religion essentiellement auguste, douce et tolérante, ait pu servir de prétexte à des persécutions implacables. Ceux qui liront le récit de mes souffrances me taxeront d'imposture ou d'exagération, plutôt que d'admettre la possibilité de tant d'injustice et de haine. Malgré tous les maux que j'ai soufferts, je m'efforcerai d'écrire sans passion, afin que mon récit serve d'enseignement à mes persécuteurs, et qu'ils ne m'accusent pas d'être aussi dépravé qu'eux-mêmes.

Il y a environ quatre-vingts ans, ma mère, qui était juive, s'est convertie à la religion catholique pour devenir la femme de mon père, de sorte que je suis né dans le sein de cette dernière religion, dont j'ai suivi fidèlement et avec la plus entière bonne foi tous les préceptes, depuis mon enfance jusqu'au moment où les persécutions exercées contre moi m'ont fait retourner au culte d'une partie de mes ancêtres. J'ai donc été bon catholique l'espace de quarante-cinq ans, mais depuis environ trente ans je suis redevenu juif; juif par le cœur et par la croyance, j'aime les descendants de Jacob, et leur foi est ma foi.

Ma première origine, entachée de judaïsme, fut pour moi la source de tous mes malheurs. Je ne puis comprendre par quelle aberration d'esprit le nom de juif a, de tout temps, été un titre à la persécution des catholiques. Le catholicisme émane évidemment de la religion juive; l'un et l'autre culte reconnaissent et révèrent le même Dieu; tous les jours les prédicateurs catholiques puisent dans nos livres sacrés les textes de leurs exhortations ; c'est avec respect qu'ils prononcent les noms de nos patriarches, de nos rois, de nos prophètes, de nos guerriers; c'est à nous qu'ils doivent la connaissance du Dieu qu'ils adorent, puisque c'est dans nos livres que s'est conservée pure et intacte la tradition des premiers temps du monde; et ils nous persécutent!!! ils nous brûlent sans aucune pitié!!! Si nous étions nés, comme eux, d'ancêtres idolâtres, ils emploieraient, pour nous attirer à eux et pour nous retenir, la persuasion et la douceur. Mais nous, fils du peuple de Dieu, c'est la menace à la bouche, c'est par les supplices qu'ils nous contraignent de renoncer à notre culte pour embrasser le leur.

Il n'est pas difficile de découvrir au fond de cette haine qu'ils nous portent une basse envie, un intérêt mercantile excités par la vue de nos richesses et de notre commerce! Il fut un temps où les juifs espagnols surtout avaient entre les mains presque tout le commerce de l'Espagne, ce qui les rendait possesseurs de richesses immenses et leur donnait beaucoup de pouvoir et une influence notable sur les affaires du pays. Les Espagnols, moins industrieux ou plus insoucieux, ou dédaignant de se livrer au négoce, se virent dans la nécessité d'avoir recours à la bourse des juifs. Ceux-ci leur rendirent les plus grands services, et n'en recueillirent que de l'ingratitude, car la reconnaissance est aussi rare que l'amitié. Les Espagnols chrétiens devinrent non-seulement jaloux des juifs, mais encore leurs ennemis déclarés, par l'impuissance où ils se trouvèrent de s'acquitter envers eux. On en vint jusqu'à répandre contre eux d'affreuses calomnies pour avoir occasion de les persécuter et de les dépouiller de tous leurs biens. On osa raconter aux rois de Castille et à ceux d'Aragon, et proclamer partout que les juifs nouvellement convertis se réunissaient aux juifs non baptisés pour insulter aux images de Jésus-Christ, et pour crucifier des enfants de chrétiens le jour où ceux-ci célébraient l'institution de l'Eucharistie; on parlait de l'enlèvement sacrilége d'une hostie consacrée et des impiétés que les juifs avaient commises à cette occasion; on rappelait la prétendue conspiration qu'ils avaient formée en 1445 (l'année de ma naissance), dans le but de faire sauter, par des explosions de poudre, le saint-sacrement et tous ceux qui l'accompagnaient; on les avait vus, disait-on, mettre des chausse-trappes de fer dans les rues pour blesser les habitants au moment où ils s'enfuiraient sans chaussures de leurs maisons dévorées par l'incendie, et une foule d'autres imputations aussi dépourvues de vraisemblance.

Rien ne se propage aussi facilement que la calomnie, et rien n'est aussi difficile à déraciner: aussi appliqua-t-on aux juifs le nom de *marranos, race maudite*, et le peuple excité contre eux en fit périr plusieurs milliers. Les juifs, remplis de terreur, ne songèrent point à se mettre en défense. Les non convertis, pour éviter la mort, s'expatrièrent ou demandèrent le baptême. Ce moyen ayant réussi à quelques-uns, les autres se convertirent en foule, et en peu de temps, plus de cent mille familles embrassèrent le christianisme.

Une conversion amenée par une telle cause pouvait-elle être sincère? non. Aussi, une fois le danger passé, un grand nombre de ces nouveaux chrétiens, de ces *marranos*, retournèrent-ils ostensiblement au judaïsme. D'autres, plus prudents, se contentèrent de se livrer secrètement aux pratiques religieuses des juifs, en observant avec soin de donner à leur conduite l'apparence qui pouvait faire croire qu'ils restaient bons catholiques. Mais ils furent bientôt reconnus et dénoncés. Ferdinand V, qui trouvait dans la confiscation des biens des hérétiques une source de grandes richesses, n'eut garde de laisser échapper l'occasion d'en profiter, et, pendant que les inquisiteurs envoyaient au bûcher des milliers de ces malheureux, Ferdinand s'emparait avidement de leurs biens.

Voilà à peu près dans quelle situation se trouvaient les juifs, lorsque Torquemada fut nommé grand-inquisiteur général, en 1483 : année fatale à plus d'un titre, puisqu'elle vit l'inquisition s'étendre où elle n'avait pas encore pénétré, et prendre un caractère d'inhumanité, d'atrocité même qu'on ne lui connaissait pas encore. D'ailleurs, cette année n'eût-elle fait que montrer Torquemada revêtu de la suprême fonction de grand-inquisiteur général, que cela seul justifierait l'épithète de fatale que je lui ai appliquée.

J'avais échappé à la première inquisition, comment suis-je tombé entre les griffes de la seconde? quels furent mes crimes? Je l'ignore encore; ou plutôt, mon premier crime fut d'avoir été riche, mon second d'être issu d'un famille juive. J'ai la certitude qu'on a convoité mes richesses plus qu'on n'a désiré mon salut. Si dans la suite je suis devenu criminel, si j'ai trempé mes mains dans le sang d'un homme, si j'ai abjuré une religion professée par des tigres, qu'ils en soient responsables, car ce sont eux qui m'ont poussé.

Ces *Mémoires* prouveront, je l'espère, que ma conscience était pure, que mes intentions étaient bonnes; en un mot, que rien ne justifiait la rigueur excessive dont je fus l'objet. Je dirai tout avec franchise, j'exposerai, sans crainte du saint-office, toute l'horreur qu'il m'inspire; je dévoilerai les iniquités, les bassesses, les cruautés d'un tribunal de sang, dont l'établissement fait plus de mal aux hommes que les fléaux les plus redoutables. Qu'ai-je à appréhender de lui aujourd'hui? N'ai-je pas trouvé un asile assuré en France? ne suis-je pas sur une terre hospitalière, qui se rit de l'inquisition? Pendant cinq ans j'ai langui dans les cachots du saint-office, en proie à toutes les tortures morales et physiques; j'ai vu de mes yeux, touché de mes mains, souffert dans mon âme et sur mon corps tout ce que je vais décrire. Que Dieu me juge, que *Jéhovah* me condamne, si je m'écarte de la vérité !

Un jour, c'était en 1484, sur un ordre du grand-inquisiteur général Torquemada, Pedro Arbuez, premier inquisiteur de Saragosse, m'a fait arrêter avec beaucoup d'autres personnes, dont plusieurs étaient de mes amis. Quelques-uns de mes plus jeunes compagnons d'infortune voulurent résister; c'étaient : Pedro Sanchez, Juan d'Esperaindeo, de la plus noble maison de Saragosse, et Vidal d'Uranzo, son domestique; Mathieu Ram, Tristan de Leonis, le fiancé de ma Béatrice; Antoine Gran, et Bernard Leofante. Mais la résistance ne fait qu'accroître les soupçons et irriter les inquisiteurs. Une de leurs lois ordonne à celui qui est suspect d'hérésie de se livrer lui-même, sous peine de voir aggraver le châtiment qui l'attend. Ah ! si, comme moi, ils avaient eu pour enfant une fille de seize ans, jeune, belle, adorable; si on les eût arrachés aux embrassements de cette enfant; s'ils l'avaient vue se traîner aux pieds de l'alguazil et des agents chargés de mon arrestation, protestant de mon innocence au nom de tout ce qu'il y a de plus sacré, s'offrant à ma place, malgré la frayeur qu'elle éprouvait au seul nom de l'inquisition, qu'eussent-ils donc fait ? A leur âge, à vingt ans, on est sans expérience et sans prévoyance ; mais à celui que j'avais alors, à trente-neuf ans, on calcule froidement les chances de salut et de péril. Mes conseils et mon exemple les ont calmés. Quand ils m'ont vu, moi père, résigné en présence de ma fille désolée, qu'ils m'ont entendu leur rappeler que le saint-office se croit aussi infaillible que le pape, ils ont obéi aux envoyés des inquisiteurs.

On nous entraîna en prison. Je dirai plus tard dans quelles circonstances nous nous sommes rapprochés. Une fois en prison, je demandai quel était mon crime.

« Vous devez le connaître », me répondit-on.

Là-dessus on me conduisit devant les juges chargés de l'instruction préparatoire. Quel air farouche ont ces hommes ! qu'ils doivent être redoutés par le coupable, puisqu'ils sont si effrayants pour l'innocent ! Je ne pus me défendre d'un certain frémissement de peur à la vue de ces hommes couverts de vêtements sombres; de ces hommes au teint plombé, aux regards qui vous remuent la conscience comme si c'était quelque chose de matériel. Je compris que devant ces hommes froids, inexorables, il n'y a pas d'innocent. Jusqu'à ce que j'eusse senti le jet de leurs regards me glacer le cœur et l'âme, je m'étais cru fort contre l'injustice, inflexible contre la calomnie. Eh bien, non! devant eux je doutai de ma propre innocence, et je devins faible et craintif comme un criminel. L'un d'eux, en apparence assez débonnaire, se faisait remarquer néanmoins par son air inquiet et soupçonneux, c'était le premier inquisiteur de Saragosse, c'était *Pedro Arbuez*, aussi connu sous le nom de *maître Epila*.

Je renouvelai la question que j'avais déjà faite : « Quel est mon crime? » Mais il est de règle dans l'inquisition de ne jamais faire connaître à l'accusé le délit ou le crime pour lequel il est arrêté. On veut qu'il avoue spontanément sa faute; et puis, on espère par là que, se croyant arrêté pour un crime que les inquisiteurs ignoraient, il en fera l'aveu et augmentera ainsi les charges qui pesaient déjà sur lui : c'est ce qui arrive fort souvent. On ne lui cache pas avec moins de soin les noms des témoins et surtout celui de son dénonciateur. C'est dans l'ombre, dans le mystère que se trame la perte d'un homme! Est-ce donc ainsi que Dieu a commandé de rendre la justice? Ma question resta donc sans réponse. Celui qui présidait me dit :

L'INQUISITEUR. Comment vous nomme-t-on?

L'ACCUSÉ. On me nomme Juan d'Abadia.

L'INQ. N'avez-vous rien dit ou rien fait, rien laissé dire ou rien laissé faire qui fût contraire à la foi catholique?

L'ACC. Non.

L'INQ. Ce n'est cependant pas sans motif que l'inquisition a ordonné votre arrestation?

L'ACC. Votre question est trop vague, je ne puis y répondre. Nommez-moi le crime pour lequel je suis arrêté.

L'INQ. Examinez votre conscience, rappelez-vous votre conduite ancienne et récente, et répondez avec franchise, si vous voulez mériter l'indulgence de vos juges.

L'Acc. Si vous m'avez fait arrêter, c'est que vous m'avez cru coupable ; vous savez donc mieux que moi pourquoi je suis accusé, car pour moi ma conscience ne me reproche rien.

L'Inq. Ne vous jouez pas ainsi de la patience du tribunal de la sainte inquisition, ou redoutez sa sévérité.

L'Acc. Puisque vous me cachez les charges qui ont motivé mon arrestation, que vous refusez de me faire connaître mon dénonciateur, et à plus forte raison de me confronter avec lui, il ne me reste plus qu'à rechercher dans mes souvenirs quelle faute j'ai pu commettre contre la religion. Or, je déclare devant Dieu qui m'entend, et en protestant de toutes mes forces contre votre manière de procéder, que je me sens complétement innocent.

L'Inq. Vous n'ignorez pas que c'est un devoir pour les inquisiteurs de soustraire à la connaissance de l'accusé les noms des témoins et du délateur, à moins qu'ils n'y soient contraints par une invincible nécessité. En agir autrement, ce serait les vouer à une mort certaine. D'ailleurs, cette certitude, pour les délateurs et les témoins, de n'être jamais connus, fait qu'ils n'hésitent point à nous dénoncer les coupables. Vous le voyez, à l'intérêt des hommes se joint l'intérêt infiniment plus sacré de la sainte inquisition. C'est donc en vain que vous protestez contre une règle sans laquelle il serait impossible de combattre l'hérésie.

L'Acc. Mais qui vous dit, ô juges ! que je ne suis pas victime d'une vengeance particulière, d'une calomnie infâme ?

L'Inq. Avez-vous des ennemis ?

L'Acc. Je ne m'en connais point.

L'Inq. Eh bien, votre dénonciateur a déclaré qu'aucun sentiment de haine ou d'inimitié ne le portait à vous accuser, mais que son zèle pour la religion et la crainte de désobéir à la sainte inquisition l'avaient seuls engagé à le faire. Nous sommes donc convaincus de la sincérité de sa déclaration, et quand il dit j'ai vu telle chose, nous ajoutons foi à ses paroles.

L'ACC. Mais enfin que me reproche-t-on? Si j'ai commis quelque faute, qu'on me la désigne, et je jure par le nom révéré de Jésus-Christ que j'en conviendrai franchement.

L'INQ. Il n'est point nécessaire de mêler le nom de Jésus-Christ à vos protestations empreintes d'obstination. Prenez garde, téméraire, vous n'étiez que *légèrement suspect* d'hérésie; de ce moment vous pourriez être considéré comme impénitent, puisque vous refusez d'avouer votre faute.

L'ACC. Faut-il, pour vous satisfaire, que je m'accuse d'une faute que je n'ai pas commise?

L'INQ. Vous devez d'autant plus craindre d'être considéré comme hérétique *formel* et *obstiné*, que vous descendez d'une famille qui s'est mêlée à des juifs, et vous savez que cette origine est une présomption contre vous.

L'ACC. Ainsi, quarante années d'une vie irréprochable et passée dans les pratiques du catholicisme ne peuvent me mettre à l'abri du soupçon d'hérésie, parce qu'il a plu à un délateur, que je ne connais pas, de dire qu'il *m'a vu* faire quelque action empreinte tout au plus de légèreté peut-être; et ce soupçon deviendra presque une certitude, parce que je suis né de parents juifs! Je serai présumé hérétique, parce que j'aurai dans mes ascendants des personnes qui n'étaient pas catholiques? Cela choque la raison et viole les lois de la plus simple équité!

L'INQ. Vous convenez donc d'avoir été imprudent, léger dans quelque circonstance?...

L'ACC. Je ne dis pas cela, parce que je ne vois pas que pareille chose me soit arrivée.

L'INQ. Je veux bien vous rappeler ce que je vous ai déjà dit il y a un instant. Bien que le soupçon d'hérésie qui pèse sur vous soit *léger*, si vous persistez à nier votre faute, si vous ne déclarez pas que vous voulez recevoir l'absolution après avoir abjuré toutes les hérésies et particulièrement celle dont on vous accuse, sachez que vous vous rangez dans la classe des *hérétiques obstinés*, et que vous devenez passible des peines les plus terribles.

Rien n'est si triste pour l'esprit ni si humiliant pour la raison que d'être forcé de renoncer à son bon droit, et j'allais répondre à mes juges des choses qui, sans doute, ne les auraient pas convaincus de mon innocence, puisqu'ils voulaient, non ma justification, mais un aveu, lorsqu'un souvenir ravivé par Dieu, sans doute, me fit changer de résolution. Je pensai à ma fille, à ma chère Béatrice, et aussitôt me rappelant que le plus sûr moyen de se tirer d'affaire, lorsqu'on paraît pour la première fois devant les inquisiteurs, c'est d'avouer tout ce qu'ils veulent, dût-on se charger de fautes imaginaires, je demandai à faire des aveux. Qu'allais-je dire ? je l'ignorais ; mais je désirais ardemment d'être mis en liberté. Cependant on remit au lendemain à m'entendre, afin de me donner le temps de me recueillir, ou peut-être dans l'espoir que, reculant le moment de ma mise en liberté, on irriterait assez le désir que je ressentais de l'obtenir, pour m'engager à révéler plus de choses qu'on n'en attendait de moi. Je fus donc réintégré dans ma prison.

Je ne saurais dire avec quel soin j'examinai mes actions, mes paroles, mes pensées même, pour tâcher de découvrir, à défaut d'un crime, l'ombre, au moins, d'une faute. Ce fut en vain. La seule conclusion que je tirai de mes réflexions fut qu'il me serait désormais impossible d'éviter une pénitence publique, si mieux je n'aimais, en persistant à nier que je fusse coupable, courir les chances d'un auto-da-fé suivi de la peine du feu. Je compris qu'une fois qu'on a eu le malheur de tomber entre les mains des inquisiteurs, le mieux qu'on ait à faire est de chercher le motif qui a déterminé l'arrestation et de convenir du fait sur-le-champ, ou de se charger d'une faute quelconque, car il est moins dangereux d'avouer que de nier. Ces réflexions m'affermirent dans la résolution où j'étais de faire des aveux, et j'attendis le lendemain avec impatience.

Mais on m'avait oublié!!! moi qui languissais depuis quatre mois dans cette triste captivité, séparé de ma fille, qu'au prix même de ma vie je voulais revoir, ils m'avaient oublié! Grâce au Ciel, Béatrice était entourée de domestiques fidèles et dévoués, et mes grandes richesses la mettaient à l'abri du besoin. Je frémis encore à la pensée que, depuis, il vint un moment où cette chère enfant manqua du strict nécessaire, par suite d'une spoliation aussi inique que barbare, exercée par le saint-office. Mais n'anticipons point sur les événements.

On me fit enfin comparaître de nouveau devant les inquisiteurs. Ceux-ci me demandèrent si je persistais à me déclarer innocent.

— Non, leur dis-je ; je suis coupable, en effet, mais comme le fait dont je vais m'accuser s'est passé depuis longtemps, je l'avais oublié. Sachez donc, ô juges, que je reconnais m'être écarté, un instant, des injonctions précises du saint-office, en recevant dans ma maison un hérétique formel. Soyez indulgents néanmoins, car je ne l'ai recueilli qu'un moment, et encore n'ai-je appris qu'il était tombé dans l'hérésie que par son arrestation qui s'est opérée quelque temps après son départ de chez moi.

Cette déclaration achevée, j'en attendis le résultat. Mais que veut l'inquisition en refusant à l'accusé de lui faire connaître les motifs de son arrestation ? Elle compte que le prévenu, soit qu'il s'égare, soit qu'il désire gagner l'indulgence du tribunal, dénoncera des actes restés secrets, ou accusera quelquefois des personnes jusqu'alors à l'abri du soupçon. J'ai vu un pauvre hère qui redoutait tellement le bûcher, qu'il dénonça tout un quartier, dans la persuasion que plus il compromettrait de personnes, plus les inquisiteurs lui en sauraient gré. Cette conduite et le vif repentir qu'il manifesta touchant son hérésie, au moment d'être brûlé, lui valurent la faveur d'être étranglé avant d'être jeté au feu. Voilà le fond qu'il faut faire sur les promesses trompeuses de ces hommes froidement barbares, lors même qu'elles paraissent le plus sincères !

J'eus bientôt lieu de reconnaître que j'avais fourni des armes contre moi, et que je venais d'ajouter au crime dont j'étais accusé, et que je ne connaissais pas, un second crime ignoré des inquisiteurs. J'avais reçu chez moi un hérétique formel, et je ne l'avais pas dénoncé! J'étais tenu de faire connaître avec serment le nom, l'état, le signalement d'un malheureux qui était venu avec confiance se reposer sous mon toit, et je ne l'avais pas fait! Mais quand même j'aurais été assez lâche pour obéir dans cette circonstance au saint-office, j'ignorais que l'homme qui vint chez moi fût un hérétique.—Qu'importe? me répondit-on, vous l'avez reçu, voilà le fait essentiel : c'est à Dieu de juger les intentions ; le saint-office ne connaît que du fait extérieur, de la complicité, de la tendance ; tant mieux pour votre âme si vos intentions sont pures, mais malheur à votre corps si vos actes ne répondent pas à vos intentions !

Le tribunal m'avertit que la faute avouée par moi n'était pas celle qui avait provoqué ma mise en jugement, et il m'exhorta de nouveau à compléter mes aveux, en insistant sur ce que j'étais issu de parents juifs. Je crus deviner enfin que j'avais été dénoncé comme m'étant livré à quelque pratique en usage dans le culte des juifs ; en un mot, que j'étais suspect d'avoir *judaïsé*.

Certes, j'étais bien sûr de n'avoir point renoncé au christianisme, et même de n'avoir rien fait sciemment qui fût contraire à cette religion, la mienne depuis ma naissance ; mais je n'avais pas la même certitude relativement à quelques pratiques que, dans mon enfance, j'avais vu observer par ma mère, et dont je n'avais pas cru devoir m'abstenir, parfois. Bien que ces habitudes d'enfance ne fussent en aucune façon contraires à la foi catholique, elles pouvaient néanmoins donner prise à la malveillance, qui ne manquait pas de les présenter comme des preuves d'apostasie. J'examinai donc avec attention si je ne m'étais pas exposé justement à la délation dont j'étais l'objet, en me livrant à quelques-unes des pratiques indiquées dans l'édit de dénonciation porté contre les juifs convertis. Il est si facile d'être en défaut sous un régime où la déraison le dispute à la cruauté !

L'édit de dénonciation ordonnait la délation dans les cas suivants :

« Si le nouveau converti observe le sabbat, ce qui est prouvé s'il porte, ce jour-là, une chemise et des vêtements plus propres qu'à l'ordinaire, s'il met du linge blanc sur sa table, et s'il s'abstient de faire du feu dans sa maison depuis le soir du jour précédent. » — En quoi donc la religion catholique aurait-elle pu être offensée si j'avais changé de linge un jour plutôt qu'un autre, surtout le faisant avec l'intention d'honorer Dieu?

« S'il retire de la chair des animaux dont il se nourrit le suif ou la graisse; s'il en ôte tout le sang, en la lavant dans l'eau, et s'il retranche certaines parties, telles que la glande ou la noix de la cuisse du mouton ou de tout autre animal tué pour être mangé. » — Si de pareils actes sont des signes d'hérésie, il est certain que pas un catholique n'en est exempt. Comment ose-t-on faire dépendre la liberté, la vie même d'une classe d'hommes, de pratiques aussi simples et aussi naturelles! Que dirons-nous de l'article suivant?

« Si, avant de l'égorger (le mouton), ainsi que les brebis dont il veut se nourrir, il examine si la lame du couteau, dont il doit se servir, n'a aucune brèche, en le passant sur l'ongle du doigt... » — Quelles preuves d'hérésie! Ou plutôt quelles preuves de démence de la part des auteurs de cet édit!

« S'il observe le grand jeûne des juifs, ce qui sera prouvé s'il va pieds nus pendant le temps de ce jeûne, à la manière des véritables juifs; s'il a récité leurs prières ou s'est trouvé avec des juifs pour suivre leurs pratiques, et surtout l'usage de se demander pardon les uns aux autres pendant la nuit. » — Est-ce parce que les inquisiteurs, prêtres et ministres d'un Dieu essentiellement miséricordieux, sont implacables, qu'ils défendent aux autres de se réconcilier?

« Si le père a posé la main sur la tête de ses enfants sans faire le signe de la croix et sans prononcer aucune parole, si ce n'est celles-ci : *Sois béni du Seigneur et de moi*; car toutes ces cérémonies appartiennent à la loi de Moïse. » — Une loi qui prescrit le pardon réciproque, qui ordonne au père d'appeler la bénédiction du Ciel sur son enfant, vaut mieux que celle qui dit : *Tuez et brûlez*. Si la religion catholique avait jamais pu prononcer de pareils mots, il faudrait la détester et la proscrire;

mais n'attribuons point à la religion ce qui est le fait de ceux qui l'outragent en prétendant la servir. Car c'est vous, ô inquisiteurs, qui avez mis vos passions haineuses à la place de la mansuétude de l'Evangile.

« S'il s'est nourri de la chair de quelque animal égorgé par les juifs; s'il a mangé des mêmes viandes qu'eux, et s'il s'est assis à leurs tables; s'il a donné à son fils un nom hébreu, choisi parmi ceux que portent les juifs.

« Si la veille d'entreprendre un voyage, il a invité à un repas ses parents ou ses amis pour célébrer le *ruaya*, ou *repas de séparation*. » — Quoi de plus naturel que de réunir ses parents et ses amis au moment de s'en séparer, peut-être pour toujours? Voulez-vous donc voir s'écrouler l'édifice social, puisque vous en isolez toutes les parties?

« Si, à l'article de la mort, il a tourné le visage du côté de la muraille, ou s'il a été mis par quelqu'un dans cette posture avant d'expirer. » — Cet article, dont la sottise dépasse tout ce qu'on a jamais pu imaginer dans ce genre, prouve que le saint-office n'épargnait ni les agonisants, ni les morts même. En effet, dans tous les auto-da-fé généraux on brûlait les ossements ou les cadavres des hérétiques morts avant le prononcé de la sentence, ou dont le crime n'avait été découvert qu'après leur mort. N'a-t-on pas vu autrefois les inquisiteurs de Barcelone ordonner l'exhumation des cendres du vicomte de Cerdagne et de la comtesse de Foix, sa fille, pour les livrer à l'infamie et au bûcher? Ces deux nobles souverains étaient morts depuis près de trente années!

« S'il s'est adressé aux morts pour faire leur éloge, ou s'il leur a récité des vers tristes. » — Encore un article qui punit la manifestation de ce qu'il y a de plus respectable au monde, la douleur et la reconnaissance; l'éloge qu'on fait des morts est presque toujours inspiré par ces deux sentiments.

Je passai ainsi en revue les articles de l'édit de dénonciation, tous plus ridicules, plus absurdes et plus arbitraires les uns que les autres, et je déclarai aux inquisiteurs que je ne voyais pas quelle faute j'avais pu commettre, mais que j'étais prêt cependant à me soumettre avec docilité à tout ce qu'ils me prescriraient. Ma déclaration parut faire sur mes juges une impression favorable à mon égard. Le président me répondit d'un ton affable :

« Le tribunal pourrait user envers vous d'une grande sévérité pour vous punir de votre obstination, mais la soumission que vous venez d'exprimer mitigera votre sentence. Nous vous traiterons avec douceur, puisqu'il est vrai que vous vous reconnaissez coupable sans savoir de quelle faute. C'est rendre hommage à l'infaillibilité et à la souveraine autorité de la très-sainte inquisition ; elle vous en tiendra compte. D'un autre côté, nous n'avons pas appris qu'il y ait jamais eu aucun membre de votre famille condamné comme hérétique ou comme fauteur d'hérésie ; de plus, ce sont vos premières fautes : soyez assuré de notre indulgence. »

Je remerciai le tribunal, et l'on me ramena dans la *prison de pitié* ou de *miséricorde,* destinée à ceux qui doivent être condamnés à une pénitence. Je me défiais avec raison de cette promesse d'indulgence faite par des hommes dont j'avais déjà éprouvé la sécheresse de cœur et l'hypocrisie. Jamais je n'avais entendu un inquisiteur condamner un accusé sans lui avoir promis la plus grande indulgence, promesse toujours déçue. Je n'y comptais donc en aucune façon ; mais aussi, que j'étais loin de m'attendre au châtiment qu'on devait me faire subir !

Les hypocrites, avec leur compassion ! les tigres, avec leur douceur ! ils me rendirent la liberté, mais à quel prix, grand Dieu ! Ah ! si je l'avais su, j'aurais préféré une captivité éternelle à une pareille infamie.

L'inquisiteur Arbuez vint dans ma prison et me demanda si j'étais disposé à faire une abjuration solennelle de l'hérésie dont j'étais soupçonné.

« Je suis prêt », ai-je répondu.

— Signez, me dit-il, la déclaration que vous venez de faire. »
Je signai.

« Bientôt, ajouta-t-il, vous serez libre, puisque vous vous repentez et que vous obéissez à la sainte inquisition.

— O ma Béatrice, mon enfant, de quelle joie mon âme fut transportée à cette promesse de liberté que me fit entendre l'inquisiteur! Déjà je me voyais auprès de toi, déjà nous confondions nos caresses et nos larmes, larmes de bonheur cette fois. Hélas! quelle épreuve j'eus à subir avant de te presser sur mon cœur!

Le jour qui suivit la visite de l'inquisiteur Arbuez était un dimanche. Dès le matin on m'apporta le *san-benito* ou *sac bénit*. C'était, dans le principe, une tunique qui couvrait tout le corps du condamné; mais aujourd'hui, ce n'est plus qu'une sorte de scapulaire étroit et qui descend seulement jusqu'aux genoux. Dans son état actuel il a quelque ressemblance avec la chasuble d'un prêtre officiant. Le *san-benito* est fait d'une étoffe de laine jaune, et porte, devant et derrière, une croix de couleur rousse. Comme je devais être déclaré seulement *légèrement* suspect d'hérésie, le *san-benito* qui m'était destiné était sans croix, et s'appelait pour cela du nom particulier de *zamarra*. Ceux qui abjurent comme violemment suspects portent le *san-benito* avec une moitié de la croix; les *hérétiques formels* la portent entière. Ces trois sortes de *san-benito* étaient à l'usage des hérétiques qui ne devaient pas être mis à mort après leur réconciliation. Il y en avait trois autres, destinés aux malheureux qui devaient être livrés au bras séculier, c'est-à-dire, mis à la disposition de la justice ordinaire pour subir une réclusion perpétuelle ou la peine du feu. J'en donnerai la description lorsque je parlerai de l'horrible auto-da-fé dans lequel je devais être brûlé.

L'alguazil et ses agents me conduisirent, avec six autres condamnés, à l'église où devait se faire notre abjuration. En entrant dans l'église je fus frappé d'étonnement à la vue du peuple et du clergé, qui se pressaient là comme pour une cérémonie extraordinaire. Je demandai au dominicain qui m'exhortait quelle fête on allait célébrer. « La fête du retour d'une brebis égarée qui rentre au bercail, me répondit-il amphibologiquement. » Je m'en tins à cette question et à la réponse du moine, car je remarquai que tous les regards se portaient sur moi avec une grande avidité. Tout aussitôt, on me fit monter sur un échafaud élevé où je me tins debout, la tête nue, et plus humilié que je n'aurais voulu le paraître, tant j'étais indigné, au fond du cœur, d'un pareil traitement. La messe commença; tous les assistants l'écoutèrent avec un recueillement commandé surtout par la présence des inquisiteurs dont les yeux planaient sur la foule, comme pour y démêler une proie.

Mes regards aussi plongeaient dans cette foule, y cherchant un visage ami; espérant, sans le désirer, entrevoir un instant ma Béatrice; mais rien! Tout ce peuple était sans sympathie, et ma fille n'apprit que par moi l'humiliation publique que j'avais essuyée!

Un des inquisiteurs interrompit l'office divin pour prêcher avec force contre l'hérésie, et rappeler aux assistants l'obligation, pour tous, de dénoncer au saint-office les hérétiques, les fauteurs d'hérésie, les blasphémateurs, et surtout les *marranos*, ou juifs convertis, sous peine d'être traités eux-mêmes comme hérétiques, et livrés à toute la rigueur de l'inquisition.

Après cette prédication, on lut aux assistants les articles de ma sentence et de celle de chacun de mes compagnons, ainsi que les motifs qui l'avaient dictée. J'étais condamné uniquement pour le délit dont je m'étais chargé; les autres délits, disait la sentence, n'ayant pas paru suffisants pour m'attirer un châtiment. Puis, on mit devant moi la croix et les évangiles, en m'invitant à renouveler ma profession de foi en récitant le symbole, et à faire une abjuration complète de toutes mes hérésies. Cette cérémonie se répéta autant de fois qu'il y avait de condamnés. J'avoue qu'en apprenant que j'étais tombé dans le piége tendu à ma bonne foi par les inquisiteurs, mon indignation fut telle, que peu s'en fallut que je ne me portasse à des actes sacriléges sur la croix et sur les évangiles mêmes. Heureusement qu'un des inquisiteurs ne m'en laissa pas le temps, car il commença immédiatement à réciter la formule d'abjuration, après m'avoir averti que je devais la répéter après lui : ce que je fis machinalement, et sans penser à autre chose qu'à tirer vengeance, un jour, de l'hypocrisie de ces fanatiques.

Quand j'eus signé mon abjuration, l'inquisiteur me donna l'absolution, et je fus ce qu'on appelle *réconcilié*. Je crus que tout était terminé pour moi, et qu'à cela se bornerait ma pénitence. Que je connaissais mal l'inquisition et sa douceur!

Arbuez lut à haute voix l'arrêt ignominieux suivant : « Le « jour de la Toussaint, les fêtes de Noël, de l'Épiphanie et de « la Chandeleur, ainsi que tous les dimanches de carême, le « réconcilié ici présent se rendra à la cathédrale pour assister à « la procession, en *chemise, pieds nus* et les bras en croix; il y « sera *fouetté* par le curé, excepté le dimanche des Rameaux, « où il sera *réconcilié*. Le mercredi des Cendres, il se rendra « aussi à la cathédrale de la même manière, et il y sera *chassé* « de l'église pour tout le temps du carême, pendant lequel il « sera obligé de se tenir à la porte et d'assister de là aux offices « divins. Il occupera la même place le jeudi-saint, jour où il « sera réconcilié de nouveau. Tous les dimanches de carême, « il entrera à l'église pour y être réconcilié, et reprendra « aussitôt sa place à la porte. Il portera toujours sur la poi-« trine deux croix d'une couleur différente de celle de « l'habit. »

Et cela pendant *trois ans!* en ma qualité de légèrement suspect. Si j'avais été *gravement* suspect, cette peine m'eût été appliquée pour *cinq ans*, et pour *sept ans* si j'avais été *violemment* suspect. Et vous appelez cela un *auto-da-fé!* un acte de foi! *une réconciliation!* C'est en vain que vous répétez ce mot si souvent, votre rancune se montre en dépit de toutes vos paroles hypocrites; que le monde le sache bien, l'intérêt de la religion vous touche peu; le soin de conserver intacte votre funeste autorité est tout pour vous. Un hérétique, à vos yeux, est moins un ennemi de Dieu qu'un ennemi de la souveraineté des papes, de qui vous tenez votre toute-puissance; voilà ce qui vous rend si implacables. Pendant *trois ans* je serai chassé de l'église, fustigé dans l'église en présence du peuple, de mes amis, de ma famille! Et pour quel crime? Pour n'avoir pas dénoncé un malheureux qui s'était mis, à mon insu même, sous ma protection, qui m'avait demandé l'hospitalité !

Il fallait me soumettre à ce châtiment honteux, sous peine d'être livré au bras séculier et brûlé comme hérétique impénitent. Mais il me fut impossible de supporter longtemps avec patience une semblable épreuve. Mes amis s'étaient éloignés de moi, mes parents ne me recevaient plus qu'avec inquiétude, car ils voyaient rôder autour de moi des espions, des membres de la *milice du Christ* ou *familiers* du saint-office, qui épiaient toutes mes démarches. Autrefois cette *milice du Christ* était un ordre tout militaire, destiné à combattre ouvertement les albigeois; mais aujourd'hui, c'est par des dénonciations ténébreuses qu'ils signalent leur zèle contre des malheureux qu'ils appellent les ennemis de la religion. Une simple dénonciation faite sous le sceau du secret, une vengeance, une calomnie, assurées d'avance de l'impunité, pouvaient causer une nouvelle procédure contre moi, et si l'on m'eût arrêté chez quelqu'un de mes parents, il aurait été infailliblement considéré comme suspect et compris dans mon malheur. C'était plus qu'il n'en fallait pour exciter la défiance. Dans ma maison, le découragement de ma fille augmentait le mien; elle ne pouvait que pleurer sur mon déshonneur qu'elle partageait, et elle avait un plus grand besoin de consolation que moi-même. Non, un tel état ne pouvait durer longtemps.

Malgré les frais considérables que mon procès avait occasionnés et que je fus obligé de payer intégralement, ma fortune était encore plus que suffisante pour marier ma fille et m'assurer une existence tranquille, s'il est possible de l'espérer quand on est sous le coup du déshonneur. Mais, en Espagne, il n'y avait plus de bonheur à attendre ni pour ma Béatrice ni pour moi; le moindre prétexte pouvait me faire dépouiller du reste de mes biens et me plonger, moi et mon enfant, dans la plus affreuse misère. Je résolus de sortir d'une position aussi critique.

A cet effet, je vendis une partie de mes terres, et j'en fis passer, le plus secrètement possible, le produit en France.

Enhardi par le succès de cette première tentative, je me promis de la renouveler, mais je ne voulais pas mettre à cette affaire importante trop de précipitation, de peur d'exciter le soupçon des inquisiteurs. Quelque temps après, j'envoyai, sous la garde d'une sage gouvernante et d'un serviteur dévoué, ma Béatrice en France, à Toulouse, où j'avais fait déposer mes premiers fonds en mains sûres. Pour moi, prétextant, auprès de ma fille, la nécessité de présider moi-même à la vente de mes autres biens, je restai à Saragosse. Quand je sentis ma fille hors de toute atteinte de la part de l'inquisition, je fus soulagé d'un poids accablant, et mes projets changèrent subitement. Je ne renonçai point à la résolution que j'avais prise de m'expatrier, mais je voulus auparavant laisser à mes persécuteurs un souvenir de ce que peut la vengeance soutenue par le ressentiment d'une flagrante injustice.

CHAPITRE IV.

SUITE DES MÉMOIRES.

Le prêtre tolérant. — Conciliabule. — Ferdinand V et Isabelle. — Torquemada. — Les *Instructions*. — Maître Epila. — La licorne du grand-inquisiteur.

Pour la cinquième fois depuis ma condamnation j'étais dans la cathédrale de Saragosse pour accomplir la pénitence qui m'était imposée. Le carême touchait à sa fin; on était au dimanche de la Passion. Mais, avant de partir pour l'église, j'avais fait donner avis à Pierre Sanchez que dans la soirée je me rendrais chez lui, le priant d'avoir soin d'y réunir tous nos amis.

Je m'étais placé près de la grille du chœur, où il ne m'était pas permis d'entrer. Je tenais à la main les verges qui devaient servir à me déchirer les épaules; car les inquisiteurs n'oublient rien pour faire, d'une simple pénitence, une grande infamie.

La pénitence.

Le san-benito me couvrait le dos et la poitrine. Quel combat se livraient dans mon âme le sentiment de ma dignité d'homme, de noble, d'Aragonais, outragée, anéantie, et celui de l'invincible nécessité où je me trouvais de me soumettre au châtiment! O Béatrice! Béatrice! combien le soin de ton bonheur m'a fait accomplir de sacrifices!

Le défilé de la procession commença pendant que je me tenais immobile près de la grille du chœur. Quand le prêtre fut auprès de moi :

« Mon fils, me dit-il d'une voix émue, obéissez à la sainte inquisition; c'est à genoux, mon fils, qu'il faut s'humilier devant Dieu et le saint-office. »

Je me laissai tomber à genoux. Deux servants s'approchèrent aussitôt et m'enlevèrent le san-benito. Jamais cette partie de ma pénitence ne s'était accomplie sans que j'éprouvasse un soulagement pareil à celui que ressentirait un homme accablé sous un poids énorme, dont on le délivrerait tout à coup. Bientôt on m'ôta mes vêtements, alors mes épaules furent encore une fois mises à nu. En ce moment je me levai avec une sorte de folie qui ne me permettait déjà plus de comprendre toute la portée de mes paroles et de mes actions. Le prêtre, qui s'aperçut de mon exaltation, me dit aussitôt :

« Mon fils, souvenez-vous des rigueurs de la sainte inquisition... N'avez-vous rien au monde qui vous soit cher?... et voulez-vous être livré au bûcher? »

Puis prenant de mes mains les verges que je tenais encore, il ajouta en me donnant le premier coup :

« Pécheur, repens-toi pour éviter l'enfer et mériter la miséricorde de Dieu.

— L'enfer, lui dis-je avec fureur, n'existe que là où sont les inquisiteurs, il n'y a pas d'autres démons qu'eux; quant à Dieu...

— Allons, mon fils, me dit le prêtre avec bonté, calmez-vous et offrez votre humiliation à Dieu qui, souvent, place une couronne céleste sur le front que les hommes prétendaient charger d'infamie. »

Ces paroles arrêtèrent le blasphème prêt à s'échapper de ma bouche; j'avais affaire à un prêtre tolérant et accessible à la pitié; si les inquisiteurs l'avaient su! J'essayai de profiter des dispositions bienveillantes de cet homme respectable.

« Ne pourriez-vous, lui dis-je, mon père, m'épargner la honte de ce supplice?

— Si c'était en mon pouvoir, me répliqua-t-il, j'aurais prévenu votre demande. Ne nous faisons point illusion, je ne puis pas plus me dispenser de vous l'infliger qu'il ne vous est possible de vous y soustraire. Si je vous épargne, les inquisiteurs en seront instruits par leurs espions qui nous entourent, et ils me puniront sans pour cela vous épargner; car, à mon défaut, un autre ferait ce que j'aurais refusé d'exécuter. Croyez du moins, mon fils, que je souffre autant que vous; oui, chaque coup que je vous donne retentit douloureusement dans mon cœur.

— Ah! si tous les prêtres vous ressemblaient, mon père, que la religion serait douce et charitable, et qu'il ferait bon d'être sous son empire!

— Charitable et douce! elle l'est, mon fils. La charité est son essence; sans la charité, ce ne serait plus une religion divine, mais une loi humaine, qui justifierait les passions des hommes, tandis qu'elle les réprouve. Jamais la religion de Jésus-Christ n'a dit: *Tuez et brûlez*; elle a dit: *Aimez-vous les uns les autres, soyez patients, doux, humbles de cœur.* Ce qui signifie qu'il faut supporter les défauts de ses semblables, leur pardonner leurs erreurs en cherchant à les éclairer, et ne pas se croire plus infaillible que les autres.

— Les inquisiteurs n'ont-ils donc jamais lu l'Évangile?

— Ils l'ont lu, puisqu'ils font profession de l'enseigner; mais ils ne l'ont pas compris, ou feignent de ne pas le comprendre. *Si tous les prêtres vous ressemblaient!* me disiez-vous. Mon fils, il y en a beaucoup qui me ressemblent et qui valent mieux que moi; mais que faire? Pouvons-nous lutter contre les papes, dont l'intérêt est de maintenir et de propager l'inquisition, qui rapporte des sommes énormes au trésor papal?

— contre nos souverains qui l'ont demandée, parce que cette institution sert leurs vues cupides, en leur permettant de s'approprier les richesses des condamnés, et Dieu sait s'il y en a! Le peuple tremble, les véritables ministres de Dieu ne peuvent que gémir sur les maux qui accablent leurs malheureux diocésains, trop heureux quand ils peuvent adoucir tant soit peu l'impitoyable, l'excessive sévérité de l'inquisition. »

La procession continuait, et, avec elle, ma honteuse pénitence. Le prêtre reprit :

« Oui, impitoyable, excessive surtout, car ils dépassent le but; ils prétendaient humilier le pénitent, et ils ne font que l'irriter et l'endurcir. Qu'ont-ils gagné à vous infliger un châtiment si souvent répété? La première fois que vous vous présentâtes à moi, les verges à la main, pour vous soumettre à la sentence du saint-office, vous me parûtes touché d'une salutaire honte, et j'augurai bien de votre repentir. Mais, depuis, vos dispositions ont bien changé; et aujourd'hui peu s'en faut que vous ne braviez ouvertement l'inquisition et que, par un scandale public, vous n'attiriez sur votre tête la peine la plus terrible. O mon fils, de grâce, ne le faites pas; souffrez avec résignation, et ne m'accablez pas de la douleur que j'éprouverais en pensant qu'ayant été l'instrument de la cruauté du saint-office, j'aurais pu contribuer à votre affreux malheur.

— Mon père, ils m'ont condamné pour avoir fait un acte d'humanité; qu'auraient-ils fait si j'avais été réellement coupable, si j'avais attenté à l'honneur ou à la vie d'un de mes semblables? Admettons qu'à leurs yeux je fusse criminel, bien que la raison me proclame innocent, la peine serait-elle proportionnée à la faute? J'ai reçu dans ma maison, un seul instant, un homme poursuivi comme hérétique. Si je l'ai fait avec l'intention de le soustraire au châtiment qu'il a encouru, si je l'ai caché, punissez-moi, j'ai mérité le sort qui m'atteint, et aucune plainte ne s'élèvera de mon cœur. Mais non; cet homme, que je connais à peine et que je n'ai pas vu depuis longtemps, vient me demander l'hospitalité pour une nuit. J'ignore complétement dans quelle position il se trouve à l'égard de l'inquisition, et au lieu d'une nuit il ne reste chez moi qu'une heure. Je vous le demande, où est mon crime?

— Tout autre à votre place, ô mon fils, eût agi comme vous avez fait.

— Eh bien, pour cela, ils m'ont élevé sur un échafaud en présence du peuple, ils m'ont condamné à une pénitence odieuse, infâme, indigne d'un homme de mon rang!... et cette infamie rejaillit jusque sur ma Béatrice, sur ma fille!

— Offrez à Dieu cette ignominie...

— C'en est trop, ô mon père! Dieu, en m'envoyant cette épreuve, ne m'a pas donné la force pour la supporter avec patience.

— L'Église, en ce jour, adore le Fils de Dieu subissant un supplice mille fois plus injuste encore que le vôtre. Aucune plainte cependant ne s'est échappée de sa bouche.

— Sa patience était celle d'un Dieu; puisque je ne suis qu'un homme, n'attendez pas de moi une résignation égale à la sienne.

— Songez à cette fille dont vous venez de prononcer le nom, et si ce n'est pour vous-même que vous vous soumettez, que ce soit du moins pour votre enfant.

— Sans cette chère enfant, ô mon père, je n'aurais pas subi une seule fois le châtiment auquel je fus condamné, et j'aurais été au-devant de la mort.

— Votre fille vous est-elle donc moins chère aujourd'hui, puisque vous voulez mourir?

— Mourir?... Ah! vous avez raison, mon père, je ne dois pas mourir! Fou que j'étais! mourir! quand ma Béatrice a besoin de tout mon appui et de toute ma tendresse!... Je la laisserais, seule, sous le poids de l'infamie que ma double condamnation aurait amassée sur sa tête! Non! il faut vivre. Ma honte ne saurait aller plus loin, ma pénitence ne s'est point accrue, et puisque je l'ai commencée, je l'accomplirai tout entière!

— Que votre résignation, ô mon fils, sera agréable à Dieu!

— Quand, il y a cinq semaines, je suis venu me remettre

entre vos mains pour commencer ma pénitence, le supplice que j'ai enduré a été mille fois plus cruel que la mort même, et je n'ai pas voulu mourir. Vous dire, ô mon père, ce que j'éprouvai de honte et de douleur au moment où vos mains me dépouillèrent pour mettre à nu mon dos et mes épaules, est au-dessus de toute expression. A mesure que je m'avançais dans cette même église, il me semblait que les regards de toute cette foule qui s'ouvrait devant mon passage me flagellaient plus cruellement que les verges dont vous me frappiez. Combien je maudissais les hommes ! Quel désespoir m'accablait ! Oui, les termes manquent à la pensée pour exprimer de telles souffrances. C'est alors que la mort m'eût été douce ; mais ma fille, dont la touchante image vint me consoler, me défendait de mourir, et j'ai surmonté mon désespoir. Et puis, déjà vous étiez bon, déjà vous aviez pitié de moi. O mon père, quand la procession fut rentrée dans le chœur, et que je me fus prosterné devant vous pour recevoir votre bénédiction, une larme échappée de vos yeux tomba sur mon épaule nue et me soulagea comme un baume rafraîchissant et doux. Que vous me parûtes grand et respectable, entouré ainsi de cette auréole de miséricorde ; quand mes juges, armés de toutes leurs rigueurs, me semblaient plus méprisables que la poussière. Votre compassion accrut ma résignation, et vos sages exhortations me l'ont rendue aujourd'hui.

— Que Dieu vous la conserve, mon fils ! »

Ma pénitence s'était achevée pendant le cours de ce colloque. La rigueur de mon châtiment n'était pas dans les coups que le bon prêtre me donnait, puisqu'il les appliquait si faiblement, qu'il était facile de voir qu'il cherchait à faire de ma pénitence une simple formalité plutôt qu'un supplice réel. Mais, pour moi, la douleur physique eût été peu de chose ; le mal moral, ou, si l'on veut, la honte, l'infamie attachées à cette fustigation, quelle qu'elle fût, voilà ce qui en faisait un supplice insupportable. Le sang de mon corps ne jaillissait pas sous les coups du vénérable prêtre, mais mon âme était cruellement déchirée. L'humanité seule de l'exécuteur avait adouci la cruauté de la sentence des juges ; toute ma reconnaissance était donc pour le premier, toute ma haine pour les seconds. En quittant l'église, je jurai que je venais d'y entrer pour la dernière fois.

Le soir, à la nuit profonde, je me couvris d'un manteau couleur de muraille, et je me rendis le plus secrètement possible chez Pedro Sanchez, en évitant les quartiers fréquentés et en esquivant la rencontre des passants importuns. A mon arrivée, je trouvai occupés à boire, autour d'une table de marbre, les jeunes amis qui, cinq mois auparavant, avaient été arrêtés avec moi. J'ai déjà dit leurs noms. Les uns avaient été absous faute de preuves, les autres avaient subi une pénitence légère, et tous étaient dans les meilleures dispositions pour seconder mes desseins.

Tristan de Léonis, que je n'avais pas vu depuis mon arrestation, vint se jeter dans mes bras. Noble jeune homme ! à vingt-quatre ans, déjà plein de sagesse et doué d'un courage à toute épreuve. Je lui appris ce que j'avais fait pour mettre ma fille en lieu de sûreté.

« J'approuve et je déplore le parti que vous avez pris, me dit-il ; car, si je suis heureux de savoir que les jours de votre belle et charmante fille sont à l'abri de tout événement, je ne puis me défendre d'un profond désespoir en pensant qu'elle peut être à jamais perdue pour moi.

— Tristan, répondis-je, l'affaire qui doit nous occuper avant tout est trop grave pour nous permettre d'y mêler d'autres projets ; ajournons donc, ami, à un temps plus éloigné, les intérêts de l'amour pour ne penser qu'à ceux de la gloire.

— Quelle plus glorieuse entreprise pourrions-nous former en effet, que celle de délivrer les Espagnes de la tyrannie du saint-office, dit Pedro Sanchez ? En toute circonstance, la résistance à l'oppression est un devoir, aujourd'hui c'est une nécessité. Torquemada et Ferdinand se sont unis pour étendre l'inquisition à toutes les Espagnes. Ils ont perverti Isabelle même ; cette Isabelle si bonne autrefois, si jalouse du bonheur de ses sujets, qu'elle n'avait pas voulu consentir à laisser pénétrer l'inquisition dans ses Etats. Eh bien, ils ont levé tous ses scrupules. Torquemada, à qui tous les moyens sont bons, a usé des menaces aussi bien que de la persuasion, et il l'a emporté sur les bonnes dispositions de la reine Isabelle. Aujourd'hui ils veulent établir leur réforme sanguinaire dans l'Aragon ! De toutes parts déjà les bûchers s'allument : attendrons-nous qu'ils se soient dressés pour nous ?

— Peu s'en est fallu, dis-je en interrompant Pedro Sanchez, que le mien ne s'allumât avant tous les vôtres. Vous n'ignorez pas à quelle humiliation je suis condamné. Ce n'est que le prélude de ce qui nous attend. Nous sommes riches; or, Torquemada et Ferdinand convoitent nos biens, et pour s'en emparer, ils nous feront tomber dans les inextricables filets du saint-office. Nous laisserons-nous égorger sans défense ? Pendant que nous sommes libres encore, prévenons nos oppresseurs. Que tardons-nous pour frapper ? Le peuple est pour nous ; notre exemple fera surgir des imitateurs prêts à venger l'Espagne. Le roi, qui n'a d'autre vertu qu'une prudence sans fermeté, d'autre politique qu'une astuce tortueuse qui le fait craindre de ses amis autant que de ses ennemis ; ce roi, qui tremble au seul nom de Torquemada, tremblera bien davantage quand il apprendra que des hommes pleins d'énergie, bravant les foudres de Rome et les vengeances du saint-office, ont osé immoler le grand-inquisiteur général; que l'Aragon, la Castille, la Catalogne, Valence, Barcelone, toutes les provinces et toutes les villes enfin, chassent ou tuent les inquisiteurs. N'en doutez pas, il reculera devant l'exécution de ses desseins; Torquemada tombé, c'en est fait de l'inquisition !

—Ainsi, demanda Pedro Sanchez, d'Abadia serait d'avis de tuer Torquemada ?

— Assurément, répondis-je.

— Quant à moi, mes maîtres, dit Vidal d'Uranzo, le domestique d'Esperaindeo, je conseille de tuer non-seulement Torquemada, mais encore *maître Epila*, le premier inquisiteur de Saragosse; puis Gaspard Juglard, son second, et tous les inquisiteurs de l'Aragon avec eux, sans même épargner le roi... Je tuerais le pape lui-même...

— Assez ! interrompit d'Esperaindeo, les plus rodomonts ne sont pas les plus braves ; promettons moins et faisons plus.

— Bien dit, reprit Tristan de Léonis. Usons de prudence, car le peuple, seigneur d'Abadia, n'est peut-être pas aussi disposé à nous soutenir que vous le pourriez penser. Les *vieux chrétiens* n'aiment guère les *nouveaux*, et si nous nous attaquons d'abord à trop haut seigneur, nous pourrons nous en repentir.

— Voulez-vous faire les choses à demi ? riposta Vidal d'Uranzo.

— Connaissez mieux Ferdinand et les peuples de la Castille, répondit Tristan. Ferdinand veut l'inquisition, il la veut toute-puissante, inflexible, implacable. Par elle ses coffres se remplissent de l'or des victimes ; il est sourd aux plaintes de ses sujets et n'est sensible qu'à l'appât de leurs richesses. Quand vous aurez immolé quelques inquisiteurs, croirez-vous avoir tout fait pour anéantir l'inquisition ? Détrompez-vous ; le grand-inquisiteur général une fois mort, un autre le remplacera. Pensez-vous que l'Espagne manque de dominicains assez fanatiques pour accepter une charge où quelques-uns, peut-être, ne verront qu'un moyen de gagner une couronne de martyr ? D'ailleurs, je vous le répète, l'inquisition est nécessaire à Ferdinand.

— Mort à Ferdinand ! cria d'Uranzo.

— Silence, encore une fois ! interrompit d'Esperaindeo avec humeur. Sommes-nous réunis ici pour pousser des clameurs, ou pour examiner froidement le moyen de débarrasser notre patrie des tyrans qui l'oppriment ?

— Hors de ce lieu, seigneur, je dois me taire quand vous parlez, répliqua d'Uranzo, car vous êtes mon maître, et je ne suis que votre valet ; mais ici nous sommes tous des conspirateurs ! L'inégalité des conditions disparaît devant la complicité qui nous lie.

— Tu es bien orgueilleux et bien savant pour un valet, dit

Bernard Léofante qui n'avait pas encore prononcé une parole, mais qui avait observé avec une attention soupçonneuse tous les gestes et toutes les paroles de d'Uranzo. Écoute-moi bien, ajouta-t-il, souvent la faiblesse, parfois même la trahison se cache derrière ces démonstrations énergiques. »

Pour expliquer les interruptions dont les paroles de Vidal d'Uranzo étaient l'objet, je dois dire qu'il avait encouru le soupçon d'être un des espions du saint-office, par la raison qu'on l'avait vu quelquefois impliqué dans des affaires assez graves, dont il s'était toujours tiré sain et sauf. Était-ce l'effet d'un hasard heureux, ou reconnaissance de la part de ceux qui profitaient de son espionnage, je ne sais. Toujours est-il que la plupart d'entre nous ne pouvaient s'empêcher de lui témoigner de la défiance. Pedro Sanchez, seul, avait toujours répondu de sa fidélité, il s'en était même formellement porté le garant. Voilà comment Vidal d'Uranzo faisait encore partie de notre association, et comment ses paroles donnaient lieu à des remarques empreintes d'une défiance mal déguisée. Quand j'aurai exposé tous les faits qui ont eu rapport à l'affaire qui nous occupait; quand on aura vu par qui nous avons été tous dénoncés, et non-seulement nous, mais encore des centaines d'autres personnes avec nous, on tirera la conséquence d'après la conviction que chacun aura pu se faire en suivant mon récit. Je reprends.

Vidal d'Uranzo, lançant un regard furieux à Bernard Léofante, répondit :

« Voulez-vous dire, maître Bernard, que le moment d'agir arrivé, je me montrerais sans cœur et sans foi ?

— Voilà justement ce que je pensais, répondit Bernard Léofante.

— Avez-vous, à cet égard, la même opinion que Bernard ? demanda d'Uranzo en s'adressant, d'un air hautain, aux autres conspirateurs.

— Par les cornes du diable ! je l'avoue pour mon compte, répondit d'Esperaindeu.

— Et moi, pour le mien, ajoutai-je.

— Et moi aussi, continua Tristan de Léonis.

— Je connais la cause de vos soupçons, reprit d'Uranzo; vous me faites un crime d'avoir été heureux dans mes démêlés avec les inquisiteurs. Est-ce là de l'équité? Que dois-je faire pour les détruire? Qui m'ordonnez-vous de sacrifier? Est-ce Ferdinand? est-ce Torquemada? ou maître Epila? Parlez; mais, pour Dieu, ne me repoussez pas sans raison?

— Quant à moi, répondit Sanchez, je crois que d'Uranzo est brave, que pas un de nous ne l'emporterait sur lui en fidélité et en résolution. Je crois aussi que nous ferons bien de nous abstenir de toutes ces rodomontades d'une part, et de l'autre de laisser à chacun le soin de prouver, par des faits, qu'il est prêt à sacrifier sa vie pour immoler les ennemis de l'Aragon.

— Mort aux inquisiteurs! s'écrièrent tous les conjurés.

— Tuer tous les inquisiteurs, dis-je, il n'y faut pas penser; le temps nous manque pour organiser notre association sur un plan assez vaste. Dans une affaire comme celle-ci, le succès dépend de la promptitude de l'exécution.

— D'ailleurs, ajouta Tristan de Léonis, ne comptez pas sur le peuple de Castille, il laissera l'Aragonais combattre seul; les Castillans sont attachés à leurs souverains; ils sont patients, et ce n'est que par une circonstance tout à fait extraordinaire qu'ils consentiraient à briser leurs fers; encore faudrait-il qu'ils fussent entraînés par un chef d'une influence irrésistible.

— Ne sommes-nous pas assurés du concours de Gabriel et de François Sanchez, l'un trésorier et l'autre dépensier du roi? demanda Pedro Sanchez.

— Sans doute, répondit Tristan.

— Et de celui de Pedro Cerdan, continua Mathieu Ram; Guillem Ruiz serait aussi des nôtres.

— Je réponds de Galacian Cerdan, dit Pedro Sanchez.

— Et moi, de Martin Gotor, lieutenant du sous-préfet de Saragosse, ajoutai-je.

— Vous ne parlez pas de Luis de Santangel, ni de Michel

Coscon, ni du seigneur d'Aranda, de dom Lope, son fils, du seigneur de Sastago, de Sancho de Paternoy, et d'une foule d'autres, dit d'Uranzo un peu embarrassé de sa personne, depuis la leçon qu'il avait reçue.

— Tous sont pleins de courage et de dévouement, répondit Tristan, car tous descendent d'israélites condamnés autrefois par l'inquisition; leur influence est incontestable en Aragon, mais aucun d'eux n'aurait assez d'influence en Castille pour opérer un soulèvement dans la moindre bicoque.

— Alors, que proposez-vous, seigneur de Léonis? demanda Pedro Sanchez.

— Le voici, répondit Tristan. Pour les raisons que je vous ai dites, ne nous exposons pas à une défaite, en précipitant imprudemment l'exécution de nos projets. Vouloir nous attaquer au roi me parait une chimère; immoler Torquemada n'est pas moins impossible, car cet homme est mieux gardé que Ferdinand lui-même. Quel résultat, d'ailleurs, aurait pour le pays la mort de l'un ou de l'autre? chacun d'eux aurait immédiatement un successeur. Ce ne sont pas les hommes qu'il faut tuer, mais l'institution elle-même. Je vous propose donc, à vous qui m'écoutez, et à vous tous qui êtes prêts à nous soutenir, de travailler sourdement et avec persévérance à détruire dans l'esprit des peuples cette sorte de terreur sacrée dont ils sont saisis au seul nom d'inquisition. Prouvons-leur que cette institution, qu'on leur présente comme ayant été établie dans l'intérêt de la religion, a servi de prétexte aux spoliations les plus révoltantes, aux persécutions les plus intolérables, à l'accomplissement des vengeances personnelles les plus implacables. Racontons partout, dans les villes, dans les campagnes, sur les places publiques, au sein du foyer, tous les excès de l'inquisition. Disons aux pères de famille, que de malheureuses jeunes femmes, d'innocentes jeunes filles, privées tout à coup de soutien et de moyens d'existence par la condamnation de leurs pères et la confiscation de leurs biens, se sont vues dans la triste nécessité de se livrer à la prostitution la plus abjecte pour prolonger une vie que, dans leur désespoir, elles auraient voulu s'arracher. Faisons aux peuples le tableau des ravages de cette institution sanguinaire, depuis son établissement jusqu'à nos jours. Rappelons-leur les noms des villes d'un même empire armées les unes contre les autres; les liens de la famille même méconnus; la trahison érigée en devoir; montrons-leur les cachots encombrés de prisonniers, les bûchers ne cessant de brûler des milliers de victimes; en un mot, soulevons les populations contre le système affreux qui nous opprime, et, Dieu aidant, nous aurons sauvé notre patrie de ce fléau vomi par l'enfer.

Il faut avoir vu ce beau jeune homme de vingt-quatre ans à peine, à la chevelure noire et ondoyante, aux yeux pleins de feu, au visage noble et rayonnant d'intelligence, à la voix pure et entraînante, pour comprendre l'enthousiasme qui accueillit ses paroles.

« Amis, dit Pedro Sanchez, quand il lui fut permis de parler, vous adoptez le projet de Tristan, je le vois à la chaleur qu'il a fait passer dans vos âmes, et je m'en réjouis; mais il est une mesure préliminaire que les hommes sages et prévoyants se gardent bien de négliger dans les circonstances graves, périlleuses, comme celle où nous nous trouvons, et qu'à leur exemple vous ne manquerez pas d'adopter : je veux parler du serment qui doit nous enchaîner et nous rendre tous solidaires les uns des autres. Que dis-je, un serment! c'est par un acte hardi et qui fasse trembler nos ennemis que nous devons cimenter notre union. En un mot, faisons en sorte qu'il n'y ait d'autre salut pour chacun de nous que dans l'exécution et le succès de notre dessein. J'approuve, comme vous, le projet de Tristan de Léonis; mais je propose de faire, avant tout, tomber sous nos coups le digne suppôt de Torquemada, le premier inquisiteur de Saragosse, Pedro Arbuez, enfin.

— Mort à Pedro Arbuez! s'écrièrent tous les conjurés.

— Puisqu'il en est ainsi, dit d'Uranzo, puisque sa mort est résolue, je demande à frapper le premier coup, afin que vous reconnaissiez que je ne méritais pas vos soupçons.

— Qu'il en soit ainsi! s'écria toute l'assemblée.

— C'est à moi, Juan d'Abadia, qu'appartient l'honneur de frapper le premier coup, dis-je avec force; je dois cela à Pedro Arbuez; mais à toi le second, Vidal d'Uranzo.

— Nous frapperons tous, dit Mathieu Ram.

— A quel jour l'exécution, demanda d'Uranzo?

— A huit jours, répondit Sanchez; samedi, dans la cathédrale, le soir, à l'heure où les chanoines commencent les matines; d'ici là, ajouta-t-il, chacun de nous prendra les mesures les plus propres à assurer son salut en cas de non-réussite.

— C'est dit. »

On se sépara peu à peu, et en prenant les plus grandes précautions pour n'être pas surpris plusieurs ensemble. La soirée était fort avancée.

Je n'étais plus qu'à quelques pas de mon domicile, quand soudain une forme sombre et à peu près de la même taille que moi se détacha de l'angle d'une porte voisine, et vint à moi en atténuant autant que possible le bruit de ses pas; son visage était masqué. J'avais instinctivement porté la main à mon poignard, quand j'entendis l'inconnu me dire à voix basse :

« Ne craignez rien, je suis votre ami, seigneur d'Abadia, et je suis venu pour vous le prouver. Je connais vos desseins. Prenez garde, peu s'en est fallu, tout à l'heure, que vous ne fussiez surpris par une escouade de nuit, au moment où vous sortiez de la maison de Pedro Sanchez ; mais j'ai dit aux sbires que de jeunes seigneurs en joyeuse humeur faisaient tapage à l'autre extrémité de la ville, et ils y sont allés.

— Qui que tu sois, dis-je à cet inconnu, s'il est vrai que tu aies fait cela dans l'intention de m'être utile, reçois ma parole de gentilhomme que je n'oublierai pas le service que tu m'as rendu.

— Défiez-vous, reprit l'inconnu, de Vidal d'Uranzo; ce misérable à l'âme basse et vénale appartiendra à celui qui mettra le plus haut prix à l'achat de sa conscience. »

Je ne savais trop comment répondre à cet avertissement;

car, après tout, cet ami inconnu si officieux, si instruit de nos projets, pouvait bien n'être qu'un familier du saint-office; je voulus avant tout m'en assurer.

— Pardieu! mon compagnon, dis-je avec assurance, si ton habitude est de parler à tes amis la figure sous le masque, cherche-les ailleurs qu'ici; tu n'es pas des miens, car tous les miens me parlent à visage découvert.

— Ta défiance ne me surprend pas, me répondit-il en prenant un ton plus familier, elle est trop légitime; mais je ne veux pas chercher à la détruire. J'ai mes raisons pour me dérober à ta vue; un jour, si les circonstances le permettent, tu apprendras qui je suis. Fais cependant ton profit des avis que je te donne. Je n'ai pas autre chose à te dire. Adieu. »

Il s'éloigna, mais revenant bientôt sur ses pas :

« Un dernier avis, seigneur d'Abadia, ajouta mon inconnu: demain le roi Ferdinand sera dans Saragosse avec Isabelle; le grand-inquisiteur Torquemada les accompagne, ils viennent faire leurs dévotions à Notre-Dame-del-Pilar : vous savez, seigneur d'Abadia, que ni Leurs Altesses ni Torquemada ne marchent jamais sans une bonne escorte de troupes et de familiers. Prenez garde! Dieu veuille que leur présence dans nos murs ne soit pas le signal de nouvelles rigueurs contre les *marranos*, comme ils disent.

— Seriez-vous des nôtres? demandai-je.

— Silence! me répondit-il, en baissant encore la voix; j'entends du bruit, séparons-nous, et que Dieu vous protége! »

Là-dessus mon officieux donneur d'avis se perdit dans les sombres sinuosités de la rue, et je rentrai chez moi, assez ému de cette apparition nocturne.

J'en parlai le lendemain à Sanchez.

« S'il ne faut que de l'argent pour nous assurer la fidélité de d'Uranzo, dit-il, nous n'en manquerons pas; car, indépendamment de nos fortunes particulières, n'avons-nous pas en réserve les fonds provenant de la souscription de tous les nouveaux chrétiens, qui adhèrent d'avance à tout ce que nous pourrons entreprendre contre l'inquisition? Si son âme est vénale, nous l'achèterons. Il est trop instruit de nos projets, maintenant, pour que nous n'employions pas tous les moyens de nous l'attacher. Ayez l'œil sur lui d'Abadia, et samedi, s'il hésite, qu'il meure le premier! »

Dans la journée, Ferdinand et Isabelle firent leur entrée à Saragosse. Cette ville est laide et mal bâtie; les rues sont tortueuses et sombres; mais aucune autre cité de toutes les Espagnes ne pourrait se flatter de contenir une population plus brave. La ville de *César Auguste* est digne, sous ce rapport, de son illustre fondateur. Ses habitants sont non-seulement braves, mais encore dévoués à leurs souverains; ils en donnèrent une nouvelle preuve le jour dont je parle.

Toute la plus belle noblesse de Castille et d'Aragon se pressait autour de Leurs Altesses. Notre place était là aussi, à la plupart de mes amis et à moi; autrefois il n'y eût pas eu de brillant cortége sans notre participation; mais ce jour-là, plus irrités encore que flétris, mes amis dédaignèrent de se montrer au milieu de cette cohue de courtisans, qui s'empressaient de baiser la main qui les châtiait. Quant à moi, pour longtemps encore sous le poids d'une pénitence ignominieuse, j'étais trop heureux de me trouver perdu dans la foule du peuple. Toute la population faisait retentir l'air de cris de joie, pareils à ceux qu'aurait excités la vue de deux monarques dont la présence seule aurait délivré leurs peuples d'un fléau dévastateur; et pourtant c'était à eux que l'Aragon et la Castille devaient l'inquisition nouvelle!

Comme si l'on eût craint que le peuple ne s'en souvînt pas, Ferdinand et Isabelle amenaient avec eux la preuve vivante de leur funeste institution; Torquemada les suivait! Mais le peuple semble n'avoir de mémoire que pour le bien, et nullement pour le mal qu'on lui fait. Il n'avait point oublié que ces deux mêmes souverains avaient naguère réformé les abus qui s'étaient introduits dans l'État sous le règne précédent; qu'ils avaient récompensé dignement ceux qui s'étaient distingués par de véritables services; que, par leurs ordres, des commissaires royaux avaient parcouru les provinces pour recueillir les plaintes des peuples opprimés par les grands, et y faire droit immédiatement. Et puis, comme pour réunir en un même jour sous les yeux du peuple le mal excessif et le bien suprême, le bon et le mauvais génie de l'Espagne, on voyait l'archevêque de Tolède, Ximenès, le plus grand homme qu'ait eu l'Espagne, marcher à côté d'Isabelle !

On se souvenait aussi que cette reine de Castille avait longtemps résisté aux obsessions de Torquemada avant de consentir à admettre l'inquisition en Castille, et qu'elle n'avait cédé que parce que le dominicain avait su exciter ses scrupules au sujet de la promesse, qu'il lui avait arrachée dans son enfance, de concourir à l'établissement de l'inquisition aussitôt qu'elle aurait l'autorité souveraine. Le cœur d'Isabelle s'opposait à cette institution, mais sa conscience, alarmée par le perfide Torquemada, lui fit donner son consentement.

Si la joie éclatait sur le passage des souverains et de Ximenès, un morne silence succédait à ces démonstrations dès qu'apparaissait le cortége de Torquemada. Le contraste qui se faisait remarquer entre les deux escortes n'avait de comparable que la différence avec laquelle elles étaient accueillies. A la pétulance juvénile, à l'éclat chevaleresque du cortége de Ferdinand, à la grâce des jeunes et belles femmes qui entouraient Isabelle, à la somptuosité des costumes, à toute cette foule enfin, chamarrée d'or, d'argent, de pierres précieuses, de soieries, de velours, tableau animé, éblouissant, capable d'exciter l'enthousiasme des plus froids, l'admiration des plus indifférents, tout à coup succédait une troupe compacte, sombre, soupçonneuse, l'inquiétude au cœur, la dague au poing; c'était le cortége du grand-inquisiteur; tout se taisait alors; la défiance remplaçait la joie bruyante; plus de vivats, plus de laisser-aller dans les discours; mais des marques hypocrites d'un respect inspiré par la terreur, des dehors mensongers de catholicisme. Autant le peuple s'était montré expansif et joyeux pour attirer sur lui les regards bienveillants de son roi et de la reine Isabelle, autant il se faisait taciturne et petit pour échapper aux regards sinistres du grand-inquisiteur.

Ainsi passèrent les deux cortéges jusqu'à *Notre-Dame-del-Pilar.*

Ferdinand avait trente-trois ans. Je fais peu de cas de la beauté physique d'un homme d'une condition ordinaire, mais j'aime à trouver en celui qui est destiné à commander aux autres, non-seulement toutes les qualités du cœur, mais aussi la grâce du corps qui enchante, la majesté du visage qui impose le respect, la vigueur de toute la personne qui commande la soumission. L'histoire se taira sur ces qualités extérieures de Ferdinand, pour ne parler que des qualités morales, hélas!... qu'il n'avait pas.

Une surtout lui manquait, la fidélité à sa parole, la probité! A l'heure où j'écris ces mémoires [1] Ferdinand et Isabelle ne sont plus, le premier, depuis dix ans, la seconde depuis vingt ans; d'ailleurs la vie publique et privée des monarques appartient à l'histoire. Voici ce qu'elle dira d'*Isabelle :* qu'elle fut bonne, mais faible; qu'elle honora le mérite en faisant de Ximenès son conseiller intime, mais qu'elle appuya le fanatisme en acceptant l'inquisition; de *Ferdinand,* que jamais prince ne s'est joué autant que lui des serments les plus saints; qu'il aurait pu être un grand monarque s'il eût eu en partage la vertu sans laquelle les autres ne sont rien, la probité. Jamais, en effet, un manque de foi ne lui coûta dès qu'il trouva de l'avantage à le commettre; il poussa même ce défaut jusqu'à en tirer vanité : ainsi, le roi de France Louis XII, de glorieuse mémoire, s'étant plaint que Ferdinand l'avait trompé jusqu'à trois fois : « *Il en a menti, l'ivrogne,* dit le roi d'Espagne, *car je l'ai trompé plus de dix fois!* » Un prince d'Italie disait de Ferdinand : « *Avant de me fier à ses serments, je voudrais qu'il jurât par un Dieu en qui il crût.* » Il avait fait son ministre de Ximenès, plutôt entraîné par la force des choses et par l'exemple et les exhortations d'Isabelle, que par le désir d'honorer un grand homme. Ximenès étant parti à la tête d'une expédition qu'il voulait diriger lui-même, et à ses frais, contre quelques villes

[1] En 1525.

des côtes de l'Afrique, Ferdinand, surpris des succès et jaloux de la gloire de son ministre, écrivit à Navaro, un des généraux de l'expédition : « *Empêchez le bonhomme de repasser sitôt en Espagne; il faut lui laisser user autant qu'il se pourra sa personne et son argent.* » Ce peu de mots suffisent pour faire connaître le caractère de Ferdinand. Que de grands événements cependant illustrèrent le règne de ces deux souverains ! En moins de vingt années l'Espagne acquit plus de titres qu'il n'en faut pour faire la gloire de quatre empires. Ces titres sont : l'établissement de l'imprimerie en Espagne[1]; la conquête de l'île de Canarie[2]; l'expulsion des Maures du sol Espagnol[3] (depuis huit cents ans le royaume de Grenade était en leur pouvoir); la découverte de l'Amérique[4]. Pourquoi, à ces titres de gloire, faut-il en ajouter un qui ternit l'éclat des autres? A la même époque l'inquisition nouvelle ou réformée a été établie sur la demande même de Ferdinand[5].

Leurs Altesses s'arrêtèrent deux jours à Saragosse. Le lendemain de leur arrivée, je me trouvais en compagnie de Tristan de Léonis et de Pedro Sanchez, dans ma maison; nous causions de la grande affaire, quand un coup retentit à la porte extérieure de mon domicile, et bientôt mon valet m'annonça la visite d'un envoyé du grand-inquisiteur. Je le fis introduire.

C'était un grand estafier à la mine longue, froide, bilieuse et perfide. En supposant que cet homme fût dans la confidence des secrets de Torquemada, il m'aurait été impossible de les deviner, en dépit de l'attention que j'aurais pu apporter dans l'inspection de cette face patibulaire.

« Faites-moi connaître au plus vite le motif qui vous amène, lui dis-je en lui témoignant malgré moi l'envie que j'éprouvais de me voir débarrassé de sa présence. »

Il me répondit :

« Le révérend père dominicain Thomas de Torquemada, confesseur de Leurs Altesses, grand-inquisiteur général de la

---

[1] En 1474. — [2] 1480. — [3] 1480. — [4] 1492. — [5] 1481.

Castille et de l'Aragon, fait savoir au seigneur Juan d'Abadia le désir qu'il a de l'entretenir. Je viens donc m'informer s'il plairait au seigneur d'Abadia de se rendre chez notre révérend père dominicain...

— Je vous suis », dis-je en interrompant l'étrange ambassadeur, qui, sans cette interruption, allait recommencer la kyrielle des titres de Torquemada. Là-dessus l'estafier me fit un salut aussi hypocrite que profond, et sortit.

« Votre intention serait-elle en effet d'aller chez le grand-inquisiteur ? me demanda Tristan avec inquiétude.

— Je ne puis m'en dispenser, répliquai-je, sans m'exposer au soupçon ; d'ailleurs, il ne peut avoir sur moi des desseins sinistres ; s'il en était ainsi, je ne serais déjà plus libre. Torquemada connaît mon nom, ma famille ; son père était l'ami du mien ; peut-être, s'il est instruit de mon malheur, me porte-t-il quelque intérêt. Enfin je le verrai, je saurai ce qu'il veut de moi. Malheur à lui si ses intentions me paraissent hostiles ! Je voulais l'immoler ; qu'il prenne garde, l'occasion sera belle, et c'est lui qui me l'aura fournie. Dans tous les cas, comptez sur ma prudence et sur mes serments.

— Nous ne vous demandons point de nouvelles protestations à cet égard ; mais ce que je demande avec instance, ajouta Tristan, c'est de ne pas rester longtemps en présence de Torquemada, et de songer que vous avez des amis dévoués, prêts à vous secourir s'il en est besoin. »

Le grand-inquisiteur s'était logé au couvent des dominicains. L'aspect sévère et silencieux de ce domicile momentané ne me surprit point. Des familiers de sa garde privée me reçurent et m'introduisirent dans le couvent, après m'avoir soumis à une visite rigoureuse, et m'avoir fait jurer que je n'éprouvais d'ailleurs aucun sentiment de haine contre le grand-inquisiteur. Les précautions minutieuses prises dans l'intérêt de la sûreté de Torquemada ne surprendront point quand on saura que ce barbare avait déjà poussé la cruauté jusqu'à faire brûler deux mille personnes dans une seule année ! De plus, il était dans un royaume et au milieu d'une ville où les révoltes étaient fréquentes contre le saint-office. C'est pourquoi Ferdinand et Isabelle lui avaient permis de se faire escorter dans ses voyages par cinquante familiers à cheval et deux cents à pied. Tel était le cortége habituel du grand-inquisiteur.

La première enceinte du couvent franchie, je me retrouvai en présence de l'homme qui m'avait été dépêché le matin.

« Le révérend père dominicain Thomas de Torquemada, confesseur de Leurs Altesses, grand-inquisiteur général de la Castille et de l'Aragon, va venir dans un instant, dit-il. Attendez-le ici, ajouta-t-il en me faisant entrer dans un petit cabinet sombre et humide. »

Je ne me souciais en aucune façon de lier conversation avec mon introducteur, dont j'ai déjà donné le portrait. Décidément l'antipathie qu'il m'inspirait était invincible. Je cherchai des yeux un siége pour m'asseoir, mais n'en voyant pas, je me disposais à chercher un appui contre la muraille nue et triste du cabinet, lorsque celui qui me tenait compagnie ayant deviné mon désir, je ne l'en aurais jamais cru capable, s'avança vers une table chargée de paperasses, et tira de dessous deux escabeaux vermoulus qui servirent aussitôt à nous installer tous deux, vis-à-vis l'un de l'autre. Cette table jonchée de papiers et ces deux escabeaux boiteux formaient tout l'ameublement de cette pièce. Pas un tableau, pas une peinture ne voilait la triste nudité de la muraille et ne venait offrir aux regards ennuyés la plus faible distraction. Si je ne voulais point parler à mon antipathique compagnon, je voulais encore bien moins être condamné à le voir inévitablement. Que faire en pareille circonstance? Ma foi, je feignis de me laisser aller au sommeil, et je fermai les yeux.

Alors je songeai à ma Béatrice. C'était toujours là ma première et ma plus douce pensée. Que fait-elle en ce moment? me disais-je. Elle m'attend, sans doute; chaque matin, à l'aube du jour, guidée par l'espoir, elle vient sur la route qui va de la France à l'Espagne. Je la vois, par la pensée, plongeant son regard jusqu'au fond de l'horizon pour m'y découvrir... Le soir, quand l'ombre chasse les derniers rayons du jour, elle est encore là, mais désolée, les yeux pleins de larmes ; hélas ! son espérance a été trompée mille fois dans la journée, et la nuit vient lui apporter une dernière déception. Chère enfant ! l'amour de la vengeance l'emporte-t-il donc sur les plus saintes affections du cœur !... Moi !... pendant que ma Béatrice m'appelle de ses vœux, je m'engage dans une conspiration contre les oppresseurs de ma patrie... Je me dispose à tremper mes mains dans le sang des inquisiteurs... Elle me croit occupé de terminer les affaires qui me retiennent loin d'elle, et je suis en proie à toutes les passions que peut faire naître la soif de la vengeance. Je me dis que Torquemada va être là, dans un moment, enfermé dans un espace de quelques pieds carrés avec moi ! seul ! Cette idée, mêlée au souvenir de l'affront que j'ai reçu, achève de m'ôter tout sentiment de pitié... Ainsi je pourrais délivrer ma patrie du plus grand de ses oppresseurs ! et du même coup assouvir ma haine et ma vengeance !... Et je me complais dans ces funestes pensées qui chassent pourtant de mon esprit l'image de ma Béatrice !... Non..., de telles passions ne sont pas faites pour moi... Je suis né doux et humain... ; des arbres, des champs, des fleurs, de mélodieux accords, de tendres paroles, des joies douces, des plaisirs sans regrets, ma fille surtout, ma Béatrice, voilà ce qu'il me faut, à moi !

Quel abîme sans fond est le cœur de l'homme ! Pendant que ces pensées tumultueuses bouillonnaient dans mon cœur, mon visage était resté calme ; c'est du moins la conclusion que je tirai à la vue de la mine indifférente de mon compagnon, qui me parut n'avoir changé ni d'air ni de position. Tel je l'avais laissé en fermant les yeux, tel je le retrouvais en les ouvrant. Soudain, un vieillard de haute taille, l'œil noir et petit, le visage anguleux et sévère, les lèvres minces, le nez effilé, le front bas et étroit, parut à l'entrée du cabinet. C'était lui !!! c'était Torquemada !!! Il portait sur ses vêtements ecclésiastiques un long manteau noir, et son chef était couvert d'un chapeau de feutre à bords immenses.

Il avait alors soixante-quatre ans[1]. On ne pouvait s'empêcher, au seul aspect de cet homme, de se demander par quel singulier concours de circonstances il était parvenu à obtenir un tel ascendant et sur les papes, et sur les souverains de l'Espagne, et sur ses collègues; car assurément sa physionomie n'était pas faite pour donner une haute idée de son intelligence; et cependant, à peine nommé simple adjoint des premiers inquisiteurs de l'Espagne, après la réforme, il les efface par sa prépondérance, s'élève rapidement aux fonctions de grand-inquisiteur, puis est nommé président de droit et à vie du *conseil royal* de l'inquisition ou *conseil de la suprême*, institué par Ferdinand, et enfin est investi du titre de *confesseur des souverains*, bien qu'il n'en remplisse pas les fonctions, et acquiert ainsi une puissance sans bornes. Pour expliquer cette soudaine élévation, on est obligé de se rappeler que trop souvent l'intrigue tient lieu de talent, et que l'audace fait croire au génie.

Quoi qu'il en soit, Torquemada justifia pleinement le choix du saint-siége par son zèle à propager les maximes dominatrices de la cour de Rome, et celui du roi, par le soin qu'il mit à multiplier les confiscations, dont Ferdinand était avide. Aucun homme n'était plus propre à établir, par les supplices, le système de terreur sur lequel l'inquisition devait fonder sa puissance.

Torquemada, qui voulait réunir en lui tous les pouvoirs, se choisit pour assesseurs et conseillers deux jurisconsultes, et les chargea de rédiger la *constitution* du nouvel empire, dont il fut le véritable fondateur; empire infiniment plus redoutable que celui qui domine sur les personnes et sur le territoire, puisque celui du grand-inquisiteur enchaînait la pensée et tyrannisait la conscience. Le code de l'inquisition, qui fut promulgué sous le titre modeste d'*Instructions*, était composé de *vingt-huit* articles, auxquels Torquemada en ajouta vingt-six dans le cours de son ministère. Jamais moins de garanties ne

---

[1] Torquemada naquit à Valladolid en 1420, et mourut le 16 septembre 1498.

furent laissées aux accusés; jamais monument plus fameux ne fut élevé à l'iniquité, aux passions, au fanatisme des juges. Torquemada n'eût-il fait que promulguer un pareil code, qu'il serait à juste titre odieux à la postérité. J'aurai tout à l'heure occasion de le faire connaître avec quelques détails.

Dès que Torquemada m'aperçut, il fit signe à mon taciturne compagnon de s'éloigner.

« Seigneur Juan d'Abadia, me dit le grand-inquisiteur, je vous ai mandé auprès de moi, parce que j'ai compté sur votre bon vouloir pour m'aider dans une entreprise de laquelle dépend le salut d'une cité entière, de tout un royaume peut-être. Si vous me prêtez votre concours, quel service n'aurez-vous pas rendu à votre patrie! et de quelles récompenses ne serez-vous pas honoré!

— Parlez, répondis-je aussi poliment que possible à mon redoutable interlocuteur, je vous écoute.

— Je ne sais si vous avez eu connaissance des relations d'amitié qui existaient autrefois entre votre père et moi, reprit-il?

— J'en ai entendu parler, répondis-je.

— Bien. Sachez donc que depuis cette époque j'ai conservé le souvenir le plus agréable de ces relations, et que j'ai pour votre famille, pour tout ce qui porte le nom de d'Abadia, l'intérêt le plus vif, et que je n'attends qu'une occasion pour le prouver... Eh bien, cette occasion, je vous offre de me la fournir. Acceptez-vous? »

Torquemada parler de récompenses, d'honneurs, d'amitié!!! Pour la première fois sans doute de pareils mots sortaient de sa bouche, habituée à prononcer des condamnations cruelles. Je levai les yeux sur lui avec étonnement. Je ne saurais dire tout ce qu'il y avait d'amer, de diabolique dans l'expression du visage de cet homme-là. Était-ce de la déception ou de l'ironie? du chagrin ou de la fureur? de la sincérité ou de la fourberie? de la bonne foi ou de la trahison? de la franchise ou de la duplicité? Fallait-il douter ou croire? se défier ou se livrer? Comment deviner la pensée qui se cache derrière un voile aussi impénétrable?

«Comptez, répondis-je en mettant dans ma réponse toute la banalité à l'usage des gens qui ne veulent pas se compromettre, que les d'Abadia ne seront point ingrats, et que si vous leur rendez quelque service, ils n'y seront point insensibles.»

Sans doute Torquemada ne donna pas à ma réponse plus de valeur qu'elle n'en avait réellement, car il reprit sans autre préambule :

«Hier, au moment où le cortége de Leurs Altesses passa, vous vous découvrîtes la tête, et vous saluâtes de vos acclamations la présence des souverains de Castille et d'Aragon... C'est bien, c'est un devoir que vous avez rempli, et je vous en félicite...; mais après le cortége du roi et celui de la reine, il en passa un autre devant vous?...

— Oui, répondis-je, c'était celui du grand-inquisiteur, c'était le vôtre.

— Tout rentra dans le silence alors, continua Torquemada... Je n'en fus point surpris ni offensé, car je n'ignore pas que les acclamations ne se commandent pas, et... que je suis, par état, forcé d'inspirer la terreur et non la joie. Mais, si tous se taisaient en ma présence, tous aussi avaient conservé devant moi une attitude que je pus croire respectueuse, tous avaient gardé la tête découverte... Un seul homme se redressa, et jugea à propos de se couvrir à mon passage devant lui!... Cet homme..., c'était vous! Je m'informai; bientôt je sus qui vous étiez, et j'appris toutes les particularités qui vous concernent. J'oubliai l'injure que vous m'aviez faite publiquement, pour ne me ressouvenir, en entendant votre nom, que des liens qui m'unissaient jadis à votre père. Je vous plaignis donc pour l'humiliation qui vous a frappé, et je veux aujourd'hui vous fournir l'occasion de mériter votre grâce entière, et de réparer en même temps l'insulte gratuite que vous m'avez faite.

— Je dois vous déclarer, ô Torquemada, que je suis bien décidé à ne rien entreprendre pour me faire gracier ni pour faire oublier ce que vous appelez une insulte publique. Si elle s'était adressée à vous-même, je vous devrais toutes les réparations que vous exigeriez de moi; mais, sachez-le bien, ce n'est point à l'homme, ce n'est point à Thomas de Torquemada que j'ai fait une insulte, mais à l'institution qu'il représente. Quant à la grâce dont vous parlez, je ne ferai rien pour l'obtenir, comme je n'ai rien fait pour mériter le châtiment qu'on m'a infligé.

— Je m'attendais à cela. Je connais votre caractère entier et fier. Votre père était comme vous, mais il savait du moins céder à la nécessité, à son intérêt surtout!... Je pense que vous ne serez pas moins raisonnable que lui-même... Écoutez-moi bien : les Aragonais, et particulièrement le peuple de Saragosse, refusent d'accepter les *Instructions*, qu'il y a un an, j'ai fait rédiger et promulguer à Séville. Parmi les plus récalcitrants vous figurez, vous, un des premiers... Vous êtes soutenu par un grand nombre d'amis influents... Ah! ne le niez pas, car je les connais tous, et je pourrais vous les nommer... Pensez-vous sérieusement être de force à lutter contre les trois autorités qui veulent l'établissement des instructions?... Quoi! vous avez contre vous les brefs et les bulles des papes, les ordonnances de Ferdinand, les pouvoirs immenses du grand-inquisiteur, et vous osez résister? Mais comptez-vous donc, et connaissez mieux, surtout, mon pouvoir. Ne voyez-vous donc pas que d'un mot je puis vous faire tous disparaître comme le vent dissipe la fumée?... Vous vous croyez bien cachés, et rien de ce que vous faites, rien de ce que vous dites ne m'échappe. Je connais vos desseins, je suis au courant de vos pensées même... Insensés que vous êtes! rappelez-vous que les murs écoutent et répètent ce qu'ils entendent... Vous en avez plus fait et plus dit tous qu'il n'en faut pour être livrés à toute la rigueur des lois! et vous ne vous cachez pas devant moi!... Eh bien! voyons, vous qui ne craignez pas de me braver en public, qu'avez-vous fait de votre résolution? qu'attendez-vous pour me frapper? nous sommes seuls... Manquez-vous d'armes?... Allons donc, vous êtes jeune, je ne suis qu'un vieillard; vous êtes dans la force de l'âge, je suis affaibli par les années... Vous aurez bon marché d'un homme comme moi... Allons, je suis en votre pouvoir... Vous me haïssez et vous voulez me tuer! l'occasion est belle! qu'attendez-vous? Je me suis prémuni, il est vrai, contre le poison, mais non contre les coups d'un assassin... Frappez donc!... »

Loin d'exciter ma fureur, ces paroles m'attérèrent, et me laissèrent pour ainsi dire sans force et sans mouvement. J'étais glacé d'effroi en apprenant qu'il était instruit de nos projets. Comment les avait-il découverts? s'il les connaissait réellement, pourquoi nous laissait-on libres? On manquait de preuves, sans doute; ou l'on voulait nous prendre en flagrant délit; peut-être n'était-ce qu'un soupçon, peut-être même qu'une simple supposition? Les tyrans ont dix chances contre une de deviner juste quand ils supposent que l'on conspire contre leurs jours. Cette dernière pensée me rendit une partie de mon sang-froid, et m'avertit de me tenir sur mes gardes.

« Si vous aviez la pensée que je veuille attenter à votre vie, répondis-je, je ne serais pas ici, car quelque sombre cachot m'aurait déjà mis dans l'impuissance d'exécuter mon dessein. D'un autre côté, si j'avais voulu vous tuer, ce serait déjà fait. Non, cessez, Torquemada, de chercher à surprendre le fond de mes pensées par des subterfuges aussi peu adroits, et dites-moi enfin ce que vous attendez de moi.

— J'attends de vous, répondit Torquemada en fixant sur moi ses deux petits yeux noirs, qui brillaient comme deux escarboucles, j'attends de vous que vous disiez à vos amis, à tous ces seigneurs qui entourent Ferdinand et Isabelle, les enivrant en public de leurs flatteries et de leurs hommages, pendant qu'en secret ils leur désobéissent et parlent d'eux avec irrévérence, qu'il est temps de mettre un terme à cette résistance insensée qu'ils apportent à l'acceptation des vingt-huit articles de la *constitution* nouvelle; dites-leur que la sainte inquisition se lassera enfin de cette opposition obstinée; que déjà plus d'un récalcitrant a été puni d'une manière terrible, et qu'ils seront responsables des malheurs qui vont fondre sur l'Aragon, s'ils ne se rendent pas à la raison qui les y engage... Voyons, ajouta-t-il d'un ton plus doux, je vous l'ai dit, seigneur d'Abadia, je m'intéresse à vous, je voudrais reporter sur vous toute l'affection qui m'attachait à votre père; mais il faut que vous usiez de votre influence sur vos amis pour les détourner d'une résistance qui ne peut que leur être fatale... Laissez-vous guider par des pensées sages, consultez bien votre intérêt, vos forces, et songez aux maux que vous pouvez attirer sur votre patrie.

— Les *Instructions*, répondis-je, laissent l'accusé sans défense et le livrent à toute la prévention, à l'ignorance, à la méchanceté du juge.

— Voulez-vous les examiner avec moi? demanda le grand-inquisiteur; non que je veuille y faire le moindre changement; mais j'espère, si vous voulez me faire vos observations, vous convaincre aisément d'erreur ou de prévention. »

En disant ces mots, il prit, parmi les papiers qui étaient sur la table, une copie des vingt-huit articles. Le ton presque paternel dont il venait de me parler me surprit d'autant plus, que j'étais loin d'être certain qu'il ne fût pas instruit de la proposition que j'avais faite de l'assassiner. Il s'assit sur un des escabeaux, et me fit signe d'en faire autant. Alors commença entre nous deux une discussion vive et minutieuse sur chacun des articles des *Instructions*. Je ne laissai passer aucune phrase, aucun mot, sans les analyser, les expliquer, en poussant toujours le sens jusqu'à ses dernières limites. De son côté, Torquemada mit à défendre ses articles toute l'obstination d'un homme persuadé qu'il a fait une œuvre irréprochable. Je ne veux et ne puis donner jusqu'au dernier mot tout ce qui fut dit entre nous deux; mais je vais consigner ici les principales objections que je fis à l'inquisiteur [1].

---

[1] Comme ce n'est point un roman que nous avons voulu mettre sous les yeux des lecteurs, mais des faits purement historiques, nous croyons qu'on nous saura gré de n'avoir point supprimé de ces mémoires les pages relatives aux *Instructions*, malgré leur aridité apparente. Les *Instructions* forment, en effet, la base des lois organiques de l'inquisition moderne, et l'examen critique qui les accompagne, explicatif, sévère et toujours frappé au cachet d'une haute raison, en fait un passage qui ne sera pas dépourvu d'intérêt pour le lecteur.

(*Note des éditeurs.*)

Le *premier article* réglait la manière dont l'établissement du tribunal serait annoncé dans les pays où il devait être fixé.

Le *second article* ordonnait de publier dans l'église du lieu un édit accompagné de censures contre ceux qui, ayant commis le crime d'hérésie ou d'apostasie, ne se dénonceraient pas volontairement avant l'expiration du terme de *grâce*, et contre ceux qui s'opposeraient à l'exécution des mesures ordonnées par le saint-office.

Par le *troisième*, il était fixé un *délai de trente jours* aux hérétiques pour se *déclarer eux-mêmes* et prévenir, par cette mesure, la *confiscation* de leurs biens, sans préjudice des amendes pécuniaires auxquelles ils pourraient être condamnés.

« La *confiscation*, dites-vous? Mais les priviléges des peuples de l'Aragon vous défendent d'exécuter contre eux la confiscation!

— Je sais, répondit Torquemada, que cette mesure ne leur a pas encore été appliquée; mais est-ce une raison pour maintenir un pareil privilége en faveur de ces peuples ingrats et turbulents?

— Ne vous étonnez plus alors de l'opposition que vous rencontrerez ici... Les Aragonais sont amis des lois; ils respectent leurs autorités, mais ils ne sont pas moins attachés à leurs priviléges; si Ferdinand l'oublie, qu'il sache que les Aragonais n'ont point encore perdu le souvenir de cette vieille formule : *Nous qui valons autant que vous et qui pouvons plus que vous, nous vous faisons notre roi, à condition que vous maintiendrez nos priviléges et libertés; sinon, non.*

— Comme la confiscation n'est point prescrite d'une manière absolue, mais ne sera applicable qu'à ceux qui auront laissé expirer le *délai de trente jours*, nous croyons avoir concilié l'intérêt des peuples et celui de l'inquisition.

— *Le délai de trente jours*, que vous appelez *terme de grâce*, dis-je à l'inquisiteur, sera, la plupart du temps, fort insuffisant. Pour qu'il pût être utile à l'accusé, il faudrait que celui-ci connût, aussitôt qu'il est formé, le soupçon dont il est l'objet. Mais non, ce n'est le plus souvent que par hasard ou par son arrestation même qu'un accusé apprend qu'il est suspect d'hérésie. N'est-ce pas ce qui m'est arrivé à moi-même ? Non-seulement j'ignorais que je fusse accusé, mais même que je fusse coupable. Eh bien, des milliers de malheureux se trouveront dans ce cas-là. Et vous les réduirez à la misère pour les punir d'avoir ignoré le soupçon qui pesait sur eux ?

— Où serait le mal, me répondit Torquemada, quand l'inquisition n'accorderait aucun délai, pour un crime aussi énorme que l'hérésie ! Les tribunaux ordinaires en accordent-ils ?

— Non, sans doute, répondis-je ; mais devant les tribunaux ordinaires, la confiscation des biens n'est point une conséquence nécessaire de l'accusation, tandis qu'elle en résulte avec vous si des circonstances indépendantes de la volonté de l'accusé l'empêchent de se présenter à temps ; on croirait, à voir la brièveté du délai que vous accordez, que vous craignez de voir votre proie vous échapper. »

Le *quatrième article* disait que les confessions volontaires de ceux qui se seraient déclarés dans le *délai de grâce* seraient faites par écrit, en présence des inquisiteurs et d'un greffier, de manière que les coupables eussent à répondre à toutes les demandes et aux interpellations qui leur seraient adressées, par l'inquisiteur, sur la matière de leur confession, et *sur le compte de leurs complices, et de ceux dont ils connaîtraient ou* SOUPÇONNERAIENT *l'apostasie !*

« Je conçois, dis-je, que les aveux d'un accusé soient écrits sur-le-champ en sa présence et devant ceux qui l'interrogent, car cette mesure, ne servirait-elle qu'à fournir au juge le moyen de les lui opposer dans le cas où il viendrait à varier, qu'elle serait encore d'une grave importance ; je comprends aussi qu'on doive s'attacher à rédiger par écrit les aveux de ce même accusé concernant ses complices, parce que du moment qu'il y a eu complicité, il y a eu nécessairement relations entre les individus, participation au même fait, et la justice ne doit point négliger la punition de la complicité ; mais ce que je ne saurais m'expliquer, c'est qu'on accorde tant de valeur au seul *soupçon* énoncé par un accusé. Quoi ! un homme est chargé d'un crime que vous mettez bien au-dessus de tous les autres, et quand cet homme vous dit : Je soupçonne tel ou tel d'être tombé dans l'hérésie, vous ne lui demandez pas des preuves patentes, palpables, avant de le croire? Vous vous contentez d'un soupçon ! Et que feriez-vous donc si cet homme était un exemple de sainteté?

— Tout beau, seigneur d'Abadia, me répondit Torquemada, s'il fallait toujours et nécessairement des preuves évidentes pour arrêter un homme, il n'y aurait jamais d'arrestation, parce que les preuves ne viennent presque toujours qu'après le soupçon.

— Oui, mais que ce soupçon soit du moins fondé sur le témoignage d'un homme libre et d'une conduite irréprochable, et non sur les assertions d'un malheureux déjà placé sous le poids d'une grave accusation ; car son *soupçon* peut n'être ni désintéressé, ni exempt de passion ou de vengeance personnelle. »

Le *cinquième article* défendait de donner *secrètement* l'absolution à celui qui aurait fait une confession volontaire, excepté le seul cas où personne n'aurait eu connaissance de son crime, et où sa publicité ne serait pas à craindre.

« Hommes impitoyables ! m'écriai-je, ce n'est donc point le repentir, ce n'est donc point le salut de l'accusé que vous voulez, mais sa honte ! Quoi ! un malheureux vient, de son propre mouvement, vous dire : Oui, je suis coupable, mais j'éprouve un regret sincère de ma faute; pardonnez-la-moi, et qu'un voile impénétrable couvre à jamais mon erreur. Et vous, ministres de celui qui ne se lassait point de pardonner, vous demeurez inexorables !

— Non, certes, interrompit Torquemada, nous ne sommes pas inexorables, car nous pardonnons aussi !

— Oui, répliquai-je, vous le faites, mais en couvrant d'infamie le malheureux qui vous demandait grâce. Vous faites *publiquement* ce que l'humanité vous commandait de faire *secrètement;* vous livrez à la honte d'un *auto-da-fé* de réconciliation celui dont le sincère repentir avait déjà effacé la faute !

— Ceux qui tiendront à une *absolution secrète*, répondit Torquemada, s'adresseront au pape, qui ne manquera pas de la leur accorder.

— Assurément, répondis-je, la cour de Rome saura tirer bon parti de cette disposition, et des milliers de brefs apostoliques, accordés à prix d'argent, enrichiront assez le saint-siége pour qu'il s'empresse de provoquer lui-même les demandes d'absolution. »

Il était établi, par le *sixième article*, qu'une partie de la pénitence de celui qui aurait été réconcilié consisterait à être privé de l'exercice de tout emploi honorifique, de l'usage de l'or, de l'argent, des perles, de la soie, de la laine fine.

« Autant valait dire tout de suite que le réconcilié n'aurait jamais d'autre vêtement que le *san-benito*, fis-je observer.

— Pourquoi non? répondit Torquemada. Trop de honte ne saurait frapper l'hérétique.

— Dites plutôt, répondis-je, que par cette odieuse combinaison servant à dévoiler à tous les yeux l'infamie à laquelle un malheureux aura été condamné, vous avez compté qu'il ne supporterait pas un pareil traitement, et qu'il aimerait mieux acheter à prix d'or sa *réhabilitation* en s'adressant au pape.

— Libre à lui, dit Torquemada.

— Mais êtes-vous donc décidé, répliquai-je, à faire passer toutes les richesses de l'Espagne dans le trésor du successeur de saint Pierre? »

Le *septième article* imposait des pénitences *pécuniaires* à ceux qui avaient fait une confession volontaire.

« Je n'ose dire toute ma pensée sur cet article, dis-je à mon interlocuteur.

— Parlez sans crainte, me répondit Torquemada, rien de ce qui se dit entre nous deux ne sortira de cette enceinte, je vous le jure par la mémoire de votre père, dont je retrouve toute la libre franchise dans vos paroles. »

Quoi ! l'apôtre du fanatisme aimait la sincérité! Je le regardai avec une nouvelle surprise; son visage avait la même expression amère et satanique que j'avais déjà remarquée.

« Je vous étonne, n'est-il pas vrai?... me dit-il. Je n'ai pas toujours été dominicain; et depuis peu d'années seulement je suis inquisiteur. Comme un autre, j'ai été accessible aux sentiments qui rapprochent les hommes, j'ai eu des amis, j'ai ressenti des passions généreuses; j'étais jeune alors. Mais l'ambition, cette affreuse passion qui étouffe toutes les autres, est venue avec l'âge! Un jour, j'ai désiré d'être grand, et, ne le pouvant pas par ma naissance, j'ai voulu l'être par mon état. Je me suis fait dominicain, espérant bien que ce titre me tirerait un jour de l'obscurité. Aujourd'hui, tout plie, tout tremble devant moi; et mon ambition n'est pas encore satisfaite! Je suis investi d'une autorité qui n'a de supérieure que celle de Dieu, au nom de qui j'exerce la mienne! je ne puis plus m'élever, et j'aspire encore à monter! Ma passion effrénée n'ayant plus à dévorer de titres ni d'honneurs, dévorera les hommes! Je suis tout-puissant! tremblez, ennemis de l'inquisition! Malheur à vous, ennemis des papes et de Dieu! Je me ris de votre haine et de vos mépris! Conspirez dans l'ombre, entourez-vous de toutes les précautions et de tout le secret que vous voudrez, c'est en vain; ma main saura vous atteindre partout. L'espionnage, la délation, les cachots, les tortures, les bûchers, voilà mes armes! voilà les signes de ma toute-puissance, tremblez! »

Le tigre, qui n'était qu'assoupi, venait de se réveiller. Au bruit de la voix de son maître, le grand estafier se montra sur le seuil de la porte. Ses yeux fauves et soupçonneux prirent aussitôt un mouvement de va-et-vient de Torquemada à moi et réciproquement. Cet homme devait être le mauvais démon de l'inquisiteur, soumis à tous ses caprices, voué à sa défense, l'instrument de toutes les actions qu'il voulait tenir secrètes.

« Sortez, lui dit brusquement et avec impatience Torquemada, et, quoi qu'il arrive, ne revenez pas sans un ordre exprès. »

L'homme sortit à reculons et en multipliant les saluts à son maître.

S'apercevant que sa fureur m'avait rendu toute ma défiance, Torquemada reprit avec calme :

« Pour vous, seigneur d'Abadia, ne craignez rien ; continuez de me dire avec franchise ce que vous pensez des articles, que je voudrais vous voir adopter sans opposition. Vous l'avez vu, malgré la rudesse de votre langage, je vous ai écouté jusqu'ici sans colère ; c'est que je veux vous prouver que je suis décidé à n'employer avec vous que la persuasion. Quand je vous aurai tracé le tableau des raisons qui m'ont obligé de rédiger ces *Instructions*, vous m'aiderez, j'en suis sûr, de toute votre influence pour les faire accepter par les Aragonais. Je désire n'être point dans l'obligation de mettre plus longtemps en pratique la maxime *compelle intrare* (forcez-les d'entrer), dont l'Église a dû se servir envers les hérétiques. En attendant, faites-moi vos objections, et voyons quelle est votre pensée sur le *septième article?*

— Ces amendes, répondis-je, ou, comme dit l'article, ces *pénitences pécuniaires* imposées pour punir des erreurs de l'esprit prouvent évidemment que le roi Ferdinand, sous prétexte de faire éclater son zèle pour la religion en demandant au pape l'établissement de l'inquisition, n'a eu d'autre but que d'assurer à son propre trésor un revenu extrêmement productif ; car cette accusation d'hérésie est si facile à intenter !

— Vous oubliez aussi, reprit Torquemada, que les dépenses nécessitées par le soin de veiller au maintien et à la défense de la foi sont considérables, et que les amendes sont destinées à les couvrir.

— Il est vrai, répondis-je, que les temps sont bien changés. Il est loin, en effet, le temps où les apôtres, pauvres de fortune, mais riches de charité, parcouraient les villes juives, les nations idolâtres, un bâton à la main, la besace sur le dos, nu-pieds, n'ayant pas une pierre pour reposer leur tête, et, à l'exemple de leur maître, appelant à eux les *hommes de bonne volonté*. Ils prêchaient avec succès, parce que leur foi était forte et leur exemple irrésistible ; leur éloquence, à eux, était dans leur conduite ; c'est par elle qu'ils *forçaient les hommes d'entrer* dans le sein de l'Église, c'était là leur *compelle intrare*. Qu'avaient-ils besoin de richesses? ils vivaient des dons volontaires faits par les chrétiens, charmés de nourrir et de soigner des hommes si tolérants, si charitables. Mais aujourd'hui que les apôtres de l'Évangile ne parlent plus aux hommes qu'avec la menace à la bouche, aujourd'hui que la charité semble s'être changée en furie, il faut à ses prédicateurs des familiers, des espions, des tourmenteurs, des bourreaux. Car vous ne persuadez plus par la parole, mais vous poussez par la terreur; c'est là votre *compelle intrare*, à vous. Qui donc voudrait subvenir volontairement aux besoins de ces ennemis de la conscience? Vous avez bien fait d'imposer des amendes, car la haine des peuples vous aurait laissés mourir de faim. »

Le *huitième article* portait que le pénitent *volontaire* qui se présenterait, *avec sa confession*, après l'expiration du terme de grâce, ne pourrait être exempté de la peine de la confiscation de ses biens...

« Vous le voyez, dis-je, cet article est une nouvelle preuve de ce que Ferdinand attend de l'inquisition. Malheureux peuples de l'Espagne! vous n'échapperez pas à la ruine qui vous menace : Rome vous dépouillera par ses brefs de réhabilitation, et votre roi par les amendes et les confiscations!

Il était dit dans le *neuvième article*, que si des sujets âgés de moins de vingt ans se présentaient d'eux-mêmes pour faire leur confession après l'expiration du terme de grâce, et qu'il fût prouvé qu'ils avaient été entraînés dans l'erreur par leurs parents, il suffirait de leur imposer une *pénitence légère*.

« Quelle cruauté, m'écriai-je, sous cette apparente douceur! Mais qu'est-ce que vous entendez par une *pénitence légère*, sinon une pénitence qui couvre d'infamie celui qui la subit? Moi aussi je suis condamné à une pénitence légère, et je suis déshonoré!... Et ce fils, âgé de moins de vingt ans, c'est en dénonçant ses parents, son père, qu'il méritera de n'être condamné qu'à cette sorte de peine! O renversement de toutes les lois divines et humaines! ô Dieu de pitié! qu'avons-nous fait pour être traités de la sorte! »

Le *dixième article* imposait aux inquisiteurs l'obligation de désigner, dans leur acte de *réconciliation*, le temps où le réconcilié était tombé dans l'hérésie, afin de savoir quelle portion de ses biens appartenait au fisc.

« J'admire, en vérité, quel étrange abus les inquisiteurs font des termes mêmes destinés à exprimer le pardon, l'oubli de toutes les fautes. Leurs actes sont remplis des mots *douceur*, *indulgence*, *réconciliation*, et jamais juges n'ont été moins disposés à pratiquer ces maximes.

— Comment le *dixième article* des *Instructions* a-t-il pu faire naître en vous cette réflexion? me demanda Torquemada. Quant à moi, il me paraît d'une équité incontestable.

— A tel point, répondis-je qu'un homme qui aura, par exemple, épousé la fille d'un hérétique, sera contraint de restituer la dot de sa femme pour en faire la proie de l'inquisition, s'il est prouvé dans l'instruction que l'hérésie du beau-père était antérieure au mariage. Et vous appelez cela de l'équité ! Je n'y vois qu'une abominable spoliation ! »

En ce moment le grand estafier attaché au service de Torquemada entra, et après avoir salué son maître jusqu'à terre, il lui dit :

« Mon très-révérendissime maître excusera son serviteur de lui désobéir en se présentant de nouveau devant sa face, mais le révérend docteur et chanoine de l'église métropolitaine de Saragosse, Pedro Arbuez d'Epila, premier inquisiteur de l'archevêché de Saragosse, demande à parler au très-révérendissime père...

— Allez, interrompit Torquemada, et faites entrer. Restez, de grâce, seigneur d'Abadia, ajouta-t-il en voyant que je me disposais à me retirer ; nous reprendrons tout à l'heure notre conversation, aussitôt que maître Epila aura pris congé de moi. »

Maître Epila entra. Il était moins âgé que Torquemada ; sa taille était moyenne ; son énorme embonpoint et plus encore la crainte de quelque surprise lui avaient fait prendre l'habitude de se servir d'un gros bâton noueux quand il sortait de sa maison, fût-ce même pour aller à l'église. Du reste, rien dans sa physionomie béate ne dénotait un méchant homme. Il devait consciencieusement et le plus naturellement du monde commettre de grandes atrocités, persuadé qu'il faisait des œuvres méritoires, pourvu qu'elles eussent la défense de la foi pour objet. C'était bien le type du vrai chanoine de ce temps-là, gros, épais, lourd, somnolent. On le disait fort instruit en beaucoup de choses, et même en théologie, ce qui ne serait pas impossible. On a quelquefois vu des docteurs qui possédaient bien cette matière ; mais je le demande, à quoi bon connaître si bien les dogmes de la religion pour en faire une si funeste application ?

Pedro Arbuez, qui devait à Torquemada son élévation aux fonctions d'inquisiteur, était l'instrument du fanatisme de son maître; il ne jurait que par lui, le respectait autant que Dieu, et le craignait plus que le diable lui-même. Voilà comme, sans être cruel par nature, Pedro Arbuez, en se faisant l'exécuteur des ordres sanguinaires du grand-inquisiteur, s'était attiré la haine des habitants de Saragosse. Peureux, et bien payé pour l'être, car sa vie avait été menacée plus d'une fois, il avait pris les plus grandes précautions pour se mettre à l'abri de tout danger.

Dès qu'il fut entré, il s'avança vers Torquemada et lui dit :

« Salut et bénédiction à mon révérend maître !

— Salut et courage à maître Epila, répondit le grand-inquisiteur, d'un air assez narquois.

— Le courage est bon, dit maître Epila, mais le salut, celui de cette vie du moins, est bien compromis par tous ces turbulents diables de faux chrétiens, qui semblent avoir juré de ne me laisser de repos ni le jour ni la nuit.

— C'est pour cela, sans doute, que vous êtes armé, Dieu me pardonne, jusqu'aux dents !

— Hé ! hé ! fit le gros Epila, les bulles de notre saint père le pape n'ont jamais défendu de se mettre en garde contre les *marranos*, contre les nouveaux chrétiens..., contre les pénitenciés mécontents », ajouta-t-il en me lançant un coup d'œil.

On se rappelle que Pedro Arbuez, en sa qualité de premier inquisiteur de Saragosse, avait dirigé la procédure contre moi, et que c'était lui qui avait prononcé ma sentence.

« Assurément, répondit Torquemada; mais vous conviendrez que c'est pousser un peu loin les précautions, car on dit que sous vos vêtements...

— Songez, mon révérend maître, interrompit Epila, que je n'ai pas, pour m'accompagner, cinquante familiers à cheval et deux cents à pied; je suis mon seul gardien, je ne saurais donc prendre trop de précautions; voilà pourquoi je me suis affublé de la sorte : sous mes vêtements je porte une cotte de mailles serrée et solide, avec laquelle je puis braver les coups de poignard les mieux appliqués; ma tête, comme vous le voyez, est gardée par cette calotte de fer, et ma main ne quitte jamais ce bon bâton. Avec l'aide de Dieu et de ses saints, je ne crains rien de la part de mes ennemis; je ne suis pas ingambe, il est vrai, mais j'ai le bras assez bon. » Puis, frappant sur son gros abdomen : « Le coffre n'est pas sans mérite, et je suis vigilant.

— *Veillez et priez*, dit l'Evangile, répondit Torquemada.

— Oui, répliqua Pedro Arbuez, et mettez-vous à l'abri des embûches de vos ennemis; c'est permis, et la très-sainte inquisition n'y saurait trouver à redire.

— Et, sans doute, pour compléter ces moyens de défense, demanda le grand-inquisiteur, vous vous êtes muni de quelque antidote contre le poison?

— Gaspard Juglar, mon second, m'avait conseillé de porter toujours sur moi une défense de licorne, comme le meilleur préservatif contre le poison; mais, outre que cet antidote est très-rare et très-difficile à rencontrer, je vous dirai, en confidence, que je ne crois pas à sa vertu.

— Comment, maître Epila, vous doutez de l'efficacité de la défense de la licorne? Savez-vous qu'un pareil doute est une hérésie? J'y crois, moi!

— Ah!... ah!... c'est différent!... riposta maître Epila, plein de confusion d'être pris en flagrant délit de contradiction avec son révérend maître sur un pareil article de foi... Je croyais que la licorne d'abord n'était qu'un animal fabuleux, et ensuite que la *défense* était au moins aussi fabuleuse que l'aninal lui-même ; mais puisque votre révérence y croit, je n'ai plus rien à dire.

— Savez-vous, maître Epila, que, pour un docteur, vous n'êtes guère versé dans les saintes Ecritures?

— En vérité, mon révérend maître, les Ecritures ont parlé de la licorne?

— L'Ecriture a dit, en plus d'un endroit, en parlant du Fils de Dieu : *Dilectus quemadmodum filius unicornium* (cher comme le fils de la licorne).

— C'est vrai, je l'avais oublié. Ce qui me faisait douter de l'existence de cet animal, c'est que les anciens naturalistes, et surtout Pline et Aristote, en ont raconté des choses par trop merveilleuses pour qu'elles ne soient pas sorties de leur imagination seule.

— Je serais curieux de savoir ce qu'ils disaient de cette bête extraordinaire.

— Pline, qui, entre nous soit dit, est passablement menteur, prétend qu'il y avait, de son temps, en Afrique, un animal qu'il appelle *oryx*, n'ayant qu'une seule corne au milieu du front, et qui, par sa forme et sa taille, n'aurait été qu'une espèce de chèvre grosse comme un bœuf. Deux autres historiens, non moins menteurs que Pline, lui donnaient la grosseur du rhinocéros, tandis qu'Aristote, le plus menteur de tous, lui attribuait des pieds fourchus et du poil dirigé à contre-sens. Ce n'est pas tout, Pline, après avoir inventé l'oryx, n'était pas homme à rester en si beau chemin, et, dans son livre des *Animaux terrestres*, il s'amuse à décrire une bête que j'ai cru avoir toutes les raisons de croire fabuleuse. Il lui donne la tête d'un cerf, les pieds d'un éléphant, la queue d'un sanglier, le corps d'un cheval ; puis, lui implantant au milieu du front une seule et unique corne droite, aiguë, noire et longue de deux coudées, il dit à ce rare animal : Tu t'appelleras *monoceros*, *unicorne*; tu seras la plus furieuse de toutes les bêtes que l'on ait jamais vues, même de mon temps. — Mais les successeurs de Pline ne pouvaient s'accommoder d'un animal aussi farouche (je parle de l'unicorne, bien entendu); ils acceptaient bien la forme du corps, mais la férocité du naturel, non. Voici donc ce qu'ils ont fait. Ils ont d'abord supposé à notre animal une passion bien prononcée pour la chasteté, à tel point que, pour se rendre maître de cette étonnante bête, il suffisait d'envoyer une jeune fille, dont la virginité fût incontestable, à la source où la bête venait habituellement se désaltérer. Aussitôt qu'elle apercevait la jeune vierge, elle accourait, s'arrangeait le plus commodément possible à ses pieds, puis, penchant sa tête *unicornue* sur les genoux de la chaste et perfide enfant, elle s'endormait du sommeil de Samson sur ceux de Dalila, et, comme lui, se laissait ainsi surprendre par les chasseurs, autres Philistins non moins empressés à mettre la main sur un *monoceros*, que ne l'étaient les ennemis de Samson à s'emparer du merveilleux défenseur d'Israël. Ce n'est pas tout : à quoi pouvait servir une corne droite, aiguë, noire et longue de près de trois pieds, fichée au milieu de l'os frontal, si le naturel de la bête était pacifique et doux? assurément, c'était une défense inutile, une arme de luxe, une cinquième roue à un char. Rien n'embarrasse les gens qui ont l'esprit inventif : aussi cette difficulté n'arrêta-t-elle pas longtemps les réformateurs de Pline. Cette corne unique, se dirent-ils, ne peut raisonnablement rester là, sans emploi; et, puisqu'elle ne saurait, grâce à la débonnaireté de l'animal, servir à embrocher les chasseurs, faisons en sorte qu'elle purifie les eaux; si elle ne donne pas la mort aux hommes, qu'elle leur sauve la vie. Cela valait infiniment mieux; et ce qui fut dit fut fait. La défense du *monoceros*, ou de l'*unicorne*, ou de la *licorne*, fut douée, depuis ce temps, de la propriété de contrebalancer l'effet du poison. Il suffit d'en tremper l'extrémité dans le liquide empoisonné, ou même de la porter sur soi pour être préservé d'une mort certaine... par le poison.

— Pour moi, dit Torquemada, j'ai la plus grande foi en la vertu de cet antidote.

— L'Écriture sainte ayant constaté l'existence de l'*unicorne* ou de la *licorne*, je crois fermement qu'elle existe, répondit Arbuez; quant à la vertu attribuée à sa défense, je ne vois pas qu'il en soit dit un mot dans les livres sacrés, et le doute, en ce cas-là, peut au moins nous être permis.

— Tenez, incrédule, dit le grand-inquisiteur en tirant de dessous son manteau un petit bout de corne noire, ceci est une défense de licorne : voyez et croyez.

— Mon révérend maître, dit naïvement le gros Epila, après avoir examiné avec une grande attention le merveilleux talisman, je vois bien la corne, mais je ne découvre point la vertu.

— *Bienheureux ceux qui ont vu*, mais *bienheureux aussi ceux qui croient sans avoir vu*, répondit le grand-inquisiteur.

— Et cette défense suffit pour détruire l'effet des poisons les plus violents? demanda Arbuez.

— Oui, certes, répondit Torquemada. Qui sait si déjà vingt fois je n'aurais pas succombé sous les atteintes du poison, sans ce précieux antidote?

— La malice de nos ennemis, qui sont les ennemis de Dieu, est si grande! exclama Pedro Arbuez... Et vous n'avez jamais essayé, continua-t-il, de faire l'épreuve de cette défense de licorne? J'entends, faire une épreuve décisive?

— Comme, grâce à la malice de mes ennemis, j'ai dû infailliblement être empoisonné, je tiens cette épreuve pour faite.

— Je la renouvellerais, insista le gros Epila; à votre place, mon révérend maître, j'avalerais une dose copieuse d'un bon poison, pour voir si la vertu de la défense de licorne est aussi réelle qu'on le dit.

— Voulez-vous, maître Epila, tenter cette épreuve sur vous-même? Ici je suis en lieu de sûreté, et je puis vous prêter cette défense jusqu'à demain.

— Merci, mon révérend maître; ma confiance en ce talisman n'est pas assez robuste pour que je veuille en faire l'épreuve. J'aime mieux croire qu'il a toute la vertu imaginable. Je pense qu'en cela c'est comme en matière de religion : c'est la foi qui nous sauve.

— Maintenant, maître Epila, me direz-vous quel sujet vous

amène? demanda le grand-inquisiteur du ton bourru d'un homme qui n'a pas eu le dernier mot dans une discussion.

— Ah! c'est juste, répondit Arbuez, cette fabuleuse licorne m'avait tellement distrait, que j'allais oublier l'objet de ma visite. Je suis venu d'abord, mon révérend maître, pour vous rendre mes devoirs, et m'informer de l'état où vous laisse le voyage qui nous a procuré le bonheur de vous voir dans les murs de l'heureuse Saragosse.

— Grâces soient rendues à Dieu, répondit Torquemada, je ne me ressens point de la fatigue du voyage! Grâces aussi à ces bons religieux dominicains, qui m'ont choyé!...

— Comme un père, s'empressa d'ajouter Arbuez. Il faut espérer que Dieu prolongera longtemps des jours aussi précieux pour la foi catholique. Je venais, à propos de cela, mon révérend maître, prendre vos ordres, pendant que nous avons le bonheur de vous posséder. Nos Aragonais ont la tête fort exaltée; il y a ici, comme dans tout l'Aragon, une grande quantité de *nouveaux chrétiens*, qui nous donnent passablement de besogne. Je crains bien que vos saintes *Instructions* ne soient pas acceptées sans effusion de sang. Ah! si j'étais, comme vous, mon révérend maître, en position d'approcher tous les jours de Leurs Altesses..., je leur donnerais un excellent conseil.

— Voyons, maître Epila, que diriez-vous à Leurs Altesses?

— Je leur dirais que, pour faire cesser cette résistance opiniâtre des Aragonais, Leurs Altesses devraient commencer par éloigner de leurs personnes tous ces fils de chrétiens de fraîche date qui les entourent. Comment les Aragonais ne croiraient-ils pas aux bienveillantes dispositions, peut-être même à la faiblesse des souverains, quand ils voient à quels hommes ils confient le soin des affaires? C'est Alphonse de la Caballeria qui est le vice-chancelier; Louis Gonzalez est le secrétaire du roi pour les affaires du royaume; Philippe de Clemente est protonotaire; Gabriel Sanchez est grand-trésorier; et bien d'autres qu'on laisse jouir imprudemment d'une grande influence sur Leurs Altesses. Tous ces hommes-là sont d'une origine juive; quelques-uns même ont dans leurs aïeux des hérétiques condamnés autrefois par l'inquisition. Est-ce en accordant toutes les faveurs à ces nouveaux chrétiens, que Leurs Altesses comptent arrêter la résistance du peuple?

— C'est bien, maître Epila, nous veillerons à l'avenir à ce que nos souverains soient mieux entourés, répondit Torquemada.

— Voilà ce que je tenais à vous dire, mon révérend maître », dit Pedro Arbuez.

Puis, après quelques instants encore d'entretien sur les affaires de l'Aragon et sur les moyens répressifs qu'il fallait rendre plus énergiques, Arbuez prit congé de Torquemada, et je me retrouvai seul avec le grand-inquisiteur.

CHAPITRE V.

SUITE DES MÉMOIRES.

Suite des *Instructions*. — Une lutte. — Assassinat de maître Epila. — Honneurs extraordinaires rendus à sa mémoire. — Fuite. — Vidal d'Uranzo. — Persécutions innombrables.

ous l'avez entendu? dis-je à Torquemada, dès que Pedro Arbuez fut parti; il faudra répandre le sang pour contraindre les Aragonais à se soumettre aux *Instructions!*

— Ce serait déplorable, répondit Torquemada; mais je ne verrais pas dans cette cruelle nécessité une raison pour nous abstenir de les mettre à exécution. Nous ne voulons que le bien de la religion et le salut des âmes; nous laisserons de côté, s'il le faut, notre qualité d'hommes, pour nous rappeler seulement que nous sommes les défenseurs de la foi !

— Quand le christianisme était persécuté, répondis-je, les peuples idolâtres l'embrassaient en foule; prenez garde que, s'étant fait persécuteur, il ne soit répudié par ceux mêmes qui vivaient sous son empire.

— Les *Instructions* y pourvoiront, répliqua le grand-inquisiteur.

— Oui, répliquai-je, vous renouvellerez les scènes cruelles qui ont eu lieu il y a quatre ans à Séville ! En 1481, deux cent quatre-vingt-dix-huit malheureux y furent brûlés. Mais ces horribles exécutions furent bientôt oubliées, grâce à de plus horribles encore, puisque l'année suivante le saint-office osa livrer au feu *deux mille* infortunés dans la même ville, et que *dix-sept mille* furent condamnés à diverses pénitences !!! Et cela en quelques mois ! voilà ce que vous préparez à ma patrie !

— Nous brûlerons, répondit le farouche inquisiteur, tant qu'il y aura à brûler !

— Non, m'écriai-je, ô ministre d'un Dieu miséricordieux, vous ne pouvez être inhumain à ce point ! Si vous voulez faire accepter vos *Instructions*, réformez les atrocités qu'elles renferment. Les premiers articles étaient injustes et arbitraires, que devons-nous attendre des derniers ?

— Ils sont ce qu'ils doivent être pour dompter la malice et l'entêtement des ennemis de la foi, répliqua le grand-inquisiteur.

— A mon tour, ô Torquemada, je voudrais vous convaincre que Dieu réprouve tous ces moyens atroces si peu capables de lui attirer de sincères adorateurs. Vous comptiez sur mon influence pour gagner à votre cause mes nombreux amis ; eh bien ! moi, je veux essayer de vous ramener à des sentiments plus dignes de votre caractère sacré ! C'est vos articles en main que je veux en faire ressortir toutes les cruautés et toutes les fatales conséquences ; dût ma sincérité devenir tôt ou tard un sujet d'accusation contre moi !

— Je vous répète, seigneur d'Abadia, que de vous, mais de vous seul, j'entendrai tout avec patience, et que jamais je ne penserai à me faire de vos paroles une arme contre vous ; parlez sans arrière-pensée. »

Je pris alors des mains de l'inquisiteur la copie des articles des *Instructions,* et je lus le *onzième* : il portait que, si un hérétique détenu dans les prisons secrètes du saint-office demandait l'absolution, *touché d'un véritable repentir*, on pourrait la lui accorder en lui imposant pour pénitence *la peine d'une prison p erpétulle!*

« Quelle amère dérision! m'écriai-je, qu'une absolution qui n'a d'autre résultat pour l'homme sincèrement touché de repentir que de le faire condamner à une prison perpétuelle! Que faites-vous de plus à celui qui ne se repent pas?

— On le brûle, répondit le sauvage Torquemada! »

Par le *douzième*, il était dit que, si les inquisiteurs *pensaient* que la confession du pénitent *fût simulée* dans le cas indiqué par le onzième article, ils devaient lui refuser l'absolution, le déclarer *faux pénitent*, et le condamner, comme tel, à être *relaxé* pour subir la peine du feu.

« Ainsi, un détenu déclare qu'il est sincèrement repentant, mais les inquisiteurs *pensent* que son repentir est simulé, que sa confession est fausse, et, en présence de cette opinion arbitraire des inquisiteurs, le malheureux détenu sera condamné au feu! Mais vous, ô juges, qui *voyez une paille dans l'œil de votre prochain, et n'apercevez pas la poutre qui est dans le vôtre*, Dieu vous a-t-il doués d'une double vue, qui vous permette de lire au fond des consciences? Non, mais vous aimez mieux condamner qu'absoudre, votre haine se venge, et vos richesses s'accroissent.

— Vous oubliez, seigneur d'Abadia, me dit Torquemada, qu'à défaut de preuves matérielles, les inquisiteurs ont pour s'éclairer les inspirations du Saint-Esprit.

— Non, répliquai-je, ils n'ont d'autre flambeau que leur fanatisme, d'autre guide que leur cupidité. »

Le *treizième article* réglait que, si un homme absous après sa confession libre se vantait d'avoir caché plusieurs crimes, ou s'il *résultait des informations prises* qu'il en avait commis plus qu'il n'en avait confessé, il serait arrêté et jugé comme *faux pénitent.*

« Cet article du moins est inattaquable, me dit Torquemada, car rien ne saurait excuser un homme qui, par une fausse confession, témoignerait de son mépris pour la religion.

— Assurément, répondis-je, excepté pourtant le cas où le pénitent aurait non *caché*, mais *oublié* une partie de ses fautes. »

L'*article quatorzième* disait que, si l'accusé *convaincu* persistait dans ses dénégations même après la *publication des témoignages*, il devait être condamné *comme impénitent*.

« Voilà, certes, dis-je à l'inquisiteur, un des articles les plus absurdes et les plus injustes qui jamais aient fait partie d'un code tel que le vôtre.

— Expliquez-vous.

— Sur quoi la *conviction* du juge sera-t-elle fondée? L'accusé nie...

— A ses dénégations nous opposerons, répondit Torquemada, les déclarations du dénonciateur et celles des témoins.

— Mais, ce dénonciateur et ces témoins, les connaît-il, les avez-vous mis en sa présence?

— Nullement, mais qu'importe? la confrontation ne détruirait pas les témoignages.

— Il n'est cependant pas rare de voir un accusé convaincre ses accusateurs d'erreur ou de prévention. Que sera-ce si les déclarations du délateur et des témoins sont de pures calomnies? Comment prouvera-t-il son innocence? Votre procédure s'oppose à ce que vous lui donniez communication des pièces de son procès; il ne peut donc combattre ses calomniateurs que par d'impuissantes dénégations; et malheur à lui si après *la publication des témoignages* il persiste à nier; les juges ne verront plus en lui qu'un accusé *convaincu*, obstiné, impénitent, et par conséquent digne du feu. Que de milliers de victimes succomberont sans pouvoir se défendre, grâce à cet article aussi absurde que cruel! »

D'après le *quinzième article*, lorsqu'il existe une *demi-preuve* contre l'accusé qui nie son crime, il doit être soumis à la *question*; s'il *s'avoue coupable* dans les tourments et confirme ensuite sa confession, il est puni comme convaincu; s'il la rétracte, il *subit une seconde fois, comme de droit*, la même épreuve, ou est condamné à une peine extraordinaire.

— Une demi-preuve! m'écriai-je, pour condamner à la torture un infortuné qui se dit innocent! Mais si l'accusé, en proie aux plus violents tourments, a le courage de ne pas s'avouer coupable, si, plus tard, cette *demi-preuve* disparaît, s'il ne reste pas l'ombre même d'une preuve contre lui, si, vous-mêmes, convaincus de votre erreur, vous le proclamez innocent, qui le dédommagera de la cruelle punition que vous lui aurez infligée par anticipation, avant même d'avoir une seule preuve, une preuve complète de sa faute?

— C'est afin de l'obtenir, cette preuve complète, que nous soumettons l'accusé à la question, dit Torquemada.

— Barbares! répondis-je, avez-vous donc si peu de respect pour une créature de Dieu, que vous vous arrogiez le droit de la disloquer, de la broyer avant la preuve de sa culpabilité?

— Il est rare, dit Torquemada, que dans les tourments l'accusé ne fasse pas l'aveu de son crime.

— Oui, mais c'est un aveu arraché par les souffrances, exhalé dans le délire occasionné par la torture; ce sont là plutôt des protestations contre vos cruautés, car il en est peu qui confirment ces aveux quand la torture est suspendue.

— Dans ce cas-là, répondit l'inquisiteur, on recommence la question.

— Ainsi, m'écriai-je, il vous faut des aveux!

— Dieu donne à l'innocent la force pour résister.

— Belle conclusion, en vérité, que cette déclaration d'innocence qui renvoie des cachots du saint-office, un malheureux après l'avoir broyé, estropié!

— Cette déclaration d'innocence est si rare, pour ne pas dire si impossible, répondit Torquemada, que nous remercions le Seigneur de nous avoir inspiré l'idée d'employer les tortures pour arracher la vérité de la bouche des coupables.

— Il n'est pas un inquisiteur, j'en suis certain, qui, soumis à la question, ne vous parût aussi un grand hérétique; vous ne résisteriez pas vous-même, ajoutai-je en plaisantant, ô Torquemada, et bientôt nous verrions le grand-inquisiteur, affublé des insignes du relaps, être attaché au poteau pour se voir réduire en cendre. Je ne sais si alors votre joie serait extrême... Quant à celle des Aragonais...

— Malheureux, s'écria mon interlocuteur, ce langage trahit le fond de vos sentiments, et révèle votre haine ! Oubliez-vous donc que je puis d'un mot vous faire disparaître du nombre des vivants ?

— Oubliez-vous, à votre tour, que je suis noble d'Aragon ? Que l'infamie dont on m'a couvert a bien pu rendre plusieurs de mes amis prudents et craintifs, mais qu'il m'en reste encore qui vous demanderaient compte de ma vie ? Ils savent que je suis venu ici. Tremblez vous-même si bientôt ma présence ne les rassure.

— Des menaces, ici ? interrompit Torquemada, qui, une fois encore, venait de reprendre son naturel irascible. Quoi ! vous êtes entre mes mains ! sans armes ! seul ! Quand je suis armé, moi, environné de gardes qui n'attendent qu'un signe pour vous égorger, et vous osez me menacer !...

— Quand je suis venu sans hésitation, mais non sans défiance, répondis-je, me mettre entre vos mains, j'ai bien pensé que des promesses me seraient faites, que des garanties me seraient offertes pour dissiper mes craintes ; mais je connais l'inquisition et ses agents, et si j'ai consenti à me rendre ici, c'est que d'avance j'avais fait l'abandon de ma vie, que vous avez déshonorée, et à laquelle je ne tiens plus que par une seule affection... Vous pouvez me faire égorger sous vos yeux ; ce nouveau crime n'aura rien qui m'étonne, je m'y attendais ; mais ne croyez pas cependant que je sois assez lâche pour aller au-devant de vos coups, et les recevoir sans défense. Vous êtes armé, dites-vous ? Mais je suis jeune et vigoureux. Vous avez des gardes ? Mais, ajoutai-je en me précipitant vers la porte d'entrée pour en pousser le verrou, avant qu'ils aient brisé cette porte, l'un de nous deux aura succombé sous les coups de l'autre...

— Par le salut de mon âme!... Par l'enfer!... s'écria Torquemada, c'en est trop, misérable! tu veux m'assassiner! Meurs donc avant moi. »

A ces mots, il s'avança sur moi, en tirant de dessous sa cape noire un petit poignard, du genre de ceux appelés *miséricordes*.

La pièce où nous étions n'était éclairée que par une lucarne ronde, élevée, et dont le disque était divisé par deux gros barreaux de fer se croisant à angles droits. La porte par où j'étais entré, lourde et épaisse, se trouvait munie d'un gros verrou, celui que je venais de pousser. On ne sera point surpris de ces dispositions locales quand on saura que souvent les couvents des dominicains servaient de prisons aux hérétiques. Ce petit complément de description n'est pas inutile ici, à cause de ce qui va suivre.

Ainsi renfermé dans un étroit espace avec un homme furieux, tout-puissant, au-dessus des lois humaines par sa position élevée, bravant les lois divines qu'il n'avait jamais reconnues que pour les faire servir à son ambition, je ne pouvais sortir de là que mort, ou captif de l'inquisition, ce qui ne valait guère mieux. Rien n'est prompt à trouver des ressources comme l'esprit d'un homme menacé d'un grand péril. Je m'armai instinctivement de l'escabeau sur lequel j'étais assis, me servant de ce bouclier d'un nouveau genre pour tenir mon ennemi à distance.

« N'espère pas m'échapper! dit-il en brandissant vers moi la pointe aiguë de son poignard; j'en ai trop dit et trop fait maintenant pour que je puisse épargner ta vie.

— Il est à regretter, répondis-je, que tous les chrétiens ne soient pas témoins de votre conduite en ce moment; le bel exemple à suivre que le grand-inquisiteur faisant des efforts inouïs pour assassiner, en blasphémant, un catholique qui s'est confié à sa parole!

— Vous répondrez de tous ces crimes devant Dieu, car c'est vous qui me les faites commettre.

— Ils étaient dans votre cœur, répliquai-je.

— Non! dit-il d'une voix rendue éclatante par la colère, et en essayant de me porter un coup. »

Il était temps enfin que je prisse l'offensive, si je ne voulais pas être assassiné par ce furieux. Je m'élançai sur lui, et lui saisissant le bras, en un clin d'œil je l'eus désarmé. Alors commença entre nous une lutte corps à corps dont l'issue ne pouvait être ni longue ni inquiétante pour moi, tant que je n'aurais affaire qu'à lui seul; je le tenais appuyé au mur, dans un angle de la pièce où nous étions; sa vie était complètement entre mes mains : il le comprit.

« A moi! gardes et amis! s'écria-t-il d'une voix tonnante. »

Une tête se montra à la lucarne, et disparut aussitôt. Bientôt des voix en rumeur se firent entendre près de la porte dont j'avais poussé le verrou; on essaya de l'ouvrir, mais les efforts étant inutiles, des coups violents commencèrent à l'ébranler.

« A moi! répéta Torquemada. »

Des cris de fureur se mêlèrent au bruit des coups qui faisaient craquer la porte; j'étais perdu si la lutte se prolongeait une minute de plus.

« Vous entendez! dit Torquemada avec une expression de joie.

— Ordonnez-leur de s'éloigner à l'instant, ou vous êtes mort! lui dis-je en le menaçant de son propre poignard. Il pâlit, et la colère sembla faire place à l'effroi. »

— Seigneur d'Abadia! dit-il d'une voix suppliante.

— La porte va se briser; encore un instant, et vos vengeurs m'auront tué; mais, quoi qu'ils fassent, ils arriveront trop tard. Pour la dernière fois, qu'ils se retirent, ou, par la mémoire de mon père! votre sang...

— Oui, seigneur d'Abadia, par la mémoire de votre père, oublions l'un et l'autre le sujet de notre querelle. »

Je le laissai libre. En ce moment la porte céda sous les coups répétés des assaillants, et trois ou quatre familiers entrèrent. Je me crus perdu et je me disposais déjà à vendre chèrement ma vie; mais Torquemada, s'avançant vers ses gardes, les arrêta du geste; puis, se tournant de mon côté, il chercha à lire sur mon visage le fond de mes sentiments, et n'y trouvant, sans doute, aucun motif de crainte pour lui :

« Retirez-vous », dit-il aux gardes.

Ceux-ci obéirent aussitôt. Torquemada sembla rester indécis sur le parti qu'il avait à prendre à mon égard. Une sorte de confusion se faisait remarquer dans son maintien, dans ses regards; c'est à peine s'il osait maintenant lever les yeux sur moi, lui qui tout à l'heure, dans sa colère, cherchait à me percer le cœur.

« Est-ce là, lui dis-je, ce que vous m'aviez promis, ô Torquemada? Que sont devenues ces protestations de bienveillance que vous faisiez au fils de votre ami? et comment avez-vous pu oublier si vite les liens qui vous unissaient à mon père quand vous étiez plus jeune ? »

Torquemada, entièrement rendu à lui-même par ce souvenir de sa première jeunesse, se croisa les bras sur la poitrine et me considéra pendant quelques instants avec une attention mêlée de défiance et de satisfaction ; il commençait évidemment à trouver embarrassante la position dans laquelle il s'était mis, et il me parut désirer que je lui fournisse l'occasion d'en sortir. Cependant j'eus lieu, plus tard, d'acquérir la preuve qu'il ne m'avait jamais pardonné.

« J'ai été emporté, dit-il, malgré moi, par la colère; mais n'oubliez pas, seigneur d'Abadia, que la fougue de mon sang n'a point été amortie par l'âge, et que, voué par état à la haine de mes semblables, la trempe de mon caractère s'oppose cependant à ce que j'en puisse supporter l'expression sans une impatience qui va, parfois, jusqu'à la fureur. »

Quelques instants après il ajouta :

« Tout l'avantage est de votre côté, parce que vous avez su garder votre sang-froid en présence de mon emportement. Heureux ceux qui peuvent ainsi rester maîtres de leur esprit dans les moments difficiles! Que de regrets et d'inquiétudes ils s'épargnent !

— Que voulez-vous dire? demandai-je.

— Tout à l'heure, répondit-il, j'ai proféré des mots que Dieu seul et vous avez entendus.

—Que craignez-vous, répliquai-je, n'êtes-vous pas à l'abri de toute atteinte? Me croirait-on, moi pénitencié, quand j'irais proclamer les blasphèmes du grand-inquisiteur? Allons, rassurez-vous par cette double considération, que je ne suis pas assez fou pour songer à divulguer ce que j'ai entendu, et que, eussé-je cette pensée, vous êtes trop haut placé pour qu'une accusation puisse vous atteindre.

— J'admire, seigneur d'Abadia, la générosité de votre âme en confessant toute la faiblesse de la mienne. Un premier mouvement de colère avait armé ma main ; un blasphème que Satan mit dans ma bouche avait frappé vos oreilles ; j'eus honte d'avoir un témoin de ma faute, et, de peur qu'il ne la divulguât...

— Vous vouliez m'assassiner ! O Torquemada ! s'il est des hommes assez malheureux pour se croire dans l'obligation de dénoncer et de faire condamner aux flammes un imprudent à qui la colère a mis sur les lèvres un mot qui n'était pas dans son cœur, sachez que d'Abadia peut les plaindre, mais les imiter, jamais ! »

Ma réponse sembla lui rendre toute sa sécurité et son premier calme. Il me sut même gré de l'hommage que j'avais rendu à sa toute-puissance; aussi ne fût-ce pas sans quelque bienveillance qu'il me dit :

« Croyez bien, seigneur d'Abadia, que je déplore la violence à laquelle je me suis livré...

—D'autant plus, interrompis-je, qu'elle nous a fort éloignés du sujet qui nous occupait ; cependant, je suis tout disposé à le reprendre, et si vous le voulez, nous achèverons...

— J'accepte, dit Torquemada avec empressement, et puisque vous le désirez, seigneur d'Abadia, reprenons notre discussion où nous l'avions laissée, et dites-moi ce que vous pensez du *seizième article*.

Il était *défendu* par ce *seizième article* de *communiquer* aux accusés la copie *entière* des déclarations des témoins; on pouvait seulement leur donner connaissance des dépositions, en leur laissant ignorer toutes les circonstances qui auraient pu leur faire connaître les témoins.

« Cet article seul, fis-je observer, suffirait à prouver que l'inquisition veut, non la justification de l'accusé, mais sa condamnation.

— Comment cela ? demanda le grand-inquisiteur.

— Parce que le droit de se défendre n'étant pas entier, illimité, ce n'est plus qu'un droit dérisoire.

— Allons donc ! dit Torquemada, ne voyez-vous pas que nous donnons à l'accusé communication des dépositions des témoins ?

— Oui, répondis-je, mais la copie que vous lui en donnez est perfidement tronquée ; vous lui dérobez la connaissance des faits les plus importants et qui contribueraient le plus, peut-être, à sa défense !

— Oui, répliqua le grand-inquisiteur, s'ils sont de nature à lui faire connaître les témoins et le délateur.

— Et sans doute, répondis-je, aux yeux du saint-office, qu'est-ce que l'honneur, la liberté, la vie d'un accusé, comparativement à la tranquillité d'un témoin ? Périssent tous les accusés, plutôt que de compromettre la sécurité d'un dénonciateur ! »

Le *dix-septième article* prescrivait aux inquisiteurs d'interroger *eux-mêmes* les témoins, quand il ne leur était pas impossible de le faire.

« Que trouvez-vous à redire à cet article, seigneur d'Abadia ? me dit le grand-inquisiteur.

— Si vous voulez, répondis-je, me garantir que toujours et dans tous les cas les inquisiteurs interrogeront eux-mêmes les témoins, je reconnaîtrai la sagesse de cet article.

— Vous n'ignorez pas, me répondit Torquemada, qu'il y a fort souvent, pour l'inquisiteur, impossibilité de le faire, puisqu'il arrive fréquemment que les témoins et lui sont dans des lieux différents.

— C'est pourquoi, répondis-je, je trouve illusoire la mesure prescrite par votre article. Voici ce qui arrivera le plus souvent, neuf fois sur dix peut-être : un commissaire, secondé par un notaire faisant les fonctions de greffier, sera chargé par le tribunal du saint-office d'aller recevoir les déclarations des témoins : j'accorde à ces deux employés toutes les lumières et toute l'impartialité désirables ; vous n'ignorez pas combien peut être dangereuse, même avec de tels hommes, l'interprétation des dépositions faites, souvent, par des témoins grossiers et sans lumières. Qu'arrivera-t-il, si les commissaires sont eux-mêmes ignorants ou passionnés ? »

Le *dix-huitième article* veut qu'un ou deux inquisiteurs assistent à la question que le prévenu doit subir, à moins qu'occupé ailleurs on ne soit obligé de s'en rapporter à un commissaire pour recevoir les déclarations.

« Comme vous le voyez, dit Torquemada, nous n'avons rien négligé pour prouver combien est grande notre sollicitude pour l'accusé ?

— Cette sollicitude, répondis-je, serait bien plus évidente à mes yeux si, au lieu de faire torturer le prévenu, même en l'absence des inquisiteurs, vous aviez aboli tout à fait ce supplice que rien ne justifie.

— Si ce n'est l'intérêt de la vérité, répliqua le grand-inquisiteur.

— Quelle fanatique erreur ! et quelle hypocrisie atroce, de prendre pour l'expression de la vérité des paroles échappées de la bouche d'un patient dont on met les membres en lambeaux ! »

Par l'*article dix-neuvième*, si l'accusé ne comparaissait point après avoir été cité suivant les formes prescrites, il devait être condamné comme hérétique convaincu.

« La sévérité de cet article, dis-je à mon interlocuteur, ne me surprendrait point, s'il était constant qu'un grand nombre de prévenus soient sortis complétement sains et saufs de vos mains impitoyables. Mais il en est si peu qui pourraient le proclamer, que c'est pour vous qu'un de nos poëtes a fait ces deux vers :

> Devant l'inquisition quand on vient à jubé,
> Si l'on ne sort rôti, l'on sort au moins flambé.

Ne soyez donc pas étonnés si l'on ne s'empresse pas de se mettre entre vos mains dès que vous lancez une assignation : car, admettons que le prévenu en soit informé à temps, croyez-vous que la crainte de vos prisons, de vos tortures dont le plus innocent même n'est pas à l'abri, ne soit pas plus que suffisante pour engager le prévenu à se dérober à vos yeux? Est-il besoin, pour se rendre raison de sa prudence, de considérer cette conduite comme un aveu tacite de son crime? »

Le *vingtième article* portait que, s'il était prouvé par les livres ou la conduite d'un homme mort qu'il était hérétique, il devait être jugé et condamné comme tel, son *cadavre exhumé* et la *totalité de ses biens confisquée* au profit de l'État, et aux dépens de ses héritiers naturels.

« Quoi! la tombe même n'est pas un asile assuré contre vos persécutions! Vous condamnez un homme qu'il n'est pas en votre pouvoir d'entendre, que vous ne pouvez convertir, qui ne peut se défendre, dans le cœur duquel le repentir ne saurait plus entrer! et vous le condamnez à une peine plus sévère que celle qu'il aurait encourue s'il eût été vivant! Vous osez profaner sa tombe! vous vous acharnez sur son cadavre! et vous vouez sa mémoire à l'infamie! Est-il rien de plus révoltant? rien de plus hideux?

— Cet usage, répondit Torquemada, de punir les criminels après leur mort, n'est pas nouveau; on le voit établi chez tous les peuples, depuis la plus haute antiquité; l'histoire des papes nous en fournit aussi un exemple.

— Et quel pape, grand Dieu! que cet Étienne VII qui vous a servi de modèle!

— Les crimes de son prédécesseur Formose ne justifiaient que trop la sévérité d'Étienne!

— Il ne vous manquait plus que d'exalter le vice aux dépens de la vertu! Sachez-le bien, Formose fut un pontife doux, humain, vertueux, vanté surtout pour la pureté de ses mœurs, éloge qui ne saurait s'appliquer à beaucoup de ceux qui ont occupé le trône pontifical, avant comme après lui. Étienne, au contraire, déshonora la chaire de saint Pierre par la haine qu'il ressentait pour Formose, haine qui lui inspira l'ignoble pensée d'en faire exhumer le cadavre pour le vouer à l'infamie. Il le fit revêtir des habits pontificaux, placer sur un trône au milieu d'un concile ; puis, après l'avoir interrogé, ce misérable Étienne le fit décapiter et jeter dans le Tibre. Mais l'infamie qu'il appelait sur la mémoire du vertueux Formose est retombée sur lui-même. Le nom de ce dernier est toujours respecté, quand celui d'Étienne n'est prononcé qu'avec mépris. Dieu, plus juste que les hommes, ne permit pas à cet indigne pontife d'occuper longtemps le siége apostolique ; après trois années de règne, il fut déposé et étranglé l'an 900 ! Est-ce dans la vie de ce pape, je vous le demande, que vous deviez puiser vos inspirations ? Mais, en condamnant la mémoire d'un homme mort, quelquefois depuis longtemps, vous pensez à vous emparer de ses richesses, plus encore qu'à venger la foi, puisque vous prescrivez la confiscation de la *totalité de ses biens, aux dépens de ses héritiers naturels ;* voilà tout le secret de votre sévérité. »

D'après le *vingt et unième article*, il était ordonné aux inquisiteurs d'étendre leur juridiction sur les vassaux des seigneurs ; et, si ces derniers refusaient de la reconnaître, de leur appliquer les censures et les autres peines.

« Nous verrons comment les seigneurs recevront cet article, dis-je au grand-inquisiteur : il se pourrait bien que quelques hommes généreux prissent la défense de leurs vassaux.

— Tant pis pour eux, répondit Torquemada, l'inquisition saura faire exécuter ses prescriptions.

— Dût la ruine d'une ville entière, d'une province, d'un royaume, être la conséquence de ses fureurs, ajoutai-je. »

Il était dit dans le *vingt-deuxième article*, que si l'homme condamné à être *relaxé* au tribunal ordinaire laissait des enfants mineurs, il leur serait accordé par le gouvernement, à titre d'aumône, une petite portion des biens confisqués à leur père, et que les inquisiteurs seraient obligés de confier à des personnes sûres le soin de leur éducation et de leur instruction chrétienne.

« Nouvelle preuve, dit Torquemada, de la sollicitude que nous voulons témoigner au condamné et à ses enfants.

— Oui, si l'article s'exécutait : ce n'est pas la première fois que cette mesure est proposée, et pourtant l'inquisition serait fort en peine pour montrer un seul enfant qui lui doive ses moyens d'existence et son éducation. Vous savez ruiner, mais non enrichir ; vous détruisez, mais vous n'édifiez pas. »

Par le *vingt-troisième article*, si un hérétique réconcilié dans le délai de grâce, sans avoir encouru la peine de la confiscation des biens, avait des propriétés provenant d'une personne qui aurait été condamnée à cette peine, ces propriétés ne devaient pas être comprises dans la loi du pardon.

« La cupidité des fondateurs de l'inquisition se montre ici tout entière, dis-je au grand-inquisiteur ; Ferdinand et le pape s'entendent à merveille pour faire passer dans leurs trésors toutes les richesses de la nation. »

Le *vingt-quatrième* obligeait à rendre la liberté aux esclaves chrétiens du réconcilié, quand la confiscation n'avait pas lieu, attendu que le roi n'avait accordé la grâce qu'à cette condition.

« Vous approuverez, sans doute, cette espèce de confiscation, me dit Torquemada, puisqu'elle rend la liberté à des hommes ?

— Assurément, répondis-je, mais à condition que le saint-office ne les affranchira pas d'une main pour les rendre esclaves de l'autre. »

Il était défendu, par le *vingt-cinquième article*, aux inquisiteurs et aux autres personnes attachées au tribunal, de recevoir des présents, sous peine d'excommunication majeure, d'être privés de leurs emplois, condamnés à la restitution, et à une amende de deux fois la valeur des objets reçus.

« Si les *Instructions*, dis-je à mon interlocuteur, ne comprenaient que des articles aussi équitables, les Aragonais ne s'opposeraient point à leur promulgation. »

Les trois derniers articles ne traitaient que de la conduite des officiers de l'inquisition les uns à l'égard des autres, du soin recommandé aux inquisiteurs de surveiller attentivement leurs subordonnés afin qu'ils fussent exacts à remplir leurs devoirs, et enfin de la faculté laissée aux inquisiteurs de décider de tous les points qui n'auraient pas été prévus dans les *Instructions*.

« Ainsi, me dit Torquemada, sauf quelques articles sans importance, aucun des autres n'a mérité votre approbation ?

— Puis-je accepter, répondis-je, un code qui laisse à l'hypocrite seul, au parjure, au calomniateur, les moyens de se sauver, quand l'homme de bonne foi, l'innocent doit succomber ?

— J'avoue, répliqua le grand-inquisiteur, que plusieurs de ces articles sont d'une grande sévérité ; mais considérez que, dans aucun pays du monde, la foi n'a couru plus de dangers qu'en Espagne. Les Maures, qui occupent le midi, se jouent de notre culte ; leur industrie, leurs beaux-arts, leurs lumières enfin, les rendent extrêmement dangereux pour la foi de ceux d'entre ces infidèles qui se sont convertis ; les peuples même de l'Espagne qui sont en contact immédiat avec eux, et dont la foi est facile à ébranler, se laissent entraîner par leurs perfides conseils, et les apostasies sont fréquentes ; d'un autre côté, les juifs, qui n'ont accepté le christianisme que pour se mettre à l'abri des persécutions et non par conviction, retournent en foule au culte de leurs ancêtres : il fallait donc opposer à ces apostasies un frein irrésistible, une barrière infranchissable, et nous avons rédigé les *vingt-huit Instructions*. Je suis loin de les considérer comme suffisantes, mais il fallait pourvoir au plus pressé ; quant à l'avenir, nous prendrons toutes les mesures commandées par les circonstances.

— Vous pouvez ajouter d'autres articles à ceux-ci, répondis-je, vous ne ferez jamais rien de plus arbitraire ni de plus odieux.

— Juste ou injuste, répondit Torquemada, ce code a été inspiré par d'impérieuses circonstances : êtes-vous, oui ou non, disposé à l'accepter et à le faire accepter par vos amis ?

— Non, répondis-je avec force, mille fois non !

— C'est donc la guerre que vous voulez pour l'Aragon ? me demanda le grand-inquisiteur.

— Plutôt la guerre, plutôt la mort qu'une pareille tyrannie ! m'écriai-je.

— La guerre ! reprit Torquemada en donnant à son visage cette expression de fausseté qui le rendait impénétrable ; la guerre ! dites-vous ? Insensé ! Mais quelles sont donc vos ressources, vos moyens d'attaque ou de défense ? où sont vos armées, vos généraux ? Tout cela vous manque. Ce n'est point une guerre ouverte, une guerre de puissance à puissance que vous voulez sans doute, mais une guerre sourde, cachée, mystérieuse. Prenez-y garde, si le code inquisitorial se tait sur les conspirateurs, un autre code s'en occupe ! Et d'ailleurs, l'inquisition connaît l'art des interprétations, il ne lui est pas difficile de faire passer pour hérétiques ceux qu'elle veut tenir entre ses mains ! »

Puisque Torquemada ramenait la discussion sur le terrain des conspirations, je voulus m'assurer s'il était réellement instruit de notre projet.

« En admettant, dis-je à l'inquisiteur, que quelques imprudents Aragonais conspirent contre vos lois, je ne vois point quel rapport il y aurait entre un complot destiné, je le suppose, à repousser un code sanguinaire, et une attaque directe contre la religion.

— Rappelez-vous, dit Torquemada, que l'inquisition a le droit, dans certains cas, de punir ceux qui s'opposent à l'exécution de ses desseins, soit ouvertement, soit en secret.

— Auriez-vous quelque appréhension de voir des complots se former ici contre vous ?

— En voyant l'opposition des Aragonais, répondit Torquemada, il est facile de supposer que cette résistance leur est inspirée par des chefs influents qui se réunissent secrètement. Ce n'est point à force ouverte qu'ils nous combattront, mais par des rumeurs sourdes, des conciliabules nocturnes ; c'est, tantôt en effrayant le peuple par un tableau exagéré des rigueurs du saint-office, tantôt en jetant la dérision et le mépris sur les inquisiteurs, et toujours en les représentant comme des tyrans odieux, qu'on espère soulever les populations de Castille et d'Aragon surtout.

— Si vous aviez quelques preuves de ces conspirations,

dis-je, vous n'auriez pas attendu un instant, sans doute, pour vous rendre maître de ceux que vous supposeriez être les chefs de ces complots.

— Ah! sans doute..., répondit Torquemada. Pourtant, assez de rumeurs sont parvenues jusqu'à moi pour m'engager à prendre des mesures rigoureuses... »

Il s'arrêta subitement, dans la crainte sans doute de se trop avancer.

« Des mesures rigoureuses? répliquai-je en tirant de mon sein le poignard de Torquemada. Vous avez vu si les Aragonais les redoutent beaucoup. Rappelez-vous votre défaite, et tremblez que toutes vos violences ne retombent encore sur vous-même!

— Voulez-vous dire que vous ne reculeriez pas devant des assassinats?

— Pas plus qu'ils n'arrêtent les inquisiteurs. »

Soit qu'il donnât à mes paroles une portée qu'elles n'avaient pas, soit que, la vue de son poignard lui rappelant sa défaite, il voulût la venger immédiatement, il fit un pas vers la porte; mais, me défiant de ses desseins, je me plaçai au-devant de lui.

« Souffrez, lui dis-je, que nous soyons seuls un instant encore. Après ce qui s'est passé entre nous, je n'irais pas loin, sans doute, peut-être ne sortirais-je pas de l'enceinte de ce couvent sans être massacré ou plongé dans un cachot, d'où j'irais probablement aux galères ou au bûcher. Ne vous étonnez donc pas si, après vous avoir laissé la vie, je vous demande, en retour, un sauf-conduit pour moi. »

Torquemada, donnant à sa physionomie l'expression la plus amère, la plus inexplicable, la plus infernale qu'elle eût jamais eue, me traça, sans prononcer une parole, le sauf-conduit que je demandais; puis, me le tendant aussitôt :

« Allez, me dit-il, allez sans crainte pour votre vie... aujourd'hui...; mais... prenez garde au jour qui suivra!...

— Et votre parole! m'écriai-je.

— Ma parole, me répondit froidement Torquemada, ne m'engage envers vous que pour ce qui s'est passé ici; mais, une fois que vous serez hors de ce lieu, je ne réponds pas des imprudences que vous pourrez commettre.

— Je suivrai les inspirations de ma conscience, répliquai-je.

— Écoutez-moi, reprit-il avec une certaine effusion : je vous ai offert la paix, je vous offre maintenant votre grâce, des honneurs, des dignités... Isabelle et Ferdinand ne me refusent rien... ; je puis vous restituer les biens que vous avez perdus, et vous faire aussi puissant et aussi honoré que vous êtes faible et humilié aujourd'hui... Réfléchissez..., et demain, avant mon départ, venez me voir, et comptez sur toute ma bienveillance..., si vous faites ce que je désire de vous. Un dernier mot encore : la réception que Saragosse vient de faire à Leurs Altesses prouve que le peuple aime ses souverains; et ceux-ci sont les plus fermes protecteurs de l'inquisition, ne l'oubliez pas! combattre l'inquisition, c'est se déclarer l'ennemi du trône, de même que s'attaquer aux souverains, c'est lutter contre l'inquisition : ces deux pouvoirs se prêteront un mutuel appui.

— Désormais, répliquai-je, je n'ai rien à demander au souverain et rien à redouter de vous; ma vie a été indignement flétrie, et si je tiens à la garder encore, ce n'est pas pour trahir mon pays !

— Va donc, insensé ! s'écria l'inquisiteur avec emportement; va, ta vie est trop peu pour satisfaire ma haine. C'est par milliers que j'immolerai nos ennemis, quels qu'ils soient; et Dieu te garde de te trouver jamais devant moi ! »

Nous nous séparâmes sur ces mots du grand-inquisiteur.

Le lendemain, qui était un mercredi, Leurs Altesses quittèrent Saragosse, sans que j'eusse eu la moindre pensée de revoir Torquemada. Pour lui, ce voyage avait assurément un autre but que celui de participer à des actes de dévotion; s'il l'avait conseillé aux souverains, c'est qu'il voulait, en les accompagnant, s'assurer par lui-même des dispositions des Aragonais. L'épreuve avait dû être complétement décisive, puisque non-seulement il avait été témoin de la manifestation publique des sentiments de la population, mais encore mes discours avaient pu lui paraître l'expression fidèle de l'opinion générale. Je connaissais assez Torquemada pour savoir qu'il n'était pas homme à reculer devant les difficultés ; ne pouvant les tourner, il les attaquerait de front. Bientôt, sans doute, allaient fondre sur mon malheureux pays des maux innombrables, et d'autant plus affreux que le grand-inquisiteur avait reçu de la part du peuple de Saragosse un accueil qui avait dû remplir son âme de ressentiment. Il n'y avait donc point à hésiter. Il fallait au plus tôt exécuter notre projet de vengeance en immolant un inquisiteur, pour donner aux provinces de l'Aragon le signal de la résistance et faire renoncer les fanatiques soutiens du saint-office aux mesures sanguinaires qu'ils avaient conçues.

Je fis avertir d'Esperaindeo, Tristan de Leonis et Pedro Sanchez pour qu'ils vinssent une dernière fois, avant l'exécution, s'entendre avec moi sur les moyens d'en obtenir les plus utiles résultats. Nous convînmes qu'immédiatement après l'assassinat de Pedro Arbuez, nous partirions pour les principales villes de l'Aragon, afin de soulever les provinces en même temps que la capitale, qui d'elle-même, sans doute, se lèverait tout entière pour nous soutenir. Combien, hélas ! cette espérance devait être déçue !

Le samedi soir, aucun des conjurés ne manqua au rendez-vous, qui était chez Pedro Sanchez, dont le domicile était le plus proche de l'église métropolitaine. Après onze heures du soir, nous nous rendîmes avec précaution à l'église. Outre que nous n'en étions pas éloignés, l'heure avancée, la nuit sombre et froide avaient rendu les rues désertes, de sorte que nul passant ne vint nous inquiéter par sa présence. A mesure que nous arrivions dans l'église, sombre comme une lugubre et immense tombe, nous nous cachions autour des divers piliers de la nef. Pour moi, je me plaçai, avec d'Esperaindeo, Tristan de Léonis et Vidal d'Uranzo, derrière un des gros piliers qui soutiennent le portail de l'église, pendant que Pedro Sanchez, Mathieu Ram, Bernard Leofante et Antoine Gran, étaient disséminés dans la nef. Nous étions bien décidés à ne pas perdre un seul instant de vue Vidal d'Uranzo ; Tristan de Léonis devait, à la moindre hésitation de sa part, le poignarder. Nous n'avions aucune crainte d'être découverts, car jamais église au monde ne fut plus déserte que celle-ci, grâce à l'heure avancée de la nuit. Les petites lanternes dont chacun des chanoines s'était muni, afin d'éclairer sa marche dans les rues et de pouvoir suivre l'office sur son livre d'heures, suffisaient à peine pour dissiper à demi les ténèbres du chœur, et ne pouvaient percer la profonde obscurité de la nef.

Déjà tous les chanoines étaient arrivés et s'étaient successivement dirigés vers le chœur pour y occuper leurs places respectives. Un seul manquait ! un seul ! et c'était celui que nous attendions ! Vers minuit, les chanoines commencèrent à psalmodier d'une voix monotone et somnifère les versets des psaumes de David, qui était un juif cependant!... Maître Epila n'arrivait pas !

Jamais moment plus terrible ne s'est offert à moi dans tout le cours de ma vie ! Je ne sache pas que l'aspect de la mort ait eu pour moi des angoisses plus affreuses que celles que je ressentis pendant cette heure d'attente, qui, malgré sa longueur, fuyait avec une rapidité de plus en plus effrayante à mesure que l'instant décisif approchait. Mes artères battaient avec force, des bourdonnements semblables à ceux d'une cloche funèbre et sourde murmuraient dans mes oreilles et mes tempes, pendant que des images lugubres apparaissaient à mes yeux et achevaient de me troubler l'esprit. Non, je n'étais pas fait pour de semblables actions ! Je n'étais pas fait pour verser le sang ! O ma Béatrice ! si tu m'avais vu en ce moment, de quelle compassion tu aurais été émue pour moi!... Le devoir parlait cependant..., et malheur à moi, malheur à tous, si un seul de nous manquait de cœur au moment suprême !

Cependant j'entendais à côté de moi d'Esperaindeo qui disait à Vidal d'Uranzo :

« Songe à tes serments!... Tu as demandé à frapper après d'Abadia ; à toi donc le second coup ! C'est le seul moyen de prouver que tu ne nous a jamais trahis ! »

Ces mots me rappelèrent que je devais frapper le premier coup. J'eus besoin, pour raffermir ma résolution, de me rappeler que ce même Arbuez m'avait condamné à une peine ignominieuse; que ce même Arbuez avait conseillé à Torquemada d'éloigner les seigneurs, mes amis, qui avaient encore accès à la cour; que cet Arbuez enfin était un fanatique d'autant plus dangereux qu'il était aveuglément dévoué aux ordres de Torquemada, dont il n'était en quelque sorte que l'âme damnée; j'eus besoin surtout de me ressouvenir que presque tous ces complices, qui attendaient, comme moi, l'arrivée d'Arbuez, étaient mes plus chers amis, et que la vie de tous était entre les mains de chacun de nous.

J'appelai Tristan :

« Tiens, lui dis-je, ami, prends cet anneau d'or avant que le sang l'ait souillé, et garde-le pour l'amour de ma fille et par amitié pour moi. Si j'échappe au danger et que tu succombes, je dirai à ma fille ton amour, tes vertus, ton généreux dévouement à ton pays, et nous te pleurerons ensemble; si je meurs, au contraire, et que tu aies le bonheur de revoir ma Béatrice, souviens-toi qu'elle était ta fiancée naguère, et que de cet instant elle est ta femme. Dis-lui, en lui remettant cet anneau, que la dernière volonté de son père a été qu'elle t'accepte pour époux; qu'il veut que des liens indissolubles, consacrés par les lois, bénis par la religion, vous réunissent d'une manière inséparable : vous êtes mes deux enfants..., soyez donc bénis, et pensez souvent à votre malheureux père ! »

Tristan me remercia en se jetant dans mes bras. Quel moment délicieux et cruel ! Quelle félicité suprême ! et quelle torture affreuse ! Réunir au même instant dans sa pensée le souvenir de sa fille adorée, et celui de la fatale action qui peut vous la faire perdre à jamais ! Presser sur son cœur un fils digne de la plus vive affection, et penser que cet embrassement est le dernier, peut-être, qu'il doit donner !

En ce moment la porte latérale de l'église s'ouvrit brusquement pour livrer passage à maître Epila.

Ainsi que tous les autres chanoines, l'inquisiteur portait

Assassinat d'Arbuez.

où son attention paraissait avoir été attirée par un bruit que nous avions entendu comme lui. La nécessité de nous dérober à sa vue nous força de nous séparer. Il se porta directement à l'endroit d'où était parti le bruit, en élevant, abaissant et promenant sa lanterne dans tous les sens, afin de ne laisser échapper aucun objet à son investigation. Nous étions dans des transes mortelles qu'il ne découvrît l'un de nos compagnons, et c'est justement ce qui ne tarda pas à arriver. C'était le cas peut-être de l'aller attaquer; mais, étant tous disséminés dans l'église, nous ne pouvions plus nous communiquer nos pensées. Chacun de nous attendait, en quelque sorte, son impulsion des autres conjurés, et personne ne commença. Une fois Arbuez enfoncé sous les voûtes de cette nef latérale beaucoup plus basse, beaucoup plus étroite que la grande nef, les rayons de sa lanterne, moins éparpillés, jetèrent une clarté plus vive autour de lui, et nous pûmes voir très-distinctement ce qui se passa.

Mathieu Ram était caché derrière un des piliers de la nef gauche; voyant qu'Arbuez venait de son côté, il quitta son asile et se renfonça à reculons dans la nef, en suivant l'ombre de plus en plus oblique du pilier. Il se trouva bientôt acculé dans l'angle obscur d'une petite chapelle. Mais Arbuez avançait toujours; un moment nous pûmes croire qu'il allait passer sans plonger ses regards dans la chapelle; mais, tournant brusquement de ce côté, il demanda presque à voix haute :

« Qui est là? »

Il avait aperçu quelque chose de sombre dans l'angle de la chapelle, et il ne pouvait supposer que ce fût autre chose qu'un être humain. Ne recevant pas de réponse, il s'avança aussitôt vers l'objet qu'il apercevait, et Mathieu Ram se trouva en présence d'Arbuez. Mathieu Ram, aussi bien que nous, avait fait ses preuves de courage en plus d'une occasion, et nous ne pensions pas, assurément, à le taxer de faiblesse en présence d'un danger, quelque grand qu'il fût. Cependant nous ne pûmes, au premier abord, donner à sa conduite un sens honorable pour lui. C'est qu'autre chose est de combattre ouvertement, sur un champ de bataille, un ennemi qui vous voit, qui se défend, qui peut vous tuer, et un homme inoffensif que vous surprenez, au milieu de la nuit, entre les murs d'une église, sous les yeux de Dieu! Autre chose est une lutte loyale, glorieuse, et un assassinat clandestin! Nous pensions tous que Mathieu Ram aurait dû attaquer immédiatement Arbuez, et chacun de nous, à sa place, eût hésité, et peut-être n'eût pas montré le sang-froid dont il fit preuve. Lui, nous prouva bientôt qu'il avait tout calculé avec une extrême lucidité d'esprit. « Je ne pouvais pas, nous disait-il le lendemain, attaquer Arbuez sans être assuré de votre concours. Ce diable d'homme avait jeté, par ses soupçons, du désordre parmi vous; je vous avais vus tous prendre des directions différentes, et je craignais de tout compromettre en l'attaquant seul; bien plus, ajouta-t-il, je crus un instant que vous aviez quitté la partie et que vous étiez sortis de l'église. »

Dès que Mathieu Ram s'aperçut qu'il ne pouvait échapper aux regards d'Arbuez, il s'accroupit contre le mur de la chapelle et feignit d'être plongé dans un profond sommeil.

« Que faites-vous ici à cette heure? lui dit Arbuez en lui mettant sous les yeux sa lanterne, pour voir s'il le connaissait. Ah! ah! c'est Mathieu Ram, ajouta-t-il, et il paraît dormir. Allons, allons, l'ami, continua-t-il, depuis quand fait-on un dortoir d'hôtellerie de l'église du Seigneur?

— Ah!... qu'est-ce?... hein?... c'est vous?... demanda Mathieu Ram en se frottant les yeux, et en faisant un interminable bâillement.

— Pourquoi maître Mathieu Ram se trouve-t-il ici à l'heure qu'il est? demanda Arbuez.

— Mon père, dit Mathieu Ram, excusez-moi, je ne vous savais pas là.

— Et quand je n'aurais pas été là, était-ce une raison pour dormir dans une église?

— Non, mon père; mais j'étais venu ici à la tombée de la nuit pour faire dévotement ma prière du soir, et le sommeil m'a surpris; sans vous je serais resté là jusqu'à demain.

— Hum! dévotement... prière du soir..., répéta Arbuez; vous n'êtes pourtant pas cité comme un des plus zélés catholiques de Saragosse.

— Mais, mon père, je fais exactement tous mes devoirs religieux.

— Oui, mais si juste, si juste, que cette grande dévotion d'aujourd'hui a lieu de m'étonner.

— Si le compte y est, dit Mathieu Ram, il n'y a rien à dire, et encore moins si je donne bonne mesure.

— Il est temps de quitter cette église, dit Arbuez; il est minuit passé, et je n'aime pas à savoir qu'il y a des rôdeurs dans l'église, pendant que nous psalmodions les matines.

— Je vous obéis, mon père, dit Mathieu Ram en faisant un signe de croix et en se redressant sur ses jambes. »

Il s'éloigna d'Arbuez pour se diriger vers la porte de sortie. Arbuez le suivit, autant pour s'assurer de son départ que pour voir, en passant, s'il n'y avait pas d'autres personnes. Mais il s'arrêta bientôt au milieu de la grande nef et reprit sa marche vers le chœur, pendant que Mathieu Ram se perdait dans l'obscurité qui régnait à l'entrée de l'église. Nous recommençâmes à marcher avec Arbuez du même côté que lui.

Je ne sais ce qui se passait dans l'âme de mes compagnons pendant que nous marchions ainsi sur les pas de l'inquisiteur; mais, pour moi, je voyais arriver le moment où maître Epila allait nous échapper. Déjà il approchait du chœur; quelques pas encore, et il en franchissait la grille gardée par une espèce de hallebardier. Une fois dans le chœur, il était sauvé; car, malgré notre besoin de vengeance, nous n'aurions certainement pas eu la hardiesse de l'aller attaquer jusque-là. Nous voulions bien le tuer, mais nous ne pensions pas à immoler avec lui tous les chanoines; nous ne pouvions donc pas manquer, en l'attaquant au milieu du chœur, d'être reconnus et dénoncés.

Pour son malheur, il s'arrêta au dernier pilier de la nef, et, comme s'il eût repris toute sa sécurité, il se mit à genoux, posa sa lanterne par terre, appuya son bâton contre le pilier, et, tirant son livre d'heures de sa poche, il parut se livrer à la prière. Aussitôt d'Esperaindeo et Vidal d'Uranzo, son domestique, qui se trouvaient le plus près d'Arbuez, s'élancèrent sur lui; pendant que d'Esperaindeo lui appliquait un violent coup d'épée sur le bras gauche, d'Uranzo le frappait au cou et lui faisait une blessure si profonde, qu'elle l'empêcha de crier et à plus forte raison de se défendre. Il tomba, mais il n'expira pas sur-le-champ. Le bruit, que nous n'avions pu éviter de faire en nous réunissant tous autour d'Arbuez, avait attiré les regards de tous les chanoines; soit qu'ils comprissent qu'un crime venait d'être commis, soit qu'ils craignissent pour leur propre sûreté, les chanoines quittèrent leurs stalles en tumulte, les grilles du chœur furent fermées, pendant que l'inoffensif gardien poussait des cris étourdissants. Nous nous hâtâmes de sortir d'un lieu que nous venions de profaner par un crime que nous regardions alors comme une glorieuse entreprise. Aujourd'hui que les années ont amorti en moi les passions qui dirigeaient autrefois mes actions, à cette heure où l'expérience que j'ai acquise pendant ma longue carrière me permet de juger plus sainement de toutes choses, je ne vois plus qu'un forfait inutile là où je voyais autrefois un acte digne de l'immortalité. Maître Epila vécut encore deux jours, et pût nommer Vidal d'Uranzo comme étant un de ses assassins.

Je devais frapper avant tous les autres, mais les circonstances changent et renversent souvent les résolutions les mieux arrêtées; je ne portai pas même un coup, et je ne fus que le témoin de l'assassinat. Bien que moralement je sois aussi coupable que d'Uranzo lui-même, je ne puis cependant m'empêcher de remercier le Ciel d'avoir permis que ma main ne fût pas rougie du sang de l'inquisiteur Arbuez [1].

Avant de faire connaître quelles furent les conséquences du meurtre d'Arbuez, et combien elles furent différentes de celles

---

[1] D'après ce qui est dit dans le cours de ces *Mémoires*, l'assassinat de Pedro Arbuez aurait eu lieu la veille du dimanche des Rameaux, ce qui le placerait au mois de mars ou d'avril; mais l'auteur des *Mémoires* est mal servi par ses souvenirs, car ce ne fut que le 15 septembre de l'année suivante, 1485, que le premier inquisiteur de Saragosse fut tué.   (*Note des éditeurs.*)

que nous en attendions, je vais raconter ici tout ce qui a rapport à cet inquisiteur. Je dirai les honneurs extraordinaires qui lui furent rendus après sa mort, sans chercher à en découvrir le véritable motif. L'avenir seul apprendra aux hommes pourquoi on a fait passer maître Épila pour un martyr. Si l'inquisition a eu la pensée de le prendre un jour pour le patron du saint-office, que ne préparait-elle plutôt la béatification de Torquemada? La férocité de cet insensé dominicain lui donnait d'incontestables titres à cette préférence.

Quand on apprit, le matin, l'attentat qui avait eu lieu dans l'église, le peuple, ému de ce qu'il regardait comme un sacrilége, s'attroupa et fit entendre des menaces contre les meurtriers. Le second inquisiteur de la ville, Gaspard Juglar, aidé de tous les partisans du saint-office, profita de cette circonstance dans l'intérêt de l'inquisition. Pour entretenir et exciter encore davantage ces dispositions populaires, on fit répandre le bruit que Pedro Arbuez était mort martyr de la foi catholique; les *nouveaux chrétiens*, c'est-à-dire ceux qui étaient d'origine judaïque, furent accusés d'être ses meurtriers. On voulut le venger, mais, avant tout, il fallait penser à honorer sa mémoire comme celle d'un saint. On lui fit des obsèques pompeuses, et très-propres à stimuler le zèle des autres inquisiteurs, ainsi qu'à entretenir l'ardeur de vengeance manifestée par le peuple. On promit à celui-ci de rechercher les assassins et de les livrer à toute la rigueur des lois. L'inquisition ne manqua pas de tirer parti de cette mort et des bonnes dispositions du peuple pour établir et consolider sa funeste autorité. On n'est point étonné des efforts qu'elle fit pour parvenir à ce but; mais comment expliquer la conduite de Ferdinand et d'Isabelle en cette occasion? Il faut que l'ascendant de Torquemada sur leur esprit fût bien grand, ou leur cupidité bien effrénée, pour qu'ils consentissent à donner aux projets sanguinaires de l'inquisition une aussi éclatante approbation.

Jamais grand homme ne fut traité, après sa mort, avec une distinction pareille à celle qui honora la mémoire du gros Épila. Peu s'en fallut que les souverains de l'Espagne ne lui rendissent les honneurs divins. Ces mêmes souverains, quelques années plus tard, feront charger de fers et laisseront mourir de chagrin l'homme illustre qui leur aura donné tout un monde nouveau, avec ses trésors inépuisables. Christophe Colomb ne retirera de ses grands services que la honte et l'oubli, tandis que des honneurs extraordinaires sont décernés à un de ceux qui ont contribué à décimer les enfants de ma belle patrie.

Deux ans après la mort de maître Epila, ses admirateurs purent voir un tombeau magnifique s'élever dans l'église et à la place même où il était tombé. L'inscription qui y fut gravée annonçait déjà toutes les conséquences qu'on voulait tirer de cet événement; la menace inscrite sur le mausolée contre les juifs devait, un peu plus tard, se changer en faits, par leur expulsion de l'Espagne.

« Qui est celui qui repose dans ce tombeau? disait l'inscrip-
« tion. C'est une seconde pierre très-forte, dont la vertu éloi-
« gne d'ici tous les juifs; car le prêtre Pierre est la pierre
« très-solide sur laquelle Dieu a fondé son ouvrage (l'inquisi-
« tion). Heureuse Saragosse! réjouis-toi de voir enseveli dans
« ce lieu celui qui est la gloire des martyrs! Et vous, ô juifs,
« fuyez d'ici, fuyez promptement, car la pierre précieuse,
« l'hyacinthe a la vertu de chasser la peste de ce lieu. »

Ferdinand et Isabelle ajoutèrent à ce mausolée la statue d'Arbuez, avec cette inscription : « Le vénérable maître Pierre
« d'Epila, chanoine de cette église, pendant qu'il remplissait
« avec constance son devoir d'inquisiteur contre les héréti-
« ques, a été assassiné par eux à cette place. Ce monument a
« été élevé par ordre de Ferdinand et d'Isabelle, souverains
« des Espagnes. »

Quelques années s'écoulèrent, cinq ans, je crois, lorsqu'un certain Blasco Galvez, simple vicaire d'une pauvre paroisse de village, vint trouver les docteurs Martin Garcia et Oropesa, vicaires-généraux de Saragosse, sous prétexte qu'il avait à leur faire une importante déclaration touchant le bienheureux Pierre Arbuez. Martin Garcia, débonnaire et crédule bonhomme, était facile à tromper; d'ailleurs, comme il était convaincu de la sainteté de maître Epila, il se montrait disposé à accepter comme authentiques toutes les supercheries du premier imposteur qui voudrait mettre sa crédulité à l'épreuve. Quant à Oropesa, c'était tout différent. Bien que sincèrement attaché à la foi catholique, il n'était pas tellement dévoué à l'inquisition, ni aux intérêts de maître Epila, qu'il voulût accueillir sans contrôle les rêveries d'un fanatique ou d'un pauvre d'esprit.

« Depuis quelques années, leur dit Blasco Galvez, le bienheureux Pedro Arbuez m'est apparu plusieurs fois.

— Ah! dit Martin Garcia, enchanté d'avoir des nouvelles de l'autre monde; et que vous a-t-il dit?

— Il m'a chargé de dire à la mère de don Alphonse d'Aragon, à Isabelle, qu'elle avait failli perdre sa place au ciel, pour avoir hésité à recevoir l'inquisition dans ses États, et qu'elle se garde bien de retirer son appui à cette très-sainte institution, sous peine d'être privée du paradis.

— Le père Arbuez, répondit Oropesa en riant, ignore donc que le jeune archevêque d'Aragon, don Alphonse, n'est pas le fils d'Isabelle? Il aura oublié, sans doute, que don Alphonse a plus d'années que le mariage de Ferdinand avec Isabelle; à moins qu'il ne veuille faire entendre que ces deux nobles personnes ont fraudé les lois de l'Église en ce qui concerne le jeune archevêque, ce qui serait, relativement à Isabelle, une insigne calomnie.

— Il ne m'a pas dit cela, reprit Blasco Galvez; mais il m'a ordonné de lui dire aussi que lui, Pedro Arbuez, s'était occupé de lui faire préparer, ainsi qu'au roi Ferdinand, une place parmi les martyrs, à côté de la sienne, seulement pour avoir établi l'inquisition.

— Ainsi, fit observer Oropesa, que doivent être les inquisiteurs dans le ciel, puisque la récompense est si belle pour ceux qui s'en déclarent seulement les protecteurs!

— Le bienheureux Arbuez m'a encore particulièrement recommandé de dire à Leurs Majestés, c'est ainsi qu'il les nomme, de songer à expulser les juifs et les Maures de leurs États; que cette œuvre serait agréable à Dieu.

— Avez-vous jamais vu le roi et la reine? demanda Oropesa.

— Jamais je n'ai eu le bonheur d'entrevoir même Leurs Majestés, pour dire comme le bienheureux Arbuez.

— Eh bien, répliqua Oropesa, sachez d'abord qu'on les appelle des *Altesses* et non des *Majestés*. Je m'étonne ensuite que Pierre Arbuez vous charge, vous qui n'avez aucun accès auprès des deux souverains, qui ne les avez même jamais vus, de leur rapporter tout ce que vous prétendez avoir à leur dire.

— Ce n'est pas la première fois que Dieu a recours aux plus humbles pour concourir à l'accomplissement de ses éternels décrets.

— Est-ce tout ce qu'il vous a dit?

— Le bienheureux Arbuez m'a chargé, en outre, de dire aux inquisiteurs qu'ils ont eu raison de condamner au feu toutes les personnes qu'ils ont brûlées; qu'elles l'avaient bien mérité, puisque Dieu, ratifiant le jugement, les avait, à son tour, condamnées aux flammes éternelles de l'enfer, toutes, excepté une seule!

— Excepté une, dites-vous?

— Oui, une seule, qui a été reçue au ciel.

— Et qui donc? demanda Oropesa.

— Le bienheureux Arbuez ne me l'a pas dit, répondit Blasco Galvez.

— J'aurais été curieux, répondit Oropesa, de connaître le nom de celui qui, en dépit de la sentence des inquisiteurs, a mérité le ciel. Je croyais le saint-office infaillible : cela peut-il suffire pour nous faire douter, je ne dis pas de son équité, mais de son infaillibilité? Qu'en pense le docteur Martin Garcia?

— Hum!... hum!... fit le bonhomme Martin Garcia.

— C'est là tout ce que vous en pensez? demanda Oropesa en riant.

— Je craindrais de me tromper si j'en disais davantage.

— Est-ce que Pedro Arbuez ne vous a nommé qu'une seule personne qui ait été sauvée ?

— Oui, une seule.

— Raison de plus pour qu'il nous fît connaître son nom.

— Il faudra aussi, continua Blasco Galvez, que les inquisiteurs fassent enlever des chemins publics les membres et autres portions de cadavres des assassins du bienheureux Arbuez, et qu'ils ne laissent pas même subsister les cendres de ceux qui ont été brûlés ; le tout devra être jeté dans l'Èbre, parce que ces restes maudits attirent les orages et la grêle sur les moissons.

— Le docteur Arbuez a donc découvert qu'il y a de l'affinité entre les cadavres et les cendres des suppliciés et la matière qui forme les orages ?

— Apparemment, répondit Blasco Galvez.

— Qu'en pense le docteur Garcia ? demanda Oropesa.

— Hum ! hum ! répondit le docteur, cela s'est vu, cela s'est vu ; mais je craindrais de me tromper si j'en disais davantage.

— Le bienheureux Arbuez veut aussi que chacun, homme et femme, se recommande à Dieu, à la Sainte Vierge et à saint Sébastien.

— Pourquoi à saint Sébastien ? demanda Oropesa.

— Parce que c'est lui qui a fait cesser autrefois une peste générale qui menaçait de dépeupler l'Espagne et l'univers même.

— Et puis, vous voulez faire établir dans votre paroisse la confrérie de Saint-Sébastien ; cette confrérie s'étend de plus en plus, et ne peut manquer d'aller jusqu'à vous, maître Blasco, et je trouve que Pedro Arbuez, sachant cela, aurait dû patienter un peu.

— Le bienheureux Arbuez m'a dit encore ceci : « Je suis le protecteur du peuple contre le mal épidémique qui le désole dans ce temps-ci. Que les malades viennent à mon tombeau, qu'ils se mettent à genoux en faisant le signe de la croix, et qu'après avoir prié Jésus-Christ et la très-sainte Vierge, ils ajoutent : *Que le bienheureux Pedro Arbuez prie pour moi, afin que je sois digne des promesses de Jésus-Christ.* Que les malades fassent cela, et ils seront guéris. »

— Le docteur Pedro Arbuez est un peu trop pressé de faire le saint, dit Oropesa; qu'en pensez-vous, docteur Garcia ? »

Celui-ci se pinça le menton, se gratta l'oreille et ne répondit rien.

« Pour moi, reprit Oropesa, tant que le saint-siége n'aura pas déclaré, par une bulle en bonne forme, qu'Arbuez est un saint, je soutiendrai qu'il est bien pressé et bien orgueilleux de se croire capable de faire des miracles.

— Il en fait, mes maîtres, des miracles, reprit Blasco. J'avais une hernie; après l'avoir combattue par tous les moyens en usage, tels que les neuvaines, les jeûnes, les pèlerinages, les mortifications de toute espèce, ma hernie, loin de diminuer, commençait à s'étrangler; alors, ne sachant plus à quel saint me recommander, je me mis entre les mains d'un médecin renommé pour son savoir, mais j'eus l'idée de m'adresser en même temps au bienheureux Arbuez, et il m'a guéri, mieux que toutes les prescriptions du médecin, dont, pourtant, je n'ai pas cru devoir m'abstenir.

— Et vous avez fort bien fait, ajouta Oropesa, car deux sûretés valent mieux qu'une.

— Il m'a dit enfin, que le tombeau et la statue l'avaient comblé de joie, mais qu'il désirait aussi une chapelle à côté de son tombeau.

— Voulez-vous, docteur Garcia, me dire votre pensée à l'égard de cette déclaration?

— Hum ! hum ! répondit Martin Garcia, ce sont de ces choses sur lesquelles il n'est pas permis de s'expliquer ouvertement. Je me tais, car...

— Eh bien, dit Oropesa, je crois, moi, que Blasco Galvez, qui est votre chapelain, est, non pas précisément un imposteur, mais un rêveur.

— Hum ! hum ! fit Martin Garcia.

— C'est aussi votre avis? j'en suis enchanté », ajouta Oropesa.

Malgré cette opinion, Oropesa crut devoir accepter la déclaration de Blasco Galvez, de peur de s'attirer une affaire de la part du saint-office ; ce qui ne l'empêcha pas, quelque temps après, d'encourir les censures du tribunal sacré, et peu s'en fallut même qu'il ne fût condamné à une pénitence publique pour les propos irrévérencieux qu'il avait tenus sur maître Épila.

Ce Galvez était un fourbe, excité par les inquisiteurs, dans quel but ? Il est facile de le deviner. Ils travaillent, sans aucun doute, à la béatification future d'Arbuez. Celui-ci, j'en conviens, ne fut que l'instrument plutôt que l'auteur des cruautés du saint-office à Saragosse. Grâce à Torquemada, il suffisait d'appliquer les lois inquisitoriales, pour être mis au rang des plus grands ennemis de l'humanité, tant ces lois acerbes et monstrueuses s'étaient empreintes de froide cruauté en passant par les mains du grand-inquisiteur. Si l'intention des inquisiteurs et des souverains est, comme je le suppose, de faire canoniser Arbuez, bien du temps, sans doute, s'écoulera avant que leurs vœux soient exaucés. Ce ne pourra être que dans un temps où l'on aura complétement perdu le souvenir des justes motifs qui ont fait repousser par la nation l'établissement du tribunal de l'inquisition. Six générations s'écouleront avant que ce temps soit arrivé. Alors, si les inquisiteurs jugent que le peuple est assez imbu des principes de soumission et de terreur qu'ils auront cherché à lui inspirer ; s'ils pensent que nul homme n'est assez osé pour combattre ces dispositions générales, ni assez puissant pour entreprendre de dévoiler la vérité des faits ensevelie depuis si longtemps dans les archives secrètes du saint-office, alors le moment sera venu, et l'Église comptera un saint de plus[1].

Reprenons maintenant la suite des événements à partir du lendemain du meurtre d'Arbuez.

Cette sanglante représaille, qui devait opposer à l'inquisition une barrière invincible, fut précisément ce qui en précipita l'établissement dans l'Aragon. Rien de plus versatile que les

[1] Alexandre VII a, en effet, canonisé comme martyr Pedro Arbuez le 17 avril 1664.

masses ; aussi mobile que la vapeur abandonnée aux vents, un mot, un souffle, un rien peut souvent faire passer un peuple d'une résolution à une résolution toute contraire. Nous en fîmes la cruelle expérience dans cette affaire. Les Aragonais étaient fort attachés à leurs anciennes franchises, à leurs lois, à leurs priviléges ; l'inquisition, incompatible avec la liberté des hommes, ennemie née de tout ce qui peut laisser aux peuples une ombre d'indépendance, devait rencontrer une grande opposition de la part de ces peuples. Tous nos efforts tendaient à alimenter cette résistance ; nous avions fait à cette sainte cause le sacrifice de notre repos, de nos fortunes, de notre vie. La veille encore, non-seulement les *nouveaux chrétiens*, mais encore les *vieux*, en grand nombre, repoussaient ouvertement l'inquisition nouvelle, et le lendemain, le meurtre d'un homme surprend, émeut, épouvante, irrite, rend furieux les esprits à tel point qu'il faut venger cet homme et déchirer ses meurtriers ! La population menace de ses vengeances, non ses oppresseurs, mais ses défenseurs ; elle crie : Mort aux vengeurs de l'Aragon, et non à ses tyrans ! Et cet homme tué est un inquisiteur ! et ces meurtriers, sont des amis !!... O peuple ! peuple ! ne comprendras-tu jamais tes véritables intérêts ! te laisseras-tu toujours surprendre par des dehors hypocrites, et, pour te plaire et t'entraîner, faut-il te montrer des fers et en charger tes mains ?

Ce qui contribua le plus, peut-être, à faire prendre à cette affaire un caractère tout opposé à celui que le cours des choses aurait dû lui donner, fut que le meurtre se consomma dans une église. Les vieux chrétiens, partisans de l'inquisition, poussèrent les hauts cris :

« Quelle profanation ! disaient-ils ; les ennemis seuls de la religion ont osé commettre un tel sacrilége ! Et puis, ce n'est point une vengeance particulière, c'est évidemment une affaire de parti. On a voulu braver l'inquisition et la religion, en venant, jusqu'au pied des autels, immoler un des défenseurs de la foi ! Qui sait où s'arrêteront ces ennemis de l'inquisition ? Quand ils auront massacré tous les inquisiteurs, ils s'en prendront à leurs partisans. »

Toute la ville fut ainsi en émoi dès le matin. Le peuple s'attroupa, et peu à peu sa fureur, accrue par des propos mensongers semés à dessein parmi la foule, allait se porter à de grands excès, lorsque le jeune archevêque de Saragosse, dom Alphonse d'Aragon, parut à cheval dans les rues de la ville. Le peuple, oubliant un instant sa colère, tombait à genoux sur le passage du prélat. Celui-ci sut rassurer et calmer cette population furieuse en lui promettant que les auteurs de l'assassinat seraient poursuivis et livrés aux mains de la justice, qui ne manquerait pas de leur infliger le châtiment qu'ils avaient si bien mérité.

Après les cris, vinrent enfin les réflexions, et les soupçons prirent la place de la fureur. Ceux-ci en s'égarant allaient parfois frapper juste; puis prenant tout à coup une extension démesurée, ils passèrent des individus aux masses. Comme on s'aperçut que la plupart des plus considérables des nouveaux chrétiens disparaissaient les uns après les autres, on supposa bientôt qu'ils avaient trempé dans le meurtre d'Arbuez; mais comme le soupçon ne pouvait s'arrêter sur aucun avec quelque apparence de vérité, les vieux chrétiens accusèrent tous les nouveaux d'avoir participé au crime, les uns par leurs accusations, les autres par leurs discours, d'autres enfin par l'exécution. Les inquisiteurs et leurs partisans ne manquèrent pas de profiter de cette disposition des esprits dans l'intérêt du saint-office.

Il serait difficile de trouver dans le meurtre de l'inquisiteur Arbuez une ombre d'hérésie, mais l'inquisition ne voulait pas laisser à d'autres qu'elle-même le soin de sa vengeance; aussi déclara-t-elle hérétiques tous ceux qui avaient contribué directement ou indirectement à cet assassinat. Quelques-uns des conjurés s'étaient déjà dérobés, par la fuite, aux dangers qu'ils voyaient devenir de plus en plus imminents. Pedro Sanchez, Tristan de Léonis et moi nous attendions encore; malgré la fatale épreuve que nous venions de faire de l'inconstance des hommes, nous espérions toujours que cette mobilité même des esprits nous rendrait tous nos partisans, dès que le premier moment de stupeur serait passé. Cette espérance devait encore être vaine.

Un soir, c'était trois ou quatre jours après le meutre, Sanchez et Tristan se trouvaient chez moi, fort tristes et fort inquiets de tout ce qui se passait. Nous avions pris toutes nos mesures pour n'être pas surpris, car à chaque instant des sbires envahissaient les maisons suspectes au saint-office et opéraient des arrestations. Soudain, un coup violent retentit à la porte de mon logis. Sanchez et Tristan sautèrent sur leurs épées, bien résolus à ne pas m'abandonner et à faire bonne contenance. Je crus qu'il valait mieux pour eux et pour moi, et pour mon cher Tristan surtout, ne pas éveiller ou confirmer le soupçon, en se disposant à une imprudente résistance avant de savoir si nous avions affaire à un ennemi ou à un ami. Je les cachai dans ma maison, puis entr'ouvrant une fenêtre, je demandai :

« Qui va là ?

— Un ami du seigneur d'Abadia, me répondit-on à demi-voix.

— Si tu es un ami, répondis-je, dis ton nom et cesse bien vite de t'environner de mystère.

— Mon nom importe fort peu, me répondit-on; avez-vous oublié l'inconnu qui vous sauva de la rencontre du guet, il n'y a pas quinze jours ?

— Non ! par le ciel, non ! m'écriai-je, et aussitôt courant à la porte, j'introduisis mon inconnu en le priant de m'excuser de l'avoir fait attendre. »

Il portait cette fois, au lieu d'un masque, une grande cape brune dont le capuchon lui dérobait tout le visage, et ne lui laissait que l'espace nécessaire pour voir et respirer; trois trous avaient, à cet effet, été pratiqués dans le capuchon à la hauteur des yeux et du nez. Une corde serrait ses reins, et à son côté pendait un énorme chapelet. C'était, en un mot, par l'extérieur un dominicain, un inquisiteur; mais sous cette cape battait un cœur d'homme vertueux et saint, exposant sa vie pour sauver la mienne. Singulier renversement de toutes les idées, qu'il fallût, à cette époque, pour faire le bien avec sécurité, revêtir la forme des hommes qui outrageaient le plus l'humanité !

« Seigneur d'Abadia, me dit-il, fuyez ! hâtez-vous de quitter cette malheureuse ville. D'Esperaindeo est arrêté avec Vidal d'Uranzo. Par ce dernier, j'ai su vos projets quelques jours avant leur mise à exécution; par lui encore, j'ai appris votre participation au meurtre.

— Le misérable, m'écriai-je, il nous avait dénoncés !

— Dénoncés ! répéta l'inconnu, non, mais il le fera; vous êtes perdus, vous et vos amis, si vous ne fuyez immédiatement. Peut-être vous reste-t-il encore assez de temps pour vous dérober aux poursuites du saint-office. Vidal et son maître ne sont arrêtés que depuis quelques heures. Obligé d'attendre la nuit profonde pour m'informer si vous étiez encore ici, je n'ai pu vous avertir plus tôt. Dieu veuille que déjà les dénonciations de Vidal d'Uranzo ne soient pas commencées, et que tous les autres tribunaux du saint-office ne soient pas prévenus de votre fuite avant votre arrivée en France !

— Je fuirai, oui, je quitterai une terre désolée par des monstres; mais, qui que vous soyez, ô vous qui êtes mon plus sage ami, je ne sortirai d'ici qu'après avoir vu les traits de votre visage, dont je veux garder éternellement le souvenir !

— Plus tard, seigneur d'Abadia; ne perdez pas une minute; chaque instant voit les obstacles s'accroître sur votre passage.

— Craignez-vous de vous faire connaître à moi?... Toutes les tortures de l'inquisition ne sauraient faire jaillir de mon cœur votre nom et votre image que j'y aurais renfermés ! »

En ce moment, Sanchez et Tristan entrèrent, ayant tout entendu. Dès qu'il les aperçut :

« Pedro Sanchez, dit-il, le moment approche où votre constance va être mise à une cruelle épreuve.

— Que voulez-vous dire ? demanda Sanchez.

— Que vos deux parents, Gabriel et François, sont arrêtés.

— O ciel ! s'écria Sanchez en pâlissant, c'est moi qui les

aurai perdus! C'est moi qui les ai entraînés dans le complot! «

Il m'embrassa et sortit.

« Quant à vous, Tristan de Léonis, ajouta le personnage mystérieux, si vous tenez à revoir votre chère fiancée, si vous tenez à lui rendre son père, fuyez, et déterminez d'Abadia à le faire promptement.

— Ne perds pas une minute, dis-je à Tristan; cédons, ami, à la nécessité. Souviens-toi que ta vie, en ce moment, ne pouvant plus être utile à l'Espagne, ce serait folie de la livrer aux inquisiteurs. Va, retourne auprès de Béatrice, et n'oublie ni mes conseils, ni tes serments.

— Mais, mon père, puis-je, sans crime, vous abandonner ainsi, seul, au milieu des dangers qui vous entourent! Que dirai-je à ma bien-aimée Béatrice quand elle me demandera : Qu'as-tu fait de mon père?

— Tu lui diras, ami, que ma volonté fut que nous devions nous séparer. Ne crains rien pour mes jours, songe aux tiens qui me sont plus chers que ma propre vie.

— Jamais! s'écria Tristan ; plutôt mourir que de quitter ces lieux avant vous!

— Vous l'entendez, dis-je à l'inconnu, il ne veut pas fuir avant moi, et je ne sortirai d'ici qu'après avoir vu le visage de l'homme qui me donne de si grandes marques de son amitié.

— Non, seigneur d'Abadia, n'insistez pas; songez que je trahis, non mes devoirs, non mon Dieu, mais une autorité implacable, l'inquisition! Peut-être, grâce au mystère dont je m'environne, vous serai-je encore utile un jour. »

Il allait sortir en disant ces mots, je l'arrêtai encore ; mais, craignant de l'offenser par une plus longue insistance, je demandai à cet ami respectable la grâce de lui presser la main. Bientôt je sortis de la ville avec Tristan, nous dirigeant vers les frontières de la France, où Sanchez se rendait aussi. Celui-ci y parvint promptement et sans difficulté. Mais quant à Tristan et à moi, bien des dangers, bien des vicissitudes nous attendaient avant de pouvoir mettre le pied sur cette terre hospitalière.

Le misérable d'Uranzo, une fois entre les mains de l'inquisition, dénonça d'abord les principaux auteurs du complot, c'est-à-dire ceux qui avaient pris part au meurtre d'Arbuez. Ses premières déclarations firent arrêter d'Esperaindeo, Mathieu Ram et Antoine Gran. Mais les inquisiteurs, peu satisfaits de ces délations, qu'ils regardaient comme fort incomplètes, décidèrent que d'Uranzo subirait la *question*. D'Uranzo n'attendit pas les tortures pour accuser les plus illustres habitants de Saragosse. Tous ceux qui avaient eu quelques rapports avec nous au sujet de cette funeste affaire furent compris dans les dénonciations du misérable. On excita son zèle en lui promettant sa grâce; il ne calcula plus alors, et il dénonça par centaines les personnes les plus inoffensives. Le saint-office, toujours disposé à outre-passer les plus grands excès, ne mit plus de bornes à ses persécutions, qui s'étendirent promptement à tout l'Aragon. Les moindres indices, accueillis comme preuves de complicité, servaient de prétexte aux arrestations. Malheur à ceux mêmes qui donnaient asile aux fugitifs; cette preuve d'intérêt, de compassion, qui souvent devenait un devoir sacré, était, aux yeux du saint-office, aussi criminelle que le crime lui-même. Malheur aussi au fils qui se dévouait au salut de son père. Un exemple, entre mille, en fera foi.

Gaspard de Santa-Cruz, un des plus distingués de l'Aragon, s'était réfugié en France, à Toulouse, où il mourut presque aussitôt, et peu de temps après avoir été brûlé en effigie à Saragosse. Le saint-office accusa le fils d'avoir favorisé l'évasion de son père. Quel crime! qui donc ne se croirait pas honoré de l'avoir commis? Il fallait être inquisiteur, c'est-à-dire étranger à tous les sentiments les plus saints, les plus naturels, pour transformer ainsi en crime un acte de vertu, de piété filiale. On arrêta le fils, et, après lui avoir fait subir la honte d'une pénitence publique, on le condamna à prendre copie du jugement qui avait condamné son père à être brûlé en effigie, et à se rendre à Toulouse pour, muni de cette pièce, demander aux dominicains de cette ville l'exhumation du cadavre de son père, afin de le faire livrer aux flammes. Croirait-on jamais que ce fils fut assez lâche pour exécuter, sans se plaindre, un jugement aussi infâme? Il eut la bassesse de revenir à Saragosse avec le procès-verbal qui constatait l'outrage fait aux restes de son père, et son propre déshonneur. Plaignons ce fils assez malheureux pour avoir craint de désobéir au saint-office, et que l'exécration de la postérité soit le partage de ceux qui le condamnèrent à cette profanation parricide!

Pas une ville ne fut épargnée; pas une famille qui n'eût à déplorer la mort, la captivité ou la honte publique de quelqu'un des siens. Le nombre des victimes des vengeances du saint-office fut incalculable. La terreur avait glacé tous les cœurs, et le deuil fut universel.

Le supplice qu'on fit subir à d'Esperaindeo, à Mathieu Ram, à Antoine Gran et à quelques autres, fut effroyable. Comment Saragosse, comment l'Aragon souffraient-ils de pareilles horreurs! Mais, je l'ai dit, une réaction s'était opérée dans les esprits, et l'inquisition en profitait pour établir et consolider son pouvoir, en usant pour cela de ce système de terreur et de sang, conforme à ses idées et à son origine. D'Esperaindeo était d'une des plus nobles familles de Saragosse; jeune, riche et libéral, il avait cru compter autant d'amis qu'il avait obligé de personnes; mais ceux qui, dans les temps ordinaires, profitent de vos libéralités sont les premiers, dans les instants critiques, à vous abandonner. Ce fut ce qui arriva au malheureux d'Esperaindeo : pas une voix ne s'éleva pour le défendre ni pour protester contre la mort affreuse qu'on allait lui faire subir. On l'attacha sur une espèce de claie grossièrement façonnée; et, comme on craignait qu'il n'excitât le peuple à le défendre ou à se révolter contre le tribunal du saint-office, on lui mit un bâillon dans la bouche, puis on le traîna en cet état dans les rues de Saragosse, en le frappant de coups de fouet sur toutes les parties du corps. Après ce supplice en succéda un autre non moins barbare : on lui coupa les deux mains, après quoi on le pendit. Puis, comme si le condamné pouvait encore être sensible aux tourments, même après son trépas, son cadavre fut écartelé, et quand enfin tous ses membres furent épars et qu'il n'y eut plus que des lambeaux sanglants, que des chairs informes, là où un instant auparavant siégeait une vie jeune et brillante, on suspendit ces affreux trophées aux arbres du grand chemin pour être la pâtur des oiseaux de proie, et l'œuvre de l'inquisition fut accomplie. Les compagnons de l'infortuné d'Esperaindeo subirent le même supplice.

Quant au misérable d'Uranzo, la seule grâce que lui fit le saint-office fut de ne lui faire couper les mains que lorsqu'il eut expiré. Ne comprendra-t-on jamais que l'inquisition, en promettant de faire grâce à un accusé, n'a d'autre but que d'obtenir des aveux ou des dénonciations?

Un autre principe, dont ne s'écarte jamais l'inquisition, c'est de faire rejaillir sur les enfants la honte des pères. C'est dans ce dessein qu'elle fit suspendre dans la cathédrale de Saragosse les armes véritables, ou supposées telles, qui avaient servi aux assassins. Je ne sais si elles y sont aujourd'hui, mais, il y a quelques années, on les y voyait encore. Chaque arme était accompagnée d'une toile sur laquelle on lisait en grosses lettres le nom du condamné. Des flammes peintes environnaient le nom si le condamné avait été brûlé; une croix couleur de feu, placée en sautoir, annonçait que le coupable n'avait subi qu'une pénitence publique. Quelques familles de condamnés illustres s'adressèrent au pape pour obtenir qu'on fît disparaître ces trophées déshonorants pour elles; Ferdinand ayant autorisé, quoique avec peine, l'exécution des bulles du pape, les inquisiteurs, irrités, firent passer leurs fanatiques sentiments dans l'âme de la plus vile populace, et une émeute, qui faillit devenir générale, avertit Ferdinand et le souverain pontife du danger qu'il pouvait y avoir à méconnaître les décisions du saint-office.

CHAPITRE VI.

SUITE DES MÉMOIRES.

Bernard Léofante. — Danger que court Juan d'Abadia. — Histoire de quatre jours de bonheur.

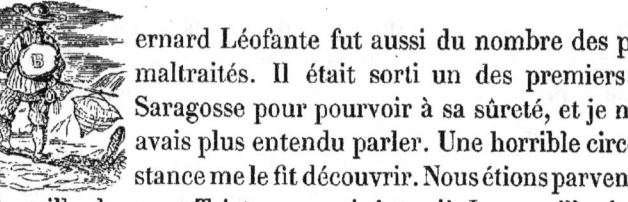

ernard Léofante fut aussi du nombre des plus maltraités. Il était sorti un des premiers de Saragosse pour pourvoir à sa sûreté, et je n'en avais plus entendu parler. Une horrible circonstance me le fit découvrir. Nous étions parvenus, après mille dangers, Tristan et moi, jusqu'à Jacca, ville située à deux ou trois journées des monts Pyrénéens. Nous apprîmes, dans cette ville, qu'il nous serait impossible d'atteindre la France de ce côté, parce que les mesures les plus rigoureuses avaient été prises pour ne laisser pénétrer jusqu'aux montagnes aucun de ceux que d'Uranzo avait dénoncés. Notre déguisement, qui nous faisait prendre pour des marchands maures, nous mettait assez bien à l'abri du soupçon; ce n'était que par des questions indirectes et faites avec la plus grande prudence que nous parvenions à savoir tout ce qui pouvait nous être utile. Malgré les renseignements que nous venions de recevoir, Tristan était d'avis de continuer notre route dans la même direction; il aimait mieux braver de plus grands dangers et courir même le hasard d'être arrêté, plutôt que de s'éloigner des montagnes, asile que nous désirions de tous nos vœux. Plusieurs mois s'étaient écoulés depuis notre départ de Saragosse.

Ne pouvant pas être du même avis que Tristan sur la route à suivre pour arriver plus sûrement en France, je lui proposai une séparation qui ne pouvait tarder à être commandée par les circonstances. Il y consentit, espérant, comme moi, que l'un des deux peut-être parviendrait à s'échapper si nous suivions des chemins différents. Après nous être fait de tristes adieux nous nous séparâmes, lui, pour continuer sa marche vers le nord, moi, pour revenir sur mes pas afin de gagner la Catalogne. Je voulais tâcher d'atteindre un port de mer, aller à Barcelone, par exemple, pour y attendre le départ de quelque bâtiment qui irait en France. Quelques jours après ma séparation d'avec Tristan, j'aperçus vers le soir les maisons de Lérida ; Lérida ! où pour la première fois l'inquisition avait exercé ses fureurs contre l'Espagne ! J'attendis que la nuit fût profonde pour me hasarder à chercher un gîte dans cette ville, dont je n'étais plus qu'à une demi-heure de marche. Je m'écartai de la route pour errer dans les champs jusqu'au moment favorable. A quelles pénibles réflexions n'étais-je pas livré en pensant à la versatilité des peuples, au peu de consistance des résolutions humaines, et surtout à ma fille que des dangers sans nombre ne me permettraient sans doute de revoir jamais.

Un homme qui me suivait depuis quelques instants s'approcha tout à coup de moi. Son air était soupçonneux, il m'examinait avec une attention dont je fus bientôt offensé.

« Que voulez-vous ? » lui dis-je.

Son visage parut s'épanouir d'aise aussitôt que j'eus parlé. Il me répondit avec toutes les apparences du regret de m'avoir dérangé :

« Je croyais vous reconnaître pour un ancien ami, à moi, de Saragosse ; mais je vois bien que je me suis trompé. Excusez-moi, seigneur, de vous avoir arrêté un moment. Je me retire. »

En disant ces mots, il prit en effet une direction opposée à la mienne. Cependant, je remarquai que cet inconnu ne s'éloigna jamais assez pour que je le perdisse de vue entièrement ; la nuit seule nous sépara complétement, je le croyais, du moins. Quand elle fut venue cette nuit que j'attendais avec tant d'impatience, je retournai du côté de la ville. Pas une étoile ne brillait au ciel ; la lune, cachée par de lourds nuages, ne laissait échapper qu'une clarté faible et triste. Arrivé à cinq ou six cents pas des premières maisons de la ville, j'aperçus près de la route, à l'entrée d'un champ, des objets d'une forme extraordinaire qui se balançaient au vent. Je m'avançai vers ces objets, et bientôt je reconnus de nouvelles marques de la présence de l'inquisition. Je veux faire grâce à ceux qui liront ces Mémoires, de l'horrible tableau que j'eus sous les yeux; c'étaient des membres, des tronçons humains, des têtes que la hache avait séparées du corps et que des pieux aigus tenaient élevées au-dessus du sol. L'homme est-il donc avide de spectacles qui l'épouvantent? Au lieu de fuir, je cherchai à repaître ma vue de cet affreux tableau. Je voulus compter, examiner tous ces membres; les têtes, les têtes surtout! Quel instinct, quel pressentiment fatal me poussait? J'étais glacé d'horreur et je ne pouvais m'arracher de ce lieu funeste. Tout à coup un rayon de lune échappé de la nue vint frapper sur une tête que j'allais heurter de la mienne! J'en frémis encore en l'écrivant, c'était celle de Bernard Léofante!

Un désespoir profond, accablant, s'empara de mon âme à cette vue. Je restai quelques instants les yeux fixés sur cette tête qui semblait, par son expression triste et douloureuse, me plaindre plutôt que m'exciter à la vengeance. Je tremblais de tous mes membres, je sanglotais sans pouvoir pleurer; mes genoux fléchirent et j'embrassai le fatal poteau qui soutenait la tête de mon malheureux ami. J'ignore combien de temps je restai dans cette position; mais quand, enfin, les larmes se firent un passage dans mes yeux et que mon désespoir se fut un peu calmé :

« O chers et malheureux amis! m'écriai-je, avez-vous donc tous succombé? votre sort funeste me présage-t-il le mien?

— Cela se pourrait bien », répondit derrière moi une voix que j'avais déjà entendue, pendant que des mains fortes et nombreuses arrêtaient tous mes mouvements.

« Qui êtes-vous? » demandai-je en me débattant inutilement contre les efforts réunis de cinq hommes.

« Nous sommes des membres de la milice du Christ, des employés du saint-office; vous, vous êtes….. ; je le sais qui vous êtes », dit la même voix en s'interrompant, « et nous vous arrêtons au nom du tribunal de la très-sainte inquisition! »

Je reconnus l'homme qui m'avait accosté deux heures auparavant.

« Vous vous trompez, répliquai-je, je ne suis qu'un pauvre marchand musulman de la ville de Cordoue; vous le voyez à ma valise, à mon costume...

— Pourquoi donc alors étiez-vous à genoux au milieu de ces suppliciés? Pourquoi disiez-vous ces mots que j'ai bien entendus : « Votre sort funeste me présage-t-il le mien », si ce n'est parce que vous avez reconnu la tête d'un de vos complices, peut-être ?

— Non », dis-je avec un calme simulé avec peine, « cette tête n'est point celle d'un homme de ma connaissance; mais elle m'a rappelé la mort d'un de mes amis, marchand comme moi, tué par des bandits il y a quelques mois seulement. Seigneur Espagnol, nous autres pauvres porte-balles nous sommes exposés à bien des dangers dans nos courses vagabondes, et la crainte nous rend superstitieux; c'est pourquoi, en voyant cette tête, j'ai cru qu'elle pouvait être un présage de mort. Mais croyez-le bien, je voyage pour mon négoce, vendant des chapelets, des *Agnus Dei*, des crucifix bénits aux chrétiens; des bijoux et des pierres précieuses aux Juifs, et aux Maures des romances, des chansons d'amour et des récits de leur histoire !

— Ah ! » dit l'agent du saint-office, « nous allons éprouver sur-le-champ si tu dis la vérité; puisque tu es de Cordoue, que tu prétends être musulman, et que tu fais profession de raconter à ceux de ta nation des récits de leur histoire, dis-nous celle du fameux Miramolin, calife de Cordoue[1]. Il fait beau, nous sommes fatigués, car il y a longtemps que nous te suivons à la piste; nous allons nous reposer sur ce tertre, toi au milieu; nous t'écouterons. Raconte bien, et si nous sommes contents, nous rendrons bon compte de toi au saint-office. »

Il n'y avait pas à hésiter; une chance de salut se présentait; de mon récit allaient peut-être dépendre ma liberté et ma vie; les gens superstitieux sont crédules, si je pouvais les intéresser. Cela m'était d'autant moins impossible, que je n'avais pas besoin d'avoir recours aux fictions ni aux aventures merveil-

[1] C'est Abdérame III, surnommé *Prince des vrais croyants*, Emir al Muménim, dont on a fait Miramolin.

leuses dont sont remplis les contes arabes. L'histoire des califes de Cordoue est si étonnante qu'elle pourrait passer pour fabuleuse, si des témoignages authentiques n'étaient là pour en attester toutes les circonstances. Heureusement pour moi, je connaissais à fond l'histoire des Maures de l'Espagne, et je ne m'étais pas trop avancé en me donnant pour un Cordouan, puisque j'avais résidé plusieurs années à Cordoue, où j'avais pu étudier les mœurs, les usages des Musulmans qui y sont encore nombreux, et examiner les restes de ces riches édifices qui en faisaient autrefois la plus belle ville du monde. Les Espagnols à l'imagination vive et portée au merveilleux, aux passions ardentes, à l'organisation tout entière disposée à l'enthousiasme pour tout ce qui est beau, grand, extraordinaire, aimaient à chercher des délassements dans les traditions des peuples orientaux, qui depuis huit siècles résidaient sur le sol espagnol. Il n'était pas rare de voir des réunions nombreuses passer de longues heures, le soir, à écouter les récits de quelque conteur, toujours sûr de captiver l'attention de ses auditeurs en leur parlant des califes de Grenade, de Séville, et surtout de Cordoue. Heureux peuple, si à ces souvenirs lointains mêlés de gloire pour lui ne s'était jointe la triste réalité présente! si l'inquisition n'était venue souvent glacer l'imagination du conteur, et jeter l'effroi parmi ceux qui l'écoutaient!

— J'accepte, dis-je à mes gardiens pendant qu'ils prenaient place autour de moi, et j'espère que si mon récit vous prouve qu'un Cordouan seul pouvait être ainsi versé dans l'histoire des califes de Cordoue, vous n'hésiterez pas à me laisser aller en liberté. »

Avant de rappeler ce que je racontai, je ferai connaître en peu de mots chacun de mes auditeurs. Celui qui m'avait suivi et à la délation duquel je devais mon arrestation, paraissait le chef des quatre autres. C'était un grand et robuste Catalan, du nom de Pierre Baldach. Trois de ses subordonnés cédaient sans contrainte à son autorité; c'étaient Joseph Hernandez, Mathieu Valero, Vincent Orozco : tous trois étaient moins forts, moins audacieux que leur chef; il y avait dans leur docilité autant de

Revue historique

Histoire de quatre jours heureux.

prudence que de soumission. Mais pour le quatrième, Jacques Esteban, qui par sa vigueur, son caractère hardi et entreprenant, pouvait le disputer en tout à Baldach, ce n'était pas sans murmurer qu'il en recevait des ordres. Pierre Baldaché mettait-il une opinion, Esteban soutenait l'opinion contraire. Cette opposition donnait lieu souvent à des discussions vives, et parfois une lutte sanglante aurait été sur le point d'éclater sans l'intervention des trois autres. Quand Pierre Baldach proposa un temps d'arrêt pour se reposer, Esteban s'y opposa en disant que, l'heure étant avancée, il fallait avant tout se rendre chez l'alcade, qui déciderait de ce qu'il fallait faire du prisonnier. Baldach, sans tenir compte de son observation, s'assit le premier sur le tertre, et commanda aux autres de l'imiter, ce qu'ils firent aussitôt. Esteban ne s'y décida qu'après avoir murmuré contre l'obstination de Baldach. Je commençai :

« Dieu est grand ! et Miramolin était digne d'être le calife de Mahomet ! Il régna cinquante ans sur les peuples fortunés de Cordoue, et pas un jour ne s'écoula sans qu'il fût salué de ces mots aussi doux à entendre qu'ils étaient doux à prononcer : Qu'il est grand et illustre, victorieux et magnifique, riche et heureux le puissant Miramolin, calife de Cordoue ! Oui, mes amis, depuis l'aurore jusqu'au déclin de sa vie, il fut grand, illustre, victorieux, magnifique, riche, puissant; mais heureux tous les jours ? non. « Cinquante ans se sont écoulés de« puis que je suis calife, dit-il en mourant; richesses, hon« neurs, plaisirs, j'ai joui de tout, j'ai tout épuisé. Les rois « mes rivaux m'estiment, me redoutent et m'envient. Tout ce « que les hommes désirent m'a été prodigué par le Ciel. Dans « ce long espace d'apparente félicité, j'ai calculé le nombre « de jours où je me suis trouvé heureux : ce nombre se monte « à QUATORZE !!! Mortels, appréciez la grandeur, le monde et « la vie ! »

« Quatorze jours de bonheur en cinquante ans ! dit Pierre Baldach, c'est bien peu.

— C'est beaucoup, reprit Jacques Esteban, il y a tant d'hommes qui n'en ont pas un seul pendant leur vie !

— Si l'on pense, repris-je, que Miramolin était placé dans les conditions les plus favorables pour jouir d'une félicité constante, et que pourtant il en eut si peu, quel doit être le sort de ceux qui n'ont ni gloire, ni puissance, ni richesses, ni liberté?

— Et quels sont donc les quatorze événements qui ont procuré au calife de Cordoue quatorze jours de bonheur? demanda Hernandez.

— Si je consens à entendre le récit que vous allez nous faire, dit Pierre Baldach, c'est à la condition qu'il sera bref et que vous n'étendrez pas les détails au delà de toute mesure.

— Le bonheur, répondis-je, est comme le talent, comme le mérite, comme la beauté, il est rarement complet, il a différents degrés; la plus parfaite félicité laisse encore quelque chose à désirer : aussi, sur les quatorze jours de bonheur de Miramolin, n'y en eut-il que quatre qui ne laissèrent à son cœur aucun désir nouveau à former jusqu'au lendemain. Puisque vous désirez, seigneur, que j'abrége mon récit, je vous conterai seulement l'histoire de ces quatre journées; mais il faut auparavant que je vous dise ce qu'était Cordoue autrefois, et comment il se fit que Miramolin ou Abdérame III était déjà chéri de ses peuples à cause de son nom seul. »

Mes auditeurs achevèrent de se grouper autour de moi le plus commodément possible, et quand ils furent attentifs :

« Il y a, continuai-je, sept cents ans, environ, Cordoue était la capitale des États musulmans en Espagne. Elle tomba au pouvoir d'un descendant de l'illustre race des Ommiades, du grand Abdérame Ier à qui nos pères ont donné le surnom de *Juste*[1]. Ce calife eut de bien grands périls à courir, des troubles toujours renaissants à apaiser, et pourtant les arts, l'astronomie, la médecine, la grammaire, brillèrent d'un vif éclat sous son empire. Cordoue était déjà la plus belle ville du monde, il semblait qu'il ne fût plus possible d'ajouter à sa beauté, et le calife l'embellit encore; des palais d'or et de marbre, des mosquées d'une architecture merveilleuse, des jardins déli-

---

[1] Abdérame Ier fut proclamé calife d'Occident l'an 759 de Jésus-Christ, et de l'hégire 142.

cieux se montrèrent comme par enchantement. Mais rien ne surpassera jamais en magnificence la grande mosquée qu'il fonda et que son fils eut la gloire de terminer. Ses dimensions étaient prodigieuses; mille colonnes de marbre, d'albâtre, de jaspe en soutenaient les innombrables voûtes et formaient des nefs où l'homme le plus exercé avait peine à se reconnaître. Vingt-quatre portes de bronze à sculptures d'or du plus riche travail servaient d'entrée à ce splendide édifice, et les yeux ne pouvaient, la nuit, supporter l'éclat de quatre mille sept cents lampes d'airain, dont la lumière le disputait à celle du soleil.

— Cela ressemble à un conte féerique, dit un de mes auditeurs.

— Oui, répondis-je, pour vous qui vivez sous les lois rigides de l'inquisition; mais pour les musulmans à l'imagination libre, capricieuse, riche, ces splendeurs étaient naturelles et dignes des enfants du prophète.

— J'ai été à Cordoue, dit Esteban, j'ai vu la grande mosquée, qui est aujourd'hui une belle église, à la vérité; mais elle est loin d'avoir les gigantesques proportions que vous dites.

— Sans doute, répliquai-je, aujourd'hui Cordoue et sa mosquée, et ses palais, et ses jardins, n'existent plus que de nom, pour ainsi dire. La mosquée est réduite de moitié; c'est que depuis longtemps la ville a cessé d'être musulmane.

— Et que faisait-on de cette grande mosquée? demanda un de mes auditeurs.

— Vous, Espagnols, répondis-je, vous consacrez le dimanche au Seigneur; pour nous, musulmans, le vendredi est notre jour sacré. C'était dans cette mosquée que mes ancêtres allaient, sur les pas de leur calife, faire leur prière, prière fervente et sincère, parce qu'elle était enseignée par des hommes aimés et glorieux; tandis que vous...

— Tandis que nous, dit Pierre Baldach, nous prions comme la sainte inquisition l'ordonne.

— Et puis, tous les Maures de l'Occident allaient en pèlerinage à la grande mosquée de Cordoue. Cordoue et sa mosquée étaient pour l'Occident ce qu'étaient la Mecque et son temple pour l'Orient. Comme ils sont changés ces temps heureux et magnifiques, ces jours de bonheur et de gloire!... Heureux ceux qui ont vécu sous l'empire de ces illustres monarques ! Il fallait voir comme la joie du peuple était vive, comme les fêtes publiques étaient gaies et brillantes. Celle du renouvellement de l'année surtout se célébrait avec une allégresse, un entrain qu'on ignore aujourd'hui. Plus de dissensions alors, plus d'inimitiés, plus de haines; mais des réunions franches et cordiales, des protestations, des serments répétés d'affection qu'on n'oubliait jamais; les musulmans semblaient ne former qu'une grande famille dont le calife de Cordoue était le père ! Tandis qu'aujourd'hui...

— Aujourd'hui, dit Pierre Baldach, on n'a plus les mêmes idées. L'inquisition et tous ceux qui l'aiment ou qui la craignent sont trop occupés de la recherche des hérétiques, pour se livrer à une joie patriarcale à la manière des musulmans. Il n'y a plus de famille, plus de père, plus d'époux, plus de frère, plus de fils ! Tout est rompu, et doit l'être : la religion et le saint-office avant tout !

— Le monde va bien comme cela, répondis-je ; mais autrefois, à Cordoue, il était autrement gouverné, et n'en allait pas plus mal.

— Le temps d'autrefois n'était pas le temps d'aujourd'hui, voilà tout, dit sentencieusement Pierrre Baldach. Le monde a fait des progrès.

— Oui, en arrière, dit une voix, que je supposai être celle d'Esteban.

— Qui est-ce qui a dit cela?... demanda le chef. Je tiens pour un ennemi du saint-office celui qui blâmera ce qui se fait aujourd'hui.

— Pendant ces temps de fête et de joie, continuai-je, la ville de Cordoue ne voulait plus de nuits, plus de sommeil, plus de repos; la vie paraissait si courte pour goûter toute cette félicité, qu'on ne voulait plus la diviser en deux par le sommeil. Une illumination générale chassait les ténèbres de la ville. On se faisait des présents, et l'on se donnait des festins où la bonne chère, la concorde et l'amour, meilleurs que la bonne chère, présidaient ensemble, et, par la douceur de leur empire, faisaient regretter l'instant qui venait de s'écouler. A Cordoue, on aimait mieux se livrer à la joie, danser au bruit des cistres, des téorbes et des hautbois, chanter des romances au son du luth, que d'entendre les cris déchirants de malheureux livrés à une mort affreuse! Les pauvres, dans ce temps-là, prenaient part à la joie générale, car les riches les comblaient d'aumônes, et les bénédictions des malheureux, se mêlant au bruit mélodieux des instruments et des chants, en augmentaient le charme. Si Abdérame eût été maître de l'Espagne entière, il en aurait fait un lieu de délices, où tous les hommes de la terre auraient voulu passer leurs jours. Cet illustre calife mourut, et aussitôt des guerres éclatèrent de toutes parts à cause d'une foule de prétendants insensés qui croyaient qu'il suffit d'être assis sur un trône pour être aimé et glorieux. Abdérame avait laissé onze enfants, ce fut le troisième qui lui succéda. Je ne vous parlerai de ce calife, qui se nommait Haccham Ier, que pour vous dire que ce fut lui qui acheva la belle mosquée commencée par son père. Après Haccham, Cordoue eut un autre Abdérame pour calife. On eût dit que ce nom d'Abdérame était le partage de tout calife qui aimait la gloire, les arts, la magnificence. Celui-ci, par ses goûts, sut égaler le premier Abdérame, et, comme le premier aussi, il eut à combattre un grand nombre d'ennemis. Le roi des Asturies, qui avait été obligé par Abdérame Ier de lui payer un tribut de cent jeunes filles...

— Un tribut de cent jeunes filles! s'écrièrent presque en même temps tous mes auditeurs.

— Que voulait-il faire de toutes ces femmes? demanda Pierre Baldach.

— La tradition n'en dit rien; mais on sait que cet Abdérame favorisa toujours les mariages de ses sujets avec des sujets espagnols; il est donc à croire que celles de ces jeunes filles qui n'étaient pas destinées aux plaisirs du calife devenaient les épouses de quelques musulmans. Quoi qu'il en soit, continuai-je, Alphonse, des Asturies, refusa ce tribut à Abdérame II, ce qui le fit nommer le *Chaste*.

« Cependant, la Catalogne se déclarait contre les Maures, la Navarre aussi, de même que l'Aragon ; tout le nord enfin de l'Espagne devenait l'ennemi du midi, pendant que les Normands, rudes envahisseurs sortis des régions hyperborées, faisaient irruption sur les côtes méridionales de l'Espagne. Il fallait un homme aussi brave et aussi expérimenté que l'était Abdérame II pour lutter avec succès contre tant d'ennemis. Il y parvint, et reçut le nom de *Victorieux*. Son règne fut aussi celui des lettres, des plaisirs et de la galanterie.

— De la galanterie ! répéta Jacques Esteban ; j'ai entendu dire que la galanterie n'a jamais été la qualité des califes.

— Il faut croire qu'Abdérame II fit exception, répondis-je, car il fut galant et même des plus aimables. Écoutez : le calife avait un sérail où un grand nombre d'esclaves, jeunes et belles, se disputaient à l'envi la faveur du maître. Que de grâce chacune d'elles déployait à ses yeux pour le séduire et surpasser ses rivales ! Parmi les plus belles, les plus charmantes, les plus adorables de ces femmes, une avait su captiver le cœur volage du calife. Il l'aimait comme jamais calife, avant lui, n'avait aimé. Tous les vœux, tous les désirs, les moindres caprices de la jolie esclave étaient aussitôt satisfaits que formés. Quelle autre, à sa place, n'aurait pas, comme elle, abusé un peu de son empire ? Elle aimait avec passion les tissus d'or et de soie, les diamants, les rubis, les pierres les plus rares, parce que rien de tout cela n'était capable d'effacer sa beauté ; elle était si belle ! Le calife, de plus en plus amoureux de sa charmante favorite, puisait à pleines mains dans son riche trésor pour lui donner et lui plaire toujours.

« O fils de Mahomet ! dit-elle un jour au calife, donne-moi « quarante mille *dinars* d'or [1]. »

« C'était une somme prodigieuse. Abdérame, qui la veille, qui tous les jours donnait sans compter, parce qu'il avait un trésor inépuisable ; Abdérame qui voulait, à l'exemple du

[1] Le dinar valait environ onze francs.

premier Abdérame de Cordoue, laisser aussi quelque magnifique souvenir de son califat, refusa d'accéder à la demande de la prodigue favorite. Celle-ci fit la moue, pleura, cajola, menaça de n'être plus aimable : rien, le calife fut inflexible. Alors elle se retira dans son appartement, ferma sa porte en dedans et attendit. Le lendemain, le calife, qui avait oublié la querelle de la veille, fit demander à sa bien-aimée si elle voulait le recevoir.

« Le chef des eunuques, qui n'avait ni cœur, ni sentiment, ni âme, mais seulement de la bassesse et de la méchanceté, comme vous le verrez bientôt, fut chargé de rapporter à la belle esclave le désir de son maître ; la commission faite, il attendit la réponse. En la recevant, il faillit tomber à la renverse ; il eut des vertiges, des tremblements nerveux ; il lui sembla que le ciel allait choir sur ses épaules, que la terre s'entr'ouvrait déjà sous ses pieds ! C'est qu'aussi cette réponse était nouvelle, extraordinaire, fabuleuse pour les oreilles d'un eunuque. Jamais, depuis qu'il avait l'honneur de l'être, réponse pareille ne l'avait mis dans un tel embarras. La belle favorite lui avait dit : « Allez rapporter à votre maître que je ne veux pas le voir qu'il ne m'ait accordé ce que je lui ai demandé. » Là-dessus, la jolie main de la charmante femme avait poussé la porte au nez de l'eunuque, tout chef qu'il était. Comment lui, l'esclave des esclaves, oserait-il répéter au maître de tous la fière réponse de cette favorite ! Le calife allait faire tomber sur lui toute sa terrible colère ! Il fallait cependant prendre un parti. Quand le premier moment de sa stupéfaction fut passé, l'eunuque revint dire à la belle esclave, en manière d'avertissement, que si elle refusait de laisser entrer le calife, celui-ci, de son côté, l'empêcherait de sortir en faisant murer la porte. « Qu'il fasse murer « tout ce qu'il voudra », dit-elle. Et la porte fut, une seconde fois, jetée au nez du noir messager. L'eunuque s'en vint, avec un grand effroi, raconter la chose au calife, en l'amplifiant encore, ayant soin de lui bien faire entendre qu'il n'était pour rien, lui eunuque, dans l'équipée de la jeune femme. Car il faut vous dire que si les femmes méprisent et haïssent les eunuques, les eunuques, de leur côté, rendent aux femmes toute leur haine et leur mépris. Il amplifia donc, interpréta, dénatura la réponse de la jolie femme, de manière à exciter le plus grand courroux que jamais calife eût ressenti. Puis, il attendit l'effet de ses perfides insinuations, en suppliant son maître redoutable d'avoir pitié de sa belle esclave.

« L'eunuque fit sa commission, la face contre terre, son corps infâme étendu, rampant comme une chenille noire sur le riche tapis du calife. Mais celui-ci était homme de bon sens, il comprit qu'une jolie femme a le droit d'être capricieuse, prodigue, coquette, et qu'en aucun cas elle ne devait être traitée comme un redoutable ennemi. Après quelques instants de réflexion, il poussa du pied le chef des eunuques, qui rampait toujours, et lui dit :

« Va, vile poussière de mes pieds, fais murer la porte de « cette rebelle... »

« L'eunuque tressaillit de joie et se redressa...

« Avec des pièces d'or et d'argent, continua le calife; et dis « à la prunelle de mes yeux, à la perle de l'Orient, au diamant de « mon cœur, que je n'irai chez elle que lorsqu'elle aura, de ses « mains, démoli cette muraille. Va ! et qu'il soit fait ainsi que je « l'ai dit. »

« L'eunuque n'aurait pas été couché par terre, comme un chien aux pieds de son maître, que l'ordre du calife l'aurait fait tomber de surprise. Il n'y avait pas à hésiter, car si parfois les califes aiment à jouer avec une esclave adorée, jamais ils ne plaisantent avec leurs eunuques. Le sien fit dresser aussitôt la muraille d'or et d'argent devant la porte ; s'il eût osé, il aurait ajouté du ciment pour lier les pièces. Quand l'esclave entendit qu'on travaillait à murer sa porte, elle ne se dérangea pas, elle se serait laissée mourir de faim plutôt que de demander grâce, tant elle se sentait irritée contre le calife. Cependant dès que le bruit eut cessé, la curiosité lui inspira le désir de voir de près si le mur était solide ; elle ouvrit sa porte, et à la vue de cette muraille extraordinaire, elle comprit l'intention du calife. Aussitôt de ses petites mains blanches et parfumées elle se mit à démolir le mur, en ayant soin de recueillir tous les matériaux, et l'on dit que le soir même le calife put entrer librement chez sa bien-aimée.

« Vous devez maintenant comprendre pourquoi Abdérame III, surnommé *Emir al Muménim*, *Miramolin*, avait déjà gagné les cœurs de ses sujets à cause de son nom seul. Mais ce nom n'eût-il pas été chéri des musulmans, qu'Abdérame III l'aurait fait adorer. Les deux premiers Abdérame étaient bien grands et bien illustres, il les surpassa, car il réunit en lui seul toutes les glorieuses qualités des deux autres. Dire que soixante années le séparaient du deuxième Abdérame, sans qu'un calife du même nom eût gouverné Cordoue, c'est dire qu'il y eut, d'Abdérame II à lui, soixante années de guerres, de malheurs, d'avilissement, sous les califats de Mohammed, Almouzir et Abdalla. Il était temps que Miramolin vînt arrêter la décadence du royaume; c'en était fait de Cordoue si Dieu, qui est grand, n'eût eu pitié de mes ancêtres. L'an trois centième du prophète[1], le glorieux, le magnifique Miramolin fut proclamé calife de Cordoue. Aussitôt les factions, les troubles, les désordres intérieurs disparurent à son aspect comme des orages qui fuient devant la face du soleil. Mais les rois chrétiens de l'Espagne ne lui laissèrent aucun repos, sans pouvoir troubler la sérénité de son âme. Son règne de cinquante années ne vit pas un jour exempt de guerres; il n'eut pas toujours l'avantage, sans doute; quel est l'homme vertueux dont la constance n'est pas éprouvée par des revers ? Mais il se montra toujours grand et habile, toujours guerrier redoutable et profond politique. La renommée alla porter jusqu'au delà des mers le bruit des belles actions de Miramolin.

« Alors régnait à Constantinople un empereur du nom de Constantin[2]. Celui-ci, frappé de tout ce qu'il entendait raconter du calife de Cordoue, résolut de faire alliance avec un souverain aussi renommé. Il lui envoya, pour cet effet, une ambassade nombreuse chargée de ses présents et de ses propositions. La nouvelle de cette ambassade causa à Miramolin une joie

---

[1] 912 de Jésus-Christ. — [2] C'était Constantin IX.

infinie, qu'il voulut faire éclater aux yeux des ambassadeurs mêmes par une réception qui surpasserait en magnificence toutes celles qu'on avait pu voir jusqu'alors dans les cours des plus grands princes de l'Orient et de l'Occident. Ses guerres continuelles, l'entretien de ses armées et de ses flottes, les stipendiaires d'Afrique, qu'il payait fort cher, absorbaient des sommes énormes et avaient dû épuiser ses trésors. Eh bien, sa cour était, malgré tout cela, remarquable de richesses et de splendeur, son palais ressemblait à une demeure enchantée; mais, où trouver des termes qui puissent vous donner une idée de la magnificence qu'il déploya aux yeux des ambassadeurs orientaux?

— La cour de Ferdinand et d'Isabelle, nos bien-aimés souverains, n'est-elle pas aussi brillante que celle du calife? demanda Esteban.

— La cour des souverains d'Espagne, répondis-je, offre aujourd'hui la réunion de tout ce qu'il y a de plus élégant et de plus somptueux dans le monde, mais elle eût semblé triste et pauvre en comparaison de celle de Miramolin; les palais de Ferdinand eussent ressemblé à des couvents de dominicains à côté des palais de Miramolin, et les courtisans d'Isabelle n'auraient paru, et Dieu me garde d'offenser personne! que des inquisiteurs auprès des courtisans du calife...

— Loin d'être une offense, dit Jacques Esteban, votre comparaison est un éloge, puisque les plus grands seigneurs se font gloire d'être, ainsi que nous, de la milice du Christ; ils sont donc un peu inquisiteurs; ils sont, en haut, ce que nous sommes en bas.

— N'interromps pas davantage, dit Pierre Baldach avec impatience, car si j'ai voulu me reposer un moment ici, je n'ai pas eu la pensée d'y rester jusqu'au jour.

— Il ne fallait pas s'y arrêter un seul instant, répondit Esteban; mais puisque tu l'as voulu, subis la conséquence de ton obstination.

— Jacques, riposta Baldach, je te ferai repentir de ton insubordination; souviens-toi que c'est moi qui commande, et que les inquisiteurs ont en moi la plus entière confiance.

— Ne fais pas sonner si haut ton autorité, répliqua Esteban, et fais-en un usage plus conforme à la raison, si tu veux qu'on s'y soumette.

— Dès que les ambassadeurs de l'Orient eurent posé le pied sur le territoire de Miramolin, continuai-je en les interrompant, ils virent de nombreux envoyés du calife venir au-devant d'eux en leur faisant les plus grandes démonstrations de respect et de cordialité. La route, depuis Jaën jusqu'à Cordoue, et toutes les avenues du palais étaient remplies de troupes à pied et à cheval dont les riches costumes éblouissaient les yeux. De son côté, la population, qui tenait à faire honneur au calife et à lui prouver son amour, accueillit les ambassadeurs avec une joie extraordinaire, ce qui fit penser aux envoyés de Constantin que les peuples de Cordoue étaient heureux sous l'empire de Miramolin. C'est ainsi que la joie du peuple fait la gloire de son monarque. Les plus beaux tapis de Perse et d'Égypte couvraient la terre des cours du palais, et les murailles se cachaient sous des tentures d'or et de soie. Le calife attendait dans une immense galerie où toutes ses richesses se déployaient aux yeux ravis des ambassadeurs, qui, pourtant, étaient habitués au luxe de l'Orient. C'était partout de l'or, des diamants, des tissus précieux, qui, à eux seuls, valaient des trésors entiers. Miramolin, environné de sa famille, de ses vizirs, de ses courtisans, qui tous partageaient la fierté et la joie du calife, était assis sur un trône éclatant de magnificence. Vous, Espagnols, vous aimez les processions de relaps et de pénitenciés, vous admirez le cortége du grand-inquisiteur quand il va présider un auto-da-fé ; les musulmans de Cordoue préféraient les fêtes somptueuses données aux ambassadeurs de l'Orient. Ceux-ci, émus de tant d'honneurs, éblouis d'un si grand luxe, se prosternèrent devant le calife comme devant un Dieu, et aussi, parce que c'était l'usage. Le calife se hâta de les faire relever, et les pria de lui faire connaître le sujet de leur venue. Le chef de l'ambassade remit alors au calife une lettre de Constantin écrite sur du parchemin bleu et renfermée dans une boîte d'or. Le calife n'hésita pas à signer sur-le-champ le traité d'alliance avec l'empereur. Puis, ce furent des fêtes et des réjouissances infinies, depuis le coucher du soleil jusqu'au lever de l'aurore.

« Les ambassadeurs ayant pris place aux côtés du calife dans la somptueuse galerie du trône, des musiciens s'avancèrent pour exécuter en chœur des morceaux tour à tour pleins de mélodie et de douceur, de fierté et d'enthousiasme ; puis, un joueur de luth fit entendre un chant sublime, dans lequel il célébrait les brillantes vertus des deux nouveaux alliés, Constantin et Miramolin. Ce chant, dans lequel l'art et le talent de l'exécutant se déployèrent avec une rare perfection, ravit, transporta tous les auditeurs et parut combler d'aise les envoyés de l'empereur d'Orient. Les musiciens furent remplacés par des joueurs de gobelets et des saltimbanques qui étonnèrent, les uns par le prestige de leur adresse, les autres par l'agilité et la force de leur corps. Puis, de jeunes et belles esclaves, parées de tissus légers et de fleurs fraîches et suaves, commencèrent leurs danses tantôt vives, légères, saccadées, tantôt voluptueuses et passionnées, suivant les sentiments qu'elles voulaient exprimer. Toutes étaient remplies de grâce et de beauté, aucune cependant ne pouvait lutter avec Zehra, l'esclave aimée, favorite de Miramolin. Elle dansa seule, et fit bientôt oublier toutes les autres. Ses pieds fins et charmants effleuraient à peine le riche tapis de la salle. Elle semblait glisser avec une légèreté infinie, en arrondissant ses beaux bras et donnant à son corps gracieux des poses pleines d'une volupté qui ravissait les sens. Ses longues nattes, d'un noir d'ébène, et le vif incarnat de ses joues, rehaussaient l'éclat de son teint plutôt brun que blanc, tandis que le feu de ses yeux dénotait tout ce qu'il y avait de passion dans cette charmante créature. En la voyant, on n'était plus surpris des marques d'amour que lui avait données Miramolin. Les divertissements se succédèrent ainsi sans interruption jusqu'au matin.

— Ce fut là, sans doute, un des jours heureux du calife, dit Esteban, et, dès qu'il fut seul, il dut s'écrier : Dieu de Mahomet et le mien, je te remercie ! tu m'as fait le plus heureux des hommes en me donnant tant de gloire.

— Nullement, répondis-je ; cependant, combien d'autres à sa place auraient mis leur félicité dans cette alliance avec un puissant empereur d'Orient et dans les fêtes qui en étaient la suite ! Mais si Miramolin eût pensé comme le commun des hommes, il n'eût lui-même été qu'un homme vulgaire, et son nom serait depuis longtemps voué à l'oubli comme celui de tant d'autres califes. Pour lui, dès qu'il fut seul, il s'écria : « Non, le bonheur n'est ni dans la gloire ni dans la renommée, « mais il est dans la justice ! » C'est que Miramolin avait fait une action qui, en lui méritant le titre de *juste*, lui avait procuré le premier des quatre plus heureux jours de sa vie. Ecoutez :

« C'était le jour même de l'entrée des ambassadeurs à Cordoue. Miramolin, entouré de toute sa cour, s'était rendu, dès le matin, à un riche pavillon nouvellement élevé au milieu d'un champ éblouissant de fleurs rares et odorantes. Il voulait, de là, assister au magique spectacle que présenterait la route au moment où défilerait le cortége des ambassadeurs qui venaient le trouver. Malgré lui, Miramolin éprouvait des mouvements d'orgueil qui lui faisaient parfois oublier qu'il n'était qu'un simple mortel ; tant de gloire l'environnait, que ces pensées pouvaient être excusables. L'instant était venu cependant où une grave et sévère leçon allait lui rappeler sa véritable nature et mettre à l'épreuve les vertus qu'il avait reçues de Dieu. Déjà les ambassadeurs apparaissaient au loin, le cortége, de plus en plus distinct, avançait à grands pas ; il approche, il va enfin toucher au palais. Le calife se hâte de quitter le pavillon pour se rendre dans la somptueuse salle du trône, afin de recevoir les envoyés de son puissant allié ; un pas encore, et il était hors du champ de fleurs.

« Tout à coup, un homme à l'air sévère et triste se présente monté, non sur un coursier fier et pimpant, comme ceux des ambassadeurs, mais sur un âne aussi simple que son maître. Celui-ci n'avait point de housses traînantes tissues d'or à mettre sur sa modeste monture ; mais, à leur défaut, un grand sac vide fait de grosse toile la couvrait, non pour imiter la luxueuse vanité des grands, mais parce que ce sac était nécessaire à ses projets. Une femme en pleurs et deux enfants pauvrement vêtus suivaient le visiteur. Dès que Miramolin aperçut cet homme et son étrange équipage, il dit avec une affabilité mêlée d'étonnement :

« Que veut de moi le cadi Béchir?

« Ce cadi Béchir était un magistrat intègre qui rendait la justice sans procureurs, sans avocats, sans chicane et sans dépens, ce qui simplifiait et abrégeait infiniment les procès.

« Prince des croyants, dit-il, un grand vol a été commis, et « je viens te demander justice.

« — Je connais ton équité, répondit le calife, et le bruit de ta « vertu est venu jusqu'à moi ; pourquoi donc aujourd'hui as-tu « recours à mon autorité? La tienne est-elle méconnue, ou te « sens-tu moins équitable et moins vertueux qu'autrefois, « doutes-tu enfin de ta propre sagacité, de ta sagesse, de tes « lumières? Parle.

« — Je rends grâce à Dieu de m'avoir laissé aujourd'hui tel « que j'étais hier; mais le coupable a trouvé asile dans ton palais, « d'où il peut me braver impunément, non-seulement moi le « cadi, mais encore ce qui est au-dessus du cadi, je veux dire la « loi !

« — Par le koran, s'écria le calife, je jure que justice sera « faite, dût-elle tomber sur le plus élevé de ceux qui m'entou- « rent, sur la tête même de l'aîné de mes enfants! Parle, cadi, « et sois assuré de ma parole de calife, que tu seras satisfait.

« — Je te rends grâce, ô sage calife! Je n'attendais pas « moins de ta raison et de ta justice. Ecoute donc, et décide de « ce qui te reste à faire. Vois cette femme désolée et ces deux « enfants, ils vivaient naguère heureux et à l'abri du besoin; « aujourd'hui la misère les a visités sous leur pauvre toit, et ils « sont venus me demander si la justice est un vain mot. Un « champ fertile était toute leur richesse, leur seul patrimoine, « leur unique soutien. Ils ne demandaient pas d'autre condition ; « vivre et mourir dans cette humble fortune était toute leur

« ambition. Cependant, un homme s'est rencontré assez cruel
« pour les chasser de leur patrimoine, assez avide pour s'en
« emparer.

« — Quel qu'il soit, cet homme, dit le calife, je le livre à
« toute ta sévérité; choisis toi-même le châtiment que tu désires
« lui infliger.

« — Que cette femme prononce, dit le cadi Béchir, car celui
« que j'accuse ne pourrait être atteint par la sentence du juge
« ordinaire.

« — Femme, veux-tu la tête du criminel? demanda le calife.

« — Hélas! dit la femme, nous voulons notre champ, rien
« que notre champ; oui, que le grain qui nourrissait mes enfants,
« que la cabane qui nous abritait nous soient rendus. O puissant
« fils de Mahomet! nous ne demandons pas d'autre vengeance.

« — Tu l'entends? dit le cadi Béchir.

« — Qu'à l'instant même justice soit faite à cette femme,
« reprit le calife.

« — Ordonne donc de détruire ces riches et inutiles parterres,
« ainsi que ce pavillon, orgueilleux monument de ta cupidité,
« dit le cadi; car c'est de toi-même, prince des croyants, que je
« suis venu demander justice; c'est toi le criminel, c'est toi le
« spoliateur de cette veuve et de sa famille! »

« A cette accusation si directe et si ferme, ou plutôt à cette
imputation si dénuée de fondement, un cri général s'éleva
contre l'audace du cadi. Les courtisans et les favoris des souverains ont, de tout temps, été convaincus de l'infaillibilité de
leurs maîtres. Le calife cependant était profondément absorbé
dans ses pensées. Le cadi continua :

« Tu hésites, ô prince des croyants! il t'en coûte de restituer
« ce que tu as usurpé sur la plus humble de tes servantes! As-tu
« perdu, avec les sentiments d'équité qui étaient dans ton cœur,
« l'intelligence qui dirigeait tes actions? »

« Cependant, la femme et les enfants, prosternés aux pieds
du calife, imploraient sa pitié par leurs sanglots et leur désespoir.

« Nous ne te maudirons point, répondit le cadi, car nous

« t'aimons; mais permets du moins que tous les jours je vienne
« remplir ce sac de la terre que tu as usurpée, afin de diminuer
« le poids qui t'écrasera lorsque, chargé de cette iniquité, tu
« paraîtras devant le juge des souverains. »

« Le calife, sortant de sa rêverie, répondit :

« Tu viens de m'accuser d'un crime que je ne pardonnerais
« pas au plus puissant de mes sujets; mais il est un crime plus
« grand encore que celui que tu m'imputes, c'est la calomnie;
« malheur donc à toi si tu ne prouves à l'instant ton accusation!
« Hâte-toi, car d'autres affaires m'appellent ailleurs.

« — Je vois d'ici l'intendant de tes jardins, répondit Béchir;
« ordonne qu'il comparaisse devant toi. »

« Sur un signe de Miramolin, un officier se dirigea vers l'intendant et le ramena bientôt.

« Parle maintenant, dit le calife au cadi, et prends garde
« surtout de mêler le mensonge à tes paroles.

« — Un jour, répondit Béchir, cet homme est venu en ton
« nom demander à cette femme quel prix elle voulait du champ
« que tu foules sous tes pieds en cet instant.

« — Sans doute, répondit le calife.

« — Ce champ me venait de mes pères, reprit la femme, il
« était mon seul bien, je n'ai pas voulu le vendre. »

« Le calife lança un regard terrible à son intendant des
jardins. Béchir continua :

« Cet homme, après avoir pris de nouveau tes ordres, revint
« chez la propriétaire du champ et lui ordonna, en ton nom, de
« quitter sa cabane et son patrimoine, parce qu'il te plaisait,
« dit-il, d'ajouter cette mince propriété de la veuve à tes
« immenses jardins...

« — Sans doute, dit le calife; mais cette femme a reçu le
« prix de son champ.

« — Je ne voulais pas le vendre, reprit la femme, on me l'a
« pris.

« — On le lui a pris par ton ordre », ajouta Béchir.

« L'intendant ne put supporter l'expression de colère et
d'indignation qui se peignit sur les traits du calife; il tomba

la face contre terre en poussant des cris d'effroi. Le calife le fit traîner à ses pieds.

« Misérable ! lui dit-il, que cette iniquité retombe sur ta tête ! « Tu avais reçu le prix du champ pour le transmettre à cette « malheureuse ; mais tu te l'es approprié à son détriment, et en « m'attribuant une spoliation qui venait de la corruption de ton « cœur ! Ecoute bien la sentence que je vais prononcer, et prie « Dieu d'éloigner de toi la pensée de t'y soustraire, car alors ton « châtiment serait épouvantable. Tous tes biens, je les donne à « cette femme. J'ordonne de plus que tu sois son esclave pen- « dant dix années, et que, jusqu'à ce que tu aies de tes mains « impies rétabli dans son premier état le champ que tu as si « indignement usurpé en mon nom, tu sois promené par la ville « pour être le jouet du peuple, afin qu'il apprenne que le calife « peut bien être trompé par des serviteurs infidèles, mais que « jamais il ne cessera d'être l'esclave de la justice. »

« Le calife ayant ainsi parlé, embrassa le cadi Béchir avec effusion, le remercia de sa courageuse franchise, et, après avoir relevé la femme et les enfants qui pleuraient maintenant de joie et de reconnaissance, il se rendit dans la salle du trône pour attendre les ambassadeurs.

« Miramolin fut heureux tout le jour de cette grande et équitable réparation, dont le souvenir ne put être effacé de son esprit par les somptueuses distractions offertes aux envoyés de l'Orient [1]. Voilà pourquoi il s'était écrié : « Non, le bonheur « n'est ni dans la gloire ni dans la renommée ; mais il est dans « la justice ! » C'est pourquoi aussi il compta ce jour au nombre des plus heureux de sa vie.

— Passons maintenant au second jour, dit Baldach, comme pour m'avertir qu'il ne se sentait encore aucune disposition à me rendre la liberté.

« Tout a un terme ici-bas », continuai-je après un moment de silence, « c'est pourquoi les fêtes données aux ambassadeurs cessèrent aussi après avoir duré tout un mois. Quand on leur eut

---

[1] Un fait pareil est attribué à Hakkam II, fils et successeur d'Abdérame III.

fait visiter toutes les merveilles de Cordoue, sa grande mosquée, ses palais de marbre, ses places publiques ornées de fontaines jaillissantes, ses bains innombrables, ses jardins délicieux ; quand ils eurent tout admiré, ils songèrent à retourner auprès de leur maître. Un jour donc, ils vinrent trouver le calife pour prendre congé de lui. Celui-ci, depuis la veille, se trouvait dans un embarras terrible ; il voulait faire aux ambassadeurs des présents qui répondissent à la magnificence des fêtes qu'il leur avait données. Mais les fontaines les plus abondantes ne suffisent pas à donner assez d'eau si on ne leur laisse le temps de réparer leurs pertes ; les trésors les plus riches s'épuisent si l'on en tire incessamment l'or qu'ils contiennent. Pour quelques jours donc celui de Miramolin était vide, et le calife voyait avec chagrin le moment où les ambassadeurs de son puissant allié quitteraient ses États sans avoir reçu pour eux et pour leur maître des marques de sa munificence. Il avait fait part de son embarras à son vizir qui n'avait pu changer cette position critique ; mais celui-ci en parla à ses amis, et ces derniers ne le cachèrent point aux leurs, de sorte que bientôt toute la ville sut dans quelle perplexité se trouvait Miramolin, le glorieux et bien-aimé calife. La nouvelle en vint aux oreilles d'un homme merveilleusement riche.

« — Le magnanime calife, dit-il, a donc perdu l'amour de
« ses sujets ? ou veut-il donner aux ambassadeurs plus de ri-
« chesses que n'en produit l'univers ? Mes trésors sont à lui ; si
« ses désirs ne sont pas insatiables, je puis lui fournir les moyens
« de faire honneur aux envoyés de l'Orient. »

« Ayant parlé de la sorte, il donna des ordres à ses intendants, et le lendemain, Miramolin vit entrer dans la cour de son palais des esclaves innombrables portant de riches corbeilles, et grand nombre de ballots lourds et précieux, pendant que d'autres esclaves conduisaient chevaux arabes et mules d'Espagne, suivis de jeunes garçons et de jeunes filles, le tout destiné au calife.

« Qu'est-ce cela ? demanda le calife à la vue de ce cortége extraordinaire.

« — C'est le présent d'Abdoul-Melek-Ben-Gheid, au magna-
« nime prince des croyants », dit le vizir.

« Aussitôt les esclaves vinrent en ordre déposer devant lui : quatre cents livres d'or vierge, quatre cent vingt mille sequins en lingots d'argent, quatre cent vingt livres de bois d'aloès, cinq cents onces d'ambre gris, trois cents onces de camphre, trente pièces de drap d'or et de soie, dix fourrures de martre du Korasan, cent autres fourrures de martre plus communes, quarante-huit housses de chevaux traînantes, tissues d'or de Bagdad, quatre mille livres de soie, trente tapis de Perse, huit cents armures de fer pour ses coursiers, mille boucliers, cent mille flèches ; puis on amena quinze chevaux arabes pour le calife, cent autres pour ses officiers, vingt mules avec leurs selles et housses traînantes, quarante jeunes garçons et vingt jeunes filles d'une rare beauté. Le calife n'eut donc que l'embarras du choix, pour faire des présents dignes de lui à son allié et aux ambassadeurs. »

« La joie qu'il en ressentit, dit Esteban, dut lui faire compter ce jour au nombre des plus heureux de sa vie, et quand il eut reçu le présent d'Abdoul-Melek-Ben-Gheid, il dut s'écrier : « Dieu de Mahomet et le mien, je te remercie ! tu m'as rendu « le plus heureux des hommes en me faisant le souverain d'un « peuple si opulent ! »

— Vous êtes dans l'erreur, répondis-je, car lorsque les riches présents d'Aboul-Melek-Ben-Gheid parvinrent aux pieds du calife, celui-ci avait déjà fait l'action qui, en lui méritant le titre de *Clément*, devait lui procurer le deuxième des quatre plus heureux jours de sa vie.

« Écoutez. C'était le jour même où Abdoul-Melek-Ben-Gheid allait envoyer au calife les riches présents dont je viens de vous parler. Dès le matin, suivant son usage, Miramolin était sorti secrètement de son riche palais pour se promener seul et incognito dans la campagne. Au détour d'un sentier conduisant au pied d'une petite colline chargée de citronniers et d'orangers aux pommes d'or, il aperçut une cabane toute simple, mais propre, qui semblait être l'asile du calme et de la félicité. A côté de la porte, un homme aux cheveux blancs se tenait assis sur un banc de gazon. Dès qu'il aperçut le calife, le prenant pour un homme ordinaire, il l'invita à venir se reposer à côté de lui; ce que fit le calife sans se faire prier, parce qu'il n'était pas fâché de causer un peu avec un homme qui n'était pas intéressé à le flatter comme le faisaient tous ses courtisans. Il ne fut pas difficile à Miramolin d'amener la conversation sur le calife de Cordoue, pour savoir ce qu'en pensait le vieillard.

« Le calife, dit le vieillard, est bien glorieux, bien renommé
« et bien opulent, et moi je ne changerais pas mon siége de gazon
« pour son trône d'or et de soie; je ne donnerais pas ma mai-
« sonnette pauvre et petite pour les riches et immenses palais de
« Miramolin, ni le revenu de mon champ pour tous les trésors de
« l'empire !

« — Vraiment ! » dit le calife, émerveillé d'une telle modération.

« J'ai tout ce qui peut combler mes désirs, reprit le vieillard,
« parce qu'ils sont peu nombreux et qu'ils se trouvent au niveau
« de ma condition. Je n'ai pas de flatteurs autour de moi; ma
« femme, mes quatre enfants, êtres chéris qui m'entourent de
« soins et de tendresse, ne valent-ils pas mieux que des courti-
« sans qui ne flattent jamais tant le bien-aimé calife que lors-
« qu'ils veulent le tromper ? »

« En ce moment la femme et les enfants du vieillard, entendant sa voix, sortirent de la maison pour voir avec qui il conversait. Remarquant que l'inconnu paraissait bon, ils lui firent un cordial accueil et lui apportèrent toutes sortes de rafraîchissements. La bonne mine et la franchise des deux fils charmèrent Miramolin, pendant que le babil et les chants des jeunes filles lui faisaient oublier qu'il était temps d'aller s'occuper des affaires de l'État.

« La seule chose que j'envie, continua le vieillard, et que
« possède notre puissant calife, c'est le pouvoir d'être clément.
« Mais à sa place, peut-être, serais-je inexorable comme lui;
« peut-être, ainsi que lui, mettrais-je mon bonheur dans la gloire,

« les richesses, la vengeance; au lieu de pardonner, comme lui,
« je ferais mourir mes ennemis et leurs pères !

« — Vieillard, dit Miramolin, explique-toi.

« — Tu connais Djaïd? demanda le vieillard.

« — Djaïd a conspiré contre le calife, répondit Miramolin.

« — Oui, et conspirer contre le calife bien-aimé, c'est un
« crime qui ne peut s'expier que par la mort.

« — Que son sort s'accomplisse donc, dit Miramolin, et qu'il
« meure puisqu'il a mérité de mourir.

« — Sans doute, répliqua le vieillard, aussi mourra-t-il au-
« jourd'hui. Cependant Djaïd est si jeune! il n'a que vingt ans.
« Vingt ans ! c'est l'âge des illusions irréfléchies, des passions
« fougueuses; à vingt ans! l'expérience n'a pas encore refroidi
« la chaleur du sang qui bouillonne dans le cœur; c'est l'âge des
« fautes et non des crimes. Et puis, Ayoub, le père de Djaïd, est
« vieux et accablé de désespoir ; si Djaïd meurt, Ayoub le suivra
« au tombeau. Pourtant cet Ayoub a exposé sa vie autrefois pour
« sauver celle du calife, mais le calife a oublié le dévouement
« du père parce que le fils a été criminel.

« — Vieillard, tu t'égares dans tes plaintes, car Ayoub a reçu
« la récompense de son dévouement; il était pauvre, le calife l'a
« comblé de richesses.

« — Périsse la fortune d'Ayoub, et que son fils lui soit rendu!

« — Mais le crime de ce fils est si grand !

« — La vertu d'Ayoub n'est-elle pas assez grande pour le
« racheter ! Pourquoi faut-il que la clémence du calife ne puisse
« égaler la grandeur du crime de l'un et de la vertu de l'autre !
« Ayoub n'est ni mon parent, ni mon ami; mais il est sage et
« vertueux, je voudrais être le calife pour pardonner à Djaïd et
« le rendre à son père. »

« Le vieillard se tut. Miramolin réfléchit quelques instants,
puis tirant de son sein une tablette enrichie d'or et de perles,
il traça quelques mots avec une pointe d'acier et la donna au
vieillard. Celui-ci n'eut pas plutôt lu les mots écrits sur la tablette qu'il se prosterna aux pieds de l'étranger; il avait re-

connu le calife et il tenait à la main la grâce de Djaïd, le fils d'Ayoub. »

« Miramolin fut heureux tout le jour de cet acte de clémence, et quand après avoir reçu le riche présent d'Abdoul-Melek-Ben-Gheid, il se retrouva seul et que sa pensée l'eut reporté vers la tranquille demeure du vieillard, il s'écria : « Non, le bonheur n'est point dans l'opulence, ni dans la rigueur, mais il est dans la médiocrité, il est dans la clémence ! »

Après ce récit, je parcourus des yeux le cercle qui m'environnait, dans l'espoir qu'une parole de liberté pour moi allait sortir de la bouche de l'un de mes auditeurs : vain espoir ! Baldach seul prenant la parole se contenta de dire :

« Continuez, et passons au troisième jour. »

Quoi ! c'est Baldach qui m'engage à continuer ? pensais-je. Tel est donc l'effet que peut produire le simple récit d'une bonne action sur tous les humains, puisque cet homme, que la nature semblait avoir créé pour faire le mal, paraissait s'intéresser à ma narration ! Toutefois cet ordre, donné non pas avec l'accent de la prière, mais avec le ton du commandement, me parut resserrer les liens qui me retenaient prisonnier, et m'ôta d'abord la force de continuer ; mais bientôt une pensée qui toujours ranimait mon courage dans les instants de désespoir, un souvenir divin, consolateur, un souvenir de ma Béatrice enfin, me rendit, avec le désir de la revoir, la force de reprendre la suite de mon récit.

« Un jour, dis-je à mes auditeurs de plus en plus attentifs, Miramolin fut vainqueur dans une bataille livrée contre Sanche le Gros, roi de Léon. Le carnage fut grand ; les villes ennemies, glacées d'épouvante, ouvraient leurs portes aussitôt que le calife se présentait. Quelques-unes résistèrent, mais elles furent prises et saccagées ; triste conséquence de leur opiniâtreté, funeste récompense d'un courageux dévouement ; mais le droit de la guerre le veut ainsi. La renommée ne manqua pas de publier partout la gloire et les hauts faits du calife : les hommes, par une bizarrerie inexplicable, se plaisent à célébrer ce qui leur fait le plus de mal, et la gloire la plus recherchée est celle qui coûte le plus de sang et de larmes aux malheureux mortels. L'expédition terminée, le calife revint à Cordoue, chargé d'un riche butin, car le sac et le pillage des villes enrichissent le vainqueur. Sa marche ne fut qu'un long triomphe; il ramenait avec lui un grand nombre de captifs, parmi lesquels on remarquait d'illustres guerriers. Toutes les populations accourues sur le passage du calife le saluaient de leurs acclamations et de leurs vœux d'autant plus enthousiastes qu'il avait couru de grands dangers dans cette guerre.

Mais de toutes les villes qu'il traversa, de toutes les populations qui vinrent à sa rencontre, la ville la plus enthousiaste fut Cordoue, la population la plus ardente à le saluer de ses cris et de ses vivats, fut la population de Cordoue : aussi, tout habitué qu'était le calife à de semblables démonstrations, ne put-il s'empêcher d'y être sensible. Il alla donc ainsi jusqu'à son palais, où il revit Zehra sa bien-aimée, Zehra son esclave, qu'il adora tant qu'il vécut.

— La gloire militaire, dit Esteban, est si belle et les acclamations qu'elle excite sont si douces à entendre, que cette fois sans doute il s'écria dès qu'il fut seul : Dieu de Mahomet et le mien, je te remercie, car tu m'as fait le plus heureux des hommes en me donnant la victoire sur mon ennemi !

— Nullement, répondis-je; car lorsque le calife rentra dans son palais, déjà il avait fait l'action qui, en lui méritant le titre de *fondateur*, devait lui procurer le troisième des quatre plus heureux jours de sa vie.

« Ecoutez. C'était le jour même où Miramolin fit son entrée triomphante à Cordoue. La veille, surpris par la nuit à quelques milles de la ville, il avait tout à coup fait dresser sa tente et donné ordre à son armée de s'arrêter, ne voulant pas rentrer dans sa capitale au milieu des ténèbres, et jugeant avec raison qu'il était digne d'avoir le soleil pour témoin de sa gloire. Retiré dans sa tente, il s'étendit sur ses riches coussins, afin de se livrer à un repos bien nécessaire après tant de fatigues. Le peuple qui était accouru au-devant de lui, et qui, dans l'attente de la marche triomphale du lendemain, n'avait pas voulu quitter les alentours du camp, s'imaginant que le calife dormait à la manière des autres hommes, cessa ses acclamations de peur de troubler son repos; mais le peuple se trompait, car le sommeil même du calife était consacré au bonheur de ses sujets et à la gloire de son nom. Au lieu de dormir de ce sommeil inactif, privé de pensée et de vie, auquel se livrent les hommes vulgaires, Miramolin songeait à éterniser son règne par une action qui l'élèverait au rang de créateur. Au point du jour, il manda auprès de lui l'intendant de ses palais, homme intelligent, architecte habile, et ils sortirent du camp ensemble et secrètement. Arrivés à deux milles de la ville, ils se trouvèrent au pied d'une montagne d'où coulaient des sources d'une eau limpide et fraîche. Une plaine riche et féconde s'étendait au loin.

« Assez longtemps, dit Miramolin en s'arrêtant, j'ai « ruiné, saccagé, détruit des villes; assez longtemps la guerre « m'a fait jouer le rôle de dévastateur; je veux aujourd'hui « m'investir d'un titre plus doux à mon cœur : qu'une ville « s'élève dans cette plaine, qu'un superbe palais occupe la place « que je touche de mes pieds; quel plus bel emploi puis-je faire « des richesses que j'ai conquises? Créer ne vaut-il pas mieux « que détruire? Des milliers de captifs nous aideront à construire « la ville, et pour prix de leurs travaux je leur rendrai la liberté, « ou ils trouveront un asile dans les murs que leurs mains « auront élevés. »

« Ainsi parla le calife; ce qu'il dit ne tarda pas à être exécuté. Il revint au camp, et une heure après il en sortit de nouveau en grande pompe, entouré de ses vizirs, de ses officiers, des cadis, de tout ce qui avait quelque autorité ou quelque dignité dans l'empire, et, arrivé à la place qu'il avait marquée, il prit des mains du chef des architectes une truelle d'or à manche d'agate, puis de sa main victorieuse il scella la première pierre de la ville qu'il venait de fonder. Il lui donna en même temps le nom de Zehra, son esclave favorite, perpétuant ainsi du même coup le souvenir de sa gloire et celui de son amour. Pendant ce temps-là le peuple et l'armée criaient : « Vie et

« bonheur au puissant calife fondateur de Zehra, prospérité et richesses à la ville qu'il a créée ! »

« L'entrée à Cordoue se fit au bruit de ces vives acclamations. Pour Miramolin, dès qu'il fut rentré dans son palais, un souvenir de ses victoires passées s'étant réveillé dans son esprit, il le chassa bien vite en s'écriant : « Non, le bonheur n'est ni « dans la guerre, ni dans la victoire, ni dans la ruine des em- « pires; mais il est dans la paix, dans les arts, et dans la fonda- « tion des villes ! »

— C'est assez, dit Pierre Baldach », et il se leva; mais, chose insolite, inouïe, et que Baldach n'avait sans doute jamais éprouvée, aucun de ses compagnons ne l'imita. De la part d'Esteban, il n'y avait rien en cela qui dût surprendre, car par cela seul que Baldach se levait, Esteban devait rester assis; mais les trois dociles acolytes de Baldach ne firent eux-mêmes aucun mouvement. Seul je me levai en même temps que lui.

« Vous êtes, je le vois, convaincu que je n'ai point cherché à vous en imposer en me donnant pour un étranger, pour un musulman, et puisque vous me rendez la liberté, recevez...

— Je vous rends la liberté? répéta Baldach en riant de ma méprise. Détrompez-vous; car si j'interromps votre récit, c'est que je juge qu'il est temps de nous rendre à la ville. »

Cette réponse fut comme un coup de foudre pour moi. Un moment l'espoir était rentré dans mon cœur, et c'était pour me voir accabler davantage par la perte de cette courte illusion. J'avais hâte, en commençant, d'arriver au terme de mon récit, parce que j'y voyais la fin de ma captivité momentanée, et maintenant je voudrais qu'il me fût permis de le prolonger sans fin. Ne serai-je pas toujours assez tôt dans les cachots de l'inquisition? Ici, du moins, je suis encore au grand air, dans les champs : je ne suis pas libre, il est vrai; mais qu'un de mes gardiens se relâche une minute, une seconde de sa surveillance, et une chance de salut s'ouvre pour moi; tandis qu'une fois plongé dans l'enceinte d'épaisses murailles, aucun espoir ne me restera d'échapper; mieux vaut donc être environné de gardiens, que chargé de fers ou claquemuré. Ces réflexions, tout instinctives et rapides comme l'éclair, me dictèrent les mots que j'adressai à Baldach.

« Vous doutez encore de la sincérité de mes paroles, lui dis-je ; qu'il me soit donc permis d'ajouter quelques détails sur la ville de Zehra, et entendez au moins le récit du quatrième jour heureux de Miramolin ; peut-être serez-vous ensuite convaincu de ma franchise.

— Non, dit Baldach, je ne veux plus vous écouter ; toutes vos paroles ne changeront point ma conviction, qui est complétement formée sur votre compte.

— Cependant, reprit Esteban, il se pourrait qu'il dît la vérité ; quelques instants de plus consacrés à l'entendre ne reculeront pas beaucoup l'heure de sa captivité définitive, et nous aurons, du moins, agi sans précipitation.

— Soit donc, répliqua Baldach ; je veux être de ton avis, pour la première fois... et pour la dernière aussi, ajouta-t-il en grondant. »

Je me hâtai de reprendre mon récit afin de ne pas laisser à Baldach le temps de revenir sur ses dernières paroles.

« Il ne fallut pas moins de trois millions par an au calife et vingt-cinq ans de travaux non interrompus pour achever la ville et le palais de Zehra. Les maisons, toutes de même modèle, étaient surmontées de plates-formes où l'on entretenait des fleurs odorantes ; des ponts légers et solides qui passaient par-dessus les rues, permettaient aux habitants voisins les uns des autres de se rendre visite sans être obligés de descendre dans la rue. Chaque maison avait son jardin et ses bosquets d'orangers. Sur la principale porte de cette ville de la gloire et de l'amour, on remarquait la statue de la belle Zehra. Mais que dire du palais de la favorite ? Il surpassait en magnificence tout ce qu'on avait pu voir jusqu'alors. C'étaient partout des colonnes de granit, de marbre d'Italie et d'Espagne ; partout l'architecture aux capricieux effets le disputait à la peinture vive, éclatante, gracieuse et toujours admirable. L'or couvrait les murs de la grande salle là où le pinceau de l'artiste avait laissé quelque place vide. Au centre de cette salle étincelante de richesses, de soieries, de velours, un bassin d'albâtre laissait jaillir du milieu de son disque blanc une gerbe de vif-argent. Hélas! que sont devenues toutes ces merveilles? Le temps et la main des hommes, plus dévastatrice encore que celle du temps, ont fait de cette fabuleuse Zehra un peu de poussière perdue aujourd'hui dans celle des chemins!

« Il fallait pour subvenir à ces prodigieuses dépenses des ressources inépuisables, et celles de Miramolin l'étaient. Il possédait les plus beaux pays de l'Espagne, le Portugal, l'Andalousie, les royaumes de Grenade, de Murcie, de Valence, la plus grande partie de la Castille. Toutes ces provinces extrêmement peuplées et fertiles avaient, sous les Maures, porté l'agriculture au plus haut point de perfection. Douze mille villages qui se groupaient sur les bords du seul Guadalquivir, quatre-vingts grandes villes, trois cents du second ordre, un nombre infini de bourgs, de hameaux, attestaient et la fécondité du sol et la richesse du calife de Cordoue. Cette dernière ville seule renfermait deux cent mille maisons qui contenaient chacune une famille. A Cordoue, sous Abdérame III, notre héros, la richesse, le commerce, les arts nés du commerce, les sciences, tout florissait à l'ombre de son sceptre bienfaisant. Les palais superbes et les jardins délicieux qu'il construisait, les fêtes magnifiques qu'il donnait, attiraient les artistes à sa cour; pendant que la faveur qu'il accordait aux médecins, aux savants et aux poëtes enfantait des hommes qui devaient par leurs travaux immortels illustrer à jamais le règne du calife.

« Celui-ci se complut un jour à repasser dans son esprit tous ces éléments de prospérité et de gloire faits pour remplir d'orgueil et de joie le souverain le plus sage, le moins enclin à se flatter.

— Sans aucun doute, dit Esteban, il dut, après cet examen, s'écrier plein d'un légitime orgueil : Dieu de Mahomet et le mien, je te remercie, car tu m'as fait le plus heureux des hommes en me donnant tant de grandeur et de biens!

— Non, répondis-je, car lorsque Miramolin se livra à ces nobles pensées, déjà il avait fait l'action qui, en lui méritant le titre de *magnanime* devait lui procurer le quatrième des plus heureux jours de sa vie.

Écoutez. « C'était le jour où le calife devait trouver dans ses souvenirs tant de motifs d'orgueil et de joie. Dès la pointe du jour on l'avait vu sortir de la ville à la tête d'une brillante escorte, se portant vers le nord, dans la direction des États du roi de Léon. Allait-il ainsi à quelque nouvelle expédition lointaine? Était-ce une simple promenade? une fantaisie de son esprit? Pourquoi cette escorte enfin, pour lui qui aimait à s'environner de mystère lorsqu'il sortait de son palais?... Je dois vous dire d'abord que les médecins arabes étaient si renommés, que les étrangers venaient jusque dans les murs de Cordoue chercher la guérison de leurs maux; sachez ensuite que Sanche le Gros, roi de Léon, était l'ennemi né du calife; leurs guerres étaient continuelles, et l'on devait penser que si l'un des deux pouvait tenir l'autre entre ses mains, assurément il ne laisserait pas échapper l'occasion de se venger.

— Ainsi fait la sainte inquisition », dit Pierre Baldach d'une voix sinistre et en me regardant.

Ces paroles et ce regard étaient loin de me délivrer de mes craintes à l'égard des intentions hostiles de Baldach, et ce ne fut pas sans préoccupation que je continuai :

« Or, il arriva que Sanche le Gros fut atteint d'une maladie regardée comme mortelle par ses médecins. Ceux-ci, après avoir épuisé toute leur science et n'ayant pu réussir qu'à aggraver le mal et à rendre presque incurable ce qui pouvait aisément se guérir avant leurs tentatives, furent forcés d'avouer leur impuissance. Sanche les renvoya. Aussitôt il se rendit à Cordoue, chez Miramolin, son ennemi, pour lui demander ses propres médecins. Tant que Sanche fut en danger de mourir, les perfides conseillers, qui entourent les meilleurs rois et qui se trouvaient aussi à la cour de Miramolin, gardèrent pour eux leurs funestes conseils : Puisque ce roi doit mourir, pensaient-ils, laissons à la maladie le soin de le tuer, et faisons parade de générosité, en ne contribuant point à la mort de cet ennemi.

D'ailleurs, s'il guérit, il sera toujours temps de s'en défaire.

« Sanche guérit en effet, et si bien, qu'il fit un jour demander au calife la permission de prendre congé de lui, afin de retourner dans ses États. A cette nouvelle, les mauvais conseillers s'insinuèrent auprès du calife, et, par des raisons aussi perfides qu'adroites, ils osèrent lui faire entendre que Sanche le Gros, par une insigne ingratitude, ne répondait aux bons procédés dont il était l'objet qu'en ourdissant des trames secrètes contre la vie et même l'honneur du calife; que l'intérêt de Miramolin et celui de son peuple voulaient donc qu'il retînt Sanche, sinon pour le faire mourir, du moins pour le mettre hors d'état de conspirer ou de combattre. L'homme le plus sage et le plus renommé pour sa loyauté est-il certain de résister toujours aux insinuations calomnieuses, aux accusations indirectes, aux paroles lancées au hasard en apparence et qui ne se détournent du but qu'afin d'y arriver plus sûrement? Miramolin laissa surprendre sa bonne foi par ces perfides conseillers, et l'ordre fut donné de retenir Sanche, lorsque, le lendemain, il viendrait au palais prendre congé du calife.

« Cette résolution, si contraire aux sentiments élevés du calife, souleva dans son cœur une violente agitation. Une nuit le séparait encore du moment choisi par Sanche pour venir au palais. Miramolin s'étendit sur son lit; mais son sommeil, ordinairement calme comme sa grande âme, fut troublé par des songes désordonnés, et, à son réveil, le soupçon, le doute, la vengeance, la magnanimité se disputèrent l'empire de ses pensées. Que cette nuit sans repos fut longue pour Miramolin!

« Quand le soleil reparut sur l'horizon, le calife était déjà debout; il se promenait à grands pas en donnant cours à toutes les pensées tumultueuses qui l'avaient tourmenté pendant la nuit. Soudain, son grand-vizir entra et l'avertit que Sanche l'attendait. Cette nouvelle redoubla son agitation; il pâlit en frémissant : étaient-ce le ressentiment et la colère qui le maîtrisaient ainsi? Il se rendit à la salle où Sanche et les principaux de sa suite étaient réunis. Tous les grands de la cour et tous les officiers du calife étaient présents, ainsi que les accusateurs du roi de Léon. Dès que le calife fut entré, Sanche s'avança vers lui et commença par le féliciter sur les médecins dont il venait d'éprouver le savoir; puis il lui rendit grâce de la noble hospitalité qu'il en avait reçue; et enfin, tendant la main au calife, il le pria, en retour de sa générosité, de recevoir le serment qu'il faisait d'être éternellement son ami. Mais, le calife élevant la voix :

« Roi de Léon, dit-il, des hommes indignes d'être les
« conseillers d'un souverain ont essayé de jeter l'inimitié entre
« nous, en t'accusant d'une ingratitude qui ne peut être dans
« ton cœur! Mais, quand tu serais capable d'éprouver des senti-
« ments aussi peu dignes du titre que tu portes, je n'oublierais
« pas, moi calife, que tu es mon hôte, et que tu as eu confiance
« en ma bonne foi. Si des hommes jaloux de l'amitié qui doit
« nous unir ont insinué la défiance dans ton âme, comme ils ont
« essayé de faire naître le soupçon dans la mienne, rassure-toi,
« prince; libre tu es entré dans mes États, et tu en sortiras avec
« la même liberté. »

« Le roi de Léon ne répondit point à ce discours; sa justification était dans sa conscience, et il voulait la faire connaître par des faits. Il prit donc congé du calife. Celui-ci forma aussitôt un nombreux et brillant cortége, se mit à la tête et accompagna lui-même le roi de Léon jusqu'à la limite de ses États. Dès que Sanche eut mis le pied sur son territoire, il se retourna et jura de nouveau une amitié éternelle au magnanime calife; serment qu'il n'oublia jamais; il prouva ainsi que la calomnie seule avait essayé de le noircir aux yeux du calife. Quant à Miramolin, il fut heureux tout le jour de cette sublime action, et il s'écria, en voyant Sanche s'éloigner : « Non, le bonheur n'est ni dans la puissance, ni dans la grandeur, mais il est dans la magnanimité! »

— Maintenant, il faut nous suivre, dit Pierre Baldach en se levant.

— Il faut nous suivre, répétèrent les trois dociles acolytes du chef, en imitant son action.

— Je suis étranger, répondis-je, je vous l'ai prouvé, et si j'ai tenu ma promesse, pourquoi me retenez-vous? Je viens de Cordoue.

— Non, dit Baldach, vous êtes de Saragosse, on vous nomme Juan d'Abadia.

— Tu peux te tromper, reprit Esteban. Je crois que ce pauvre diable est bien ce qu'il dit être, et je suis d'avis de le laisser en liberté.

— Je te dis que je ne me trompe pas, répondit Baldach avec emportement. J'ai vu cet homme-là trois fois en peu de temps à Saragosse, et son travestissement ne m'a pas empêché, tantôt, de reconnaître son visage.

— Vous avez pu me voir à Saragosse, il est vrai, puisque j'ai traversé cette ville plusieurs fois.

— Oh! vous n'avez pas fait que traverser la ville, vous y demeuriez depuis longtemps, et vous n'y étiez pas un des moindres personnages; je vous connais par ce que j'ai entendu dire de vous pendant mon séjour à Saragosse. Dans ce temps-là j'étais au service d'un homme qui, depuis, m'a éloigné de sa personne parce que des envieux m'ont fait perdre sa confiance; mais on l'a trompé.

— De qui voulez-vous parler? pour moi, je ne connais personne à Saragosse, où je ne suis resté qu'en passant.

— Rappelez-vous le couvent des Dominicains, et ce jour où, seul avec le grand-inquisiteur, vous le teniez de si près, que, si je n'avais pas mis la tête à la lucarne du cabinet où vous étiez et si je n'avais pas fait enfoncer la porte, que vous aviez fermée en dedans, Dieu sait ce qui serait arrivé au révérend père Torquemada. Il nous fit retirer, parce qu'à notre vue vous aviez cessé de le menacer; mais je vous ai bien regardé par la lucarne, bien regardé quand je suis entré dans le cabinet, et mieux regardé encore quand vous êtes sorti muni d'un laissez-passer du grand inquisiteur. »

Je restai confondu, et je ne savais plus que dire pour me tirer d'un si mauvais pas. Les trois acolytes de Baldach me regardaient d'un air moqueur et ne faisaient qu'augmenter mon trouble. Je n'avais plus d'espoir qu'en la rivalité de Jacques Esteban. Au lieu de répondre à Baldach, je me tournai du côté de son rival, et je cherchai à ranimer sa bonne volonté pour moi.

« Votre visage et votre voix ne me sont point inconnus, lui dis-je, c'est que sans doute je vous aurai rencontré à Cordoue; mon négoce m'oblige de parcourir sans cesse les rues, les places publiques, les carrefours, et peut-être m'avez-vous acheté quelques bijoux ou des chapelets bénits par le calife de Rome.

— En effet, dit Esteban, j'ai vu ce marchand à Cordoue, je m'en souviens; il y a un an j'y étais, et je soutiens qu'il dit la vérité. Laissons-le donc aller.

— Il ne sera pas libre, répondit Baldach en s'avançant vers Esteban, qui, de son côté, marcha vers Baldach. Ne cesseras-tu pas de me contredire en tout ? ajouta ce dernier d'un ton menaçant. Ne veux-tu pas comprendre qu'il ne saurait y avoir ici deux chefs, dont l'un dit oui, quand l'autre dit non ? Tais-toi, pour Dieu! et laisse-moi commander seul, sinon!...

— Sinon ?... répéta Esteban.

— Je te tiens pour un mauvais chrétien et je te dénonce!...

— Tu n'oserais pas!

— Nous avons déjà plus d'un compte à régler ensemble, prends garde à toi!

— Tes menaces ne me convaincront pas que tu sois plus infaillible que notre saint-père le pape.

— Oui, je me trompe toujours, suivant toi! Quand j'ai arrêté Bernard Léofante, je me trompais aussi... »

Un mouvement d'effroi et un serrement de cœur faillirent, à ce nom de mon malheureux ami, me trahir aux yeux de l'inflexible Baldach.

« Et pourtant, continua-t-il, il a été reconnu, condamné et exécuté comme un des chefs de la sédition qui a éclaté à Lérida; il venait aussi de Saragosse. Bien d'autres conspirateurs ont échappé, comme lui, aux recherches; c'est pourquoi quelques villes opposent une grande résistance à l'inquisition; mais nous les connaissons, j'en ai moi-même la liste et le signalement; ils n'éviteront pas le sort qui les attend, pas plus celui-ci que les autres.

— Non, il n'en sera pas de même de celui-ci, car tu ne l'emmèneras pas. Quand je t'ai conseillé de le faire, tu ne l'as pas voulu, et maintenant je m'y oppose.

— Tu es toujours d'un avis contraire au mien, je le sais; mais je suis las d'avoir à combattre ta résistance, il est temps d'y mettre ordre, et les inquisiteurs sauront...

— Par la mort-dieu! je t'en défie, et quoi que tu fasses, je te tiens pour un lâche personnage, vociféra Esteban. »

A ces mots, les deux rivaux se jetèrent l'un sur l'autre. La lune avait terminé sa course; sa disparition et un amas de nuages épais et orageux, qui s'était formé, avaient rendu la nuit noire et impénétrable à la vue, au point de ne pas permettre de distinguer les objets à plus de deux ou trois pas devant soi. En voyant les deux antagonistes sur le point d'en venir aux mains, les trois acolytes de Baldach avaient essayé, mais en vain, de s'interposer et de prévenir une lutte inévitable. Baldach et Esteban se prirent corps à corps, et bientôt roulèrent ensemble sur le sol, en rugissant comme deux dogues furieux; il fut impossible de les séparer. Le feu couvait depuis trop longtemps pour que l'incendie ne fût pas irrésistible. Je me hâtai de profiter de l'oubli où on me laissait, et, m'éloignant rapidement de ce lieu dangereux, je me perdis dan, l'obscurité. Pendant quelque temps j'entendis les voix des lutteurs et celles des trois témoins qui retentissaient dans le silence des ténèbres et me faisaient précipiter ma course.

Puis, poussant un dernier cri, la voix d'Esteban se tut; tout rentra dans le silence, et, au bout de quelques minutes d'une course égarée, je n'eus que le temps de me blottir derrière une haie. Quatre hommes passèrent à côté de moi pendant qu'ils articulèrent ces mots révélateurs :

« Il est mort.

— S'il ne l'est pas, il ne vaut guère mieux.

— Pierre, tu lui as donné trop de coups sur la tête avec le manche de ton poignard.

— C'était plutôt de la pointe que j'aurais dû le frapper, je serais plus sûr qu'il ne se relèvera pas.

— Mais comment te défendras-tu devant les magistrats de la ville ?

— D'abord vous déclarerez que c'est Esteban qui a commencé l'attaque.

— Nous le déclarerons.

— Vous direz ensuite que la querelle est venue de ce qu'il voulait tromper les inquisiteurs.

— Il est bien certain qu'en favorisant l'évasion d'un hérétique...

— Et même d'un complice de l'assassinat de feu le révérend Pedro Arbuez, c'est tromper la sainte inquisition...

— Mes observations étaient justes et mon devoir était de les lui faire; c'est alors qu'il s'est jeté sur moi...

— Nous en sommes tous témoins.

— Je n'ai fait que me défendre.

— Nous le dirons aux inquisiteurs et aux magistrats.

— Vous le jurez par le salut de vos âmes?

— Nous le jurons !

— Bien, mes amis. Maintenant tâchons de ressaisir notre prisonnier, et, pour cela, éloignons-nous les uns des autres, afin d'explorer un plus grand espace en même temps; soyez attentifs au moindre bruit, et qu'on s'avertisse, allez. »

CHAPITRE VII.

Les familiers du saint-office. — Esteban. — Les auto-da-fé de Villa-Réal. — L'estafier du grand-inquisiteur. — Arrestation. — Retour à Saragosse. — Un ami. — Les cachots. — Vengeance.

aint Dominique, qui avait fondé l'ordre des *frères prêcheurs* ou *dominicains*, destiné à la conversion des hérétiques, en établit ensuite un second pour les femmes : leur vie toute religieuse devait être soumise à une règle au sein de la retraite; prier pour le triomphe de la foi et l'extirpation des hérésies, telle était leur occupation constante. Non content de ces deux ordres réguliers, Dominique en établit un troisième pour ceux qui vivaient dans le monde. Tous les membres de cet ordre séculier devaient prier dans la même intention que celui des femmes; mais ils étaient, de plus, obligés de seconder, autant qu'ils le pourraient, ceux qui prêchaient contre les hérésies, et de contribuer de leurs personnes à la poursuite des hérétiques. Ce troisième ordre était quelquefois désigné sous la dénomination de *tiers-ordre de pénitence*, mais plus ordinairement encore sous le nom de *milice du Christ*. Ils étaient regardés comme faisant partie de la famille de l'inquisition, et portaient, pour cette raison ou peut-être parce qu'ils étaient initiés dans les affaires du saint-office, le nom de *familiers*. La guerre des Albigeois fit penser, un peu plus tard, à créer un ordre de chevalerie, ordre plutôt militaire que religieux, à qui l'on donna aussi le nom de milice du Christ; il se confondit bientôt avec le tiers-ordre de pénitence de Dominique. Les familiers du saint-office, qui exerçaient l'emploi de *gardes du corps* du premier inquisiteur général Torquemada, étaient successeurs de ces premiers *familiers* de l'inquisition ancienne. Ils devaient, et doivent encore aujourd'hui, poursuivre les hérétiques et les hommes soupçonnés de l'être;

prêter main-forte aux agents et aux sbires du tribunal, et faire, en toute occasion, tout ce que les inquisiteurs leur ordonnent pour assurer la punition des accusés.

Les Espagnols ne reçurent qu'avec répugnance le tribunal de l'inquisition; mais la prudence conseille souvent de s'accommoder des choses que la raison et la justice repoussent : c'est pourquoi tant de personnes prirent le parti de se montrer, en apparence, dévouées à un établissement qui au fond leur était odieux, puisque c'était le seul moyen pour elles de se mettre à l'abri des dénonciations et des calomnies qui, tôt ou tard, pouvaient les faire ranger dans la classe des suspects. Grâce aux prérogatives et aux immunités que Ferdinand et Isabelle accordèrent aux *familiers du saint-office*, le nombre en fut immense. Puisqu'on cessait d'employer les armes contre les hérétiques pour avoir recours aux délations ténébreuses, et qu'aux guerriers illustres on préférait des moines fanatiques, la milice du Christ avait dû subir la même transformation que la pensée qui l'avait créée, et au lieu de soldats il suffisait d'espions et de dénonciateurs. Aussi, peu à peu, toutes les classes de la société firent-elles partie de cette milice secrète, plus encore par prudence que par véritable zèle; il fallait travailler dans l'intérêt de l'inquisition ou s'attendre à en être déclaré l'ennemi. Cette association s'étend aujourd'hui sur toute l'Espagne, comme un vaste et inévitable réseau.

Dans tous les autres pays de la terre, quand un homme vient à vous en souriant, vous l'accueillez, vous lui tendez la main, vous pressez la sienne, c'est un ami; en Espagne, c'est un espion, c'est un familier! De quelque côté que vous tourniez vos regards, les familiers abondent : à la cour, le roi en est entouré; ces nobles d'Aragon, ces grands de Castille si fiers, si arrogants devant leurs souverains, sont humbles et rampants devant le grand-inquisiteur; ils en sont les espions, les familiers! Si vous regardez en bas, ce misérable qui vous tend la main en implorant votre charité est moins attentif à la pièce de monnaie dont vous le gratifiez qu'aux paroles que vous laissez échapper sans défiance : c'est un familier! Partout des piéges, partout des dénonciateurs! Qu'on ne s'étonne plus si les inquisiteurs cachent avec tant de soin les noms des témoins et des délateurs; ils agissent avec raison, car trop de personnes auraient à rougir en voyant leurs noms connus du public.

Pierre Baldach et ses compagnons étaient des agents secrets et salariés par le saint-office plutôt que des familiers proprement dits; mais il était comme convenu que tous ceux qui travaillaient à la poursuite des hérétiques, à moins qu'ils n'eussent un caractère patent d'employés publics, s'appelassent familiers. Cette grande quantité d'inquisiteurs, d'employés secondaires, d'employés subalternes, d'agents publics ou secrets qu'il fallait rétribuer sur les biens confisqués aux accusés, mit souvent le trésor de l'inquisition dans un sérieux embarras; et pourtant les confiscations et les amendes pécuniaires étaient innombrables, à tel point que Torquemada fut obligé d'établir des règlements pour l'administration de ces biens confisqués ou acquis au profit du souverain ou de l'inquisition. Mais ces règlements furent insuffisants : d'une part, la mauvaise administration du trésor de l'inquisition; de l'autre, l'abus que les inquisiteurs eux-mêmes faisaient des revenus en disposant arbitrairement de sommes considérables; puis, le soin qu'avaient les gens timides ou prudents de mettre en sûreté leurs effets les plus précieux, et enfin le nombre incalculable de prisonniers, souvent simples artisans et pauvres, que l'inquisition était obligée de nourrir, toutes ces causes amenèrent plus d'une fois l'épuisement du trésor; l'abus dont se rendaient coupables les inquisiteurs en dissipant les revenus du trésor sans l'autorisation du souverain fut poussé si loin, que Ferdinand et Isabelle s'en plaignirent au pape; celui-ci défendit aux inquisiteurs d'en user ainsi à l'avenir, sous peine d'excommunication majeure.

Revenons à Baldach et à ses acolytes. Pendant assez longtemps ils rôdèrent autour de moi, comme une meute autour de la retraite où s'est retiré le gibier poursuivi, et je m'attendais à chaque instant à être découvert. Une fois surtout, Pierre Baldach s'approcha tellement de moi, que la pensée me vint de le poignarder plutôt que de tomber une seconde fois entre ses mains ; mais je résistai à cette tentation née du péril où je me trouvais et non du désir de me venger, et encore moins du besoin de tremper mes mains dans le sang d'un homme qui n'était pas sur ses gardes. Heureusement, la nuit était si profonde que j'échappai à ce nouveau danger. Dès qu'ils furent éloignés, je quittai mon asile pour gagner la route, après avoir cherché à m'orienter : ce qui n'était pas sans difficulté pour moi. Je ne connaissais pas le terrain sur lequel je m'étais aventuré, et j'avais fui sans réfléchir à la route que je prenais, de sorte que j'étais complétement égaré. Je m'avançai pourtant du côté où je croyais rencontrer la grande route. Tout à coup un gémissement, puis une plainte, une voix, Estéban, enfin, se fit entendre à quelques pas de moi.

« Qui que tu sois, dit-il d'un ton lamentable, ami ou ennemi, par la miséricorde de Dieu, prends pitié de moi !

— C'est un ami qui vient à votre secours », répondis-je en me précipitant de son côté. Il était debout. « Malheureux ! continuai-je en le soutenant, ils vous ont assassiné !

— Oui, mais j'espère pourtant ne pas succomber avant de m'être vengé ; il faut que Baldach paye de sa vie le mal qu'il m'a fait. »

Je le calmai ; il était si faible, qu'il ne pouvait se soutenir qu'à peine ; je le palpai afin de découvrir s'il n'avait pas quelque plaie par où s'échappât son sang.

« C'est la tête qui souffre, me dit-il ; c'est sur la tête qu'il frappait avec son poing comme avec un marteau de fer. »

Le sang coulait en effet par plusieurs blessures à la tête.

« Que puis-je faire pour vous ? demandai-je, car c'est moi qui suis cause du mal qui vous arrive ; comptez sur mes services.

— Merci, seigneur étranger, me répondit-il, si toutefois vous n'êtes pas Espagnol ; ayez la bonté de m'aider à gagner la route... Par ici, nous n'en sommes pas loin ; à l'entrée de la ville demeure un de mes parents qui m'accueillera avec empressement et qui me guérira... Il faut que je me venge avant de mourir. »

Je fis ce qu'il désirait. Quand nous eûmes atteint une des premières maisons de Lérida, il s'arrêta.

« C'est ici, dit-il, la demeure de mon parent; si vous êtes étranger, venez avec moi et vous serez bien traité; mais si vous êtes un Espagnol ennemi de l'inquisition, si vous êtes un complice du meurtre de Saragosse, n'allez pas plus loin; vous ne pourriez le faire sans péril, et vous ne sauriez mettre le pied dans cette maison sans l'exposer à toute la vengeance des inquisiteurs; fuyez, et comptez sur mon silence.

— Adieu donc, lui dis-je, ô mon généreux défenseur; rappelez-vous le nom de Juan d'Abadia, de Saragosse, comme je n'oublierai de ma vie celui d'Esteban; adieu.

— Quoi! seriez-vous celui que Baldach soutenait avoir découvert?

— Je ne crains pas de vous l'avouer, à vous, seigneur Esteban, car vous m'avez rendu tous les services qu'il vous était possible de me rendre, et si je vous confie mon secret en ce moment, c'est afin que vous sachiez qu'en quelque lieu que je me trouve, si vous avez besoin des secours d'un ami dévoué, vous pouvez compter sur moi tant que je serai libre et vivant.

— Merci, seigneur... J'accepte l'offre que vous me faites, en la répétant pour vous.

— Votre main donc, seigneur Esteban... Maintenant..., à la vie! à la mort!...

— Oui... Que le Ciel vous garde..., seigneur d'Abadia, et pardonnez si je ne vous introduis pas dans cette maison; vous savez quelles conséquences pourrait avoir pour vous et pour nous une telle imprudence; le plus sûr est de vous dérober par la fuite aux recherches de Baldach... Baldach! quand pourrai-je lui demander compte des blessures qu'il m'a faites!...

— On vient de la ville; adieu, Esteban...

— Adieu », me dit-il.

Je le quittai sans m'éloigner tout à fait. Après quelques pas encore d'une marche pénible, il atteignit la maison; un coup retentit sur la porte, une voix se fit entendre de l'intérieur, et bientôt il fut introduit dans la demeure de son parent. Je rebroussai chemin et je m'éloignai à la hâte de Lérida; je marchai sans m'arrêter, tout le reste de la nuit. Quand le jour parut, j'étais déjà loin de cette ville, me dirigeant vers le midi de l'Espagne. J'étais maintenant résolu à gagner, s'il le fallait, les anciens pays musulmans, Grenade en particulier. A mesure que je m'en rapprocherais, en effet, mon costume serait moins remarqué et j'aurais plus de raisons de me dire musulman. Je passerai tous les incidents peu remarquables de mon voyage depuis Lérida jusqu'à Téruel.

Arrivé dans cette dernière ville, au midi de l'Aragon, non loin des confins de la Castille, je la trouvai en pleine insurrection contre la réforme. Combien alors je déplorai la fatale issue de notre entreprise de Saragosse! Pourquoi toutes les villes de l'Aragon, de la Catalogne et de la Castille ne prirent-elles pas simultanément l'attitude que nous voulions leur donner! Que de maux l'Espagne se fût épargnés! Mais non, la résistance des villes fut isolée et sans force; chacune d'elles agissant séparément ne pouvait rien de grand et de décisif, tandis que l'union les eût rendues victorieuses. Téruel ne devait pas avoir plus de succès que les autres. Après plusieurs tentatives toujours infructueuses elle voulut faire un nouvel effort[1]. J'étais dans cette ville depuis peu de jours; je me mis en rapport avec les principaux chefs de l'insurrection auprès desquels mon nom, ma qualité d'Aragonais, et la part que j'avais prise à la mort d'Arbuez étaient d'excellentes garanties. Nous parvînmes à exciter tellement l'effervescence populaire contre l'inquisition, qu'il eût suffi que trois ou quatre villes eussent montré la même ardeur pour embraser tout l'Aragon et peut-être communiquer l'incendie aux autres royaumes d'Espagne. Mais Ferdinand se hâta d'employer les mesures les plus énergiques pour réprimer cette opposition sans cesse renaissante contre l'inquisition. L'émeute fut donc encore une fois étouffée, les chefs arrêtés ou dispersés, la ville plongée dans le deuil et

[1] Au commencement de l'année 1486.

l'effroi, et les inquisiteurs reparurent plus terribles et plus implacables que jamais.

Je repris alors mon déguisement protecteur et je recommençai mes courses vagabondes jusqu'à mon arrivée à Villa-Réal[1], où je parvins au commencement de l'année 1486. Je me souviens que le jour de mon arrivée on lut dans les églises un bref du pape Innocent VIII, qui confirmait la nomination de Torquemada à la place de grand-inquisiteur-général d'Espagne; et dès le lendemain, comme si l'on eût voulu célébrer cet événement par une fête digne de Torquemada et de l'institution dont il était le premier représentant, sept cent cinquante condamnés subirent la peine d'un auto-da-fé public. Telles sont les deux circonstances qui ont fixé dans ma mémoire l'époque de mon entrée à Villa-Réal. Il y eut dans le courant de cette même année à Villa-Réal cinq auto-da-fé : d'abord celui dont j'ai parlé, qui fut célébré au mois de février; un autre au mois d'avril et où figuraient neuf cents condamnés; le troisième au mois de mai contre sept cent cinquante individus; le quatrième le 16 août, où vingt-sept malheureux furent brûlés; enfin le cinquième au mois de décembre contre neuf cent cinquante condamnés; en tout, trois mille trois cent soixante-dix-sept hérétiques ou prétendus tels furent condamnés à différentes peines, dont la moindre couvrait d'infamie, par la seule inquisition de Villa-Réal, et cela, en quelques mois!

Il y avait à peine quatre ou cinq jours que je me trouvais à Villa-Réal, où j'étais forcé de m'arrêter pour me remettre de la fatigue de mon voyage, lorsqu'un matin un homme grand, mince, sec et porteur d'une physionomie qu'on n'oubliait pas quand on l'avait vue une fois, se présenta à l'hôtellerie où je m'étais logé et demanda à me parler sur-le-champ, se disant chargé d'une mission qui n'admettait aucun délai. On l'introduisit auprès de moi. Je le reconnus aussitôt qu'il eut mis le pied dans ma chambre; à défaut de son visage blême et maigre, de ses yeux fauves, de sa taille longue et plate, j'aurais eu pour m'aider à

[1] Aujourd'hui Ciudad-Real.

le reconnaître, son air humble, obséquieux, ses regards faux et obliques. Après m'avoir fait une série de salutations profondes qui donnèrent huit ou dix fois de suite à son grand corps la forme d'un angle droit, il finit, sans balancement intermédiaire, par reprendre tout à coup sa direction verticale. J'étais tellement absorbé par l'examen que je faisais de cet étrange visiteur que je ne pensais pas à lui adresser la parole. De son côté, il portait fréquemment sur moi ses regards soupçonneux qu'il retirait aussitôt, comme s'il eût craint de les y fixer; évidemment il cherchait à s'assurer de mon identité; je sentais qu'il en était convaincu, et je déplorais dans ma pensée la fatalité cruelle qui poussait ainsi sur mon passage des hommes qui m'avaient connu autrefois. Il ne m'était pas possible d'éviter les regards mobiles, mais scrutateurs de cet homme. Je n'avais plus là, comme lorsque j'avais été rencontré par Pierre Baldach, un autre Esteban jaloux de la faible autorité de son chef, prêt à prendre ma défense, ne fût-ce que pour n'être pas du même avis que les autres : celui-ci était seul; il me reconnaissait; ma surprise involontaire, mon embarras, mon silence, tout le confirmait dans son opinion. Que faire? Le tuer? triste moyen pour se tirer d'embarras; tâcher de m'évader après l'avoir éconduit? il n'était pas probable qu'il n'eût pris aucune mesure pour m'empêcher de fuir si son intention était de me faire arrêter; essayer de le séduire? c'était peut-être le moyen le plus certain, et je m'y arrêtai. Je commençai d'abord par faire d'incroyables efforts pour reprendre toute mon assurance qui m'avait, je l'avoue, complétement abandonné.

« Que veut de moi le familier du révérend père Torquemada? » dis-je à mon visiteur du ton le plus affable et le plus ferme que je pusse prendre en cette occasion. « Est-ce encore un message qu'il m'apporte de la part du grand-inquisiteur? »

Mais lui, sans répondre à ma question :

« Je croyais, dit-il, avoir affaire à un infidèle; en vérité, si l'on ne vous connaissait pas bien on pourrait s'y tromper, un Grenadin n'a pas plus que vous la tournure d'un musulman;

mais je vois que vous ne vous déguisez, seigneur d'Abadia, que pour ceux qui n'ont pas d'intérêt à vous connaître.

— Qu'ai-je à craindre de vous?

— Oh! rien, et je suis charmé que vous m'honoriez assez pour ne pas redouter une dénonciation de ma part. »

En disant cela, il se confondait en salutations hypocrites et qu'on aurait pu croire sincères.

« Je vous avais donc bien jugé, répondis-je; dès le premier jour où je vous vis à Saragosse, j'eus de votre caractère la plus haute opinion. Oui, seigneur, je pensais alors, comme aujourd'hui, qu'on pouvait se fier à vous; que vous n'étiez pas de ces hommes qui font le mal par dépravation, qui n'ont ni foi, ni humanité, ni vertu, bien qu'ils s'appliquent à en avoir tous les dehors ; de ces hommes qui vendent leur conscience, leur pensée, leur bras, tout leur être au premier qui veut les acheter; de ces hommes, enfin, qui, emportés par leur fanatisme aveugle, dénoncent père, mère, famille, amis; indifférents aux maux qu'ils font, pleins de sécurité, de contentement, de joie en face des pauvres martyrs qu'ils ont conduits au bûcher. Non, vous n'êtes pas ainsi, vous; mais vous êtes au contraire, bon, généreux et juste : que vous importe qu'un homme qui ne vous a jamais fait de mal soit dans les prisons du saint-office, ou qu'il soit libre? qu'il soit à Saragosse ou à Grenade? vous ne désirez point le malheur d'un homme inoffensif, vous l'aiderez plutôt à éviter les dangers qui le menacent... Que ne puis-je par un présent digne d'une telle générosité vous prouver que je sais en apprécier l'étendue! Mais je vois à l'expression de vos regards que les richesses vous touchent peu, que l'or n'a aucun attrait pour vous.

— Le mépris des richesses, l'amour de la pauvreté sont nos premières lois, et pourvu que, par la grâce de Dieu et celle de la très-sainte inquisition, nous ayons le nécessaire, nous ne recherchons pas d'autre fortune. Aussi n'est-ce point à cause de la récompense qui est promise à celui qui vous livrera que je suis venu vous trouver...

— Quoi! m'écriai-je, ils ont mis un prix à mon arrestation!...

— Vous l'ignoriez, seigneur d'Abadia? Ah! que Dieu me pardonne de vous avoir causé ce nouveau sujet d'inquiétude!

— Ils tiennent à ce point à la perte d'un homme!

— Le révérendissime grand-inquisiteur l'a fait décider ainsi par le conseil de Leurs Altesses, à cause de la grandeur de vos crimes, c'est l'ordonnance qui dit cela, seigneur, et non pas moi; vous êtes déclaré hérétique, impénitent, obstiné, relaps, parce que, depuis le dimanche de la Passion, vous ne vous êtes pas présenté une seule fois à l'église pour faire votre pénitence; vous avez trempé dans l'assassinat du révérend père Pedro Arbuez...; c'est un cas niable, je le sais, mais Vidal d'Uranzo vous a désigné pour un des chefs; on vous a vu à Lérida peu de temps après la révolte, qui heureusement a été étouffée; puis à Téruel, et enfin vous voici à Villa-Réal; et puis, le révérendissime Torquemada n'a pas oublié certaine entrevue où il aurait eu peu à se louer de vos procédés. Il y a, dans toute votre conduite, matière à dix condamnations, seigneur; jugez si l'on tient à vous saisir, et si dix mille réaux [1] sont trop pour payer une tête aussi... précieuse que la vôtre... »

Évidemment cet homme en voulait à ma liberté, et nulle autre intention que celle de me reconnaître et de me faire arrêter ne l'avait amené auprès de moi; les dix mille réaux n'étaient pas étrangers à sa démarche, malgré son abnégation apparente à l'égard des richesses. Je voulus tirer parti de sa cupidité, qui perçait en dépit de son hypocrite désintéressement.

« Dix mille réaux, dites-vous, à celui qui me livrera au saint-office? J'en donnerai vingt mille à celui qui me fournira les moyens d'échapper.

— C'est une belle somme, sans doute; mais il est très-facile de la promettre, et peut-être impossible de la donner.

— Pour moi, l'un n'est pas plus impossible que l'autre.

— Tous vos biens sont séquestrés.

— Tous? il m'en reste encore assez pour vous récompenser du service que vous me rendriez.

— Moi, mon frère? permettez-moi de vous donner ce nom

---

[1] Le *réal* vaut environ 25 centimes.

pour vous prouver combien vos malheurs me touchent!

— Oui, vous: car si vous êtes venu ici pour gagner les dix mille réaux...

— Vous pourriez croire!...

— Ne vous en défendez pas, et convenez aussi que le double de cette somme n'est pas non plus à dédaigner.

— Sans doute... Mais, mon frère, vous me faites injure par vos propositions... Je suis au service de la très-sainte inquisition, par zèle, pour l'amour de la justice et de la religion, et non pour des trésors que je méprise... Mais faire une action contraire à ses intérêts et recevoir le prix de ma trahison!... Ah! ciel, mon frère, et si elle le savait?...

— Sans doute, si elle le savait; mais elle n'en sera jamais instruite... Nous sommes sans témoins, vous pouvez, sans crainte, écouter et accepter mes offres.

— Oui, mais en Espagne les murs écoutent et souvent révèlent ce qu'ils ont entendu.

— Nous sommes seuls, vous dis-je, et j'augmente la somme de cinq mille réaux.

— Mais par quels moyens mettriez-vous en possession de cette somme celui qui l'aurait gagnée? vous emportez donc avec vous tous vos trésors?

— Je ne suis pas si imprudent; mais celui qui favorisera ma fuite ne tardera pas à tenir dans ses mains la somme promise... Trente mille réaux!

— Mon frère, vous êtes un démon tentateur, et je ne sais si, pour le salut de mon âme, je ne devrais pas vous fuir de peur de succomber. Je sais bien que mon excuse pourrait être dans la richesse de la récompense; cependant...

— Au premier acte ayant pour but de me faire parvenir en lieu de sûreté, j'en ajouterai cinq mille.

— C'est un beau capital, et vous avez une éloquence irrésistible; mais, si ce sont des terres que vous voulez donner et si c'est par un contrat de vente que vous prétendez assurer la possession de cette fortune, je vous rappellerai que le fisc a le droit de s'en emparer, puisque la loi ne reconnaît point la validité des contrats ultérieurs au crime du vendeur [1]. Or, la série de vos crimes, pour dire comme l'ordonnance royale, remonte à plusieurs mois, et la vente faite aujourd'hui deviendrait nulle.

— Votre intention ne peut être de me faire dire plus de choses que je ne veux, j'aime à le croire du moins; sachez donc que je suis homme à tenir parole; la vie m'est trop chère pour que je ne récompense pas généreusement celui qui m'aidera à la conserver.

— La vie est le plus précieux de tous les biens, mon frère; c'est un bien que je payerais quarante mille réaux, si je les avais; mais je suis et je dois être pauvre.

— Quarante mille réaux, soit.

— Assez, mon frère; si vous avez tant de biens, ne vous ruinez pas entièrement pour obtenir un service que je me sens disposé à vous rendre pour l'amour de l'humanité seul... Il n'y a que les moyens d'exécution qui m'embarrassent...

— Vous m'aiderez, n'est-ce pas? Ne vous défiez pas de ma bonne foi, et croyez à ma reconnaissance; je suis père, et la vue de ma fille, que vous m'auriez rendue, me rappellerait bientôt que je ne dois pas être ingrat envers mon généreux protecteur, si toutefois je pouvais oublier un seul instant un si grand service... Peut-être avez-vous aussi ressenti de mortelles angoisses, si votre enfant vous a été enlevé par quelque fatale circonstance; prenez pitié des miennes, et puisque vous croyez en un Dieu bon et clément et que votre cœur est celui d'un père, au nom de votre tendresse paternelle, au nom de ce Dieu, ne me trahissez pas, et sauvez-moi!

— Mon frère, l'action que vous me proposez est un crime horrible que les inquisiteurs, et en particulier le révérendissime Torquemada, ne me pardonneront point; je compromets mon salut en cette vie et ma part de paradis en l'autre; mais vous avez su toucher mon âme et me rendre sensible à vos malheurs; je prie Dieu, qui voit le fond de mes pensées, de me pardonner si, pour cinquante mille réaux, je manque à tous

[1] Voyez les *Instructions*.

mes devoirs de bon catholique et de zélé serviteur de la très-sainte inquisition. C'est cinquante mille que vous avez promis?

— Soit, dis-je en maudissant intérieurement ce vorace rotecteur.

— Il serait bon de terminer au plus tôt notre pacte, mon frère; puisque le révérendissime Torquemada fait son entrée demain à Villa-Réal, il ne faut pas qu'il vous y trouve : je crains sa terrible colère, quand il apprendra que vous n'êtes point en son pouvoir ; car il soupçonne que vous êtes ici, c'est lui-même qui m'a envoyé pour vous reconnaître et vous faire arrêter; que lui dirai-je pour apaiser son juste courroux?... Voyons, mon frère, terminons, et dites-moi par quel moyen je puis vous être utile.

— Garder le plus profond secret sur notre rencontre, et écarter tous les obstacles qui pourraient s'opposer à ma sortie de la ville.

— N'est-ce que cela, mon frère?... Mais quand je l'aurai fait, comment recevrai-je...

— C'est une chose d'autant plus facile pour vous, que vous seul, sans doute, me connaissez ici ; aux questions qui pourront vous être faites, répondez que vous vous étiez mépris, et que celui que vous preniez pour d'Abadia n'est autre qu'un porte-balle musulman auquel le saint-office n'a rien à reprocher.

— Je le ferai, mon frère; mais que pensera de mon zèle et de mon aptitude le grand-inquisiteur, lui qui croyait pouvoir compter sur moi, comme sur lui-même, pour toutes les opérations délicates? il me chassera de sa présence!... Et..., les cinquante mille réaux, mon frère?...

— Aussitôt que je serai arrivé en lieu de sûreté, on vous fera parvenir des titres qui vous assureront la possession de cette somme.

— Comptez sur mes efforts, mon frère; mais votre déguisement a été dénoncé au très-révérend Torquemada et aux inquisiteurs de Villa-Réal par l'inquisition de Saragosse. S'il est en mon pouvoir de vous faire sortir d'ici sans danger, je ne puis vous accompagner jusqu'au lieu où vous pensez trouver un asile ; de nouveaux périls vous attendent, sans doute ; perdrai-je le fruit de mes efforts et de ma bonne volonté ; et ne voulez-vous pas me donner dès à présent quelque garantie qui assure ma récompense ?

— Un homme en qui j'ai placé toute ma confiance a entre ses mains tout ce qui me reste de fortune en Espagne. Les titres qu'il possède, il les remettra, sur un écrit de ma main, à celui qui en sera porteur...

— Et cet écrit, vous le donnerez avant de quitter la ville, avant même de sortir de cette maison !

— Je le donnerai dès que je serai hors de l'atteinte de mes ennemis.

— Douteriez-vous de ma bonne foi ?

— Craignez-vous mon ingratitude ?

— Et cet homme ne ferait aucune difficulté de se dessaisir des titres qu'il a entre ses mains ?

— Assurément, mais sur le vu d'un écrit de ma main ; c'est chose convenue entre nous.

— Et ce dépositaire est à Saragosse, sans doute ?

— Je ne puis vous le dire en ce moment, la récompense ne doit venir qu'après le service.

— L'affaire que vous me proposez, répliqua mon interlocuteur avec dépit, est assez délicate pour que je m'abstienne de rien entreprendre avant d'être assuré de cette récompense ; vous devez comprendre que dix mille réaux qu'on tient déjà dans ses mains valent mieux que cinquante mille qu'on peut attendre longtemps, et en vain ; donnez-moi cet écrit dont vous parlez, ou je renonce à vous être utile. »

Je ne pouvais plus douter des dispositions hostiles de ce misérable ; c'était bien le prix attaché à mon arrestation qui l'avait guidé vers moi. Que faire ? lui donner cet écrit ? c'était lui livrer le nom de mon dépositaire, c'était donner une nouvelle victime à l'inquisition, c'était enfin faire le sacrifice de la fortune qui me restait en Espagne, car le saint-office ne manquerait pas d'en opérer la confiscation. Si du moins j'avais été convaincu de la sincérité de cet homme! mais non, il me tromperait, je le sentais, et ces efforts pour défendre ma vie n'auraient d'autre résultat que d'augmenter mon malheur par la perte d'une grande partie de ma fortune. Je voulus cependant faire une dernière tentative.

« Si vous me connaissiez mieux, lui dis-je, vous n'hésiteriez pas à vous fier à ma parole. Un noble d'Aragon n'a jamais trompé personne, encore moins trahirait-il sa foi envers celui qui lui aurait sauvé la vie et rendu sa fille. Pas d'écrit, ajoutai-je, et le quart de ma fortune vous appartient. Vous craignez que de nouveaux dangers ne vous fassent perdre le fruit de vos services? J'ai plus de confiance que vous-même en votre adresse et en votre activité ; je suis assuré du succès si vous embrassez ma cause.

— Je vous remercie, dit-il, de la bonne opinion que vous avez conçue de mon intelligence, mais je regrette de ne pouvoir pas l'employer à votre service. »

En parlant ainsi il multipliait ses salutations hypocrites et se dirigeait peu à peu vers la porte. Il ne m'avait pas tellement dissimulé ses intentions que je ne les comprisse parfaitement; certes s'il me quittait, c'était pour aller chercher main-forte et me faire saisir. Je me précipitai pour l'empêcher de sortir, mais au même instant se retournant il dit d'une voix éclatante :

« Au nom de la sainte inquisition, par l'ordre du très-révérend Torquemada, grand-inquisiteur général, et dans l'intérêt de notre foi catholique, apostolique et romaine, vous qui êtes Juan d'Abadia, je vous arrête! Entrez, gardes et familiers », continua-t-il en poussant la porte pour l'ouvrir.

« Misérable traître »! m'écriai-je en lui arrachant la longue épée qui pendait à son côté, « ce n'était point assez de ma vie; tu voulais encore me dérober ma fortune ! que ton sang expie ce double crime ! »

J'avais le bras levé pour le frapper ; mais déjà plusieurs hommes s'étaient montrés et s'avançaient sur moi l'épée à la main. Forcé de me mettre en défense, j'abandonnai le traître qui m'avait vendu et je reculai dans un des angles de la chambre. Là, je tins les assaillants à distance grâce à la prestesse des mouvements de mon épée, et peut-être aussi parce que ces hommes pusillanimes, ne connaissant d'autre tactique que la surprise quand il s'agit d'arrêter un accusé, manquent de cœur dès qu'il faut affronter un danger réel. Mon visiteur n'était pas le moins poltron de tous; de sa voix tremblante d'émotion et de peur il excitait mes assaillants à me désarmer. Ceux-ci ne le désiraient pas moins que lui; mais comment y parvenir sans s'exposer à être percé de la longue épée dont je leur présentais la pointe? Le chef de cette troupe tremblait pour lui-même et ne donnait que des ordres contradictoires. Plusieurs minutes se passèrent ainsi dans une attitude menaçante de mon côté, et du côté de mes assaillants dans une hésitation peureuse que leur nombre et la vue de mon isolement ne pouvaient faire cesser.

Cependant mon visiteur avait disparu : ne doutant pas qu'il ne fût allé chercher du renfort, je ne voulus pas attendre son retour pour essayer de me frayer un passage, sans m'occuper de ce que je ferais ensuite pour sortir de la ville; dans les moments décisifs, le mieux est de s'abandonner à la soudaineté de ses inspirations. Je m'élançai donc sur mes assaillants; leur chef pris à l'improviste n'eut pas le temps de parer le coup que je lui portai, et je lui fis au visage une blessure dont il a dû garder la marque; les autres s'écartèrent pour me livrer passage. Je fus bientôt hors de la chambre, mais je n'avais pas fait deux pas pour m'en éloigner que je me trouvai face à face avec trois nouveaux ennemis amenés par le traître qui me dénonçait. Ceux-ci, du moins, montrèrent de la résolution, et les premiers, se voyant soutenus, reprirent aussi un peu de courage, de sorte que je me vis bientôt entouré d'épées menaçantes. Malgré le peu de chances que j'avais de sortir sain et sauf d'une lutte aussi inégale, je soutins le combat pendant quelques instants, jusqu'au moment où, criblé de blessures et n'ayant plus la force de soutenir mon épée, je la laissai échapper de mes mains. Je tombai moi-même tout sanglant aux pieds de mes ennemis, en prononçant ces mots que je croyais être les der-

niers de ma vie : « O Béatrice ! Béatrice ! ne te verrai-je plus ! »
On me porta à demi mort devant le premier inquisiteur de la
ville pour faire constater mon identité et recevoir la déclaration
de mon dénonciateur et la mienne ; puis, je fus enfermé dans
la prison du saint-office et confié aux soins d'un médecin attaché à ce tribunal.

Pendant le temps nécessaire à ma guérison, il fut procédé à
une instruction sommaire[1] contre moi. Je n'avais jamais séjourné à Villa-Réal avant cette époque, rien ne devait donc être
plus simple que mon procès relativement à ce que j'y avais fait
depuis mon arrivée. Cependant il se trouva des dénonciateurs qui m'accusèrent d'hérésie, de judaïsme ; il y eut des témoins pour confirmer la déclaration de mes dénonciateurs, et
je me voyais sur le point de subir toutes les phases d'un procès
sérieux, bien que n'ayant fait aucun acte ni prononcé une
seule parole ayant la religion pour objet. Je n'étais connu que
de deux personnes à Villa-Réal, c'étaient l'hôte chez qui je
m'étais logé, et le valet du grand-inquisiteur. Lequel des deux
m'avait accusé d'hérésie ? Mon hôte, peut-être, dans la crainte
d'être inquiété à cause de mon séjour dans son hôtellerie ? A
son défaut, ce pouvait être le valet de Torquemada. Il avait

[1] « Les procès du saint-office commencent par la dénonciation ou par quelque
avis qui en tient lieu, tel que la découverte qui résulte incidemment d'une déposition faite devant le tribunal dans une autre affaire. Si les inquisiteurs n'avaient
aucun égard aux rapports anonymes, et que ceux qui en signent fussent soumis
aux peines portées contre les calomniateurs, les tribunaux du saint-office auraient
bien moins d'affaires à juger. Mais il n'y a pas une seule dénonciation qui ne soit
reçue avec empressement... Lorsqu'elle est signée, elle prend la forme d'une déclaration, dans laquelle le délateur, après avoir juré de dire la vérité, désigne par
leurs noms ou d'une autre manière les personnes qu'il croit ou qu'il présume pouvoir déposer contre le dénoncé. Celles-ci sont entendues, et leurs dépositions
jointes à celles du premier témoin composent l'*information sommaire* ou *préparatoire*. Comment ose-t-on faire usage, surtout dans un tribunal de prêtres, d'une
déclaration anonyme ?... Je le demande, lorsque l'*instruction sommaire* offrait des
motifs suffisants de passer outre, qui était responsable des suites de la calomnie,
si l'individu mis en jugement prouvait qu'on l'avait employée contre lui ? Personne
n'était livré à la vindicte publique, et, dans le cas d'une délation faite par serment,
on n'avertissait pas même son auteur du danger de la responsabilité. »

(LLORENTE.)

voulu se venger, sans doute, de mon attaque contre lui, ou donner un nouveau témoignage de son zèle à l'inquisition. N'est-il pas déplorable que la liberté, la vie, l'honneur puissent dépendre d'accusations mensongères, d'autant plus faciles à porter que le délateur et le témoin sont assurés du secret! Que peut opposer un accusé innocent à ces ténébreuses machinations? par quel moyen évitera-t-il l'infamie qui le menace, la mort qui plane sur sa tête? Que sera-ce si déjà l'accusé se trouve, comme moi, sous le poids d'une accusation plus grave encore? Je n'ai jamais su d'où partait la dénonciation parce que, suivant l'usage, on ne m'a pas confronté avec mes accusateurs.

Devant un tribunal ordinaire, quand la procédure est terminée, on fait comparaître l'accusé, on lui donne connaissance de l'accusation qui pèse sur lui; il est mis en présence de son accusateur et des témoins, puis le débat s'établit. Aux dénonciations calomnieuses, l'accusé oppose sa vie d'honnête homme; aux témoins mal informés, prévenus ou subornés il oppose des témoins sûrs de sa probité, probes eux-mêmes; à l'avocat de la loi, répond l'avocat de l'accusé; les juges, cependant, écoutent les dépositions, les plaidoiries; pèsent, dans leur conscience, les preuves des deux parties, et l'accusé, qu'il soit absous, qu'il soit condamné, est bien jugé.

Ici, rien de pareil : l'inquisition semble n'avoir d'autre soin que de trouver des coupables. C'est que leurs biens sont confisqués, et que le moindre mal qui puisse arriver à un innocent même c'est d'être à demi ruiné. Suivant le code inquisitorial, tout accusé doit être considéré comme coupable jusqu'à preuve contraire, ou plutôt jusqu'à ce que Dieu, le hasard, la bonne étoile du malheureux prévenu le fasse échapper des mains du saint-office; heureux s'il n'y laisse que les débris de sa fortune sans y ajouter quelques lambeaux de sa personne[1]. Or, puisqu'aux yeux des inquisiteurs, être accusé c'est être criminel, ils veulent que le prévenu avoue spontanément son crime; aussi, n'attendez pas qu'ils lui adressent aucune question précise, allant droit au fait; non, ils ne lui font que des questions va-

[1] Voyez Llorente et les auteurs déjà cités.

gues, captieuses et qu'ils appellent adroites. Le prévenu, sentant qu'on lui tend des piéges, souvent hésite à répondre ou nie les choses les plus insignifiantes, et fait ainsi suspecter sa franchise; ou bien, s'égarant tout à fait, il s'accuse de choses que l'inquisition n'aurait jamais connues et dont elle s'empare avec avidité pour aggraver le sort de l'accusé. Voilà précisément ce qui m'était arrivé, si l'on se le rappelle, dans ma première affaire à Saragosse, et ce qui m'attendait encore à Villa-Réal, si des faits plus importants, plus avérés que ceux qui m'étaient reprochés, n'avaient fait suspendre la procédure commencée dans cette ville pour joindre les pièces à celles que l'inquisition de Saragosse possédait déjà contre moi [1]. Cette inquisition avait, en effet, réclamé la remise de ces pièces, et un ordre du grand-inquisiteur décidait que je serais transféré à Saragosse pour y être jugé comme impénitent et comme complice de l'assassinat d'Arbuez. Je fus donc ramené, sous bonne escorte, dans ma ville natale où j'arrivai au commencement de juin.

Le bruit de mon arrestation et de mon arrivée m'avait précédé; je trouvai toute la population en émoi sur mon passage. Cette population pour laquelle j'avais tout sacrifié, affections, fortune, existence, honneur même, paraissait se complaire dans la vue de ma triste infortune. Ils poussaient des clameurs, les insensés! contre un de ceux qui avaient tenté de les affranchir d'un joug tyrannique. Quel sujet de réflexions pour l'homme qui croirait pouvoir compter sur la reconnaissance des masses! quelle récompense pour un tel dévouement! Le Ciel cependant ne m'avait pas entièrement abandonné; on me conduisit à la prison du saint-office, à travers les flots pressés de la foule. Arrivé au fatal séjour à la porte duquel le malheureux destiné à y languir doit laisser toute espérance, puisqu'il n'en sort que pour être couvert d'infamie ou livré aux flammes,

---

[1] Lorsque le tribunal examine l'*instruction sommaire*, s'il y découvre des raisons de donner suite au procès, il adresse une demande aux autres tribunaux de province à l'effet de savoir s'il existe dans leurs registres quelques charges contre le dénoncé; ces pièces sont réunies aux premières pour faire masse au procès; o donne à cette recherche le nom de *Revue des registres*. (V. Llorente.)

je trouvai, moi, une consolation, une espérance, une félicité suprême là où tant d'autres ne rencontrent que misère, désespoir et abandon. Un ami s'offrit à ma vue ! Qu'un naufragé, perdu au milieu des écueils qui menacent de le broyer sur leurs pointes aiguës, battu par la tempête qui semble rendue plus furieuse par les efforts que fait sa victime pour lui échapper, sente tout à coup une main providentielle le soutenir, le guider au milieu des périls qui l'entourent, de quelle joie divine, de quelle reconnaissance infinie ne sera-t-il pas pénétré ! Tel je me sentis à l'aspect du geôlier qui me reçut des mains de mon escorte. D'un regard expressif et plein de compassion, d'un mouvement imperceptible pour tout autre que pour moi, tant il avait de discrétion et d'apparente indifférence, il m'apprit ce que je pouvais attendre de lui. Ce geôlier !... c'était un ami ! c'était Esteban ! Cinq mois séparaient cette seconde rencontre de la première, et ni l'un ni l'autre nous n'avions oublié le serment que nous nous étions fait. Le greffier de la prison inscrivit sur un registre destiné à cet usage mon nom, avec la désignation de mon âge et celle des crimes pour lesquels j'étais incarcéré. Puis on me fouilla avec une minutieuse attention, de peur que je n'eusse caché dans mes vêtements, soit des armes, soit du poison pour m'ôter la vie, ou bien du papier, ou des livres au moyen desquels j'aurais pu trouver quelque distraction dans la solitude de mon cachot. On verra comment, grâce au généreux dévouement d'Esteban, j'ai pu déjouer une partie de ces précautions.

Dès que ces premières formalités furent terminées, on me conduisit, à travers un corridor sombre et tortueux, au cachot[1] que je devais occuper. Un des gardiens, sous les ordres d'Esteban, nous précédait en portant une grosse lanterne et un énorme trousseau de clefs. Si chaque clef représentait un

[1] Il y avait trois sortes de prisons : les *publiques*, les *intermédiaires* et les *secrètes*. Les prisons publiques étaient celles où le saint-office faisait enfermer les personnes qui, sans être coupables d'aucun crime contre la foi, étaient accusées de quelque délit dont le jugement appartenait par privilége à l'inquisition... Les prisons intermédiaires étaient destinées à ceux des employés du saint-office qui avaient commis quelque crime ou quelque faute dans l'exercice de leurs fonctions,

cachot, combien ils étaient nombreux ! Mais, quelque multipliés qu'ils fussent, il arrivait parfois qu'on était obligé d'avoir recours aux couvents des dominicains pour pouvoir renfermer tous les hérétiques dans les moments d'arrestations générales. Pour parvenir au corridor souterrain dont j'ai parlé, on était obligé, en quittant la geôle, de descendre une douzaine de marches de pierre. A deux ou trois pas de la dernière de ces marches se trouvait l'entrée du souterrain, fermée par une très-forte grille en fer. De cette grille le regard plongeait dans les ténèbres du corridor bordé de chaque côté par une série de petits caveaux étroits, voûtés, bas, dont les ouvertures étaient aussi fermées par de petites grilles fort solides. Au fond de chacun de ces caveaux vous aperceviez une porte triste et sombre comme la muraille dans laquelle elle était enfoncée, c'était la porte d'un cachot : là se mouraient de tristesse et de misère une femme, une jeune fille, un vieillard ; là se livraient au désespoir une mère, un père, une victime enfin impuissante à défendre sa vie et son honneur, à qui on ne laissait d'autres armes que ses protestations et le cri de sa conscience, d'autre recours contre l'injustice que le tribunal de Dieu même. Combien l'âme est attristée à l'aspect de ces lieux funèbres ! Aucune ouverture extérieure ne livre passage à l'air ou à la lumière dans ce ténébreux couloir ; l'air n'y pénètre que par les étroites lucarnes placées dans les cachots des prisonniers et seulement lorsque les portes en sont ouvertes pour les besoins du service ; et quel air encore ! un air empesté, méphitique, mortel. Il n'est pas donné au malheureux qui languit dans ces noires solitudes de conserver longtemps la vie ou la raison.

Il me fallait passer devant toutes ces portes pour arriver au cachot qui m'était destiné. Il était situé à l'extrémité du long couloir souterrain dont je viens de parler. Rien ne le distinguait

<small>sans qu'il y eût mélange ni soupçon d'hérésie. Le secret n'était pas prescrit pour les détenus de ces deux espèces de prisons, à moins de circonstances exceptionnelles. Les prisons secrètes ou cachots étaient pour les hérétiques ou pour ceux qui étaient soupçonnés de l'être. Les détenus ne pouvaient communiquer qu'avec les juges du tribunal, dans les cas prévus et avec des mesures commandées par les constitutions.
(V. LLORENTE.)</small>

des autres extérieurement, et je suis fondé à croire qu'il n'en différait point non plus quant à l'intérieur. C'était un sale réduit carré et voûté, n'ayant que trois pas de long sur autant de large, et où l'eau suintait par tous les pores des pierres; véritable *in-pace* où jadis plus d'un religieux, victimes de la fanatique sévérité de leurs prieurs, avaient expié par une mort lente et cruelle quelque faute contre la discipline du couvent. Au dehors, il faisait encore grand jour au moment où j'y entrai, mais là régnaient déjà d'humides ténèbres que le soleil, au milieu même de sa course, avait peine à diminuer, car le jour n'y pénétrait que par un trou carré, percé dans l'épaisseur du mur et touchant à la voûte. C'est à peine si l'on pouvait distinguer les objets qui s'y trouvaient, et quels objets! Une natte de jonc à demi pourrie par l'humidité, étendue sur une espèce d'estrade en planches, très-basse et de deux pieds de large tout au plus, c'était là mon coucher; puis des vases de terre pour satisfaire aux besoins naturels. Huit jours entiers, quelquefois plus encore, ces vases répandent l'infection dans l'étroit espace avant d'être nettoyés. Souvent j'avais entendu raconter ces détails par des personnes que je soupçonnais d'exagération, et j'avais refusé d'ajouter foi à leurs récits; aujourd'hui ne serai-je pas, à mon tour, taxé de mensonge en disant tout ce que j'ai vu et éprouvé par moi-même?

Trois ou quatre personnes au plus pourraient se retourner dans un de ces cachots, et il est arrivé quelquefois qu'on en a mis le double quand de nombreuses arrestations ont eu lieu; qu'est-il résulté alors? C'est que les moins robustes ont trouvé une mort prompte dans cette atmosphère empestée, et que les autres, maigres et livides, sont sortis tellement défigurés qu'ils ressemblaient plutôt à des cadavres ambulants qu'à des êtres doués de la vie [1]. Et ce qui ajoute encore à l'horreur de ces affreux séjours, c'est qu'on n'y entre point sans être à l'instant flétri dans l'opinion publique; infamie à laquelle aucune autre prison, soit civile, soit ecclésiastique, n'expose les prisonniers; c'est qu'on y est condamné à une solitude profonde et

[1] Marsollier, Llorente et les autres.

continuelle, à des ténèbres de quinze heures par jour, à une température humide que le feu n'a jamais échauffée.

Et la plainte est sévèrement interdite! Malheur à celui qui ferait entendre le plus léger murmure! un bâillon lui ôterait pendant plusieurs jours l'usage de la parole; en cas d'insuffisance de ce moyen, le fouet viendrait en aide au bâillon. Il y a plus: si, lorsqu'il se trouve plusieurs prisonniers ensemble, il se fait quelque tapage dans une de ces sortes de chambrées, tous les prisonniers qui en font partie sont solidaires les uns des autres et l'on fouette tout le monde de peur de ne pas atteindre les coupables. L'inquisition semble avoir renversé la sage maxime: mieux vaut absoudre un coupable que de faire périr un innocent; elle dit par sa conduite: périssent dix innocents plutôt que d'épargner un coupable. Dans son aveugle cruauté, l'inquisition ne fait aucune distinction de l'âge ni du sexe. N'a-t-on pas, tous les jours, l'impudeur de dépouiller de malheureuses jeunes filles, des religieuses, des dames distinguées par leur naissance, pour les livrer ainsi toutes nues aux regards impudiques et au fouet impitoyable du bourreau! Il ne faut plus s'étonner si plusieurs prisonniers mettent un terme à tant de misères par une mort prompte et anticipée. Heureux ceux qui y parviennent!

En mettant le pied dans ce réduit infect et froid, je restai comme pétrifié de dégoût et de désespoir; toutes mes facultés semblèrent s'éteindre, mon cœur se glaça et une sorte de torpeur et d'idiotisme m'ôta pendant longtemps la conscience de cette triste position. Depuis cet instant fatal jusque vers le milieu de la nuit, je crois n'avoir pas eu une seule pensée, ni fait un seul mouvement; pas une seule fois même l'image de ma fille ne s'offrit à mon esprit, tant j'étais privé de la faculté de voir, de penser, de me souvenir. Je ne sais combien de temps cet état se serait prolongé, si tout à coup le bruit de mes verrous qu'on tirait et la vue de ma lourde porte qui tournait sur ses gonds ne m'eussent arraché à cette insensibilité léthargique. Esteban venait d'entrer dans mon cachot. Ses traits me parurent altérés; une indicible expression de pitié et de tristesse se peignait sur son visage maigre et pâle. Il me regardait sans parler et comme s'il attendait que je lui adressasse le premier la parole. Je lui tendis la main ; il la prit et la pressa dans la sienne en détournant la tête pour me cacher son émotion ; et moi, j'étais plus ému que lui-même en pensant à la générosité de cet homme qui, bien qu'étranger pour moi et obligé même par état de se montrer mon ennemi, m'avait cependant une fois déjà sauvé la vie, et paraissait encore plus disposé que jamais à me rendre service.

« Est-ce bien vous que je retrouve ici? lui dis-je avec un étonnement mêlé de joie.

— Oui, c'est moi, et je suis geôlier du saint-office.

— Un tel emploi ! à vous ! L'inquisition a-t-elle donc mis un terme à ses rigueurs, puisqu'elle confie ses captifs à des hommes remplis d'humanité?

— Pourquoi n'avez-vous pas quitté le sol de l'Espagne ? me dit-il.

— Tous mes efforts pour arriver à ce but ont échoué devant des obstacles invincibles.

— Que je vous plains, seigneur !

— Mais, encore une fois, le saint-office de Saragosse a renoncé à ses formes tyranniques, puisque vous, Esteban, vous accessible à tous les sentiments les plus généreux, vous êtes le gardien de ses prisonniers ?

— Que je vous plains, seigneur ! répéta-t-il. Le saint-office peut changer les hommes qui sont à son service, mais quitter la sévérité dont il s'est fait une loi, ne le croyez pas. Je ne suis pas l'homme qu'il lui faut ; je suis trop faible pour le poste que j'occupe ; en un mot, je n'ai pas l'esprit de mon état, disent les inquisiteurs ; aussi ai-je perdu leur confiance, et demain, peut-être, me verra dépouiller de l'emploi que j'exerce aujourd'hui.

— Quoi ! Esteban, mon généreux ami, on vous éloignerait d'ici ? un pareil malheur m'accablerait encore !

— Ne vous abandonnez point au découragement, seigneur d'Abadia, et comptez sur moi, tant que je serai votre gardien, pour adoucir autant que je le pourrai votre triste captivité.

— Depuis trop longtemps déjà je lutte contre le sort qui me poursuit ! que ma destinée s'accomplisse donc enfin, et puissé-je ne pas languir longtemps dans cet antre affreux !

— Une fois déjà on a cherché à me remplacer, mais j'ai fait agir tous ceux qui me veulent du bien, pendant que de mon côté j'inspirais à celui qui était désigné pour mon successeur une telle répugnance pour un emploi où il ne trouverait, lui disais-je, aucune occasion d'exercer l'intelligence qu'il a reçue du Ciel, qu'on a ajourné ma destitution. Aujourd'hui on est de nouveau prêt à me frapper, sur les instances d'un homme que vous connaissez déjà.

— Quel est cet homme ?

— Baldach.

— Baldach !... Quoi ! c'est lui qui vous fait perdre un emploi où vous pouviez exercer votre humanité, et cela au moment où j'aurais pu moi-même en éprouver les effets ?

— C'est lui qui sera mon successeur.

— Ah ! vous voyez bien que le sort est inexorable, et que me livrer à l'espoir serait me préparer de nouvelles déceptions !

— Je suis l'ami de Baldach, reprit Esteban après un moment de silence et en accompagnant ses paroles d'un rire plein d'une amère raillerie.

— L'ami de Baldach ! vous ? demandai-je avec étonnement. C'est impossible ! vous, si généreux, si humain, l'ami d'un tel homme ? Je ne crois pas à la sincérité de cette union.

— Jamais, en effet, amitié ne fut moins sincère que la nôtre, car la haine est au fond de notre cœur ; elle se révèle, elle éclate à chaque instant dans nos actes, dans nos paroles. Ne cherche-t-il pas, lui, par des insinuations calomnieuses, à me rendre suspect aux yeux des inquisiteurs, parce qu'il aspire à me remplacer ! Ah ! s'il croit par cette conduite effacer le souvenir de l'outrage qu'il m'a fait autrefois, qu'il sache que je n'avais pas besoin de cette nouvelle preuve de trahison pour le haïr, et que je n'ai rien perdu de mon premier ressentiment !

— Comment vous êtes-vous rapprochés ?

— Le lendemain de cette lutte, que vous vous rappelez sans doute, il vint me trouver chez le parent à la porte duquel vous m'aviez laissé, et me promit de garder le secret sur votre évasion dont il m'accusait d'être la cause, si je voulais ne pas porter plainte devant les magistrats pour les blessures qu'il m'avait faites. Je le lui promis. Depuis, nous avons caché notre mutuel ressentiment sous des semblants d'amitié; mais..., si je n'ai pas porté plainte, si je n'ai pas voulu remettre aux juges le soin de punir mon injure, est-ce à dire que je l'ai oubliée? Non; je n'attendais qu'une occasion favorable, et, Dieu soit loué, le moment approche où Baldach ressentira l'effet de ma vengeance!

— Il est donc à Saragosse?

— Oui, et souvent il vient me visiter; son emploi (il est agent secret du saint-office), l'oblige souvent à passer une partie des nuits hors de son domicile. C'est à la fin de ses tournées nocturnes qu'il vient faire entendre le signal convenu à mon guichet; je n'ouvrirais pas, comme vous le pensez, à tout rôdeur de nuit qui viendrait à ma porte à quelque titre que ce fût: une fois minuit sonné, ma porte ne s'ouvre plus que pour Baldach.

— Pourquoi lui plutôt qu'un autre?

— N'est-il pas mon ami? Et puis, je ne sais, mais j'ai l'espoir qu'un jour ou l'autre une occasion imprévue naîtra tout à coup, et que je pourrai me venger; je ne veux pas la laisser échapper. Que de fois j'ai, en sa présence même et à son insu, caressé, sous mon pourpoint, le manche de ce poignard aigu, et qu'il s'en est peu fallu que je n'en finisse avec lui! Mais un meurtre chez moi! dans l'enceinte de la prison! sur Baldach! le chef des agents secrets du saint-office! non, non! ma haine doit s'entourer de plus de mystère; il faut que, ma vengeance accomplie, il n'en reste pas la moindre trace! Eh bien! le hasard m'a fait trouver depuis quelques jours ce qu'il me faut dans cette prison même.

— Vraiment? Et quel est donc ce moyen?

— Autrefois, du temps des Romains qui ont bâti la ville de

Saragosse, cette prison était un château appartenant à un riche et puissant seigneur d'Espagne; plus tard les dominicains en ont fait un couvent, et enfin on l'a abandonné pour transformer les souterrains en cachots de l'inquisition de Saragosse. On dit que sous ces caves qui servent de cachots il y a encore des souterrains où jamais, depuis des siècles, âme vivante n'a pénétré, mais qui, du temps des premiers habitants de Saragosse, offraient une issue secrète pour sortir de la ville en cas de siége. On raconte à propos de ces souterrains une histoire merveilleuse que le temps ne me permet pas de vous rapporter maintenant, mais qui prouve que la tradition a conservé le souvenir de ces voies souterraines, si depuis longtemps on en a perdu l'entrée. Des pièces du rez-de-chaussée on n'a utilisé que celle qui sert de salle d'audiences au tribunal, et celle qui est affectée aux archives de l'inquisition; quant à toutes les autres, on les a abandonnées aux oiseaux de nuit qui se les disputent entre eux. Tenez, ajouta Esteban en m'indiquant la voûte de mon cachot, là, au-dessus de cette voûte, est une pièce où je veux passer quelques instants avec Baldach. S'il pouvait venir cette nuit ! j'ai du vin, beaucoup ! nous boirons suivant notre habitude, lui surtout ; puis, il me dira des contes égrillards de capucins en bombance et de nonnes amoureuses ; et nous rirons ! ah ! ah ! nous rirons d'une singulière façon ! ensuite ! »

Esteban s'était animé en prononçant ces mots où perçait sa haine pour Baldach; ses yeux, où se reflétait toute sa passion, brillaient d'un vif éclat dans la pénombre de mon cachot.

« Quand il vient, me dit-il, fût-il minuit, nous nous attablons, et nous restons jusqu'au jour, lui, buvant, moi... luttant contre la tentation de le tuer ! A nous voir ainsi accoudés l'un et l'autre sur la petite table qui nous sépare, le menton appuyé sur une main, dans l'autre nos verres qui se remplissent et se choquent à chaque instant ; puis, le matin, quand nous nous quittons, lui, la face rubiconde, et moi l'œil amical, qui pourrait ne pas nous croire unis par une sincère amitié? Eh bien! non! toujours quand il me quitte, je sens que ma haine est augmentée. Cette lutte est horrible ! il y faut mettre un terme !

— Mais comment êtes-vous venus à Saragosse en même temps ?

— Il y fut appelé par Gaspard Juglar, devenu premier inquisiteur de la ville depuis la mort d'Arbuez. Il m'échappait ainsi, mais j'ai demandé à être encore sous ses ordres ; bientôt nos querelles de chaque jour, de chaque instant, me firent désirer d'être affranchi de sa brutale autorité, et, grâce à quelques protections influentes, j'ai obtenu le poste que j'occupe ici ; car n'est pas investi qui veut du triste honneur d'être le dépositaire des captifs du saint-office ; mais, je vous l'ai dit, les inquisiteurs ne me trouvent pas assez impitoyable, et Baldach est l'homme qu'il leur faut.

— Si tel est mon malheur que vous soyez remplacé ici par Baldach, mon sort est décidé, je n'ai plus l'espoir d'échapper.

— Hélas ! seigneur, je ne sais s'il serait en mon pouvoir de vous tirer de ce cachot, car je ne suis guère plus libre que vous-même ; une surveillance active, inquiète m'environne ; les hommes qui sont sous mes ordres sont dévoués au saint-office, et ce n'est que par une extrême prudence que je pourrai apporter quelque soulagement à vos maux. Au reste, ajouta-t-il, rassurez-vous : Baldach n'est pas encore le maître ici, et avant qu'il le devienne, il pourra bien m'avoir rendu un compte terrible de sa conduite !

— Quoi que vous fassiez pour moi, mon généreux ami, vous ne sauriez accroître la reconnaissance que vous vous êtes acquise dans mon cœur.

— D'un moment à l'autre je puis être remplacé ; si donc vous avez quelques ordres à me donner, quelque service à me demander, parlez, seigneur, et songez que l'amitié qui m'attache à vous n'a d'égale que la haine que je porte à Baldach.

— Et je suis captif ! m'écriai-je, et je n'ai en mon pouvoir ni honneurs, ni fortune, ni liberté !... Que dis-je, ni fortune ? mais j'y pense ! ô ciel ! je pourrai donc enfin reconnaître tant de générosité ! Esteban, ô toi le plus grand des hommes, le plus dévoué des amis, ne me refuse pas la grâce que je vais te demander, c'est à tes genoux que je l'implore; si tu me refuses, je renonce à tes services!

— Parlez, je suis prêt à faire tout ce que vous m'ordonnerez.

— Un homme est dépositaire de titres qui représentent la moitié de ma fortune, je t'en donne autant qu'il faut pour que tu puisses vivre riche et heureux; le veux-tu?

— J'accepte, car le moment est venu où j'aurai besoin de cette fortune.

— Quant au reste des titres, si tu es destitué, prends-les et va à Toulouse où est ma fille Béatrice; tu les lui remettras, tu vivras dans cette ville; tu diras à Tristan de Léonis, l'époux de ma bien-aimée fille, que tu étais l'ami, le protecteur de Juan d'Abadia, et Tristan aura de l'amitié pour toi. Mais je lui marquerai toutes ces choses dans une lettre. Tu peux, n'est-ce pas, me procurer tout ce qui est nécessaire pour écrire? Je veux prouver à ma Béatrice que je suis toujours vivant et que l'espoir ne m'a point abandonné. Du papier, Esteban, donne-moi du papier. »

Esteban alla aussitôt en chercher. Quelques minutes après il revint plein d'agitation, et tenant à la main un rouleau de papier assez volumineux; dans sa précipitation il avait pris tout ce qui s'était trouvé sous sa main.

— Baldach est venu, me dit-il; j'ai entendu le signal et j'y ai répondu. Tenez, voici ce que vous m'avez demandé, du papier, de l'encre... Mais il faut que je vous quitte: Baldach... Baldach, attend...

— Ne peux-tu me donner le temps de tracer quelques lignes pour le dépositaire de ma fortune?

— Baldach, vous dis-je, attend à la porte; il s'en irait...; il faut que je le fasse entrer...; mais quand je l'aurai..., quand il sera..., enfin je reviendrai avant la fin de la nuit... Adieu..., adieu... »

Il sortit en emportant sa lanterne; je l'entendis fermer avec précipitation ma lourde porte, puis la grille de fer placée à l'entrée du caveau au fond duquel était mon cachot, et je me retrouvai seul au milieu de la nuit la plus profonde, absorbé dans la pensée qu'Esteban allait être seul avec Baldach; qu'Esteban était décidé à ne pas différer davantage sa vengeance. Je ne pouvais douter que quelque sombre mystère, que quelque lugubre drame ne se passât dans l'enceinte de ces murs fatals avant la fin de la nuit.

Je m'étendis sur mon triste coucher. Un silence effrayant régnait partout; rien n'est lourd comme les ténèbres d'un souterrain, rien ne ressemble au silence d'une tombe comme le silence d'un cachot; ce silence est si profond, si intense, qu'il semble qu'on dût entendre le plus léger bruit qui se ferait dans les entrailles de la terre. Une heure se passa, Esteban ne revenait pas, et aucun bruit n'arrivait encore jusqu'à mon oreille, quelque attentif que je fusse. Eussé-je été dans des dispositions et dans un état à pouvoir dormir, que la situation où je me trouvais m'en eût ôté la faculté. Le temps s'écoulait, cependant, et j'attendais toujours en vain le retour d'Esteban. Il pouvait être deux heures du matin; alors il me sembla entendre un bruit de pas au-dessus de ma tête; mais la voûte était sans doute si épaisse que ce bruit, presque imperceptible, ne m'aurait pas frappé si Esteban ne m'eût parlé de la pièce qui se trouvait en cet endroit, et si je n'eusse été dans l'attente de quelque événement dont elle dût être le théâtre. De temps à autre un certain ébranlement qui, par contre-coup, se faisait ressentir dans le sol sur lequel j'étais étendu, m'avertissait de la présence d'un être humain au-dessus de mon cachot, puis je crus distinguer des éclats de voix, mais si faibles, qu'on eût dit qu'ils partaient d'un lieu très-éloigné; ensuite des coups mesurés semblèrent marquer la cadence d'un chant lointain, dont les sons arrivaient imperceptiblement jusqu'à moi; puis je n'entendis plus que le silence de mon cachot et les battements de mes artères. Bientôt les voix se firent entendre de nouveau, les mouvements devinrent plus sensibles; un piétinement facile à distinguer, des cris qui ressemblaient à des imprécations dénotaient qu'il y avait une lutte acharnée. Soudain, un coup plus sensible que les autres retentit sourdement, pareil au bruit que ferait une lourde porte qu'on laisserait retomber avec fracas. Au même instant, un long et funèbre cri sembla glisser avec un corps humain dans l'épaisseur de la muraille de mon cachot, en s'éloignant de plus en plus jusqu'à ce qu'il se perdît dans les profondeurs de la terre; j'entendis ensuite ce nom, dont la dernière syllabe se prolongea longtemps : Baldach!!! et qui fut lancé soit de la voûte, soit des entrailles de la terre, sans que je pusse distinguer nettement son point de départ; puis, plus rien que le silence et les ténèbres. Mes cheveux se hérissèrent : « Mon Dieu! m'écriai-je, prenez pitié d'Esteban et de moi! » En même temps je m'étais redressé sur mes jambes comme par l'effet d'une commotion électrique; je me sentais attiré vers le côté du mur où j'avais entendu le cri et le frôlement du corps ; mais mes jambes pétrifiées se refusaient à tout mouvement, mes yeux fixes et démesurément ouverts ne quittaient pas la direction de la fatale muraille, comme s'ils avaient pu voir ce qui se passait au delà de son épaisseur. Bien des années, bien des événements me séparent de ce terrible instant, et l'effroi me saisit encore au souvenir de cette voix étouffée, terrifiée, plaintive, désespérée, telle enfin que dut être celle de l'ange rebelle à Dieu au moment où il fut précipité dans les enfers. Une heure encore s'écoula sans qu'Esteban revînt... Une heure! sans connaître la cause des bruits mystérieux que j'avais entendus! Esteban aurait-il succombé? Serait-ce lui dont la voix m'aurait jeté en passant comme un dernier adieu, comme un suprême appel? Quelle angoisse! quelle attente! Mon cachot s'ouvrit enfin.

« Esteban!... m'écriai-je en m'élançant vers lui. Est-ce vous?... Qu'avez-vous fait?... Que s'est-il passé... là, au-dessus de cette voûte? »

Il me fit entendre par ses gestes qu'il me dirait tout quand son agitation lui permettrait de parler.

Il était d'une pâleur effrayante, son visage avait une expression, non de fureur, mais d'effroi; le remords se lisait dans l'égarement de ses yeux, la fureur dans sa respiration haletante. Son pourpoint en désordre et déchiré indiquait assez qu'une lutte violente avait eu lieu entre les deux ennemis. J'attendis qu'il eût repris un peu de calme.

« Vous connaissez, me dit-il après plusieurs minutes de silence, mes griefs contre Baldach ; vous vous souvenez de sa première injure, et je vous ai dit qu'il employait jusqu'à la calomnie pour me supplanter ; d'un autre côté, il ne pouvait pas être ici à ma place sans que votre malheur en fût augmenté. Toutes ces raisons m'ont fait juger que le temps était arrivé de régler mes comptes avec Baldach..., mon ami Baldach ! dit-il en se reprenant. Cette nuit donc, il est venu me demander, suivant son habitude, à vider quelques mesures de mon vin. « Entre, lui « dis-je, et à ton service, joyeux compagnon ; aujourd'hui, « comme hier, comme toujours, il y en aura au delà de ce que « tu en pourras boire. » Il ne s'est pas fait prier. Fi donc ! mon ami Baldach ne savait pas faire de façons quand il s'agissait d'un plaisir offert par un ami tel que moi ! Nous avons commencé à boire, c'est-à-dire lui seul buvait, car j'avais besoin de tout mon sang-froid pour assurer ma vengeance, et, pendant que Baldach vidait bien et franchement son verre jusqu'à la dernière goutte, moi, j'effleurais à peine le mien du bout des lèvres. Je ne lui laissais pas de répit, je versais sans cesse, et quand, emporté par la conversation, il quittait son verre toujours plein jusqu'au bord, je lui faisais honte et je feignais de me fâcher contre ce que j'appelais sa réserve ; et lui, pour me prouver qu'il était toujours de bonne volonté, il vidait son verre, qui aussitôt était de nouveau rempli. Nous sommes restés deux heures ainsi attablés et vidant mesure sur mesure, car Baldach, habitué à cet exercice, n'atteignait pas vite le degré d'ivresse où j'avais besoin qu'il parvînt pour m'assurer l'avantage en cas de lutte avec lui. Je me souvenais qu'une fois déjà j'avais été vaincu par lui.

« Allons, lui dis-je quand il eut les yeux troubles et la lan-
« gue épaisse, le vin manque ici, allons finir la nuit dans la
« chambre où je mets en réserve mes plus fines provisions de
« cette liqueur qui nous charme si fort !

« — Allons, répéta-t-il en se levant un peu chancelant sur

« ses jambes. Je crois, Dieu me pardonne, l'ami Esteban, que
« je suis moins ferme que toi. Assez de libations pour cette
« fois, car j'ai des rapports très-importants à faire aux inqui
« siteurs, et je crains que ma langue, aussi troublée que mon
« esprit, ne s'acquitte mal de sa besogne.

« — Tu es ferme comme un roc, lui-dis-je, et il ne paraît
« pas que tu aies vidé une seule fois ton verre.

« — Tu me flattes toujours, l'ami, et tu sais que je n'aime
« de toi que ton vin, soit dit sans épigramme.

« — Eh bien alors, viens, et nous ne viderons qu'une seule
« fois nos verres remplis d'un vin qui surpasse tout ce que tu
« as jamais bu d'exquis, de fin, de savoureux, d'un vrai xérès,
« enfin...

« — Toi? du xérès?... Tu veux railler! c'est du xérès récolté
« sur les coteaux de Calatayud.

« — Non... Et puis tu verras des choses qu'il ne te sera pas
« donné de voir deux fois dans ta vie!

« — Allons donc goûter ce merveilleux vin et voir ces choses
« si rares. »

« Il vint.

« Et ces rapports », lui dis-je en le conduisant à la chambre
qui est là... au-dessus de cette voûte, « sont-ils si importants
« que tu ne puisses m'en dire un mot?

« — Tu sais bien que la discrétion doit être la première
« qualité d'un agent secret du saint-office... Mais quel diable
« de chemin me fais-tu prendre? Est-ce que tu aurais par
« hasard placé ton cellier dans ces repaires de chauves-souris?
« Tu ne m'as jamais amené par ici. »

« Nous suivions en effet des corridors sombres et humides,
nous traversions de grandes chambres délabrées et sonores.

« Ah! lui dis-je, c'est que d'aujourd'hui seulement je t'estime
« assez mon ami pour t'accorder l'entrée d'un sanctuaire où
« je vais ordinairement seul.

« — Vraiment, je suis si fort ton ami? »

« Il s'arrêta en disant ces mots, et me regardant avec défiance :
« Tu ne me tends pas d'embûches, au moins? Prends-y

« garde, Esteban; je sais que tu n'as pas encore oublié notre
« ancienne querelle; mais je t'observerai, et si tu cherches à
« me tromper !...

« — Allons donc! toujours des craintes? Suis-je défiant,
« moi? Non, je te crois sincèrement mon ami, et je cherche à
« te prouver que mon amitié n'est pas moins franche que la
« tienne. »

« S'il n'avait pas été échauffé par le vin qu'il avait bu, il
aurait remarqué sans peine toute l'ironie de mes paroles, mais
il n'y fit aucune attention.

« Aurais-tu peur, continuai-je, dans ces chambres désertes?

« — Moi! peur! tu m'offenses par une semblable question.
« Je remarque seulement que c'est la première fois que tu me
« conduis par ici. Au reste, il est bon que je fasse connaissance
« avec ton grand logis; et, quand je serai à ta place..., je veux
« dire si j'étais à ta place, et que tu vinsses me visiter, je te
« ferais aussi les honneurs de mon domicile. »

« Vous le voyez, seigneur d'Abadia, mon ami Baldach se
trahissait involontairement et me laissait voir son espérance
secrète d'être bientôt mon successeur. Nous étions arrivés à la
porte de la chambre, où j'entrai le premier pour lui ôter toute
espèce de défiance; j'avais eu soin, une heure après votre
arrivée ici, d'y aller placer une table, des siéges, et de préparer deux verres et du vin, afin de l'allécher; aussi entra-t-il
sans hésiter. Cette chambre, ou plutôt ce petit réduit de forme
carrée est surmonté d'une voûte au sommet de laquelle on
voit encore quelques vieux ferrements, probablement ceux
d'une poulie. Il n'a pas quatre pas d'étendue dans tous les
sens; il est situé à l'extrémité du long corps de logis au-dessous
duquel sont placés les cachots, et correspond à peu près au
vôtre. Un plancher sonore et mal joint couvre le sol au-dessus
duquel il est élevé de trois pieds environ. Dans l'un des angles
se trouve l'orifice d'un large puits caché par une double trappe:
c'était là sans doute que les moines qui ont occupé pendant
longtemps ce vieux château allaient tirer l'eau nécessaire aux
besoins du couvent. La première fois que j'entrai dans cette

pièce, je jetai une grosse pierre dans le trou pour le sonder, mais elle ne fit point jaillir l'eau en la déchirant; le bruit de la chute, au contraire, fut sourd comme celui d'une pierre qui frappe le sol à une grande profondeur. J'en conclus que ce puits ancien s'était ou tari ou comblé par suite de l'abandon qu'on en avait fait depuis longtemps. Peut-être aussi ce précipice avait-il eu une destination plus meurtrière, et servait-il aux vengeances ténébreuses des premiers hôtes de cette maison; il est facile de le supposer d'après la disposition du plancher et de la double trappe qui sert à dissimuler l'ouverture de ce gouffre; le plancher, en effet, est élevé au niveau de la margelle du puits de manière à former une surface parfaitement plane en s'unissant exactement à la trappe; celle-ci ne se relève pas, mais s'abaisse dès qu'on fait jouer avec le pied le ressort secret caché au bord de la trappe même. Si l'on pouvait interroger le fond de cet abîme, il dirait, sans doute, que souvent des victimes qu'on voulait immoler en secret et sans crainte avaient été enfermées dans ce réduit; que ces malheureux sans défiance, ne soupçonnant pas qu'ils fussent suspendus sur un précipice, finissaient tôt ou tard par poser le pied sur le perfide ressort, et s'engloutissaient eux-mêmes sans espoir d'éviter la mort. Ce lieu était donc tel qu'il me le fallait pour l'accomplissement de ma vengeance.

« C'est ici, dis-je à Baldach, que je viens souvent seul pour « me réjouir le cœur; car la vue de tous ces prisonniers me « brise l'âme de pitié.

« — Tu es si faible!... répondit Baldach. Ah! quand je serai « à ta...

« — Tiens, dis-je en l'interrompant, à toi cette place, à toi « ce verre...; goûte cette liqueur d'Andalousie, et dis-moi ce « que tu en penses. »

« L'escabeau que je lui montrais se trouvait sur la trappe placée au-dessus du gouffre. Il s'y assit; je me plaçai en face de lui, de manière à toucher du pied le ressort d'où dépendait la mort de mon ennemi; au plus léger mouvement de mon pied, Baldach pouvait être englouti. Mais vous me croirez, seigneur, quand je vous dirai que tout à coup la pitié paralysa ma haine; je n'eus pas le courage de me livrer à une vengeance aussi facile, et je retirai mon pied.

— Oui, ô Esteban! je reconnais à ce trait toute la générosité de ton âme! »

Esteban continua :

« Que dis-tu de ce vin? » demandai-je à Baldach en lui en versant pour la seconde fois.

« — Exquis! dit-il; mais, fût-il vingt fois meilleur, je jure « Dieu que je n'en goûterai pas un verre de plus!

« — Et la cause?

« — C'est, te dis-je, que j'ai des rapports importants à com-« muniquer à mes maîtres.

« — As-tu découvert quelques conspirations nouvelles?

« — Non, mais je suis sur les traces d'un complice de l'as-« sassinat de Pedro Arbuez.

« — Ah! Un complice important?

« — Un des assassins!

« — Ce serait une belle découverte. Et tu le nommes?

« — Je ne le nomme pas, car la prudence et la discrétion « sont mes premières qualités.

« — Encore de la défiance? Allons, buvons une fois à la « confiance et à l'amitié.

« — J'ai juré tout à l'heure que c'était le dernier verre...

« — Serment de buveur, serment d'amant, n'est pas engagé « qui les fait. Est-ce un jeune homme?

« — C'est un jeune homme, dit Baldach quand il eut vidé « son verre, et un beau jeune homme, à ce qu'on dit, car je « ne l'ai pas encore vu...

« — Mais son nom?

« — Un beau nom aussi... C'est... Tu ne le révéleras à « personne avant moi?

« — Compte sur ma discrétion.

« — Tope là... C'est Tristan de Léonis, dit-il en se levant, « et j'ai hâte de faire mon rapport... »

— Ce Baldach t'a nommé Tristan de Léonis! dis-je à Esteban avec une émotion plus facile à concevoir qu'à décrire. Tristan de Léonis est mon gendre, mon fils, je te l'ai dit... Quoi! il est ici! le malheureux n'aura pu franchir la frontière! O ciel! ce nouveau malheur m'accable!... Où est-il? as-tu demandé à Baldach où il a vu mon fils? »

Esteban me répondit :

«Ce nom, que vous aviez prononcé devant moi une fois déjà, m'a vivement frappé, et, me rappelant ce que vous m'aviez dit de ce jeune homme, je voulus savoir, en effet, où Baldach l'avait découvert. »

« Es-tu sûr, lui dis-je, de ne te pas tromper? Où l'as-tu « rencontré?

« — Je ne me trompe jamais! répondit Baldach avec une « exaltation bachique. J'ai arrêté Bernard Léofante, j'ai arrêté « Juan d'Abadia, j'ai arrêté des centaines d'hérétiques, toujours « tu m'as demandé, Ne te trompes-tu pas? Eh bien, va-t'en « demain, à la tombée de la nuit, à la taverne de Matéo, qui est « à l'entrée de la ville, et tu verras si Tristan de Léonis n'y est « pas... Mais j'y serai avant lui... »

— Et ce Baldach? dis-je à Esteban, tu ne l'as pas laissé échapper, au moins? C'est lui dont la voix est allée s'éteindre au fond du gouffre dont tu m'as parlé?... Achève, ami, achève... Pauvre Tristan! Malheureuse Béatrice!... »

Esteban reprit :

« Je croyais pourtant, dis-je à Baldach, que tous les enne- « mis de l'inquisition avaient été punis ou expatriés?

« — Tu sais aussi bien que moi qu'il en reste encore, puis- « qu'on t'en a amené un ici hier; celui-là, tu ne le feras pas « évader une seconde fois, entends-tu?

« — Tu veux parler du seigneur d'Abadia? Je ne sais pour- « quoi tu persistes à m'accuser d'une évasion qui est le résultat « du hasard et plus encore de ta brutalité.

« — Dis donc plutôt de ton insubordination... Mais il est ici, « et, dieu merci, quand je serai..., je veux dire si j'étais à ta « place, je multiplierais tellement les précautions, qu'il n'é- « chapperait pas une seconde fois à ma surveillance. »

« Là-dessus, Baldach se mit à chanter des couplets en frappant sur la table pour en marquer la mesure. Ses regards, ses gestes, tout son être enfin semblait me braver.

« Tu te défends mal, lui dis-je, d'avoir cherché à me sup-
« planter. Je sais tout ce que tu as dit et fait pour m'enlever
« ma place. Mais tu ne la tiens pas encore, car nous allons
« auparavant examiner tes titres et les miens à cette place.

« — Mes titres, dit-il en s'avançant sur moi en trébuchant,
« c'est que je suis fidèle et robuste; tandis que toi... »

« A ces mots, il me saisit de ses deux mains par mon pourpoint et voulut m'enlever de terre, mais il ne fit que me déchirer mon vêtement.

« Tandis que moi, lui dis-je en le repoussant violemment, je
« suis faible, mais adroit. »

« Il se jeta de nouveau sur moi, et me saisit encore. Vous ne me soupçonnerez pas de mensonge, seigneur d'Abadia, si je vous dis que Baldach m'étreignit avec tant de force dans ses bras nerveux, que je pensai qu'il voulait m'étouffer. Oh! s'il avait pu se douter qu'il y eût un gouffre sous nos pieds, peut-être n'est-ce pas lui qui y serait tombé! Et pourtant il était ivre, et moi j'avais tout mon sang-froid! Quelle force avait cet homme! La douleur me fit jeter un cri, je me débattis avec colère, et je parvins encore à me dégager...

« Tu en veux à ma vie? je le vois, lui dis-je; mais prends
« garde, tu pourrais n'être pas toujours le vainqueur dans la
« lutte que tu cherches à faire naître!

« — Je veux seulement mettre à l'épreuve cette grande
« adresse dont la nature t'a pourvu », me répondit Baldach en raillant.

« Puis, il essaya de recommencer ce jeu empreint de violence; mais, lui montrant mon poignard, je lui fis comprendre que j'étais homme à m'en servir contre lui.

« Par mon saint patron! l'ami Esteban n'est pas d'humeur
« joyeuse », ajouta-t-il en se rasseyant à sa place.

« Il s'était mis de nouveau sur le gouffre, et moi j'étais encore en face de lui, tout prêt à poser le pied sur le ressort secret.

« Aussi bien, continua-t-il, ne suis-je pas venu ici pour me
« quereller avec toi, mais pour faire honneur à ton vin. Si tu
« as quelque vieux ressentiment contre moi, garde-le pour
« une autre occasion.

« — Une autre occasion de terminer nos différends ne se
« représentera pas, car elle est arrivée pour la dernière fois, et
« Dieu me garde de la laisser échapper.

« — Tu veux railler, sans doute, ou tu as, comme moi, laissé
« un peu de ta raison au fond de ton verre.

« — Ni l'un ni l'autre, car je parle sérieusement, et, Dieu
« merci, j'ai toute ma raison.

« — Alors explique-toi sans périphrase, si tu tiens à ce que
« je te comprenne.

« — Tu as parlé toi-même de notre querelle de Lérida lors
« de la rencontre du seigneur d'Abadia; crois-tu que j'en aie
« perdu le souvenir?

« — Je vois que l'âme de Satan n'a pas plus de rancune que
« la tienne. Pourquoi te rappelles-tu cette querelle plutôt que
« tant d'autres qui sont venues avant et après?

« — C'est que celle-là a laissé des traces qui ne se sont pas
« plus effacées de mon cœur que de ma tête. Tu m'as trop pro-
« fondément blessé à ces deux places pour que je l'oublie.

« — Mais depuis, ne me suis-je pas montré ton ami?

« — Depuis? j'ai reçu, en effet, de singulières marques de
« ton amitié, et j'aurais tort de me plaindre. Qui donc m'ac-
« cuse tous les jours de faiblesse, de lâcheté, de trahison auprès
« des inquisiteurs? N'est-ce pas toi?

« — Je dois veiller sur les intérêts du saint-office, c'est mon
« devoir, c'est mon état; ne suis-je pas un agent secret? Ne
« suis-je pas aux ordres et aux gages du saint-office?

« — A défaut des devoirs de ton ignoble emploi, tu aurais,
« pour l'exciter, ton zèle, ta nature perfide et brutale, et plus
« encore ta jalousie, car tu convoites ma place. Peux-tu le
« nier?

« — Non, par tous les diables de l'enfer! non, je ne le nie
« pas. »

« Il voulut se lever en disant ces mots, mais je l'en empêchai facilement, car les vapeurs de l'ivresse l'affaiblissaient de plus en plus.

« Et tu oses parler d'amitié! repris-je. Ne profane pas ce
« mot sacré en t'en servant pour couvrir ta jalousie et ta haine,
« et, une fois enfin, faisons-nous une guerre franche et ou-
« verte.

« — Bah! tu crois que j'abandonnerai l'avantage que j'ai sur
« toi auprès des inquisiteurs, pour recommencer une autre
« campagne sous prétexte que j'ai eu recours à la ruse?

« — Dis plutôt à l'intrigue et à la calomnie.

« — Tout ce que tu voudras; ton vin est bon, et il serait mal-
« séant à moi de n'être pas en tous points de ton avis.

« — Crois-tu que si j'avais voulu user des mêmes moyens
« contre toi, je n'aurais pas eu plus de raisons que toi-même
« de l'emporter auprès de tes maîtres?

« — Libre à toi de le faire encore.

« — Je laisse de pareilles armes à mes ennemis, et pour me
« venger je ne compte que sur moi-même. Mais, au lieu de
« chercher à nous perdre l'un l'autre, ne vaudrait-il pas mieux
« nous unir par une véritable amitié?

« — Que veux-tu dire? je ne te comprends plus, car je suis
« ton meilleur ami.

« — J'en attends la preuve. Ecoute bien ce que je vais te
« proposer, et pèse bien tes paroles avant de me répondre.
« Deux hommes, qui ne t'ont jamais offensé et que tu n'as vus
« qu'en passant, attendent de toi leur salut : te sens-tu disposé
« à leur rendre service?

« — Il faudrait d'abord les connaître...

« — Peu importe leurs noms... Sache qu'ils sont riches,
« généreux et reconnaissants.

« — Par mon saint patron! voilà trois qualités dont un
« homme habile peut tirer bon profit. Et que faudrait-il faire?

« — Rien. Te taire et fermer les yeux.

« — Rien de plus facile... Ensuite?...

« — Tu recevras, pour cette chose si facile à faire, de l'or à
« pleines mains.

« — L'or fait mon envie... Après?

« — Ton cellier sera rempli des meilleurs vins de toutes les
« Espagnes.

« — Le vin est mon dieu! Verse et parle toujours.

« — On te fera si heureux que tes ennemis, si tu en as, en
« sécheront de jalousie...

« — C'est dit... Tope!... Et les noms des deux hommes
« qu'il faut sauver?

« — Tu jures d'être fidèle à ta parole?

« — Je le jure par le Christ lui-même! Mais ces deux hommes
« riches et généreux?

« — Ne devines-tu pas qu'il s'agit d'abord de Tristan de
« Léonis?

« — Ah! c'est de Tristan de Léonis? Sais-tu que c'est une
« découverte qui peut m'élever bien haut dans l'opinion des
« inquisiteurs?

« — Quand tu l'auras dénoncé et livré aux inquisiteurs, que
« t'en reviendra-t-il? Absolument rien, car, n'es-tu pas payé
« pour rechercher les ennemis de l'inquisition? Tandis que, si
« tu gardes le silence, si tu ne dénonces pas Tristan de Léonis,
« que tu m'aides à sauver... l'autre en même temps, ta for-
« tune et ton bonheur sont assurés. Tu es trop sensé pour
« hésiter dans ton choix. »

« Baldach se tut quelques instants.

« Tu me tentes, l'ami, reprit-il enfin; et je te soupçonne de
« vouloir simplement me mettre à l'épreuve. Mais, je suis en
« garde contre tes piéges... Ah! tu veux que je ne dénonce pas
« Tristan de Léonis? Tu prétends me faire contribuer à l'éva-
« sion de... l'autre?... Celui-là, veux-tu que je te le nomme?
« Il est pris, il ne peut plus se sauver sans ta participation, et
« tu voudrais y ajouter la mienne. On serait plus sûr du suc-
« cès... Mais allons donc, l'ami Esteban, ne raillons plus. Tu
« as voulu voir si je serais homme à trahir l'inquisition, et tu
« en seras pour tes propositions et tes frais d'éloquence!...

« — Ce que je te dis n'est point une épreuve que je veuille
« faire tourner contre toi; rien n'est plus sérieux que mes
« offres.

« — Vrai? Je me disais, par quelle aventure ce d'Abadia et
« ce Tristan ont-ils donc su gagner à leur cause maître Esteban ?
« Je le vois maintenant... Ah rusé geôlier, on te payait... Eh
« bien, par ton vin si bon! tu as bien joué ton rôle!...

« — Ainsi, tu refuses de m'aider?...

« — Il y tient!... Ecoute à ton tour, mon maître. Avant deux
« jours peut-être je devais être installé à ta place; mais dès
« demain j'y serai, et toi, qui trahis l'inquisition et veux m'en-
« traîner dans ta trahison, tu seras dans un des meilleurs
« cachots de cette sombre maison.

« — Je jure Dieu que ce n'est pas toi qui m'y enfermeras!

« — Peut-être.

« — Non, car ton heure est venue!

« — Encore des énigmes?

« — Je veux dire qu'il est temps pour toi de demander
« pardon à Dieu pour tous les crimes que tu as sur la con-
« science, car tu vas mourir!

« — Ah! traître! » s'écria-t-il en faisant un mouvement
pour se lever.

« Mais j'appuyai sur le ressort fatal; aussitôt la trappe tomba
avec fracas. Baldach étendit les bras. Je l'ai vu, seigneur d'A-
badia, je le vois encore s'attachant par un effort inouï à la
margelle du puits et retardant d'une seconde sa chute inévitable... Déjà le remords!... la pitié!... J'allais lui tendre la
main!... mais un cri épouvantable se fit entendre!... Baldach,
votre ennemi, le mien, avait pour toujours disparu dans les
profondeurs du précipice!

— Que Dieu ait pitié de son âme! Et toi, Esteban, merci
pour ce nouveau service.

— Ah! dit Esteban, la vengeance est une terrible passion!
Que de remords elle laisse après elle! Ma voix répondit à la
sienne... Je l'appelai de toutes mes forces...; mais en vain...
Une heure entière je suis resté au bord du gouffre béant,

Baldach précipité dans un abîme.

écoutant si je n'entendrais pas sa voix!... un gémissement, un soupir de lui!... tremblant que cette voix, que ce cri qu'il avait poussé en tombant ne se renouvelât pour proclamer ma criminelle vengeance! O Dieu! pardonnez-moi, car en tuant Baldach, j'aurai sauvé bien des victimes!...

— Tu auras sauvé mon fils, Tristan de Léonis! O mon ami, béni soit le jour où, pour la première fois, tu t'es trouvé sur mon passage! Comment te récompenser! T'offrir de l'or, c'est faire injure à ta grande âme! Parle, cependant... Tout ce que j'ai de fortune en Espagne est à toi si tu le désires.

— Oui, seigneur, donnez-moi cette richesse, car, je vous le répète, le moment est venu où j'en aurai besoin.

— Ne perdons pas le temps alors, qu'un écrit de ma main t'assure cette récompense que tu as si bien méritée!... Tiens, prends ce papier, garde-le, et en quelque temps, en quelque lieu que tu le représentes, soit à moi, soit au dépositaire de ma fortune, en Espagne, sois assuré de ma reconnaissance. Ah! je dois désirer que tu restes ici! mais ce poste n'est pas fait pour toi, tes sentiments sont trop élevés pour un pareil emploi.

— Les inquisiteurs ne me le laisseront pas occuper longtemps.

— Avant qu'ils ne me privent de tes services si dévoués, Esteban, mets le comble à ta générosité..., et demain, à l'heure indiquée par Baldach, va chez le tavernier Matéo, et tâche de découvrir Tristan de Léonis; si tu le rencontres, dis-lui que je suis dans ces cachots; mais que je veux qu'il s'éloigne au plus vite!... Baldach peut avoir donné l'éveil sur sa présence à quelque agent avant de venir te trouver... Ne le quitte pas qu'il n'ait fui de Saragosse. Je le veux, j'ordonne qu'il parte aussitôt que tu l'auras vu... Tiens, donne-lui ce billet pour qu'il ne doute pas de ma volonté. L'imprudent! qu'est-il venu faire ici?

— Je vous obéirai, seigneur.

— Que de reconnaissance je te dois!... Après que mon fils Tristan de Léonis sera parti, va chez le vénérable curé de la cathédrale de cette ville, et dis-lui qu'un pénitent réclame ses conseils et ses bénédictions.

— Tous vos désirs seront remplis, seigneur.

— Eh bien, va; le jour n'est pas loin, va prendre du repos... et quand la nuit suivante sera venue, n'oublie pas la taverne de Matéo, Tristan de Léonis et le confesseur que je t'ai désigné. Va.

— Adieu donc, seigneur, et priez Dieu qu'il rende le calme à mon âme.

— Ta conscience est pure, ton cœur est noble; Dieu t'approuve, mon ami. Puissent tous les hommes imiter ta conduite!»

CHAPITRE VIII.

Journal. — La Taverne Rouge. — Le mendiant. — Un mystère.

uand le matin fut arrivé et qu'un peu de jour eut pénétré dans mon sombre cachot, le premier objet qui frappa ma vue fut le papier qu'Esteban m'avait procuré. Dans sa précipitation à s'emparer de celui qui se trouvait sous sa main au moment où Baldach fit entendre le signal de son arrivée, il n'avait pas remarqué qu'il m'en apportait une assez grande quantité. Pensant, à cette vue, que je tenais entre mes mains le moyen de faire connaître à mes enfants mes cruelles infortunes, et de me procurer quelques distractions dans ma solitude, je cherchai des yeux, autour de moi, si un asile protecteur, si une cachette impénétrable ne pourrait pas dérober aux regards des inquisiteurs mon précieux trésor. Je ne pouvais d'ailleurs le laisser découvrir sans compromettre sérieusement la liberté et peut-être la vie d'Esteban, car les inquisiteurs n'auraient pas manqué de le rendre responsable de cette grave désobéissance aux lois de l'inquisition et de lui en faire porter la peine.

J'essayai donc de détacher du sol une des petites dalles placées dans le coin le plus obscur de mon cachot, espérant, si je pouvais y parvenir, qu'il me serait facile, au moyen de mes ongles, de creuser, sous les pierres qui environnaient celle que je voulais enlever, une petite excavation assez grande pour recevoir mon manuscrit; mais, après des efforts multipliés, je fus obligé de renoncer à mon dessein, car il me fut impossible d'ébranler aucune de ces pierres.

Cependant le temps s'écoulait, et l'heure approchait où Esteban, accompagné d'un ou de deux gardiens, allait donner aux prisonniers leurs provisions de la journée. Que faire? Je sentais en moi un désir ardent de conserver ce papier, qui pouvait m'être si utile; me l'enlever, c'eût été m'arracher la vie, et j'étais décidé à le défendre jusqu'à la dernière extrémité. Si Esteban fût venu toujours seul, les précautions que je voulais prendre eussent été fort inutiles, puisque cet homme généreux m'était dévoué au point de jouer sa vie pour moi; mais non, il lui était défendu de visiter les prisonniers sans être accompagné d'un ou de deux gardiens. L'inquisition pousse si loin la précaution de ne pas laisser l'accusé seul avec une autre personne, que le confesseur et les inquisiteurs eux-mêmes doivent toujours être accompagnés du geôlier. Ce n'était qu'en usant de la plus grande prudence qu'Esteban pouvait venir me trouver pendant la nuit.

Déjà les portes des cachots voisins s'ouvraient et se refermaient successivement; encore quelques minutes, et le mien allait s'ouvrir à son tour. Je frémissais d'impatience en cherchant à la hâte où cacher mon papier; vingt fois je l'avais glissé sous ma natte de jonc; mais à moins que les gardiens ne fussent aveugles, ils ne pouvaient manquer de le découvrir. Enfin ils approchent..., j'entends le bruit de la clef qui ouvre la grille du caveau...; puis un sifflement lugubre retentit, c'est la grille qui tourne sur ses gonds rouillés...; je cherche toujours, et toujours en vain...; j'étais comme fou de colère, de désespoir... Je m'attache à la porte de mon cachot pour l'empêcher de s'ouvrir...; mais on introduit la clef dans la serrure..., les verroux sont tirés..., plus d'espoir !... Je m'élance vers ma natte... et, une fois encore, j'y glisse mon cher papier... La porte s'ouvre au même instant, mais déjà je suis assis sur mon précieux trésor, comme la fille de Laban sur ses idoles quand elle voulut les dérober aux yeux de son père irrité. Pendant qu'un des gardiens dépose à l'entrée de mon cachot un pain et un vase plein d'eau, l'autre, qui tient une natte neuve roulée sous le bras, s'approche de moi, se baisse pour examiner la mienne, soulève un des bouts, et le laissant retomber :

« Mauvaise, dit-il.

— Vous vous trompez, répliquai-je aussitôt, ma natte est encore très-bonne, elle est toute neuve. Je vous jure que je suis très-bien couché...; ne vous donnez pas la peine de la changer. »

Je lui dis ces mots de l'air le plus indifférent, du ton le plus calme que je pusse prendre; mais quelle anxiété oppressait mon âme pendant qu'il m'écoutait en m'examinant ! Il se tut et sembla consulter du regard Esteban qui, supposant sans doute que j'avais quelque raison de m'opposer au changement que le gardien voulait opérer, lui dit :

« Laisse-la, on la changera une autre fois. »

Le gardien s'éloigne à ces mots. Esteban me demande ensuite avec une sévérité affectée si je n'ai rien à faire dire aux inquisiteurs. Sur ma réponse négative, il se retire avec les gardiens, ma porte se referme, puis la grille... Je suis seul enfin et délivré de mes craintes pour l'avenir. Je venais, en effet, le danger passé, de trouver le moyen de conserver mon papier; moyen simple, facile à découvrir, mais auquel je n'avais pas pensé dans le trouble de mon esprit.

J'ai dit que ma natte était sur une estrade de bois, étroite et peu élevée. Je soulevai la natte pour procéder à l'inspection des planches qui la supportaient. Elles me parurent en assez mauvais état, disjointes, rongées par l'humidité. J'en pris une par un de ses rebords, et le clou qui l'attachait cédant à mon faible effort, elle se souleva par le bout que je tenais et me laissa voir une cavité sombre, spacieuse et tout à fait propre à cacher mon trésor. Je me gardai bien d'enlever entièrement la planche, mais je la soulevai à peine, de peur de la déclouer des deux bouts, de sorte qu'une fois mon papier caché, je n'avais qu'à la laisser retomber, et, le clou se replaçant de lui-même dans son trou, il ne paraissait pas que la planche eût été dérangée.

Une fois maître d'une cachette, il me fallut, de peur de surprise, étudier les habitudes de ce triste séjour. Je remarquai bientôt que le geôlier faisait sa ronde trois fois par jour et une fois au milieu de la nuit, étant toujours accompagné d'un ou de deux gardiens. De temps en temps l'intervalle d'une ronde à l'autre était coupé par la visite des inquisiteurs et des greffiers, ou d'autres fois par le prêtre commis par le saint-office pour recevoir la confession de l'accusé. Ces remarques ne furent complètes qu'au bout de quelques jours. Je réglai ma conduite d'après ces observations ; d'ailleurs, comme on n'avait aucun soupçon, on ne cherchait point à me surprendre, et j'étais toujours averti de l'arrivée des visiteurs par le bruit de la grille de fer qui précédait l'entrée de mon cachot.

J'étais résolu à écrire jour par jour, heure par heure, si c'était possible, tout ce qui me concernerait tant que je serais dans cette prison, sans me demander comment je ferais parvenir à mes enfants cette sorte de testament fait pendant une longue agonie. J'espérais, et dans quelle situation n'espère-t-on pas, qu'un hasard imprévu, une voie inespérée se présenterait un jour ou l'autre, et me fournirait le moyen de faire parvenir cet écrit à ma Béatrice. Cinq ou six jours après mon incarcération je commençai mon journal. Je le transcrirai aussi textuellement que possible, car bien des années ont succédé à celles où j'écrivis ce mémorial. L'encre, ou plutôt la boue noire, mais sans adhérence, dont je me suis servi, a pâli et s'est effacée même en quelques endroits sous les atteintes de l'humidité de mon cachot et sous celles du temps, mais mes souvenirs toujours vifs et précis suppléeront aux lacunes de mon manuscrit.

10 *juin* 1486. — O ma fille bien-aimée ! malheur à moi ! car je suis de nouveau entre les mains des inquisiteurs. Cette fois, du moins, je connais mon crime. Et c'est dans ma ville natale, c'est aux lieux où, entouré de ma femme, de ma fille, de mes amis, j'ai connu naguère les joies de la famille, de la paternité, de l'affection mutuelle, c'est à Saragosse que je suis condamné à languir maintenant dans un sombre cachot ! Quel serrement de cœur j'ai éprouvé quand, traversant les rues bien connues de la ville, il m'a fallu passer devant ma maison maintenant triste, solitaire, et comme enveloppée d'un manteau de deuil ! J'ai revu le balcon où tu aimais à respirer l'air doux et embaumé du soir après une brûlante journée ; une de tes fleurs favorites, une rose s'épanouissait sur sa tige oubliée, sans doute, sur le balcon. J'ai cru, à cette vue, que tu étais encore là, que tu allais paraître, et j'oubliais déjà ma captivité; mais, hélas ! ta fenêtre resta fermée, et je vis les pétales de la fleur se détacher et tomber sous le souffle du vent. Je me suis caché les yeux alors, car cette vue m'arrachait des larmes, et je ne voulais point paraître faible devant mes compatriotes. Où sont les jours où, faible et joyeuse enfant, tu prenais tes ébats sur nos genoux ! Ta mère vivait alors, et nous jouissions d'un bonheur dont nous ne prévoyions pas le terme. Mais l'adversité a passé sur nos têtes comme l'orage qui frappe pour longtemps, pour toujours peut-être de stérilité les contrées les plus florissantes. *Elle...* du moins, est à l'abri du malheur ! Ah ! que ne nous a-t-elle attirés sur ses pas !

Je suis dans les cachots de l'inquisition. Rien n'égalerait ma misère, si le Ciel ne m'avait donné pour geôlier un homme dont je veux que le nom te soit connu. Grâce à la générosité de cet homme, je puis tracer par écrit le récit de tout ce que je souffre. Il me semble que je ne suis plus seul maintenant ; c'est à toi que j'écris, que je parle, comme si tu étais devant moi. Béatrice, si jamais un homme du nom d'Esteban se présente à tes yeux, souviens-toi qu'il est le plus dévoué des amis de ton malheureux père. C'est Esteban qui, un jour, a pris ma défense contre un agent du saint-office, un certain

Baldach qui voulait m'arrêter; c'est encore Esteban qui m'a délivré de la surveillance de ce même Baldach, que les inquisiteurs avaient déjà désigné pour être mon geôlier; c'est aussi Esteban qui a sauvé Tristan au moment où il allait être livré au saint-office par la dénonciation de ce Baldach. Toujours ce Baldach est la cause du mal qui me menace, toujours aussi le nom d'Esteban se trouve sous ma plume dès que je veux raconter un trait généreux dont j'ai profité. Puisse-t-il m'aider à sortir de ce funeste séjour! Hélas! quand on connaît comme moi la manière de procéder du saint-office, on a bien vite perdu tout espoir de liberté [1].

[1] L'auteur des *Mémoires* avait placé ici la procédure de l'inquisition moderne comprenant : la *dénonciation*, l'*enquête*, la *censure* par les qualificateurs chargés de décider si telle ou telle proposition était ou non hérétique, l'*examen des charges*, la *torture*, le *réquisitoire*, la *défense*, la *preuve*, la *publication des preuves*, la *censure définitive*, la *sentence*, la *lecture* et l'*exécution du jugement*.

On a déjà vu de quelle manière se faisaient les dénonciations. — Quand le moment était venu de présenter le réquisitoire, le procureur fiscal qui en était chargé ne manquait jamais de le terminer par la demande de la torture contre l'accusé, sous prétexte que ce dernier s'était rendu coupable de réticence en ne déclarant pas la vérité tout entière. Ce *réquisitoire* n'était jamais communiqué textuellement et par écrit à l'accusé; on lui en lisait les articles à l'audience même, et il était tenu de déclarer, immédiatement après la lecture de chacun de ces articles, s'il était conforme ou non à la vérité. Tout, dans cette procédure inquisitoriale, blessait, comme on le voit, la plus simple équité. La raison ne dit-elle pas qu'il eût été juste de mettre le *réquisitoire* entre les mains de l'accusé quelques jours d'avance, afin qu'il en méditât tous les termes, qu'il en pesât toutes les charges, et qu'il se mît ainsi en état de répondre souvent victorieusement à des accusations mal fondées et parfois même calomnieuses?

Le droit sacré de la défense n'était pas moins méconnu que ne l'était pour l'accusé celui de bien connaître les charges qui pesaient sur lui. Il n'était point permis au défenseur de voir le procès original, et il ne pouvait communiquer librement et en particulier avec son client. On se contentait de lui donner une copie tronquée de l'*instruction préliminaire*, copie où, entre autres omissions, on osait passer sous silence ce qui avait été dit à la décharge de l'accusé. On faisait promettre à l'avocat de défendre l'accusé s'il pensait qu'il fût juste de l'entreprendre; mais que, dans le cas contraire, il userait de toute son influence pour le déterminer à solliciter sa grâce auprès du tribunal en avouant sincèrement toutes ses fautes, et en demandant à être réconcilié avec l'Église. Dans le cas où l'accusé annonçait l'intention de récuser les témoins, les inquisiteurs ordonnaient qu'il fût procédé à la *preuve* de l'irrégularité des témoins.

Cette mesure consistait à envoyer les déclarations de chacun des témoins dans

C'est le 5 de ce mois de juin qu'on m'a ramené à Saragosse. Dans la nuit qui suivit mon incarcération Baldach a péri d'une mort terrible, emportant avec lui la dénonciation qu'il se proposait de faire contre Tristan. Sans cette catastrophe, ô Béatrice, ton malheureux ami, ton fiancé, ton époux, serait aujourd'hui dans un de ces affreux cachots où ma vie se consume lentement. Baldach, avant de tomber dans le gouffre où il devait périr, avait désigné à Esteban la taverne où Tristan se réfugiait le soir. A l'entrée de la nuit suivante, c'est-à-dire le 6 au soir, Esteban s'y rendit après s'être enveloppé d'un manteau et couvert le visage d'un masque pour n'être pas reconnu; car, en ce temps déplorable, le bien ne se fait qu'à la dérobée, et nul homme ne serait assez imprudent pour tenter de faire une bonne action à visage découvert.

J'accusais mon fils Tristan d'imprudence et même d'indif-

les lieux où ils avaient établi leur domicile, afin qu'elles fussent soumises à leur ratification. Malheur à l'accusé si l'un des témoins était au loin ou même hors de l'Espagne; tout était suspendu, excepté la captivité, jusqu'au retour de la ratification, qui se faisait attendre quelquefois plusieurs années, pendant lesquelles l'accusé protestait en vain contre le délai apporté à son jugement. S'il en eût connu la cause, il se fût désisté de sa récusation; mais ce n'était que par des raisons évasives qu'on cherchait à justifier le retard dont il se plaignait. L'accusé établissait ses moyens de récusation en nommant des individus qu'il regardait comme ses ennemis, en exposant les raisons de sa méfiance à l'égard de chacun en particulier, et en désignant les personnes qui pouvaient attester les faits qui étaient le motif de la récusation. Mais comme l'accusé agissait au hasard, puisqu'il ignorait les noms des témoins qui l'accusaient, il lui arrivait souvent de récuser des personnes qui n'étaient pas au nombre des témoins, et ce n'était que fortuitement qu'il pouvait rencontrer ses dénonciateurs. Quelquefois le procureur fiscal établissait la preuve secrète de la moralité des témoins, afin de détruire l'effet de la récusation, ce qui la rendait presque toujours inutile, parce que, dans les cas douteux, les inquisiteurs étaient toujours disposés à s'en rapporter au témoin lorsqu'il n'était pas reconnu pour un ennemi déclaré du prisonnier.

Lorsque la *preuve* était établie, le tribunal faisait connaître l'état du procès et décrétait la *publication* des témoignages et l'action en jugement. On lisait à l'accusé, en présence des inquisiteurs, une copie des déclarations et des autres faits contenus dans l'extrait rédigé pour l'usage du défenseur. L'accusé devait, comme lors de la lecture des articles du réquisitoire, déclarer à l'instant si les faits énoncés étaient vrais ou faux. A la plus légère contradiction causée par l'oubli de quelques circonstances et surtout par l'intervalle qui séparait ce second interrogatoire du premier, l'accusé devenait suspect de *duplicité*, de *réticence*, de *faux* férence pour toi, il me semblait qu'aucun obstacle, aucune raison ne devait l'empêcher d'être à tes côtés. J'oubliais que mes enfants, avant de s'aimer et de se livrer au bonheur, avaient un père à sauver des cachots. O ma Béatrice, combien cette preuve de dévouement adoucit l'amertume de ma triste position! Pourquoi faut-il que je tremble que vous ne soyez victimes de votre tendresse pour moi? Cruelle enfant! c'est à toi seule que je devrais adresser tous les reproches qui s'élevaient du fond de mon âme contre la témérité de Tristan, car c'est toi qui l'as rendu si imprudent, c'est pour t'obéir qu'il est revenu au milieu des dangers; il a fait pour toi le sacrifice de son bonheur, de sa vie, de son amour : seras-tu satisfaite enfin? Faudra-t-il que son sang coule à tes yeux, que ses membres déchirés... Mais non, pas d'injustes reproches à une fille telle que toi; non, ton excuse est dans ton cœur et

aveu; il se voyait refuser la réconciliation et parfois même condamner à la *relaxation.*

Après la *publication des preuves* venait la *censure définitive* par les qualificateurs ; on leur remettait l'original du jugement qu'ils avaient porté pendant l'instruction *sommaire*, ainsi que l'extrait des réponses que l'accusé y avait faites dans son dernier interrogatoire ; ils devaient qualifier, pour la seconde fois, les propositions et voir si les réponses de l'accusé détruisaient ou fortifiaient le soupçon d'hérésie dont il était chargé. Rien de plus important que cette censure, puisqu'elle préparait la sentence définitive ; il aurait donc été infiniment juste de ne confier cette grave fonction de qualificateur qu'à des théologiens profondément versés dans la théologie dogmatique, au lieu de l'attribuer presque toujours à des moines théologiens, scolastiques imbus de fausses idées, fanatiques, ignorants au point de voir des hérésies dans tout ce qu'ils n'avaient pas étudié. Aussi est-il arrivé fort souvent de les voir frapper de leurs censures des propositions que l'on trouve dans les premiers Pères de l'Église. Lorsque l'affaire était arrivée à ce point, on la regardait comme terminée, et la *sentence* définitive ne dépendait plus que de quelques formalités, dont les inquisiteurs furent affranchis dans la suite. L'accusé n'avait le droit d'appeler du jugement qu'auprès du conseil de la *suprême*, sauf les cas particuliers où les recours à Rome étaient autorisés. Les sentences d'absolution étaient si rares, qu'on n'en prononçait pas une sur mille et quelquefois deux mille jugements, parce que le moindre doute sur l'innocence complète de l'accusé portait les qualificateurs à le déclarer suspect *de levi*, c'est-à-dire au moindre degré.

Le *jugement* n'était communiqué au condamné que lorsque déjà l'exécution était commencée. (Extrait de LLORENTE.)

Pour ce qui regarde le *jugement* et l'*exécution* voyez les *Mémoires.*

dans le mien; vous êtes dignes tous deux de toute ma tendresse et de mes regrets amers. Lis, ô Béatrice, et apprends à connaître Tristan.

La taverne de Matéo est située à l'entrée de Saragosse, du côté de la route de France, dans une rue déserte, sale et tortueuse. C'est à peine si les archers osent s'aventurer, la nuit, dans ce repaire de voleurs, de filles perdues, de gens sans aveu, de rôdeurs de nuit, de mendiants. C'est le quartier des repris de justice, des banqueroutiers, de tous ceux enfin dont la vie a besoin de se dérober aux yeux des juges et des honnêtes gens. Dans la partie la plus déserte et la plus sombre de cette rue, on aperçoit une maison ou plutôt une masure basse, enfoncée dans le sol où elle semble vouloir se cacher, peinte en rouge, crasseuse, d'un aspect sinistre, d'une odeur nauséabonde. On lit au-dessus de la porte ces mots : *A la Taverne Rouge, Matéo loge les piétons et les nourrit à bon marché.* A défaut de l'enseigne, les deux morceaux de chair crue et saignante qui sont appendus à des crochets de chaque côté de la porte suffiraient pour indiquer les ressources et la destination de la maison. Il faut descendre quelques marches pour atteindre le seuil de la porte qui est étroite, cintrée, épaisse et solidement assise sur ses énormes gonds. On voit aux cicatrices de cette porte qu'elle a soutenu déjà plus d'un assaut à diverses époques, soit contre les archers, quand ils furent assez hardis et assez nombreux pour tenter une expédition contre le quartier-général des malfaiteurs de toutes les conditions logés à la taverne de Matéo, soit contre les habitués mêmes de ce taudis, dans leurs moments de joyeusetés ou de querelles furieuses. Deux œils-de-bœuf placés de chaque côté de l'entrée, et armés de gros barreaux de fer, donnent du jour à la première pièce, qui sert d'office et de cuisine.

Rien de plus hideux que l'intérieur de cette pièce : partout les murs gras, huileux, jaunis par la fumée, délabrés par l'humidité, souillés par la trace ineffaçable des mains de plusieurs générations, présentent aux yeux tout ce que la malpropreté a de plus repoussant. Des quartiers de mouton, de bœuf, de porc, sont suspendus aux noires solives du plafond, pendant que les têtes de ces divers animaux, accrochées aux murs, y tracent, sur des lignes sanglantes, d'autres lignes plus nouvelles qui seront bientôt effacées elles-mêmes par celles qui les couvriront le lendemain. Les ustensiles de fer, de cuivre et de terre, qui servent à la préparation des aliments destinés aux habitués du logis, sont épars sur les tables, sur le sol, dans le foyer, au milieu des débris de légumes qui jonchent la terre, et mêlent leurs miasmes fétides aux émanations pestilentielles des viandes tombées à l'état de putréfaction.

Quand on a eu le courage de franchir ce charnier infect, on arrive à une salle commune, grande, mais sombre, mal aérée, et digne en tout de la première pièce. Des bancs de bois scellés dans le sol, une grande table oblongue, dont les pieds sont aussi implantés dans la terre, et deux lampes fumeuses suspendues au-dessus de chaque bout de la table, composent tout l'ameublement de cette salle. C'est là que se réunissent chaque soir les hôtes de la taverne; étrange assemblage de vices, de misère, d'impiété et de fanatisme. Là, vous trouvez un rosaire suspendu au poignard de l'assassin, une image du Christ orne le chapeau de l'escroc, et celle de la Vierge, le sein de la prostituée. Ces misérables prient devant les saints dont ils rencontrent les statues au coin des rues, ils se prosternent devant l'archevêque, se signent en passant devant l'église, puis s'en vont guetter une victime dans une rue détournée, la détroussent, la tuent, et courent de là assister aux prédications de quelque dominicain. Malheur à celui d'entre eux qui médirait de la religion ou ne ferait pas ses pâques, ou même négligerait de faire sa prière du soir! ses compagnons le montreraient au doigt, il serait conspué, chassé de la bande comme un mécréant, et dénoncé au saint-office.

Leurs noms de guerre sont tous tirés de l'évangile : ainsi Matéo est désigné sous le nom du *Publicain;* le plus influent après lui est appelé le *Maître;* puis vient l'*Apôtre*, ensuite le *Précurseur*, *Judas*, le *Pharisien;* tous les autres sont compris sous le nom de *Disciples;* au nombre de ces derniers se trouvent quelques femmes. Ces noms ne sont point donnés au hasard et sans raison. Matéo, qui prélève une prime sur le butin, sorte de contribution semblable à celle que les préposés à la perception des deniers publics perçoivent sur une population, Matéo, dis-je, est pour cette raison nommé le Publicain. Le Maître doit son nom à son influence sur ses compagnons qui lui obéissent avec la plus grande déférence. Celui du Précurseur dérive de son emploi qui est d'aller à la découverte, d'avertir des dangers, de servir d'éclaireur enfin. L'Apôtre doit le sien à son talent oratoire et au soin qui lui est confié de procurer des recrues, afin qu'une si belle confrérie ne périsse pas faute de prosélytes. Judas a mérité le sien à cause de son avarice qui l'a porté à dénoncer à l'inquisition son propre frère après lui avoir enlevé sa fortune. Le Pharisien a reçu le sien un jour qu'il discutait, avec le Maître, un point épineux du code de la société; le Maître l'avait vaincu par ses arguments décisifs, mais le Pharisien n'avait pas voulu en convenir; de là ce nom que le Maître lui donna et qui lui resta. Ces bandits, comme on le voit, ont leur Evangile sur le bout du doigt.

Telle est la réunion qui se donne rendez-vous chez Matéo, la perle des hôtes, le trésor des taverniers, le roi de tous ces gueux. Matéo est de taille moyenne, mais la carrure de ses épaules, l'ampleur de son encolure, la fermeté de son bras, la dureté de son poing, l'éclat de sa voix et, par-dessus tout, l'air mâle de son visage, l'influence irrésistible de son regard sous lequel plie le plus rétif, comme le tigre sous l'œil fascinateur d'un dompteur d'animaux, tout lui donne sur les habitués de sa taverne un empire auquel nul d'eux ne songe à se soustraire. Dans son enfance Matéo avait été destiné à l'état ecclésiastique, mais ses dispositions peu monacales et ses passions ardentes lui avaient fait rejeter une carrière où la vie n'est qu'une contrainte de toutes les heures, de tous les instants; enfin après une foule de vicissitudes tantôt bonnes, tantôt malheureuses, il était arrivé, à quarante ans, à ne savoir plus quelle profession embrasser, lorsqu'il apprit que l'hôte de la

Taverne Rouge venait de mourir et qu'elle était à louer. Il la prit et bientôt, grâce à la discipline qu'il établit dans ce bouge, grâce à la prime qu'il se fait allouer sur le butin qui est apporté dans sa maison, et surtout grâce aux sommes que lui rapportent ses relations avec le corrégidor dont il est un des plus utiles espions, et à celles que lui donnent les inquisiteurs à cause des services qu'il rend au saint-office, il a pu acheter la taverne et vivre dans une certaine aisance, jusqu'à ce qu'il trouve l'occasion de sortir de cette fange. En attendant, il s'est posé cette maxime fort sage et fort goûtée, c'est qu'il vaut mieux commander qu'obéir : partant de là, il veut être le maître absolu sur ses hôtes et il ne souffre pas le plus petit acte d'insubordination. Il ne leur demande point le prix de leur souper ni de leur coucher tant qu'ils n'ont rien, mais si la fortune tourne pour l'un d'eux et qu'il cherche à tromper Matéo en lui dérobant la prime convenue, le délinquant est aussitôt chassé et peu après dénoncé et arrêté sans qu'il puisse éviter son sort. Souvent une battue générale a lieu dans le quartier, mais elle n'atteint la taverne de Matéo que quand celui-ci le juge à propos ; quelquefois c'est lui qui la provoque pour se débarrasser de quelques-uns de ces mauvais garnements qui l'ont trompé.

Telle est la Taverne Rouge, tel est Matéo chez lequel Esteban se rendit le 6 juin quand la nuit fut profonde. Je ferai observer en passant qu'Esteban, Matéo et Baldach se connaissaient depuis longtemps.

Quand Esteban vint heurter à la porte de la Taverne Rouge, elle était fermée, suivant l'usage, depuis le coucher du soleil, non que les hôtes de ce bouge craignissent les voleurs, mais bien plutôt les alguazils et les archers du corrégidor. Cette précaution avait un effet plus utile encore, c'était de ne permettre à aucun des hôtes de sortir passé l'heure fixée pour la réunion générale. Une fois la nuit arrivée, personne n'entrait plus chez Matéo s'il ne donnait le mot de passe. A cet effet Matéo ouvrait un des œils-de-bœuf, s'informait du nom du visiteur, demandait le mot et, pour surcroît de précaution, avançait son bras muni d'une lampe dont la lumière, frappant sur le visage de l'arrivant, permettait au tavernier de le reconnaître. Ces formalités remplies, la porte s'ouvrait aussitôt. Esteban n'eut qu'à dire son nom et soulever son masque pour obtenir l'entrée de la taverne. Dès qu'il eut pénétré dans la première pièce : « Matéo, dit-il, n'as-tu pas ici un nouveau personnage ?

— J'en ai plusieurs nouveaux, dit Matéo ; grâce aux bonnes qualités de mes hôtes, tous les jours il en manque à l'appel, parce que le corrégidor se charge de les loger aux frais de la ville ; mais aussi tous les jours les pertes sont réparées, grâce à l'activité qu'y met celui qui est chargé de faire des recrues. Il s'acquitte de ses fonctions en conscience et comme s'il était payé par le corrégidor et par l'inquisition pour ne laisser échapper aucun méchant sujet.

— Depuis quelques jours un jeune homme trouve un asile dans ta maison.

— Par saint Jacques ! il y en a de jeunes et de vieux.

— Eh bien, fais-moi voir les plus nouveaux, afin que je reconnaisse celui que je cherche.

— Et que veux-tu faire de ce vaurien ?

— Le voir, lui dire deux mots et le laisser aller.

— N'est-ce que cela ? entre avec moi dans la salle, tu es masqué, aucun de mes hôtes ne te reconnaîtra, et si tu trouves l'homme que tu demandes, va droit à lui et fais-lui connaître ton désir. Quant à moi, de peur d'exciter les soupçons s'il arrivait malheur à l'un d'eux, je ne puis prendre sur moi de t'en désigner aucun. Tu comprends bien qu'il faut que j'aie l'air d'être avec eux et non contre eux. C'est un vilain métier que j'ai fait là jusqu'à ce jour, mais que veux-tu ? j'y ai trouvé mon compte, puisque je reçois des deux mains ; la ville me paye pour tenir tous ces gueux renfermés au moins pendant la nuit, et lui dénoncer les auteurs des crimes qui se commettent dans son enceinte. D'un autre côté, tous mes hôtes me donnent une part sur leur butin, pourvu toutefois qu'il soit tiré honnêtement et par prière du seigneur ou du bourgeois qui passe, et non arraché par la violence, ajouta Matéo en se donnant les airs d'un homme très-chatouilleux quant à la probité. Conviens, dit-il encore, qu'à moi seul je fais plus pour la sécurité de la ville que tous les alguazils, les archers et les sbires ensemble. Tiens, regarde, et juge si la ville dormirait tranquille si je m'avisais de lâcher la bride à cette engeance. »

En disant ces mots, Matéo poussa la porte de la salle où se faisait un vacarme affreux, occasionné par la réunion d'une trentaine de vauriens qui se querellaient bruyamment.

« Il faut, avait dit le maître, que le diable en personne ait emporté Baldach, puisque pas un de vous ne l'a vu aujourd'hui.

— Quant à moi, dit un des disciples, en passant ce soir devant son logis, j'ai demandé à une personne qui en sortait si le seigneur Baldach était céans. Non, m'a répondu la personne, il n'est pas rentré depuis hier. Ah! ai-je dit à part moi, est-ce qu'il lui serait arrivé malheur? et je suis venu ici en me demandant qui a pu attraper ce fin renard.

— On en attrape de plus fins que lui, reprit un jeune gars à l'air éhonté, car j'ai fait tomber dans mes piéges aujourd'hui Antonio Guiz l'alguazil, et vous savez s'il est facile à surprendre.

— Tu l'as volé? demanda le Maître.

— Volé? Maître, non pas, le vol n'est pas mon affaire, tu le sais. Je fais l'écloppé pour inspirer de la compassion aux passants et exciter leur munificence. Antonio le trouva mauvais tantôt, il prétendit devant beaucoup de monde que j'étais aussi ingambe que lui et il m'a forcé de courir en me prenant par la main. J'avais beau faire le boiteux, il me tirait toujours après lui, si bien que ma jambe malade finit par se mettre à l'unisson avec l'autre. Vous pensez quelles huées me tombèrent sur le dos; je n'eus que le temps de m'enfuir au plus vite, me promettant bien de jouer quelque bon tour de ma façon à l'alguazil. L'occasion s'est bientôt présentée, car ce soir il s'est arrêté dans une maison à l'entrée de cette rue. Je me suis posté de l'autre côté de la rue, en face de la maison, et j'ai attendu la sortie de mon homme. La nuit finit par devenir noire comme vous la voyez maintenant, de sorte que quand Antonio Guiz est sorti de la maison, il ne m'a pas vu m'élancer sur lui; je lui ai appliqué trois coups de mon gourdin sur la tête et dans les jambes et je l'ai laissé sur la place; il le méritait bien.

— Imbécile! dit le Maître, tu nous auras mis sur les bras toute la clique des alguazils et des archers; tu as mal choisi le théâtre de ta vengeance. Un meurtre à l'entrée de cette rue! qui veux-tu qu'on accuse, sinon les habitants de ce noble quartier de coquins?

— Possible, répliqua le jeune gars, mais je l'ai frappé où je l'ai rencontré; personne ne m'a vu, pas même lui.

— Tu seras cause qu'on nous arrêtera tous, nous qui sommes innocents, dit Judas.

— Oui, innocents comme toi qui as fait brûler ton frère, riposta le jeune bandit. »

A cette attaque à brûle-pourpoint, Judas, qui était assis près du Maître, en face du jeune gars, fit un bond, sauta sur la table et se précipita sur celui qui venait de le provoquer. Tous les bandits se levèrent en tumulte, prenant parti les uns pour le jeune gars, les autres pour Judas; les injures et les coups volèrent en même temps et la mêlée devint générale. Ce fut à ce moment que Matéo poussa la porte pour faire entrer Esteban dans la salle. Tout à coup les bandits gardèrent le plus profond silence et reprirent leurs places dès qu'ils virent paraître sur le seuil de leur salle un homme masqué qui les observait. La crainte qu'il ne fût un agent de la police ou de l'inquisition les rendit muets, et les signes de croix, les oraisons et les vœux à tous les saints du Paradis remplacèrent les cris étourdissants de leurs voix. Les yeux d'Esteban errèrent longtemps sur cette ignoble réunion sans démêler celui qu'ils cherchaient. Plusieurs de ces misérables étaient jeunes, mais les stigmates du vice, de la débauche, du crime, gravées sur leurs visages, laissaient bientôt à Esteban la conviction qu'aucun d'eux ne pouvait être le fils de Juan d'Abadia.

A la fin, ces misérables, offensés ou trop inquiets de l'investigation prolongée de l'inconnu, commencèrent à faire entendre des murmures, puis des menaces; déjà des regards d'une sinistre expression se croisaient d'un bout de la table à l'autre, quand le Précurseur s'avançant vers Esteban lui dit :

« Seigneur inconnu, que viens-tu faire ici? Es-tu un ami ou un ennemi? Veux-tu nous arrêter tous ou n'en veux-tu qu'à un seul? Parle. »

Qu'une goutte d'eau s'échappe d'un vase tout près de déborder, et aussitôt le trop-plein du liquide se précipite à la suite de la première goutte; ainsi firent tous les hôtes de la Taverne Rouge. Le Précurseur ayant quitté sa place et pris la parole le premier, tous se levèrent et parlèrent à l'envi. En un instant Esteban se vit entouré et entraîné dans le milieu de la salle, malgré sa résistance et les menaces de Matéo qui cherchait à rétablir l'ordre. Des couteaux brillaient déjà dans les mains de quelques-uns de ces bandits. Le Maître, d'une voix tonnante, réclama le silence et annonça qu'il voulait parler. Mais, ainsi que bien des orateurs renommés, celui-ci n'avait d'autre éloquence que la force de ses poumons et de son bras; il n'eut pas plutôt la permission de parler qu'il ne trouva plus autre chose à dire que ce qu'avait dit le Précurseur, ce qui ne l'empêcha pas d'être applaudi comme un homme très-éloquent.

« Je suis d'avis, dit l'Apôtre, que cet étranger soit démasqué s'il ne veut pas déclarer le motif qui l'amène ici.

— Oui! oui! crièrent les disciples, à bas le masque!

— Mauvais chrétiens que vous êtes, interrompit Matéo, je vous défends de toucher à cet homme-là.

— Le Publicain (Matéo) nous doit le gîte et la sécurité, reprit Judas, et je ne vois pas que nous soyons en sûreté ici, puisqu'il introduit des espions pour nous observer.

— Bien dit! cria l'assemblée.

— D'honnêtes coquins tels que vous, répondit le Publicain, sont bien connus du seigneur corrégidor. Si donc on en voulait à quelqu'un de vous, on n'aurait qu'à avancer le bras pour mettre la main dessus. D'ailleurs, quand on se tromperait de sujet, la méprise ne serait pas grande, car l'un ne vaut pas mieux que l'autre!

— Braves compagnons, dit l'Apôtre, je pense, quant à moi, que nous avons été trahis par le Publicain, il faut donc que cet étranger et lui nous passent par les mains.

— A mort les traîtres! vociféra toute l'assemblée.

— Ne vous en avisez pas! s'écria Matéo. Tu m'accuses, toi l'Apôtre, de vous avoir trahis, en as-tu des preuves?

— Ne le voit-on pas aux allures mystérieuses de cet inconnu? Que veut-il? Quel est son nom? son emploi?

— J'en réponds comme de moi-même, dit Matéo.

— Belle garantie, par ma foi! riposta l'Apôtre.

— C'est un espion, dit le Pharisien, donnons-lui la question.

— Pendons-le, ajouta Judas!

— Ce sera plus tôt fait, reprit le Précurseur.

— Oui! oui! Pendons-le! pendons-le!

— Prends la corde qui serre les reins du vieux mendiant qui est accroupi dans le coin de la salle, et attache-la à cette solive, le clou y est déjà, dit le Maître.

— A mort les espions!

— A bas le Publicain!

— A bas le manteau! à bas le masque!

— Arrière, mauvais chrétiens, disait Matéo en couvrant de son corps Esteban, qui s'était armé de son poignard.

— Précurseur, dit le Maître, veille à la porte d'entrée; toi, Pharisien, monte sur la table et attache une seconde corde, elle servira au Publicain. A l'air, les couteaux! »

Presque tous les brigands tirèrent aussitôt leurs couteaux de dessous leurs vieilles souquenilles.

« Pour toi, l'Apôtre, continua le Maître, fais une exhortation à ce renégat, et confesse-le, si tu veux; Judas, pendant ce temps-là tu régleras tes anciens comptes avec le Publicain. Vous tous disciples, attaquez et frappez ferme quand je vous aurai donné le signal. Les cordes sont-elles prêtes?

— Voici celle du vieux mendiant, elle sera bientôt attachée, dit le Pharisien qui était monté sur la table ; qui de vous en a une autre pour le Publicain ?

— Voici, dit un des disciples en présentant celle qui lui servait de ceinture.

— Et ce vieux qui dort toujours là-bas dans son coin, ne fera-t-il pas comme nous, demanda Judas ?

— Qu'on aille le chercher, ordonna le Maître. Depuis qu'il est avec nous il n'a pas dit deux paroles, et n'est pas plus éveillé qu'une marmotte engourdie. Il faut que tout le monde fasse ses preuves en ce moment. A lui l'office de bourreau. »

On amena le vieillard auprès du Maître. Celui-ci, après l'avoir examiné un instant, dit en lui montrant Esteban :

« Tu auras bien la force de passer la corde au cou de ce masque ; c'est tout ce qu'on te demande. Allons, êtes-vous prêts ?

— Oui !

— Un mot, dit Esteban ! Une seule question !

— Parle donc enfin, dit le Maître.

— Qui de vous, reprit Esteban, a connu le seigneur Juan d'Abadia ?

— C'est un assassin, dit l'Apôtre, nous le connaissons tous par son histoire.

— S'il n'était qu'un assassin ordinaire, reprit le Maître, il aurait droit à notre compassion ; mais il est hérétique, c'est un crime méprisable ; et c'est sur un inquisiteur que ses coups sont tombés.

— Tu mens comme un nécromancien, interrompit le vieillard ! il n'a jamais frappé de ses coups aucune personne.

— Tudieu ! s'écria le Maître, si tu parles peu, tu dis au moins de belles choses ; tu es le premier qui m'aies dit en face que je mentais. Ne recommence pas, car, si à cause de ton âge je veux bien te pardonner cette première insolence, je t'avertis qu'à la seconde..., tu m'entends, ajouta-t-il en faisant un geste sinistre.

— Ainsi, reprit Esteban, aucun de vous n'était l'ami du seigneur d'Abadia ?

— A quoi tendent ces questions? demanda l'Apôtre ; d'A-
badia est arrêté, et tu sais bien que ce n'est point ici que tu
trouveras ni ses amis, ni ses complices.

— En venant ici, j'accomplis un de ses vœux les plus ardents.

— Il nous trompe, s'écrièrent tous les bandits! qu'avons-
nous affaire de d'Abadia et de ses amis et de ses complices? à
mort l'espion! le dénonciateur! »

A ces mots, la tempête, un moment calmée, se réveilla
avec une nouvelle furie. Esteban et Matéo montrèrent tant de
résolution et de sang-froid qu'ils maintinrent à distance tous
ces bandits qui poussaient de violentes clameurs. Esteban et
Matéo ne pouvaient cependant lutter longtemps avec avantage,
lorsque tout à coup celui qu'on prenait pour un vieillard se
redressa ; une métamorphose s'opéra soudain, et un jeune et
vigoureux combattant se joignit à Esteban et à Matéo. Le
pourpoint et le haut-de-chausses usés dont il était vêtu, ainsi
que la cape grise trouée qui couvrait ses pauvres habits, lui
laissaient toujours l'aspect d'un mendiant, mais le feu qui
brillait dans ses yeux en dépit de sa fausse barbe, et la vivacité de ses mouvements trahissaient toute la juvénilité de son
cœur. Les bandits reculèrent de surprise à la vue de cette
transformation subite; ils n'étaient pas éloignés de crier au
miracle. En ce moment le Précurseur accourut.

« Camarades, dit-il, alerte! alerte! les archers! trente au
moins! »

A cet avertissement, tous les bandits déconcertés abandon-
nèrent Esteban, l'hôte et le prétendu vieillard. La moitié se
précipita vers la porte d'entrée sur les pas du Maître en brandissant leurs couteaux, pendant que les autres se blottissaient
sous la table en murmurant maintes oraisons sans prendre la
peine de cacher leur couardise. Le Pharisien, qui était resté
sur la table en attendant la pendaison de l'inconnu et du Publicain, se hâta de faire comme les plus poltrons après avoir
éteint les lampes. Toute la maison fut de la sorte plongée dans
une profonde obscurité. Les bandits se turent et l'on n'entendit

plus que les voix des archers qui semblaient se consulter sur ce qu'il fallait faire. Matéo se hâta d'entraîner Esteban et le faux mendiant hors de la grande salle; il les conduisit dans une petite cour, derrière la maison, et là, il dit à Esteban :

« Je ne sais pas bien pour quel motif tu es venu chez moi, mais je suis sûr que ce n'est point pour trahir quelqu'un, et à plus forte raison pour me jouer un mauvais tour. Ce n'est pas d'aujourd'hui que nous nous connaissons et que nous nous rendons service l'un à l'autre. J'ai fait quelques fredaines, et tu m'as aidé à me tirer d'affaire en témoignant en ma faveur devant le corrégidor; je ne l'ai pas oublié. Je ne te demande point si tu travailles en ce moment pour ou contre le saint-office, il me suffit de ne rien voir dans ta démarche qui me paraisse contraire à tes devoirs; je serai donc bouche-close là-dessus; ce sont tes affaires. Je suis ton obligé, et je veux te rendre un service à mon tour. Sache donc que c'est moi qui ai mandé au corrégidor qu'il trouverait ici le meurtrier d'Antonio Guiz, l'alguazil. Je ne lui dis pas lequel de mes hôtes a fait le coup, car je veux qu'il me débarrasse de tous ces gueux. Une fois emmenés, je ferme la cassine et je m'en retourne à Lérida, finir mes jours au milieu des parents qui me restent dans cette ville. Mais il faut auparavant que je te fasse sortir d'ici. Quant à toi, ajouta Matéo en s'adressant au faux vieillard, je ne te connais pas encore, mais j'en ai assez vu pour te croire déplacé au milieu de tels païens; tu ne seras pas fâché d'être aussi délivré de ce dangereux logis. Suivez-moi donc auprès de ce mur... Esteban, pose un de tes pieds sur mes mains..., bien...; l'autre sur mon épaule..., c'est cela...; tu peux atteindre maintenant le faîte du mur..., c'est fait... : saute maintenant de l'autre côté, le mur n'a que douze pieds de haut... : dépêche-toi; les archers frappent, et il faut que j'aille leur parler. A ton tour, faux vieillard, suis le même chemin, et prenez la clef des champs tous les deux. Vous y êtes; adieu. »

Dès qu'Esteban fut seul avec le prétendu vieillard, il n'eut pas de peine à découvrir qu'il n'était autre que Tristan, malgré toutes les précautions que prit celui-ci pour cacher son nom, dans la crainte d'avoir affaire à un familier du saint-office.

« Seigneur de Léonis, dit Esteban, je suis chargé de vous faire quitter Saragosse immédiatement.

— Qui vous envoie? demanda Tristan. Ne me trompez-vous pas en me disant que c'est le seigneur d'Abadia?

— Vous lirez cet écrit, répondit Esteban, pour vous assurer que je ne vous trompe point; en attendant, quittez cette ville au plus vite, si vous ne voulez accroître les tourments de celui qui m'a envoyé. »

En disant ces mots, Esteban remit mon billet à Tristan. Celui-ci fut tellement ému en recevant de moi cet ordre, ou plutôt cete preuve de sollicitude et d'affection, qu'il fut longtemps sans pouvoir prononcer une parole. Il refusa, en disant que l'ordre qui le retenait à Saragosse était plus fort que celui qui voulait l'en éloigner. Esteban insista de nouveau, mais toujours en vain. Tristan demanda s'il ne lui serait pas possible de me voir; mais ne serait-ce pas le jeter dans les mains du saint-office que lui accorder une telle entrevue? Esteban a sagement fait de repousser une prière si imprudente... Et pourtant! combien je désire le revoir, l'embrasser, lui parler de toi, ma Béatrice! de toi, qu'il a vue!... Mais non, un tel bonheur nous serait funeste à tous les trois! J'aime mieux mourir sans consolations que de vous faire partager mes périls et mes souffrances! Esteban, voyant qu'il ne pouvait rien obtenir de Tristan, le conduisit dans une des meilleures hôtelleries de la ville, en lui recommandant de n'en pas sortir pendant le jour, et de ne se montrer que sous ses habits de mendiant. Il dit ensuite à l'hôtelier d'avoir grand soin de cet hôte; qu'il serait bien payé, et qu'on récompenserait sa discrétion, s'il n'ébruitait point la présence de ce malheureux que des dissensions de famille avaient réduit à cette misère. Esteban revint ensuite me dire tout ce que je viens de raconter.

Ainsi, me voilà accablé d'une nouvelle inquiétude. Tristan est en Espagne, au lieu d'être en France! Tristan est à Saragosse! sur le théâtre même de nos malheurs, au lieu d'être auprès de sa Béatrice ! Et c'est toi, ma fille, qui l'as envoyé ici ! c'est toi qui lui as ordonné de venir travailler à ma délivrance en intéressant mes amis à mon sort. Tu ignores, on le voit, que la plupart de mes amis ont été victimes du saint-office, et que ceux qui me restent tremblent à la seule idée de se mêler de mes affaires. Tristan a déjà dû en faire la triste épreuve, sans quoi il ne se serait pas réfugié, pour s'y cacher, dans ce repaire de la Taverne Rouge. Cruels que vous êtes, de me tourmenter ainsi ! Déplorable destinée, qui m'oblige à trembler devant les témoignages d'affection de mes enfants ! Tristan est-il bien caché ? son travestissement le rend-il, en effet, méconnaissable, comme l'affirme Esteban ? Le Ciel souffrirait-il que mes enfants fussent victimes de leur dévouement ?

J'entends le bruit lointain des portes des premiers cachots qui s'ouvrent et se referment. L'heure de la visite de mes gardiens serait-elle déjà venue ? Il me semble pourtant qu'un plus grand intervalle doit séparer les rondes... On approche, je vais cacher mon manuscrit... Adieu, Béatrice ! adieu !...

11 *juin*. — Hier on m'a tiré de mon cachot pour me faire comparaître devant le tribunal du saint-office : c'était ma première audience. Les trois premières sont appelées audiences d'*admonition* ou d'*avis*. Elles ont lieu pour engager l'accusé à déclarer toute la vérité, non-seulement en ce qui le concerne, mais encore à l'égard de ce qu'il pourrait avoir appris sur le compte d'autres personnes.

J'ai avoué tout ce qui est relatif à ma pénitence, que je n'ai pas accomplie; il n'en faut pas davantage pour me mettre au rang des hérétiques impénitents et relaps et me faire condamner à la relaxation. Mais cet aveu, non plus que celui qui est relatif à ma présence à Téruel au moment de l'émeute, ne suffit pas aux inquisiteurs; ce à quoi ils tiennent surtout, c'est à me faire avouer ma participation au meurtre d'Arbuez. Mais j'ai nié tout ce qui concerne cette circonstance. Ils m'ont pressé de leurs questions et de leurs exhortations accompagnées souvent des plus terribles menaces ; mais j'ai résisté. Qu'ils reviennent à la charge aussi souvent qu'ils le voudront, toujours ils me trouveront invincible.

Afin de ne point scinder tout ce qui est relatif à mon jugement, je recueillerai, pour les réunir en un seul chapitre, toutes les questions qui me seront faites dans les différentes audiences où je paraîtrai et dans les divers int rrogatoires que je subirai.

Les audiences d'admonitions ont lieu dans les affaires ordinaires avant même que l'instruction soit commencée et dans les trois jours de l'arrestation du prévenu. On n'avertit point l'accusé du crime dont il est chargé, parce qu'il doit avouer spontanément. Pour moi, il n'y a rien à me cacher, car les crimes qu'on m'impute sont connus de tout le monde; ainsi je sais que je suis accusé d'avoir pris part au meurtre d'Arbuez : un seul témoin a pu l'affirmer, et c'est Vidal d'Uranzo; — de n'avoir pas accompli la pénitence qui m'était imposée : toute la ville a pu le remarquer ; — d'avoir eu part aussi aux émeutes de Téruel : ce fait est notoire, je ne le nie pas. Mais j'ignore ce qui peut m'être reproché relativement à mon séjour à Villa-Réal.

12 juin. — Esteban, que j'avais prié de nouveau de mander auprès de moi le curé de la cathédrale, m'a appris que cet homme généreux s'est retiré depuis quelques mois chez les dominicains; celui-là du moins, s'il prêche l'Evangile, en pratiquera les maximes charitables. Si je pouvais lui faire savoir que je suis ici ! — Tristan a quitté l'hôtellerie où Esteban l'avait conduit. Qu'est-il devenu? retourne-t-il auprès de ma fille ? Si, dans ses excursions nocturnes, il lui arrivait quelque accident ! S'il allait être reconnu, dénoncé ! Que d'angoisses ! quel tourment !

Mon dépositaire a remis à Esteban tous les titres qu'il avait entre les mains. Mes biens sont vendus, et une somme considérable est à la disposition du généreux Esteban. La vente simulée que j'avais faite à mon dépositaire avant de m'engager dans la conspiration contre les inquisiteurs empêchera, je l'espère, que le saint-office ne confisque cette fortune en annuant les actes de vente. Ma maison seule est restée la proie de l'inquisition... Je ne pouvais mieux placer cette fortune qu'entre les mains d'Esteban. J'ai cru deviner par ses discours qu'il ne songe point à la garder; quelque usage qu'il en fasse, il ne saurait faire autrement que de manifester toute la générosité de ses sentiments. Le souvenir de Baldach le remplit quelquefois de terreur. Toujours, quand il entre dans mon cachot, ses yeux se tournent malgré lui vers la voûte. Il m'a paru, cette nuit, plus inquiet qu'à l'ordinaire; je lui en ai demandé la cause. Il m'apprit alors qu'on recherchait avec activité ce qu'était devenu Baldach. Toute la ville s'occupe de la disparition de cet homme. Les inquisiteurs, à qui il était fort utile, ne doutant pas qu'il ne soit tombé victime de quelque hérétique, redoublent de soins et de recherches. Plusieurs arrestations ont eu lieu. Esteban tremble que le saint-office n'apprenne que Baldach est venu dans cette prison. Il avait pourtant bien pesé les conséquences de son action, mais, comme il arrive toujours en pareil cas, les suites d'un fait n'apparaissent dans toute leur gravité que lorsque le fait est accompli. J'ai cherché en vain à le rassurer. Son poste lui est odieux maintenant, et il m'a protesté que le désir seul de m'être utile le retenait dans cette prison.

Nous avons examiné ensemble s'il ne lui serait pas possible de me faire évader; mais il n'y faut pas songer. Chacun des gardiens, et ils sont une douzaine aspirant à devenir geôliers, ne serait pas fâché de trouver l'occasion de faire tomber celui qui est en activité; aussi en observent-ils avec soin toutes les actions. Qu'on juge par là de l'adresse et de la prudence qu'il faut à Esteban pour se mettre en rapport avec moi. Pour opérer une évasion, il faudrait commencer par acheter le silence de quelques gardiens; mais l'inquisition a soin de ne choisir que des hommes fanatiques qui dénonceraient leur père sur le plus léger soupçon; comment leur faire une proposition délicate sans s'exposer à une perte certaine? car s'ils n'acceptent pas, ils ne manqueront pas de nous dénoncer; et d'un autre côté, ils accepteraient, que leur fidélité ne nous serait pas acquise d'une manière assurée; je suis certain que, la récompense en main, ils nous dénonceraient encore. Non, je ne puis plus éviter le sort qui m'attend! Ma vie est condamnée d'avance! Si jamais, ô Béatrice, Tristan revient vers toi, reçois-le sans reproches, car il n'est pas en son pouvoir de m'arracher d'ici. Souviens-toi que je lui ai donné l'ordre de m'abandonner à mon sort. Les ordres d'un mourant sont sacrés, et Tristan n'aura fait qu'obéir.

16 *juin*. — Pendant les trois jours qui viennent de s'écouler, j'ai été occupé constamment de répondre aux interrogations qu'on m'a fait subir. Les inquisiteurs, accompagnés de leurs greffiers, sont venus fréquemment dans mon cachot. Ils espèrent par ces obsessions me décider ou plutôt me forcer à avouer ce qu'ils veulent. Il faut donc être d'une grande énergie de volonté pour résister à tant d'instances et de menaces sous lesquelles on sent que le courage fléchit, que la patience échappe. Ce matin même Gaspard Juglar est venu dans mon cachot; il n'a point paru touché de compassion à la vue de ma misère présente en se rappelant ma fortune passée. Il n'était pas seul; un père dominicain, dont je n'ai pas vu les traits, l'accompagnait; avec eux se trouvaient encore un greffier et Esteban. L'inquisition se défie même de ses plus zélés officiers; c'est pourquoi il est enjoint au geôlier de ne permettre à personne, pas même aux inquisiteurs [1], d'être seul avec le prévenu, et de plus il doit examiner avec soin si dans les aliments qui sont donnés au prisonnier il n'y a pas quelque écrit ou des papiers de cachés [2]. Le prévenu, en effet, ne pourrait-il pas recevoir des conseils, des moyens de défense, des consolations? Un ami dévoué ne pourrait-il pas se cacher sous l'habit de l'inquisiteur? L'inquisition veut que, livré à lui-même, l'accusé n'ait d'autre conseiller que l'avocat vendu au saint-office, d'autre justification que des aveux. A quelle peine terrible Esteban ne serait-il pas condamné, si le saint-office avait le moindre soupçon de ce qu'il a fait pour moi!

L'inquisiteur m'a engagé à demander un confesseur. C'est

[1] Llorente. — [2] Le même.

mon intention, mais qui prendre? un dominicain? un homme qui, par scrupule de conscience, se croira obligé de révéler aux inquisiteurs tout ce qui, dans ma confession, lui paraîtra contraire aux lois de l'inquisition? J'attendrai encore.

Le ton dont m'a parlé l'inquisiteur m'ôterait tout espoir d'indulgence, si je ne savais pas que j'ai commis plus de crimes qu'il n'en faut pour être condamné. Pourtant cet homme est jeune encore, il doit être accessible aussi à de nobles passions : mais non ; il est froid, dur, impitoyable comme l'institution au nom de laquelle il agit. Entre autres questions, il m'a demandé si j'avais des enfants. O chère Béatrice, je lui ai parlé de toi avec un amour, une chaleur d'âme qui l'ont ému lui-même, tout étranger qu'il est aux sentiments que j'éprouve. Je lui ai peint ta beauté, ta candeur ; je te voyais alors comme si tu avais été là, sous mes yeux ; il me semblait que je te pressais sur mon cœur, que je couvrais ton front de mes baisers et de mes larmes, car je pleurais, chère enfant, en parlant de toi. O doux moment! trop courte illusion! dans quel abattement je suis tombé ensuite à cette poignante pensée, qu'il ne me serait plus donné de te revoir! Si, du moins, Tristan était auprès de toi! Mais non, il est errant, poursuivi peut-être, et mon âme, brisée par la souffrance, redoute pour lui les mêmes maux que pour moi.

L'inquisiteur est parti après être resté une heure auprès de moi. Il a dû être satisfait de mes réponses, car je ne lui ai rien caché, hormis ma participation au meurtre d'Arbuez. Je consens à être traité comme hérétique obstiné, impénitent, faux chrétien, marranos, mais non comme assassin. Le sort de Bernard Léofante m'inspire une invincible horreur. Je subirai, s'il le faut, tous les tourments, mais je ne m'avouerai jamais coupable du meurtre d'Arbuez. Triste alternative pour moi! Horrible choix à faire!... être mis en pièces ou brûlé! Je préfère le bûcher à la mutilation. Quel langage que le mien, ma Béatrice, à toi qui ne devrais avoir sous les yeux que des tableaux riants! à toi née au sein de l'opulence et du bonheur, à toi faite pour jouir de tant de félicité, car tu dois être bien belle ! tu as près de dix-sept ans maintenant. Il me semble voir là, tout près de moi, ton visage si régulier et si gracieux ; mes yeux ne peuvent se rassasier de ta vue ; je ne cesse de contempler tes beaux cheveux noirs, ton front si pur et si candide, tes yeux pleins de charmes divins, et tes dents blanches et limpides comme des perles précieuses brillant sur tes lèvres plus fraîches que les roses, et d'où s'échappaient autrefois tant de naïvetés enfantines qui me ravissaient ! Comment le Ciel m'a-t-il fait perdre un tel trésor après l'avoir mis en ma possession ? Si jamais cet écrit tombe entre tes mains, pardonne-moi, ma fille, d'avoir mêlé ta charmante image à ces sanglants tableaux ! Ah ! c'est quand on est dans l'infortune qu'on pense le plus à la félicité qui nous a échappé !

17 juin. — Le soleil doit être vers le milieu de sa course, si j'ai bien observé la direction de l'ombre de ce gros barreau de fer placé verticalement dans l'étroite ouverture par où le jour et l'air pénètrent, comme à regret, dans mon cachot. Le temps est long souvent pour l'homme heureux, pour celui qui jouit de sa liberté : que doit-il être pour le captif, pour le malheureux plongé comme moi dans une obscure solitude !... Le ciel est sans doute pur aujourd'hui et le soleil brille de tout son éclat, car mon cachot reçoit de tels reflets de lumière qu'il paraît moins sombre que les jours précédents. Qu'il doit faire bon hors d'ici ! comme un rayon de soleil réjouirait tout mon être en me réchauffant ! Ici, je suis engourdi par la fraîche et humide atmosphère qui m'entoure ; mes membres, couverts d'une moiteur glaciale, auraient besoin de se sécher à la douce chaleur du ciel... Qu'entends-je ?... un oiseau ?... oui !... je le vois, là... sur le bord du soupirail qui me donne un peu d'air et de jour... Oh ! reste encore ! reste, ami ! poursuis tes gazouillements mélodieux et libres qui charment le pauvre captif. Oh ! si j'avais prévu que tu vinsses te poser si près de moi, j'aurais émietté pour toi quelques parcelles de mon pain... Tu es vif et gai !... je le crois bien, tu es libre, tu penses à ta jeune famille que tu vas retrouver joyeuse, sans prévoyance et sans inquiétude ! Aimable petite créature, que je te remercie d'être venue me visiter!... Je t'aimais avant d'être captif, et je t'aime bien davantage encore depuis que je suis privé de ma liberté!... Tu restes, tu sembles compatir à ma misère ; oh ! si les inquisiteurs le savaient!... Ne pouvant t'atteindre, ils me puniraient du bonheur innocent que tu me procures! Mais, au prix de mille rigueurs nouvelles, reste encore, reste toujours... Hélas ! il a repris son vol!... Image de mon bonheur passé, il n'est resté qu'un instant, et sa fuite accroît mon infortune !... Il est donc vrai que pour être moins malheureux il faudrait n'avoir jamais connu le bonheur !

3 juillet.— Avec quelle rapidité ces quinze derniers jours ont passé ! J'avais oublié de les compter, et, sans Esteban, je me croirais encore au 17 juin, tant mes facultés ont été absorbées par la découverte que j'ai faite dans mon cachot même. Il y a quinze jours, me retrouvant plus isolé que jamais après le départ du petit oiseau qui était venu un instant se poser au bord du soupirail de mon cachot, je me mis à examiner les murs de ce triste logis, machinalement d'abord, et pour occuper, sinon mon esprit, du moins mes yeux. Pour un prisonnier plongé dans une solitude dont il ne prévoit pas la fin, c'est quelque chose que d'avoir des pierres à compter, des lignes de ciment dont il suit des yeux les divers contours. Il ne me fallait pas beaucoup de temps pour parcourir ainsi toute l'étendue de mon cachot. Tout à coup je crus apercevoir dans l'angle le plus obscur une sorte de figure dont je ne distinguais ni la forme ni la dimension. Il est probable que, sans l'éclat de la lumière extérieure, cette figure serait restée éternellement inaperçue. Bien des fois déjà mes regards s'étaient arrêtés dans le même endroit sans rien découvrir ; il fallait que le hasard me les fît tourner de ce côté au moment, de très-courte durée, où les reflets d'un soleil éclatant dissipaient faiblement l'ombre épaisse de cette partie de mon cachot. Croirait-on que cette découverte m'émut autant que si, ailleurs que là, j'avais été témoin d'un grave événement? Je m'approchai vivement sans perdre de vue l'objet qui avait frappé mon attention, tant j'avais peur de le voir disparaître comme une illusion de ma vue. Je distinguai un grand nombre de lettres tracées sans ordre et sans aucune symétrie; il me fut impossible d'en former des mots raisonnables; puis, çà et là, des sentences, des versets tirés des évangiles, d'autres tirés des psaumes de David. Il y en a depuis la base du mur jusqu'à la hauteur de trois pieds au moins. A force de chercher un sens, un ordre, une intention dans ce pêle-mêle de lettres qui se croisent, se heurtent, se détruisent l'une l'autre, je finis par deviner que l'intention de la personne qui les a tracées avait été de dissimuler aux yeux inattentifs de ceux qui les verraient une autre figure que je n'avais pas remarquée, mais que mes yeux ne peuvent s'empêcher de voir d'une manière distincte, à présent que je l'ai reconnue une fois. Je suis étonné qu'il m'ait fallu tant de temps pour arriver à ce résultat, quand rien ne me paraît aussi simple et aussi facile à distinguer. J'arriverais indubitablement à trouver le sens de tous ces mots, si je n'étais uniquement occupé de découvrir la signification de cette figure qui est comme enfouie dans une multitude d'autres servant, comme je l'ai dit, à la rendre moins apparente. Je la copie fidèlement, en la dégageant de celles qui l'entourent [1].

[1] L'impossibilité où nous avons été de reproduire les caractères bizarres, illisibles, qui se trouvaient dans les *Mémoires,* nous oblige de nous servir des caractères gothiques, qui remplissent à peu près le même objet, et qui ont de plus l'avantage d'être faciles à lire.

L'INQUISITION ET SES MYSTÈRES.   259

```
                    . 𝔄 .
                   𝔡    𝔢
                .     𝔎     .
                   𝔯    𝔯
            .  𝔈  𝔦    𝔢    𝔯  𝔓  .
   . 𝔓 .  𝔢   𝔄  𝔢  𝔎  𝔢  𝔍  𝔱     𝔍 .
                   𝔱    𝔢
              .  𝔜  𝔭   𝔦   𝔢  𝔒   .
                        𝔯
            𝔯    .    𝔍    .    𝔢
            .    . 𝔦 .. 𝔆 .. 𝔦  .   .
            𝔢    .    𝔍    .    𝔰
                        𝔱
              .  𝔈  𝔳  𝔲  𝔢  𝔗  .
                     𝔦    𝔰
   . 𝔎 .  𝔰   𝔈  𝔳  𝔅  𝔢  𝔍  𝔮  𝔏 .
              .  𝔄  𝔳  𝔦  𝔳  𝔎  .
                    𝔞    𝔬
                   .    𝔜    .
                     𝔘    ? . .
                      . 𝔎 .
```

Puis, au-dessous de cette figure, on lit ces mots : SARAH LA SORCIÈRE. Quelle énigme est-ce là ? Quelle peine ne me suis-je pas donnée depuis quinze jours pour la deviner, sans pouvoir y parvenir ! Un seul mot se fait distinguer clairement au milieu de cette figure, c'est le mot ici. Que veut-on faire entendre par ce mot? Y a-t-il quelque trésor de caché ici? est-ce un moyen d'évasion qu'on veut indiquer? A moins d'être sorcier comme cette Sarah, je ne vois aucun moyen de trouver l'explication de ces paroles mystérieuses. Toutes ces lettres semblent avoir été tracées avec une pointe de fer ou de caillou fort dur, car le lignes sont assez profondément incrustées dans les grosse pierres de la muraille. Je me suis baissé pour chercher le corps dur, clou ou caillou, qui a servi à tracer ces signes, mais je n'ai rien trouvé. Tous les jours, toutes les nuits, je combine ces lettres de mille façons pour en former des mots ayant un sens; tous mes efforts sont inutiles. Peut-être, après tout, n'est-ce qu'un passe-temps qu'un prisonnier comme moi aura tracé là en suivant les caprices de son esprit, et sans autre but que de se distraire de l'ennui de sa solitude. Eh bien ! je lui en sais gré, car l'occupation que m'a donnée son énigme m'a fait oublier mes malheurs pendant quelques jours... Je voudrais ne plus penser à ce mystère, mais malgré moi j'y reviens constamment; mes yeux sont toujours fixés dans l'angle obscur où se trouvent toutes ces lettres; insensiblement je me retrouve absorbé dans cette occupation, sans être découragé par l'insuccès. O ma Béatrice, que ton malheureux père est digne de pitié, puisqu'il est réduit à passer tous les jours de sa vie, désormais inutile, à deviner des énigmes sans mots, des mystères inexplicables !...

On vient !...

CHAPITRE IX.

Sarah la sorcière. — L'audience. — Les ruines. — Le dénonciateur. — Frère Barnabé.

 steban vient de m'engager à demander audience. Il doit feindre de me donner ce conseil de son propre mouvement, mais il ne fait que suivre les ordres du saint-office, qui prescrit cette formalité, de peur de paraître trop pressé de juger le prévenu. J'ai donc demandé audience; mais la découverte que j'ai faite m'intéresse plus que la procédure qui me concerne. J'aurais voulu obtenir d'Esteban quelques détails à cet égard, mais je n'ai pu lui faire connaître mon désir sur-le-champ parce qu'il n'était pas seul. Au moment où il sortait, je lui ai fait comprendre par un signe que j'avais à lui parler; il viendra dans la nuit. Puisse-t-elle arriver subitement! tant j'ai hâte de savoir ce qu'était cette Sarah. En attendant, je vais chercher le sens de tous ces mots. Je m'épuise en vains efforts pour le deviner, et je ne puis empêcher mon esprit d'y revenir sans cesse. Sarah! la sorcière! ce doit être quelque vieille femme, laide, édentée, décrépite. Quelle femme jeune et belle voudrait avoir commerce avec le diable?

4 juillet. — Esteban est revenu seul au milieu de la nuit. Je me suis informé avec empressement du nom de la personne qui a occupé le cachot avant moi.

« C'est une femme, m'a-t-il répondu.

— L'as-tu connue?

— Non, car il y avait déjà longtemps que cette femme était sortie d'ici lorsque j'ai été nommé geôlier.

— Ainsi, tu ne pourrais pas me donner quelques détails sur elle?

— Pour son histoire, je la connais parfaitement, puisque souvent les gardiens qui l'ont vue ici s'amusent à rappeler tous les événements bizarres de sa vie. C'était une sorcière.

— Une vieille femme, sans doute?
— Nullement; une jeune et jolie femme.
— Et qui s'appelait Sarah?
— Vous savez son nom?
— Oui, mais son histoire m'est inconnue; je désire l'entendre, veux-tu satisfaire ma curiosité?
— Volontiers[1]. Sarah, quand on l'amena ici, était une belle jeune fille de vingt ans; elle avait été élevée, jusqu'à sa seizième année, sous les yeux d'une mère prudente et sage, qui n'avait rien négligé pour faire passer dans le cœur de sa fille tous les principes d'honnêteté et de religion qui la distinguaient elle-même. Pour son malheur, à seize ans elle perdit sa mère, et se trouva sous la tutelle d'une grand'tante, qui, au lieu de développer en sa nièce les vertus qu'elle possédait déjà, s'appliqua, au contraire, à la pervertir pour l'initier aux ténébreuses pratiques de la sorcellerie. Cette indigne parente fut puissamment secondée dans son œuvre infernale par un nommé Martinez, homme infâme de cœur et de corps, bossu, boiteux, borgne, et qui possédait toute la confiance de la tante. Ils parvinrent à leurs fins. Légère et sans défiance, comme on l'est à son âge, Sarah, après s'être laissé séduire, se trahit elle-même, et elle fut arrêtée sous l'accusation de sorcellerie. On l'enferma ici, dans ce cachot, avec ordre exprès de ne la laisser jamais seule en compagnie d'aucune personne, pas même du confesseur qu'on lui avait donné.

[1] N'est-ce pas faire injure au lecteur que de l'avertir que les événements qui sont rapportés dans l'histoire de Sarah ne sont consignés dans les *Mémoires* qu'afin de prouver jusqu'où les sorciers poussaient la fourberie en s'attribuant un pouvoir surnaturel? Le plus souvent ils donnaient pour un résultat de leur commerce avec le diable, ce qui, en réalité, n'était que le fruit des rêves de leur imagination dépravée. Qu'on ne s'étonne point, du reste, de la crédulité qu'ils trouvaient autour d'eux, puisqu'aujourd'hui même, dans le dix-neuvième siècle, un grand nombre de personnes, restées dans une ignorance digne des plus mauvais jours du moyen âge, ou sont dupes de prétendus sorciers, ou les poursuivent, les maltraitent, attentent à leur vie, dans la persuasion que ces malheureux *jettent des sorts* sur les bestiaux, sur les moissons, sur les hommes même. Or, si au milieu du siècle des lumières on croit encore aux sorciers, est-il étonnant qu'on y ait ajouté foi dans les siècles ténébreux du moyen âge? *(Note des éditeurs.)*

« Toutes ces précautions, disait-elle souvent, ne m'empêcheront pas de sortir d'ici. Le démon ne manquera pas de me secourir ; il ne voudrait pas violer notre pacte, parce qu'il verrait une âme lui échapper. »

Un des gardiens lui dit un jour :

« Comment ! vous, Sarah, si belle, si jeune, et surtout si distinguée par vos vertus, du temps que votre mère vivait, avez-vous pu oublier tant de bons exemples, et renier à ce point votre passé ?

— Que pouvais-je faire, répondit-elle, pour me défendre de tous les piéges qui furent tendus sous mes pas ? Ma mère étant morte, je me trouvai sans appui ; ma grand'tante m'accablait de mauvais traitements, parce que je ne voulais pas renoncer à la religion chrétienne ; tant que je fus sage et pieuse, je fus en butte aux persécutions de cette femme. « Renie ta religion, me répétait-elle mille fois par jour, donne-toi au démon, et loin de te maltraiter, je t'aimerai, je serai l'esclave de tous tes caprices. D'un autre côté, Martinez, l'ami de ma grand'tante, me faisait les tableaux les plus riants des voluptés que je goûterais dans la compagnie des sorciers. Il m'assurait que j'aurais le pouvoir de me faire aimer de l'homme qui me plairait, et que je pourrais même transmettre ce pouvoir à qui bon me semblerait. Je résistai longtemps, car le souvenir de ma mère, ses conseils, ses dernières paroles surtout, me protégeaient contre les embûches de Martinez. Un jour, pourtant, je rencontrai un jeune garçon si beau, et qui me plut tellement, que je voulus en être aimée. J'allai faire part de mon désir à Martinez, qui me dévoila alors des pratiques si infâmes, si obscènes [1], pour arriver au but de mon désir, que je regrettai de toute mon âme d'avoir demandé à les connaître. Mais déjà j'étais trop avancée pour qu'il me fût possible de reculer.

---

[1] On ne vous blâmera point, nous en sommes certains, de ne pas mettre sous les yeux des lecteurs le tableau des pratiques infâmes que des fourbes employaient autrefois pour tromper des femmes jeunes et crédules, et abuser de leur inexpérience. Ceux qui tiendraient à connaître ces détails pourraient consulter Llorente, tome II, page 54. (*Note des éditeurs.*)

Martinez combattit mes scrupules, vainquit mon hésitation. Que vous dirai-je enfin? Je ne sortis de la maison de ce misérable que souillée, déshonorée, et n'ayant plus d'autre appui, d'autre maître, d'autre Dieu que le démon à qui j'avais livré mon corps et mon âme. Je fus d'abord honteuse et désolée de mes désordres; mais, ces regrets et ces scrupules que j'éprouvais perdirent peu à peu de leur amertume, et bientôt entraînée par l'exemple et les discours de ma grand'tante et de Martinez, je finis par m'abandonner entièrement à la sorcellerie.

— Et aujourd'hui que vous reconnaissez votre erreur, lui dit-on, un repentir véritable achèvera de purifier votre âme?...

— Non, répondit Sarah, je n'éprouve aucun regret, aucun remords; je suis perdue..., mon âme est au démon, il l'aura bientôt...; ou plutôt, dit-elle en se reprenant, je compte sur le démon pour me faire sortir d'ici. Je me suis donnée à lui, à condition qu'il viendrait à mon secours quand je serais en péril; j'attends donc l'accomplissement de ses promesses.

— Mais pourquoi mettez-vous votre confiance dans le démon plutôt qu'en Dieu?

— La séduction m'a fait entrer dans l'association des sorciers, la crainte m'y retient. Il est plus facile de renoncer à Dieu qu'à Satan. Oui, une fois qu'on a été initié aux mystères de la sorcellerie, quand on a été au sabbat, le démon vous possède pour toujours. On n'a jamais le désir de le renier comme on a renié Dieu; c'est qu'aussi il vous donne tant de pouvoir, tant de plaisir! Et sa vengeance est si effrayante quand on l'a trahi! Savez-vous qu'il vient au moment où vous y pensez le moins, pendant la nuit, vous étrangler avant qu'on ait eu le temps de se repentir?

— Quel est donc votre pouvoir?

— Nous envoyons des maladies aux animaux; les moissons, si bon nous semble, sèchent sur pied, les fruits et les légumes meurent privés de sucs nourrissants; la grêle, le tonnerre, les épidémies, la peste n'attendent qu'un signe de nous pour dévaster les champs et les villes; nous nous transportons avec la rapidité de l'éclair aux lieux où nous voulons exercer notre pouvoir malfaisant. Aucun obstacle n'est capable de nous arrêter. Il suffit que nous prononcions quelques paroles magiques que le diable nous enseigne, et que nous nous frottions le corps avec un onguent fait de graisse de pendu.

— Serait-il vrai, dis-je à Esteban, qu'on fût parvenu à pervertir cette jeune fille au point de lui faire débiter de semblables sottises? Ce n'était pas cette malheureuse que le saint-office devait punir, mais plutôt les deux fourbes qui l'avaient perdue.

— Ce fut aussi ce qui leur arriva à la suite d'une aventure dont la grand'tante fut l'héroïne. Je laisserai parler Sarah. »

« Un jour, dit-elle aux gardiens qui l'interrogeaient, ma grand'tante fut mandée auprès d'un magistrat qui voulait s'assurer par ses propres yeux si le pouvoir des sorciers était réel. Il monta avec elle sur une haute tour, et lui déclara qu'on la ferait mourir si elle ne s'échappait de cette tour par le pouvoir qu'elle prétendait avoir reçu du démon. Ma grand'tante accepta la proposition sans crainte pour sa vie, car elle était une des plus puissantes sorcières qu'on eût jamais vues, au dire même de ses rivales. Une grande foule de peuple s'était amassée au pied de la tour, attirée par la nouveauté du spectacle. Ma grand'tante commença par se mettre de son onguent dans la paume de la main gauche, au poignet, au nœud du coude, sous le bras, dans l'aine et au côté gauche; puis, faisant le signe de la croix de la main gauche et à rebours, elle dit à haute voix, de manière à être entendue de tout le monde : « Es-tu là? — Oui, me voici », répondit aussitôt une voix qui partait du haut des airs. Ma grand'tante alors se mit à descendre le long de la tour, la tête en bas, en se servant de ses pieds et de ses mains, à la manière des lézards [1]; quand elle fut au milieu de la hauteur de la tour, elle prit son vol dans

---

[1] Ce fut, en effet, à l'époque où vivait Juan d'Abadia que l'inquisition fit le procès à un grand nombre de sorciers, parmi lesquels il y eut une vieille femme qui prétendit avoir exécuté ce que Sarah attribue à sa grand'tante. (Voyez nos auteurs.)

les airs et disparut bientôt à l'horizon. Vous jugez si le magistrat et le peuple furent frappés d'étonnement à la vue d'un tel prodige. Quant à ma grand'tante, elle n'a plus reparu, soit que le diable, jugeant qu'elle avait assez vécu, l'ait emportée dans son empire, soit qu'elle eût fixé sa résidence en un pays plus sûr pour les sorciers.

— J'ai quelque souvenir de cet événement, dis-je à Esteban, et je me rappelle que l'insensée qui avait accepté l'épreuve s'en tira si mal, qu'elle ne put, en dépit de son onguent et de ses signes de croix faits à rebours, éviter la peine du fouet et de la prison à laquelle on la condamna.

— Ajoutez, continua Esteban, que Martinez, complice des fourberies de la grand'tante, gagna dans le même temps dix années de galères, avant l'expiration desquelles il rendit son âme damnée au démon.

— Dans quel but les sorciers font-ils tant de mal aux hommes? demanda à Sarah un des gardiens.

— Pour les effrayer et en obtenir de l'argent, répondit la jeune fille.

— Ce n'est que trop vrai, dis-je à Esteban; si l'inquisition n'avait jamais appliqué son redoutable pouvoir qu'à la répression d'ignobles abus, tels que ceux de la sorcellerie, loin de maudire sa tyrannique sévérité, les peuples de l'Espagne lui devraient une éternelle reconnaissance. Continue, mon cher Esteban, achève l'histoire de Sarah. Tu ne sais pas encore ce qui lui donne tant d'intérêt pour moi, mais bientôt je t'en instruirai. »

« Outre le pouvoir de faire du mal, disait la jeune sorcière, nous avons encore celui de prédire les événements futurs, de découvrir les sources et les trésors cachés. Nous avons, pour nous aider dans nos opérations magiques : les figures fantastiques des nuages et les météores, les songes, la direction de la fumée, les lignes de la paume de la main gauche, les anneaux constellés, le crible, l'anneau suspendu dans une coupe, les gouttes de cire fondue jetées dans l'eau froide, la baguette de coudrier pour découvrir les sources inconnues et les trésors perdus; l'évocation des morts nous est aussi fort utile, ainsi que la rencontre fortuite de corbeaux, de chats noirs, de poules blanches, de serpents, de lièvres et de vieilles femmes qui ont la tête nue. Voulons-nous connaître un criminel qui se dérobe aux recherches? nous prenons une hache que nous plaçons en équilibre sur une plate-forme pendant que nous prononçons les noms des personnes suspectées d'avoir commis le crime. Quelque grande que soit la difficulté d'obtenir pendant longtemps l'équilibre de la hache, celle-ci ne tombe qu'au moment précis où le nom du coupable est prononcé. Nos divinations ont lieu aussi par la farine, le sel, les nombres, les osselets, les flèches et une foule d'autres objets dont ma grand'tante avait eu soin de tracer les figures dans son antique grimoire.

« S'il m'avait fallu commencer par étudier toutes ces ennuyeuses pratiques, je n'aurais jamais eu de goût pour la sorcellerie; mais les deux mauvais génies qui avaient juré au démon de me rendre son esclave écartèrent de mon esprit toutes les idées qui auraient pu me donner de l'éloignement pour leurs discours, et ne me présentèrent que des tableaux séduisants de leurs jeux et de leurs plaisirs. Quand j'eus enfin consenti à me laisser guider par eux, ils me proposèrent d'assister à une assemblée de toute la confrérie pour me faire recevoir. Le jour, ou plutôt la nuit de ma réception étant arrivée, c'était la nuit qui précède le jour de Pâques, Martinez vint me chercher vers les dix heures de la soirée, et me conduisit dans une maison inconnue, où nous ne fûmes pas plutôt arrivés qu'il m'introduisit dans une grande salle éclairée par une grosse lampe qui répandait, à travers des flots de fumée, une lueur rouge et sinistre. Sur les murs, mes yeux ne rencontrèrent que des signes cabalistiques, des peintures obscènes, des images de serpents, de hiboux, de chauves-souris. J'aperçus ma grand'tante assise sur une espèce de trône recouvert d'un tapis fait de peaux de chats sauvages; elle avait un de ces animaux suspendu à sa ceinture en guise de rosaire, et tenait dans sa main une crécelle faite de cornes de bouc.

Martinez m'apprit que l'assemblée avait décidé que ce serait ma grand'tante qui me recevrait et m'initierait aux premiers mystères de la sorcellerie.

« Dès qu'elle m'aperçut, elle fit résonner sa crecelle criarde ; aussitôt les sorciers et les sorcières se rangèrent en demi-cercle en avant du trône vers lequel je m'avançai sans crainte, tant j'avais déjà perdu tout sentiment de pudeur ; je me sentais honteuse, il est vrai, mais c'était de paraître ridicule et réservée au milieu de tous ces êtres éhontés. Ma grand'tante avait un âge que personne ne connaissait ; sa figure était décrépite, son menton pointu, et son nez long, crochu comme le bec d'une chouette, semblait une des griffes du diable que celui-ci aurait mise sur le visage de ma grand'tante comme pour indiquer que cette femme lui appartenait. Pas une dent ne meublait sa grande bouche ; mais une forêt de cheveux gris mêlés d'un reste de nuance rouge, leur couleur primitive, couvrait son chef branlant ; d'épais sourcils jaunâtres ombrageaient ses yeux renfoncés où brillait une joie satanique, née de l'honneur qu'on lui accordait de présider l'assemblée. Le diable, pensai-je en l'examinant comme si je la voyais pour la première fois, ne peut être plus laid que cette créature. Il n'y avait d'égale à la laideur de ma grand'tante que celle de toutes les vieilles et horribles femmes qui faisaient partie de la société ; les jeunes mêmes faisaient peur à voir. On dirait qu'il répugne au démon d'avoir affaire à de jeunes femmes distinguées par leur naissance, leur fortune et leur beauté. Il fut un moment où je m'imaginai que le diable me repousserait à cause de ma jeunesse et de ma beauté, et j'avoue que je le désirais dans le fond de mon âme. Il y avait aussi quelques hommes, mais peu, et tous étaient plus laids encore que les femmes.

« Quand ma grand'tante m'adressa la parole, il me sembla entendre la voix rauque et métallique de Satan lui-même. Cette voix était si extraordinaire qu'on eût dit qu'elle passait par un gosier de bronze. Elle m'ordonna d'approcher et me demanda si je renonçais à la religion chrétienne, et si je reconnaissais le démon pour mon maître. Sur ma réponse affirmative, ma grand'tante descendit de son trône, me prit par la main, et après m'avoir fait faire le signe de la croix de la main gauche et à rebours, elle me conduisit vers une croix en fer étendue par terre auprès du trône; elle la foula aux pieds en me disant de l'imiter, ce que je fis n'ayant plus ma raison qui était troublée par une ivresse surnaturelle. Après ce sacrilége, on m'en fit commettre plusieurs autres contre les sacrements et particulièrement contre celui de l'Eucharistie. Satisfaite de mes réponses et de ma docilité, ma grand'tante me dit que pour me récompenser, elle allait me choisir un mari dont j'aurais lieu d'être contente, et que de plus j'irais au sabbat cette nuit même. Pour commencer à remplir sa promesse, ma grand'tante ordonna au plus jeune des sorciers de s'approcher de moi. Jugez de ma surprise! cet homme... était-ce un effet du trouble de mon imagination, était-ce une supercherie de Satan qui avait revêtu cette forme pour prendre possession de ma personne? cet homme était le jeune garçon dont j'avais désiré d'être aimée. Il s'approcha de moi et m'embrassa à la vue de toute l'assemblée, sans que j'eusse l'idée de me défendre contre ses libertés impudiques. Ma grand'tante marmonna quelques paroles sur nous, et nous déclara unis par le mariage. A défaut de sa déclaration, les privautés que se permettait mon nouvel époux auraient été plus que suffisantes pour me prouver que j'avais un mari. Après une heure de folies bien dignes de la divinité qui les inspirait, ma grand'tante fit de nouveau crier sa crecelle. Elle profita du silence qui se fit un instant pour recommander aux assistants de se frotter d'onguent avant de se coucher, afin de ne pas manquer le sabbat qui aurait lieu cette nuit; et sur ces mots elle congédia tout le monde. »

« Ê es-vous allée au sabbat? » lui demanda-t-on.

« Je n'eus garde de laisser échapper une si belle occasion de me divertir. Je m'étais couchée après avoir suivi toutes les prescriptions de ma grand'tante, et bientôt je m'étais sentie entraînée par un sommeil irrésistible. Mon nouveau mari, qui ne se souciait point d'aller au sabbat, ne fit rien pour s'endormir ; il chercha au contraire par tous ses efforts à me tenir éveillée : ce fut en vain. A l'heure des esprits, c'est-à-dire au premier coup de minuit, le diable me tira de mon sommeil par un signal qui n'est entendu que des sorciers qui doivent aller au sabbat. Je me levai presque nue ; mon mari n'était déjà plus à mes côtés, mais j'aperçus au milieu de ma chambre un bouc noir, qui semblait m'inviter à m'asseoir sur son dos. Je m'y plaçai en effet ; aussitôt je fus transportée avec la rapidité de la pensée jusqu'au lieu du sabbat. Une trentaine de sorcières arrivèrent presque en même temps que moi à cheval, les unes sur des manches à balai, les autres sur des pelles à feu, d'autres sur des queues de poêles à frire, d'autres enfin sur des boucs. Ma grand'tante et quatre ou cinq autres étaient portées par de gros chats-huants qui, déchargés de leurs vieilles cavalières, se mirent à planer, en piaulant, autour d'un arbre mort où se balançait un pendu. Toutes ces femmes, ainsi que moi, se trouvaient dans le déshabillé de nuit où le signal de Satan les avait surprises. Ma grand'tante se distinguait des autres par son inséparable chat noir tacheté de jaune. Je ne pouvais me défendre d'une violente envie de rire à la vue de ces grotesques personnes et de leurs montures bizarres.

« Nous étions sur le plateau d'une haute montagne, dans une région inconnue. La terre était sèche et aride ; nulle part la végétation ne laissait des traces durables de sa présence. Le seul arbre qui eût vécu dans ces tristes lieux était sans vie depuis longtemps et servait au supplice des plus grands criminels. Çà et là des têtes et des ossements humains attestaient la fréquence de ces supplices, et l'abandon qu'on faisait aux sorciers, aux reptiles et aux oiseaux de proie des restes des condamnés. Si quelques brins d'herbe s'échappaient parfois de ce sol maudit, c'était pour servir d'asile à d'affreux serpents. Quand mes yeux s'arrêtèrent sur ces lieux funèbres, je frissonnai de tout mon corps, car je n'étais pas aguerrie, comme je le fus par la suite, à tous ces tableaux surnaturels. La lune éclairait celui-ci de ses rayons argentés ; le douzième coup de

La Ronde des sorcières.

minuit n'était pas sonné que tous les sorciers et les sorcières se trouvèrent rassemblés dans cet endroit.

« Alors parut le diable sous la forme d'un grand bouc noir armé de cornes longues et droites comme les dents d'une fourche. A sa vue, les sorcières poussèrent des cris de joie et se prosternèrent pour l'adorer. Il demanda, par un bêlement que les sorciers comprennent tous, à voir les néophytes; on les lui amena, et ma grand'tante me présenta aussi. Le diable nous toucha de sa patte fourchue pour nous imprimer le signe de notre admission au nombre des sorciers; puis il témoigna sa satisfaction par plusieurs sauts tels que lui seul les pouvait faire, et, s'étant placé sur le tertre de terre rouge qui lui servait de trône, tous les sorciers se prosternèrent pour l'adorer et lui baiser le post-face. A mesure que la cérémonie avançait, les sorciers venaient se joindre à la ronde dévergondée que ma grand'tante et d'autres vieilles sorcières avaient formée en m'y entraînant une des premières. Peu à peu cette ronde augmente; nos vêtements et nos cheveux n'étant retenus par aucun lien, sont, en désordre, abandonnés au mouvement qui nous emporte. L'adoration du diable continue cependant : mais soudain la noire divinité des sorciers interrompant les hommages que ses adorateurs lui rendent, saute au milieu de la ronde qui s'est de plus en plus agrandie. De son souffle infernal il nous enivre, nous rend folles... La ronde se développe comme un cercle immense; elle tourne, tourne, s'anime, tourbillonne avec la rapidité d'une roue...; alors plus de repos! plus de retenue! mais un mouvement irrésistible, une folie, une fougue, une tempête surnaturelle !... Des provocations impudiques, des répliques lascives, des chants, des cris mêlés au sifflement des serpents et aux chûûûût des chats-huants effrayés! Quels jeux! quelles fêtes! quel délire!... [1]

« On se repose enfin, et l'on prépare un banquet aux

---

[1] On peut consulter tous les écrivains qui ont parlé de la sorcellerie pour s'assurer que l'auteur des *Mémoires* n'a rien exagéré dans son consciencieux récit. Nous renvoyons particulièrement à la *Démonolâtrie* de Nicolas Remi; aux *Pratiques superstitieuses* de Lebrun, etc.

frais duquel chaque sorcier doit contribuer. Aussi le sol fut-il bientôt jonché de pain de millet, noir comme le président de cet infernal banquet, de crapauds énormes, de vipères au venin meurtrier, qui pour nous est un suc nourrissant. Ma grand'tante dépeça son chat noir; une autre présenta le cadavre d'un enfant assassiné avant son baptême. Puis on alla détacher le corps du pendu; c'était un parricide, il fit les délices du festin. Les chants lascifs, les propos luxurieux, les actes de la plus sauvage lubricité recommencèrent bientôt avec les témoignages de respect prodigués au bouc, et continuèrent jusqu'au chant du coq; ce moment est celui de la séparation. Je suis donc une sorcière, ajoutait Sarah en terminant, et le démon ne peut pas me laisser ici sans faire preuve d'impuissance; il faut qu'il m'en fasse sortir, et j'y compte. »

« Tel fut en substance, dit Esteban, ce que Sarah raconta à ceux qui l'interrogeaient. Elle entrecoupait souvent son récit d'invocations au démon pour être délivrée de prison; mais cependant, la procédure dirigée contre elle avançait, on allait lui donner audience, et Sarah ne paraissait point s'en inquiéter. Un matin, le geôlier fut fort étonné de trouver le cachot vide, Sarah n'y était plus. On fit les plus minutieuses perquisitions dans l'enceinte de la prison, persuadé qu'on était qu'elle n'avait pu s'échapper, bien qu'il fût infiniment plus facile de franchir les murs de la prison que de percer ceux de ce cachot. Toutes les recherches furent vaines et n'eurent d'autre résultat que de confirmer les gens crédules dans l'opinion qu'ils avaient que Sarah était sorcière et que le démon l'avait enlevée de son cachot. Quelques bonnes âmes inspirèrent aux inquisiteurs l'idée que le geôlier avait pu trouver la jeune fille à son gré et favoriser son évasion. Le malheureux fut incarcéré, menacé, torturé. Que pouvait-il faire et dire, sinon protester de son innocence? Il mourut des suites de la torture qu'on lui fit endurer, ce qui ne mit point sur les traces de Sarah. Quelques vieillards racontèrent aussi des événements lointains dont ils avaient entendu le récit dans leur enfance, et qui se seraient passés dans des souterrains placés sous cette prison. Mais l'entrée de ces souterrains est, depuis des siècles, totalement perdue. Comme on ne put trouver de solution raisonnable à la difficulté, on en revint à l'idée première, à la sorcellerie de Sarah, et elle fut bien et dûment convaincue de sortilége et, comme telle, brûlée, mais en effigie; car on ne l'a jamais retrouvée. »

Esteban se tut après ce récit, et je lui fis part, à mon tour, de la découverte que j'avais faite; je lui montrai le signe mystérieux gravé sur la pierre grise. Il l'examina longtemps sans pouvoir l'expliquer; mais convaincu, ainsi que moi, que Sarah était sortie de son cachot par un moyen tout naturel, il soupçonna qu'elle avait bien pu indiquer ce moyen dans cette figure énigmatique; nous nous mîmes donc à faire de nouvelles combinaisons avec toutes ces lettres, mais toujours en vain. Esteban se retira alors, et je remis au lendemain à recommencer mon infructueux travail. Depuis ce matin, je m'y livre avec ardeur, et je prévois que cette journée sera perdue comme les précédentes. O Sarah! Sarah! pourquoi n'ai-je pu découvrir dans ton histoire un seul mot qui servît à m'expliquer les figures tracées par ta main sur cette pierre? La nuit s'avance... elle devient profonde... je ne puis plus distinguer les lettres que j'ai tracées sur du papier... demain je serai peut-être moins malheureux; demain sera peut-être le jour de ma délivrance... Insensé que je suis! Où mes pensées vont-elles s'égarer?

6 juillet. — Il est deux heures de relevée, et je n'ai pas vu Esteban depuis la nuit qui a précédé celle qui s'est terminée ce matin. Pourquoi cette longue absence? En vain j'interroge les gardiens qui viennent à sa place, ils ne me répondent pas, car il leur est expressément défendu de s'entretenir avec les prisonniers. J'ai pourtant un vif désir de connaître la cause des cris désespérés que j'ai entendus la nuit dernière non loin de la porte de mon cachot. C'était une voix de femme... jeune... Elle m'a déchiré l'âme... J'ai pensé à Béatrice! Fou que je suis!... Béatrice est en France, loin de moi, il est vrai, mais du moins libre et à l'abri des dangers. Je ne saurais exprimer néanmoins combien cette voix m'a remué et attendri; j'en ai été troublé toute la nuit, et mon émotion ne s'est point encore calmée. C'est un séjour si affreux que ces cachots! Les hommes les plus endurcis ne peuvent y entrer sans terreur; que doit éprouver une femme jeune, et innocente peut-être, à la vue de ces sombres demeures!... Aurait-on remplacé Esteban? est-il malade? m'a-t-il abandonné? je ne sais à quelles conjectures m'arrêter... et c'est dans un instant que je vais paraître à l'audience du saint-office. Les inquisiteurs, pour vaincre mon courage, ont-ils résolu d'accroître mon isolement en me privant de la vue des personnes habituées à me visiter? Que feraient-ils donc s'ils savaient combien Esteban s'intéresse à mon sort! Ce raffinement de cruauté serait inutile comme toutes leurs instances et leurs menaces... On vient... C'est sans doute pour me conduire à l'audience...

7 juillet, 5 heures de relevée. — Je reviens de l'audience... Malheur! trois fois malheur sur moi! malédiction sur le jour de ma naissance! O Béatrice! chère et malheureuse enfant, me pardonneras-tu le mal que je t'ai fait! j'aurais dû souffrir en silence; la honte et l'infamie pour moi étaient des maux moins insupportables que la pensée d'avoir causé ta perte! Je devais me contraindre, je devais dissimuler mon désespoir... Mais non, je me suis laissé emporter par la colère...; je les ai maudits, insultés, défiés... J'ai, en leur présence, renié la religion de mon père pour retourner à celle de ma mère... Je me suis perdu sans retour..., et toi avec moi!... Les cruels! ils frappent aveuglément sur les plus innocentes victimes! ils ont compté sur mon désespoir pour obtenir des aveux! N'est-ce point assez de mon sang? pourquoi verser encore celui de ce que j'ai de plus cher au monde? Béatrice a été arrachée de son asile! Les inquisiteurs l'ont fait saisir à Toulouse même! O terre de France, toi que je croyais généreuse, hospitalière, tu as manqué à ta promesse, tu n'as pas su garder le dépôt que je t'avais confié! Ne vante plus ta grandeur ni tes vertus, je n'y ai plus foi!... Que veulent-ils faire de ma fille? Quel crime a commis cette pauvre enfant?... Hélas! mes crimes sont les siens!... Est-il équitable de faire retomber sur les enfants la peine due à leurs pères? Telle est pourtant la conduite des inquisiteurs! et ils osent s'autoriser de l'exemple de Dieu même, comme s'ils avaient pu, eux mortels aveugles et impuissants, dérober à Dieu le secret de ses desseins éternels! Ce n'est pas la première fois qu'ils commettent une telle iniquité. On les a vus déjà faire enlever des accusés jusque dans les États du pape, à Rome même [1]! Devais-je me flatter qu'ils m'épargneraient, moi chargé d'un crime qui surpasse tous les autres aux yeux de l'inquisition? Je ne suis pas seulement hérétique, je suis encore meurtrier d'un inquisiteur! n'ai-je pas mérité d'être puni jusque dans mes descendants?... Ils ont profité de l'absence de Tristan pour violer l'asile de mon enfant! Cette nouvelle calamité m'accable sans retour; je n'ai plus de courage pour me défendre. Ah! qu'ils rendent la liberté à ma fille!... Que m'importe ensuite le sort qu'ils me préparent!... Béatrice, Tristan, mes enfants, ne me maudissez pas, car je souffre! oh! je souffre des maux inouïs!

Je vais essayer, pendant qu'un reste de jour m'éclaire encore un peu, de retracer sommairement ce qui s'est passé à cette funeste audience. . . . .

Hier, on m'avait averti une heure d'avance que j'allais comparaître devant mes juges. Vers trois heures, en effet, Esteban, pâle et triste comme la première fois que je l'avais revu ici, vint avec deux gardiens pour me chercher. Il me fallut me déchausser et déposer aussi le bonnet de laine qui couvrait ma tête presque rasée, parce qu'on ne peut paraître à l'audience que nu-pieds et nu-tête. Pour la première fois, depuis un mois, je remontai les marches qui vont du couloir souterrain à la chambre du geôlier. Je fus, là, fouillé avec soin, puis nous pénétrâmes dans une cour spacieuse et triste. Avec quelle joie secrète, néanmoins, j'agitais mes membres engourdis par la longue inaction où j'avais été plongé! avec quelle ivresse et

[1] Voyez les auteurs cités.

quelle avidité j'aspirais l'air pur et vivifiant de l'atmosphère que je ne faisais, hélas, que traverser un instant !

Arrivés sous une galerie voûtée et sonore qui longe la cour, nous parvînmes bientôt à la porte de la salle des audiences. Esteban marchait devant moi, et les deux gardiens me suivaient. Nous entrâmes d'abord dans une petite pièce sombre et délabrée. C'est là que se tiennent, pendant l'interrogatoire, le geôlier et les gardiens, à qui il n'est jamais permis d'assister à l'audience. Les inquisiteurs n'étaient pas encore arrivés quand j'entrai dans la salle accompagné de mon escorte. Je fis trêve à ma préoccupation sur ce qui allait se passer, pour examiner avec curiosité l'enceinte du redoutable tribunal. Je m'attendais à trouver dans cette pièce quelque signe de la toute-puissance de l'inquisition ; mais rien : elle était médiocrement grande, et tendue de toutes parts de vieilles tapisseries destinées, sans aucun doute, à atténuer le bruit des voix. Les dalles mêmes qui couvraient le sol se trouvaient cachées par un épais tapis de laine grossière. Une seule fenêtre en ogive, à vitraux chargés de couleurs vives et tranchantes, éclairait la salle d'un jour mystérieux et diapré de bleu, de jaune et de rouge. Dans le fond, au-dessous de la fenêtre et en face de la porte, était une estrade en bois, assez élevée, sur laquelle on montait par cinq ou six marches latérales. Là était une table recouverte d'un tapis de grosse toile noire, portant, sur le côté qui faisait face à la porte d'entrée, la figure d'une large croix rouge. Deux fauteuils étaient près de la table pour chacun des inquisiteurs. Un peu en arrière de cette table et des fauteuils, on avait disposé deux autres siéges destinés aux deux prêtres qui, sans être inquisiteurs ni dominicains, devaient assister à l'interrogatoire après avoir prêté serment de garder un inviolable secret sur tout ce qui se passerait dans le sein du tribunal. A droite des inquisiteurs, mais au bas de l'estrade, on remarquait la place du procureur fiscal chargé de développer les charges de l'accusation et de demander l'application des peines. Un avocat que je ne connais point, mais qui me fut donné d'office par le tribunal, se tenait au côté opposé. Je me demande encore à quoi peut me servir un défenseur, puisqu'il ne m'est pas permis de communiquer librement et secrètement avec lui ! Ses relations se bornent à m'exhorter à confesser la vérité. Du reste, comme il a fait le serment de ne me défendre que dans le cas où il trouverait ma cause bonne, il faut croire que réellement il la juge mauvaise, puisqu'il n'a pas dit un mot en ma faveur. Au pied et en avant de l'estrade était une autre table accompagnée d'un siége pour le secrétaire ou greffier. Cet emploi est rempli le plus souvent par un prêtre, quelquefois par un laïque. Un livre d'évangiles et un petit crucifix d'ivoire avaient été préparés sur cette table. Au-dessus du tribunal était suspendu un grand crucifix noir.

Peu de temps après mon entrée dans la salle des audiences, la tapisserie fut soulevée à gauche de l'estrade, et les inquisiteurs entrèrent accompagnés de leurs assesseurs ecclésiastiques. Ils étaient suivis du procureur fiscal et du greffier. Le geôlier et les gardiens se retirèrent aussitôt dans l'antichambre dont j'ai parlé, pour ne se montrer que quand le président ferait entendre le son d'une clochette destinée à cet usage. Le procureur fiscal est un certain Davila. Sa vue m'a rappelé un fait qui remonte à près de dix-huit mois et qui n'est peut-être pas étranger à ma destinée présente. Cet homme, qui n'était alors que simple alcade de Huesca, prétendit à la main de Béatrice pour un de ses neveux, officier du palais de Ferdinand. Il y a des hommes qui poussent l'oubli des convenances jusqu'à l'impertinence. Davila me parut être un de ces hommes. Je repoussai sa demande en lui faisant sentir que son neveu n'était ni d'un rang, ni d'une condition pécuniaire à pouvoir aspirer à la main de ma fille. Je l'avertis en outre que ma fille était promise à un homme qui réunissait toutes les conditions d'âge, de position, de fortune, et je le priai de cesser des démarches qui ne pourraient avoir aucun résultat favorable à ses prétentions. Je n'en entendis plus parler pendant quelque temps; mais quand il vint se fixer à Saragosse pour exercer les fonctions de tabellion, il ne prit pas la peine de cacher son ressentiment, et je me défiais des discours de cet homme.

Aujourd'hui il est procureur fiscal, et par là devient mon accusateur; la belle occasion pour lui de se venger de ce qu'il appelle un outrage! La passion qu'il a mise à me charger aujourd'hui dans son réquisitoire m'a prouvé qu'il n'avait rien perdu de son ressentiment. J'ai cru même comprendre qu'il me dédaignait assez pour ne pas craindre de s'avouer pour mon premier dénonciateur dans l'affaire qui m'a attiré une pénitence publique. Il serait donc la cause de toutes mes infortunes! Ah! s'il en est ainsi, qu'il prenne garde de me laisser échapper, car, fût-il armé d'une autorité sans bornes, je la braverai pour me venger!

Gaspard Juglar, qui présidait, était de mon âge; son visage était sévère, impassible, sa parole brève; ses yeux investigateurs ne s'écartaient jamais des miens. Son costume ne différait point de celui des autres juges, c'était celui d'un prêtre. Dès que mes juges eurent pris place sur l'estrade, mon interrogatoire commença de cette manière:

D. Quel est votre nom, votre âge, le lieu de votre naissance?

R. Mon nom est Juan de la Abadia; je suis né à Saragosse il y a quarante ans.

D. Pourquoi avez-vous demandé audience?

R. Pour qu'un jugement me tire enfin de la solitude où je languis depuis si longtemps.

D. Êtes-vous disposé à avouer les crimes dont on vous accuse?

R. Oui, si l'on m'accuse de crimes dont je me sois rendu coupable.

D. N'oubliez pas que le saint-office ne fait jamais arrêter aucune personne s'il n'a des preuves évidentes de culpabilité.

R. Je suis prêt à répondre à toutes les questions qui me seront faites.

D. Greffier, ouvrez le livre des saints évangiles et placez le crucifix devant l'accusé. Vous, accusé, approchez et jurez sur ces signes vénérables de notre salut, de dire toute la vérité.

R. Je jure de ne rien cacher à mes juges des fautes dont je me sens coupable.

D. Récitez maintenant le Symbole des apôtres.

R. Credo in Deum.......... *vitam æternam. Amen.*

D. Dites le *Pater* et les articles du Décalogue.

R. Je ne les ai jamais oubliés.

D. Vous connaissez déjà les crimes qui vous sont reprochés ; n'attendez pas qu'on vous les signale encore ; avouez-les plutôt de vous-même si vous voulez qu'on vous traite avec indulgence.

R. Je sais qu'on m'accuse d'être hérétique, impénitent et obstiné, pour n'avoir pas continué la pénitence qui m'avait été imposée ; je me reconnais coupable à cet égard, ainsi que pour ce qui est de l'insurrection de Téruel. Si l'on m'impute d'autres crimes, je les repousse de toutes mes forces.

D. Cherchez dans vos souvenirs si vous n'avez rien fait ou rien dit qui fût contraire à la foi catholique et aux droits de l'inquisition.

R. Les crimes que j'avoue sont assez grands pour me faire condamner ; il serait donc aussi inutile à mon salut de cacher les autres, qu'il est peu important pour vous de me les faire avouer.

D. Passons. Pourquoi vous êtes-vous abstenu de faire votre pénitence après l'avoir accomplie cinq fois ?

R. Je n'ai jamais bien connu la faute qui m'a fait condamner ; je ne me suis jamais cru coupable. Néanmoins, la crainte de m'attirer un châtiment plus terrible m'a engagé à me soumettre. Mais à la fin mon âme s'est révoltée contre le traitement qu'on me faisait subir, traitement hors de toute proportion avec la faute qui m'était reprochée.

D. Vous n'ignoriez pas cependant à quelle punition sévère vous vous exposiez en vous abstenant d'accomplir votre pénitence ?

R. Non, sans doute ; mais avant d'être un pénitencié, j'étais un homme, un noble, et le châtiment que vous m'avez infligé, en froissant tous mes sentiments, a soulevé en moi l'indignation et le désir de la résistance... Je ne pouvais plus me soumettre sans perdre ma propre estime.

D. Sans vouloir ramener le débat sur le délit qui a amené votre condamnation, je vous rappellerai seulement vos aveux à cet égard, afin de vous prouver que c'est à tort que vous vous considérez comme victime d'une injustice.

R. La faute que j'ai avouée était involontaire, je n'ai pas connu les autres. Je ne méritais donc pas une telle rigueur. Cet excès de sévérité, joint à l'idée que j'ai eue qu'on avait voulu profiter de ce prétexte pour s'emparer de ma fortune, m'a révolté contre ma sentence.

D. Le saint-office n'a point ordonné dans votre première affaire la confiscation de vos biens, il s'est contenté de vous condamner aux frais de la procédure et à une simple amende, suivant les règles établies en pareille circonstance.

R. Un tiers de ma fortune a été absorbé par cette condamnation pécuniaire.

D. Vous descendez d'une mère juive?

R. Ma mère s'est convertie avant de s'unir par le mariage à mon père. Jamais il ne lui a été rien reproché relativement à la foi.

D. Cependant, ne serait-ce pas son peu d'attention à vous reprendre pendant votre enfance sur certains faits entachés de judaïsme, qui vous aurait amené à considérer comme un acte ordinaire celui qui fut une des causes de votre condamnation?

R. Si j'ai donné asile à un hérétique, c'était sans savoir qu'il le fût; mais je ne puis consentir à ce que le nom de ma mère soit mêlé à des actes qui se sont passés longtemps après sa mort, et que rien dans ses sages discours et sa prudente conduite ne vous autorise à lui imputer à crime.

D. Parmi vos ancêtres, n'y a-t-il pas eu quelqu'un de condamné comme hérétique?

R. Jamais. Il vous est d'ailleurs facile de vous en convaincre en consultant les registres de l'inquisition.

D. Comment expliquer alors cette indifférence relativement aux injonctions de l'inquisition, cette résistance à ses ordres, à ses sentences?

R. J'ai mieux aimé braver toutes les rigueurs de l'inquisition que de me soumettre plus longtemps à une sentence injuste à mes yeux. Au reste, si je suis coupable, punissez-moi; mais, de grâce, ne faites pas remonter jusqu'à ma mère la honte dont vous me couvrez.

D. Si vous avez suspendu votre pénitence, n'est-ce pas plutôt parce que, étant engagé dans un complot contre la vie du révérend Arbuez, vous avez été forcé de quitter Saragosse après le mauvais succès de votre attentat sacrilége?

R. Non, je n'avais pas besoin d'autre raison que le sentiment de l'injustice dont je me croyais victime, pour m'engager à me soustraire à mon châtiment.

D. Si vous étiez dans des conditions ordinaires, on vous cacherait les motifs de votre arrestation, afin de vous fournir l'occasion de manifester votre repentir par un aveu spontané et complet. Mais vous, vous connaissez vos fautes, hésiteriez-vous à les avouer parce qu'on ne vous en fait point un mystère?

R. Je conviens de m'être dérobé à la sentence qui me condamnait à une pénitence publique, d'avoir pris part à l'insurrection de Téruel; mais je repousse toute autre imputation.

D. Des témoins attestent que vous faisiez partie des assassins d'Arbuez.

R. Des témoins m'ont aussi accusé d'avoir judaïsé avant ma condamnation; d'autres témoins m'ont encore accusé de je ne sais quel crime à Villa-Réal. Des témoins! avec des témoins on peut à volonté faire d'un homme un grand saint ou un misérable criminel! Où sont-ils ces témoins?

D. N'y eût-il que Vidal d'Uranzo, que nous serions convaincus de votre complicité, car cet homme a manifesté le plus sincère repentir, et il n'a pas varié un seul instant dans ses déclarations.

R. Ce d'Uranzo est-il donc plus digne de foi que ceux qu'il accuse? Déjà ses dénonciations ont attiré sur quelques-uns de mes amis le plus épouvantable châtiment... un châtiment dont le souvenir me remplit d'horreur : voulez-vous ajouter de nouvelles victimes à celles que ce d'Uranzo a déjà fait immoler?

D. Il vous a indiqué comme devant porter le premier coup; si vous ne l'avez pas fait, c'est que des circonstances imprévues vous en ont empêché.

R. Je ne suppose à mes juges ni passion, ni prévention contre moi, mais je les prie de se mettre en garde contre les déclarations d'un misérable qui, dans l'appréhension des tortures, accusa des personnes dont il ne connaissait même que les noms.

D. Presque toutes les personnes dénoncées par d'Uranzo ont confirmé ses déclarations par leurs aveux.

R. Ces aveux n'ont été arrachés que par les tourments.

D. Voulez-vous nous mettre dans la cruelle nécessité de les employer contre vous?

R. Les plus grands supplices ne m'arracheraient pas l'aveu d'un crime que je n'aurais pas commis.

D. Dans votre intérêt, cependant, faites un aveu complet, c'est le seul moyen de gagner l'indulgence du tribunal, qui est tout disposé à vous traiter avec douceur. Avouez, et vous ressentirez immédiatement les effets de votre sincérité... Vous serez mieux nourri, mieux couché [1]...

R. Je n'ai rien à ajouter à ce que j'ai dit.

D. N'est-ce pas vous qui, dans un conciliabule qui eut lieu le dimanche des Rameaux, chez Pedro Sanchez, avez proposé d'assassiner le grand-inquisiteur?

R. J'étais, en effet, chez Sanchez le jour que vous indiquez, et si la proposition dont vous parlez fut faite, elle n'eut aucune suite, puisque le grand-inquisiteur n'a été en butte à aucune tentative de notre part.

D. Il résulte des dépositions de Vidal d'Uranzo que vous n'avez été détourné de ce projet que parce que Tristan de Léonis vous en a démontré l'inutilité.

R. Il eût été plus utile de tuer Torquemada que Pedro Arbuez.

D. Le choix que vous avez fait d'Arbuez s'explique par la difficulté d'approcher du révérend père Torquemada.

[1] Voyez nos auteurs.

R. Je me suis trouvé en tête-à-tête avec Torquemada deux ou trois jours avant la mort d'Arbuez; si donc j'avais eu le dessein de tuer le grand-inquisiteur, je l'aurais fait sans obstacle dans cette circonstance.

D. Il n'en est pas moins avéré que la proposition a été faite, et que vous êtes l'auteur de cette criminelle pensée.

R. Des hommes exaltés par l'ivresse ont-ils la conscience de leurs discours et de leurs actions?

D. Ces discours, graves par eux-mêmes, acquirent une gravité bien autrement grande par les faits qui les suivirent. C'est, en effet, quelques jours après que fut consommé l'assassinat d'Arbuez, et l'un des complices, Vidal d'Uranzo, vous a particulièrement désigné comme un des auteurs de ce crime.

R. N'avez-vous donc que ce Vidal d'Uranzo à m'opposer? Eh bien! sachez que la haine seule a poussé ce misérable à faire ses premières déclarations. Quelques-uns de mes amis et moi nous le traitions avec mépris à cause de la bassesse de sa condition, et surtout de ses sentiments: de là son ressentiment et ses accusations; la crainte des tortures a fait le reste.

D. Qu'il vous ait désigné par ressentiment ou pour rendre hommage à la vérité, il ne vous en a pas moins accusé avec raison, et votre conduite ultérieure démontre jusqu'à l'évidence la véracité de ses dénonciations. En effet, dans la prévision de ce qui peut arriver, vous vendez tous vos biens et vous en faites passer le produit en France avec votre fille; puis, immédiatement après le meurtre, vous disparaissez, vous prenez un déguisement, et, en compagnie d'un autre complice, vous vous dirigez vers le nord de l'Espagne pour vous rendre en France.

R. Pourquoi chercher dans ce concours fortuit de circonstances une autre cause que le hasard? Pensez-vous que le désir de me soustraire à ma pénitence n'ait pas suffi pour me suggérer les précautions que j'ai prises, soit pour mettre ma fille et mes biens à l'abri de toute atteinte, soit pour me sauver moi-même?

D. A l'heure du meurtre, vous étiez dans l'église avec Vidal d'Uranzo et d'autres conjurés?

R. J'en conviens, mais si je n'ai été que le témoin involontaire du meurtre d'Arbuez, est-ce à dire que j'y aie pris part?

D. Que faisiez-vous dans l'église à une heure où les chanoines seuls sont tenus de s'y rendre, à une heure où, pour la première fois, sans doute, vous y alliez vous-même?

R. Ne pouvais-je pas y être pour prier?

D. Oui, pour prier comme Mathieu Ram, Bernard Léofante, d'Esperaindeo, Tristan de Léonis, Vidal d'Uranzo; dites plutôt pour attendre l'arrivée d'Arbuez, et immoler ce saint homme sous vos coups.

R. Il a été cruellement vengé! D'Esperaindeo, Bernard Léofante étaient coupables, sans doute, mais je n'ai pu voir sans frémir d'effroi l'horrible supplice qu'on leur a infligé.

D. Vous étiez leur complice, et Dieu ne pouvait vous permettre d'échapper longtemps à la justice qui vous poursuivait.

R. Le Ciel m'est témoin que je n'ai pas frappé Arbuez!

D. Pourquoi donc, si vous n'étiez pas coupable, avez-vous mis tant de précipitation à quitter Saragosse?

R. J'avoue que ce meurtre, dans lequel trempaient tous mes amis, m'a épouvanté. De plus, j'étais résolu d'en finir ce jour-là avec ma pénitence, et je ne voulais pas être livré de nouveau au saint-office.

D. Qu'alliez-vous faire à Lérida?

R. J'avais cherché à me rendre en France par le nord de l'Espagne, mais la difficulté que j'éprouvai pour parvenir aux montagnes me fit rebrousser chemin, et je revins à Lérida.

D. N'était-ce pas plutôt pour chercher à soulever la ville contre l'inquisition, à l'exemple d'un de vos complices, Bernard Léofante?

R. Je proteste que c'est sans aucune autre intention que celle de gagner la Catalogne que j'ai dirigé mes pas du côté de Lérida.

D. De là, vous êtes allé prendre part à l'insurrection de Téruel?

R. J'ai pris part à cette insurrection, je l'avoue, mais j'ignorais qu'elle existât avant d'être arrivé à Téruel; je ne suis donc point allé dans cette ville avec le dessein de me joindre aux insurgés.

D. Qu'alliez-vous faire à Villa-Réal?

R. Je voulais quitter l'Espagne par le midi, n'ayant pu le faire par le nord; Villa-Réal se trouvait sur mon passage; toutes mes démarches, en un mot, avaient pour but de m'expatrier et d'aller en France rejoindre ma fille.

D. Insensé, qui avez cru pouvoir éviter la main puissante de l'inquisition! Humiliez-vous devant les décrets de Dieu, qui a permis que toutes vos précautions fussent déjouées, et qui, pour vous faire sentir tout le poids de sa juste colère, a voulu vous frapper jusque dans vos plus chères affections.

R. Que voulez-vous dire? De grâce, expliquez-vous?

D. Dieu nous a livré votre fille pour servir à votre châtiment.

R. Ma fille! O ciel! Ma fille est entre vos mains!... Mais, j'y pense, cette nuit... des cris de désespoir ont frappé mes oreilles! Si c'était!... Oui!... elle appelait son père!... O hommes sans pitié! avez-vous bien pu songer à immoler cette innocente victime! N'est-ce point assez de ma vie? Je suis hérétique, impénitent, rebelle, que voulez-vous de plus pour me livrer aux flammes? Faut-il que, dans mon désespoir, j'outrage publiquement le Ciel par des blasphèmes? Votre intention est-elle de me faire maudire une religion sans charité, sans miséricorde? Ma fille livrée à vos coups! Cruels, que lui reprochez-vous? Ah! vous êtes les génies du mal! Des hommes sans affection, sans amour, sans entrailles, des hommes tels que vous, enfin, pouvaient seuls inventer le supplice que vous m'infligez! De quel crime ma fille est-elle accusée?

D. Vous oubliez que c'est à nous de vous interroger?

R. Non! la nature outragée par vous me donne une puissance devant laquelle la vôtre n'est rien. Vous n'êtes, vous, que des juges impitoyables, sans lien qui vous rattache aux sentiments que Dieu a mis dans le cœur des autres hommes; moi, je suis père! A ce titre j'ai le droit de vous demander compte des jours de ma fille.

D. Il n'appartient pas à un homme chargé de crimes devant Dieu et devant les hommes, de parler avec tant de hardiesse à ses juges. Tremblez, téméraire, et qu'un sincère aveu vous fasse obtenir, sinon votre grâce ici-bas, du moins votre salut devant Dieu !

R. Je me ris de vos impuissantes menaces. Faites de mon corps ce qu'il vous plaira, acharnez-vous sur moi, j'y consens; mais votre Dieu ne peut plus être le mien... Celui que priait ma mère autrefois est miséricordieux et juste ; le vôtre est sans pitié et sans équité... Je renonce à votre foi !... Ma fille !... ma Béatrice !...

D. Le greffier recueillera avec soin les paroles dont vous venez de scandaliser vos juges.

R. Je ne crains pas la mort pour moi, je l'ai méritée... Mais que vous a fait mon enfant? Pourquoi l'avoir arrachée de son asile? Quel est son crime?... Vous ne l'avez pas vue, sans doute, car vous auriez reconnu votre erreur sur-le-champ... Sa beauté céleste, sa candeur angélique vous auraient prouvé sa vertu... Elle est aussi sainte que belle. Laissez-vous toucher par mes prières, pardonnez-lui... Vous ne me feriez pas grâce à cause d'elle, pourquoi la punissez-vous à cause de moi? Oh! si Dieu vous avait donné des enfants, vous ne seriez point insensibles à mes angoisses ! Pitié !... de grâce, pitié, non pour moi, mais pour elle!... Peut-être voulez-vous éprouver ma constance? Eh bien ! je cède à vos désirs, parlez, je me soumettrai à tout ce que vous voudrez... j'avouerai tout ce que vous m'ordonnerez d'avouer.

D. Ainsi vous convenez que vous êtes un des auteurs de l'assassinat du révérend Pedro Arbuez?

R. Oui, j'ai pris part à cet assassinat... Oui, c'est moi qui ai frappé le premier coup, celui qui lui a enlevé la vie!... Je l'ai nié jusqu'à présent, parce que je ne voulais pas être traîné sur la claie comme d'Esperaindeo, mutilé comme Bernard Léofante. Leur supplice effroyable m'avait inspiré une horreur invincible ; mais aujourd'hui, que la mort la plus épouvantable soit mon partage, si elle doit être le prix de la liberté de ma fille !

D. Vous avouez tous les crimes qui sont spécifiés dans l'acte qui vous accuse ?

R. Oui ; et c'est moi qui ai proposé de tuer le grand-inquisiteur... Frappez-moi donc aujourd'hui ; loin de me plaindre, je vous bénirai... Mais, par pitié, épargnez ma fille ! Au nom de vos mères, rendez-moi mon enfant !

D. Il ne vous reste plus qu'à dénoncer ceux de vos complices qui auraient échappé jusqu'ici aux recherches des inquisiteurs.

R. Tous mes complices ont été punis.

D. Tous, hormis Tristan de Léonis. Vous connaissez l'asile où il s'est réfugié ?

R. Je ne le connais pas.

D. Tristan de Léonis était le fiancé de votre fille ; vous aviez l'un pour l'autre une affection telle que les dangers de l'un devaient être partagés par l'autre ; cependant vous vous êtes séparés, vous qui deviez être inséparables, et vous nous trompez encore en affirmant que vous ignorez où il est.

R. Tristan voulait gagner la France par le nord de l'Espagne : pour moi, prévoyant des difficultés invincibles, j'ai préféré suivre une autre direction ; je ne l'ai plus revu, et je proteste que j'ignore où il s'est réfugié.

D. En vous quittant il a dû vous promettre de se rendre auprès de votre fille?

R. Oui.

D. Eh bien, il s'y est rendu en effet, il l'a vue, puis il est rentré en Espagne pour essayer, sans doute, quelque tentative en votre faveur. Tout avait été concerté entre vous, et nous sommes convaincus que vous savez où est Tristan en ce moment.

R. Je jure par le nom de Dieu que j'ai dit la vérité !

D. Toujours des réticences ! toujours des mensonges !

R. Je ne puis vous dire que ce que je viens de déclarer.

D. Quelle foi pouvons-nous ajouter à vos protestations et à vos serments, vous qui à l'instant venez de donner un démenti à tous ceux que vous aviez faits pour prouver votre innocence touchant le meurtre d'Arbuez?

R. Hélas! ces aveux prouvent moins ma culpabilité que le désir que j'ai de sauver ma fille.

D. Demain peut-être compléterez-vous ces aveux qu'il est si difficile de vous arracher aujourd'hui.

R. Je n'ignore pas à quels moyens vous aurez recours pour tâcher d'accroître le nombre de mes crimes... Mais tous vos supplices ne sauraient égaler celui qui m'accable en ce moment... Est-il donc vrai que vous ayez osé porter la main sur ma fille? Ne sentez-vous pas que Dieu lui-même est irrité de tant d'injustice? Puisse-t-il, dans sa colère, épuiser sa malédiction sur vous!... Si vous ne la redoutez pas, tremblez devant celle d'un père!...

—Greffier, écrivez soigneusement les paroles de cet insensé.»

A ces mots du président, le fiscal se leva et commença contre moi un réquisitoire véhément où toutes mes paroles, toutes mes actions, même les plus insignifiantes, étaient représentées comme empreintes d'une intention criminelle. Assurément j'aurais été le plus grand scélérat de l'Espagne, j'aurais été le démon incarné, l'antechrist, que mon accusateur n'aurait pas été plus violent. Ce qui surtout semblait exciter son zèle, c'était la précaution que j'avais prise de mettre ma fortune à l'abri de son avidité. Il avait compté sur ma ruine pour enrichir le trésor de l'inquisition, celui de Ferdinand et le sien peut-être. Mais non, son espérance était déçue; de là son éloquence, de là ses terreurs pour le salut de la religion; puis, mêlant à son zèle pour la foi une ardeur mal déguisée pour des intérêts qui le touchaient de plus près, il s'écria avec une perfidie dont je connaissais la cause: « Qu'avez-vous fait pour le salut de cette jeune fille que le Ciel vous avait donnée? Une occasion heureuse s'est présentée de la faire entrer dans une famille recommandable par la sincérité de sa foi; la mort de votre épouse, vos préoccupations antireligieuses, tout vous ordonnait de profiter de cette occasion; mais par un sentiment d'orgueil trop commun chez les personnes de votre rang, vous avez dédaigné la demande honorable qui vous était faite de la main de votre fille, et elle est restée exposée au contact pervers de vos discours et de vos exemples. Grâce à vous, aujourd'hui votre fille est plongée dans l'hérésie ! aujourd'hui elle maudit l'auteur de ses jours !...

— Arrêtez, m'écriai-je emporté par mon indignation, ne joignez pas la calomnie à l'oubli de toute équité ! ma fille est innocente, et si, à l'exemple de son père, elle maudit quelqu'un, ce sont les misérables dénonciateurs qui ont causé ses malheurs et les miens ! »

Le fiscal, étourdi par cette interruption, termina son réquisitoire en demandant, suivant l'usage, qu'on me soumît à la question par les tourments, ce qui lui fut accordé sous prétexte que je m'étais rendu coupable de réticence en n'avouant pas sur-le-champ tous mes crimes, ce qui pouvait faire présumer que j'en avais caché quelques-uns. D'ailleurs j'avais refusé de dénoncer l'asile de Tristan. Je l'aurais connu, que rien au monde ne me l'aurait fait dénoncer; mais c'est avec raison que j'ai refusé de le déclarer, puisqu'en effet je ne le connais pas. Mon avocat prit la parole à son tour, mais ce fut pour achever ma perte. Il déclara que ma culpabilité lui paraissant démontrée jusqu'à l'évidence, il renonçait à me défendre. Il ne daigna pas même invoquer l'indulgence de mes juges en ma faveur. Quand il eut cessé de parler, le son de la clochette de l'inquisiteur retentit et mes gardiens entrèrent. Sur l'ordre du juge, ils m'emmenèrent de la même manière qu'ils m'avaient amené, et au bout de quelques instants je fus réintégré dans mon cachot. A demain donc les tourments... Que je bénis le ciel de m'avoir laissé ignorer l'asile de Tristan ! Qui sait si j'aurai la force de supporter les tortures sans trahir tout ce que j'ai de cher au monde, ma fille et mon fils ! Oui, je me défie de moi-même quand il s'agit du salut de ma Béatrice.

9 *juillet*. — Esteban est venu dans la nuit m'apporter une nouvelle tout à la fois bonne et mauvaise, douce et cruelle. Il a retrouvé Tristan, qui lui a fait connaître sa retraite. Je la connais aussi maintenant, et c'est là ce qui fait le sujet de mon

inquiétude. Je ne suis qu'au commencement des épreuves qui m'attendent, aurai-je la force de les supporter toutes sans qu'un mot, échappé malgré moi de ma bouche, trahisse la résolution et l'énergie de mon âme? L'âme est si faible quand cette misérable enveloppe qu'on appelle le corps est en proie à la douleur ! Oh! plutôt la mort mille fois que de dénoncer l'asile de mon fils Tristan !...

Comme il m'est dévoué, ce généreux Esteban ! A quels dangers il s'expose pour moi ! J'avais été deux ou trois jours sans le voir et déjà je doutais de sa constance à me servir; et lui, cependant, ne cessait de s'occuper de ma triste existence. Dès qu'il fut entré dans mon cachot, ma première question fut pour m'informer de la personne qui avait poussé les cris déchirants que j'avais entendus dans la nuit précédente. Esteban comprit à mon agitation fébrile que je connaissais une grande partie de la vérité. Il crut qu'il était inutile de chercher à tromper mes craintes.

« Oui, me dit-il, c'est elle qui a été enfermée ici hier dans la nuit. »

Ces mots, auxquels j'aurais dû être préparé, furent un coup terrible pour ma raison. Une sueur glacée coula de mon front, et pendant plusieurs minutes je me tordis dans les convulsions d'un désespoir, hélas! trop fondé. Après les paroles que l'inquisiteur m'avait fait entendre à l'audience au sujet de ma fille, je pouvais douter encore, car je n'ignore pas que ces juges impitoyables, pour torturer un accusé trop ferme et lui arracher les aveux qu'ils désirent, ont souvent recours à la feinte; mais Esteban ne pouvait me tromper, et le doute ne m'était plus possible. Quand je fus un peu plus calme, je fis à Esteban une foule de questions sur ma pauvre Béatrice. Il m'apprit qu'on avait pour elle plus d'égards qu'on n'en montrait habituellement pour les autres prisonnières; que son cachot était moins sombre, son coucher plus approprié à la délicatesse de son âge et de sa complexion, sa nourriture moins commune, et qu'enfin, par une faveur insigne, on avait permis à la femme de l'un des gardiens de la servir pendant le jour. Ces paroles me consolèrent un peu, surtout quand j'entendis Esteban m'assurer de nouveau de son dévouement pour ma fille et pour moi.

« J'ai une autre nouvelle à vous apprendre, me dit ensuite Esteban, et celle-ci, du moins, ne vous causera aucune peine; le seigneur Tristan est en sûreté dans une bonne retraite, et il travaille à votre délivrance.

— Soins inutiles; l'audience d'hier ne m'aurait laissé aucune espérance, si depuis longtemps déjà elle n'était morte dans mon cœur!

— De plus, j'ai découvert votre premier dénonciateur, celui qui, par ses calomnies ténébreuses, vous a fait condamner à une pénitence publique...

— Ah! béni soit Dieu! m'écriai-je en interrompant Esteban; nomme-le-moi!... nomme-le à Tristan, afin qu'il punisse cet infâme!

— Cet homme est puissant, il serait dangereux de brusquer l'accomplissement de votre vengeance, d'autant plus qu'en ce moment même il est encore au nombre de vos plus mortels ennemis... Mais, d'un autre côté, un personnage mystérieux, que j'ai lieu de croire dominicain, s'est dévoué à votre salut; grâce à lui, nous avons, le seigneur Tristan et moi, échappé à un terrible danger la nuit dernière. Je suis venu pour vous faire part de tous ces événements.

— Parle, mon généreux ami, et commence par mon fils Tristan.

— Il y a deux jours, au moment où je passais sur la grand'-place, un mendiant, se détachant d'un groupe de pauvres comme lui, se mit à courir de mon côté, et bientôt, se plaçant sur mon passage, il dit, en me tendant la main: « Par le seigneur Juan d'Abadia, faites-moi don d'un maravédis [1]. » En entendant votre nom, je m'arrêtai pour examiner attentivement le personnage qui invoquait de cette manière ma bienfaisance. La pensée me vint que ce pouvait être le seigneur Tristan de Léonis; mais malgré toute mon attention, je ne

[1] Pièce de monnaie de peu de valeur.

pus le reconnaître; ce qui ne devait point me surprendre, puisque je ne l'avais vu qu'une seule fois, la nuit, et sous un déguisement qui, au moment où il vint à moi, n'était plus le même. Pour m'assurer sans délai de la qualité de l'homme à qui j'avais affaire, je lui répondis avec une brusquerie simulée: « Je suis Esteban, alcade de la prison du saint-office, et je connais la personne que tu viens de nommer. Si tu as autre chose qu'un maravédis à me demander, décline tes noms et parle sans crainte, je verrai s'il m'est permis de t'écouter... Allons, dépêche-toi. Voici tes compagnons qui accourent de ce côté, je ne suis pas d'humeur à rester exposé à leurs importunités.

— Eh bien ! me répondit-il à voix basse, puisque mes compagnons ne se sont pas trompés en s'écriant à votre vue : « Voici Esteban, l'alcade de la prison du saint-office », Dieu en soit loué !... Pour moi, je suis Tristan de Léonis, le mendiant de la Taverne-Rouge...; j'ai à vous parler.

— Pas en cet endroit, dis-je vivement et à voix basse aussi, car les mendiants approchaient... Mais venez cette nuit aux *Ruines*..., vers minuit...; c'est le seul moment où je puisse m'échapper... J'irai vous y rejoindre... Adieu... En disant ces mots, je lui mis ostensiblement un maravédis dans la main, et je m'enfuis pour éviter les piteuses clameurs des misérables qui déjà m'entouraient. »

A l'heure convenue, je sortis avec précaution pour me rendre à l'endroit écarté qu'on appelle les *Ruines*. A peine avais-je fait dix pas dans la rue, que je me sentis saisir par le bras. C'était le seigneur Tristan qui m'attendait

« Silence ! lui dis-je, et venez avec moi dans un lieu où nous ne craindrons ni les passants, ni les échos révélateurs. Il y a, comme vous le savez, dans les environs de la prison, une espèce d'enclos abandonné; d'un côté sont les remparts escarpés de la ville; d'un autre, les hautes murailles du couvent des carmes déchaussés, auxquelles font face les sombres bâtiments de la prison; et, enfin, pour toute clôture du côté de la rue des Carmes, un mauvais mur dans lequel le temps et les orages ont fait plus d'une brèche. C'est en franchissant ces brèches que les curieux, incrédules à l'égard des contes merveilleux dont ce lieu est le sujet, peuvent aller visiter les ruines.

— Je connais ce lieu désert, dis-je à Esteban, je l'ai souvent visité; il est rempli des ruines d'un ancien temple dédié à je ne sais quelle divinité romaine. Quelques arceaux ont résisté aux années et au choc des barbares, en restant solides sur leurs assises; des fûts de colonnes tronquées, des chapiteaux brisés, des statues mutilées, des autels renversés et à demi enfouis dans la terre, jonchent le sol et témoignent par leur abandon de l'indifférence des Aragonais pour les arts. Tous ces débris sont de marbre, et portent encore l'empreinte de la perfection du travail et du goût qui les ont modelés; de hautes herbes, des chardons épineux, des ronces rampantes, semblent vouloir, en les couvrant de leurs mille tiges, protéger ces vénérables restes contre les ravages du temps, pendant que des légendes populaires, des contes de revenants les défendent plus efficacement encore contre les outrages des hommes, en éloignant de ces lieux suspects les plus hardis d'entre les habitants de Saragosse.

— Oui, me répondit Esteban, et vous savez aussi que, la nuit arrivée, personne ne se hasarde de ce côté. C'est à peine même si, dans le jour, on ose passer près de ce lieu sans se mettre sous la sauvegarde d'un signe de croix. Les enfants et les femmes ne s'y aventurent qu'en tremblant.

— C'est à cette crainte superstitieuse, dont l'origine se perd dans la nuit des temps, répondis-je à Esteban, qu'il faut attribuer la conservation, ou plutôt l'abandon de ces vieux monuments. Je me souviens qu'au milieu de ces ruines est une grande excavation produite par l'éboulement d'une portion de galerie souterraine de la même longueur que le temple, et dont l'entrée primitive a été entièrement bouchée par un autre éboulement de cette partie de la galerie et par les ruines du portique qu'elle supportait. A deux côtés opposés de ce trou, on voit les deux nouvelles ouvertures de la galerie, qui est béante par suite de la solution de continuité résultant de l'éboulement.

—C'est cela, reprit Esteban. Je connais parfaitement ces ruines, continua-t-il, je savais à quoi m'en tenir au sujet des contes auxquels elles ont donné lieu. C'est pourquoi cet endroit, me paraissant très-sûr pour y entretenir le seigneur Tristan, je l'y conduisis aussitôt. Quand nous fûmes arrivés au bord de l'excavation, je descendis le premier, et en invitant votre fils à me suivre, une espèce d'escalier formé de grosses pierres posées les unes sur les autres, et dont plusieurs sont de marbre; je voulais gagner l'entrée d'un des côtés de la galerie où je pensais que nous serions à l'abri des importuns, bien qu'à cette heure, et en cet endroit, nous ne dussions craindre aucune surprise. Vous verrez que, pourtant, nous n'étions pas seuls en ce lieu désert. Dès que nous eûmes pénétré dans la galerie, ce que nous ne pûmes faire qu'en franchissant les décombres qui en obstruaient l'entrée, je demandai au seigneur Tristan ce qu'il était devenu depuis que je l'avais conduit dans la nouvelle hôtellerie, après l'événement de la Taverne-Rouge.

— Je ne me croyais pas assez en sûreté dans cette hôtellerie, me répondit-il, c'est pourquoi j'ai cherché un autre asile, que le hasard m'a fait rencontrer. Mais, en attendant, j'ai erré autour de la ville, j'ai mendié d'abord pour donner le change, et ensuite pour vivre, car ma misère a bientôt fini par être réelle; mes faibles ressources se sont épuisées sans que je pusse les renouveler, mes biens ayant été confisqués; de sorte que, ne sachant plus que devenir, j'ai fait comme quelques-uns des anciens *disciples* de la Taverne-Rouge, j'ai exploité la commisération des passants.

— Mais pourquoi ne m'avez-vous pas fait prévenir de votre détresse?

— Je n'osais me hasarder à venir que le soir à la ville; plusieurs fois je me suis tenu aux aguets autour de la prison pour tâcher de vous voir, mais toujours en vain.

— Je le crois bien; il est rare que je sorte le jour, et plus rare encore que je quitte mon poste la nuit.

— Aujourd'hui, cependant, j'étais déterminé à vous parler.

— Que ne vous ai-je revu plus tôt! répondis-je, vous n'auriez pas connu le besoin, car, grâce à la libéralité du seigneur d'Abadia, j'ai de l'or que je ne veux utiliser qu'en le faisant passer dans les mains de sa fille Béatrice et dans les vôtres. »

En disant ces mots, je lui donnai tout ce que je possédais en ce moment sur moi.

— Homme généreux ! m'écriai-je, en pressant la main d'Esteban. Comment reconnaître... »

Mais lui, interrompant aussitôt les élans de reconnaissance que sa noble conduite soulevait dans mon cœur, reprit avec simplicité :

« Votre fils Tristan m'a déjà remercié. Pourquoi, lui ai-je dit, avez-vous refusé de vous éloigner d'ici, puisque votre présence ne pouvait être d'aucune utilité au seigneur d'Abadia?

— Je vous l'ai dit, me répondit Tristan, l'ordre qui me retient à Saragosse est plus fort que celui qui veut m'en éloigner.

— Ne craignez-vous pas que, pendant votre absence, il n'arrive quelque chose de fâcheux à la jeune fille que vous aviez mission de protéger?

— Pourquoi ces craintes? me demanda Tristan d'un ton surpris. Béatrice n'est-elle pas au sein d'une ville qui n'a plus rien à redouter de l'inquisition ? »

En ce moment, et avant que j'eusse eu le temps de répondre, il nous sembla distinguer un bruit de pas au fond de la galerie, à l'entrée de laquelle nous nous étions placés. Nous gardâmes aussitôt le silence pour prêter l'oreille avec attention, mais nous n'entendîmes plus rien. Nous crûmes nous être trompés, tant nous parut invraisemblable, en cet endroit, la présence d'un être humain. Après quelques minutes d'observation et de silence, nous reprîmes notre entretien, mais à voix plus basse.

« Sans doute, dis-je à Tristan, votre fiancée Béatrice serait à l'abri de tout danger si elle était entourée d'amis sages et prudents, capables de la défendre. Mais seule, avec des serviteurs, sur une terre étrangère, qui peut répondre de la fidélité des gens qui la servent, quand la vigilance d'un père, d'un ami est quelquefois mise en défaut par la ruse des inquisiteurs !

— C'est en vain que vous cherchez à exciter ma défiance et mes craintes. Béatrice m'a ordonné de venir travailler à la liberté de son père ; dussé-je périr de misère ou tomber victime du saint-office, je ne retournerai point auprès d'elle sans son père.

— Vain espoir ! Tous vos efforts échoueront devant mille obstacles insurmontables.

— J'ai revu en secret quelques-uns de nos partisans qui ont été assez heureux pour se tirer d'affaire, malgré les dénonciations de d'Uranzo. De ce côté, rien à espérer ; mais je me suis découvert au seigneur d'Aranda, à don Lope, à Luis de Santangel ; la terreur, il est vrai, les rend prudents. Ils ne peuvent, disent-ils, s'intéresser maintenant à nos malheurs, eux déjà soupçonnés une fois d'être nos complices. Ce serait réveiller les soupçons et s'exposer aux vengeances du saint-office. Je n'ai donc pu obtenir d'eux que des promesses vagues, et qu'ils n'ont peut-être pas l'intention de réaliser. Cependant...

— Raison de plus pour obéir au seigneur d'Abadia, qui voulait vous faire quitter Saragosse, dis-je, en interrompant le seigneur Tristan.

— Mais s'ils osaient nous montrer quelque intérêt, répondit Tristan, savez-vous qu'ils sont assez puissants pour nous être fort utiles ? Je ne désespère pas de les gagner à notre cause. En attendant, j'ai un autre projet que je veux vous communiquer, seigneur Esteban ; c'est pour cela que je vous ai demandé un entretien.

— Parlez, seigneur, et comptez sur mon zèle, s'il dépend de moi de vous servir utilement.

— De vous seul dépend le succès de mon entreprise. Écoutez-moi..... »

Pour la seconde fois un bruit bien distinct se fit entendre à quelques pas de nous dans l'obscurité. Ce bruit était produit par une pierre qui, heurtée par le pied d'un homme ou détachée de la muraille souterraine, roula sur le sol sonore de la galerie. Par un mouvement simultané, nous fîmes deux ou trois pas du côté d'où venait le bruit qui nous inquiétait, puis nous nous arrêtâmes encore pour nous concerter avant de continuer. La même idée qui nous avait poussés nous avait aussi retenus. Nous pensions tous deux qu'il serait prudent à nous d'explorer le fond de la galerie, bien qu'intérieurement nous fussions convaincus qu'âme vivante n'était en ce moment l'hôte de ce sombre lieu; mais en même temps il nous parut nécessaire de nous assurer si nous étions en mesure de répondre aux coups qu'un ennemi ou un bandit pouvait nous porter dans l'ombre. Nous étions armés chacun d'un poignard; c'était assez pour nous défendre. Il fut donc résolu que nous pousserions nos recherches jusqu'au fond de la galerie. Nous avançâmes aussitôt; mais, soit qu'il y eût quelques détours difficiles à trouver pour nous qui venions dans cette galerie pour la première fois, soit qu'en effet nous fussions seuls, notre perquisition n'eut d'autre résultat que de nous faire tirer cette conclusion : que la pierre qui venait de rouler s'était détachée et était tombée sans autre cause que la vétusté de la muraille. Sans nous inquiéter davantage de ce petit événement, nous revînmes à l'entrée de la galerie, et Tristan me dit :

— Oui, Esteban, de vous seul dépend le salut de mon père, le bonheur de sa fille et le mien. La vie de toute une famille est entre vos mains; promettez-moi, de grâce, de ne pas repousser ma demande. L'emploi que vous occupez témoigne de la confiance que les inquisiteurs ont en vous...

— Oui, dis-je; mais cette confiance dont jouit ordinairement l'alcade de la prison du saint-office, n'empêche pas les inquisiteurs de le faire surveiller sous main, et j'ai moins de pouvoir qu'un autre ; mais aussi, ajoutai-je, seigneur d'Abadia, en pensant à l'intérêt que m'inspirent vos malheurs, si j'ai moins de pouvoir, j'ai plus de dévouement.

— C'est sur ce généreux sentiment que j'ai fondé toutes mes espérances, me dit Tristan. J'ai découvert à deux lieues d'ici, dans un endroit remarquablement sauvage et désert, une retraite impénétrable. C'est une caverne, dont la profondeur m'est inconnue, dont les sinuosités rappellent celles des labyrinthes des anciens temps. La première fois que j'essayai de m'aventurer dans cette tortueuse retraite, je faillis m'y perdre, et je ne dus qu'au hasard d'en avoir retrouvé l'entrée : mais aujourd'hui, que je l'ai explorée jusqu'à une certaine distance, je défie le plus habile de pouvoir m'y atteindre. C'est là que je me renferme tant que dure le jour ; je ne viens ici que lorsque la nuit est tombée, et je me retire toujours avant que les portes de la ville soient fermées. L'entrée de cette caverne est cachée par d'épaisses broussailles où la serpe ni la hache n'ont jamais pénétré. C'est l'asile le plus sûr, le plus impénétrable qui se soit jamais offert à des proscrits poursuivis. Or, seigneur Esteban, faites évader le seigneur d'Abadia...

— Si cette évasion était possible, elle aurait déjà eu lieu.

— Je sais bien que cette entreprise est difficile ; mais avec cet or dont vous êtes pourvu, ne pouvez-vous acheter la coopération de quelques gardiens ?

— J'y ai pensé, et c'est précisément par là que la tentative est périlleuse ; je les ai tous observés avec attention, aucun d'eux ne m'a laissé entrevoir la moindre disposition à tromper les inquisiteurs ; ce sont des brutes poussant jusqu'au fanatisme leur soumission au saint-office.

— Essayez cependant ; promettez-leur, s'il le faut, qu'à la place de d'Abadia vous livrerez Tristan de Léonis..., corps pour corps.

— Dieu m'en garde ! ce serait nous perdre tous sans pour cela sauver le seigneur d'Abadia. Si je parle de vous, ils m'accuseront de trahison pour ne pas vous avoir dénoncé.

— Esteban ! vous êtes impitoyable !... C'est vous seul que j'accuse désormais de la captivité de mon père ! c'est vous qui vous opposez à sa délivrance !

— Serait-ce là votre pensée ?...

— Vous que je croyais si généreux et si dévoué !...

— Assurément ; mais ce que vous me demandez est impossible

— Eh bien, je m'adresserai aux inquisiteurs eux-mêmes. Je leur dirai : « J'ai trouvé un asile où vous ne sauriez me découvrir ; de là je pourrais longtemps braver votre justice, mais je viens de moi-même me livrer à toute votre sévérité ; rendez, en échange de ma vie que je vous abandonne, rendez la liberté au père de ma fiancée... Je suis aussi coupable que lui, plus coupable que le seigneur d'Abadia, car il avait, pour justifier sa conduite, le traitement ignominieux que vous lui avez infligé contre toute justice...; tandis que moi j'ai conspiré contre vous sans raison ; j'ai tué Arbuez sans que ni lui ni aucun des inquisiteurs m'eussent fait le moindre mal ; mon crime surpasse donc celui du seigneur d'Abadia. Me voici... J'avoue mes crimes ; retenez-moi, punissez-moi...; mais, au nom de Dieu, épargnez le père de Béatrice !... »

— Ah ! bien !... dit vivement une voix inconnue qui se fit entendre à côté de nous. »

Tristan se précipita aussitôt vers le mystérieux personnage qui venait de prononcer ces mots, pendant que je gardais l'entrée ; mais, après plusieurs minutes de recherches vaines, je l'entendis revenir en disant : « Il m'échappe encore ! » Était-ce un espion ? était-ce un étranger ou un ami ?

Le ton dont il avait fait son exclamation attestait une grande satisfaction. Mais ce pouvait être un familier du saint-office, chargé de surprendre notre secret et qui, charmé d'avoir découvert d'un seul coup, dans les deux interlocuteurs qu'il écoutait, un des meurtriers d'Arbuez, et un geôlier qui trahissait l'inquisition, n'avait pu maîtriser sa joie. D'un autre côté, cet homme, que le hasard seul avait fait venir en cet endroit au même instant que nous, avait peut-être été sensible à la manifestation des sentiments généreux de Tristan, et ces deux mots pouvaient n'être qu'une marque d'approbation ! Pour cette fois, quel que fût le motif qui nous eût attiré l'attention de cet inconnu, nous ne pouvions pas quitter la galerie souterraine sans l'avoir parcourue de nouveau dans toute sa longueur afin de découvrir notre mystérieux interrupteur. Il y allait de notre vie si c'était un ennemi ; de notre tranquillité s'il n'était qu'un inconnu. Cette partie de la galerie n'avait d'autre issue que celle par où nous étions entrés, et c'était précisément la raison qui me l'avait fait choisir pour notre entrevue, puisque j'étais ainsi rassuré contre toute surprise venant de l'autre extrémité. Il était évident que nous avions été précédés là par quelqu'un. Mais quel était cet homme? quelle cause l'avait conduit dans cet endroit? Nous nous trouvions dans une assez grande perplexité. Il était indispensable pour nous de mettre la main sur cet homme et de nous assurer de ses dispositions et de sa discrétion par un moyen ou par un autre. Mais nous n'étions pas au terme de nos inquiétudes et de nos dangers, car les événements se compliquèrent d'une étrange manière par l'arrivée successive de deux personnages que, du moins, nous connaissions déjà. Force fut donc pour nous d'ajourner notre perquisition après le départ des nouveaux venus.

Le premier qui se présenta parlait à haute voix en descendant l'espèce d'escalier qui permettait d'arriver au fond de l'excavation et de gagner la galerie, où il ne tarda pas à entrer.

« La peste soit de maître Davila, de ses rendez-vous et de ses messages, disait-il!

— Davila! pensai-je avec surprise; quoi! le fiscal a des entretiens mystérieux ici? dans ces ruines! au milieu de la nuit!... Dans quel but?... Il serait curieux de le surprendre en flagrant délit de conspiration contre le saint-office. Ecoutons!...

— Quelle étrange manie est la sienne, continua l'arrivant, de ne pas vouloir me parler ailleurs qu'ici, où la nuit ressemble aux ténèbres de l'Egypte, tant elle est noire et épaisse! A chaque pas on trébuche, l'on se heurte contre des quartiers de rocher; pour être de marbre ils n'en sont pas plus doux; c'est à se casser les jambes et la tête... Me voici à l'entrée de la galerie... Quel repaire de mauvais esprits! j'ai beau parler tout haut, chanter pour me rassurer..., je crois que je tremble..., j'ai peur!... Etes-vous là, seigneur Davila? Rien!... Il n'y est pas encore... Le bon endroit pour se défaire d'un homme! on ne s'y voit pas! c'est désert!... Holà! maître Davila, êtes-vous céans?... Pas de réponse... Hé?... J'avais cru entendre une voix... Par ma foi, s'il ne vient pas bientôt, je me retire. Je n'ai pas juré sur l'Evangile de faire le pied-de-grue ici jusqu'au jour, en attendant ce maudit... »

Notre homme se tut pour écouter le bruit que faisaient au loin quelques passants attardés qui regagnaient leur gîte à pas précipités. Quand il n'entendit plus rien, il reprit :

« Dire qu'il y a sous le ciel, qui appartient à Dieu, des hommes investis de grands emplois, de fonctions redoutables, estimés, honorés comme gens remplis de vertus, et qui, si on les retournait comme on fait d'un mauvais pourpoint, ne laisseraient voir que des vices et des bassesses!... Sans chercher plus loin, que ce Davila, qui est devenu, de simple alcade d'une petite ville, procureur fiscal d'une cité telle que Saragosse! est-il un homme plus vil, plus dangereux, plus fourbe? Est-ce à un tel homme que le saint-office devrait confier le soin de rassembler et de mettre en évidence tous les actes qui peuvent faire condamner un accusé? Cet homme a-t-il la conscience assez droite pour apprécier les faits et gestes des autres?... Qu'un homme comme moi, qui ne suis... je peux bien en convenir pendant que personne n'est là pour entendre cet aveu, qui ne suis qu'un scélérat... soit accusé, condamné, pendu sur les accusations d'un Davila, par exemple, quand même celui-ci exagérerait, mentirait même dans son réquisitoire, le mal ne serait pas grand, car, comme disait Matéo le tavernier, on peut accuser de tout ceux qui sont capables de tout; mais qu'un noble seigneur comme Juan d'Abadia, riche, généreux, plein de courage, soit exposé aux attaques mensongères du fourbe Davila!

— Il serait vrai! murmura Tristan.

— C'est, continua l'inconnu, ce qui me bouleverse les idées et me donne une mauvaise opinion de la justice... Mais, chut!... j'entends du bruit... Est-ce lui, enfin? allons voir. »

Il quitta l'entrée de la galerie pendant plusieurs minutes.

« Si les paroles de cet homme sont vraies, me dit vivement Tristan, il ne doit sortir d'ici que pour rendre témoignage à la vérité, en dénonçant Davila. Nous devons l'y forcer.

— Attendons, répondis-je, sachons d'abord quels sont les projets de Davila. Si l'inconnu qui est au fond de cette galerie, ajoutai-je un peu plus haut, n'est point un ennemi, je l'adjure, au nom de la justice, de nous prêter main-forte, s'il en est besoin, pour démasquer un traître !

— Comptez sur moi, répondit presque à voix basse le personnage mystérieux. »

L'homme de Davila revint à la place qu'il occupait tout à l'heure, et bientôt il reprit son soliloque.

« Maudit homme ! répétait-il, voyez s'il viendra !... S'il pouvait se rompre le cou en descendant sur les pierres !... Ma foi, j'ai pris mes mesures pour cela... Quand il tombera tout à l'heure en posant le pied sur celle que j'ai disposée de manière à ce qu'elle roule, et lui avec elle, jusqu'au fond du trou... quinze pieds au moins !... comme je rirai ! et que je voudrais voir la laide grimace qu'il fera !...Quinze pieds ! c'est plus qu'il n'en faut pour tuer un honnête homme ; mais un scélérat en exigerait peut-être davantage...N'importe !... Ah ! ah ! que les hôtes de la Taverne-Rouge m'avaient bien nommé : Judas !...

— Judas ! dit à voix basse Tristan, qui avait vu cet homme chez Matéo.

— Hein ? Qui m'appelle ? demanda Judas... Rien !... j'avais cru entendre prononcer mon nom... Que je suis lâche !... je tremble de tous mes membres !... je me crée des fantômes... Il me semble que j'entends des voix qui disent : C'est lui !... c'est Judas !... Judas !... Oh ! je ne connais que trop la cause de ma pusillanimité. C'est la conscience qui parle et venge mon frère !... Mais aussi pourquoi la nature, avec l'aide du diable, m'a-t-elle si bien façonné pour la trahison !... J'ai causé la mort de mon frère ! C'est horrible ! Et Davila m'a aidé de ses conseils pour cela.... Il faudra pourtant que je dévoile cet homme !...

— Judas !... dit mystérieusement une voix qui semblait partir du haut de la galerie opposée à celle où nous étions.

— Hein ? dit Judas, en se levant brusquement. »

Nous en jugeâmes ainsi par le bruit qu'il fit avec ses pieds. Puis il prêta l'oreille un moment.

« J'ai peur ! continua-t-il, il m'a semblé encore entendre la voix qui, tout à l'heure, a déjà prononcé mon nom !... Hier, j'avais commencé à me repentir, mais j'ai revu ce Davila, et bientôt ses discours ont détruit mes résolutions. Il m'a dit de venir aux *Ruines*, et me voilà tout prêt à ajouter à mes forfaits un crime de plus... Quel sera le terme de cette conduite ? La potence ou le bûcher. Je l'entends ! c'est lui ! enfin ! Ecoutons si la pierre tombera !... Rien !... je l'aurais parié. Un honnête homme se tuerait deux fois pour une, là où un scélérat met le pied sans péril... Allons, Judas, de la prudence, de l'adresse, et voyons s'il est de ton intérêt de le servir ou de le tromper. »

Judas quitta la galerie pour aller à la rencontre de celui qui arrivait. Pendant son absence, Tristan me dit, en frémissant de colère :

« Laisserons-nous sortir d'ici cet infâme Davila ?

— Jeune homme, dit tout bas derrière nous le personnage inconnu, ne précipitez rien. Je suis l'ami de d'Abadia; deux fois déjà je l'ai prouvé en l'avertissant du danger... Laissez-moi faire... Et silence surtout... »

Tristan n'eut pas le temps de lui répondre, car Judas et Davila rentraient dans la galerie. Comme ils se trouvaient plus rapprochés que nous de l'entrée, nous pouvions les entrevoir un peu sans être vus par eux. Nous étions à leur égard dans la position où se trouvait relativement à nous le personnage mystérieux qui venait de nous parler.

« Vous vous faites attendre longtemps, seigneur Davila, dit Judas, d'un ton de mauvaise humeur.

— C'est, répondit Davila, que j'ai fait une rencontre tout à l'heure qui a failli mettre obstacle à notre rendez-vous. Trois bandits m'ont attaqué à vingt pas du couvent, et malgré ma résistance, sont parvenus à m'enlever ma bourse... Ils m'auraient peut-être dévalisé tout à fait sans le passage d'une ronde de nuit, qui les a mis en fuite. J'aurais fait ma déclaration au chef de cette ronde, mais il eût fallu décliner mes noms, et il eût paru étrange de me voir, moi, Davila, courir les rues désertes à cette heure avancée. J'ai donc, pour éviter toute explication, attendu que bandits et soldats fussent au loin avant de continuer ma route jusqu'ici... Mais, pour comble de fâcheuse aventure, l'obscurité de la nuit m'a empêché de me reconnaître dans ces ruines; je me suis égaré, j'ai cherché l'escalier de pierre, je t'ai appelé... Rien, ni réponse, ni indication qui pût me guider... Enfin, à force de tourner, j'ai découvert l'endroit par où l'on descend ici. Tu m'attends depuis longtemps?

— Depuis une heure, au moins.

— C'est bien, ton empressement et ton exactitude me plaisent. Te sens-tu, sans préambule, disposé à te vouer corps et âme à mon service, comme tu l'as déjà fait plusieurs fois?

— Assurément. De quoi s'agit-il?

— Les inquisiteurs ont loué ton zèle dans l'affaire de Juan d'Abadia et de ses amis; moi, je l'ai récompensé. »

Je sentis, au mouvement que fit Tristan, qu'il était près d'éclater. Je le retins de mon mieux.

« Récompensé? dit Judas d'un ton surpris. Et comment?...

— En te laissant vivre.

— Ce n'est pas assez. J'ai dissipé la part que vous m'aviez laissée de la fortune de mon frère, et je me suis vu forcé de vivre au milieu de misérables mendiants. Je veux de l'or aujourd'hui.

— Allons, calme-toi, tu auras de l'or et des honneurs si tu fais ce que j'attends de ton zèle.

— Je veux de l'or avant tout, entendez-vous bien? Vous m'en avez souvent promis, mais je n'en ai jamais reçu; trop heureux que j'étais, disiez-vous, que vous voulussiez bien me laisser la vie.

— Il est certain, dit Davila, que d'un mot j'aurais pu t'envoyer au gibet.

— Grâce à ce bel arrangement, répondit Judas, vous m'avez enfoncé dans le crime...

— Comment, misérable, tu oserais m'accuser de t'avoir

inspiré les résolutions criminelles qui naissaient naturellement dans ta tête?...

— Mon frère a été brûlé, grâce aux conseils que vous m'avez donnés.

— Mais la pensée première venait de toi; la mort de ce frère était le plus vif de tes désirs, tu voulais t'approprier sa fortune.

— Je ne le nierai pas; mais convenez, en même temps, que sans votre concours et vos conseils, j'aurais probablement reçu la juste peine due à mes calomnies.

— Tais-toi, et écoute ce que j'ai à te proposer.

— Je vous servirai encore, mais vous connaissez mes conditions.

— Maudit avare que tu es, ne t'ai-je pas dit que je venais d'être attaqué par des voleurs?

— Ce n'est pas mon affaire. Et, d'ailleurs, voulez-vous que je vous parle net?

— Parle.

— Eh bien! cette attaque de voleurs n'est qu'un subterfuge pour éluder ma demande que, sans doute, vous aviez prévue.

— Maître Judas est pressant aujourd'hui. Qui lui donne donc la hardiesse de parler sur ce ton?

— C'est qu'il me semble que, depuis assez longtemps, je suis le serviteur soumis et craintif de toutes vos volontés, et qu'à mon tour je pourrais être avec vous impérieux et exigeant; car convenez que si je voulais...

— Tu me ferais trembler sous la menace d'une dénonciation?

— J'en aurais tant à dire!

— Allons, maître Judas, tu t'abuses sur ton pouvoir. Il serait curieux de voir un homme tel que toi, chargé de crimes et de vices, éprouver de beaux élans de repentir, et dans son exaltation vertueuse s'attaquer à qui?... au procureur fiscal lui-même! On n'y croirait pas, pauvre fou!...

— Peut-être. Mais admettons que les juges refusent de me croire, vous, seigneur Davila, seriez-vous tranquille pendant que je proclamerais à haute voix que le même motif qui m'a porté à accuser mon frère vous a excité à le faire condamner ? N'avons-nous pas partagé le produit de mon vol fratricide ?

— Laissons cela, te dis-je, ces récriminations ne pourraient qu'être funestes..., à toi surtout.

— N'est-ce pas vous qui m'avez appris combien il faut de témoins pour établir la preuve complète de l'hérésie ? comment on les achète, comment on fait concorder leurs déclarations, de quelle manière on fait naître des incidents, des circonstances ; comment on les explique, on les groupe, on les rend palpables, incontestables ? Vous m'écouteriez sans crainte, n'est-il pas vrai, seigneur Davila, quand je dirais que, pour prix de vos leçons, vous m'avez demandé service pour service ?

— Mais tu es insensé !...

— Quand je jurerais sur l'image du Christ que vous avez exigé de moi le meurtre d'un homme qui vous avait fait un affront sanglant ?

— Te tairas-tu, misérable !

— Car c'est par vos ordres que j'ai tué ce seigneur castillan qui vous avait fait bâtonner quand vous étiez alcade à Huesca.

— Ne t'ai-je pas récompensé généreusement ?...

— Et ce n'était pas assez... ; il m'a fallu encore céder à vos désirs en dénonçant un homme qui ne m'avait jamais fait de mal, mais qui vous avait offensé...

— Parle plus bas, te dis-je !...

— C'est vous qui m'avez contraint d'accuser le seigneur Juan d'Abadia... »

« Davila ! m'écriai-je en interrompant Esteban ! Quoi ! c'est Davila qui est cause de ma ruine, de ma honte, de ma mort ! du malheur de ma fille, de la misère de Tristan !... Le traître ! et je ne puis le provoquer ! le dénoncer à mon tour !... Tristan, du moins est libre..., et il nous vengera !... »

— Laissez-moi terminer mon récit, dit Esteban, et vous verrez que Davila ne peut échapper au châtiment qu'il s'est préparé.

— Achève donc, dis-je à Esteban, en maîtrisant ma colère avec peine. »

« Quel fut le crime du seigneur d'Abadia? continua Judas en élevant la voix de plus en plus.

— Il fut hérétique et assassin, répondit Davila.

— Non! Il vous a offensé en vous refusant sa fille ; voilà son crime, et pour cela vous l'avez perdu.

— Silence, encore une fois! ou prends garde!...

— Quand je révélerais ces actions, on ne me croirait pas, parce que je ne suis qu'un misérable, et que vous, vous êtes le procureur fiscal ; mais le trouble de vos regards et de vos paroles, l'agitation, l'angoisse de votre visage seraient là pour confirmer mes déclarations...

— Tais-toi, Judas!...

— Vous voyez bien que je vous fais trembler...

— Après ce que j'ai fait pour toi, devais-je m'attendre à une trahison de ta part!

— Après chaque crime, je vous ai tendu la main en vous disant : De l'or ! et vous vous êtes moqué de moi en me répondant : Je te laisserai la vie. Aujourd'hui, avant de vous écouter, je vous répéterai encore une fois : De l'or !

— Tiens donc, prends cette bourse ; elle est remplie de ce qui fait l'objet de ta convoitise. »

« Nous entendîmes en effet, dit Esteban, le bruit métallique de pièces d'or renfermées dans une bourse. »

« Sache aussi, continua Davila, que je la remplirai dix fois encore aussitôt que tu auras terminé ce que j'ai à t'ordonner.

— Si vous parlez toujours de la sorte, dit Judas, je vous servirai bien.

— Et tu seras fidèle et discret?

— C'est selon. Combien cette bourse contient-elle de pièces?

— Vingt-cinq, au moins.

— Vingt-cinq ! après de si belles promesses, c'est une misère. Mais enfin il faut commencer par quelque chose. Parlez toujours, ajouta Judas en faisant sonner dans ses mains la somme qu'il venait de recevoir, je verrai si l'affaire que vous allez me proposer vaut davantage.

— Tu sais ce dont je suis capable, si par hasard tu oses me trahir, interrompit Davila.

— Je connais vos qualités, répondit Judas, et à vous dire vrai, j'y regarderais à deux fois avant d'essayer de vous tromper.

— Or, écoute bien : d'Abadia avait dédaigné l'union que je lui proposais entre mon neveu et sa fille, je l'ai fait tomber entre les mains du saint-office. Grâce au réquisitoire que j'ai prononcé contre lui hier, sa perte est certaine, et par contre-coup celle du gendre qu'il a préféré à mon neveu; sa propre fille même ne sera pas épargnée. Tu n'as pas oublié quels moyens nous avons mis en usage... »

« A ces mots, dit Esteban en s'interrompant, Tristan fit un mouvement pour s'élancer, mais je le retins à sa place. »

« Et je ne vous ai pas été inutile dans cette affaire, répliqua Judas.

— Il est vrai que par tes dénonciations tu as fortement contribué à corroborer mes déclarations anonymes. Dans le même temps que nous jouions ce mauvais tour à d'Abadia, j'attirais l'attention des inquisiteurs sur plusieurs de ses amis.

— Et je vous ai encore une fois prouvé mon zèle dans cette circonstance, répondit Judas. »

« Les scélérats! me dit à voix presque imperceptible Tristan agité par une fureur concentrée. »

« Avez-vous entendu? dit Judas à son interlocuteur.

— Quoi? demanda Davila, qu'avons-nous à craindre ici?

— Je ne sais, mais j'ai entendu parler.

— Quelle apparence que d'autres personnes soient venues chercher un gîte ici?

— J'ai distingué une voix, vous dis-je.

— Serais-tu devenu poltron?

— Oui, j'ai peur ici. Quand j'étais seul tout à l'heure, j'ai entendu prononcer mon nom.... là...

— C'est moi qui t'ai appelé à voix basse du haut de la galerie qui est de l'autre côté.

— C'était de là, vous dis-je, que mon nom partait. Je ne crains guère les gens de l'autre monde ; mais j'ai, aussi bien que vous, de bonnes raisons pour me défier des gens de celui-ci.

— Laisse toutes ces vaines terreurs et écoute-moi. Il s'agit de notre fortune à tous deux. »

« En ce moment, dit Esteban en s'interrompant de nouveau, Davila et Judas se renfoncèrent dans la galerie, et nous vîmes une ombre se glisser entre nous et les deux interlocuteurs pour se rapprocher davantage de ces deux scélérats. Nous ne fîmes aucun mouvement Tristan et moi, ni pour arrêter le mystérieux ami que nous aurions voulu connaître, ni pour rompre un entretien qui nous dévoilait tant d'horribles actions. »

« Que faut-il faire ? demanda Judas.

— Me prêter le secours de tes paroles et, au besoin, de ton bras pour me défaire d'un homme qui me porte ombrage.

— Encore des dénonciations, des calomnies, des témoins à corrompre ! Eh bien ! n'importe, nommez-moi ce nouvel ennemi.

— Je puis compter sur ta fidélité ?

— Nous aurions trop à perdre tous les deux si l'un trahissait l'autre.

— C'est à toi de ne pas l'oublier.

— Mais cet homme ?

— C'est Gabriel Sanchez.

— Peste ! le trésorier du roi !

— Lui-même.

— Mais que vous a-t-il fait ?

— Ce ne sont pas tes affaires.

— C'est juste. Cependant j'aime assez à savoir pourquoi je suis l'ennemi de l'homme que j'accuse.

— Eh bien, je veux le renverser de sa place à mon profit.

— A votre profit, seul ?

— Il va sans dire que ta récompense sera magnifique.

— J'y compte. Mais par quel moyen vous déferai-je du trésorier?

— Ce moyen?... tu l'as indiqué toi-même, tout à l'heure. Calomnie, dénonciation, corruption de témoins; que te faut-il de plus?

— Ah! c'est une belle chose que l'inquisition! comme, avec une institution pareille, on peut se débarrasser des gens qui vous déplaisent!

— Nous en avons déjà fait l'épreuve.

— De quelle hérésie accuserons-nous celui-ci?

— Nous réveillerons d'abord le souvenir du meurtre d'Arbuez, dans lequel il a failli être impliqué à cause de Pedro Sanchez, son parent.

— Après?

— Puis, comme il descend d'une famille juive qui compte parmi ses membres des pénitenciés et même un relaps, nous ferons naître le soupçon de judaïsme; tu sais que ce moyen nous a toujours réussi.

— Nous ne l'accuserons pas d'autre chose?

— Non. Ne poussons pas trop loin nos accusations, laissons le dénoncé se perdre lui-même, c'est moins dangereux pour nous. Contentons-nous de le mettre au bord du précipice, et attendons qu'il s'y jette volontairement. Si l'hérésie dont nous l'accuserons est légère, on nous croira sans examen, car j'ai une influence telle, qu'il suffit d'un mot de moi pour être jugé coupable. Le trésorier se fâchera, résistera; il sera pénitencié; il se révoltera, fuira, sera saisi comme relaps, enfermé dans un cachot... Enfin, l'histoire de d'Abadia...

— C'est bien pensé.

— Et moi, cependant, je solliciterai la place de l'hérétique en me faisant appuyer par les inquisiteurs d'ici auprès de Torquemada. Celui-ci me recommandera à la reine Isabelle qui parlera de moi au roi Ferdinand, et le diable aidant, je serai trésorier.

— C'est inévitable.

— Une fois maître de ce poste...
— Eh bien?
— Tu n'auras qu'à me faire connaître tes désirs.
— J'aime mieux commencer par là.
— Je t'écoute.
— Vous me ferez riche..., très-riche.
— N'en doute pas.
— Toutes les fois que vous m'avez proposé une mauvaise affaire, vous m'avez alléché par l'appât d'une grande fortune, et je suis toujours aussi pauvre.
— Aujourd'hui il n'en sera plus de même. Il ne dépendra que de toi de jouir de tout le bonheur que peut procurer la richesse.
— Je ne demande pas mieux. Mais un seul point m'embarrasse.
— Voyons?
— C'est que le trésorier est à Tolède avec la cour, et que nous sommes à Saragosse.
— Tu iras à Tolède. C'est pour te faire partir sur-le-champ que j'ai voulu te voir cette nuit même. Le jour paraîtra dans deux heures. Aussitôt que les portes de la ville seront ouvertes, prends la route de Tolède.
— Et une fois dans cette ville, que ferai-je?
— Tu comprends qu'une affaire aussi délicate exige des instructions précises et que tu puisses consulter souvent. Je les ai donc écrites moi-même sur les tablettes que je tiens en ce moment, et que je te remettrai dans un instant. Tu les étudieras avec soin. Ne t'en écarte pas d'une seule lettre, et je te réponds du succès. Mais, ajouta Davila après un instant de silence, tu connais déjà ces tablettes. Ce sont les mêmes qui t'ont servi de guide dans l'affaire de d'Abadia et celle de ses amis. Je n'ai ajouté que quelques renseignements relatifs aux localités où tu seras forcé d'aller, et aux frais qui en résulteront.
— Mais n'est-il pas indispensable qu'avant de me mettre en route pour Tolède, vous me donniez une bonne somme?

Avec vingt-cinq pièces d'or je n'irai pas loin; et puis, cette somme n'est pas comprise dans nos arrangements.

— Les tablettes t'apprendront comment il sera pourvu à tous tes besoins, et quel emploi tu devras faire des fonds qui seront mis à ta disposition dès que tu seras à Tolède.

— Si, malgré vos prévisions, Gabriel Sanchez échappe à nos dénonciations?

— Les tablettes te diront de quelle manière on peut faire tomber dans un guet-apens l'homme le plus circonspect. Ton bras est bon...

— Encore un meurtre!... Non, seigneur Davila, ce crime, je ne le commettrai pas.

— Ta mort est certaine alors.

— La mort me cause moins d'effroi en ce moment que l'idée de commettre un nouveau meurtre.

— Ce n'est pas le crime qui t'effraye, mais le moyen de l'exécuter. Tu es né pour les dénonciations ténébreuses plutôt que pour une attaque à main armée. Eh bien donc, si Sanchez échappe à nos dénonciations, nous attendrons une occasion plus favorable, et tu n'en recevras pas moins une riche récompense.

— C'est différent, dit Judas que l'appât de l'or ne trouvait jamais insensible. Donnez-moi, ajouta-t-il, les instructions dont vous m'avez parlé.

— Jure-moi d'abord, sur le salut de ton âme, que tu ne me trahiras pas.

— Je le jure!... Surtout parce que vous pourriez m'en faire repentir

— Crois bien que toutes mes mesures sont prises tant pour me garantir de tes dénonciations, que pour te faire périr victime de tes propres perfidies.

— Je n'aurai garde d'oublier ces preuves de votre confiance. J'attends vos instructions.

— Tiens donc, et rappelle-toi que ton supplice suivrait de près ta trahison. »

« En ce moment la nuit était un peu moins intense. Nous

vîmes se mouvoir le mystérieux personnage qui nous avait précédés au souterrain. Il s'approcha sans bruit, avança la main vivement, et saisit les tablettes que Davila tendait à Judas, puis il s'enfonça de nouveau dans l'obscurité qui régnait autour de nous. Alors eut lieu entre Davila et Judas une scène qui, en toute autre circonstance, nous eût fort divertis. Mais, dans la disposition d'esprit où nous avait mis l'entretien de ces deux hommes, nous ne songions qu'à recueillir les preuves nouvelles qu'ils nous donnaient, l'un de sa basse poltronnerie, l'autre de sa scélératesse. »

« Prends un soin particulier de ces tablettes, de peur de les égarer, dit Davila, persuadé que c'était Judas qui les avait reçues.

— Assurément, répondit Judas. Ce n'est pas la première fois qu'elles sont entre mes mains, et je vous les ai toujours rendues fidèlement.

— C'est pourquoi je n'hésite pas à te les confier de nouveau, malgré la défiance que tes premières paroles m'avaient inspirée. A chaque difficulté qui se présentera à ton esprit, consulte-le.

— Je n'y manquerai pas. Mais donnez-les-moi, car il est temps que j'aille guetter l'ouverture des portes de la ville pour prendre la route de Tolède. Où est votre main ?... Donnez...

— Que dis-tu ?

— Je cherche votre main pour prendre les tablettes que vous voulez me confier.

— Décidément, tu es fou aujourd'hui. Ne te les ai-je pas données il n'y a qu'un instant ? Et tu l'as déjà oublié ?

— Vous m'avez donné les tablettes ?

— Sans doute.

— Vous voulez railler ?

— Je n'en ai nulle envie. J'ai bien plutôt la pensée que tu veux te jouer de ma confiance.

— Par Satan ! si j'ai reçu de vous autre chose que la bourse, je veux !...

— Ah ! c'est trop fort ! Tu ne m'as pas pris des mains, tout à l'heure, à l'instant, les tablettes que je te tendais?

— Non, mille fois non ! J'ai avancé la main, mais je n'ai pas rencontré la vôtre.

— Judas, prends garde à toi ! je t'avertis que la raillerie n'est pas mon fait en ce moment, et que je ne te laisserai pas sortir d'ici sans savoir quel usage tu prétends faire de ce que je t'ai donné.

— Vous ne m'avez rien donné ; quel usage voulez-vous que je fasse d'une chose que je n'ai pas reçue ?

— Par l'enfer ! s'écria Davila exaspéré, cessons ce jeu ! Rends-moi sur-le-champ ces tablettes, ou je te tiens pour un insigne fourbe ! »

« Judas ne répondit pas, et un profond silence s'établit dans la galerie pendant quelques instants. »

« Il faut, dit à la fin Judas, ou que nous rêvions tous les deux, ou qu'un autre que moi ait reçu vos tablettes.

— Ne sommes-nous pas seuls ici ? Aurais-tu amené quelqu'un ? Si je le savais !... Cette trahison serait digne de toi.

— J'admire comme vous êtes, à mon égard, fécond en injures.

— Eh bien ! dis-moi si tu es venu seul ?

— Oui, je suis venu seul ; mais je ne réponds pas qu'il n'y eût déjà quelqu'un ici avant moi. Deux fois j'ai entendu prononcer mon nom.

— S'il en est ainsi, visitons cette galerie ; reste ici pendant que je vais m'assurer s'il y a quelqu'un au fond. »

« Davila fit, en effet, quelques pas en avant ; mais, bientôt, revenant auprès de Judas, il lui dit :

« Réflexion faite, j'aime mieux rester à l'entrée ; je me défie de toi comme d'un traître ; si tu as mes tablettes tu pourras, pendant que je serais au fond de la galerie, te dérober par la fuite à ma vengeance ; et je veux, si tu m'as trompé, que tu ne sortes pas vivant d'ici. Allons, va toi-même, recherche activement ceux que tu prétends avoir entendus.

— Miséricorde ! s'écria Judas d'une voix brisée. Que j'aille me faire assassiner au fond de cet antre ! Non, seigneur Davila, non !

— Tu savais donc qu'il y avait quelqu'un ici ?

— Non, dit Judas, dont la lâcheté native commençait à paraître évidente. Si je l'avais seulement soupçonné, je n'aurais pas fait la sottise de venir avant vous.

— Ah ! que tu es bien le vrai type des traîtres ! Menteur hardi, calomniateur audacieux là où il n'y a pas de danger à l'être ; mais poltron, lâche dès que le péril se montre !

— Je suis sans courage contre des dangers invisibles.

— Avance, te dis-je ! ou le sort que tu redoutes au fond de cette galerie, je te le ferai éprouver de mes propres mains !

— Qui sait si ce ne sont pas des êtres surnaturels, des esprits, des revenants ?

— Tu ne les crains pas, tu l'as dit, et tu n'y crois pas non plus ! Quels sont les hommes qui sont ici ? Tu les connais ! Nomme-les-moi ou, par l'enfer ! je te perce la gorge de ce long poignard ! Avance ! Quand on t'étranglerait au fond de ce souterrain, qui veux-tu qui s'en inquiète ?

— C'est peu de chose que ma vie, je le sais, aussi ne trouvé-je pas mauvais qu'il n'y ait personne qui y tienne plus que moi. Permettez donc que j'attende ici, pendant que vous irez au fond.

— Avance, ou tu es mort !

— Ainsi, de tous côtés la mort est inévitable !...

— Eh bien ? demanda Davila.

— Eh bien !... non !... dit Judas en s'enfuyant.

— A quel être ignoble je confiais mes intérêts ! » s'écria Davila.

« Puis, oubliant que les témoins de ses révélations pouvaient lui échapper, ou plutôt, convaincu que Judas avait cherché à lui donner le change pour avoir occasion de garder les tablettes, il s'élança à sa poursuite. Ils franchirent, non sans danger de se briser les jambes, les blocs de marbre et les débris qui encombraient le fond de l'excavation. Tristan et moi nous nous étions avancés à l'entrée de la galerie, laissant derrière nous l'inconnu que nous n'avions point oublié. Bientôt nous entendîmes qu'on gravissait rapidement l'escalier, puis une pierre roula, un cri fut poussé, suivi immédiatement de la chute d'un corps humain; des gémissements sourds troublèrent seuls ensuite le silence de ce lieu. Quelques minutes après, entendant un bruit de pas, nous nous renfonçâmes dans la galerie où un homme rentra. Etait-ce Judas? Etait-ce Davila? Nous ne fûmes pas longtemps dans l'incertitude; car dès qu'il eut fait quelques pas dans la galerie, nous entendîmes qu'il murmurait ces mots:

« Judas n'avait pas les tablettes; j'ai bien exploré ses vêtements, je n'ai rien trouvé... Que je bénis le hasard qui a fait rouler sous ses pieds une des pierres de l'escalier! Il est tombé d'une grande hauteur, et est resté sur la place, j'ai pu le fouiller tout à l'aise; par là je me suis assuré qu'il n'est pas maître d'un secret qui pouvait me perdre. Qu'en a-t-il fait? Il ne m'a pas été possible de lui arracher une parole; il s'est tué. Ma foi, tant mieux! Mais mes tablettes? les a-t-il jetées dans cette galerie, ou au milieu des décombres? Il faut que je les cherche; je ne quitterai pas cet endroit que je ne les aie entre mes mains. Avant une heure le jour sera venu, et à moins, comme disait Judas, qu'un esprit, un revenant ou le diable n'ait mis la main dessus, il faudra bien que je les retrouve. Attendons...; le jour m'apprendra si, par hasard, des espions ne s'étaient pas glissés ici avant nous. »

« Davila, à ces mots, roula à l'entrée de la galerie une grosse pierre, pour s'en servir de siége; il s'y plaça, et tout resta dans le silence. Je vous laisse à penser, seigneur d'Abadia, ce qui serait arrivé si Davila eût attendu le jour et qu'il nous eût reconnus, ce qui ne pouvait manquer d'arriver, du moins, quant à moi. Il fallait sortir de cette position critique, soit par la violence, soit par la ruse. Notre mystérieux compagnon vint à notre secours et nous tira du danger de la manière la plus inattendue.

« Il y avait quelques minutes que tout était silencieux et que nous n'entendions plus que les plaintes du malheureux Judas, lorsque nous vîmes l'inconnu s'avancer lentement vers Davila.

Celui-ci, aux premiers pas qu'il entendit, se redressa vivement et demanda d'une voix terrifiée :

« Qui es-tu ? »

Mais on avançait toujours.

« Qui que tu sois, répéta Davila, malheur à toi si tu ne déclares à l'instant qui tu es !

— Frère Barnabé !... » dit une voix grave et solennelle.

« Davila fut saisi d'un tel étonnement en entendant ce nom, qu'il resta immobile et silencieux pendant quelques instants.

« Vous ici ! dit-il enfin. Malédiction !

— Silence ! reprit celui qui se désignait sous le nom de frère Barnabé. Et vous, continua-t-il en se tournant vers le fond de la galerie, vous, qui avez entendu, comme moi, les révélations du fiscal Davila, passez librement et sans crainte, il ne cherchera point à vous connaître ! Hâtez-vous de vous éloigner.

« Nous n'hésitâmes point alors à sortir de la galerie ; en passant devant frère Barnabé, nous entendîmes Davila qui lui disait :

— Ne me perdez pas, mon frère, je vous en supplie !...

— J'ai dans mes mains la preuve écrite que vous n'avez eu ni justice ni pitié pour les autres, répondit frère Barnabé. Laissez-moi !... »

« Et il le repoussa d'un geste dédaigneux auquel Davila ne répondit qu'en laissant voir les marques du plus violent désespoir.

« Peu d'instants après nous étions hors des *Ruines*, grâce à ce que, par un hasard providentiel, une seule pierre avait roulé sous le pied de Judas que nous laissâmes étendu au fond de l'excavation. Frère Barnabé nous suivait ; dès qu'il fut parvenu au sommet de l'escalier, il se tourna vers Davila :

« Magistrat prévaricateur, lui dit-il, tremble à ton tour ! bientôt, je l'espère, tu rendras un compte terrible de ta criminelle conduite !

« Il s'éloigna aussitôt. Nous vînmes à sa rencontre, et Tristan lui dit :

— Nous quitterez-vous, seigneur inconnu, sans nous dire qui vous êtes?

— Plus tard, répondit-il, vous me connaîtrez si les circonstances ne s'opposent pas à ce que je renonce aux précautions qui me paraissent indispensables aujourd'hui. Séparons-nous. Sachez seulement que le sort du seigneur d'Abadia et celui de sa fille me touchent vivement, et comptez sur moi. »

« A ces mots, il nous laissa, et nous nous éloignâmes à la hâte d'un lieu où nous avions été chercher la sécurité et où nous n'avions trouvé que des périls.

— Je me rappelle, dis-je à Esteban, que peu de temps après le meurtre d'Arbuez un inconnu est venu m'avertir qu'il était temps pour moi de me soustraire au danger qui me menaçait. Une fois déjà il m'avait rendu le même service, alors que je faisais ma pénitence. Quel peut être cet ami? Quel qu'il soit, que le Ciel le seconde!... Et Tristan, demandai-je à Esteban, l'as-tu informé de l'arrestation de Béatrice?

— Oui, répondit Esteban, je n'ai pu m'en défendre; car au moment où nous allions nous séparer, il me demanda pourquoi le nom de Béatrice était toujours mêlé au vôtre quand on rappelait votre malheur.

« Esteban, me disait-il, vous m'avez caché une partie de la vérité. Vous avez fait naître des craintes dans mon âme. Quel danger menace Béatrice? Achevez, de grâce, afin que je la défende, s'il en est temps encore! »

« Alors je ne lui ai plus caché aucun détail sur ce qui concerne votre fille Béatrice. Je m'attendais à le voir se livrer au plus violent désespoir. Il n'en fut rien, soit que le malheur qu'il commençait à redouter lui parût moins grand, soit que la force de son âme lui eût fait surmonter son désespoir. Il puisa dans mon récit une nouvelle ardeur pour travailler à la délivrance des deux seules personnes qu'il aime. Demain, il viendra dans la nuit, à une heure convenue, près de cette prison, et je lui donnerai l'argent nécessaire, non-seulement à son existence, mais encore à l'exécution d'un projet qu'il dit avoir conçu et sur lequel il compte beaucoup. Il m'en aurait

L'INQUISITION ET SES MYSTÈRES. 319

fait part, si les événements que je viens de vous rapporter lui en avaient laissé le temps. Mais, seigneur, il faut nous séparer.

— Avant de me quitter, dis-je à Esteban, mets le comble à tes services. Ma fille n'est pas loin de moi... O Esteban! je serai maître de ma joie, je la comprimerai pour qu'elle n'éclate pas de manière à nous compromettre tous. Je t'en conjure, Esteban, une heure d'entrevue avec ma fille, soit ici, soit dans son cachot; que je ne meure pas avant de l'avoir revue!

— Que me demandez-vous, seigneur!

— Je sais quels dangers tu braves pour moi; mais songe, Esteban, qu'il y a dix-huit mois que je ne l'ai vue! Et elle est seulement à quelques pas de son père! mon généreux ami! encore ce service, ce sera le plus précieux de tous ceux que tu m'auras rendus!

— Pas avant deux nuits, me dit Esteban, afin que j'aie le temps de prendre toutes les mesures commandées par la prudence.

— Tu consens? merci mille fois! Avertis-la aussi, afin que la surprise, la joie ne lui fassent aucun mal... Va, maintenant, mon ami; laisse-moi, je ne te retiens plus..., va... »

CHAPITRE X.

Béatrice. — Le bracelet. — Le père et l'amante.

 *juillet.* — Aucun incident nouveau n'a marqué cette journée. J'ai pu, sans être distrait, repasser dans ma mémoire tout ce qu'Esteban m'a rapporté. J'ai pensé surtout à Béatrice, à mes deux enfants. Demain! ô demain! hâte-toi de venir! Et toi, ô nuit! deviens plus sombre encore à l'heure où j'irai presser sur mon cœur ma chère Béatrice! protége le bonheur de ceux qui ne se sont jamais écartés de la vertu, toi qui, si souvent, jettes un voile impénétrable sur le crime!

11 juillet. — Rien encore aujourd'hui. Je m'attendais à être conduit à la chambre du Tourment; mais, Dieu soit loué! ma crainte ne s'est pas réalisée. Que serais-je devenu si les tourmenteurs m'avaient mis dans l'impossibilité de me rendre auprès de Béatrice. Que les souffrances ne me brisent que demain! O Ciel, accorde-moi encore cette nuit de repos!

C'est pour la nuit qui va suivre cette journée qu'Esteban m'a promis une entrevue avec Béatrice. O joie suprême! puissé-je ne pas succomber sous l'ineffable bonheur de cette pensée! Dans quelques heures je la verrai; je la tiendrai là! sur mon cœur! dans mes bras! Je verrai ses yeux, son front, son sourire, toute ma fille! et j'entendrai sa voix!... Béatrice! oh! dans quelques heures!

12 juillet. — Je l'ai revue!... Comment raconter, sans l'affaiblir, tout ce que j'ai éprouvé de joie et de peine pendant cette heure délicieuse et cruelle? Quelle candeur! quelle vertu! quelle résignation dans cette jeune fille de dix-huit ans à peine! Puis-je me plaindre maintenant que j'ai vu une faible et frêle enfant supporter avec tant de courage son injuste captivité!

Vers minuit, Esteban est venu à mon cachot. Il fit si peu de bruit en tournant la clef et en tirant les verrous de ma porte, que je l'entendis à peine. Je ne m'aperçus que ma porte était ouverte que lorsque Esteban me dit : « Êtes-vous prêt à me suivre? »

Je lui demandai pourquoi il n'avait pas de lumière.

« Je l'ai laissée auprès de votre fille, me répondit-il, car il ne serait pas prudent de vous faire traverser le couloir souterrain avec une lumière, bien que je ne craigne aucune surprise, puisque tous les gardiens sont endormis; deux précautions, cependant, valent mieux qu'une seule.

— Tu l'as avertie de ma visite? lui dis-je en m'avançant de son côté.

— Oui, elle vous attend; j'ai sa promesse qu'elle se contiendra pour ne pas faire de bruit. Je vous recommande aussi la plus grande prudence, seigneur, si vous voulez que ces entrevues se renouvellent quelquefois.

— Va, ami, conduis-moi, je suis prêt à te suivre, et je ne te ferai point repentir de ta complaisance. »

Esteban, qui m'avait fait déchausser pour que mes pas ne fussent point entendus, me prit par la main, et, me tirant après lui, il me conduisit au cachot de Béatrice. Il est dans un des tournants du souterrain qui, presque en face de ma porte, fait un coude et se prolonge encore de la longueur d'une douzaine de pas. Qu'on s'imagine, s'il se peut, avec quelle impatience et quel battement de cœur je suivais mon guide. Nous arrivâmes bientôt, sans dire un seul mot, à la porte de Béatrice; elle était entr'ouverte; je la poussai avec précaution, et aussitôt j'aperçus ma fille, qui en m'attendant s'était prosternée et semblait prier avec recueillement; j'étais sans doute en ce moment l'objet de ses accents vers Dieu, car mon nom sortait souvent de sa bouche. Esteban me fit signe d'avancer, mais je m'arrêtai malgré mon impatience; je ne voulais pas que la fervente prière de ma fille fût interrompue.

Je jetai un coup d'œil rapide dans l'intérieur de ce réduit qui renfermait le plus cher objet de mon amour. Esteban ne m'avait point trompé en me disant que Béatrice était mieux traitée qu'on ne pouvait l'espérer dans ce funeste séjour. Son coucher, qui se composait d'un épais matelas et d'une grosse couverture de laine, ne touchait point au sol humide, grâce à la hauteur de l'estrade assez élevée sous laquelle l'air pouvait pénétrer. L'ouverture qui donnait du jour et de l'air à ma fille me parut assez grande, mais hélas! armée de barreaux de fer. Un escabeau lui avait été laissé ainsi qu'un petit bénitier et un crucifix devant lequel elle priait au moment où je la revis.

Cependant sa prière étant terminée, elle se leva et tourna la tête de notre côté. Mais déjà lui voyant faire un mouvement, je m'étais mis à l'écart derrière la porte. Bizarre mouvement de la nature! je brûlais de tenir ma fille sur mon cœur, et je retardais malgré moi cet heureux instant! c'est que je sentais qu'une joie trop subite pouvait nous tuer l'un et l'autre. Je fis signe à Esteban d'avancer le premier. Il m'obéit, et posant son doigt sur sa bouche pour imposer silence à ma fille, il lui indiqua du geste que j'étais auprès d'elle et qu'elle allait me voir. Béatrice, ne pouvant modérer son impatience, se précipita vers la porte, où je la reçus dans mes bras.

« O mon bon père, s'écria-t-elle, est-ce vous que je revois! »

Esteban, craignant quelque bruit, me poussa doucement au fond de la pièce, et ferma la porte, après m'avoir dit qu'il reviendrait dans une heure, et en me recommandant de parler à voix basse.

Je plaçai Béatrice sur son lit, et je m'assis devant elle sur le siége unique qu'on lui avait laissé. Alors eut lieu entre nous une de ces scènes muettes où les gestes, les regards, le silence même, empruntant à l'âme toute son éloquence, toute sa vie, traduisent les pensées du cœur plus vivement que ne le feraient les paroles. Je la contemplais avec ravissement. Comme elle est belle! Que de charmes la nature a développés en cette enfant! Il n'y a que la beauté de son âme qui puisse égaler la perfection de sa personne! Tous mes malheurs étaient oubliés pendant que je l'enveloppais ainsi des plus tendres regards. Je me trouvais reporté aux jours heureux où, dans ma riche demeure, je pouvais l'entourer de tant de soins et de bien-être! Dans quels lieux cependant l'ai-je retrouvée! Dans quel état le sort contraire me l'a-t-il rendue!

« Qu'il y a longtemps, ô mon père, que je ne vous ai vu! dit-elle en passant ses bras autour de mon cou.

— Tu le vois, chère enfant, je n'étais pas libre... Oh! si je l'avais été, tu ne serais pas ici. Mais Tristan! Tristan, à qui j'avais ordonné de rester auprès de toi! Pourquoi l'as-tu contraint de me désobéir? c'est lui surtout qui est coupable; puisqu'il était parvenu jusqu'à toi, il ne devait plus te quitter!

— Ne l'accusez pas; c'est moi qui l'ai renvoyé ici, et j'en bénis le Ciel, car il se serait fait tuer pour me défendre... Si vous saviez comme il m'aime!

— Oui, son devoir eût été de te défendre...

— Il l'aurait fait, ô mon père! Et moi je l'aurais vu maltraiter, tuer peut-être sous mes yeux...

— Par quelle trahison est-on parvenu à t'arracher de ton asile ? Tes serviteurs n'étaient-ils pas fidèles et dévoués ?

— Plusieurs hommes sont venus, un soir, frapper à ma maison. Ils se sont dits chargés d'un message pour moi... de votre part. On les a introduits; on s'est aperçu alors qu'ils étaient armés. Antonio, mon domestique, aidé de ma duègne Théodora, voulut les éconduire, mais ils pénétrèrent de force jusqu'à moi, après avoir bâillonné et enchaîné mes deux domestiques.

— Et je n'étais pas là !...

— Ils m'ont menacée du même sort si je faisais la moindre résistance. La terreur m'a glacée, et un long évanouissement ne m'a point permis de m'opposer à cette violence. Quand je revins à moi, j'étais sur la route d'Espagne. Mes ravisseurs me protestèrent qu'ils ne me feraient aucun mal; et, en effet, ils avaient pour moi les plus grands égards. Je n'ai bien compris toute l'horreur de mon sort qu'en arrivant à Saragosse; c'est là que j'ai su ce qu'on voulait de moi ; ils prétendent faire de votre fille votre propre accusatrice...

— Rien n'est sacré pour eux.

— O mon père ! qu'ils me font horreur, tous ces ennemis de votre personne et de votre nom !

— Laisse là tous ces souvenirs, chère Béatrice, et dis-moi, mon enfant, pourquoi tu n'as pas gardé Tristan auprès de toi.

— Non, mon père, c'est de vous seul que je veux m'occuper. Vous êtes plus pâle qu'autrefois... Ils vous font bien souffrir ?

— Non, je te jure, ils me traitent avec douceur... Je suis bien ici... Mon cachot... Que dis-je, mon cachot ? Ma chambre est très-belle, bien claire et saine.

— Et vous n'étiez pas chargé de fers ?

— Non, tiens, regarde mes mains, mon cou, mes pieds, ils ne portent aucune marque de chaînes. Ce n'est que dans des circonstances particulières qu'on met les fers aux pieds et aux mains d'un prisonnier. Par exemple, s'il est insoumis, violent, ou s'il cherche à se donner la mort. Hors ces cas, ses membres sont libres. Pour moi, je suis mieux traité que toi, ajoutai-je, en enchérissant encore sur ce qu'Esteban avait pu lui dire ; mon coucher est excellent, les mets qu'on me sert sont choisis à mon goût. Sois donc rassurée sur mon sort, et quand le geôlier, qui se nomme Esteban, viendra, remercie-le et aime-le, car c'est un ami dévoué pour nous.

— Que je suis heureuse, ô mon père, de ce que vous m'apprenez. Mais, hélas! il vous manque toujours la liberté...

— Mais, que me ferait la liberté, maintenant que tu es auprès de moi?... La liberté serait mon plus grand supplice, puisque toi, retenue ici, je ne te verrais plus... Et te voir, c'est le bonheur pour moi.

— Combien je désirais jouir du même bonheur, ô mon père! Mais que ma joie serait bien plus parfaite, si je vous trouvais libre et heureux.

— Heureux?... Ah! je le suis maintenant, à cette heure...

— Oui, mais libre!...

— Trop de félicité à la fois nous accablerait... Aujourd'hui, heureux... Demain! peut-être libres tous deux!...

— Puisse votre espérance n'être pas trompée!... Puisse Tristan...

— Nous le reverrons aussi, mon enfant. Dans la vie, sache-le bien, le malheur n'est ni plus grand, ni plus fréquent que le bonheur. Tel qui, aujourd'hui, est près de succomber sous le poids de son infortune et de sa honte, sera demain au comble de la gloire et du bien-être. Nous avons été, depuis quelque temps, cruellement éprouvés par le sort; nous devons nous en réjouir aujourd'hui, car, suivant les règles de l'égalité du mal et du bien, nous touchons au bonheur. Déjà nous sommes plus heureux qu'hier, puisque nous voilà l'un auprès de l'autre, puisque je te tiens dans mes bras..., que je puis te prouver toute ma tendresse et recevoir les témoignages de la tienne!

— O mon père, que vous me donnez d'espérance et de courage! Quoi! nous serions libres, heureux, nous reverrions Tristan!...

— Tôt ou tard, mon enfant, la vertu triomphe des obstacles et des embûches... Mais, dis-moi, chère Béatrice, pourquoi tu as renvoyé Tristan dans un pays si rempli de dangers pour lui.

— Tristan et moi pouvions-nous être heureux et tranquilles sachant que vous étiez aux mains de vos ennemis ?

— Tristan avait reçu de moi des ordres aussi, les a-t-il remplis ?

— Il m'a remis, de votre part, un anneau qui ne me quittera plus... je le garde sur mon cœur... c'est un bien qui m'est si cher !...

— C'est le gage de ton union avec Tristan. Tu l'aimes toujours ?...

— Oh ! si je l'aime !

— Et tu as eu le courage de l'éloigner de toi et de le rejeter au milieu des périls !

— C'est surtout parce qu'il l'a fait que je l'aime de toute mon âme ! Par là j'ai connu son cœur. Si vous saviez comme son départ m'a fait mal !...

— Et tu n'as pas essayé de le retenir ?

— J'ai bien hésité ; mais une force supérieure à ma volonté semblait s'y opposer, et je l'ai laissé partir !... J'ai même combattu sa résistance... mais j'ai bien souffert...

— Cruelle enfant ! que de mal tu t'es donné, et pourquoi ? Pour accroître mes tourments. Tristan ne t'a donc pas dit que mes ordres étaient formels pour qu'il restât auprès de toi ?

— Tristan m'a rapporté les paroles dont vous vous étiez servi pour nous unir l'un à l'autre, paroles sacrées qui ne se sont plus effacées de mon cœur : « Dis-lui que la volonté de son père a été qu'elle t'accepte pour époux. » C'est alors qu'il m'a remis votre message, mais je n'ai pas cherché à lui cacher mon désespoir en apprenant qu'il était revenu seul. Ah ! j'ai bien pleuré, et j'ai dit à Tristan qu'il n'y aurait d'union possible que sous vos yeux. Tristan, s'abusant lui-même ou cherchant à tromper mon désespoir, essayait de me rassurer et de me donner de la confiance. Demain, disait-il, aujourd'hui peut-être, votre père vous pressera sur son cœur... La route qu'il a prise est différente de celle que j'ai suivie ; mais si elle est plus longue, elle est aussi plus sûre, et j'ai la certitude qu'il reviendra bientôt.

— Tristan ignorait que je fusse arrêté...

— Je voyais bien que l'espoir de Tristan serait déçu. Les jours, les semaines s'écoulaient, et nous vous attendions en vain. Tristan lui-même avait cessé d'espérer. Un jour, en insistant sur le désir que vous aviez manifesté, il me montra l'anneau d'or que vous lui aviez donné. La vue de ce précieux objet, bien connu de moi, en réveillant tous mes regrets, m'apprit aussi mon devoir. Je le pris des mains de Tristan, et, après l'avoir baisé et arrosé de mes pleurs : « Est-il convenable, ami, dis-je à Tristan, que nous nous livrions à des sentiments que mon père autorise, il est vrai, mais qu'il ne pourrait consacrer par sa présence?... Cet anneau, je ne le rendrai qu'à celui qui me ramènera mon père », ajoutai-je, en tremblant que Tristan ne me comprît pas.

— Cruelle amie, me répondit-il, je vous obéirai, car votre estime et votre bonheur me sont plus chers que la vie. »

Je le remerciai alors et lui dis que je l'aimais et que je ne cesserais de penser à lui. Il était heureux, cependant...

« Eh bien ?

— S'autorisant de vos promesses et du gage que vous lui aviez donné, il me supplia de consentir à exécuter ce qu'il appelait vos ordres. Il voulait, en un mot, que le titre d'époux fût le prix de son dévouement.

— Et tu as résisté ?

— Je restai inflexible...

— Ne comprenais-tu pas que Tristan, par ses instances et son hésitation même à partir sur-le-champ, faisait éclater, non son défaut de dévouement, mais son amour?

— Rien ne put changer ma résolution; je ne répondais à toutes ses protestations qu'en prononçant votre nom.

— Chère enfant !

— Et moi, combien j'ai souffert de son chagrin ! Je désirais lui voir suivre le parti que je lui indiquais, et je ne pouvais m'empêcher de me féliciter en secret de son hésitation. Il m'aimait, et j'étais charmée de son amour. O mon père ! et moi aussi je l'aime... Il partit enfin !... Ah ! si la mort allait être le prix...

— Non. Tristan est dans une retraite inconnue et sûre. Jusqu'ici il a traversé tous les dangers. Déjà, grâce à ses démarches, nos anciens amis ont promis de s'intéresser à mon sort. Que ne feront-ils pas quand ils sauront que tu partages ma captivité !

— Ah ! qu'ils vous délivrent d'abord !

— Que deviendrais-je sans toi ? moi libre, quand tu serais enfermée ici ! Non, tu n'y penses pas, Béatrice ; c'est toi qui dois sortir d'ici la première, toi qui ne devais jamais y entrer !

— S'ils me rendent la liberté, j'irai me jeter aux pieds du roi, de la reine Isabelle, de Torquemada lui-même. Ils sont justes, sans doute, et quand ils me verront protester devant Dieu que vous n'êtes pas coupable, n'en doutez pas, ils me croiront, et votre innocence sera proclamée.

— Chère enfant ! m'écriai-je en prenant Béatrice dans mes bras et en la couvrant de mes baisers ; est-il possible que le Ciel ne récompense pas tant de vertus !

— Quel bonheur de retourner dans notre maison, où nous étions si heureux autrefois !

— Cet heureux temps renaîtra pour nous !

— Vous rappelez-vous, mon père, ces belles fêtes que vous donniez à vos amis ?

— Oui. Et tu étais la reine de ces joyeuses réunions. Comme on t'aimait alors ! on se disputait une de tes paroles, un de tes regards... Mais toi, aimable et jolie pour tous, tu n'étais tendre que pour un seul.

— C'est qu'il est doué de tant de rares qualités ! et puis vous lui aviez promis ma main.

— Il était digne de cette préférence.

— C'était Tristan qui me donnait les fleurs les plus fraîches et les plus suaves ; c'était lui qui peuplait ma volière des oiseaux les plus gracieux et les plus riches... ; et puis il me disait de ces mots si doux !...

— C'est-à-dire que tu trouvais à toutes ces choses une perfection qui, en réalité, ne surpassait pas celle des autres, mais que ton penchant secret rendait inimitable.

— Je le crois comme vous, mon père; car, si tout me charmait de la part de Tristan que j'aimais, tout me déplaisait de la part de cet autre prétendant... de ce Fernand, neveu de Davila!

— Davila! m'écriai-je involontairement. Béatrice, ne prononce jamais cet odieux nom devant moi!

— Ah! s'il vous déplaît, mon père, je ne le détesterai pas moins que vous.

— Un de mes plus vifs regrets, c'est d'avoir admis jadis ce traître dans ma maison.

— Que dites-vous, mon père?

— Ne parlons pas de cet homme, Béatrice; son nom, son souvenir excitent ma colère.

— Mais cet homme n'est donc pas de nos amis?

— Lui! de nos amis!

— Que disait donc la femme qui me sert depuis que je suis ici?

— La femme? Oui, je me souviens... Esteban m'en a parlé... c'est la femme d'un des gardiens?

— Oui, mon père...

— Eh bien! que t'a-t-elle dit?

— Beaucoup de choses qui me paraissaient peu intelligibles et qui, à présent, me sont entièrement incompréhensibles.

— Quelles étaient ces choses? Voyons, raconte-moi tout ce que te disait la femme du gardien?

— J'ai peine à croire que cette femme, qui est bonne, ait voulu me tromper. Elle a pour moi tant d'attentions!

— C'est toujours ainsi que les traîtres s'insinuent dans notre esprit, et qu'ils assurent l'accomplissement de leurs mauvais desseins!

— Elle m'a dit que Davila était vivement touché de mon malheur.

— C'est lui qui en est la première cause!

— Qu'il s'occupait activement de le soulager, qu'il n'avait

point oublié le temps où nous le recevions dans notre maison.

— Puisse ce temps être effacé de mon souvenir !

— Que son neveu Fernand m'aimait toujours.

— Il ment, car son neveu s'est déclaré publiquement le chevalier d'une des dames d'honneur de la reine !

— Que, si je voulais me confier à sa parole...

— Tu n'en feras rien, Béatrice !

— Mon aversion pour ces gens-là m'en aurait empêchée à défaut de votre défense.

— Continue...

— Que, si je voulais me fier à lui, il trouverait bien le moyen de me faire sortir d'ici...

— Le fourbe a bien su nous y faire entrer; mais son pouvoir irait-il jusqu'à nous délivrer ?

— Il faudrait, pour l'engager à travailler dans notre intérêt, que je consentisse à accepter un asile dans sa propre maison...

— Jamais ! Béatrice, prends garde aux pièges de ce misérable !

— Chez lui, m'a-t-il fait dire, je pourrais attendre en toute sécurité votre délivrance qui suivrait de près la mienne, et il nous aiderait encore à regagner la France...

— Pourquoi cet homme n'est-il qu'un traître ! au lieu d'être un ami !...

— Le seul prix qu'il mette à son zèle, c'est de me laisser guider par lui, de me soumettre à ses volontés...

— Ensuite ?

— Que votre liberté, votre salut et le mien dépendraient de moi seule.

— Et tu serais chez lui ? seule avec cet homme ?

— Il dit qu'il serait nécessaire de commencer par me délivrer.

— Grâce à Dieu ! tu es encore ici, et je ne te laisserai pas devenir la proie de ce scélérat !

— Et moi qui lui ai permis de tout entreprendre, puisqu'il s'agissait de votre liberté et de la mienne !

— Hier peut-être il avait encore de l'autorité, de l'influence; mais aujourd'hui !...

— Cet homme est donc bien dangereux ?

— A ce point que j'aime mieux te voir captive qu'entre ses mains. »

Esteban rentra comme je disais ces mots.

« Ami, lui dis-je, ma fille a failli tomber dans un nouveau piége de Davila. Ce fourbe a eu recours à la femme qui sert Béatrice pendant le jour; il faut l'éloigner; je ne veux plus que cette femme lui parle. Tu connais Davila; tu sais si ce traître peut avoir une pensée d'honnête homme. Eh bien ! il voulait faire sortir ma fille d'ici, lui donner un asile dans sa propre maison ! Plutôt la mort, Béatrice ! car tu serais perdue, Tristan ne te reverrait plus !

— Mon père, je ne ferai rien qui puisse déplaire ni à vous ni à Tristan.

— Il est temps de vous séparer, dit Esteban.

— Déjà ! s'écria Béatrice en se pressant contre moi.

— Une minute de plus peut nous perdre, dit Esteban.

— Séparons-nous, ma fille; suivons le conseil de ce généreux ami et ne l'entraînons pas dans notre malheur.

— Vous reverrai-je encore, mon père ?

— Souvent, je l'espère, mon enfant.

— Hâtez-vous, nous dit Esteban, l'heure est passée, il faut que je rentre auprès des gardiens. »

Je fus contraint de m'arracher des bras de Béatrice, et bientôt après je me retrouvai dans mon cachot, plus triste et plus découragé que jamais.

13 *juillet, midi*. — Ce ne sont plus les malheurs présents, ni même la captivité de Béatrice qui me préoccupent le plus depuis hier, mais les desseins perfides de Davila. Quelle audace ! quelle corruption dans le cœur de ce misérable ! il a osé concevoir la pensée de soumettre ma fille, une enfant belle et pure comme les anges, à ses brutales passions ! Et je suis ici ! sans pouvoir, sans liberté ! Comment éviter les trames de cet homme ? comment avertir frère Barnabé, afin qu'il se hâte de les préve-

nir?... Esteban ne peut voir Tristan que pendant la nuit, et mon fils courrait les plus grands dangers s'il se montrait dans la ville au milieu du jour. Il est donc impossible de se concerter et d'agir. Que faire? Ma fille sera-t-elle exposée sans défense aux piéges de ce Davila? Peut-être ce misérable a-t-il déjà renoncé à ses projets depuis que le hasard a rendu frère Barnabé maître de ses secrets; car il doit trembler à son tour. N'importe, il faut que je me concerte avec Esteban, que je lui communique mes craintes; il trouvera peut-être le moyen de nous tirer de ce péril, le plus redoutable de tous, puisqu'il concerne l'honneur de ma fille.

Mais j'y pense! jusqu'ici j'ai refusé de prendre un confesseur. Oui, j'ai refusé, parce que je me défiais de ceux que les inquisiteurs prétendaient m'imposer. Mais que frère Barnabé soit le mien; je le ferai demander aujourd'hui même, et, puisqu'il m'est dévoué, je ne doute pas de son empressement à déjouer les projets de notre ennemi. Une pensée m'inquiète encore cependant. S'il n'était pas prêtre! Si je ne pouvais m'entretenir en secret avec lui! Ma fille serait-elle perdue! car je ne vois que lui qui puisse la sauver. Il doit être bien influent et posséder une autorité qui surpasse celle du fiscal, puisque celui-ci est humble et tremblant devant lui. Qu'un seul mot donc lui apprenne ma mortelle inquiétude. Mais où le trouver? Où peut-il être? Le temps presse cependant! Si je m'adressais à notre jeune archevêque, don Alphonse, si bon, si humain, si juste! Oui, je me souviens qu'autrefois, avant que je fusse condamné à une pénitence, il m'accueillait avec distinction; il me témoignait de l'estime, de l'intérêt, et parfois je pouvais me croire au nombre de ses amis. Si je pouvais réveiller en lui ces souvenirs encore si près de nous!... Mais, hélas! il a fait comme tous mes autres amis; la peur du saint-office lui impose une réserve, une prudence qui va jusqu'à l'oubli des relations passées. J'essayerai, toutefois... Mais on vient, j'entends ouvrir ma grille..., que me veut-on? Ce n'est pas l'heure de la visite...; cachons vite mon manuscrit. . . . .
. . . .

DEUX MOIS APRÈS.

15 *septembre* 1486. — Deux grands mois se sont écoulés depuis mon entrevue avec ma fille, et d'hier seulement j'ai repris l'usage de ma raison et de mes membres. Une sorte d'engourdissement, une torpeur semblable à celle que l'on éprouve durant quelques instants au sortir d'un sommeil lourd et pénible, m'est restée dans le cerveau et ne me permet de recueillir qu'avec peine mes idées, et en quelque sorte une à une. D'un autre côté, une raideur douloureuse entrave encore les mouvements de mes bras et de mes doigts. C'est avec difficulté que je parviens à retracer ici mes souvenirs à mesure qu'ils renaissent. En un mot, durant deux mois et plus, j'ai été en démence; heureusement, peut-être, car mes membres brisés n'eussent pu obéir à ma volonté.

Quand Esteban est venu cette nuit me visiter, il me semblait qu'une seule journée me séparait de l'heure où j'avais vu Béatrice, et je parlais des événements qui avaient précédé cette entrevue comme s'ils n'avaient que quelques jours de date. Qu'on juge de mon étonnement, je dirai même de mon effroi, lorsque j'appris que nous étions au 15 septembre. Je ne pouvais en croire Esteban. Ainsi depuis longtemps je ne comptais plus les jours. Pendant tout ce temps je suis resté plongé dans une espèce de léthargie causée par les tortures morales et physiques qu'on m'a fait subir. Je priai Esteban de me faire voir ma fille.

« Elle n'est plus ici, me répondit-il en poussant un profond soupir.

— Où est-elle? demandai-je avec une secrète appréhension qu'il ne m'annonçât une sinistre nouvelle, qu'en a-t-on fait?

— Rassurez-vous, me dit Esteban, elle est libre.

— Libre! serait-il vrai?

— Oui, seigneur, six semaines se sont écoulées depuis que les portes de cette prison lui ont été ouvertes.

— Ouvertes? Quoi! sa liberté n'est point le résultat d'une évasion?

— Nullement. C'est du consentement des inquisiteurs eux-mêmes qu'on l'a remise en liberté.

— Quelle heureuse nouvelle tu m'apprends! Mais à qui dois-je un si grand service?

— D'abord, à frère Barnabé.

— Frère Barnabé! Ce généreux protecteur est donc aussi puissant qu'il est bon?

— Je n'en doute plus depuis que je l'ai vu et entendu dans ces lieux de désespoir.

— Ici?

— Dans votre cachot même.

— Tu as vu ses traits?

— Je les ai vus.

— Mais qui donc est-il?

— Je ne puis vous le dire; car il m'a ordonné de taire son nom. Le hasard seul, et non sa volonté, m'a mis de moitié dans son secret.

— Eh bien! dis-moi seulement s'il est prêtre.

— Il l'est.

— Tu rapporteras alors aux inquisiteurs que je désire faire acte de repentir, et que je demande un confesseur. Je n'ai pas besoin de te désigner celui que je choisis.

— J'avais prévenu votre demande; car, il y a deux mois, lorsque nous vous rapportâmes de la chambre du tourment...

— De la chambre du tourment! Oui, je me souviens! Béatrice y était aussi! Ils la faisaient souffrir! Je vois encore le bracelet dont ils se servaient... Elle est bien libre, Esteban? tu ne me trompes pas?... Elle n'est plus entre leurs mains cruelles? Voyons, dis-moi la vérité... j'ai tant souffert ce jour-là!

— Et moi aussi, dit Esteban, j'ai bien souffert, et depuis ce jour...

— Eh bien?

— Non, seigneur, il n'est pas nécessaire que vous sachiez tout ce que j'ai souffert.

— Généreux ami ! comment reconnaîtrai-je un si grand dévouement ? Mais dis-moi de nouveau que ma fille est bien libre.

— Elle est partie, je vous le répète ; elle est libre, et c'est non-seulement à frère Barnabé qu'elle doit sa liberté, mais encore...

— Achève.

— Vous ne me croirez pas, seigneur.

— Achève, te dis-je ; j'ai hâte de connaître cet autre libérateur. Quel est-il ?

— Le fiscal.

— Davila ! l'auteur de ma misère !

— Lui-même.

— Je n'en crois rien, ou sa conduite cache encore quelque piége.

— Cette conduite lui a été imposée par frère Barnabé.

— A la bonne heure.

— Il était perdu s'il eût refusé de proclamer l'innocence de votre fille ; frère Barnabé le dénonçait immédiatement au saint-office.

— Je m'étonnais aussi qu'un motif d'humanité eût inspiré une bonne action à ce misérable ; la crainte seule le pousse. »

Le jour où vous fûtes rapporté à demi mort de la chambre du tourment, frère Barnabé vint ici muni d'une autorisation des inquisiteurs. A l'instant où il se présenta, j'étais occupé à chercher le moyen de lui faire savoir dans quel triste état vous étiez.

« Esteban, me dit-il, conduisez-moi sur-le-champ auprès du seigneur d'Abadia. Les inquisiteurs m'ont donné ordre de recevoir sa confession, s'il en est temps encore.

— Vous ne pouviez venir plus à propos, mon frère, répondis-je, car le seigneur d'Abadia va rendre son âme à Dieu.

— Je sais qu'il a subi la question. Peut-il parler ?

— Il n'a pas encore repris ses sens.

— Allons en toute hâte auprès de lui.

— J'ai à vous parler, dis-je au frère dès que nous fûmes seuls.

— Plus tard, me répondit-il. »

Dès que frère Barnabé vous aperçut, il fut ému d'une compassion inexprimable. Il essaya d'obtenir de vous quelques paroles suivies et sensées, mais il ne put y parvenir, votre raison était perdue. Et d'ailleurs votre corps, brisé par le supplice qu'on vous avait fait endurer, était en proie à des douleurs qui ne vous auraient laissé la liberté d'écouter aucun discours, lors même que votre esprit n'eût rien perdu de ses facultés. Vous voyant dans cette situation critique, et pensant que vous succomberiez bientôt sous le poids de tant de maux, je rapportai au frère ce que vous m'aviez dit au sujet des nouvelles trames de Davila contre votre fille. Frère Barnabé comprit vos alarmes, et, se baissant vers vous, il fit entendre les paroles les plus douces et les plus onctueuses que jamais la charité eût employées pour calmer les angoisses d'un malheureux. Nous étions seuls; soit que le frère eût l'intention de se faire reconnaître de vous, soit qu'il oubliât que j'étais là, il souleva son capuce, découvrit son visage, et, le reconnaissant, je ne doutai plus du pouvoir de votre mystérieux ami.

— Et tu ne peux me le faire connaître?

— Je manquerais à mes serments. Huit jours après cette entrevue, votre fille Béatrice eut une audience. Davila, loin de la charger, suivant son habitude à l'égard de tous les accusés indistinctement, employa tous ses efforts à faire briller son innocence. Il rappela qu'elle avait été arrêtée moins parce qu'elle était coupable que pour servir à votre supplice. Enfin, huit nouveaux jours ne s'étaient pas écoulés que je reçus ordre de la remettre en liberté.

— Qu'est-elle devenue depuis ce temps?

— Je me suis empressé d'avertir le seigneur Tristan pour qu'il avisât au moyen de la mettre en lieu sûr. Mais déjà frère Barnabé avait pourvu à cette mesure en la plaçant sous la garde de la noble et respectable dame de Santangel.

— Et tu dis qu'il y a six semaines que cet heureux événement s'est passé?

— Oui, seigneur, six semaines; j'ai bien compté les jours, moi.

— Et Davila a été forcé de travailler à la liberté de Béatrice?

— Oui, forcé, sous peine d'être dénoncé lui-même.

— Et depuis que ma fille est libre, ce Davila n'a-t-il plus été inquiété?

— Je ne sais; mais depuis que je connais votre protecteur, je m'attends tous les jours à recevoir l'ordre d'incarcérer Davila et de vous mettre en liberté. Oh! si pareille chose avait lieu!...

— Ne l'espère pas, Esteban. Les inquisiteurs sont rusés et persévérants; ils ont pu concevoir quelque pensée secrète que Béatrice, une fois libre, servirait à leur faire découvrir Tristan; que celui-ci se trahirait pour la revoir. Je me défie des inquisiteurs lors même qu'ils me font quelque bien. Béatrice est-elle toujours dans la maison de la vénérable dame de Santangel?

— Non; elle a voulu aller à Tolède implorer la clémence de Torquemada, de Ferdinand, et l'intervention de la reine Isabelle en votre faveur. Et deux jours après sa mise en liberté, elle est partie.

— Pour Tolède? Seule?

— La dame de Santangel, malgré son grand âge, a voulu accompagner votre fille.

— Dieu veuille que tant de marques de sympathie ne lui soient pas funestes un jour! Et Tristan?

— Je ne l'ai plus revu depuis le départ de votre fille Béatrice. Je pense qu'il l'aura suivie à Tolède.

— Vaines démarches! ils ne réussiront pas.

— Seigneur d'Abadia, que l'espérance rentre dans votre âme; ayez confiance en frère Barnabé, confiance en votre fille Béatrice. Il n'est pas possible que tant de charmes, tant de grâces, tant de vertus ne touchent pas les souverains et le grand-inquisiteur lui-même.

— Mais Davila ne recevra-t-il pas la peine due à ses crimes?

— Davila a repris sa sécurité; il est plus influent que jamais. Cependant...

— Serait-il vrai? dis-je à Esteban. Frère Barnabé aurait-il négligé de poursuivre cet homme?

— Frère Barnabé voulait se concerter avec vous; mais vous étiez si mal! D'un autre côté, Judas s'est blessé si grièvement en tombant dans les *ruines*, qu'il n'est pas encore sur pied, et frère Barnabé le juge indispensable à ses projets. Dans peu, je pense, il sera en état de sortir et de faire ce que votre protecteur attend de lui. Soyez certain que Davila n'évitera point le châtiment qu'il s'est préparé. Mais je ne puis, seigneur, rester plus longtemps avec vous. Demain, frère Barnabé saura dans quel état vous êtes, et, si mes prévisions sont justes, il agira efficacement pour vous. »

Esteban me quitta, et je passai le reste de la nuit à recueillir péniblement mes souvenirs. Le nom de Davila me revint fréquemment à l'esprit, et ce nom me rappelant la première cause de mes malheurs, je remontai par la pensée jusqu'à leur origine. Il me sembla qu'un voile épais se déchirait peu à peu, et que tous les événements de ma vie apparaissaient successivement à mes yeux. Je regrettais vivement d'être privé de lumière, tant je craignais de laisser échapper quelques-uns de mes souvenirs à mesure qu'ils renaissaient. Certains événements me paraissaient si près de moi que je croyais qu'ils s'étaient accomplis la veille. D'autres se dessinaient d'une manière confuse dans mon esprit et me laissaient dans une grande incertitude sur les paroles d'Esteban et sur l'époque où tout cela s'était passé.

Le jour parut enfin. Je tirai mon papier de sa cachette. L'inspection que j'en fis ne contribua pas peu à faire cesser mon incertitude. Evidemment il n'avait point été touché depuis longtemps. L'humidité l'avait, en le détériorant, couvert de flocons blancs et cotonneux. Mon encre même était moisie et à demi desséchée. Je ne pouvais plus douter des paroles d'Esteban. A quelle cause devais-je attribuer ce long engourdissement de mon esprit et de mes membres? Esteban me l'avait déjà rappelé : c'est que j'avais été conduit à la chambre du tourment; je m'en souviens maintenant. Quel effroyable séjour! Quels supplices les hommes ont inventés pour punir de prétendus crimes qui devraient être honorés comme actes de vertu! Je vais essayer de raconter tout ce que j'ai vu et souffert dans cette chambre funeste.

C'était le 13 juillet, à l'heure où ma pensée était le plus occupée de Béatrice : un des inquisiteurs, accompagné du greffier, d'Esteban et de plusieurs gardiens, entra à l'improviste dans mon cachot. L'inquisiteur était couvert de son capuce noir et troué à la hauteur des yeux. Mais bien que je ne visse point son visage, je reconnus à la voix que c'était Gaspard Juglar. Après m'avoir demandé si je consentais à compléter mes premiers aveux, il se tut pour attendre ma réponse. Ne l'ayant pas trouvée conforme à ses désirs, il m'ordonna de le suivre sans dire où il me conduisait. Je marchai sur ses pas agité par un funeste pressentiment. Ceux qu'il avait amenés me suivaient. Un des gardiens, portant une torche de résine, éclairait notre marche. L'inquisiteur nous fit parcourir une infinité de détours dans un souterrain sombre et silencieux comme le tombeau. A mesure que nous avancions, mon esprit perdait toutes ses facultés et mon corps toutes ses forces. J'étais glacé, et la glace de mes membres semblait pénétrer jusqu'à mon âme. Instinctivement je pensais combien ce funèbre lieu devait renfermer de dramatiques mystères. Ah! quand les cieux sont si brillants, la surface de la terre si animée et si riche, l'air si doux à respirer, les concerts des oiseaux si ravissants à écouter, l'harmonie de la nature si touchante et si admirable, ô Dieu de toutes ces merveilles! je rends hommage à votre existence et je vous bénis. Mais, dans ces antres souterrains, effrayants soupiraux de l'enfer, là où je ne vois que des visages ennemis, où je me sens plongé dans un air méphitique, environné d'un silence de mort, là où tout est lugubre, je suis prêt à vous méconnaître! O Dieu! ne renouvelez pas cette horrible épreuve, ce serait fait de ma foi.

Nous arrivâmes enfin à une grotte absolument privée de

toute communication avec la surface de la terre. Deux pales et lugubres lampes suspendues à la voûte jetaient à grand'peine leur lueur blafarde sur les objets qui se trouvaient dans cette grotte. Sans m'expliquer l'usage de ces instruments extraordinaires pour moi, je ne pouvais m'empêcher d'y attacher mes regards inquiets. Une poulie attachée à la voûte élevée de cet antre supportait une corde très-forte; puis c'étaient des anneaux de fer, des crochets, une espèce de chevalet en forme de gouttière sans fond, et traversé seulement dans son milieu par une grosse cheville en fer. On voyait aussi par terre les deux parties d'une pièce de bois, carrée et recouverte d'épaisses lames de fer. Chacune de ces parties présentait deux échancrures ou croissants qui, réunis, devaient former deux trous assez grands pour étreindre les deux jambes d'un homme. Que sais-je? Il y avait encore des chaînes qui pendaient aux murs, des mesures pleines d'eau, un sablier qui marquait l'écoulement du temps; car, là aussi, on a besoin de mesurer les heures, non de peur d'infliger un supplice trop longtemps prolongé, mais dans la crainte qu'il ne soit trop court. J'étais évidemment dans la chambre du tourment.

Cette chambre est assez grande, mais sourde. On l'a disposée de manière que le bruit qui s'y fait ne puisse être entendu du dehors, ni des autres prisonniers [1]. C'est pourquoi on l'a placée sous un corps de bâtiment fort éloigné des cachots.

Quand j'y arrivai avec mon escorte, la première personne qui frappa ma vue fut Béatrice, placée entre deux personnages vêtus de longues robes de treillis noir, et ayant la tête entièrement couverte d'un capuchon de même étoffe et de même couleur. Béatrice s'enveloppait avec soin dans une espèce de grande mante brune; sa tête et son cou seuls étaient découverts et n'avaient d'autre voile que sa belle chevelure.

Dès qu'elle m'aperçut, Béatrice fit un mouvement pour s'élancer vers moi, mais ses deux gardiens la retinrent immobile entre eux; de mon côté, je voulus me précipiter vers elle, mais

[1] Marsollier, Llorente et autres.

les gardiens et les inquisiteurs s'opposèrent à mon désir. On m'enchaîna à la muraille.

« Cette chaîne est faible et usée, dit l'inquisiteur Juglar, pendant qu'on me la passait autour du corps, il faudra la changer. Allez », continua-t-il, en s'adressant aux gardiens.

Ceux-ci sortirent aussitôt, Esteban seul resta, de sorte que nous étions dans cette pièce, à mon arrivée, huit personnes, c'est-à-dire Béatrice, les deux inquisiteurs, les deux tourmenteurs, le greffier, Esteban et moi. Le greffier se mit en mesure d'écrire, et se plaça, à cet effet, sur la pièce de bois recouverte de lames de fer dont j'ai parlé, après avoir eu la précaution d'en réunir les deux parties. Esteban se tint immobile vers la porte d'entrée, et les deux personnages noirs se mirent à essayer d'une main la poulie et la corde, en la tirant alternativement chacun de son côté. L'inquisiteur, se tournant vers moi après avoir examiné tous les objets qui se trouvaient dans ce cachot, me dit d'une voix brève :

« Avouez-vous tous vos crimes ?

— Je les ai déjà déclarés, répondis-je.

— Renouvelez-en les aveux.

— Je suis prêt à le faire.

— Dénoncez aussi la retraite de votre complice, Tristan de Léonis ?

— Tristan de Léonis est mon fils.

— Il n'en est que plus coupable.

— A mes yeux il est innocent, et je serais digne de vos tortures si je le trahissais !

— Il y a trois jours, vous avez soutenu que vous ignoriez sa retraite ; aujourd'hui déclarez-vous que vous la connaissez ?

— Aujourd'hui, je ne le dénoncerai pas davantage.

— Mais, enfin, vous savez où il est caché ?

— Si je ne le savais pas il y a trois jours, comment le saurais-je en ce moment ? »

Je tâchais de répondre aux questions de l'inquisiteur avec la plus grande circonspection. Un seul mot pouvait éveiller les soupçons contre Esteban. Comme j'avais nié, trois jours auparavant, que je connusse l'asile de Tristan, si j'avais dit le contraire en ce moment, Esteban pouvait être compromis, perdu peut-être, puisque lui seul ayant la possibilité d'approcher de moi à toute heure, lui seul aussi aurait pu m'instruire du sort de Tristan. L'inquisiteur insista en vain, je persistai à nier.

« Et vous, jeune fille, dit l'inquisiteur en se tournant vers Béatrice, persistez-vous à nous cacher la retraite de Léonis?

— Elle l'ignore, m'écriai-je avec d'autant plus de force que j'étais sûr de dire la vérité.

— Laissez-la répondre, interrompit l'inquisiteur.

— Je ne la connais pas, dit Béatrice.

— N'imitez pas l'obstination de votre père, reprit l'inquisiteur, ou tremblez pour vous. »

L'inquisiteur mit dans cette menace tant de véhémence que je vis Béatrice pâlir et chanceler; les deux tourmenteurs la soutinrent; leur office n'était pas commencé, ils avaient encore quelque humanité. Béatrice se remit bientôt; je voyais les efforts qu'elle faisait pour y parvenir, car mes yeux ne la quittaient pas d'un instant.

« Répondez, ajouta Gaspard Juglar : où Tristan de Léonis, votre amant, s'est-il caché?

— Je n'en sais rien, murmura Béatrice d'une voix tremblante.

— Vous le voyez! m'écriai-je encore.

— Taisez-vous, hérétique, répliqua l'inquisiteur... Préparez-vous », ajouta-t-il en s'adressant aux deux personnages noirs qui gardaient Béatrice.

Aussitôt les deux tourmenteurs se mirent à l'œuvre, et l'un d'eux enleva par un mouvement brusque le manteau qui enveloppait ma fille. Elle poussa un cri qui retentit jusqu'au fond de mon cœur et me fit tressaillir violemment. Je crus qu'on l'avait blessée, car je ne la voyais pas, les tourmenteurs se trouvant en ce moment entre elle et moi.

« Oserez-vous bien torturer cette enfant? » dis-je avec colère.

Ils se mirent un peu à l'écart, et je compris la cause de la terreur de Béatrice. Le tourmenteur, en lui arrachant son manteau, avait emporté le voile qui couvrait à demi les épaules de ma fille, de sorte que ses bras, ses épaules, des charmes sur lesquels aucun regard n'avait encore glissé, se trouvèrent tout à coup exposés aux yeux avides de plusieurs hommes. Elle n'eut pas même la liberté de se servir de ses mains pour ramener sur sa poitrine le seul vêtement léger qu'elle eût alors sur elle, car les bourreaux s'étaient emparés de ses bras.

« Qu'elle est belle ! » murmura Esteban.

Puis, remarquant aussitôt la confusion de cette jeune fille et les mouvements de colère qui m'agitaient, il s'approcha de Béatrice, et ramassant le voile qui était tombé aux pieds des bourreaux, il lui couvrit la poitrine. Un regard plein de reconnaissance de la part de ma fille le récompensa de son action. Pendant ce temps, les deux inquisiteurs semblaient se consulter sur ce qu'il fallait faire.

« Bien que le confesseur de cet hérétique et de la jeune fille ne soit pas arrivé, dit Gaspard Juglar en élevant la voix, mon avis est que nous commencions par cette jeune fille; ce sera le moyen le plus efficace pour arracher au père les aveux qu'il refuserait de faire au milieu de ses propres tortures.

— Mais quels aveux voulez-vous encore? m'écriai-je. Des aveux que la nature, l'honneur, la religion même me défendent de faire? Vous voulez que j'accuse, que je dénonce mon fils Tristan, l'époux de ma fille? Non, jamais !

— Faites donc votre office», dit Juglar aux deux bourreaux.

L'un des deux prit aussitôt par terre un gros anneau de fer battu, sorte de cercle armé de petites pointes dans sa partie intérieure, et qui pouvait se rétrécir à volonté au moyen d'une vis. Il saisit la main de Béatrice, la passa dans l'anneau, puis, lui tendant le bras avec force, il poussa l'anneau tant qu'il put avancer. L'anneau ne s'arrêta qu'au milieu du bras, non loin du coude. Le tourmenteur donna un tour de vis; je vis alors l'horrible bracelet comprimer le bras délicat et charmant de ma Béatrice. Elle ne put retenir un gémissement bientôt suivi d'un cri, car le bourreau continuait de tourner la vis, faisant subir à ma fille deux supplices à la fois : les pointes de fer lui entraient dans le bras pendant que la compression devenait de plus en plus insupportable.

« Seigneur, dit Esteban en me regardant d'un air suppliant.

— Continuez, dit l'inquisiteur aux bourreaux.

— Arrêtez ! m'écriai-je, laissez cette enfant ! et écoutez-moi, je vais...

— Mon père ! interrompit Béatrice, mon père, ce n'est rien. »

En disant ces mots, deux grosses larmes arrachées par la douleur coulèrent de ses yeux. Je ne me trompai point sur le sens de cette exclamation de Béatrice ; elle aimait mieux souffrir que de me voir dénoncer la retraite de son cher Tristan. Je n'achevai point. L'inquisiteur attendit quelques instants, et, n'obtenant point d'aveu, il dit sèchement :

« Allez ! »

Le tourmenteur donna un troisième tour de vis. Ma fille détourna la tête sans pousser une plainte, afin de me dérober toute sa douleur. Mais je ne la devinais que trop aux mouvements convulsifs de son bras, au frémissement de tout son corps, à la sueur qui mouillait ses cheveux. Je ne chercherai point à peindre mes angoisses.

« Tigres sanguinaires, dis-je en donnant une violente secousse à ma chaîne, dans l'espoir de la briser, ne cesserez-vous pas bientôt de faire souffrir cette jeune fille ?

— Allez toujours, ordonna Juglar.

— Monstres d'iniquité, m'écriai-je, je vous maudis devant Dieu ! »

Les tourmenteurs se tournèrent vers Juglar ; je crus qu'ils s'étaient laissé toucher de compassion, et je les bénissais du fond du cœur.

« Pourquoi vous arrêter ? demanda Juglar.

— Le bracelet ne peut pas être serré davantage, répondit un des tourmenteurs. »

Et j'avais cru ces hommes accessibles à la pitié !

« Passez à l'autre bras, répliqua Juglar.

— Non ! je vous le défends ! » dis-je avec fureur.

Je ne me possédais plus ; je sentais ma raison s'égarer. Les tourmenteurs hésitaient ; les inquisiteurs eux-mêmes semblaient frappés de crainte, et, par une prudence bien justifiée aux yeux de ceux qui voyaient mon état d'exaspération, ils se tenaient à distance. Une chose certaine, c'est que celui qui se serait laissé saisir par moi aurait payé de sa vie le mal qu'on faisait souffrir à ma fille. Esteban ne détournait pas un instant les yeux de dessus Béatrice ; il souffrait aussi, je le voyais à ses traits agités et pâles ; ses poings se crispaient par intervalles. Oh ! si j'avais été libre ! les inquisiteurs ne seraient pas sortis vivants de la sombre salle !

« Faites ce que je vous dis, reprit Juglar en regardant les bourreaux.

— Non ! interrompis-je aussitôt. Greffier, écrivez mes aveux et la déclaration que je vais faire.

— Mon père, dit Béatrice, épargnez Tristan !

— Mettez le bracelet au bras droit, dit Juglar avec véhémence.

— A quoi bon, puisque je vais tout déclarer ? répondis-je.

— Mon père, ne le faites pas, dit Béatrice d'un air suppliant.

— Que Dieu me pardonne cette action, Béatrice, mais je ne puis te voir souffrir plus longtemps. Juges du saint-office, écoutez ! Et vous, greffier, écrivez la dénonciation que je vais faire de Tristan de Léonis.

— Je l'aime, mon père, grâce ! oh ! grâce pour lui !

— Ils te meurtrissent les bras !

— Cette douleur est légère.

— Mais ils te feront mourir !

— Je ne crains pas la mort.

— Tu veux donc que j'expire de désespoir à la vue de tes souffrances ?

— Je ne souffre plus, mon père.

— Ah ! tu cherches à m'abuser ! Vois ton bras, le sang coule...

— Grâce pour Tristan », répéta Béatrice.

Le bourreau cependant avait retiré l'anneau pour le changer de bras. Quelques gouttes du sang pur et virginal de mon enfant s'échappant de l'empreinte bleuâtre laissée par le bracelet, tracèrent des lignes écarlates le long du bras que, dans sa douleur, Béatrice n'avait plus la force de soutenir. On lui passa l'anneau au bras droit.

« Attendez, dit l'inquisiteur aux tourmenteurs. Êtes-vous prêt à parler, continua-t-il en s'adressant à moi? »

Je rencontrai le regard suppliant de Béatrice, et je gardai le silence.

« Hâtez-vous, reprit l'inquisiteur, si vous ne voulez qu'un nouveau supplice...

— Ayez pitié de votre enfant, me dit Esteban d'un ton de reproche. Parlez.

— C'est moi qu'il faut écouter, s'écria tout à coup Béatrice, c'est moi qui sais où se cache Tristan, et je vais vous le déclarer à l'instant. »

Je la regardai avec égarement, avec folie. Je n'imaginais pas en ce moment que cette promesse ne fût faite que pour gagner du temps et faire suspendre notre supplice. Non, je crus sincèrement qu'elle était en mesure de remplir sa promesse, et qu'elle allait dénoncer la retraite de son époux. Ce fut alors que m'apparut toute l'horreur d'une telle dénonciation. A mon tour, je jurai de m'y opposer.

« Écoutez, reprit Béatrice, après avoir comme recueilli ses souvenirs pendant quelques instants, Tristan est...

— Béatrice, interrompis-je avec force, songe que Tristan est ton époux.

— Il faut, dit l'inquisiteur, qu'un bâillon empêche cet homme de parler. »

Pendant qu'on cherchait le bâillon qui devait m'ôter la parole, j'ajoutai du ton le plus persuasif que je pusse prendre.

« O Béatrice! mon enfant! sois digne de moi, de Tristan. Toi! dénoncer ton époux! en ma présence! Non, ma fille, tu ne le feras pas... Je connais ton courage; ton cœur est ferme, et l'aspect de la mort même te trouvera inébranlable...

— Venez ici, dit l'inquisiteur en s'adressant à l'un des tourmenteurs, et vous, continua-t-il en se tournant vers Esteban, allez prendre place auprès de la fille de cet hérétique. »

Les deux inquisiteurs, assistés du tourmenteur, firent un pas vers moi. Juglar tenait le bâillon, il le remit au tourmenteur en ordonnant à celui-ci de s'approcher de moi. Je ne lui en laissai pas le temps. Je me précipitai sur lui avec une telle violence que ma chaîne se rompit. À cet instant, vous eussiez dit qu'une bête sauvage venait de tomber inopinément au milieu d'un groupe de chasseurs peu aguerris. Tous ces hommes si cruels, si inexorables quand ils vous voient enchaînés, s'enfuirent vers la porte en poussant des exclamations d'effroi. Surpris moi-même de me sentir en liberté, j'oubliai mes ennemis, et j'allai droit à ma fille qu'Esteban seul soutenait. Je la pris dans mes bras.

« Qu'ils viennent, m'écriai-je, qu'ils viennent maintenant toucher à cette enfant!

— J'ai froid, dit Béatrice. »

Esteban prit aussitôt le manteau qu'ils avaient arraché à Béatrice, et il me le donna. J'en enveloppai ma fille en cherchant à la rassurer, car elle tremblait de peur plutôt encore que de froid.

« Ne nous quitte pas, dis-je à Esteban, et défends ma fille avec moi.

— La résistance ne fera que les rendre plus cruels, me répondit-il.

— Il n'importe! ils ne mettront la main sur elle qu'après m'avoir arraché la vie!

— Ils reviennent, dit Esteban qui prêtait l'oreille vers la porte. »

Béatrice se serra contre moi.

« M'aideras-tu à la défendre, demandai-je à Esteban?

— Oui, répondit-il en s'armant d'une barre de fer. Ils se sont arrêtés, ajouta-t-il quand il fut revenu près de la porte.

— Ecoute, Béatrice, dis-je à ma fille, il faut te montrer ferme et confiante. Tiens, reste là, assise, ne quitte pas cette place. Ils ne parviendront pas jusqu'à toi.

— J'entends marcher, dit Esteban.

— Mon Dieu! dit Béatrice, ayez pitié de nous.

— Esteban, laisse-moi prendre cette place, dis-je en l'écartant de la porte; c'est à moi de courir les premiers dangers. Veille sur ma fille. »

Je m'emparai de la barre de fer qu'il tenait dans ses mains, et je me tins prêt à faire une résistance désespérée. Les assaillants, cachés dans l'ombre du couloir souterrain, voyaient sans doute tous mes mouvements, car ils s'arrêtèrent encore. Bientôt j'entendis une voix qui disait :

« Livrez passage au fiscal Davila !

— Davila! répondis-je en dissimulant subitement le désir de vengeance que ce nom avait réveillé en moi, qu'il vienne ! »

Après quelques instants on s'avança de mon côté, et une joie impatiente fit frémir tout mon corps. Deux hommes parurent, couverts chacun de la tête aux pieds d'une cape brune; je ne pouvais les reconnaître. Je levai ma barre de fer.

« Est-ce toi qu'on appelle le fiscal Davila? demandai-je au premier qui se présenta.

— Je suis le frère Barnabé, me répondit cet homme. »

Mes bras retombèrent et je laissai échapper mon arme.

« Soyez maître de vous-même, seigneur d'Abadia, continua le frère; n'opposez point aux juges du saint-office une résistance inutile et funeste.

— Faut-il laisser sans défense cette malheureuse enfant? » répliquai-je.

Le frère se tourna vers Béatrice, et après l'avoir examinée un moment :

« Quelle est cette jeune fille? me demanda-t-il.

— Cette jeune fille est mon enfant.

— Est-ce possible ! Quoi ! la jeune Béatrice ici? dans cette chambre, au milieu de ces instruments de tortures?

— Voyez, dis-je en dégageant le bras de ma fille de dessous son manteau, voilà ce qu'ils prétendent faire de mon enfant.

— Vous pouvez entrer, dit le frère à haute voix en s'adressant à ceux qui étaient dans le couloir souterrain. Laissez-moi faire, ajouta-t-il, et surtout modérez l'expression de votre colère. »

Les inquisiteurs rentrèrent accompagnés d'un nouveau personnage encapuchonné aussi, et qui n'était autre que le fiscal.

« Au nom de la justice de Dieu, dit le frère Barnabé ; au nom de la pitié humaine, éloignez cette jeune fille de ce lieu de tortures ! »

Les inquisiteurs se consultèrent du regard pendant quelques instants. J'attendais leur décision avec une inquiétude facile à comprendre.

« Qu'on l'emmène, dit enfin Juglar en s'adressant à Esteban ; et vous, exécuteurs des ordres du saint-office, saisissez cet homme.

— Grâces vous soient rendues, » ô mon généreux protecteur, dis-je à frère Barnabé, sans penser à l'ordre qui me concernait.

Esteban se mit en devoir d'obéir à l'inquisiteur, mais Béatrice pouvait à peine se mouvoir ; je fus obligé de la soulever pour la faire marcher. Je me souviens encore que, dans la prévision de ce qui allait se passer bientôt, je me réjouis vivement d'une séparation qui déroberait à ma fille le spectacle que probablement elle aurait eu sous les yeux sans l'intervention du frère Barnabé. Elle ne fit aucune résistance, sa faiblesse l'en empêchait.

« Hâtez-vous d'emmener cette jeune fille, dit Gaspard Juglar avec impatience, et vous, continua-t-il en se tournant vers les tourmenteurs, passez les cordes aux mains du coupable.

— Mon frère, dis-je à Barnabé, allez avec ma fille ; que vos consolations raffermissent son courage.

— Allez, ajouta Juglar, allez recevoir sa confession, et ne perdez pas de vue les intérêts du saint-office.

— Quant à vous, dit frère Barnabé d'une voix solennelle en se tournant vers Davila, songez à ce qui vous reste à faire.

— J'y pense », répondit le fiscal d'un air sombre.

La dernière injonction de l'inquisiteur dévoilait clairement l'usage ou plutôt l'abus que l'on fait quelquefois de la confession des accusés, en révélant aux inquisiteurs des faits qui ont été déclarés sous le sceau de la confession. Frère Barnabé sortit pour accompagner ma fille, pour la consoler et non pour trahir les secrets de son âme. Je restai seul avec les inquisiteurs, le fiscal et les tourmenteurs. J'étais tellement occupé de ma fille que je me trouvai, sans m'en douter et à ma grande surprise, à portée de la corde suspendue à la poulie. Ma pensée suivait Béatrice et j'oubliais tout ce que ma position avait de critique. Je fus tiré de ma préoccupation par la voix de Davila. Il osait, en ma présence, invoquer aussi les noms sacrés de justice, de vérité, de religion, lui !... Je frémissais de colère et d'indignation. On m'attacha les mains par derrière avec la corde passée dans la poulie. Je crus d'abord que c'était par prudence et pour m'ôter les moyens de recommencer une nouvelle lutte contre eux, mais je ne fus pas longtemps dans cette erreur.

« Tendez la corde », dit Juglar aux tourmenteurs.

Ils tirèrent la corde, la poulie tourna, et je sentis que mes bras se soulevaient derrière moi. Je compris l'intention des inquisiteurs, je vis à quel supplice on allait me soumettre.

« Arrêtez, dit Juglar. Vous savez ce qu'on attend de vous, ajouta-t-il en me regardant. »

Ma fille n'était plus là, on ne la faisait plus souffrir sous mes yeux, et la fermeté m'était revenue ; je répondis :

« Je ne dénoncerai pas la retraite de mon fils.

— Son fils ! répéta Davila.

— Vous ne me connaissiez qu'une fille, n'est-il pas vrai, fiscal Davila ? et il n'a pas tenu à vous qu'elle ne fût perdue pour moi ; mais j'ai un fils, sachez-le, à qui j'ai remis le soin de vous punir de vos perfidies.

— Vous vous égarez, me répondit-il ; en vous accusant je n'ai fait que remplir un pénible devoir.

— Plût à Dieu, m'écriai-je, que vous fussiez toujours resté dans les limites de vos devoirs, je ne serais pas ici ! Mais non, je ne me trompe point quand je dis, quand j'affirme que l'auteur de tous mes malheurs, c'est vous !

— Cet homme est fou, dit Davila avec dédain.

— C'est un criminel obstiné et impénitent, reprit Juglar; qu'il subisse le sort qu'il a mérité ! Cependant, greffier écrivez tout.

— C'est cet homme méprisable, repris-je, qui devrait être à ma place en ce moment, car c'est lui le seul criminel. Ce sont ses calomnies qui m'ont perdu.

— Qu'attendez-vous, tourmenteurs, pour commencer la première question? demanda le fiscal.

Les tourmenteurs ne firent aucun mouvement.

« Faites », dit Juglar.

Les tourmenteurs se pendirent à la corde et ils m'enlevèrent lentement au-dessus du sol jusqu'à me faire toucher de la tête la poulie, instrument de mon supplice. Pendant ce temps l'inquisiteur me disait :

« En cas de lésion, de mort ou de fracture de membres, le fait ne devra être imputé qu'à vous seul [1]. »

Oui, voilà ce qu'osait me dire l'inquisiteur pendant que sur son ordre on commençait mon supplice. Quelle cruelle dérision !

On me laissa pendant quelques instants suspendu en l'air. Qu'on juge, si l'on peut, de la gêne horrible que j'éprouvai. Tout le poids de mon corps étant supporté ainsi par mes bras tirés en arrière, ils devaient dans un temps assez court se disloquer infailliblement. Mes bourreaux hâtèrent ce moment. Ils lâchèrent subitement la corde de manière à me laisser tomber à un demi-pied de distance de la terre. Cette secousse fut si terrible que toutes les jointures de mes bras craquèrent et se disloquèrent. Les cordes qui attachaient mes poignets entrèrent dans les chairs jusqu'aux os. J'eus encore la force de dire à Davila :

« Réjouis-toi, inique serviteur de Satan, tu as trouvé dans

---

[1] Nicolas Eymerick, Llorente et tous les auteurs qui ont écrit sur l'Inquisition.

les inquisiteurs des instruments dévoués à ta vengeance. Je t'ai refusé ma fille, et tu m'as fait accuser par Judas, un de tes dignes suppôts... je te méprise...

— Pourquoi laissez-vous à cet homme la parole libre? demanda Davila.

— Greffier, n'oubliez pas un mot, dit Juglar.

— Tu as entraîné dans mon malheur ma fille Béatrice, la plus innocente victime qui jamais ait été immolée à tes infâmes trahisons...

— Ne recommencerez-vous pas le supplice de cet insensé? » s'écria encore Davila en regardant les bourreaux.

Et sa voix tremblait. Était-ce de terreur, était-ce de colère? Les bourreaux restèrent immobiles, me tenant toujours suspendu à un demi-pied du sol. Je regardai les inquisiteurs; ils semblaient avoir oublié que mon supplice fût commencé; ils se tenaient immobiles aussi, la face tournée vers Davila, comme s'ils avaient pu saisir à travers l'étoffe de laine qui couvrait son visage les impressions que mes paroles y faisaient naître. Je repris.

« Non content d'avoir fait plonger ma fille dans un sombre cachot, de l'avoir exposée aux tortures de cette chambre, tu veux la déshonorer, infâme! sois maudit jusque dans tes descendants, si Dieu t'en donne pour ton supplice!...

— Ne fermera-t-on pas la bouche à cet insensé? vociféra Davila. Juges du saint-office, qu'attendez-vous pour ordonner aux bourreaux de continuer?

— Greffier, dit Juglar, écrivez avec soin tout ce qui se dit dans cette chambre.

— Les paroles d'un homme en démence méritent-elles qu'on les recueille? dit Davila en tâchant de prendre plus d'assurance.

— Faites ce que j'ai dit », reprit Juglar.

Puis, comme la gêne m'empêchait de parler davantage, l'inquisiteur, après quelques instants d'attente, fit un signe aux tourmenteurs... Ils me hissèrent de nouveau jusqu'à la voûte et me laissèrent encore retomber sans me laisser toucher au sol. A cette secousse mes épaules furent entièremen démises, et mes bras littéralement retournés, les coudes par devant. Ils s'allongèrent démesurément au-dessus de ma tête. Je voulus jeter à Davila une nouvelle malédiction, je n'en eus pas la force. Je me souviens seulement que ce supplice fut répété une troisième fois, mais déjà la douleur avait commencé à me faire perdre le sentiment. J'ignore ce qui se passa à partir de ce moment. Il est probable que les inquisiteurs craignant, si les épreuves continuaient, qu'il n'y eût danger de mort pour moi, déclarèrent que la question était *suspendue* pour être *continuée* une autre fois.

Les épreuves sont ordinairement au nombre de trois, et portent le nom du principal agent qu'on y emploie; ce sont : la *corde*, l'*eau*, le *feu*. Le supplice de la corde ayant, de l'avis des inquisiteurs, épuisé mes forces, la prudence leur commandait de ne pas me soumettre aux autres avant que je fusse rétabli, car il leur est défendu de donner la mort. Ils ne la donnent pas en effet, ils se contentent de condamner à la *relaxation*, acte qui doit l'amener inévitablement. Il est aussi enjoint aux inquisiteurs de ne pas soumettre plus d'une fois l'accusé à la question. Aussi, après quelques épreuves, déclarent-ils la question non terminée, mais *suspendue;* de cette manière ils se réservent la faculté de la continuer. Je subirai donc tous les supplices jusqu'à la fin, la mort viendra à son tour. Mais, je le jure, je ne commettrai pas de lâcheté. Je les vaincrai par ma constance et mon énergique volonté. Ils ne me rendront pas plus coupable que je ne le suis. . . .
. . . .

16 *septembre.* — Un médecin vient de me visiter. Sur ses questions, je lui ai rappelé que le supplice de la corde m'avait été infligé depuis deux mois; que mes bras et tout mon corps éprouvaient encore un douloureux engourdissement. Il a paru néanmoins satisfait de mon état, et il est parti. Je ne m'abuse point sur le motif de cette visite. Je sens que ce ne peut être par sollicitude pour moi que les inquisiteurs ont fait prendre des informations sur ma santé. Quelque nouveau supplice

m'attend sans doute; mais, plus encore qu'il y a deux mois, je me sens plein de force et de courage. Béatrice est libre ! cette pensée, en détruisant mes craintes à l'égard de ma fille, me fera braver tous les supplices. Je lasserai les bourreaux eux-mêmes. Je les défie de vaincre ma constance.

17 *septembre*. — Combien sont faibles les résolutions de l'homme! Je croyais être ferme contre l'adversité, et voilà qu'un malheur inattendu me laisse sans énergie. Esteban devait venir pendant la nuit; mais je l'ai attendu en vain : c'était la première fois qu'il ne se rendait pas à l'heure convenue dans mon cachot. Je me livrai à toutes sortes de conjectures sans pouvoir trouver une conclusion rassurante pour moi. Ce matin, cependant, j'espérais le voir encore; mais, à mon grand chagrin, un homme, que je ne connais pas, est venu à sa place. J'ai demandé, sans pouvoir dissimuler mon étonnement, ce qui était arrivé à Esteban.

« Il est parti, m'a répondu laconiquement le nouveau geôlier.

— Il ne reviendra plus ici?

— Non.

— Pourquoi donc a-t-il été remplacé?

— Ce ne sont ni vos affaires ni les miennes. »

Après ces mots, il ne m'a plus été possible d'arracher une parole à mon taciturne geôlier. Il s'est retiré, et je ne saurais peindre le découragement qui s'est emparé de moi depuis cette funeste nouvelle. Esteban, le seul homme qui eût toute ma confiance, le seul qui m'eût rendu de véritables services, Esteban m'est enlevé! C'est fait de ma vie, je le comprends maintenant. Les inquisiteurs auront remarqué la compassion de cet homme généreux pour Béatrice et pour moi, et ils lui en auront fait, sinon un crime, du moins un reproche. Ils se défient de sa fidélité peut-être. Le malheureux, l'ont-ils laissé libre?... N'est-il point aussi plongé dans un noir cachot?... Que vais-je devenir? Comment savoir des nouvelles de Béatrice et de Tristan?... Me voilà donc seul au milieu de mes ennemis! D'un côté les inquisiteurs qui ne me pardonneront point ma persévérance ou, comme ils disent, mon obstination; de l'autre, Davila qui m'a perdu, Davila dont le ressentiment m'a précipité dans le gouffre de maux d'où je ne puis sortir à présent. Et pour me défendre contre ces ennemis, je n'ai plus que la protection mystérieuse d'un homme qui m'est inconnu, d'un homme dont l'influence, dont l'action ne peut se faire sentir jusque dans cette enceinte. Tandis qu'Esteban... Non, c'en est trop!... Que la mort me délivre bientôt d'une existence maudite de Dieu, persécutée par les hommes!... Pourquoi donc n'ai-je pas encore été livré au bûcher? Hésiteraient-ils à me mettre à mort? Mes amis étaient nombreux naguère; peut-être les inquisiteurs craignent-ils quelque mouvement en ma faveur? Si les Aragonais voulaient! comme ces ennemis du genre humain disparaîtraient promptement de mon pays! Mais la terreur paralyse tous les cœurs... Et pas une seule chance d'échapper! Pas le moindre indice pour sortir de ce cachot!!! Cette Sarah pourtant, dont on m'a dit l'histoire, cette jeune fille, plus faible mais plus intelligente que moi, a bien su trouver une issue. Que n'a-t-elle laissé des traces de son passage! Des traces!... elles sont là! dans cette figure! au milieu de ces lettres disposées avec symétrie, dans ces triangles confondus à dessein dans un pêle-mêle de lettres! Là est le salut, peut-être! et je ne puis!... Voyons encore pendant que le soleil, au milieu de sa course, jette quelques reflets de lumière dans mon cachot. Durant une heure je pourrai distinguer ces lettres mystérieuses; je vais la consacrer, cette heure, à deviner ce qui m'a déjà donné tant de peine.

21 septembre. — Mon pressentiment n'était que trop fondé! Oui, la visite du médecin m'annonçait de sinistres projets. Il y a quatre jours, au moment où je me livrais avec ardeur à la recherche du sens caché dans la figure mystérieuse tracée par Sarah, on est venu me chercher pour me conduire à la chambre du tourment où j'ai trouvé les deux inquisiteurs et les deux bourreaux, ainsi que le greffier. Cette fois, je sus bientôt quel genre de supplice on voulait me faire subir, car à peine étais-je entré, que les tourmenteurs me saisirent avec l'aide de deux gardiens. J'ai déjà parlé d'une espèce de chevalet en bois ayant la forme d'une gouttière et pouvant recevoir le corps d'un homme. Un seul bâton ou cheville en fer le traverse. C'est sur ce bâton que je fus aussitôt renversé et attaché avec de fortes cordes, de telle sorte que, tombant en arrière, mon corps se courba par l'effet du mécanisme du chevalet et prit une position telle, que mes pieds se trouvèrent plus élevés que ma tête. Mes membres furent en même temps comprimés par des cordes fortement serrées au moyen du garrot ou bâton court en usage en pareil cas. Celles qui me serraient les bras et les jambes entraient à chaque tour dans les chairs et me faisaient éprouver de très-vives douleurs.

Cependant les inquisiteurs, après m'avoir averti de nouveau qu'en cas de lésion ou de mort le fait ne devrait être imputé qu'à moi seul, ne m'épargnaient ni les questions ni les menaces; mais j'étais résolu à garder le silence le plus absolu. Je rassemblais toute mon énergie, toute mon attention, toutes mes facultés enfin pour lutter victorieusement contre les tortures. Je ne voulais pas même être distrait de cette lutte par les réponses que j'aurais pu faire, par les imprécations qui me venaient parfois à l'esprit, mais que je repoussais aussitôt.

Après chaque question des inquisiteurs, les bourreaux donnaient un tour de garrot. En procédant ainsi, mes os devaient dans peu de temps être broyés, et je serais mort. Mais ce n'était pas le compte de mes bourreaux; ils ne voulaient pas encore la mort du coupable, mais ses aveux. Sur leur ordre, les tourmenteurs cessèrent de me comprimer les membres davantage. Je pensais être libre à la fin de ce supplice. Je n'étais qu'au commencement.

L'inquisiteur Juglar ordonna d'apporter l'eau. Alors un des tourmenteurs prit un linge fin qu'il trempa dans un vase. Il m'introduisit une partie de ce linge dans le fond de la gorge, et du reste il me couvrit les narines et le visage. L'autre bourreau prit ensuite une cruche dont il versa lentement le contenu sur le linge mouillé. L'eau, filtrant peu à peu à travers le linge, pénétrait sans cesse dans ma gorge et mes narines, de sorte que l'air m'était à chaque instant intercepté. Je faisais des efforts inouïs pour respirer, mais cette eau dont la filtration était continue ne m'en laissait pas le temps. L'espoir de parvenir à donner passage à un peu d'air me faisait avaler le liquide, sans obtenir ce que je désirais avec tant d'ardeur. Ce supplice dura une heure environ, et je n'avais avalé qu'une mesure du liquide. Je demande si dans une situation pareille j'aurais pu faire des aveux si j'en avais eu à faire. On suspendit encore mon supplice, et l'on retira le linge du fond de ma gorge : il était imbibé de sang. Quelques vaisseaux s'étaient rompus sans doute dans ma poitrine par suite des efforts que j'avais faits pour respirer.

Juglar me demanda encore si je consentais à faire les aveux que l'on attendait de moi. Je gardai le silence. Après quelques instants de repos, pendant lesquels les inquisiteurs mandèrent le médecin attaché au saint-office, il fut décidé que si j'étais en état de supporter encore la question, on me soumettrait, sans désemparer, à l'épreuve du feu. Le médecin déclara qu'en effet on pouvait m'appliquer sans danger cette nouvelle torture. On m'attacha aussitôt les mains et les bras le long du corps, puis on plaça mes jambes dans les échancrures de la pièce de bois recouverte de lames de fer dont j'ai donné la description. L'une des deux parties de cette horrible entrave était scellée dans la terre en face d'un foyer ardent. Mes jambes ne furent pas plutôt posées sur cette partie qu'on y appliqua l'autre qui fut aussitôt serrée au moyen de gros écrous de fer; de sorte que je me trouvai étendu sur le dos sans pouvoir faire aucun mouvement. Alors mes bourreaux m'ont enduit les pieds de lard et de graisse, puis ils ont approché les charbons embrasés. J'ai bientôt senti la peau de mes pieds qui se crevassait, les nerfs qui se contractaient sous les atteintes de cette violente chaleur. Quel horrible supplice! Et cela pour me forcer à trahir mon fils! pour me contraindre à renier ma foi! Mais leurs efforts ont été inutiles; j'ai résisté; je n'ai pas dénoncé l'époux de ma fille, celui qu'elle aime! O Dieu de mes ancêtres, je te remercie!

Ne pouvant vaincre ma constance, les inquisiteurs, pleins de dépit, firent cesser la torture, en laissant voir leur désir qu'il y eût bientôt un auto-da-fé. On me transporta dans mon cachot après m'avoir enveloppé les deux pieds de linges imbibés d'huile, et on me laissa à toutes mes souffrances. De longtemps peut-être je ne pourrai marcher. Les douleurs sont vives encore, mais moins fortes que pendant ces trois dernières journées. J'ai pu aujourd'hui me traîner sur mes genoux pour descendre de mon estrade; j'ai pu tirer mon manuscrit et écrire ce que je viens de raconter; mais, hélas! je n'ai plus d'espoir de sortir d'ici. Faudra-t-il donc que je sois brûlé vif! brûlé! sans pouvoir éviter un pareil sort!

29 septembre. — Brûlé! non! non! plus de ces funestes appréhensions! Je puis marcher, mes pieds se guérissent! Je suis sauvé! O Sarah! Sarah! je viens de découvrir le mystère de tes paroles!... c'était une issue!... Mais la nuit est déjà sombre dans mon cachot!... Fou que je suis! la joie, le délire m'ont empêché de partir, et je devrais déjà être libre! Maintenant il faut que j'attende, mais peu de temps néanmoins... Cette nuit, dans une heure, deux heures au plus, après la dernière visite enfin, je suivrai les traces de Sarah, par là... derrière cette muraille!... dans les entrailles de la terre peut-être, je ne sais..., mais je partirai... tout à l'heure... Du bruit!... c'est la visite du soir!... c'est l'heure du repas. Oh! qu'il vienne, ce geôlier qui a osé remplacer Esteban, mon généreux ami! je me ris de sa rigidité! bientôt je ne le verrai plus. Dès qu'il sera sorti, je reprendrai mon manuscrit, mon pauvre souper, et je me confierai à la garde de Dieu dans des routes inconnues... Il doit être six heures. De ce moment à la visite du milieu de la nuit, j'aurai six heures d'avance. Je serai loin, sans doute... Mais on approche... cachons pour la dernière fois mon manuscrit. . . . .
. . . .

Malgré l'obscurité profonde de mon cachot, je veux tracer

quelques mots encore sur ce papier au moment suprême où je vais quitter cette funèbre solitude... J'ai fait jouer le ressort... l'issue est ouverte... Adieu, triste séjour des victimes de l'inquisition, puissé-je ne jamais te revoir!...

Fin de la première partie.

L'INQUISITION DÉVOILÉE.

DEUXIÈME PARTIE

CHAPITRE I.

La clef de l'énigme. — Voyage sous terre. — L'ermite. — Un défenseur.

Je n'aurai plus recours désormais qu'à mes souvenirs pour raconter, soit les événements qui me sont personnels, soit les grands faits historiques qui se rattachent à l'époque de mes malheurs. Mon journal ayant été interrompu au moment de mon évasion, je n'ai plus retrouvé l'occasion de le continuer. Qu'on ne soit donc point surpris si je passe un peu brusquement d'un fait à un autre, sans m'occuper de remplir l'intervalle qui les sépare par des détails qui n'auraient d'importance que pour moi, et seraient complétement indifférents pour les autres.

Ainsi, j'arriverai sans détour à une des années les plus remarquables qui aient jamais signalé les annales d'un peuple, je veux dire à l'année 1492; année heureuse pour l'Espagne, patrie toujours chère à mon cœur, qui eut la gloire de purger son sol sacré des étrangers qui, depuis huit siècles, y avaient dressé leurs tentes [1] ; année immortelle par la découverte d'un monde nouveau dû au génie d'un homme [2] repoussé par sa patrie, et que l'Espagne sut accueillir et venger de toutes les calomnies ; année fameuse aussi par les persécutions que l'impitoyable Torquemada exerça contre une foule innombrable de malheureux [3], dont le seul crime était d'honorer Dieu en employant une forme de culte qui n'était pas la sienne.

Mais auparavant je dois dire comment je sortis de mon cachot, et ce qui m'arriva à la suite de cette évasion.

Je me souviens parfaitement de ce jour qui fut celui de ma délivrance ; c'était le 29 septembre 1486. Ainsi que je l'ai marqué à la fin de mon journal, j'étais au moment de me livrer au désespoir, lorsque l'idée me vint de chercher encore à deviner le sens des figures tracées par la main de Sarah. Mais ne pouvant y parvenir, après plusieurs tentatives, je me relevai furieux, et je frappai du pied avec violence contre la pierre chargée de ces lettres énigmatiques ; le coup porta par hasard sur le mot ici qui occupait le centre de la figure. Qu'on juge de ma surprise ! la pierre sur laquelle étaient tracées les lettres sembla à mes yeux s'enfoncer dans la muraille ; je frappai un second coup, et la pierre s'enfonça davantage ; alors je la poussai de toute ma vigueur, et elle céda sous mes efforts en tournant sur elle-même comme sur des gonds. En même temps, un air plus frais encore et plus humide que celui qui m'environnait pénétra dans mon cachot. J'avançai la tête, puis, de la main et des yeux, j'essayai de sonder le passage ouvert devant moi. L'obscurité était impénétrable ; je tirai la pierre, mais de manière à ne pas fermer l'ouverture. Après avoir examiné attentivement la figure, j'appuyai avec la main sur le mot ici ; je sentis que cette place cédait sous ma pression. Je découvris bientôt que cette porte de pierre, quand elle était fermée, se trouvait retenue en haut et en bas par un double

---

[1] Les Maures furent chassés de Grenade en 1492. — [2] Christophe Colomb, Génois. — [3] Les Maures et les Juifs.

ressort qui jouait dès que j'appuyais avec force le doigt sur le mot ICI.

Je pensai à Sarah et à son histoire. Pour moi, cette jeune fille n'avait jamais été douée d'un pouvoir merveilleux, et je venais d'acquérir la preuve que son évasion était toute naturelle. En traçant des lettres sur la pierre, elle n'avait eu d'autre but, assurément, que de faire profiter de sa découverte ceux qui lui succéderaient dans le cachot. Mais comment laisser un avis, un signe qui, s'il était découvert par le geôlier ou les gardiens, n'en fût pas compris? Sarah n'avait point trouvé d'autre moyen que de tracer une foule de lettres et de figures sur toute la surface de la pierre, laissant au hasard ou à l'attention du malheureux reclus qui viendrait après elle le soin de lui faire distinguer la figure dans laquelle la découverte qu'elle avait faite était indiquée avec le moyen d'en profiter.

Le hasard m'ayant rendu maître du secret, j'aurais dû chercher à m'évader immédiatement; mais l'heure approchait où le nouveau geôlier allait faire la ronde du soir, et je ne voulais partir qu'après cette visite, afin d'avoir au moins cinq ou six heures devant moi avant qu'on s'aperçût de ma disparition. Une autre cause contribuait encore à mon hésitation, c'était la pensée que Sarah n'avait jamais reparu, ce qui me faisait supposer, non sans quelque raison, qu'elle avait bien pu périr dans sa fuite souterraine.

En attendant que je prisse mon parti, je recommençai à chercher le sens des lettres tracées par la jeune fille, en partant de cette première donnée, qu'il fallait frapper au centre de la figure[1] pour faire jouer le secret. Je cherchai donc à découvrir le mot *frapper*. Et, après quelques essais, je trouvai, en lisant les majeures seules, à commencer par la lettre renversée qui est au bas de la figure, ces mots :

𝔄𝔘𝔕𝔄 𝔏𝔍𝔅𝔈𝔕𝔈   *Aura liberté*
𝔍𝔈𝔍   ICI
𝔒𝔘𝔍 𝔍𝔕𝔄𝔭𝔭𝔈𝔕𝔄.   *qui frappera.*

Voyez 1re partie, page 239.

L'INQUISITION ET SES MYSTÈRES.

Satisfait de ma découverte, toute tardive qu'elle fût, je renouvelai sur les mineures les essais que j'avais faits sur les majeures, et je finis par trouver, en commençant cette fois par le haut.

𝔇𝔢𝔯𝔯𝔦è𝔯𝔢 𝔠𝔢𝔱𝔱𝔢 𝔭𝔦𝔢𝔯𝔯𝔢,   *Derrière cette pierre,*
𝔦𝔠𝔦   ICI
𝔢𝔰𝔱 𝔲𝔫𝔢 𝔦𝔰𝔰𝔲𝔢 𝔮𝔲𝔦 𝔳𝔞 𝔬ù?   *est une issue qui va où?*

Rien, dans ce moment, ne m'eût été plus utile que quelques mots qui m'auraient servi à diriger mes pas dans le souterrain. Mais, après avoir lu les mots tracés par Sarah, j'étais dans la même incertitude qui avait dû agiter la jeune fille elle-même au moment où le hasard aussi l'avait mise en face de cette issue.

Sarah, du moins, pouvait espérer que cette voie la conduirait au grand jour de la liberté; nul captif, avant elle, ne lui avait marqué qu'il allait tenter une route inconnue; tandis que moi, j'étais averti par Sarah elle-même, qu'elle ignorait où conduisait cette issue, et de plus, je savais que la jeune fille avait disparu entièrement. Cette pensée était bien faite pour donner naissance à une légitime hésitation. J'avouerai même que, lorsque le moment de partir fut arrivé, c'est-à-dire quelques minutes après la ronde du soir, je ne me hasardai à pénétrer dans le souterrain qu'après être revenu à plusieurs reprises sur mes pas. Je ne pouvais me décider à pousser la pierre pour refermer l'issue; il me semblait que j'allais, pour l'éternité, faire retomber sur moi la porte de ma tombe, et cette idée me faisait frémir malgré moi !

Pourquoi le sort, au lieu de me plonger dans une obscure et mortelle solitude, là où le malheureux, sans cesse avec lui-même, se consume en regrets amers, en vœux inexaucés; où l'âme, en proie à des angoisses éternelles, finit par perdre toute son énergie; pourquoi, dis-je, le sort ne m'a-t-il point, à cette époque, jeté sur quelque champ de bataille où ma vie eût été dévouée à mon pays et ma mort utile à mes semblables ! Si la jeune fille, pensais-je, après s'être égarée dans ces routes oubliées des hommes, était morte de faim! Mourir! ajoutais-je aussitôt, il n'est qu'une mort qu'on doive chercher à fuir, c'est la mort que l'opinion couvre d'infamie; mais celle qui doit soustraire au déshonneur! loin de la fuir, l'homme de cœur la recherche sans trembler.

Je m'étais emparé de mon manuscrit et du morceau de pain qui devait, ce soir-là, comme toujours, former mon triste souper. Je m'avançai enfin et je repoussai la pierre en invoquant le nom du Dieu de mes ancêtres. Plus d'espoir de retour, plus d'autre chance de salut qu'en suivant les traces de Sarah qui avait péri peut-être. Je m'enfonçai à tâtons dans le souterrain. Le sol était solide, mais imprégné d'humidité; je marchais sur un lit de pierre. Les parois, les voûtes et les gros piliers que je rencontrais à quelques pas d'intervalle les uns des autres, étaient taillés dans le roc. C'était de là certainement que les premiers fondateurs de Saragosse avaient tiré la pierre nécessaire à la construction des édifices de la ville.

La route que je suivais au hasard était fort irrégulière, tantôt large et sonore, tantôt étroite et sourde. Parfois c'étaient des ruelles si basses que je ne pouvais m'avancer qu'en me courbant; puis soudain la voûte s'élevait, le passage s'élargissait, je respirais à l'aise, je me trouvais enfin sur quelque place spacieuse surmontée de voûtes hautes et nombreuses, soutenues par des colonnes que l'art de l'ouvrier et le travail de la nature avaient rendues indestructibles. Mes yeux étaient pour moi d'une inutilité complète, mais aussi mes deux mains me servaient de guides, je sentais et je voyais par elles.

Souvent je m'arrêtais pour écouter; mais partout régnait un silence profond, interrompu seulement par le tintement monotone des gouttes d'eau qui tombaient des voûtes dans de petites mares, lesquelles versaient leur trop-plein dans un ruisseau que le temps avait formé et que la pente du terrain dirigeait au loin. J'entendais, à une certaine distance, le murmure de ces eaux souterraines, et ce bruit servait encore à diriger mes pas, car je supposais, avec raison, qu'elles devaient trouver une issue et se répandre dans les champs. Je ne saurais dire combien ce bruit, si léger qu'il fût, charmait mon esprit, en me faisant croire que je n'étais pas seul; jamais mélodie plus douce n'avait frappé mes oreilles. Je marchai ainsi longtemps sans autre guide que le murmure du petit ruisseau, sans autre secours que mes mains pour me garantir de la rencontre des piliers contre lesquels je me heurtais à chaque pas. Pendant que je m'avançais avec la plus grande précaution pour éviter de revenir sur mes pas, le sol manqua tout à coup sous mes pieds, et je fus entraîné pendant quelques instants sur une pente rapide et glissante. Je me trouvai bientôt au fond d'une cavité, sorte de réservoir où l'eau s'élevait jusqu'à mes genoux. Il me sembla sentir sur mes pieds le contact de reptiles nombreux qui s'agitaient dans cette mare. En même temps, un air moins humide frappait mon visage. Le courage et l'espoir s'accrurent en moi, car je supposai que je ne devais pas être éloigné de la surface du sol, puisque des créatures vivantes s'offraient sur mon passage. Après de pénibles efforts, je parvins, en me traînant sur mes mains et sur mes genoux, à me retirer de la mare où j'avais été entraîné, et je me trouvai sur un terrain sec et uni où je pus me redresser.

Je poussai un grand cri; puis j'écoutai avec la plus extrême attention si quelque cri lointain répondrait au mien. Rien! ma voix resta étouffée et sans écho dans ces lieux presque privés d'air et, par conséquent, de sonorité. Je n'osai pas néanmoins renouveler cet appel dans la crainte d'être entendu des cachots que je venais de quitter, car je n'étais pas en état d'apprécier avec justesse la distance où je me trouvais du lieu que je fuyais. Une pensée vint en ce moment ajouter encore à mes craintes et à mon découragement. Si j'allais retourner involontairement sur mes pas! si, au sortir de cette cavité où j'étais tombé, j'avais repris le même chemin en tournant le dos à la direction que je voulais suivre!... Je m'arrêtai pour me donner le temps de réfléchir au parti que je devais prendre. Enfin, je me remis en marche en cherchant à reconnaître si parmi les rugosités de la paroi que je touchais, je ne rencontrerais pas quelques saillies, quelques points que mes mains auraient déjà sentis, circonstance qui m'aurait indiqué que je ne suivais pas la bonne direction. Je marchais donc ainsi fort inquiet sur l'issue de mon expédition souterraine, sans m'apercevoir que ma route se rétrécissait peu à peu et que la voûte s'abaissait de plus en plus.

Soudain ma marche fut arrêtée par un monceau de pierres et de terre qui obstruait complétement le passage. Qu'on juge de mon cruel désappointement à la rencontre de cet obstacle imprévu! Je tâtai partout, je palpai les pierres, les parois, la voûte, et je fus bientôt convaincu qu'un éboulement s'était opéré dans cet endroit. Je ne pouvais plus avancer; Je revins donc sur mes pas pour sortir de l'étroite ruelle où j'étais engagé depuis quelques minutes, et je cherchai s'il n'y avait pas quelque autre passage. Je suivais, en la touchant de mes mains, la muraille rocheuse qui, selon moi, devait aboutir à quelque issue extérieure. Quand j'eus fait une quarantaine de pas, le mur que je suivais tourna à angle droit, et il me sembla apercevoir au loin une faible clarté blanchâtre. Mon cœur tressaillit à cette vue et je doublai le pas, autant que me le permettaient la profonde obscurité où j'étais plongé et la crainte de tomber dans quelque précipice.

Il me fallut marcher encore bien longtemps avant de pouvoir distinguer de quelle nature était la clarté que je ne faisais qu'entrevoir : c'était le jour ! Cette vue me rendit toutes mes forces au moment où elles commençaient à s'épuiser. Dans mon impatience et ma joie je poussai un grand cri comme si j'eusse voulu avertir quelqu'un qui m'aurait attendu. On me répondit! Mais une réflexion m'arrêta court; ne pouvais-je pas tomber entre les mains de quelque dénonciateur?

Cependant, j'étais épuisé par la fatigue et la faim. J'avais marché pendant huit ou neuf heures sans savoir quelle distance j'avais parcourue. Ce fut alors que je m'aperçus que j'avais perdu le morceau de pain que j'avais emporté. Je passai ma main sur ma poitrine pour m'assurer s'il n'en avait pas été de même de mon manuscrit; mais je le retrouvai à sa place. Je ne pouvais pas demeurer longtemps sans prendre une décision. La faim me pressait, et certes je n'étais pas sorti de mon cachot pour me laisser périr d'inanition au moment de revoir le ciel et de respirer l'air de la liberté. Pauvre Sarah! je m'expliquais maintenant pourquoi elle n'avait jamais reparu.

Je me remis en marche, et, après quelques minutes, j'entendis une voix qui demandait : « Qui va là ? » Je répondis que j'étais un voyageur entré imprudemment dans ce souterrain ; que je m'étais égaré depuis la veille, et que j'allais périr de faim si l'on ne venait à mon aide. Deux hommes se dirigèrent vers moi ; je reconnus promptement aux noms qu'ils se donnaient que c'étaient d'anciens hôtes de la Taverne-Rouge, car l'un s'appelait l'Apôtre et l'autre le Pharisien. Je ne jugeai pas à propos de leur demander pour quelle raison ils se trouvaient dans cette caverne ; leur genre de vie chez Matéo n'avait sans doute pas changé depuis que la taverne était fermée, à moins que de mendiants effrontés ils ne fussent devenus détrousseurs de grande route, ce qui, en raison du lieu où je les rencontrais, pouvait raisonnablement me venir à la pensée. J'ai su depuis que c'était là, et avant que cette engeance s'y réfugiât, que Tristan avait trouvé un asile pendant ma captivité.

À une époque fort éloignée, ce souterrain avait été creusé pour en extraire de la pierre ; puis, au moyen de communications qu'on avait prolongées jusqu'au-dessous même d'un des châteaux destinés alors à protéger la cité, mais que le fanatisme avait transformés en prisons quand le temps ne les avait pas fait tomber en ruine ; ce souterrain, dis-je, était devenu un passage secret pouvant, suivant les circonstances, servir à la défense de la ville ou au salut de ses habitants.

J'aurais été sans doute fort embarrassé pour répondre aux questions que ces hommes devaient avoir à me faire sur ma présence au fond du souterrain à cette heure, car s'ils ne s'étaient point éloignés de ce lieu depuis la veille, ils n'avaient pu ajouter foi à mes paroles ; mais un incident inattendu me tira d'inquiétude.

La sortie du souterrain était située dans un ravin solitaire, entouré de bois et rempli de broussailles qui la dérobaient à la vue. Au moment où, n'ayant plus que quelques pas à faire pour revoir le ciel, je venais pourtant de m'arrêter, n'osant m'avancer davantage, comme si je devais être reconnu dès que je paraîtrais au grand jour, un homme se jeta précipitamment dans les broussailles et accourut à la caverne.

« C'est le Précurseur, dirent mes deux compagnons ! Eh bien ?...

— Alerte ! alerte ! s'écria le Précurseur. »

A ce cri, une douzaine de vauriens sortirent de différents côtés.

« Mes amis, reprit le Précurseur, il faut nous disperser ; on va explorer cette solitude, et demain, la nuit prochaine peut-être nous aurions sur les bras tous les archers et tous les alguazils de Saragosse.

— Qu'est-il donc arrivé ?

— Un hérétique s'est évadé cette nuit ; le bruit s'en est déjà répandu, et l'on dit que le fiscal et le premier inquisiteur Juglar ont juré de ne se donner ni repos ni trêve qu'ils n'aient saisi le fugitif. Une battue sera faite dans les environs de la ville, et vous savez qu'en pareille circonstance, si l'on ne met pas la main sur l'hérétique, on ne manque pas de se donner la satisfaction de persécuter les honnêtes gens tels que nous.

— Il est temps que chacun de nous pourvoie à sa sûreté.

— Rentrons en ville pendant que les alguazils en sortiront.

— C'est cela ! rentrons en ville ! »

Grâce à cette panique on m'avait oublié, et en quelques instants je restai seul, épuisé, affamé, souffrant de cruelles douleurs aux pieds, et ne sachant quel parti prendre, ou plutôt incapable de m'arrêter à aucun. A la fin, la crainte de retomber au pouvoir des inquisiteurs ranima mes forces, et je quittai ma retraite pour m'enfoncer dans la montagne boisée qui s'élevait non loin de là. Je marchai péniblement toute la journée malgré mes souffrances, ne m'arrêtant que pour arracher quelques racines sauvages que je dévorais avec avidité pour assouvir ma faim. Sur le soir, me supposant assez éloigné du lieu que je fuyais, je fis une halte devenue indispensable pour moi.

Mes pieds, à peine cicatrisés, étaient enflés par la fatigue et me faisaient tellement souffrir, qu'il m'était impossible de marcher davantage. Cette circonstance n'était pas faite pour améliorer ma position. Je pensais à m'établir de mon mieux dans l'endroit où j'étais, pour y passer la nuit.

Tout à coup, un homme se montra à mes yeux. Mon premier mouvement fut l'effroi, mais à l'aspect de la figure vénérable de ce visiteur, je me rassurai : c'était un ermite. Il avait vu ma frayeur.

«Ne craignez rien, me dit-il, qui que vous soyez, je ne viens point pour troubler votre sécurité... Je suis à la recherche de quelques plantes dont je puisse me nourrir, et de quelques herbes bienfaisantes que je fasse servir au soulagement de mes semblables.

— Bon ermite, lui dis-je, j'implore votre secours.

— Où souffrez-vous, mon fils ? demanda l'ermite ?»

Je lui montrai mes pieds.

« Pauvre malheureux, s'écria-t-il, avez-vous donc marché dans le feu ?.. Ou plutôt ne seriez-vous point une des victimes... mais que Dieu leur pardonne et nous soit en aide. Allons, mon frère, tâchez de vous soulever et gagnons mon ermitage, qui est à une très-petite distance; vous serez mieux qu'ici, et j'aurai sous la main ce qu'il faut pour vous envelopper les pieds. C'est surtout du repos qui vous est nécessaire.»

En disant ces mots, le vieillard m'aida à marcher, et je pus, grâce à ses bons offices, me rendre avec lui à son ermitage, en suivant les sinuosités de la forêt.

Sa retraite était une grotte ménagée par la nature elle-même dans le flanc d'un énorme rocher. L'industrie de l'ermite s'était bornée à façonner en avant de cette cavité naturelle une espèce d'auvent fait de branches d'arbres, de feuilles et de terre. C'était là que l'ermite passait les heures qu'il consacrait à la méditation et à la prière. Une simple croix en bois de la forêt, un rosaire, un bénitier, tel était l'ameublement de ce pauvre réduit. Dans un coin se trouvaient encore quelques ustensiles servant à la culture d'un carré de terre que l'ermite avait défriché, et qui lui donnait les racines nécessaires à son existence. Je ne fus pas longtemps avec ce bon vieillard sans reconnaître que je n'avais aucun danger à courir en me découvrant à lui. Sa voix ne m'était point inconnue, je lui en fis l'observation.

— J'ai habité longtemps Saragosse, me dit-il, et il n'y a guère qu'un an que j'ai renoncé, non pas au monde, puisque par état je vivais dans le monde sans être mêlé à ses joies et à ses inquiétudes, je suis prêtre; mais j'ai renoncé à vivre au milieu des hommes.

— Vous êtes prêtre! répondis-je, et vous pratiquez la charité? prenez garde au saint-office.

— Ce sont les inquisiteurs qui m'ont fait renoncer à mon état. J'avais fait le serment devant Dieu de prêcher fidèlement sont saint évangile aux hommes; je l'ai fait longtemps dans mon église, mais Torquemada, mais les inquisiteurs ont voulu faire de moi un bourreau! Un jour, il m'a fallu battre de verges un homme que je croyais innocent, et cela, au milieu de mon église!.. Non, mon cœur s'est révolté de cette barbarie, de cette iniquité, et j'ai donné ma démission de curé de la cathédrale de Saragosse.

— Quoi! mon père, vous seriez?... mais en effet, c'est vous qui m'exhortiez à la résignation...

— Que dites-vous? s'écria l'ermite, c'est impossible; vous êtes un vieillard comme moi, et le seigneur d'Abadia, celui que j'ai frappé de verges, était jeune.

— Hélas! dis-je, ce sont les souffrances et les tortures qui m'ont changé, car mon âge ne s'est accru que d'une année.

— Quoi! vous n'êtes plus dans les cachots du saint-office?

— Je me suis évadé.

— Vous n'avez pas succombé sous les tortures?

— Ma constitution m'a fait résister aux tourments.

— Et vous fuyez maintenant?

— Je veux défendre ma vie jusqu'à la dernière extrémité, j'ai des enfants que je veux revoir.

47

— Prenez donc courage, et ne craignez rien de ma part.
— Je ne vous fais point cette injure.
— Dans quel état je vous retrouve! vous, autrefois si riche et si heureux! Mais, s'il plaît à Dieu, vos maux finiront ici; je ne vous dis point que tout ce qui m'appartient est à vous et que vous pouvez en disposer, car je suis si pauvre que mon offre pourrait sembler une raillerie; mais comptez sur mon amitié et mon zèle. »

Il commença aussitôt par visiter mes pieds et il les pansa de ses propres mains; puis, il me prépara un lit de fougères et de feuillages qu'il recouvrit de son manteau, dans lequel il m'enveloppa, et bientôt je tombai dans un profond sommeil. Le lendemain, mon sang étant rafraîchi par le repos, je crus pouvoir me servir de mes pieds; mais les cruelles atteintes du feu m'avaient laissé des traces que la fatigue avait rendues douloureuses. Je ne pouvais plus poser le pied par terre, et force me fut de rester étendu sur le lit que m'avait fait l'ermite.

Un mois s'écoula avant que je fusse complétement guéri. Je ne saurais exprimer avec quel touchant dévouement l'ermite me prodigua ses soins; la charité elle-même n'a pas de langage plus consolant ni de prévenances plus tendres. Je lui adressais quelquefois de douces remontrances sur tout ce qu'il faisait pour moi; mais lui:

« Mon fils, me répondait-il, n'ai-je pas à réparer envers vous l'humiliation cruelle que je vous ai fait endurer lorsque j'étais premier pasteur de la cathédrale de Saragosse?»

C'était là, en effet, la pensée qui le guidait dans sa conduite envers moi, il se croyait tenu à une réparation pour le mal qu'il m'avait fait involontairement.

Dès que je me sentis en état de marcher, je déclarai, non sans un profond chagrin, à mon généreux sauveur que j'allais me séparer de lui.

« Je ne vous retiens point, me dit-il, mon fils, je sais les raisons qui vous déterminent à quitter cette tranquille retraite.

—Oui, mon père, je vais chercher à découvrir celui qui, sous le nom de frère Barnabé, m'a déjà rendu plus d'un service; il est possesseur des secrets du misérable à qui je dois tous mes malheurs. Mais peut-être connaissez-vous le frère Barnabé?

— Non, mais s'il vous a rendu quelque service, je le tiens pour digne de respect.

— Et Davila?

— Davila, le fiscal? Oh! pour celui-là, je le connais. C'est un bon catholique, un véritable chrétien, juste, humain, quoiqu'il remplisse des fonctions toujours sévères, parfois cruelles; c'est un saint homme.

— C'est un grand fourbe! m'écriai-je... Mais, je le dévoilerai! Pour cela, deux choses me sont nécessaires : découvrir frère Barnabé, et trouver un asile où je sois, pendant quelque temps, à l'abri des poursuites et des inquisiteurs.

— Il faut vous adresser au jeune archevêque de Saragosse, à don Alphonse lui-même. S'il est vrai que vous ayez quelque réparation à obtenir, croyez-le, il vous aidera.

— Vous avez raison, mon père, don Alphonse est jeune, généreux, affable; et d'ailleurs, il ne peut avoir oublié nos anciennes relations fondées sur l'estime et le respect. Oui, j'irai demander un asile à don Alphonse.

— Allez, mon fils; Dieu vous a imposé des devoirs différents des miens. Ma tâche est remplie; je touche à la fin de ma carrière. La vôtre, déjà soumise à de cruelles épreuves, sera longue encore. Ayez bon courage, et un jour, je l'espère, vous serez réuni à vos enfants, après que votre innocence aura brillé à tous les yeux. Alors, ô mon fils! souvenez-vous de cette retraite, souvenez-vous de celui qui a pour vous toute l'affection d'un père.»

Je répondis aux touchants adieux de cet homme vénérable en lui pressant la main, après quoi, je m'éloignai pour ne plus revenir.

J'allai, au risque d'être reconnu et arrêté vingt fois, jusqu'au palais de l'archevêque don Alphonse. J'étais résolu à implorer sa protection contre les inquisiteurs et contre Davila. On n'oublie pas que don Alphonse était le fils de Ferdinand. Un pressentiment secret m'avertissait que je devais trouver en lui un défenseur; j'ignorais qu'il le fût déjà depuis longtemps pour moi. Je fus admis devant lui.

« Monseigneur, dis-je, le sujet qui m'amène est grave et ne doit être connu que de vous seul, souffrez donc que je vous demande la faveur de vous entretenir secrètement.

— Laissez-nous, dit l'archevêque à ceux qui se trouvaient présents. Vous, Oropesa et Garcia, restez dans le palais, je vous ferai appeler dès que j'aurai terminé avec cet homme. »

Toutes les personnes présentes sortirent aussitôt: c'étaient, avec les grands-vicaires Oropesa et Martin Garcia, le chanoine secrétaire du jeune archevêque, l'archidiacre de la cathédrale et quelques autres dignitaires ecclésiastiques. Personne ne me reconnut. Dès que je fus seul avec l'archevêque, celui-ci me demanda d'un ton affable ce que je voulais de lui. Plus je l'entendais parler, plus sa voix me remplissait d'émotion, il me semblait que je n'avais pas cessé de l'entendre pendant ma captivité.

«Monseigneur, lui répondis-je, je suis victime de la perversité d'un misérable; je viens réclamer votre appui pour obtenir justice.

— S'il est vrai que vous soyez persécuté injustement et qu'il dépende de moi de faire éclater votre innocence, comptez sur moi...; mais qui êtes-vous?

— Monseigneur, vous me connaîtrez mieux par mon histoire que par mon nom. Jugez si j'ai souffert, puisque vous, qui, il y a un an à peine, m'honoriez de toute votre bienveillance, ne me reconnaissez plus aujourd'hui.

— Quoi! vous seriez changé à ce point?

— Tel est l'effet de l'injustice qui m'accable depuis une année.

— Depuis une année?

— Il y a un an, j'étais riche, heureux, entouré d'amis, digne de l'estime et de la bienveillance de tout ce que Saragosse honore et révère; une jeune fille, mon enfant, faisait le charme de mon existence, et j'étais sur le point de l'unir à un noble enfant de l'Aragon, lorsqu'un jour, je fus jeté dans un cachot, sans connaître ni mon crime, ni mon accusateur.

— Ne seriez-vous point?..

— Ah! monseigneur, qui donc à ma place n'aurait pas ressenti une indignation égale à la mienne? J'ai résisté, et mes malheurs se sont accrus...

— Seigneur Juan d'Abadia, je vous reconnais maintenant!

— Et bien, oui, monseigneur, c'est moi qui suis Juan d'Abadia, autrefois le riche, l'envié, le brillant seigneur, et aujourd'hui l'hérétique, l'évadé, le relaps!.. Que mes malheurs vous touchent! Votre nom, votre rang, le sang dont vous sortez, vos vertus surtout peuvent me sauver; m'abandonnerez-vous à la haine de ceux qui veulent ma perte?

— Malheureux! à qui résistez-vous! Quel pouvoir osez-vous braver!

— Jusqu'ici j'ai lutté, j'ai résisté, sans espoir de pouvoir me défendre; mais aujourd'hui, je connais mes calomniateurs; quelque misérables qu'ils soient, je veux les confondre et me laver de tous les crimes dont ils m'ont accusé; mais vous, monseigneur...

— Hé bien?

— Oserez-vous m'accorder un asile dans votre maison, à moi, chargé d'accusations? Oui, monseigneur, tout indigne que je puisse paraître de votre bienveillance, j'ose l'implorer pourtant, j'ose me confier à votre pitié...

— Quel est votre dessein? Avez-vous quelque moyen de prouver votre innocence? D'un autre côté, êtes-vous certain de ne point vous tromper au sujet de ceux que vous regardez comme vos délateurs? Nommez-les-moi.

— L'un est le fiscal Davila; l'autre, un homme sinon plus vil, du moins plus bas placé, son nom est Judas.

— Bien.

— Pourquoi ne m'a-t-on pas confronté avec eux, avec Davila surtout? L'accent de la vérité l'aurait forcé à rougir.

— S'il a pu vous perdre, il saurait se défendre contre vous, n'en doutez pas.

— La vérité a-t-elle perdu tout son empire?

— J'ai, dit l'archevêque, après un moment de réflexion, un moyen plus sûr pour le faire trembler; j'étais même occupé, quand vous êtes entré, à donner à mon projet un commencement d'exécution.

— Quoi! monseigneur, vous preniez ma défense? Vous le voyez, je suis innocent! Vous le saviez déjà! Dieu soit loué, je triompherai de ce fourbe! »

En ce moment, on entendit du bruit à la porte du salon, puis, un instant après, un valet entra pour annoncer que les deux inquisiteurs demandaient à se présenter devant l'archevêque.

«Allez, dit l'archevêque au valet, dans un instant, vous conduirez ici les inquisiteurs. Puis, vous irez chez le seigneur Davila, le fiscal, et le prierez de se rendre près de moi. Pour vous, seigneur d'Abadia, dérobez-vous à leur vue. La pièce qui est de ce côté vous conduira dans mon oratoire. Retirez-vous, et quand il en sera temps, je vous ferai appeler. C'est moi qui ai mandé ici les inquisiteurs; je m'occupais de vous. Comptez sur moi, allez.

« Je me retirai pénétré de tant de bienveillance de la part de don Alphonse. Mais au lieu de gagner l'oratoire, je restai derrière la porte du salon pour tâcher d'entendre tout ce qui se dirait. Cette indiscrète curiosité n'avait-elle pas son excuse dans les paroles mêmes de don Alphonse? Il me l'avait dit, c'était de mon sort, de ma vie, de mon honneur qu'il s'agissait. Je ne cherchai point à m'éloigner, loin de là, je pris mes dispositions pour ne pas perdre une parole. Les inquisiteurs entrèrent.

« Monseigneur, dit Juglar du ton le plus respectueux à don Alphonse, à défaut de votre invitation, le désir de vous présenter nos hommages nous eût amenés devant vous; vous revoir était le plus ardent de nos vœux depuis notre retour. »

L'archevêque ne jugea point à propos de répondre à ces compliments.

«J'ai à vous entretenir, dit-il, de choses graves et délicates, je le sais; mais il ne saurait y avoir de péril dans l'accomplissement d'un acte inspiré par la conscience. Y eût-il du danger, d'ailleurs, à l'accomplir, que cette considération ne me retiendrait pas.

— Nous sommes prêts, monseigneur, à écouter les paroles qu'il vous plaira de nous faire entendre.

— Il s'agit d'un homme que la calomnie et une rigueur excessive ont réduit à une affreuse misère, du malheureux d'Abadia.

— Quoi! monseigneur, vous persistez à prendre la défense de cet hérétique? Que n'a-t-il pas fait pour exciter toute la sévérité du saint-office! Mensonges, obstination, outrages, résistance, il a tout mis en usage contre la vérité...

— Mais qui donc, se voyant, comme lui, accusé injustement, persécuté, torturé, n'aurait pas agi comme lui?

— Notre rigueur était juste, monseigneur.

— A Dieu ne plaise que je vous taxe d'injustice! répondit don Alphonse. Les instructions, les règlements, les usages vous commandent, il faut obéir; vous n'êtes que les instruments dont se sert l'inquisition pour frapper les hommes.

— Dites les ennemis de la foi.

— Sans doute; mais pour être coupable suffit-il d'être accusé?

— Non, monseigneur; mais combien en est-il qui soient sortis complétement victorieux des accusations qui pesaient sur eux?

— Dans l'affaire de d'Abadia, a-t-on bien cherché à connaître d'où partaient les premières dénonciations qui l'attaquaient?

— Jusqu'ici rien n'a détruit la vérité des faits qui lui étaient imputés; et la dépravation de sa conduite n'a que trop justifié depuis la rigueur dont il fut l'objet.

— Ses fautes sont le résultat non de la méchanceté de son cœur, mais de l'indignation, de l'horreur qu'ont soulevées dans son âme des accusations viles et indignes de votre attention.

— Quand il s'agit des intérêts de la foi, nous ne nous inquiétons point de la source d'où partent les dénonciations, nous les acceptons toutes, dans la persuasion que pas un homme n'est exempt de fautes contre la foi.

— Ainsi, qu'un scélérat se porte pour accusateur d'un honnête homme...

— Monseigneur, les lois de la sainte inquisition ne se discutent pas, elles s'acceptent aveuglément; il en est de ces lois comme des armes dangereuses : malheur à l'imprudent qui joue avec elles sans en connaître le danger. »

Cette observation, où perçait une menace indirecte contre l'archevêque lui-même, contre don Alphonse, le fils du roi Ferdinand, suspendit l'entretien pendant quelques instants. Je ne voyais point les interlocuteurs dont j'entendais les discours; mais je comprenais aux mouvements de colère qui m'agitaient, que le jeune archevêque devait supporter impatiemment les observations de Juglar.

« Ne vous êtes-vous jamais demandé, reprit don Alphonse, pour quel motif le fiscal avait plaidé si vivement la cause de la jeune Béatrice, après avoir été l'instigateur de son enlèvement et de son incarcération ?

— L'amour de la justice a seul guidé le fiscal, répondit Juglar.

— Plût à Dieu !... Il a dû vous paraître étrange cependant de le voir travailler avec ardeur à la délivrance de la jeune fille, pendant que d'un autre côté il cherchait à accroître les rigueurs des juges contre le père.

— En effet; mais, je le répète, le fiscal n'était guidé que par sa conscience.

— Obligé, il y a trois mois, de me rendre à Tolède sur l'ordre du roi Ferdinand, je vous avais avertis en partant de surveiller de près les actions et les discours du fiscal, vous m'en aviez donné la promesse, et pourtant lorsque je revins il y a un mois, je l'ai trouvé investi de la même charge. Vous n'aviez tenu aucun compte de mon avertissement, et pour comble de maux, vous étiez absents vous-mêmes de Saragosse, de sorte que je me vis forcé d'attendre votre retour pour renouveler mes conseils.

— Avant de nous éloigner de Saragosse pour faire notre tournée dans les villes de l'Aragon, nous avons fait plus que de faire surveiller le fiscal. Nous rappelant les paroles violentes de l'hérétique d'Abadia, pendant qu'il était dans la chambre du tourment, contre le fiscal, nous avons interrogé celui-ci avec la plus grande sévérité ; nous craignions qu'il ne se fût rendu coupable de quelque faute, bien que les paroles d'un hérétique obstiné dussent rencontrer peu de confiance ; mais, grâce au Ciel, le fiscal s'est complétement disculpé, et son innocence a brillé pure et sans tache à nos yeux...

— Eh bien non, répliqua avec force don Alphonse ; apprenez que j'attendais avec une vive impatience votre retour pour dévoiler enfin un hypocrite trop longtemps souffert au nombre des hommes chargés de participer aux fonctions terribles dont vous êtes investis. Depuis longtemps je l'aurais fait si l'ordre du roi qui m'appelait à Tolède, le soin de pourvoir à la sûreté de la jeune Béatrice, la longue maladie de son père, l'évasion inattendue et inexplicable de d'Abadia, si toutes ces raisons, dis-je, ne m'en eussent empêché. »

J'entr'ouvris la porte pour mieux entendre, et je soulevai un coin de la tapisserie qui me dérobait la vue de l'intérieur du salon. Tout à coup, le valet entra de nouveau et annonça le fiscal.

— Attendez, dit Alphonse au valet ; et vous, cachez-vous dans l'embrasure de cette fenêtre, derrière cette draperie, et bientôt vous connaîtrez Davila. Allez, ajouta-t-il en s'adressant au valet, faites entrer. »

Les deux inquisiteurs s'étaient placés à l'endroit que leur désignait l'archevêque. Le fiscal parut.

Il se présenta humble et rampant devant don Alphonse qui, sans paraître remarquer cette attitude, lui dit :

« Avez-vous fait ce que je vous ai ordonné pour réparer le mal dont vous êtes la cause ?

— Vous le savez, monseigneur, les deux inquisiteurs ne

sont de retour que d'hier, ils ont été plus d'un mois absents, et le prisonnier s'est évadé depuis le même temps.

— Mais Tristan de Léonis, vous en êtes-vous informé? Savez-vous ce qu'il est devenu?

— Monseigneur, on pense qu'il est resté en France.

— Vous êtes-vous occupé de faire restituer à la jeune Béatrice les biens que vos indignes calomnies contre son père lui ont fait enlever?

— Monseigneur, je réparerai mes fautes.

— Dites vos crimes. Mais qu'attendez-vous donc pour entreprendre cette réparation?

— Accordez-moi le temps de me repentir, monseigneur.

— Une fois déjà je vous avais trouvé criminel; vous aviez osé calomnier la reine Isabelle elle-même...

— Ne rappelez pas cette action, monseigneur, vous me l'avez pardonnée.

— C'est parce que je vous ai pardonné une fois déjà que je vous trouve aujourd'hui indigne d'indulgence.

— J'ai déjà réparé une partie de mes fautes, laissez-moi, monseigneur, achever l'œuvre que j'ai commencée.

— Les maux que vous avez causés sont aussi irréparables que votre cœur est endurci. Vous croyez, parce que vous avez contribué à rendre la liberté à la jeune Béatrice, lui avoir rendu le repos et l'espérance dont elle jouissait avant que, sur votre conseil, on l'eût enlevée de son asile? Comptez-vous lui faire oublier qu'elle a vu son père dans les cachots, dans la chambre du tourment? Oubliera-t-elle aussi les tortures qu'on lui a fait subir sous les yeux de son père?

— Dieu m'est témoin, monseigneur, que je prenais des mesures pour la faire sortir de son cachot avant qu'elle eût été menée à la chambre du tourment.

— Je le sais; mais la chambre du tourment était pour elle mille fois moins funeste que l'asile que vous vouliez lui donner!...

— Je vous proteste...

— Oh! ne le niez pas! le démon de l'impudicité avait agité

vos sens à la vue de cette jeune fille, et vous pensiez à en faire la victime de vos honteuses passions !...

— On m'a calomnié...

— Non, votre complice elle-même, la femme qui servait Béatrice, est venue me tout avouer lorsqu'elle a vu que vos projets ne pouvaient réussir. La crainte et non le repentir fit agir cette femme ; elle était digne d'être votre complice. Mais elle n'est plus, que Dieu lui pardonne.

— Que dois-je faire, monseigneur?

— Vos crimes sont irréparables, vous ai-je dit ; voyez ce qu'est devenu par vous le malheureux d'Abadia, dont le seul crime était de vous avoir justement méprisé. »

L'archevêque, en prononçant mon nom, avait élevé la voix. Je prêtais la plus grande attention à ses paroles et j'avais fini par sortir à demi de ma cachette, de sorte que je pouvais tout voir, sans être aperçu du fiscal qui me tournait le dos.

« De concert avec un misérable, du nom de Judas, vous avez accusé d'hérésie le seigneur d'Abadia, et cela sous le voile de l'anonyme.

— Ses aveux ont prouvé qu'il était coupable.

— Mais vos tablettes que j'ai entre les mains, vos propres instructions à ce Judas prouvent que le crime d'hérésie que vous imputiez à d'Abadia était imaginaire ! Vous comptiez sur l'excessive sévérité des lois de l'inquisition pour le perdre !

— Monseigneur...

— Et vous n'avez que trop bien réussi ; car voyez ce qui arrive : celui que vous accusez proteste, nie, résiste, devient réellement coupable, il est ruiné, perdu et votre ressentiment est satisfait, vous vous êtes vengé !

— Croyez bien que je déplore...

— Ah ! que ne vous ai-je livré à la justice dès votre premier crime ! que de malheurs auraient été épargnés !

— Je jure par le Ciel, par le Christ, dit Davila, que le dépit seul a égaré ma raison, et qu'en ce moment le repentir est entré dans mon cœur.

— Non, répondit l'archevêque, le repentir ne saurait

entrer dans un cœur comme le vôtre. Le dépit, dites-vous, a égaré votre raison? Vous oubliez, je le vois, que peu s'en est fallu que Sanchez, le trésorier du roi, ne tombât dans vos piéges, ou sous les coups de votre complice Judas. Sanchez avait-il aussi excité votre dépit? Non, l'ambition, la cupidité, l'envie, la vengeance, telles sont les passions qui vous animent; mais grâce au Ciel, elles ne feront plus de victimes; la mesure de vos crimes est comble, et vous avez pris la peine d'en fournir vous-même la preuve. »

En disant ces mots, l'archevêque tira d'une bourse d'or et de soie les tablettes accusatrices et les montra au fiscal. Celui-ci, jusque-là humble et respectueux, tant qu'il espéra toucher don Alphonse, jeta le masque d'hypocrisie sous lequel il cherchait à dissimuler sa bassesse, il se redressa insolemment devant l'archevêque, et lui dit d'un ton menaçant :

« Eh bien, que signifient après tout ces instructions? A qui s'appliquent-elles? Ni d'Abadia, ni Sanchez ne sont désignés; elles sont générales, vagues, et conviennent à tous les suspects d'hérésie; si j'avoue devant vous que j'en ai abusé pour perdre le seigneur d'Abadia, est-ce à dire que j'en conviendrai devant les inquisiteurs?

— Peut-être ne pourrez-vous vous en dispenser.

— Mais vous, monseigneur, qui, sous le nom de frère Barnabé, parcourez la nuit les carrefours, visitez les cachots du saint-office pour le salut et la délivrance des hérétiques...

— Vous oubliez les ruines où je vous ai rencontré naguère, tramant la perte de Sanchez, le trésorier du roi, dit l'archevêque en accablant de son regard accusateur l'audacieux fiscal.

— Soit, répliqua celui-ci en se remettant promptement, mais le rôle que vous jouez, monseigneur, n'est pas moins périlleux que le mien..., est plus périlleux que le mien, ajouta-t-il en se reprenant, car je fournis des victimes au saint-office, et vous les lui enlevez. Les moyens que j'emploie sont répréhensibles peut-être, mes intentions ne sont pas fort désintéressées? d'accord; mais qu'importe, si les résultats sont heu-

D'Abadia, chez l'Archevêque.

reux? si, tout en satisfaisant mes passions, je sers les intérêts de la sainte inquisition? Vous, monseigneur, ainsi que moi, vous travaillez dans l'ombre, avec mystère, et dans quel but? pour me contraindre à proclamer l'innocence d'une jeune fille nécessairement complice de son père et de son amant; pour arracher à la vindicte du saint-office des hérétiques formels, obstinés; car je vous le déclare, si vous ne détruisez à l'instant ou si vous ne me rendez les tablettes que vous m'avez surprises, c'est vous que j'accuserai d'avoir préparé et facilité l'évasion de d'Abadia. »

L'archevêque, interdit de tant de hardiesse, n'eut pas le temps de répondre au fiscal; car pour moi, oubliant que les inquisiteurs étaient présents quoique invisibles, et que j'allais par ma présence même donner une dangereuse gravité à l'accusation du fiscal, je m'élançai vers lui. Il ne se retourna pas, absorbé qu'il était par l'apparition subite des deux inquisiteurs qui, dans le même moment, venaient de soulever la draperie derrière laquelle ils étaient cachés, et qui s'avançaient lentement de son côté. Je m'arrêtai aussitôt que j'aperçus les inquisiteurs. Quand même j'aurais voulu me dérober à leur vue, il était trop tard, Juglar m'avait déjà reconnu. Une pâleur effrayante était répandue sur les traits de Davila, il était immobile et comme privé de vie; jamais, je crois, impression plus fatale ne fut produite sur l'esprit d'un homme. La conscience de ce misérable devait être en ce moment son principal supplice. Quant à l'archevêque, fort de sa vertu et de ses bonnes intentions, il était calme et sans crainte, la vue des inquisiteurs, loin de le troubler, lui avait rendu sa présence d'esprit un instant en défaut devant l'audace de Davila. Pour moi, j'étais tellement occupé du tableau que me présentait en ce moment le salon de l'archevêque, que la pensée ne me vint pas un seul instant de me dérober par la fuite aux yeux des inquisiteurs, bien qu'il m'eût été facile de le faire. Je ne sais ce qui aurait eu lieu sans leur soudaine arrivée, mais je doute que Davila fût sorti sain et sauf d'entre mes mains.

« Monseigneur ne nous avait pas dit à quel hôte il avait donné asile dans son palais, dit Juglar, en fixant ses yeux sur moi. »

Ce fut alors que Davila m'aperçut, et avec une joie qu'il ne put contenir, se tournant vers les inquisiteurs :

« Je laisse à juger aux révérends inquisiteurs lequel est le plus fidèle aux prescriptions de l'inquisition, de celui qui livre au saint-office des hommes tels que cet hérétique, ou de celui qui les recueille dans sa maison.

— Nous expliquerez-vous, monseigneur, dit Juglar sans répondre à Davila, par quelle aventure cet hérétique est dans votre palais?

— Il ne vous a précédé que de quelques instants, répondit l'archevêque.

— Et vous, n'avez-vous point entendu les reproches qui viennent d'être adressés au fiscal, m'écriai-je en contenant à peine ma colère?

— Cet hérétique savait d'avance qu'il trouverait un asile dans cette maison, se hâta de dire le fiscal.

— Il n'en est rien, et vous ne l'ignorez pas, répliqua l'archevêque avec dédain; mais en fût-il ainsi, je ne m'en défendrais pas, tant je suis certain, en le protégeant, de faire un acte de justice autant que d'humanité.

— Votre action est grave, monseigneur, dit Juglar.

— J'en accepte toutes les conséquences, répondit l'archevêque.

— C'est lui, repris-je en désignant le fiscal, qui devrait trembler devant vous, c'est lui qui devrait rendre compte de sa conduite, et vos questions ne s'adressent qu'à celui qui est digne de tout votre respect.

— L'intérêt que vous avez toujours témoigné à cet hérétique et à ses enfants, interrompit Juglar, est contraire à la foi pure et ardente...

— Mais il est conforme à la charité, répondit l'archevêque.

— Mais enfin, vous, m'écriai-je, vous, inquisiteurs, avez-vous donc des oreilles pour ne pas entendre et des yeux pour ne point voir ?... Quoi ! un prélat vertueux et digne de foi accuse devant vous cet homme de calomnie, de cupidité, d'impudicité, d'homicide même, et vous vous taisez ! Il vous en montre la preuve écrite, et le criminel est encore libre ! Vous ne l'avez pas encore jeté dans un de vos noirs cachots ! Le bûcher ne l'a pas encore consumé ! Ah ! je ne le sais que trop, vos supplices ne sont pas pour les véritables criminels. »

En ce moment, Oroposa et Martin Garcia, désirant prendre congé de l'archevêque, étaient revenus au salon où ils avaient pénétré dès qu'ils avaient entendu l'éclat de nos voix. Plusieurs domestiques se montrèrent aussi.

« Approchez, dit l'archevêque aussitôt qu'il les aperçut, soyez témoins de ce qui se passe dans cette enceinte. J'accuse le fiscal Davila d'avoir manqué à Dieu et aux hommes, par ses calomnies, ses intrigues et ses complots ténébreux...

— Et moi, s'écria Davila, je vous accuse de protéger, de défendre les hérétiques...

— L'esprit de Dieu s'est-il donc retiré de vous, monseigneur, et de vous, Davila, interrompit Juglar? Est-ce ainsi que procède l'inquisition ? Est-ce par des accusations véhémentes et lancées à son de trompe que la vérité se révèle ?

— La vérité n'est pas ce qui vous touche, répliquai-je sans me soucier d'exciter la colère de Juglar.

— Je vous ai dénoncé le fiscal, dit l'archevêque, j'aime à croire que vous connaissez votre devoir, et que vous saurez le remplir ; il y a ici un homme vraiment coupable, c'est le calomniateur Davila.

— Nous examinerons cette affaire, dit Juglar, et justice sera faite à tout le monde. Malheur à ceux qui seront trouvés coupables. »

Davila voulut parler, mais don Alphonse lui ferma la bouche en dévoilant de nouveau toutes ses trames ; puis il protesta contre la faiblesse des inquisiteurs qui laissaient trop voir leur intention de ne pas inquiéter Davila, et fit le serment de s'opposer à ce qu'on m'enlevât de son palais.

Juglar était furieux de ce que ces révélations fussent faites devant témoins ; non qu'il eût la moindre estime pour le fiscal, mais parce que les inquisiteurs n'aiment pas à être pris en flagrant délit d'injustice, ni même d'erreur. Il soutint les droits du saint-office, sans tenir compte des causes qui m'avaient rendu criminel.

« Il faut, dit-il, que l'hérétique soit remis entre nos mains, dussions-nous employer la force pour le faire saisir par nos agents.

— Mais celui que j'accuse, demanda don Alphonse, prétendez-vous le laisser libre ?

— Il ne s'agit en ce moment que de celui dont les crimes sont avérés, dit Juglar, voulez-vous le livrer ?

— Non, dit Alphonse, parce que son innocence est évidente à mes yeux.

— Prenez garde, monseigneur ! vous ne pouvez vous établir juge des actes du saint-office qui a condamné cet homme.

— Sans doute, répondit don Alphonse avec fermeté ; mais vous est-il permis à vous de laisser au vrai coupable le pouvoir de faire de nouvelles victimes ? »

A ces mots, don Alphonse protesta de nouveau qu'il me défendrait envers et contre tous ; il termina en faisant appel aux deux souverains Ferdinand et Isabelle, et au grand-inquisiteur lui-même.

Juglar et son second se retirèrent, déclarant à don Alphonse qu'il restait responsable non-seulement de ma personne, mais encore de toutes les conséquences qui pourraient résulter de cet événement. Davila voulut les suivre ; mais je me précipitai sur lui, et le saisissant à la gorge :

« Misérable calomniateur ! lui dis-je en le serrant à l'étouffer, si ta naissance était noble et si ta main savait tenir une arme, c'est en champ clos que je voudrais te punir de tes forfaits ; mais quelle vengeance tirer d'un homme tel que toi ? Quel châtiment t'infliger ? Celui que tout homme courageux inflige au lâche ! »

Et avant que don Alphonse et les autres témoins de cette scène eussent le temps de retenir mon bras, je frappai le fiscal au visage; puis, je le poussai devant moi par les épaules; il sortit ainsi le premier du salon de l'archevêque.

« Que pensez-vous de tout ceci ? dit Oropesa à Martin Garcia en quittant aussi le palais de don Alphonse.

— Hum ! hum ! répondit Martin Garcia, je pense que... Mais je craindrais de me tromper si j'en disais davantage. »

Sans perdre une seule minute, l'archevêque, ne se donnant pas même le temps de faire les préparatifs les plus indispensables, sortit de son palais le plus secrètement possible, m'emmenant avec lui, et bientôt deux bons chevaux nous emportèrent rapidement sur la route de la Castille.

CHAPITRE II.

L'hérétique. — Deux souverains et le grand-inquisiteur.

Huit jours après nous étions aux portes de Tolède. Durant notre voyage j'avais voulu, à plusieurs reprises, témoigner à don Alphonse toute ma gratitude pour les démarches qu'il avait faites en ma faveur sous le nom de frère Barnabé, et qu'il continuait maintenant ouvertement au péril de sa liberté, de sa vie peut-être ; mais il ne m'avait jamais permis de m'appesantir sur ces faits qu'il regardait comme inhérents à la sainteté de son caractère apostolique. Ce qui l'occupait le plus, c'était le moyen de me faire parvenir jusqu'aux pieds de Ferdinand et d'Isabelle. La difficulté était grande en effet. Solliciter une audience particulière ? L'étiquette exigeait impérieusement qu'on exposât d'avance à Leurs Altesses les motifs de la demande et les qualités du solliciteur. Elles pouvaient refuser d'admettre en leur présence un homme poursuivi et puni comme hérétique obstiné et rebelle ; d'un autre côté, c'était livrer mon nom à Torquemada, qui ne manquerait pas d'être averti par Leurs Altesses elles-mêmes si elles me jugeaient indigne de leur clémence ; c'était lui dénoncer ma présence à Tolède avant que j'eusse rien tenté pour me réhabiliter aux yeux de Ferdinand et d'Isabelle. Le temps pressait cependant, car les inquisiteurs de Saragosse ne pouvaient tarder à informer l'inquisition de Tolède de mon évasion et de ma fuite ; peut-être leur exprès était-il déjà sur mes pas.

Peu d'instants avant d'entrer dans la ville, je dis à don Alphonse :

« Il ne me reste qu'un seul parti à prendre, c'est de me présenter devant Leurs Altesses, non dans l'attitude d'un criminel, mais avec la confiance et la fermeté d'un homme innocent et grandi par la persécution même. Au lieu de chercher à gagner à ma cause les favoris et les ministres des souverains, je paraîtrai devant ces derniers, et je protesterai sous leurs yeux, devant Torquemada lui-même, à la face de toute la cour, contre l'injustice qui m'accable.

— Oui, répondit don Alphonse en accueillant avec empressement ma proposition, c'est le seul parti qui convienne à la justice de votre cause. Tenez, ajouta-t-il, acceptez cette bourse ; elle vous permettra de vous procurer des vêtements convenables. Il faudra vous occuper de ce soin indispensable dès que nous serons dans la ville, pendant que de mon côté je me rendrai au palais du cardinal Ximenès que je veux disposer en votre faveur. Ximenès, vous le savez, est le ministre le plus influent de Leurs Altesses et le plus sage ami de la reine Isabelle ; vous n'avez rien à craindre de sa part, il ne vous trahira pas. Venez demain me trouver chez lui, et jusque-là agissez avec prudence et comptez sur la justice de Leurs Altesses. »

Nous entrâmes dans Tolède, et l'archevêque me quitta pour aller descendre chez le cardinal. Pour moi, je cherchai un gîte dans une hôtellerie où j'attendis le lendemain avec autant d'inquiétude que d'impatience.

Cependant, depuis trois mois, Tristan et Béatrice étaient aussi à Tolède. Depuis trois mois je n'en avais reçu aucune nouvelle, je savais seulement par don Alphonse que Béatrice était toujours à Tolède avec la dame de Santangel qui la traitait comme sa propre fille, en la faisant passer pour une de ses nièces. Je présumais que Tristan était aussi dans la même ville, et je me réjouissais en pensant que l'occasion de les voir se présenterait peut-être bientôt.

Grâce au crédit et aux démarches de sa protectrice, ma fille venait enfin d'obtenir la promesse d'être admise en présence de la reine Isabelle. Pour rien au monde Béatrice n'aurait voulu quitter Tolède sans avoir, par ses prières, ses instances réitérées auprès des personnages les plus influents de la cour, cherché à obtenir, sinon justice pour moi, du moins un acte de clémence; et quelle clémence! mon exil! Oui, telle était la faveur qu'elle se serait trouvée trop heureuse d'obtenir. Elle avait fait déjà plus d'une tentative, mais ses espérances avaient été déçues du côté des courtisans, qui avaient tous refusé de s'intéresser à un hérétique. Elle n'avait donc plus d'espoir que dans les souverains eux-mêmes.

Pour Tristan, il s'était placé sous un nom supposé, en qualité de commis, chez un riche négociant; détermination qui lui assurait des moyens d'existence, et lui permettait de rester dans une ville où il n'était pas connu. Sans doute il courait risque de retomber au pouvoir des inquisiteurs, mais dans quelle contrée de l'Espagne eût-il été à l'abri de ce péril? Il valait donc mieux encore pour lui demeurer dans une ville populeuse, fréquentée par de nombreux étrangers tant que la cour y séjournait, que d'errer de ville en ville, suivi à la piste par les espions du saint-office. Au reste, sa résolution avait été subordonnée à la présence de Béatrice à Tolède. Tant qu'elle resterait dans cette ville, Tristan ne penserait pas à la quitter; mais dès qu'elle en sortirait, Tristan suivrait ses traces. Il ne la perdait pas de vue; toujours il était sur ses pas le dimanche lorsqu'elle se rendait à l'église avec sa protectrice, ou le soir lorsqu'elles allaient à la promenade. Ils échangeaient, non sans craindre d'être découverts, des regards qui exprimaient leurs sentiments secrets, n'osant se communiquer autrement leurs pensées, car Tristan ne voulait pas être reconnu même de la protectrice de ma fille. Il ne pouvait s'empêcher de déplorer au fond de son âme le long séjour de Béatrice à Tolède. Il craignait que, pendant son absence, mon procès ne se terminât et que ma condamnation ne fût suivie d'un auto-da-fé où je figurerais comme relaps. Tandis que s'il fût resté à Saragosse il aurait fait une tentative qu'il regardait comme décisive pour ma délivrance; il en avait même parlé à Esteban. Il ne s'agissait de rien moins que d'attaquer, pendant la nuit, et de forcer la prison de l'inquisition à l'aide des hôtes de la Taverne-Rouge et de quelques autres garnements dont il aurait acheté le concours avec les sommes qu'Esteban tenait de moi. Heureusement ce projet aventureux, dont l'idée ne pouvait naître que dans la tête d'un jeune homme plus hardi que prudent, n'eut pas besoin d'être tenté, puisque le hasard m'avait servi mieux que n'aurait pu le faire la violence.

Le lendemain, je me rendis au palais de l'archevêque Ximenès après avoir suivi le conseil de don Alphonse, c'est-à-dire après m'être procuré des vêtements conformes à mon ancien rang et à ma fortune passée. Déjà le cardinal-archevêque Ximenès était parti pour le château des souverains, car la reine l'avait mandé auprès d'elle; ce jour-là il devait y avoir grande réception, et elle désirait l'entretenir avant l'audience publique. Je trouvai don Alphonse seul. Dès qu'il m'aperçut :

« Il ne faut pas, me dit-il, vous dissimuler les dangers de notre entreprise.

— Monseigneur, je les braverai tous pour proclamer mes droits à une justice plus éclairée et plus impartiale.

— Venez donc au château des souverains, la réception sera nombreuse et brillante; cette heureuse circonstance vous permettra, je l'espère, de parvenir sans obstacle jusqu'à Leurs Altesses. »

Nous nous mîmes en route.

« Le sage Ximenès appuiera vos droits, reprit don Alphonse; longtemps l'inquisition nouvelle n'a pas eu de plus ferme adversaire. Il n'a pas tenu à lui que jamais la Castille n'en reçût les lois.

— Bien que je doive me défier de la sincérité de l'amitié des hommes, répondis-je, j'aime à croire aussi que parmi les seigneurs aragonais et castillans qui entoureront Leurs Altesses, il s'en trouvera quelques-uns qui n'auront pas oublié que naguère j'étais leur égal, et que moi aussi je fus autrefois admis à faire ma cour aux souverains.

— Ne comptez, après Dieu, que sur la justice du roi et sur la sagesse éclairée de la reine, me dit don Alphonse.

— Vous n'oubliez qu'une chose, monseigneur, c'est la confiance que m'inspire la haute générosité de votre âme. »

Nous arrivâmes au palais de Leurs Altesses, une heure au moins avant le moment fixé pour la réception royale. A notre entrée dans la grande salle d'attente, il y avait déjà un bon nombre de seigneurs qui se promenaient de long en large ou conversaient par groupes de trois ou quatre. Je remarquai l'archevêque de Tolède, Ximenès, qui parlait avec chaleur au milieu d'un groupe plus nombreux que les autres. Dès qu'il aperçut don Alphonse il lui fit de loin des signes d'intelligence et d'amitié, puis il quitta le groupe et vint à nous.

« Eh bien ! dit-il, est-ce là votre protégé ?

— Lui-même.

— Je crains bien que les dispositions de Leurs Altesses ne répondent pas à vos désirs; car une fâcheuse conférence vient d'avoir lieu devant elles tout à l'heure au sujet des Maures de Grenade.

— Que s'est-il donc passé ?

— Le grand-inquisiteur veut qu'au mépris des traités Ferdinand déclare la guerre aux Maures et les chasse de l'Espagne, et qu'en attendant on redouble de rigueur envers ceux dont la conversion ne paraît pas sincère. J'étais présent, la reine Isabelle, vous le savez, m'avait mandé auprès d'elle ce matin; j'ai défendu le traité, j'ai protesté contre un tel manque de foi. La reine Isabelle m'a soutenu; Torquemada s'est montré ce qu'il est toujours, ardent, emporté, peu respectueux, et en définitive il est resté maître du terrain. Le roi Ferdinand, dont on ne connaît jamais le fond de la pensée, n'a point imposé silence à Torquemada; cependant son visage était soucieux, sombre; Isabelle était évidemment agitée par le dépit, et c'est dans ces dispositions que je les ai quittés, il n'y a qu'un quart d'heure, parce que le roi a voulu être seul avec Isabelle et Torquemada. Je suis certain qu'ils travaillent en ce moment à gagner la reine, à la décider à donner son assentiment à leurs projets. C'est au milieu de ces préoccupations que vous les trouverez, et j'en suis fâché pour le seigneur dont vous avez pris les intérêts. »

Après ces mots, Ximenès passa son bras sous celui de don Alphonse, et ils se réfugièrent dans un des angles de la salle où ils s'assirent en m'invitant à ne pas m'éloigner. Je me plaçai en effet derrière eux dans l'embrasure d'une fenêtre, afin de me dérober davantage à la vue des seigneurs. Bien que je ne fusse connu personnellement d'aucun de ceux qui étaient présents, je crus devoir prendre cette précaution, parce que d'un moment à l'autre il pouvait s'en présenter qui me connaîtraient, puisque de nouveaux personnages entraient à chaque instant dans la salle. Déjà les plus illustres familles de l'Espagne se trouvaient représentées dans cette réunion. A mesure qu'ils arrivaient, les seigneurs venaient avec empressement saluer don Alphonse et don Ximenès; puis, après quelques compliments, ils s'éloignaient pour se mêler aux groupes ou aux promeneurs.

Je ne pouvais me défendre d'un certain dégoût en voyant l'hypocrisie et la défiance avec lesquelles la plupart de ces hauts personnages se pressaient les mains et se faisaient leurs démonstrations d'amitié. Tout en eux respirait l'affectation et la perfidie; on voyait que les ongles se cachaient sous le velours. De plus, on sentait que l'inquisition était là vigilante, l'oreille aux aguets, tâchant de saisir un mot, une pensée, une intention pour en faire un crime.

Cependant, l'heure de la réception n'arrivait pas, ou plutôt était déjà passée. Rien ne dispose à la médisance et à la critique comme une longue attente. Aussi tous les seigneurs, retenus dans le premier moment par la défiance, finirent-ils peu à peu par s'entre-déchirer, n'épargnant pas même Leurs Altesses, et moins encore le grand-inquisiteur. C'était lui surtout, disait-on, la première cause de cette longue attente. Il était entré depuis longtemps chez Leurs Altesses, et j'entendis une voix dire en passant auprès de nous :

« Le révérend père Torquemada n'en fait jamais d'autres. Si Leurs Altesses attendent la fin de ses remontrances pour nous recevoir, nous passerons la journée dans cette salle. »

Je tournai la tête pour voir celui qui venait de parler; je reconnus avec effroi Louis Naya, président du conseil suprême de l'Aragon. Nous nous connaissions un peu. Pour comble d'embarras, ayant aperçu don Alphonse et don Ximenès, il vint s'asseoir à côté d'eux sur un des sièges de velours qui garnissaient la salle. J'évitais de me tourner de son côté de peur d'en être reconnu. Cette crainte était puérile sans doute, car puisque je venais jusqu'aux pieds de Leurs Altesses proclamer mon nom, faire entendre mes réclamations et demander justice, peu importait que je fusse reconnu par quelques-unes des personnes présentes. Mais je n'étais pas maître d'une certaine honte involontaire. Le séjour de la prison, la pénitence que j'avais subie, le déshonneur dont on m'avait couvert, et par-dessus tout l'appréhension continuelle que j'éprouvais d'être arrêté tôt ou tard, et peut-être à l'instant où je m'y attendrais le moins, me commandaient une circonspection craintive et soupçonneuse.

Le président Louis Naya était connu par la causticité de son esprit. Ce défaut si odieux, il l'exploitait habilement dans l'occasion pour obtenir ce qu'il désirait. Ceux dont il sollicitait quelque grâce ou quelque service refusaient rarement d'accéder à ses désirs, dans la crainte d'être exposés aux traits que n'aurait pas manqué de décocher la malignité du président. C'est ainsi que l'influence, l'autorité, l'empire appartiennent toujours à ceux qui savent inspirer la crainte.

Louis Naya ne me remarqua point, occupé qu'il était de diriger les traits de sa mordante critique contre tous ceux qui passaient devant lui. Il suspendit pourtant ses réflexions lorsque don Diègue de Merlo, gouverneur de Séville, se trouva près de lui, en compagnie de don Rodrigue Ponce, marquis de Cadix. Ces deux seigneurs, qui s'étaient distingués dans la guerre contre Abohacen, roi de Grenade [1], jouissaient d'une renommée incontestable, ce qui ne les eût pas mis à l'abri des épigrammes du président, s'ils s'étaient tenus à distance; mais ils vinrent saluer don Alphonse et don Ximenès et s'arrêtèrent ensuite auprès d'eux, ce qui donna de la prudence à Louis Naya.

« Il faut croire, dit en s'asseyant le marquis de Cadix, que le père Torquemada est décidément entré en fonctions aujourd'hui auprès de nos bien-aimés souverains; assurément, il les confesse.

— Sans doute, reprit en éclatant de rire don Diègue, le gouverneur de Séville, qui acheva la pensée de don Rodrigue, car si le roi Ferdinand n'était pas occupé à dérouler la kyrielle de ses péchés, que Dieu les lui pardonne, ajouta-t-il d'un air hypocrite, il y a longtemps que le père dominicain nous aurait cédé la place.

— Vous ne comptez pas, dit à son tour Louis Naya, les interminables admonitions du révérend père confesseur, après chaque peccadille.

— Silence! interrompit don Diègue d'un ton discret; parlons mal de nos souverains, si bon nous semble, mais le grand inquisiteur!... il nous ferait rôtir, et, par mon saint patron, de toutes les manières de passer de vie à trépas, celle-ci n'est pas celle que je préfère. »

La porte de la salle de réception s'ouvrit, et un officier de service appela l'archevêque de Tolède, Ximenès; c'était la reine Isabelle qui le faisait demander. Ximenès quitta aussitôt don Alphonse, en promettant de le seconder de tout son pouvoir lorsque celui-ci prendrait ma défense. Pendant qu'il passait chez Leurs Altesses, un nouveau personnage entrait dans la salle d'attente et se dirigeait du côté de don Alphonse. A sa vue, le

[1] En 1482.

marquis de Cadix fit un mouvement qui trahissait son impatience, et il se leva brusquement pour s'éloigner. Les seigneurs, à qui n'échappa point ce mouvement, se regardèrent, quelques-uns, en laissant voir sur leurs traits une expression d'inquiétude, tous les autres, une ironique curiosité.

Le personnage dont la présence excitait une si vive sensation était Henri de Gusman, duc de Médina Sidonia, dont la puissante famille était depuis longtemps en dissentiment avec celle non moins puissante de don Rodrige Ponce, marquis de Cadix. Une ambition égale, un orgueil des plus irritables, des intérêts différents, la jalousie née de la faveur du monarque, tout avait contribué à fomenter la guerre intestine entre les deux maisons.

« Ces deux hommes, dit Louis Naya en se rapprochant de don Alphonse, sont comme ces outres légères que les enfants gonflent de leur haleine. Dans cet état, elles ont un volume immense, mais qui n'est qu'apparent. Or, le souffle de la faveur a passé sur ces deux seigneurs, et ils attribuent à leur seul mérite ce qui n'est que l'effet des bontés du souverain. »

Contre l'attente de tous les seigneurs, le duc et le marquis s'évitèrent; c'était ce qui pouvait arriver de mieux en ce moment, car l'heure de la réconciliation n'était pas encore venue, et faire un éclat dans le palais de Leurs Altesses eût été une dangereuse inconvenance.

Il y avait encore dans la salle, don Luis de Porto Carrero, un des plus illustres guerriers de l'Espagne, le grand-maître de Saint-Jacques, le marquis de Villena, l'amirante de Castille, le duc de Benavente, et beaucoup d'autres seigneurs dont le nombre augmentait toujours. La malignité du président Naya avait de quoi s'exercer, et elle se montrait infatigable. Le duc s'approcha de nous; après quelques compliments adressés à don Alphonse, il demanda à celui-ci par quelle circonstance extraordinaire il était revenu si promptement à Tolède.

« J'ai à faire réparer une grande injustice, répondit don Alphonse, et j'ose compter sur l'appui des hommes généreux qui entendront mes réclamations.

— L'affaire que vous entreprenez, monseigneur, ne saurait être qu'honorable et élevée; je m'y associe d'avance, si toutefois mon crédit peut vous être de quelque utilité.

— Recevez mes remerciements, répondit don Alphonse...

— Ainsi que les miens », ajoutai-je aussitôt, en me tournant du côté du duc.

J'avais entièrement oublié Louis Naya, et je me trouvai face à face avec lui. Il poussa un cri de surprise en me reconnaissant. Il se frottait les yeux comme s'il n'était pas bien éveillé...

« Mais, oui, disait-il, c'est bien lui !... c'est lui... »

Le bruit qu'il fit attira l'attention de toute l'assemblée. Bientôt le groupe que nous formions, don Alphonse, le duc de Medina Sidonia, Louis Naya et moi, fut entouré d'un cercle compacte, duquel il n'était pas possible de sortir. Don Alphonse, prévoyant ce qui allait arriver, se leva vivement et pria tout bas le président de garder le silence. Mais celui-ci feignit de ne pas l'entendre.

« Je ne savais pas, dit-il à haute voix, être en si mauvaise compagnie. »

Ces mots soulevèrent une violente rumeur.

« Pardon, monseigneur, continua Louis Naya, et vous aussi, seigneur duc, et vous tous, messeigneurs, ce n'est pas à vous que s'adressent mes paroles.»

Tous les regards se portèrent sur moi.

« Eh bien, puisque c'est à moi, m'écriai-je en m'élançant sur Louis Naya, vous me direz de quel droit vous m'adressez cette insulte, à moi qui ne vous connais pas !

— De quel droit ? reprit Louis Naya, en se reculant pour éviter ma rencontre et chercher un appui dans ceux qui nous entouraient; vous ne me connaissez pas ! Me suis-je trompé ? N'êtes-vous pas ?... »

En disant ces mots, le président avançait la tête pour m'examiner de plus près.

« Oui, c'est vous... il est inutile de feindre... A mon tour, je vous demanderai de quel droit vous vous êtes introduit ici ?

— Je ne vous connais pas, vous dis-je, et vous vous méprenez.

— Par le Ciel! votre présence ici me paraît un tel prodige, que j'en crois à peine mes yeux; et pourtant, je ne me trompe pas... Mais votre place est-elle ici! Allez, le cachot que vous occupiez à Saragosse est vide et vous attend!...

— Est-ce un voleur? demanda l'assemblée.

— C'est mieux que cela, répondit Naya, en reprenant le ton railleur qu'il n'avait quitté qu'un instant. Messeigneurs, je vous présente...

— N'achève pas, traître! » m'écriai-je en tirant mon épée pour percer mon dénonciateur.

Don Alphonse me saisit le bras, et dix épées me menacèrent en même temps la poitrine.

« Est-ce un meurtrier? demanda-t-on encore.

— Plût à Dieu qu'il ne fût que meurtrier! dit Naya, à peine rassuré derrière ses défenseurs.

— Est-ce un traître?

— C'est un hérétique! » cria l'implacable président.

A ce mot, vous eussiez dit que la foudre venait de faire explosion au milieu du cercle dont je devins à l'instant l'unique point central. Ce cercle s'agrandit subitement, et je restai seul au milieu de cette nombreuse assemblée; don Alphhonse lui-même ne fut pas maître de résister à l'impulsion qu'il reçut de la déclaration de Louis Naya, et il disparut dans la foule, tant la force du préjugé l'emporte sur celle de la plus haute vertu. Mais il revint presque aussitôt vers moi. Louis Naya ajouta de toute la force de ses poumons :

« Cet homme!... est Juan d'Abadia! »

Le cercle s'étendit encore et bientôt enveloppa une nouvelle personne dans sa circonférence; car un cri répondit à la voix de Naya, et une jeune femme, fendant la presse, se précipita vers moi, c'était Béatrice.

« Toi aussi! m'écriai-je, tu es dans ce funeste palais! tu viens partager mes affronts! »

La surprise, le trouble lui ôtaient toutes ses forces et l'empêchaient de parler. Cependant, je portais vivement mes regards sur tous les membres de l'assemblée, les provoquant, cherchant sur qui, à défaut de Louis Naya, je pourrais me venger, n'attendant qu'un mot, un signe pour me précipiter. Mais toutes les bouches étaient silencieuses, toutes les épées étaient rentrées au fourreau. Ils dédaignaient de se battre avec un hérétique !

— Leurs Altesses vous ordonnent d'entrer, dit tout à coup l'officier de service, après avoir ouvert les deux battants de la porte de la salle de réception. »

Un grand mouvement eut lieu, et tous les seigneurs quittèrent la salle d'attente pour entrer chez le roi.

« Mon père, fuyons ! oh ! fuyons au plus vite, dit enfin Béatrice ! La reine même nous abandonne !

— Que dis-tu ? »

— J'étais avec elle depuis une heure ; mes prières, mes larmes, tout a été inutile ; le grand-inquisiteur était présent, il l'a emporté sur moi !

— C'est donc en vain que nous fuirions. Fuir ! et dans quel lieu ? Qui voudrait nous donner asile ? N'as-tu pas vu comme ils s'écartaient devant moi ? Ne suis-je pas un hérétique ? Sache-le donc, le contact d'un hérétique est plus redouté que celui d'un pestiféré. Vois, ajoutai-je, en n'apercevant plus don Alphonse, un seul homme avait pris ma défense, où est-il maintenant ? Fuir !..

— Il le faut, mon père !

— Nous serions, te dis-je, sans protection, sans asile.

— Mais que voulez-vous faire alors ?

— Écoute : je suis venu dans ce palais pour me faire rendre justice. Que m'importe le mépris de tous ces fanatiques ? Est-ce de leur opinion que dépend mon honneur ? Ils sont entrés chez Leurs Altesses pour les flatter ; entrons-y à notre tour pour faire entendre nos protestations ! Viens ! et qu'une fois au moins le roi Ferdinand et la reine Isabelle entendent la vérité ! Qu'ils sachent enfin que l'inquisition qu'ils protégent est un fléau qui dévore l'Espagne en les couvrant de honte. »

J'entraînai Béatrice vers la salle de réception.

Les seigneurs étaient déjà rangés; le respect et l'étiquette les empêchaient de faire aucun mouvement pour voir qui entrait, de sorte que personne ne parut s'apercevoir de notre présence. La reine seule fixa ses regards sur Béatrice; mais reconnaissant la jeune fille qu'elle avait vue quelques instants auparavant, elle crut sans doute que Béatrice voulait profiter de la présence de toute la cour pour renouveler ses instances, et elle ne lui adressa point la parole. Quant à moi, elle supposa qu'ayant rencontré cette jeune fille dans le palais, j'avais consenti à lui servir de guide et de protecteur, ce qui expliquait pourquoi je me trouvais auprès d'elle. Béatrice était tellement émue, que je fus obligé de m'arrêter et de l'asseoir sur un des siéges placés à l'entrée de la salle. Ce fut de là que j'assistai à la scène étrange, dans laquelle Torquemada sembla vouloir prouver à tous que l'autorité royale doit le céder à celle de l'inquisition.

Au pied du trône se tenaient à deux côtés opposés : du côté du roi, le grand-inquisiteur Torquemada, don Diègue de Merlo, gouverneur de Séville; don Rodrigue Ponce, marquis de Cadix; le grand-maître de Saint-Jacques; le marquis de Villena. Du côté de la reine, l'archevêque de Tolède, Ximenès, l'honneur de l'Espagne; don Alphonse, archevêque de Saragosse; don Luis de Porto Carrero; le duc de Medina Sidonia; l'amirante de Castille; le duc de Benavente. Puis, se pressaient à la suite de ces hauts personnages une foule de seigneurs castillans, tous distingués, sinon par leurs hauts emplois ou leurs grandes actions, du moins par leur naissance, car en Castille, qui n'est pas noble? Louis Naya était confondu dans cette brillante foule.

Ferdinand paraissait triste, et la reine, ordinairement enjouée et souriante, était sévère et réfléchie, ce qui avait fait dire en entrant au seigneur de Palma, don Luis de Porto Carrero, que le révérend père Torquemada avait laissé sur la physionomie de Leurs Altesses de bonnes traces de son éloquence. La gravité des souverains se refléta promptement sur les visages de leurs courtisans, et un profond silence s'établit.

« Messeigneurs, dit le roi, après avoir promené ses regards sur toute l'assemblée, avant de prendre un parti sur le sujet important qui nous occupait tout à l'heure, nous voulons connaître votre sentiment. Ecoutez-moi. »

Le silence devint encore plus profond qu'auparavant, on se serra, et des regards empreints d'une sorte de provocation furent échangés entre Torquemada et Ximenès. Il était facile de voir qu'entre ces deux hommes une lutte vive, commencée en l'absence des seigneurs, allait se continuer devant eux.

Le roi, reprenant la parole, commença par rappeler les principaux événements de la guerre qu'il avait faite au roi de Grenade, Abohacen, et le traité qui avait suivi cette guerre.

« Pouvons-nous, demanda-t-il en terminant, sans forfaire à l'honneur, porter atteinte au traité qui, depuis plusieurs années, a fait du roi musulman un allié fidèle?

— Des traités qui, loin de contribuer aux progrès de la foi catholique, lui sont au contraire opposés, dit Torquemada, peuvent et doivent être rompus dès que l'occasion se présente, et le moment est venu de le faire.

— Si la foi nous ordonne de tout sacrifier à sa propagation, répondit Ximenès, elle nous prescrit aussi l'humanité, la justice, la loyauté envers ceux mêmes qui n'ont pas encore été éclairés des lumières de la foi.

— C'est faire trop d'honneur à des infidèles que de se croire sérieusement engagés à leur égard, répliqua le grand-inquisiteur. »

Un murmure général d'improbation accueillit ces paroles. Le roi demeura impassible, et nul regard n'aurait pu saisir sur ses traits immobiles le moindre signe de mécontentement ou de satisfaction. Suivant son usage, il évitait de faire connaître sa pensée, afin de se réserver la faculté d'adopter l'opinion qui servirait le mieux ses intérêts. Quant à Isabelle, elle ne dissimula point la fâcheuse impression que lui firent éprouver les étranges maximes du grand-inquisiteur.

Cependant Torquemada, sans se laisser troubler par les marques de défaveur dont ses paroles étaient l'objet, ajouta d'un ton empreint d'une douceur apparente :

« Madame, tous les jours la sainte inquisition gémit sur les rigueurs qu'elle est forcée de déployer contre les ennemis de la foi ; veut-on nous mettre dans la cruelle nécessité de les augmenter encore?

— A Dieu ne plaise que ce soit jamais là votre pensée ! répliqua vivement la reine.

— Cependant que faire ? dit Torquemada ; les Mauresques[1] retournent en foule à leur première croyance.

— Ce n'est pas faute de les brûler, dit le président Louis Naya, emporté par son désir de railler.

— Que ceux qui trouvent quelque chose à blâmer dans ce que fait l'inquisition, repartit Torquemada en se tournant vers l'interrupteur, veuillent bien, dans un autre lieu, me faire connaître leurs griefs. »

Le président qui, pour dire son mot, et montrer son visage au-dessus de la foule qui l'entourait, s'était levé sur la pointe du pied, se hâta de disparaître. Il est à croire qu'il ne se rendit point à l'invitation de Torquemada et qu'il n'eut plus, au contraire, que des éloges à donner à l'inquisition.

« Vous n'envisagez que la conduite de quelques individus dont la foi chancelante, après tout, ne mérite pas que l'on compromette l'honneur de notre pays tout entier, dit Ximenès.

— Les intérêts de la foi sont les seuls qui nous touchent, répliqua Torquemada.

— Et les intérêts de l'Espagne, son honneur, les oubliez-vous ? demanda Porto Carrero.

— Qu'importe? répondit Torquemada ; la foi n'admet pas de ces considérations.

— Ne parlez pas ainsi, dit Porto Carrero avec chaleur, ou, par le Ciel, je serais le premier à vous combattre.

— Quel nouveau crime ont donc commis ces peuples, pour

[1] Les Maures convertis portaient le nom de *Mauresques*.

violer à leur égard les lois sacrées de l'honneur et de l'équité? demanda Ximenès.

— Ne voyez-vous pas, répliqua le grand-inquisiteur, que le nombre des apostasies s'accroît tous les jours? Oui, il faut que tous ces faux chrétiens quittent l'Espagne en même temps que leurs anciens coreligionnaires. Il le faut, ou la sainte inquisition, je le déclare, laissera de côté toute miséricorde.

— Quel langage! dit Isabelle.

— La douceur serait un crime, répliqua le grand-inquisiteur. Considérez quels fruits a produits notre mansuétude à l'égard des juifs...

— Les juifs? dit avec étonnement l'archevêque de Tolède; mais de toutes parts les bûchers...

— Quoi! interrompit Torquemada, vous prenez aussi la défense de cette race maudite!... »

Le grand-inquisiteur accompagna cette question d'un regard si menaçant, que l'archevêque en fut tout déconcerté, et, se tournant vers la reine, comme pour se mettre sous sa protection :

« Le désir de Son Altesse, notre bien-aimée reine, a toujours été qu'on épargnât ses peuples, dit-il.

— Il n'y a de peuples en Espagne que les vrais catholiques! s'écria Torquemada; quant aux mauresques, aux marranos, aux hérétiques quels qu'ils soient, ils ne sont pas dignes du nom d'Espagnols! qu'ils sortent donc de l'Espagne, où je!... »

Le grand-inquisiteur n'eut pas besoin d'achever sa pensée pour la faire comprendre; les bûchers qui consumaient les hérétiques en étaient l'expression. Un mouvement d'horreur et d'effroi agita l'assemblée au milieu de laquelle il y avait, sans doute, plus d'un familier de Torquemada, plus d'un espion du saint-office de Tolède, mais qui renfermait aussi d'illustres et loyaux guerriers, de sages ministres, de prudents amis des souverains.

« Tout doux! mon révérend confesseur, dit Ferdinand, à qui la seule vue de ses intérêts menacés rendit la parole; à ce compte-là il faudrait chasser la moitié de nos peuples, et notre volonté est aussi qu'on les ménage.

— Les insurrections se renouvellent dans toutes les parties de l'Espagne, répliqua Torquemada, grâce à la turbulence de ces faux chrétiens dont on prend ici la défense.

— La rigueur que vous déployez n'en est-elle pas la première cause, dit Porto Carrero?

— Dans quelle assemblée suis-je donc en ce moment, s'écria Torquemada? suis-je bien en présence de deux souverains catholiques? suis-je au milieu de serviteurs de Jésus-Christ? Notre très-saint père le pape ne m'a-t-il point confié les intérêts de l'Église dans un pays peuplé de païens, de musulmans, de juifs et d'hérétiques? Qu'ils prennent garde!... »

A ces paroles, le roi Ferdinand fit un mouvement; la colère brilla dans ses yeux, ses mains se crispèrent. C'est que Ferdinand, avide de richesses et peu scrupuleux sur les moyens de s'en procurer, Ferdinand qui aimait l'inquisition à proportion des sommes qu'elle lui rapportait, n'était pas moins jaloux de ses prérogatives, et le grand-inquisiteur venait de l'offenser. L'audace de Torquemada avait fait pâlir Isabelle; tous les seigneurs étaient vivement attentifs à cette scène.

« Quel est donc ce téméraire qui ose s'exprimer en pareils termes devant moi? dit Ferdinand. Qu'il sache que je resterai sourd aux instances et que je saurai punir les insolentes menaces. »

Isabelle essaya d'excuser le grand-inquisiteur en mettant sur le compte de son zèle les paroles irrévérencieuses qu'il avait prononcées. Mais Torquemada, assuré d'un pouvoir plus redoutable que celui des souverains mêmes, ne prit pas la peine de formuler une excuse.

« Dieu, reprit-il, veut connaître ceux qui sont avec lui et ceux qui sont contre lui.

— Dieu maudit les parjures, reprit brusquement Porto Carrero, et moi, je leur refuse le secours de mon bras!

— Pas de persécutions! s'écrièrent la plupart des seigneurs.

— Persuadez, convertissez par la parole et non par les supplices, dit Isabelle.

— Les juifs sont nombreux... et riches, ajouta Ferdinand.

— Prendre contre eux quelque mesure violente, dit Ximenès, ce serait les irriter et provoquer plus d'une atteinte à la tranquillité de l'Espagne.

— Qu'ils soient chassés ! vous dis-je, s'écria Torquemada.

— Non, répliqua Porto Carrero, qu'un châtiment juste et sévère atteigne ceux qui, s'étant convertis, retournent aux pratiques du judaïsme, ce sont des parjures ; mais ne persécutons pas ceux qui, bien que dans l'erreur, ne se sont pas joués de la foi catholique en y renonçant après l'avoir embrassée.

— Ils ont si peu le dessein de troubler l'Espagne, dit Ximenès, que, sur le bruit qui a couru qu'on se disposait à les forcer à embrasser le catholicisme sous peine de mort ou de bannissement, ils offrent de grandes sommes d'argent pour éviter cette persécution.

— Il faut accepter, dit avec empressement Ferdinand, car si nous refusons leur argent, ils l'emporteront chez nos voisins. Il faut accepter, entendez-vous, ajouta le roi en s'adressant à Torquemada.

— Ces capitulations sont indignes de la foi, dit celui-ci.

— Mais, prétendez-vous être plus catholique que notre saint père le pape qui, tous les jours, accorde des brefs d'absolution aux hérétiques qui sont assez riches pour les payer ? »

Torquemada garda le silence sur cette observation d'autant plus concluante qu'elle était justifiée par une foule d'exemples ; mais il n'avait pas dit son dernier mot, pourtant.

— Ils offrent, reprit Ximenès, de fournir trente mille ducats pour les frais de la guerre de Grenade si on l'entreprend ; ils s'engagent à ne nous donner aucune inquiétude, à se conformer scrupuleusement aux règlements qui les concernent, en habitant des quartiers séparés de ceux des chrétiens, en se retirant avant la nuit dans leurs maisons, et en renonçant

Revue Historique.

Le Crucifix.

à l'exercice de certaines professions réservées aux chrétiens[1]. Qu'exigez-vous de plus ?

— Ce que je veux, dit Torquemada avec toute l'ardeur du fanatisme, ce que je veux !...

— Votre volonté doit céder devant le désir de vos souverains, interrompit Isabelle offensée de l'obstination de Torquemada. »

A ces mots, Torquemada s'incline, et quittant sa place, se dirige vers un crucifix attaché dans une des parties de la salle. On le suit des yeux, pas un souffle ne trouble le silence profond qui règne dans cette nombreuse assemblée. Il détache le crucifix, puis, s'avançant fièrement jusque sur la première marche du trône de ses souverains, il a l'audace de leur adresser ces paroles :

« Judas a, le premier, vendu son maître pour trente deniers ; Vos Altesses pensent à le vendre une seconde fois pour trente mille pièces d'argent ; le voici, prenez-le, et hâtez-vous de le vendre. »

En disant ces mots, le grand-inquisiteur tendait, en frémissant d'un zèle fanatique, le crucifix au roi et à la reine ; ses yeux brillaient d'un éclat juvénile, et cependant il avait plus de soixante-cinq ans ! Le roi, peu habitué à tant de hardiesse ne pouvait contenir sa colère. Déjà des paroles imprudentes allaient sortir de sa bouche, lorsqu'Isabelle les arrêta par quelques mots sages et propres à calmer son époux. Un morne étonnement régnait dans l'assemblée. Quelle est donc la terreur inspirée par l'inquisition, puisque de tous ces hommes armés de l'autorité, illustres par leur haute naissance et leurs exploits, craints, obéis partout, aucun n'osait fermer la bouche à un moine fanatique et cruel ! Il est probable que chacun des seigneurs se défiait de ceux auprès desquels il se trouvait. Les murmures pouvaient compromettre, les paroles pouvaient perdre.

« Que Leurs Altesses réfléchissent à cette importante af-

[1] Mariana et Llorente.

faire, dit Torquemada, il est bon de ne rien précipiter, afin de ne point donner naissance aux regrets. »

Après ces mots, il prit congé de Leurs Altesses pour se retirer. Les seigneurs témoignaient déjà d'autant plus de satisfaction de son départ, que la contrainte avait été plus grande. Ils ressemblaient assez en ce moment à ces jeunes écoliers que la présence du maître retient immobiles et silencieux, mais qui s'échappent bruyants et joyeux dès qu'il a les talons tournés.

Don Alphonse s'avança, et dit à Leurs Altesses :

« Ordonnez, de grâce, au grand-inquisiteur de rester encore quelques instants. J'ai besoin de sa présence pour ce que j'ai à dire.

— Demeurez, dit Ferdinand à Torquemada. »

Celui-ci reprit sa place. Au même instant je m'avançais avec Béatrice. D'après ce qui venait de se passer sous nos yeux, Ferdinand ne nous inspirait aucune confiance ; il venait d'abdiquer son pouvoir pour céder devant celui du grand-inquisiteur. Qu'espérer d'un souverain qui, lorsqu'il s'agissait du sort de plusieurs centaines de mille de ses sujets, n'avait trouvé dans son cœur ni fermeté, ni justice? Isabelle, seule, fit preuve de l'une et de l'autre. Tant que je fis entendre mes réclamations, Ferdinand fut distrait, indifférent ; c'est qu'il ne s'agissait plus de lui-même. L'intérêt de sa puissance, de son autorité, de ses prérogatives, de son trésor, n'étant plus en jeu, la scène qui se passait devant lui devait le laisser froid et sans sympathie. Malheur aux peuples quand l'égoïsme est aux cœurs de ceux qui les gouvernent !

Isabelle, voyant que ma fille tremblait et pouvait à peine se soutenir, lui dit avec la plus grande bonté :

« Rassurez-vous, mon enfant, et dites-nous ce qui vous ramène ici?

— Cette jeune fille est avec son père, dit aussitôt don Alphonse, ils viennent se mettre sous la haute protection... »

Il n'eut pas le temps d'ajouter un mot de plus, car Louis Naya cria du milieu de la foule où il était caché :

« C'est un hérétique ! »

Et une rumeur sourde et menaçante s'éleva dans toute l'assemblée, comme si Louis Naya n'avait pas déjà une fois proclamé mon nom. A ce mot d'hérétique, Torquemada tressaillit et se retourna brusquement, puis il vint de mon côté. Béatrice se serra contre moi, lorsqu'elle vit que Torquemada s'approchait de nous, et qu'il m'examinait avec une attention soupçonneuse.

« Cet homme me fait peur, dit-elle d'une voix tremblante.

— Vous ici ! me dit Torquemada en me reconnaissant ; vous dans la demeure des souverains !

— Laissez parler, dit Isabelle d'un ton sévère : est-ce l'usage dans notre cour de condamner les gens sans les entendre ?

— Madame, répondit le grand-inquisiteur, l'homme ici présent est indigne de votre bienveillance.

— Approchez, me dit Isabelle, et expliquez-vous.

— Je me suis élevé plus d'une fois contre le secret dont l'inquisition fait une loi expresse, dit Ximenès pendant que je m'approchais avec ma fille, parce que j'en ai prévu les funestes résultats. Eh bien, cet homme, qui n'est autre que le seigneur Juan d'Abadia, dont j'ai conté l'histoire à Votre Altesse, me fournit une preuve de plus de l'abus qu'on peut faire du secret.

— Après ce que j'ai entendu tout à l'heure, repartit en s'avançant Torquemada, je ne suis point étonné des paroles qui viennent d'être prononcées ; il ne reste plus, en effet, qu'à attaquer la sainte inquisition après avoir défendu les hérétiques.

— Nous acceptons tous l'inquisition comme un fait accompli, répliqua Ximenès, ce qui ne nous empêche point de signaler les abus qui peuvent être réformés. »

Don Alphonse prit à son tour la parole, et après avoir rappelé d'un ton simple et noble ce que j'étais autrefois, il ajouta :

« Oui, d'Abadia doit sa perte à la manière dont la procédure a été dirigée contre lui. Pendant une année il n'a connu ni le véritable motif de sa première arrestation, ni son premier dénonciateur, grâce au mystère dans lequel les juges du saint-office sont tenus d'envelopper leurs actes. Lorsque le hasard lui eut fait connaître son accusateur, il était trop tard, le déshonneur, l'infamie, la torture avaient accablé le malheureux accusé. Aujourd'hui il ne lui reste contre des dangers et des maux plus grands encore, d'autre refuge que la clémence des souverains.

— Grâce pour mon père, dit Béatrice en tombant aux genoux d'Isabelle ! Oh ! madame, que Votre Altesse daigne écouter ma prière !

— Justice aussi, m'écriai-je !...

— C'est vainement, interrompit Torquemada, que vous serez venu jusqu'ici apporter vos plaintes. Nos augustes souverains se doivent à des intérêts plus élevés que ceux d'un homme convaincu d'hérésie...

— Mais de quelle hérésie, enfin, ai-je été convaincu ?

— Tous ses crimes me sont connus, dit Torquemada, en s'adressant au roi et à la reine, car depuis un an j'ai reçu des rapports qui ne me laissent aucun doute sur la dépravation de ses sentiments; sa présence même en cet auguste lieu qu'il profane, accuse encore sa rébellion envers la sainte inquisition. Comment est-il sorti du cachot où Dieu avait permis qu'il fût enfermé pour l'expiation de ses crimes ?... Il s'est évadé ! car le saint-office de Saragosse n'a pu lui rendre une liberté dont il n'a su faire qu'un funeste usage. »

Pendant que l'inquisiteur parlait, Béatrice se traînait aux pieds du roi et de la reine, mêlant à ses prières ses sanglots et ses larmes sans pouvoir réveiller l'âme glacée de Ferdinand. Isabelle, seule, paraissait éprouver un sentiment de pitié combattu par les paroles véhémentes de Torquemada.

« Ne vous êtes-vous donc jamais demandé s'il était vrai que je fusse réellement coupable de tant de crimes, répondis-je au grand-inquisiteur ? La sincérité et la moralité du fourbe qui s'est fait mon dénonciateur ne vous ont-elles donc jamais été suspectes ? Si je me suis rendu coupable, c'est depuis qu'on m'a persécuté, déshonoré, ruiné, séparé de mes enfants; c'est depuis que ma fille... Ah ! je ne puis vous dire tout, mon enfant rougirait de honte, et vous ne pourriez comprendre le sentiment de révolte, d'horreur qu'éprouve l'âme d'un père à la pensée que son enfant, sa fille, qu'il a élevée avec tant d'amour et de soins, a failli être la proie d'un impie! qu'un monstre a voulu!... Non! non! inquisiteur, vous ne comprendriez pas ce que l'âme d'un père éprouve à cette terrible pensée! Il faut avoir des entrailles, il faut être père pour comprendre de pareilles douleurs! Et vous trouvez que je suis coupable? Et vous m'accusez d'être un hérétique? un meurtrier? Mais qu'est-ce donc que ces crimes, auprès des attentats dont ma fille et moi nous avons été victimes, elle, dans la sainteté de sa personne; moi, dans ma dignité d'homme et de noble? Si les souverains dédaignent d'écouter nos plaintes, si leur justice est impuissante à nous protéger, si nous succombons sous tant de cruelles épreuves, c'est à Dieu lui-même que nous en appellerons! C'est devant le juge des souverains que nous accuserons les nôtres! »

Pendant que je parlais, la reine Isabelle ne cachait pas son émotion qui se communiquait à toute l'assemblée. Ferdinand était froid et impassible comme si sa pensée eût été loin de ce qui se passait devant lui. Béatrice me regardait avec un certain étonnement, ne comprenant pas quel si grand danger elle avait couru après celui de me perdre pour toujours. Le silence était profond et solennel. Torquemada, redoutant de ma part des révélations qui pouvaient compromettre quelqu'un des inquisiteurs, s'abstenait maintenant de me faire des questions. Mais la reine Isabelle, élevant la voix avec une fermeté, une autorité vraiment royale, me dit :

« Quel est l'homme que vous accusez de tous vos malheurs? Est-il ici? Nommez-le!

— Madame, dit Alphonse, le nom de ce misérable est indigne d'occuper un seul instant Votre Altesse. J'ai en mon pouvoir les preuves écrites de ses méfaits; je le ferai connaître au grand-inquisiteur afin qu'il ordonne son châtiment; mais, je le répète, le nom d'un tel homme ne doit pas être prononcé devant vous.

— Vous aussi, seigneur don Alphonse, vous craignez la publicité? dit Ximenès. Et celui que vous défendez est victime du secret des accusations!

— Celui que je dénonce connaîtra du moins et ses crimes et son accusateur.

— Est-il parmi les seigneurs présents, demanda Isabelle? »

Une grande agitation eut lieu parmi les seigneurs; tous se regardèrent comme pour deviner quel était le misérable caché au milieu d'eux. Plusieurs qui n'aimaient pas Louis Naya à cause de sa causticité semblaient le soupçonner. Cependant j'hésitais, parce que j'avais vu les instances de don Alphonse pour empêcher que ce nom ne fût prononcé, et mon hésitation augmentait encore le trouble des seigneurs. Don Luis de Porto Carrero s'avança:

« Nous ne pouvons, dit-il, sortir de cette enceinte avec le soupçon d'être des traîtres... S'il y en a un dans cette assemblée, qu'il soit nommé à l'instant.

— Vous entendez? me dit le roi.

— Dans l'intérêt de la justice qu'il invoque, reprit Torquemada, qu'il garde le secret. »

Le roi et la reine firent un signe d'assentiment.

« Messeigneurs, ajoutai-je aussitôt, sachez que le traître que j'accuse n'est point Castillan... »

Tous les yeux se portèrent sur l'Aragonais Louis Naya qui, en ce moment, expiait rudement l'affront qu'il m'avait fait subir. J'eus quelque désir de le laisser sous le poids du soupçon, mais cette idée ne dura heureusement qu'un instant, et je repris:

« Il n'est ni Castillan, ni noble, et n'est pas dans cette assemblée...

— Vous voyez bien que ce n'est pas moi, s'écria Louis Naya... Seigneur d'Abadia, merci de votre déclaration, je ne vous garderai pas rancune; nous sommes quittes...; mais vous m'avez fait une belle peur.

— Allez, messieurs, dit le roi; et vous, restez, ajouta-t-il en me désignant ainsi que Béatrice. »

Tous les seigneurs se retirèrent. Don Alphonse et Ximenès se disposaient à les suivre, lorsque Isabelle les invita à rester aussi. Quant à Torquemada, il avait disparu le premier.

CHAPITRE III.

Une réparation. — Plus d'espérance. — Expulsion des Juifs. — Prise de Grenade. — Tristan s'embarque avec Christophe Colomb.

Restés seuls avec les souverains, et soutenus avec chaleur par don Alphonse et don Ximenès, nous eûmes, Béatrice et moi, toute liberté d'exposer en détail le récit de nos malheurs. La reine était indignée contre nos ennemis; Ferdinand protestait énergiquement qu'il ferait réparer le mal qu'on nous avait fait et qu'il emploierait son autorité à châtier le traître qui avait causé ma perte. Je le croyais sincère dans cette circonstance, et pourtant je ne pouvais me défendre d'une certaine défiance en me rappelant la faiblesse qu'il avait montrée devant Torquemada.

« Cédez aux circonstances, nous dit Isabelle, la prudence vous commande de vous éloigner; croyez-moi, quittez cette ville, l'Espagne même, et allez au loin attendre l'effet de notre promesse. »

Isabelle, comme on peut le voir, n'avait pas elle-même une grande confiance dans son pouvoir, puisqu'elle n'osait lutter ouvertement avec les inquisiteurs.

« Ximenès, nous vous recommandons de leur faciliter les moyens de s'éloigner, ajouta le roi, moins sûr encore de son autorité que ne l'était la reine Isabelle, et, dans tous les cas, nous ne voulons point qu'ils soient inquiétés avant que notre conseil de la Suprême ait prononcé sur cette affaire. »

Après ces promesses formelles et souvent renouvelées, les souverains nous congédièrent. Béatrice, confiante parce qu'elle était jeune et sans expérience, était heureuse de l'issue de notre démarche; elle ne voulait plus me quitter et se traçait un tableau riant de notre existence à venir. Doux rêve d'une âme candide que la réalité allait bientôt dissiper.

En traversant la salle d'attente pour sortir du palais, nous rencontrâmes la dame de Santangel qui avait accompagné ma fille au château, et qui en ce moment attendait sa sortie avec une vive inquiétude. Béatrice se jeta dans ses bras et lui raconta brièvement ce qui venait de se passer. Je priai ensuite la dame de Santangel de continuer sa généreuse hospitalité envers ma fille, car, pour moi, j'étais bien résolu à profiter du conseil que m'avaient donné les souverains, et à chercher mon salut dans un prudent exil. Mais Béatrice, redoutant une nouvelle séparation, quitta sa protectrice pour m'enlacer de ses bras en protestant qu'elle ne me quitterait plus. Je la rassurai, non sans peine, et ses sanglots me déchirèrent l'âme lorsque je m'arrachai de ses bras pour me rendre avec don Alphonse à la demeure de Ximenès.

Ce prélat, ministre influent et respecté de la reine surtout, ne désespérait pas de l'emporter dans l'esprit des souverains sur le grand-inquisiteur.

« Mais le moment, disait-il aussi, n'est pas favorable. Sachons attendre pour arriver plus sûrement à notre but. J'ai *mené*, jusqu'à présent, *l'Espagne avec mon cordon*, ajoutait-il en faisant allusion à sa qualité de cordelier [1], mais doucement, sans brusquerie; je connais mes souverains et mon adversaire, ce ne sera pas la première fois que j'aurai détruit en particulier et partiellement toutes les mesures du frère prêcheur. » C'est ainsi qu'il désignait Torquemada.

Don Alphonse appuyait aussi le conseil qui m'était donné de quitter la ville immédiatement. Nous étions arrivés à la grille extérieure du château. Mais pendant que ces choses se passaient dans l'enceinte du palais des souverains, deux hommes suivaient, à une heure d'intervalle l'un de l'autre, la route de

---

[1] Ximenès de Cisnéros, cardinal, archevêque de Tolède, avait été en effet moine cordelier, et disait souvent qu'il *menait l'Espagne avec son cordon*.

Saragosse à Tolède. Dix lieues les séparaient encore de cette dernière ville. Le sujet qui les amenait tous les deux devait être important et grave, car ils donnaient à peine à leurs montures le temps de reprendre haleine. Le second surtout paraissait impatient d'arriver. Pendant que sa mule se reposait, après une marche forcée, il piétinait, allait, venait, ne tenait pas en place; il ne prenait pas même le temps de se restaurer, dans la crainte de retarder le moment du départ. D'ailleurs, il était trop agité pour penser à lui-même; dans son agitation fébrile, il gesticulait, poussait de profonds soupirs, parlait seul.

— « J'arriverai trop tard ! disait-il, le fiscal a trop d'avance sur moi ! Il n'a pas moins d'une heure ! Oh ! si j'avais pu l'atteindre ! Mais il est mieux monté que moi ! N'importe, partons ! Qui sait ? son cheval peut s'arrêter de fatigue..., un accident peut le retenir... Marchons ! »

Et le voyageur se hâtait de payer l'hôtelier pour un repas qu'il n'avait pas fait, et pour le fourrage que n'avait pas consommé sa monture; puis il partait en pressant les flancs de sa mule harassée et sans vigueur.

Le premier voyageur était Davila. Il avait demandé aux inquisiteurs à venir à Tolède sur les pas de don Alphonse, non-seulement pour combattre les accusations qu'il présumait bien que nous allions, don Alphonse et moi, porter contre lui; mais encore pour dénoncer mon évasion, ma fuite de Saragosse et ma présence à Tolède. Juglar, qui n'osait ni prendre sur lui de faire arrêter Davila sans un ordre du grand-inquisiteur, ni assumer sur lui la responsabilité de le laisser libre, avait accepté avec empressement la proposition du fiscal. Il aimait mieux, si Davila avait trahi ses devoirs, qu'il fût mis en état d'arrestation par l'inquisition de Tolède, que par celle de Saragosse. Comment aller proclamer soi-même qu'on s'est laissé tromper par un homme qu'on a investi d'une charge importante ? Comment avouer qu'on a infligé des peines non méritées ? Quel triomphe pour les ennemis du saint-office !

Davila venait donc à Tolède, autant pour accuser que pour se défendre. De plus, il avait appris ou plutôt supposé que Tristan se trouvait dans cette ville, et quand il avait dit à don Alphonse qu'il croyait Tristan en France, il n'avait eu d'autre intention que de donner le change et de faire croire à l'impossibilité où il s'était trouvé de le secourir. En effet, Judas, en parlant de la Taverne-Rouge au fiscal, lui avait raconté la scène qui s'y était passée un soir, si on se le rappelle, peu d'instants avant que les archers fissent main-basse sur tous ceux qui se trouvaient présents. Or, ce faux vieillard, dont la jeunesse et la vigueur s'étaient révélées au moment où Esteban, masqué et non reconnu par les hôtes de Matéo, courait risque d'être mis à mort après avoir prononcé le nom de d'Abadia, ce faux vieillard, dis-je, avait fait croire d'abord à Davila que ce pouvait être quelque complice de l'assassinat d'Arbuez; puis, remarquant que la disparition de cet inconnu coïncidait avec le départ de Béatrice, il avait fini, grâce au désir qu'il avait de se venger, par se persuader que c'était Tristan, et cela d'autant plus facilement, qu'il ne courait aucun risque en cas d'erreur.

L'autre voyageur était Esteban. Les inquisiteurs de Saragosse le trouvant trop faible, trop humain, et se défiant de sa générosité, l'avaient, comme je l'ai dit, remplacé dans la prison, et cela à son grand chagrin. Mais au premier bruit de ma disparition du cachot où j'avais été enfermé, sa joie avait été extrême, et il n'avait pas douté que je n'eusse été aidé par don Alphonse qu'il savait être le même que frère Barnabé. Il s'était donc présenté chez l'archevêque pour lui déclarer qu'il était prêt à se mettre à sa disposition pour tout ce qui me concernait. Grand avait été son étonnement d'apprendre que don Alphonse n'était pour rien dans mon évasion, et il s'était mis aussitôt à errer autour de Saragosse, recherchant les endroits les plus solitaires, dans l'espoir de m'y rencontrer. Il avait fini par trouver l'ermite, qui, après s'être bien assuré qu'il n'avait point affaire à un de mes ennemis, lui avait appris que j'étais allé chercher un asile dans la maison de don Alphonse. Esteban était donc retourné aussitôt chez l'archevêque, et là il avait appris que celui-ci était parti la veille avec moi pour Tolède. Déjà mon évasion, mon apparition à Saragosse, et la faveur que m'accordait l'archevêque commençaient à n'être plus un mystère.

Esteban prit donc sur-le-champ la route de Tolède, et, au sortir de la ville, il aperçut Davila qui chevauchait devant lui sur le même chemin ; mais comme Esteban était moins bien monté que le fiscal, celui-ci prit les devants et bientôt gagna une heure sur Esteban. Ce dernier n'ignorait pas le motif qui conduisait Davila à Tolède et il eût voulu l'atteindre pour l'attaquer, se battre avec lui et le tuer, s'il ne pouvait le contraindre à renoncer à son projet; ou au moins eût-il voulu le devancer pour prévenir l'effet de ses accusations en avertissant Tristan et moi du danger qui nous menaçait.

Esteban traversait donc la rue au moment où je sortais du palais des souverains avec don Alphonse et don Ximenès. Il nous vit et s'arrêta aussitôt. Sauter en bas de sa monture, l'attacher au crochet d'un volet et se précipiter vers moi fut l'affaire d'un instant.

« Le fiscal Davila vient d'arriver à Tolède, dit-il aussitôt et avec la plus grande précipitation; je le suivais de près, mais malheureusement malgré tous mes efforts je n'ai pu le devancer. Il craint vos protestations et les preuves que vous avez contre lui. Je me suis informé : il doit être à cette heure chez le grand-inquisiteur; tâchez de sortir de la ville; je vais vous attendre sur la route de Madrid.

— Dieu soit loué! s'écria don Alphonse, le fiscal sera venu de lui-même au-devant de sa perte.

— Le très-révérend père dominicain, Thomas de Torquemada, confesseur de Leurs Altesses, grand-inquisiteur de Castille et d'Aragon, vous attend tous les trois, dit un nouveau personnage bien connu de moi; et en parlant il faisait de nombreuses et profondes salutations, telles que lui seul savait les faire. C'était l'estafier du grand-inquisiteur, le même qui s'était déjà présenté à moi deux fois : la première à Saragosse peu de temps avant la mort d'Arbuez; la seconde à Villa-Réal où il m'avait fait arrêter.

La vue de ce misérable ne m'annonçait que des projets sinistres, et les deux prélats ne dissimulèrent point leur mépris pour ce funeste messager. Aussi se consultèrent-ils du regard comme s'ils craignaient quelque piége. L'estafier, voyant qu'ils hésitaient, leur dit que le grand-inquisiteur comptait sur leur prudence pour ne pas donner lieu à un éclat fâcheux dont ils seraient seuls responsables. Et en parlant il tournait ses regards faux de différents côtés. Je suivais attentivement la direction de ces regards et j'aperçus à l'angle de quelques maisons plusieurs hommes à figure suspecte qui n'attendaient qu'un signe de l'estafier pour lui prêter main-forte. Les deux prélats, ne voyant pas la possibilité de résister sans scandale, dirent à l'envoyé de Torquemada qu'ils étaient prêts à le suivre.

Nous nous rendîmes donc à l'inquisition escortés de loin par les hommes à visage sinistre qui nous observaient. Esteban s'était éloigné par prudence. Arrivé à l'angle de la rue qui conduisait à l'inquisition, je me retournai pour voir ce qu'il faisait; il n'était plus seul : un jeune homme, que je reconnus aussitôt, Tristan, s'était approché de lui. Je compris à leurs gestes, à leurs regards, qu'il s'agissait de moi dans leur entretien. Bientôt, Béatrice, sortant du palais, vint à passer auprès d'eux. Mais, en ce moment, je les perdis de vue.

A notre arrivée à l'inquisition, Davila était avec le grand-inquisiteur. En nous voyant entrer, le fiscal pâlit; Torquemada, occupé à lire une lettre que le fiscal lui avait remise de la part des inquisiteurs de Saragosse, s'interrompit pour reprocher rudement aux deux prélats leur intervention en ma faveur, et leur déclarer qu'il les traiterait comme fauteurs d'hérésie s'ils continuaient à s'occuper de mes affaires.

« Vous n'ignorez pas, répondit don Ximenès, que, par état, nous sommes voués à la défense de la foi ; avant donc de nous qualifier du titre de fauteurs d'hérésie, il est de votre devoir d'examiner les raisons qui nous dictent cette conduite.

— D'autant mieux, ajouta l'archevêque de Saragosse, qu'il peut vous être prouvé que parmi les agents du saint-office il en est un qui a indignement trahi ses devoirs. »

Davila tressaillit involontairement.

« J'attends que vous me fassiez connaître son nom, répondit Torquemada.

— L'homme que j'accuse est là, devant vous, dit aussitôt don Alphonse en désignant le fiscal qui, dans son trouble, garda le silence.

— Quels sont les crimes dont vous l'accusez ? »

Don Alphonse raconta en détail tout ce qu'avait fait Davila depuis l'origine de mon procès. Il mit en évidence son ambition, sa cupidité, sa vengeance, ses trames criminelles. J'insistai à mon tour sur les motifs qui avaient inspiré le fiscal sans laisser à celui-ci le temps de répondre.

« Avez-vous entre vos mains des preuves de tous ces crimes? demanda Torquemada.

— Que votre révérence, reprit aussitôt le fiscal, veuille bien, avant tout, achever de lire la lettre que je lui ai remise ; elle verra si l'opinion des inquisiteurs de Saragosse ne détruit pas complétement les accusations de mes ennemis. »

Torquemada relut, en effet, la missive de Juglar, dans laquelle celui-ci louait sans restriction la foi, le zèle, la vertu de Davila.

« Vous le voyez, dit le fiscal, les accusations ne sont plus que des calomnies qui tombent d'elles-mêmes devant cette lettre.

— Cette lettre, reprit don Alphonse, prouve que vous avez su tromper les inquisiteurs eux-mêmes.

— Elle prouve encore mieux, dis-je en moi-même, me rappelant un dicton populaire, que les loups ne se mangent pas entre eux.

— Quelles sont enfin vos preuves, demanda de nouveau le grand-inquisiteur? »

A cette question, don Alphonse tira les instructions écrites qu'il avait surprises à Davila et les remit à Torquemada qui en fit la lecture. Mais ces instructions étaient rédigées avec tant d'art, tant de perfidie, qu'il était difficile à des yeux prévenus d'en découvrir la véritable intention. Pendant l'examen qu'en fit le grand-inquisiteur, Davila n'était pas tellement rassuré qu'il ne fît paraître aucun trouble. Son agitation, pour être contenue, n'en était pas moins vive. Il attendait avec anxiété le premier mot que prononcerait Torquemada. Celui-ci, cependant, continuait son examen attentivement, et de temps en temps portait ses regards sur le fiscal, qui affectait une assurance qu'il n'éprouvait pas.

«Certes, dit enfin Torquemada, je découvre dans toute cette affaire, sinon de mauvaises intentions, du moins une légèreté coupable.»

Don Alphonse se réjouit à ces mots, et, dans son effusion, me pressa les mains. Don Ximenès, qui connaissait mieux Torquemada, accueillit ses paroles avec plus de défiance. Quant à moi, j'étais certain que le fiscal qui, au moyen de ses instructions, se vengeait de ceux qui le méprisaient ou l'embarrassaient, que le fiscal qui avait abusé du secret de la procédure, et de l'empressement avec lequel le saint-office accueille les dénonciations même anonymes, sortirait de cet examen victorieux et libre, comme un agent zélé, un catholique plein de foi, un magistrat irréprochable dans sa conduite.

« Oui, continua Torquemada, une réparation est devenue nécessaire. »

Davila frémit; car si, dès l'abord, il était taxé de légèreté, il pouvait craindre d'être, plus tard, accusé plus sévèrement. Sa crainte fut de courte durée.

« Seigneur Davila, ajouta l'inquisiteur, retournez à Saragosse; allez, magistrat intègre, chrétien fidèle et zélé, allez reprendre vos fonctions hérissées de peines et exposées aux coups de la malveillance. Allez, vous dis-je, la sainte inquisition approuve vos actes et déclare que vous n'avez pas trahi sa confiance. »

Nous étions stupéfaits, don Alphonse et moi qui connaissions les crimes du fiscal. Don Ximenès, plus calme parce qu'il était moins éclairé que nous sur le compte de Davila, prit la parole :

« J'ignore, dit-il à Torquemada, jusqu'à quel point cet homme est digne de votre confiance, mais je m'étonne que les paroles d'un prélat tel que don Alphonse aient si peu d'autorité auprès de vous.

— Mon devoir, répondit Torquemada, est, avant toutes choses, de prémunir les agents de l'inquisition contre des récriminations fondées sur l'erreur ou la prévention. Tenez, ajouta-t-il en s'adressant à Davila, reprenez cet écrit qu'on a cherché à tourner contre vous, et que le Ciel a voulu faire servir à la manifestation de votre innocence. »

En disant ces mots, il lui rendit les tablettes. Je ne saurais exprimer la joie délirante qui brilla dans les yeux de Davila lorsqu'il tint les tablettes fatales entre ses mains. Certes, cet homme était loin de s'attendre à une issue aussi favorable de son affaire. Il se voyait accusé par un prélat auguste, révéré, soutenu par un illustre conseiller de la reine Isabelle, et son crédit l'emportait sur celui de ces deux hommes vertueux! son hypocrisie triomphait de la vérité! En veut-on savoir la raison? C'est que d'abord il s'agissait de moi, de moi qui avais autrefois tenu la vie du grand-inquisiteur entre mes mains, circonstance qu'il n'avait pas encore oubliée. De plus, c'est que les crimes qui n'attaquent que le repos, l'honneur, la vie d'un homme, ne sont rien, s'ils ne compromettent point directement la foi telle que l'entendent les inquisiteurs. Davila reprit toute son audace dès qu'il fut maître de ce qui pouvait le perdre.

« Je pourrais, dit-il, me venger de ceux qui m'ont accusé, mais Dieu nous prescrit le pardon des injures, et j'oublie la mienne de grand cœur.

— Allez, dit Torquemada, retournez à votre poste; de quelque part que vienne la calomnie, j'y mettrai bon ordre.

— Mais au nom du Ciel, s'écria don Alphonse, pendant que Davila sortait, n'appelez point calomnie ce qui est la vérité!...

— Je vous engage, seigneur don Alphonse, et vous seigneur don Ximenès, à vous abstenir de toute démarche ayant pour but d'arracher cet hérétique au châtiment qu'il a encouru, repartit Torquemada. Déjà vous vous êtes trop avancés; tâchez de faire oublier cette intervention intempestive.

— Leurs Altesses ont formellement promis de s'intéresser aux affaires du seigneur d'Abadia, dit Ximenès. Elles ont juré de faire reviser son procès.

— Que m'importe? Leurs Altesses sont, je le sais, fort mal conseillées, mais je ne souffrirai point qu'il soit porté atteinte aux attributions de l'inquisition. »

Puis haussant la voix, il dit d'un ton solennel :

« Aux souverains, l'État! aux inquisiteurs, la foi! »

Je compris que ma perte était inévitable et je ne voulus point entraîner avec moi mes deux généreux protecteurs. Je les remerciai de leurs bons offices.

Torquemada frappa dans ses mains pour appeler son estafier qui parut aussitôt.

« Conduisez cet homme en lieu sûr, dit-il en me désignant. »

L'estafier, qui se rappelait la scène de Villa-Réal et le danger qu'il avait couru d'être percé de sa propre épée, me voyant armé en ce moment, se fit réitérer l'ordre, mais en vain, car il n'osa pas encore s'approcher de moi. Il se retourna vers le grand-inquisiteur, et après lui avoir fait des salutations sans nombre :

« Que votre Révérence, dit-il, me permette d'aller chercher main-forte pour plus grande sûreté, car je suppose que votre révérendissime Révérence, non plus que ces deux illustres prélats ne veulent être témoins de la résistance de cet hérétique.

— Allez, dit Torquemada.

— Va, ajoutai-je pendant qu'il sortait, hâte-toi de me mettre dans un obscur cachot, car puisque la démence et le fanatisme régissent les hommes, peut-être retrouverai-je dans les entrailles de la terre la justice et la raison que j'invoque en vain devant eux. »

Dix hommes entrèrent, sur les pas de l'estafier, dans la pièce où nous étions, et, malgré les efforts de don Alphonse et de don Ximenès qui adjurèrent de nouveau Torquemada de se laisser éclairer par leurs discours, et d'examiner au moins les déclarations qu'ils avaient faites, je fus entraîné.

L'INQUISITION ET SES MYSTÈRES.

On me plongea dans un épouvantable cachot ou plutôt un trou, une oubliette, un je ne sais quoi d'affreux qui échappe à toute description. Je ne pouvais ni me tenir debout, la voûte était trop basse, ni m'asseoir, car l'eau me venait à mi-jambe. C'était sombre, humide, fétide, pestilentiel; huit jours de demeure dans ce cachot devaient suffire pour me donner la mort. Je dois dire que l'estafier et le geôlier, en m'y enfermant, avaient outrepassé les ordres de l'inquisiteur, car le lendemain j'en fus retiré pour être placé dans un cachot à peu près semblable à celui que j'occupais à Saragosse. Mais dans celui-ci il n'y avait point d'issue mystérieuse, pas de Sarah pour m'indiquer un passage souterrain. Il fallut languir cinq années et plus dans ce terrible séjour.

Telle fut la réparation que j'obtins de la justice de Torquemada. Je ne décrirai point les maux que j'endurai dans ce nouveau cachot, ce serait répéter ce que j'ai déjà dit en tête de ces Mémoires, et j'ai hâte de les terminer. Quant à Davila, il fut réhabilité dans ses fonctions en attendant le jour de la justice et de la réparation qui devait venir non des inquisiteurs, mais de ses victimes.

Cependant Tristan et Esteban qui avaient attendu notre sortie de l'inquisition, apercevant les deux archevêques, vinrent à leur rencontre poussés par la plus vive anxiété. Mais quand ils apprirent que j'étais resté entre les mains de Torquemada, ils en conçurent un violent désespoir. Tristan ne pouvait se consoler de n'avoir pas eu le temps de me revoir. Son désespoir était d'autant plus vif que le bruit se répandait qu'il y aurait bientôt un auto-da-fé, dans lequel on pouvait croire que je figurerais. Cependant l'auto-da-fé ayant eu lieu sans que j'en fisse partie, il reprit peu à peu courage et chercha, de concert avec Esteban, les moyens de me sauver. Ils reconnurent bientôt l'impossibilité d'y parvenir.

Plusieurs mois se passèrent sans qu'ils entendissent parler de moi; un second auto-da-fé eut lieu, et je n'en faisais point encore partie, ce qui fit supposer à Esteban que j'étais mort dans mon cachot. Il communiqua cette idée à Tristan, qui d'abord la combattit par des raisons assez concluantes tirées surtout de ce que les inquisiteurs n'épargnaient pas plus les morts que les vivants.

« Si donc mon père avait cessé de vivre, disait-il, son corps eût figuré dans un auto-da-fé, et tout se serait passé à son égard comme s'il eût été vivant. »

Malgré cette espérance, née peut-être aussi du profond désir qu'il éprouvait de me revoir, Tristan, voyant que les mois se succédaient sans apporter aucun indice qui pût faire croire qu'Esteban s'était trompé, finit par se ranger de l'avis de ce dernier. J'ai toujours pensé que Torquemada, convaincu malgré lui de ma non-culpabilité, ou n'osant passer outre en dépit des promesses de Leurs Altesses et des protestations de don Alphonse et de don Ximenès, ou retenu peut-être par les souvenirs de sa jeunesse, reculait d'année en année devant mon exécution, et qu'il finit par m'oublier au fond de mon cachot.

Béatrice, de son côté, n'avait pas été la dernière à désespérer de me revoir. Un jour, que l'occasion se présenta d'entretenir en secret Esteban et Tristan, celui-ci, lui rappelant les promesses solennelles que je lui avais faites et les engagements réciproques qui les unissaient comme fiancés, lui fit entendre que le moment était venu de récompenser par une union plus étroite encore et plus sacrée l'amour qu'il lui avait voué. Mais Béatrice, trop abîmée dans sa douleur, repoussa doucement les prières de Tristan, et lui déclara que, puisqu'elle avait été privée de son père et de sa mère, elle voyait dans cette rigueur du Ciel un avertissement de ne point chercher le bonheur dans le monde; que, dans la crainte de faire supporter à un autre les maux dont Dieu semblait vouloir l'accabler, elle était résolue à vivre dans quelque sainte retraite pour prier et apaiser par là la colère céleste. Tristan se récria contre une aussi extrême résolution; mais, malgré ses instances, ses protestations, son désespoir, Béatrice fut inflexible et se retira peu après dans un cloître.

Ce fut alors que Tristan fit la connaissance d'un homme qui

passait, dans ce temps, pour un extravagant et un aventurier, parce que son génie découvrait des merveilles que les intelligences étroites et imbues de préjugés de ses contemporains ne pouvaient admettre. Christophe Colomb!!! le plus grand homme que les siècles eussent produit depuis longtemps, errait de cour en cour, de contrée en contrée, offrant de donner un monde nouveau, des richesses inimaginables à qui voudrait lui fréter un bâtiment si petit qu'il fût ; à qui voudrait se fier à son génie et partager sa gloire. Et l'on souriait à ses demandes. Il développait ses idées, ses plans, ses calculs, qu'il assurait être exacts et irréfragables comme la marche du soleil ; et on le traitait de rêveur et de fou ! Six ans se passèrent à essuyer ces affronts, à dévorer ces outrages.

Un jour, Tristan et Colomb se rencontrèrent à Tolède, Tristan, désolé de la perte de Béatrice qui venait de se retirer du monde ; Colomb, dégoûté de l'injustice et de l'ignorance de ses contemporains. Deux hommes également malheureux sont bientôt amis. Ils se racontèrent leurs mésaventures, puis Christophe Colomb fit passer sans peine son enthousiasme dans l'âme de son nouvel ami. Ils résolurent d'aller à Cordoue. La cour de Ferdinand et d'Isabelle, qui n'avaient point de résidence fixe, était alors dans cette ville, après avoir séjourné successivement à Séville, à Tolède, à Valladolid, à Madrid, à Saragosse, à Barcelone et dans' d'autres villes.

L'année 1492 était commencée lorsque les deux amis arrivèrent à Cordoue ; mais le moment était mal choisi pour proposer de nouvelles entreprises, car deux affaires importantes absorbaient l'attention des souverains : d'abord la guerre contre les Maures de Grenade qui se poussait avec vigueur ; puis l'acte d'expulsion des juifs, que Torquemada était enfin parvenu à arracher. Voici de quelle manière.

A cette époque, les bruits calomnieux qui couraient depuis longtemps contre les juifs avaient pris plus d'extension que jamais. Torquemada, après avoir renouvelé ses instances et ses menaces auprès de Ferdinand et d'Isabelle pour obtenir l'ordonnance qui devait expulser les juifs de l'Espagne, n'avait pas hésité à recueillir toutes les calomnies dont on les poursuivait, et à s'en faire une arme contre eux pour arriver plus sûrement à ses fins.

Il renouvela donc l'éternelle et absurde imputation d'enlever des enfants de chrétiens, et de les crucifier le vendredi-saint pour insulter au souvenir du Sauveur du monde. Il citait des faits précis, accompagnés de dates authentiques ; les noms propres, les noms des villes, des localités, rien ne manquait à l'appui de ses assertions. Ici ils avaient outragé par un horrible sacrilége une hostie consacrée, c'était à Ségovie ; là, et c'était à Tolède, ils avaient comploté de faire sauter le saint-sacrement et tous ceux qui l'accompagnaient pendant une procession ; puis, c'était encore l'histoire des chausse-trapes de fer placées dans les rues de *Tabara*, destinées à arrêter la fuite des habitants menacés par l'incendie de leurs maisons ; une autre fois, ils avaient insulté une croix, et il nommait la contrée, le lieu, la place : c'était dans le champ de *Puerto del Gamo*, entre les bourgs du *Casar* et de *Granadilla*, au diocèse de *Coria* ; dans mille autres lieux, à l'entendre, ils avaient crucifié des enfants ; puis il accusait les médecins, les chirurgiens et les apothicaires juifs d'avoir abusé de leur ministère pour causer la mort d'un grand nombre de chrétiens [1].

Certes, les raisons ne manquent pas aux tyrans pour justifier leurs persécutions, et Torquemada, s'appuyant sur toutes ces accusations, somma les souverains, plutôt qu'il ne les exhorta, de rendre le décret qu'il sollicitait depuis si longtemps. Les juifs, avertis du danger qui les menaçait, offrirent de l'argent à Ferdinand. Le moyen était propre à les sauver du péril, car le roi n'était jamais insensible à l'appât de l'argent ; aussi était-il sur le point d'accepter, lorsque Torquemada accourut. Il renouvela, avec une nouvelle ardeur, la scène du crucifix qu'il avait déjà jouée une fois en présence de toute la cour. Le fanatisme du dominicain opéra un changement subit dans l'esprit de Ferdinand et d'Isabelle qui rendirent un dé-

[1] Mariana. — Llorente.

cret par lequel « tous les juifs, de tout âge et de tout sexe, étaient obligés de sortir de l'Espagne dans l'espace de quatre mois[1], sous peine de mort et de confiscation de tous leurs biens. »

Le décret menaçait des mêmes peines les chrétiens qui recèleraient des juifs dans leurs maisons. Il fut cependant permis aux juifs « de vendre leurs biens-fonds, d'emporter leurs meubles et leurs autres effets, excepté l'or et l'argent, pour lesquels ils devaient accepter des lettres de change ou des marchandises non prohibées. »

L'émigration fut immense; aussi l'imprudent souverain et le fanatique inquisiteur ne tardèrent-ils pas à se repentir de leur injustice. Torquemada enjoignit à tous les prédicateurs d'exhorter les émigrants à recevoir le baptême plutôt que d'abandonner l'Espagne. Ce fut en vain. Les juifs se hâtèrent de vendre leurs biens; et, dans leur précipitation, ils les laissèrent au plus vil prix. On a vu un de ces malheureux livrer sa maison pour un âne, un autre donner sa vigne pour un peu de drap, et un champ pour quelques mesures de toile. Bien des gens s'enrichirent des dépouilles des proscrits. Je pourrais nommer tel trafiquant de basse condition qui avant l'ordonnance était fort embarrassé dans ses affaires, et qui depuis s'est trouvé possesseur de belles propriétés qu'il n'eût jamais possédées sans la proscription des juifs. Le décret était pressant et les juifs semblaient plus pressés encore de fuir un pays où leur honneur et leur existence étaient sans cesse menacés.

Huit cent mille personnes quittèrent l'Espagne. Si l'on joint à cette émigration celle des Maures qui, dans la même année, après la prise de Grenade, passèrent en Afrique; celle des chrétiens qui, peu de temps après, quittèrent l'Espagne pour aller former des établissements dans le Nouveau-Monde, on trouvera que l'Espagne perdit, à cette funeste époque, deux millions d'habitants. Jamais, peut-être, ma malheureuse patrie

[1] C'est-à-dire à partir du 31 mars 1492 jusqu'au 31 juillet de la même année.

ne pourra réparer un tel désastre, surtout tant qu'elle sera sous le joug de ce tyran sanguinaire qu'on appelle l'inquisition.

Croira-t-on que les souverains de l'Espagne et le grand-inquisiteur osèrent rappeler aux cours étrangères la bulle qu'ils avaient obtenue du pape Innocent VIII, cinq ans auparavant[1], bulle qui ordonnait à tous les gouvernements de faire arrêter, à la simple réquisition de Torquemada, les fugitifs qu'il désignerait, et de les envoyer aux inquisiteurs sous peine d'excommunication majeure ! Ils ne recueillirent de cette prétention que le dédain et le ridicule. Et l'on oserait qualifier de zèle de semblables mesures ! Qu'est-ce donc que la démence ? Qu'est-ce donc que la cruauté ?

Pendant que ces choses se passaient au cœur de l'Espagne, les contrées du Midi voyaient s'accomplir des faits qui pouvaient du moins passer pour glorieux. Ferdinand avait envoyé réclamer au roi de Grenade[2] le tribut que ses prédécesseurs avaient coutume de payer aux souverains de Castille.

« Quelques-uns de mes ancêtres vous ont donné des pièces d'or, mais on n'en bat plus sous mon règne, avait répondu le fier musulman. Voici le seul métal que je puisse vous offrir, avait-il ajouté, en présentant le fer d'une lance à l'ambassadeur. »

Ferdinand, dans l'impossibilité où il se trouvait de châtier sur-le-champ l'audace d'une telle réponse, avait ajourné sa vengeance, et conclu même une trêve avec le musulman. Mais par une bizarrerie digne des mœurs de ce temps, la trêve autorisait les deux alliés à se faire une guerre de surprise, à s'emparer des places fortes, pourvu que ce fût sans bruit, sans appareil militaire, et que nulle expédition ne durât plus de trois jours. Les Maures, en vertu de ce singulier traité, avaient surpris Zahara, et les Espagnols, usant de représailles, s'étaient emparés d'Alhama. Cette prise était importante, car Alhama était une place considérable. Rien ne saurait exprimer le découragement qui saisit les Grenadins quand ils ap-

---

[1] Cette bulle est du 3 avril 1487.
[2] Mulcï-Hassem.

prirent cette perte cruelle. Le roi, lui-même, en fut tellement consterné, qu'il défendit au peuple de chanter les hymnes funèbres dans lesquels il déplorait cette amère calamité.

Les Maures étaient par leurs immenses richesses, leurs nombreuses troupes, leur formidable artillerie, en état de combattre les Castillans avec avantage; mais malheureusement pour eux, la discorde s'alluma dans la famille du vieux roi et s'étendit à ses peuples. Boabdil, un des enfants du roi, échappé seul au massacre de ses frères, rassembla des forces, s'empara de Grenade, d'où il chassa son père, puis attaqua les Espagnols, remettant après leur défaite à se délivrer de deux compétiteurs[1] qui lui disputaient le trône. Mais il fut vaincu et fait prisonnier. Ferdinand lui rendit la liberté moyennant la cession de quelques places fortes et un tribut de douze mille écus d'or. L'astucieux Ferdinand ne s'était point laissé guider par un sentiment d'humanité dans cette circonstance, mais par la politique la plus profonde. Il lançait par ce moyen un dévastateur de plus dans le royaume qu'il convoitait. En effet, le royaume de Grenade ne fut plus alors qu'un vaste champ de carnage où Muleï, Boabdil et Zagal, les trois compétiteurs, se poursuivirent le fer à la main et, en se ruinant les uns les autres, frayèrent le chemin de la conquête à leur ennemi commun. Zagal assassina son frère Muleï; puis vendit aux Castillans toutes les places dont il était possesseur, et se rangea sous les étendards ennemis pour combattre sa propre patrie. Il ne resta bientôt plus aux Maures que Grenade, qui renfermait encore plus de deux cent mille habitants, malgré les troubles et la guerre civile qui l'avaient désolée, et les différentes émigrations qui en avaient été la suite.

Boabdil régnait donc à Grenade[2]. Ferdinand et Isabelle vinrent l'assiéger à la tête de soixante mille hommes. La ville passait pour imprenable; aussi les souverains n'essayèrent-ils point de l'emporter d'assaut, ils ravagèrent les environs et attendirent que la faim leur ouvrît les portes de la cité musul-

[1] Muleï et Zagal. — [2] En 1492.

mane. Une circonstance favorable à Boabdil se présenta dans le cours de ce siége qui dura neuf mois, et Boabdil ne sut pas en profiter. Le camp des chrétiens se composait de cabanes couvertes de chaume. Or, il arriva qu'une nuit les flammes dévorèrent ces légères habitations, non sans jeter le trouble parmi les troupes. C'était la reine Isabelle qui avait mis le feu par mégarde, ayant l'habitude de lire une partie de la nuit. Boabdil, qui pouvait tirer si bon parti de cet accident, en resta le tranquille témoin. Isabelle conçut aussitôt le plan d'une ville qu'elle fit construire en moins de trois mois, à la place même du camp incendié. Cette cité fut appelée *Santa-Fé*. Isabelle non-seulement répara le désastre de l'incendie, mais elle prouva encore aux assiégés que le blocus serait permanent et ne cesserait qu'avec la reddition de Grenade.

Les habitants, pressés par la famine, furent obligés de se rendre à des conditions humiliantes. Boabdil sortit avec sa famille et quelques serviteurs par une des portes de l'Albaycin, un des quartiers de la ville. On dit qu'arrivé sur le mont Palud, il jeta un regard douloureux sur la ville, la veille encore sa riche capitale, et sur les magnifiques plaines qu'il allait traverser pour la dernière fois. Déjà l'étendard de Castille flottait sur les minarets de l'Alhambra. Cette vue lui arrachant des larmes amères :

« Pleurez, mon fils, lui dit la superbe Aïxa, sa mère, pleurez comme une femme, le trône que vous n'avez pas su défendre comme un homme. »

Boabdil supplia son vainqueur d'ordonner que personne ne passerait plus désormais par la porte fatale qui l'avait vu prendre le chemin de l'exil. Ferdinand la fit murer. Ainsi finit la puissance des musulmans en Espagne, après une durée de près de huit cents ans.

Ferdinand et Isabelle firent leur entrée dans la ville au bruit de l'artillerie. Les musulmans, trop fiers pour assister au triomphe des vainqueurs, cachèrent au fond de leurs demeures leurs larmes et leur désespoir. La ville était comme déserte. Les souverains se rendirent au palais de l'Alhambra, destiné à servir de forteresse autant que d'habitation royale. Ils restèrent frappés d'admiration à la vue de la magnificence de l'intérieur de ce palais. Partout, en effet, les décorations intérieures, qui sont tout en marbre et en incrustations d'or et d'azur, le disputent aux plus brillantes peintures. Le travail des voûtes, découpées à jour, est aussi délicat que hardi. Une vaste cour pavée en marbre est décorée, aux quatre angles, de fontaines qui alimentent un canal d'où les eaux se distribuent dans les appartements, ornés eux-mêmes de fontaines jaillissantes qui prodiguent leurs eaux limpides à de nombreux bassins d'albâtre. On remarque surtout la cour des Lions, entourée de portiques soutenus par cent dix-sept colonnes d'albâtre. Au centre est placée une fontaine de marbre blanc, d'où s'élève un jet immense, et qui est soutenue par douze lions de même matière, qui lancent également des jets d'eau. Ce fut là que Ferdinand et Isabelle décidèrent que la ville serait exclusivement catholique. Ils s'étaient engagés cependant à laisser aux Maures le libre exercice de leur culte; mais quel conquérant a jamais su se préserver de l'abus de la victoire? Les musulmans n'eurent bientôt plus d'autre alternative que l'exil, la mort ou la conversion. Ceux qui s'étaient réfugiés dans les montagnes, ayant massacré les prédicateurs qu'on leur avait envoyés, furent poursuivis à toute outrance, mis à mort ou convertis de force. Ferdinand, le glaive à la main, en fit baptiser, dit-on, cinquante mille.

Mais les souverains de l'Espagne, en chassant les juifs et en exterminant les Maures qui refusaient de se convertir, avaient commencé l'œuvre; bientôt ils confièrent à la trop vigilante inquisition le soin de la poursuivre. Une foule de ces juifs et de ces Maures, ne pouvant se résoudre à quitter pour toujours le sol qui les avait vus naître, embrassèrent le christianisme; mais leur conversion peu solide ou peu sincère les exposa promptement aux rigueurs du saint-office. On frémit à la vue des milliers de malheureux qui périrent dans les flammes à la suite de cette double expulsion [1].

[1] Six mille condamnés furent brûlés vifs dans l'espace de quatre ans.

La cour, après un bref séjour à Grenade, était revenue à Cordoue. On chercha bientôt à faire oublier au peuple les exécutions sanglantes qui étaient la conséquence des mesures prises par Ferdinand et Torquemada ; des fêtes brillantes eurent lieu. Mais rien ne fut plus propre à faire diversion à toutes ces horreurs que ce qui se passa dans ce même temps.

Colomb, comme on l'a vu, était venu à Cordoue avec Tristan. Il crut le moment favorable pour se présenter devant les souverains. Le prieur d'un couvent de franciscains, que le hasard lui avait fait rencontrer, Juan Pérez de Marchenna, homme instruit et avide de connaissances nouvelles, lui donna des lettres pressantes écrites à Fernando de Talavera, confesseur particulier de la reine. Dans ces lettres, Colomb était vivement recommandé comme un homme extraordinaire et digne d'être écouté. Il fut admis en présence des souverains. Bien que couvert de vêtements simples et pauvres, Colomb avait un extérieur distingué, et ses réponses, pleines de convenance et d'à-propos, prévenaient en sa faveur. Mais ce qu'il disait était si extraordinaire et si incompréhensible pour tout le monde, qu'il fut, comme toujours, dès l'abord, considéré comme un aventurier et un extravagant. Pour lui, méprisant les fausses idées qui naissaient sur son compte, et renvoyant à ses détracteurs le ridicule sous lequel ils cherchaient à l'écraser, il ne se rebuta point : il développa ses plans, ses idées, ses assertions devant Leurs Altesses, avec une persévérance toujours nouvelle ; il fut traité de visionnaire. Gênes, sa patrie, dit-on, l'avait méprisé comme un fou ; Venise l'avait chassé comme un fourbe dangereux ; Rome l'avait traité d'hérétique lorsqu'il prétendait que la terre était ronde ; en Portugal il n'avait pas été mieux accueilli ; en Espagne, du moins, on lui nomma des juges ; mais quels juges ! C'étaient des mathématiciens ignares, des moines plus ignares encore, des évêques imbus de préjugés, des docteurs en théologie, pleins de la lettre des Écritures saintes, mais dépourvus de l'esprit caché sous la lettre.

« La terre est ronde, leur dit le prétendu visionnaire.

— Haro sur l'hérétique ! s'écria l'assemblée ; la terre est plate, saint Paul l'assure.

— Elle est ronde, vous dis-je. »

Et il en donnait des preuves. Il avait fait plus d'un voyage sur différentes mers, et l'aspect des côtes, les phénomènes visuels qu'il avait observés et dont il avait promptement trouvé les causes, l'avaient convaincu de la sphéricité de la terre. Mais que dire à des ignorants pour les éclairer ? comment montrer la lumière à des aveugles ?

« Saint Paul a dit que la voûte du ciel est une vaste tente dressée au-dessus de la terre, ce qui prouve sans réplique, disaient les membres de l'aréopage, que la terre est plate.

— J'offre de vous démontrer le contraire, et de plus de vous faire connaître des pays dont vous ne soupçonnez pas l'existence : que demandé-je pour cela ? un simple petit bâtiment et quelques hommes courageux et dociles.

— Vos rêves chimériques, lui répondit-on, valent-ils la dépense d'une barque et la vie d'un seul matelot ? »

Christophe Colomb eut beau prier, protester, crier que la terre était ronde, et que les pays que nous connaissions n'étaient pas comparables en étendue à ceux qui nous restaient à connaître, il fut repoussé et déclaré atteint et convaincu d'ignorance, et, comme tel, condamné au mépris, ce qui pouvait, suivant ses juges, lui arriver de moins fâcheux.

Christophe Colomb, que des imbéciles traitaient comme un ignorant et un aventurier, et dont pourtant l'audace était du génie, Christophe Colomb perdit à la fin courage, et, rencontrant Juan Pérez de Marchenna, qui lui avait facilité l'entrée de la cour de Castille, il lui dit qu'il ne lui restait plus qu'à fuir l'Espagne, qui se repentirait un jour de son indifférence. Juan Pérez de Marchenna, qui était instruit et non moins persévérant que Christophe Colomb, engagea son protégé à rester encore, lui promettant d'aller lui-même plaider sa cause auprès des souverains de l'Espagne. Le franciscain eut en effet plus de crédit que le voyageur, et trois frêles barques, montées par quatre-vingt-dix hommes, sortirent un jour du petit port de

Palos en Andalousie, pour aller à la recherche d'un nouveau monde ; c'était le vendredi 3 août 1492.

Christophe Colomb reçut en partant l'investiture de la dignité d'amiral avec le titre de vice-roi et de gouverneur-général des pays qu'il découvrirait. Les trois petits bâtiments qui composaient l'escadre étaient *la Santa-Maria*, commandée par Colomb, *la Pinta*, sous les ordres de Martin-Alonzo Pinzon, et la *Nina*, montée par Vincente Yanez.

Tristan, sinon convaincu de ma mort, du moins n'espérant plus me revoir non plus que sa chère Béatrice, qui s'était retirée, comme je l'ai dit, dans un couvent pour pleurer ma mort prétendue, Tristan, dis-je, avait répondu à l'appel de Christophe Colomb, et il faisait, lui quatre-vingt-dixième, partie de l'équipage de l'escadre. Christophe Colomb en avait fait son lieutenant sur *la Santa-Maria*, et bientôt le hardi navigateur, qui avait besoin d'épancher ses pensées dans l'âme d'un homme qui le comprît, se lia encore plus étroitement avec Tristan qui, de son côté, était heureux d'avoir un confident de ses regrets. De là, une intimité vive et durable entre le futur vice-roi et son jeune compagnon.

Les premiers jours furent heureux, et nos quatre-vingt-dix voyageurs, favorisés par un beau temps et un bon vent, donnaient un essor irrésistible à leur imagination. Ils se voyaient déjà maîtres de contrées immenses, possesseurs de trésors merveilleux ; le moindre matelot se créait un empire égal au moins à toutes les Espagnes ; là il serait roi absolu, il civiliserait les peuples, et pour arriver plus promptement à cette civilisation, il instituerait les courses de taureaux et le tribunal de l'inquisition. Qui pourrait dire toutes les fantaisies, toutes les illusions d'une imagination excitée par l'espérance ?

Cependant, après avoir côtoyé pendant quelques jours les rivages de l'Afrique, et séjourné aux îles Canaries, l'escadre s'avança au large. A l'aspect de cette mer immense, de cet Océan sans limites, où nul autre avant lui n'avait osé se hasarder, Christophe Colomb sentit son âme se dilater avec ivresse ;

et sa pensée perçant l'obscurité des siècles à venir, il entrevit tous les peuples du monde saisis d'admiration et célébrant sa mémoire au pied de ses statues.

Mais son extase fut courte : un cri le rappela aux dévorantes agitations du voyage.

« Un homme à la mer ! » cria une voix.

Un matelot maladroit venait en effet de tomber à l'eau d'où on le tira sans peine. Cet événement, si commun et si peu important en toute autre circonstance, fit cependant une fâcheuse impression sur l'esprit éminemment superstitieux des matelots. Ils augurèrent mal d'une entreprise qui débutait si malheureusement, et Christophe Colomb ne vit pas sans inquiétude le trouble de ses compagnons qui, prompts à se décourager, se prirent peu à peu à regretter le rivage. Colomb suivait des yeux leurs regards scrutateurs, et comprit qu'ils cherchaient au loin un horizon sans fond, une terre invisible. Puis, apercevant un nuage menaçant qui s'élevait lentement dans le lointain, les matelots frémirent.

« Tristan, dit Colomb, ces hommes manqueront de cœur, je le vois ; les indices qu'ils me donnent ne me trompent pas plus que les sinistres signes de la tempête qui se prépare. Mais moi, ajoutait-il avec enthousiasme, moi ! j'aurai de la constance, de la force d'âme pour tous ! Ah ! s'ils avaient ma foi ! ma conviction !... Mais que m'importe leur conviction ! leur foi ! Ce sont des machines ; qu'ils obéissent au mouvement que je veux leur imprimer, ou, par *la Santa Maria*, je les briserai comme ce vase de terre ! »

En parlant ainsi, Colomb lança contre le grand mât un vase dans lequel il venait de se désaltérer, et il le brisa en mille pièces.

Tout à coup, le nuage s'étendit comme un sombre voile sur le ciel ; des oiseaux marins, précurseurs funèbres des naufrages, cherchant un abri contre la tempête, s'abattirent sur le navire ; des éclairs brillèrent, et le grondement sourd et fréquent du tonnerre, l'obscurité qui croissait, le vent qui sifflait dans les agrès du navire, la mer qui soulevait ses vagues de plus en plus volumineuses, tout jetait le trouble et la consternation dans l'âme des matelots inexpérimentés. Ils couraient çà et là avec égarement sur le pont, et se sentant entraînés par l'ouragan, s'attachaient aux mâts, aux cordages, s'exposant à mille dangers que leur sang-froid leur eût fait éviter. Colomb était partout; il se multipliait, donnait des ordres qu'il exécutait lui-même, et, grâce à cette activité, à cette énergie partagées par Tristan et par quelques matelots plus aguerris, le vaisseau put résister à toute la furie de la tempête, qui dura une grande partie de la nuit. Sur le matin le vent s'apaisa, le ciel s'éclaircit, le soleil se leva radieux, et le courage revint aux matelots. Pas un ne manqua à l'appel de son nom. Les deux autres bâtiments s'étaient aussi tirés heureusement du danger. Colomb crut devoir punir les matelots qui avaient montré la plus grande faiblesse; mais l'expérience fit plus tard, quant à cela du moins, ce que n'auraient pu faire en ce moment les plus terribles châtiments. Ils s'aguerrirent bientôt contre la tempête plus facilement que contre la fatigue et l'incertitude.

Cependant les journées s'écoulaient, deux mois s'étaient déjà passés et la terre ne se montrait pas encore. Les matelots qui, au début du voyage, avaient rêvé une conquête sans périls, une gloire sans obstacles, commencèrent à murmurer. Dans leur découragement, ils reculaient maintenant jusqu'à l'infini les bornes d'un monde qu'ils avaient cru d'abord à leur portée. Colomb, retiré à l'arrière de son bâtiment avec Tristan qui montrait autant de sang-froid que l'amiral lui-même, Colomb, dis-je, perçait l'horizon de ses regards ardents, et, bien que tout parût sans limites, la mer comme le ciel, lui, par une sorte d'intuition particulière, il sentait que la terre approchait.

« Elle est là, disait-il à Tristan... Voyez, de ce côté, où vous apercevez cette petite vapeur bleuâtre... Eh bien! au delà de ce point, au-dessous peut-être, est la terre. Santa Maria! ajoutait-il en regardant le ciel, santa Maria! dirigez mon navire et secondez-moi! »

Mais l'esprit et les yeux des grossiers matelots ne pouvaient ni sentir ni voir ce qui n'était pas matériellement sensible. Ils firent entendre des menaces. Colomb, calme et inaccessible à la crainte, n'opposa à leur mutinerie qu'une contenance ferme et un sang-froid qui imposèrent aux matelots. De quels vœux, cependant, n'appelait-il pas la terre!

La nuit suivante, Tristan s'était étendu sur le pont pour jouir d'une brise délicieuse qui s'était élevée après une journée brûlante. Il entendit les matelots qui se concertaient pour contraindre l'amiral à retourner en Espagne. Tristan se glissa en toute hâte, sans être aperçu, jusqu'à l'arrière où se tenait constamment Colomb et l'avertit du danger qui le menaçait.

« Les misérables! s'écria Colomb sans quitter son poste, ils suivront ma fortune malgré eux! Je les rendrai célèbres en dépit de leur stupidité!

— Amiral, dit Tristan, le temps presse, que faut-il faire?

— Rien, répondit Colomb; qu'ils viennent, mais qu'ils n'espèrent pas m'intimider! Ils me tueront, s'ils veulent... Oh! la mort! je ne la crains pas! Mais mourir avant d'avoir achevé l'œuvre que j'ai commencée! Mourir! et laisser à un autre la gloire de terminer une entreprise unique dans les fastes du monde!... car la route est ouverte...; quand ils m'auront tué..., eux-mêmes, malgré eux, ils trouveront la terre, car elle est là!... Oui! là sont les riches contrées que je cherche!.. Nous y touchons!... Écoutez!!! le canon!... *La Pinta* que j'ai envoyée à la découverte nous appelle! elle doit tirer dix coups, de cinq minutes en cinq minutes, si elle découvre la terre!... Holà!... enfants!... »

En ce moment les mutins arrivaient armés de couteaux, de poignards et de haches. Ils s'arrêtèrent soudain comme pétrifiés par le coup de canon qu'ils venaient d'entendre.

« Enfants, leur dit l'amiral, douterez-vous encore?... C'est le signal de *la Pinta!* elle a vu la terre! écoutez! »

Tous se couchèrent à plat ventre sur le pont et y collèrent leur oreille, de peur de perdre un seul coup. Le canon gronda de nouveau.

55

« Deux ! dirent-ils d'une seule voix. Oui ! c'est le canon de *la Pinta!* Vive Jésus ! vive notre amiral !... Mais écoutons encore.... Trois !... Vive Isabelle ! vive Ferdinand ! »

Chaque coup de canon était ainsi suivi des plus vives acclamations. Le canon de *la Santa-Maria* et celui de *la Nina* répondaient à celui de *la Pinta*. Le délire avait remplacé le désespoir et la fureur. Les mutins, que la crainte de périr au milieu du vaste Océan allait rendre assassins, se prosternèrent aux pieds de Colomb qui en cet instant avait l'aspect d'un dieu. Dans l'ivresse où l'on était on ne comptait plus les coups; Tristan seul les comptait. Le cinquième coup avait retenti à bord de *la Pinta*. Ce fut en vain que Tristan attendit le sixième. Il se pencha à l'oreille de l'amiral et lui fit part de ce qui arrivait.

— Se seraient-ils trompés, dit l'amiral avec inquiétude ? N'auraient-ils pas vu la côte ?

— Je ne sais, mais ce dont je suis sûr, c'est qu'ils n'ont tiré que cinq coups de canon.

— Oh ! malheur à moi ! s'écria Colomb avec un geste de désespoir. »

Mais il se remit bientôt, car il y allait de sa vie; et, qui plus est, sa renommée était en jeu.

« On nous trompe, dit un des matelots; l'amiral nous a dit qu'on devait tirer dix coups, et je n'en ai pas entendu dix.

— Ni moi, ajouta un autre.

— Vous voyez bien qu'on nous trompe pour que nous ayons le temps de mourir tous au milieu de cette mer, loin de nos familles qui nous attendent toujours, mais qui ne nous reverront plus. »

Cette réflexion changea subitement les dispositions de cette troupe de mutins qui, incapables de modérer leur fureur, s'avancèrent, l'air menaçant, contre Christophe Colomb. Mais celui-ci, plein de calme au milieu d'un si grand danger, leur ordonna de s'arrêter. Ils s'arrêtèrent.

« Avez-vous pensé, leur dit-il, qu'une si glorieuse entreprise dût s'accomplir sans périls ? Ne me suis-je donc fait accompagner que par des hommes sans vigueur et sans constance? Ou bien ces méprisables compagnons ne seraient-ils que des hommes avides de richesses, que l'appât de l'or et non la gloire d'être utiles à leur patrie a poussés vers des régions inconnues? S'il en est ainsi, qu'ils partent au plus vite ; qu'ils retournent en Espagne proclamer le lâche abandon qu'ils font du chef qu'ils avaient juré de suivre au delà des mers ; un de mes vaisseaux les ramènera dans leur patrie ; qu'ils s'éloignent, encore une fois, ce n'est point avec de pareils hommes qu'on accomplit de grandes choses ! »

Tous les matelots restèrent immobiles ; pas un murmure, pas un souffle ne vint troubler le silence qui régnait à bord de *la Santa-Maria*. Colomb reprit :

« Pour moi, tant que je vivrai, avec l'aide de Dieu, je persévérerai dans mon entreprise.

— Nous vous suivrons partout, dit Tristan qui chercha par cette initiative à ramener les mutins.

— Non ! non ! s'écrièrent-ils, en Espagne ! retournons en Espagne !

— Il vous faudra deux mois pour y retourner, répondit Tristan, et dans quelques jours, demain, peut-être, nous toucherons les terres inconnues que nous cherchons !

— Il n'y a pas d'autres terres que celles que nous avons quittées ! l'Espagne ! l'Espagne !

— Oh ! dit Colomb avec colère, ces misérables sont en démence !

— Je suis las de ne voir que l'eau et le ciel depuis deux mois, dit un des matelots.

— Et moi, dit un autre, je crains la famine ; nos provisions s'épuisent, et la famine en pleine mer, ce doit être épouvantable.

— Le roi, votre maître et le mien, répondit Colomb en dominant de sa voix énergique les cris des mutins, nous a ordonné d'aller à la recherche de nouvelles contrées ! que les sujets traîtres et lâches qui refusent d'obéir aux ordres de leur roi se retirent donc à l'avant du vaisseau ; mais que les véritables Espagnols, sujets fidèles à leur roi et à leurs serments, que ceux-là viennent à moi ! »

Il y eut un instant d'hésitation, puis tous se précipitèrent vers lui, personne ne voulant passer pour traître ni lâche.

« Amis, reprit Colomb de sa voix la plus affable, trois jours encore de constance, et si, à la fin de la troisième journée, nous n'avons pas atteint le but que nous cherchons, je le jure par *la santa Maria*, nous retournerons en Espagne !

— Viva ! viva ! s'écrièrent tous les matelots en agitant leurs chapeaux. »

Le calme se rétablit donc encore une fois et l'on continua de naviguer. Le troisième jour arriva bientôt sans apporter de changement dans la position des voyageurs. Les murmures recommencèrent à se faire entendre. Qui pourrait peindre les poignantes angoisses de Colomb, lorsque le matin de cette troisième journée, sondant de ses yeux perçants l'horizon sans bornes, il n'aperçut qu'un ciel limpide et une mer sans rivages ? *La Santa-Maria* avait beau glisser fière et légère, poussée par une bonne brise, Colomb ne s'en apercevait pas. Le désespoir était dans ses regards, dans ses gestes, dans son morne silence. Les murmures allaient croissant parmi l'indocile équipage qui regrettait ces trois journées perdues pour le retour. Tristan s'approcha de Colomb.

« Laissez-moi, lui dit brusquement celui-ci, ne voyez-vous pas que le Ciel est impitoyable pour moi ? Que me reste-t-il à faire ? Mourir ! oui, mourir ! car pour retourner en Espagne... jamais ! Oh ! si ces hommes voulaient !... Mais non, ce soir j'entendrai encore leurs clameurs qui me tuent ; ce soir, ils voudront encore retourner en arrière... O sort funeste ! je ne saurais survivre à la perte de mes plus chères espérances !... Adieu, Tristan, laissez-moi... »

Colomb, à ces mots, saisit son mousquet et l'arma.

« Est-ce bien vous que j'entends et que je vois ! s'écria Tristan en se précipitant sur l'arme fatale et en l'arrachant des mains de Colomb. Quoi ! vous voulez mourir parce que les difficultés ont dépassé vos prévisions ? Qu'est devenue cette constance qui faisait votre force? Les clameurs de vos grossiers compagnons vous importunent? Qu'importent les cris insensés de ces misérables? Que cette arme, au lieu de vous enlever une vie qui ne vous appartient pas, serve à punir le premier d'entre eux qui osera murmurer!...

— Comptez-vous pour rien mes espérances détruites? demanda Colomb...; car je ne me fais plus illusion..., la terre fuit devant moi... Je n'aurai pas le temps de l'atteindre..., et demain, mon ami, il sera trop tard.

— Une journée entière vous reste encore, dit Tristan, nous ne sommes qu'au matin de la troisième journée; n'est-ce rien aussi que quinze heures par un bon vent?... Voyez comme *la Santa-Maria* glisse sur les eaux!

— Vous dites vrai, mon ami, s'écria Colomb ranimé par l'espérance que Tristan faisait renaître; il faut lutter jusqu'au bout. Quinze heures me restent!... Quinze heures!... c'est plus qu'il ne faut pour décider du succès! »

En disant ces mots, il prit d'une main ferme le gouvernail, et ses yeux observèrent attentivement la mer. Sur le soir, le découragement se peint sur tous les visages, car rien n'annonce un changement favorable; aux murmures se joignent des regards sinistres, des menaces de mort, puis la fureur éclate; quelques heures encore, et le terme fatal expire, et Colomb tombe victime de son audace, de son génie. Mais cette fois l'orage a beau gronder sur son navire, il ne s'en émeut point; des menaces terribles frappent son oreille, il les dédaigne; les haches se préparent pour la seconde fois, elles sont levées sur sa tête, l'heure est venue, ils vont frapper! Tristan se précipite, le protége de son corps, détournant un instant sur lui-même la rage des assaillants. Colomb ne voit rien, n'entend rien, ni les cris de fureur qui le menacent, ni le dévouement qui le sauve. Il n'est attentif qu'à une seule chose, à la mer, à cette mer inexorable, sans fin, immense comme l'air, comme l'éternité. Il se réveille enfin.

« Regardez! s'écrie-t-il. »

Tous les regards se portent sur la mer, et soudain le délire s'empare de tous ces furieux, les haches tombent des mains ; ils trépignent de joie, s'embrassent les uns les autres, baisent les pieds, les vêtements de Colomb ; et maintenant ils ne peuvent plus douter... des herbes venant de la terre flottent sur l'eau ; des poissons qui ne s'écartent jamais du rivage se montrent en foule ; puis ce sont des roseaux ; puis une branche d'arbre qui, chargée de fruits et nouvellement séparée de sa tige, semble être envoyée comme un gage de paix et d'abondance. La nuit venue, on aperçoit au loin une lumière qui change de place, et bientôt *la Pinta*, toujours en avant, donne le signal de terre, et cette fois le signal est complet. Un cri immense parti de *la Santa-Maria* se répète sur *la Nina*, et va retentir comme un écho jusque sur *la Pinta*. Le Nouveau-Monde est découvert ! Il est deux heures du matin ! on est au *Vendredi 12 octobre* 1492 ! Au vendredi ! comme le jour du départ ! soixante-onze jours après avoir quitté l'Espagne !

« Eh bien ! dit Tristan à Colomb qui venait de le presser dans ses bras, devais-je vous laisser mourir ?

— Venez, répondit Colomb avec chaleur, c'est à vous de prendre possession de cette terre !... car c'est vous qui me l'avez fait découvrir.

— Que dites-vous ? interrompit Tristan, moi ! simple écho de vos pensées, faible instrument de votre génie, me substituer à votre place ! Ah ! ne parlez pas ainsi, ce serait me faire douter de votre estime et de votre amitié... Non, amiral, c'est à vous de toucher le premier la terre, à vous de lui donner son nom !

Colomb descendit à terre tenant en main le pavillon royal, et prenant possession de l'île (car c'en était une) au nom des souverains de l'Espagne, il lui donna le nom de *San Salvador*. Les sauvages qui habitaient cette île s'enfuirent d'abord pleins de terreur à l'aspect des vaisseaux et des hommes qui les montaient ; mais peu à peu cette terreur se dissipa, et ils s'approchèrent des Espagnols avec vénération, et se prosternèrent à terre pour les adorer comme des divinités. Colomb emmena avec lui quelques-uns de ces insulaires d'un naturel très-doux. Il erra ensuite au milieu d'un archipel nombreux [1], découvrit Cuba où les Espagnols trouvèrent le tabac, dont les indigènes faisaient usage. Il s'arrêta ensuite dans une grande île qu'il nomma *Hispaniola*[2], île agréable, peuplée d'hommes paisibles et bienveillants. Colomb construisit un fort dans lequel il laissa une partie de son équipage pour garder l'île pendant qu'il retournerait en Espagne.

Lorsqu'il fut sur le point de partir, Tristan lui demanda le commandement de cette petite garnison.

« Vous connaissez mes malheurs, dit Tristan, vous savez ce qui m'attend dans ma patrie si j'y suis découvert; permettez-moi donc de vivre ignoré dans ces contrées, heureux si votre amitié me garde un souvenir dans votre cœur.

— Nous partirons ensemble, répondit Colomb; vous avez partagé mes fatigues, vous partagerez ma gloire. Quand on saura ce que nous avons fait ensemble pour l'honneur de l'Espagne, quel Espagnol osera vous persécuter? »

Tristan voulut insister, Colomb lui ferma la bouche. Le jour du départ arrivé, Tristan voulut se dérober aux adieux de Colomb. Celui-ci le fit enlever et transporter sur *la Pinta* où il s'embarqua lui-même, car *la Santa-Maria* n'était plus, elle s'était brisée sur la côte d'Hispaniola.

Colomb arriva en Espagne et débarqua à Palos, le 14 mars 1493, sept mois et demi après en être sorti.

La cour était à Barcelone. Le trajet de Palos à cette ville fut pour Christophe Colomb une marche triomphale. Toutes les populations accouraient sur son passage, et restaient frappées d'étonnement et d'admiration à la vue des insulaires qui suivaient le grand navigateur, des oiseaux curieux au plumage riche et brillant, de l'or et de l'argent qui témoignaient de la richesse des contrées qu'il venait de découvrir.

Le roi et la reine firent au navigateur une réception digne d'un si grand génie, et l'on dit qu'ils se levèrent à son approche, honneur insigne que n'avait reçu aucun homme avant

---

[1] Les Îles Lucayes. — [2] Haïti.

lui. Puis, quand il leur eut fait le récit détaillé de son voyage, ils tombèrent à genoux pour rendre grâces au Ciel d'un événement si glorieux pour leur règne.

Croirait-on que ce même Colomb, ce grand homme, ce génie immortel, fut, pendant ses autres voyages, poursuivi par les calomnies de tous les envieux que sa gloire offusquait? croirait-on que ces mêmes souverains qui s'étaient levés devant lui, se laissèrent ensuite circonvenir au point de faire charger de chaînes le conquérant qui, par la seule puissance de son génie, leur avait acquis un monde tout entier, des trésors inépuisables, une gloire impérissable? Ces chaînes, et ce fut toute la vengeance qu'il tira de cette iniquité, Colomb, quand on lui eut rendu justice, les fit suspendre aux murs de son cabinet, et ordonna qu'à sa mort elles fussent enterrées avec lui. Accablé de fatigues et d'infirmités, abreuvé de chagrins, reçu froidement à la cour, Colomb termina dans un douloureux oubli sa glorieuse carrière à Valladolid[1], sans avoir pu être consolé de tant d'injustices par l'enthousiasme du peuple. C'est à la postérité de le venger.

Peu de temps après, la cour revint à Tolède. A peine y fut-elle arrivée qu'on fit les préparatifs de deux fêtes destinées, l'une à célébrer la glorieuse expédition de Christophe Colomb, l'autre à assurer le triomphe de la foi catholique contre l'apostasie des Mauresques et des Juifs. Pour Tristan, il n'avait pas jugé à propos de suivre Colomb à Barcelone. Il était retourné à Tolède pour retrouver Esteban. Il nourrissait toujours au fond de son cœur l'espoir secret de revoir Béatrice, ne pensant pas que sa résolution fût irrévocable. Esteban, de son côté, attendait le retour de Tristan avec impatience.

« Dieu soit loué! dit-il lorsqu'il le rencontra, de vous avoir ramené sain et sauf. J'ai de grandes nouvelles à vous apprendre.

— Béatrice a-t-elle changé de résolution?

— Je ne sais; mais ce n'est pas d'elle que je veux vous parler.

[1] Christophe Colomb mourut en 1506.

— A-t-elle quitté le cloître où elle s'est enfermée?
— Elle le quittera, je l'espère.
— Parlez, de grâce, Esteban, son père est-il vivant?
— Oui...; mais à ce soir..., dans votre demeure; j'irai vous trouver et vous saurez tout... A ce soir...

CHAPITRE IV.

L'estafier trouve un ami. — Une fête nationale.

endant que Tristan prenait part à l'aventureux voyage de Christophe Colomb, l'estafier du grand-inquisiteur employait tout son crédit auprès de son maître pour faire admettre au nombre de mes gardiens un homme dont les discours trahissaient la plus grande haine contre moi : cet homme, c'était Esteban. Voici de quelle manière ils s'étaient rencontrés et comment ils s'étaient connus. Un jour que l'estafier sortait de chez le grand-inquisiteur, il fut abordé dans la rue par un inconnu dont la mise annonçait une certaine aisance.

« J'ai appris, dit cet inconnu au valet de Torquemada, qu'un embarras d'argent vous cause en ce moment de grandes inquiétudes. Mais je connais votre mérite, et je viens vous prier d'user de ma bourse comme si c'était la vôtre. Ne me demandez pas encore qui je suis; sachez seulement que je suis votre ami.

— Seigneur inconnu, dit l'estafier en faisant mille salutations profondes, j'ignore ce qui peut me valoir une offre aussi généreuse, mais je n'hésite pas à l'accepter, dans la crainte que mon refus ne vous offense. »

Et l'estafier avait reçu immédiatement une somme de mille réaux, dont il avait donné une reconnaissance qu'Esteban, car c'était lui, avait déchirée devant son nouvel ami. On comprend qu'une liaison commencée de la sorte devait marcher vite. Cependant Esteban mit en œuvre tous les moyens qu'il jugea capables de gagner la confiance de l'estafier. Aussi lorsqu'il rencontrait celui-ci, il lui prodiguait les plus grandes marques de respect, comme s'il était lui-même son obligé. Ces rencontres se renouvelaient presque tous les jours, parce qu'Esteban épiait toutes les démarches de l'estafier et se trouvait toujours devant lui au moment où celui-ci l'attendait le moins. Comme ce valet de Torquemada était fort ridicule, les jeunes gens qui le rencontraient ne faisaient pas mystère de leurs railleries et de leurs sarcasmes. Esteban prit un jour ostensiblement sa défense contre les rieurs. Cette preuve de dévouement lui valut de vifs remerciements, de grandes protestations de services de la part de l'estafier. Esteban ne manqua pas ensuite de visiter fréquemment les églises où le serviteur fanatique de Torquemada allait de préférence faire ses dévotions. Et certes, quand il était sous les yeux de son ami, nul ne l'emportait sur Esteban pour le recueillement, les soupirs mystiques, les œillades contrites; nul ne faisait avec plus d'énergie ses *meâ culpâ*.

Un jour, Esteban l'ayant abordé sous le péristyle de la cathédrale, lui demanda son avis sur le choix du dominicain qu'il voulait prendre pour confesseur, et l'estafier lui en indiqua un dont Esteban ne manqua pas d'être fort satisfait, car ce dominicain, plein de zèle et très-versé dans les rubriques de la fausse dévotion, le sermonna, l'enflamma, le sanctifia de telle sorte que bientôt la sainteté d'Esteban passa en proverbe dans les discours de l'estafier; celui-ci ne se lassait point de lui en faire compliment.

« Bon! pensait Esteban en recevant d'un air hypocrite les éloges de l'estafier, le poisson mord à l'appât; de la prudence, et je m'en rendrai maître. »

Enfin, à force de prévenances, de témoignages de dévotion, de zèle, de fanatisme, j'ajouterai de libéralité envers l'estafier toujours riche en oraisons, mais pauvre d'argent, Esteban gagna la confiance et l'amitié de notre estafier. Les petits moyens produisent souvent les plus grands résultats, et c'est quelquefois par leurs valets que se laissent influencer le plus les hommes qui ont en main l'autorité. Grâce à l'enthousiasme de son valet, Torquemada connut Esteban avant de l'avoir vu.

Dès qu'Esteban fut assuré de la confiance entière du valet du grand-inquisiteur, il lui parla du désir qu'il aurait de se faire admettre au nombre des agents les plus infimes du saint-office de Tolède. L'estafier, étonné d'une pareille demande, fit observer à son ami que l'emploi qu'il demandait était indigne de lui, et bon tout au plus pour des hommes grossiers, brutaux, méprisables et méprisés.

« Ah! disait-il, si vous désiriez être alcade dans quelque inquisition, cela vaudrait la peine de s'en occuper; mais, gardien! allons donc!

— Mon ami, interrompit Esteban, plus l'emploi que j'obtiendrai sera méprisable, plus il sera conforme au désir que j'ai de faire pénitence. On peut servir le Ciel dans tous les états, et les désagréments de celui que j'ambitionne contribueront à mon salut. »

L'estafier, plein d'admiration pour l'humilité de son ami, s'empressa de solliciter auprès du grand-inquisiteur la place qu'il désirait. Un matin donc l'estafier vint trouver Esteban et lui dit en l'abordant :

« Réjouissez-vous, mon ami, j'ai obtenu ce que vous demandiez; mais que de peine! que de persévérance cela m'a coûté!

— Quelle reconnaissance je vous dois! dit Esteban.

— Eh! dit l'estafier avec toute la finesse dont il était capable, cela se pourrait bien. Notre révérend père Torquemada m'a fait sur vous tant de questions. Quel nom? d'où vient-il? qui est-il? quel état? quelle famille? est-il bon catholique? est-il zélé? dévoué? aveugle quand il s'agit des intérêts de l'inquisition? Et mille autres questions auxquelles j'ai répondu de manière à ne laisser aucun doute dans l'esprit de notre révérend père. Il hésitait encore ; mais je me suis porté votre garant ! et il a consenti.

— Il a consenti !

— Sur ma caution. J'ai répondu de vous sur mon âme! sur mon salut !

— Quelle dévouement !

— J'avais si bien disposé notre révérend père en votre faveur ! Ah ! votre réputation est belle auprès de lui !

— Quelle bonté !

— Entre amis, est-ce qu'on ne se doit pas de ces petits services ? Ne m'en avez-vous pas déjà rendu plusieurs ? N'ai-je pas eu recours souvent à votre bourse ?

— Allons donc, mon ami, ma bourse, je vous le répète, est à vous. Je n'ai qu'un reproche à vous adresser, c'est de ne point y puiser plus souvent.

— En vérité ? si j'osais !...

— Je vous en prie, ne doutez pas un seul instant de l'amitié de celui qui vous doit tant, et qui tient à vous témoigner sa reconnaissance.

— Eh bien, mon excellent ami, dit l'estafier, cinq cents réaux me feraient un plaisir extrême en ce moment.

— A quoi bon tant d'hésitation pour une semblable bagatelle ?

— Ce n'est rien pour vous qui êtes riche et généreux ; mais pour moi qui suis si pauvre ! si dépourvu de ressources ! Ah ! si j'étais à votre place, je ne me condamnerais pas, comme vous, à vivre dans des cachots au service de misérables hérétiques ! je trouve qu'il est déjà trop pénible de servir celui qui les envoie au bûcher.

— Et j'aurai cet emploi que vous avez demandé pour moi ? dit Esteban, sans faire attention à la dernière réflexion de son interlocuteur.

— Dès demain, mon ami ; mais je regrette qu'un homme tel que vous borne son ambition à si peu de chose.

— Je vous ai fait connaître le désir que j'ai de m'humilier devant Dieu et devant les hommes.

— Je ne vous demande point les raisons de cette conduite que j'admire, mon ami, sans pouvoir l'expliquer.

— Vous les connaîtrez plus tard ces raisons, et vous serez le premier à les trouver puissantes, j'en suis certain.

— Parmi les hérétiques qui sont renfermés dans les cachots, reprit l'estafier, il en est un dont les crimes surpassent ceux des autres hérétiques, comme la cime d'une haute montagne surpasse le sommet d'une simple colline.

— Ah? dit Esteban, et de quels crimes s'est-il donc rendu coupable?

— De quels crimes, cher ami? le nombre en est si grand, que je ne puis vous les nommer tous; je ne vous en citerai qu'un seul : il a voulu me tuer.

— Vous tuer! répéta Esteban d'un ton profondément stupéfait.

— Avec ma propre épée! reprit l'estafier.

— L'impie! Ah! je n'ai pas besoin de connaître ses autres crimes pour juger qu'il est digne des plus grands supplices!

— Mais, grâce au Ciel, continua l'estafier, il n'est pas Castillan, c'est un Aragonais, et encore il descend d'une juive.

— D'une juive! Mauvaise lignée! race funeste! marranos! Mais au moins dites-moi son nom?

— Son nom? je ne sais s'il est permis de le prononcer; je crains que ce ne soit un blasphème.

— Ah! dans ce cas, mon ami, ne le prononcez pas, car j'aimerais mieux mourir que de vous entendre proférer aucun nom qui ressemblât à un blasphème.

— Vous avez entendu parler de l'assassinat du révérend chanoine, docteur et inquisiteur Arbuez?

— Oui, dit Esteban, et j'ai bien prié Dieu pour que tous ses meurtriers fussent arrêtés.

— C'est d'un bon catholique, répliqua l'estafier. Eh bien, sachez que trois seulement n'ont pas encore reçu le châtiment qu'ils méritent : d'abord Tristan de Léonis et Pedro Sanchez, qui ont su jusqu'à présent se soustraire à toutes les recherches.

— Oh! si je connaissais leur retraite!... s'écria Esteban en levant les yeux au ciel, je braverais tout pour les livrer au saint-office!

— Quel zèle! mais le plus criminel est celui qui, depuis plus de cinq ans, tremble, dans les cachots de Tolède, que le grand-inquisiteur ne lève l'ordre de surseoir à son exécution.

— Ah! je sais maintenant de qui vous voulez parler, et je suis bien de votre avis sur le compte de cet hérétique... son nom seul est un blasphème! Juan d'Ab...

— Ne le prononcez pas! interrompit l'estafier en se signant.

— Mais, mon ami, dit Esteban, êtes-vous sûr qu'il ne soit pas mort? car enfin, depuis cinq ans...

— Je suis certain qu'il existe, et voici pourquoi : c'est que dans le dernier auto-da-fé on n'a brûlé aucun cadavre de condamné; et vous savez que le saint-office étend ses châtiments jusque sur les hérétiques morts.

— Je le sais, mais pourtant si dans les précédents auto-da-fé on avait brûlé, sans le dire, le corps de l'hérétique dont vous parlez?

— Il n'en est rien, j'en suis certain; car c'est une remarque que j'ai faite avec soin, tant je m'intéresse au...

— Au sort du seigneur d'Ab...?

— Dites au juste châtiment de ce misérable, reprit vivement l'estafier.

— C'est ce que je voulais dire... Ainsi, vous croyez qu'il vit encore?

— En voulez-vous une preuve plus convaincante?

— Voyons?

— Eh bien, hier même il a fait demander une entrevue au grand-inquisiteur.

— Il a osé!... et le grand-inquisiteur la lui a-t-il accordée?

— Non, car notre révérend père Torquemada a bien d'autres choses à faire qu'à écouter les injures et les blasphèmes de cet hérétique. Le soin d'assurer l'exécution de l'ordonnance qui chasse les juifs de l'Espagne absorbe tous ses instants [1].

[1] Cette ordonnance est du 31 mars 1492.

— Quel triomphe pour la foi que cette ordonnance! dit Esteban.

— Et surtout pour notre révérend père le grand-inquisiteur, ajouta l'estafier.

— Sans doute, car c'est à ses instances que tous ces juifs, ces maudits doivent leur expulsion : quelle gloire pour lui!

— Sans compter les bûchers qu'il fait rallumer de toutes parts... Dieu veuille que le misérable dont je vous parlais y monte bientôt à son tour!

— Comment avez-vous connu cet hérétique? demanda le nouveau gardien.

— C'est à moi que le Ciel a réservé deux fois l'honneur de l'arrêter, la première fois à Villa-Réal, la seconde fois ici, à Tolède même, il y a cinq ans.

— Ah!... c'est vous qui l'avez arrêté à Villa-Réal, dit Esteban d'une voix vibrante, qui fit tressaillir son interlocuteur.

— Sans doute; mais qu'avez-vous donc?

— Rien, reprit Esteban d'un ton pénétré, si ce n'est que j'envie la faveur que le Ciel vous a faite.

— La première arrestation me valut dix mille réaux.

— Dix mille réaux! Et la seconde?

— La seconde? rien, car l'hérétique est venu se livrer lui-même avant que je susse qu'il était évadé.

— Qu'il me tarde d'être auprès de cet homme! Quel plaisir j'aurai à le voir souffrir! s'écria Esteban ; car je le hais d'avance pour le seul crime d'avoir osé attenter à votre vie.

— Cher ami! Mais prenez bien garde à ses paroles insinuantes, car malgré ma foi, éprouvée, Dieu merci, malgré mon zèle incorruptible, peu s'en est fallu que je ne succombasse à la tentation de ce diable d'homme.

— En vérité!

— Il m'offrait des sommes inimaginables pour le laisser échapper. Mais!... trahir mes devoirs!... jamais!... A propos de diable, je crois qu'il en tient un peu, et même beaucoup, car on ne sait comment il s'est évadé des cachots de l'inquisition de Saragosse; il faut qu'il ait fait un pacte avec Satan.

— C'est assez l'usage de tous ces damnés ; mais j'espère être assez ferme dans ma foi pour résister à toutes les séductions, assez prudent pour éviter tous les piéges ! Dites au grand-inquisiteur qu'il peut compter sur ma fidélité et mon zèle, comme sur les vôtres.

— C'est ce que je lui ai déjà dit plus d'une fois, mais je vais encore le lui répéter. Adieu donc, mon ami, mon service m'appelle auprès de sa personne. Adieu.

— Adieu, mon ami, reprit Esteban, et priez Dieu pour que je m'acquitte bien de mes nouvelles fonctions. »

L'ami de l'estafier fut dès le lendemain admis au nombre des gardiens de la prison du saint-office de Tolède. Qu'on juge, s'il se peut, de mon trouble, lorsqu'un soir la voix d'Esteban se fit entendre dans mon cachot. Depuis plus de cinq ans resté sans communication avec le monde, privé de toute consolation, de toute nouvelle de ceux qui m'étaient si chers, j'appelais la mort de tous mes vœux, la préférant à un isolement aussi dur et qui semblait devoir être éternel. Je me croyais devenu insensible à toutes les émotions ; dans mon apathie, je me figurais que tous les souvenirs étaient éteints dans mon esprit, que toutes les fibres de mon cœur étaient rompues. Quelle était mon erreur ! ce que je croyais mort n'était qu'assoupi ; un seul mot d'une voix bien connue venait de faire tressaillir mon âme, et de réveiller tous mes plus tendres souvenirs. Béatrice ! Tristan ! Esteban ! avec quelle ivresse je retrouvai votre image dans ma mémoire ! avec quel délice je murmurai vos noms !

J'examinai, autant que me le permettait l'obscurité presque complète de mon cachot, l'homme dont la voix m'avait tant ému. Sa taille, son maintien, son geste, tout me représentait Esteban. Mais, ô malheur ! je ne pouvais distinguer les traits de son visage. De plus, sa présence en ce lieu me paraissait tellement tenir du prodige, que je n'osais me livrer à toute l'espérance que sa voix avait fait naître un instant. Je cherchai par mes questions à provoquer quelques paroles, mais l'alcade ou geôlier qui se trouvait avec lui m'imposa silence et lui interdit toute réponse. Je fus donc ainsi condamné à rester assez longtemps dans cette incertitude, et ce fut, je le déclare, un cruel tourment pour moi.

Cependant c'était bien lui, c'était bien le généreux Esteban qui, pouvant vivre tranquille et à l'abri du besoin, grâce à la fortune que je lui avais donnée, avait préféré, en se dévouant à mon salut, courir toutes les chances d'une entreprise hérissée de périls.

« Si pourtant il n'était pas mort, s'était-il dit un jour en pensant à moi. Il ne serait pas le premier condamné qu'on aurait laissé ainsi se consumer lentement au fond d'un cachot. Mais comment le savoir? Par quel moyen, s'il vit encore, parvenir jusqu'à lui? »

Et comme il était absorbé dans ces réflexions, il avait rencontré l'estafier du grand-inquisiteur, et avait bientôt compris quel parti il en pouvait tirer. On a vu les moyens qu'il avait mis en usage pour le séduire. Une fois admis dans l'intérieur de la prison, Esteban se mit à étudier les localités, tâchant de découvrir les défauts de la place pour les faire servir à mon salut. Mais la vigilance des gardiens et la solidité des murs étaient à toute épreuve. Il n'y avait pas d'apparence que cet état de choses dût changer de longtemps, si un événement inattendu qui se passa dans la prison et dont Esteban sut tirer un très-bon parti ne fût venu à notre aide. Esteban n'avait point cessé de cultiver les bonnes grâces de l'estafier de Torquemada, en employant les moyens qui lui avaient si bien réussi. Mais peut-être cette liaison intéressée de part et d'autre, car si l'estafier se montrait toujours disposé à rendre service à Esteban, celui-ci payait bien la bonne volonté qu'on lui témoignait, cette liaison, dis-je, n'aurait peut-être servi qu'à faire obtenir à Esteban une place d'alcade dans une autre inquisition que celle de Tolède, et c'était ce qu'il ne voulait point. D'un autre côté, l'estafier considérant que Torquemada changeait souvent de résidence pour suivre la cour, cherchait à attacher Esteban à la personne du grand-inquisiteur, afin de l'avoir toujours sous la main et de profiter de ses largesses. Mais Esteban voulait être à Tolède et pas ailleurs, dans la prison de l'inquisition de Tolède et non dans une autre. Aussi son ami zélé lui ayant plusieurs fois fait des offres de le servir dans le sens qui flattait le mieux ses propres intérêts, Esteban avait formellement refusé. L'occasion qu'attendait Esteban se présenta enfin, et lui permit de profiter du crédit qu'il s'était ménagé dans l'esprit de l'estafier.

L'alcade de la prison mourut presque subitement. Esteban s'empressa de solliciter la place vacante, et comme il sut employer des moyens irrésistibles, l'argent, la flatterie, et une hypocrisie affectée qui lui donnait l'apparence d'un fanatique dévoué au saint-office, l'estafier plaida chaudement sa cause et obtint la place pour son protégé. On devine ce qui résulta pour moi de cette circonstance : c'est qu'il fut possible à Esteban de me parler en secret, comme à Saragosse.

Les choses en étaient là lorsque Tristan revint à Tolède, après avoir suivi Christophe Colomb dans son excursion navale. Le soir du jour où Esteban et lui se rencontrèrent, Esteban se rendit chez Tristan, qui s'était logé dans une des hôtelleries de la ville.

« Le père de Béatrice est vivant, m'avez-vous dit ? demanda Tristan avec vivacité dès qu'Esteban fut entré.

— Oui, et je veux vous rapprocher de lui, répondit Esteban.

— Serait-il libre ?

— Non, mais vous viendrez dans sa prison.

— Moi ? et comment ?

— Vous connaissez, dit Esteban, ce valet de Torquemada, cet homme sans nom, si grand, si humble, dont le corps est si maigre, et les vêtements si gras ?

— Sans doute, c'est un misérable que le grand-inquisiteur lance sur ses victimes, comme un chasseur lance son chien sur le gibier.

— Ne dites pas de mal de ce saint homme, car il est mon meilleur ami.

— Serait-il possible ! s'écria Tristan avec une surprise mêlée de défiance.

— Rien n'est plus vrai, et je vous jure qu'il sera le vôtre.

— Jamais! s'écria le généreux jeune homme.

— Vous croyez? Eh bien, avant un mois pourtant, vous serez son serviteur, son ami, son autre lui-même, comme je l'ai été, et comme je le suis encore.

— Expliquez-vous, dit Tristan, car je suis près de croire que votre tête...

— Autrement dit que je suis fou, reprit Esteban. Que diriez-vous donc si vous saviez tout ce qu'il a fait?

— Que m'importent les actions de cet homme?

— Il vous importe beaucoup de les connaître. Car, n'est-il pas nécessaire de savoir au moins avec qui l'on se lie?

— Mais vous vous raillez de moi, Esteban... Jamais je ne serai l'ami d'un misérable aussi cruel que son maître, fourbe, ignorant, traître...

— Toutes les qualités du maître, enfin, interrompit Esteban en riant, et qui, de plus, a fait arrêter le père de Béatrice.

— Lui! s'écria Tristan en frémissant.

— Oui! lui-même, à Villa-Réal! pour dix mille réaux!

— Le scélérat!

— Vous ne lui connaissiez pas ce mérite?

— Où est-il? où le trouver? il faut que je le voie.

— J'étais sûr que vous seriez pressé de le rencontrer.

— Oui, pour venger le père de Béatrice, mais non pour être l'ami de ce traître!

— Quelle sera votre vengeance?

— Je ne sais; mais dussé-je le tuer...

— Le tuer? ce moyen serait plus expéditif, sans doute, mais vous vous perdriez inévitablement.

— Qu'importe? Béatrice m'est enlevée, et je ne tiens plus à la vie.

— Admettons que la jeune Béatrice vous soit enlevée pour toujours, comme vous paraissez le croire...

— Les cloîtres, non plus que les cachots, non plus que les enfers, ne lâchent jamais leur proie, interrompit Tristan d'un air sombre.

— Cela ne m'est point démontré pour les cloîtres, et vous

savez que les cachots ne sont jamais si bien gardés que quelques prisonniers ne puissent de temps à autre s'en échapper... Mais revenons. Puisque le moyen de vengeance que vous proposez doit vous être fatal, n'est-il pas prudent de chercher, avant tout, à délivrer le seigneur d'Abadia?

— Sans doute, mais par quel moyen? Pour moi je n'en vois aucun.

— Il en est un pourtant que je veux vous indiquer. Au lieu de tuer, dès l'abord, l'homme qui excite si fort votre haine, commençons par en faire un instrument de salut pour notre prisonnier; tout valet qu'il est, cet estafier a quelque influence sur l'esprit de son maître, car ses sollicitations m'ont valu une faveur d'un prix inestimable pour nous. Tirons donc de cet homme tout le parti possible, nous verrons après ce qu'il en faudra faire.

— Mais, dites-moi comment il faut s'y prendre pour se servir d'un pareil traître sans en être la victime? »

Alors Esteban raconta à Tristan tout ce qui s'était passé entre l'estafier et lui; les moyens qu'il avait employés pour gagner sa confiance et le mettre dans ses intérêts auprès du grand-inquisiteur. Il fut convenu que Tristan, reprenant le nom de Fernandez, nom sous lequel il s'était déjà caché pendant le temps qu'il avait passé chez un négociant de Tolède, essayerait du même moyen; ce moyen devait d'autant mieux réussir en cette occasion, qu'Esteban prédisposerait l'estafier en faveur de Tristan. Puis ils arrangèrent une fable propre à donner le change au valet de Torquemada sur les antécédents du prétendu Fernandez, et Tristan se mit à l'œuvre.

Je fus informé de tous ces détails par Esteban lui-même qui vint me voir au milieu de la nuit. Mais il m'apprit aussi dès le lendemain que Tristan n'avait pu se décider à jouer le rôle que lui avait tracé Esteban; il répugnait à cette âme généreuse d'affecter des dehors contraires à ses véritables sentiments; et Esteban, ne pouvant le déterminer à faire au moins une tentative dans le sens qu'il lui avait indiqué, prit le parti de travailler seul à le mettre dans les bonnes grâces de l'estafier. Il aurait échoué, sans doute, si, cette fois encore, le Ciel et le courage de Tristan ne l'eussent secondé. De grandes réjouissances devaient avoir lieu à Tolède en l'honneur du glorieux voyage de Christophe Colomb, et déjà l'on en faisait les préparatifs.

Au nombre des fêtes de l'Espagne, il en est une éminemment nationale, qui ne laisse aucun Espagnol indifférent; une pour laquelle le plus pauvre trouvera toujours le moyen de payer sa place au cirque, je veux parler des combats de taureaux. Je décrirai d'une manière détaillée celui qui eut lieu à Tolède à l'époque dont je parle, et dans lequel Tristan trouva l'occasion de déployer tant de courage, de sang-froid et d'adresse.

Les combats de taureaux remontent, en Espagne, à la plus haute antiquité. Dans ma patrie, le *toreador* est aussi ancien que le taureau même. Ces jeux si animés, si périlleux, toujours cruels, quelquefois meurtriers pour les hommes, l'emportèrent de tout temps sur les autres fêtes. Les pas-d'armes, les joutes, les tournois s'effacent devant une course de taureaux. Le moindre village a sa *plaça de toros*, son arène; les cités ont leur *plaça mayor*, grande place, ou leur cirque. A défaut d'hommes pour combattre les taureaux dans les petites courses, on lâche de gros chiens, et la fête devient alors plaisante; mais les grandes courses se célèbrent avec beaucoup de solennité et tout répond à l'importance des préparatifs.

Celle dont je parle fut annoncée longtemps d'avance dans toutes les villes et les bourgades qui environnent Tolède. Chacun put faire alors ses apprêts et ses épargnes pour assister à la fête. Dès la veille du jour fixé pour les courses, on vit accourir de toutes les contrées environnantes une foule de personnes de tout âge, de tout sexe, de tout rang, avides de ce spectacle. La curiosité trouvait un attrait d'autant plus vif à cette fête, qu'on annonçait que le célèbre navigateur y assisterait à côté de Leurs Altesses. Aussi l'affluence fut-elle extrême. Jamais, de mémoire d'homme, plus brillante et plus nombreuse assemblée ne s'était trouvée à Tolède. Plusieurs des jeunes et illustres seigneurs de la cour avaient obtenu de Leurs

Altesses la permission d'entrer dans l'arène pour combattre parmi les *picadores* [1].

Le cirque de Tolède est placé hors de la ville sur un terrain immense environné d'arbres. L'enceinte est un vaste amphithéâtre formé d'innombrables gradins où peuvent trouver place cinquante mille personnes; au-dessus de ces gradins sont tendues des toiles rayées de mille couleurs diverses, vives et brillantes, pour mettre les spectateurs à l'abri du soleil. On distingue au centre la loge de Leurs Altesses, placée en face des portes par où doivent s'élancer les taureaux; puis du côté opposé, celle du *corégidor*, à qui est dévolu le droit de présider la cérémonie. L'arène est environnée d'une *baranda* ou barrière ayant la hauteur d'un homme ordinaire; ce qui, parfois, n'empêche pas quelques taureaux furieux de la franchir. La *baranda* est construite de planches fortes et très-épaisses dans lesquelles on a eu soin de pratiquer des interruptions propres à servir de refuge aux combattants.

Cinq taureaux de Castille et cinq taureaux d'Andalousie devaient, ce jour-là, paraître dans l'arène; chacun d'eux portait sur le dos une devise, ou flocon de rubans, qui servait à le distinguer des autres. La veille on leur fit traverser la ville pour donner aux habitants de Tolède un avant-goût du plaisir qu'ils goûteraient le lendemain. Les taureaux étaient magnifiques, et leur passage fut salué par de brillants *viva*. Toutes les fenêtres étaient garnies de spectateurs enthousiastes qui, en pareil cas, ne manquent jamais de paroles flatteuses pour les plus ardents des taureaux.

Pour se rendre maître des taureaux qui, dans leur *deheza* [2], abandonnés à eux-mêmes, vivent à l'état sauvage, l'expert chargé de les choisir est obligé d'employer des *cabestros* ou bœufs domestiques, à l'aide desquels il les attire dans une enceinte particulière pour, de là, être conduits sur le lieu où ils doivent combattre. Les *cabestros*, dirigés par des *picadores* armés de *garoches* ou lances, précèdent les taureaux sauvages qui

[1] Piqueurs. — [2] Solitude.

s'avancent à travers la multitude, contenue de chaque côté par des cordes qui parfois ne la garantissent qu'imparfaitement contre les attaques inopinées des terribles bêtes.

Dès que les taureaux sont arrivés au cirque, on les enferme chacun dans une niche séparée qui se ferme au moyen d'une porte à coulisse. A côté de ces niches, on remarque une petite cellule, où l'on a soin de placer, les jours de combats, un prie-dieu et un lit. Là, se tiennent un religieux et un chirurgien prêts à administrer les secours temporels et spirituels aux *toréadores* blessés.

Ordinairement le jour d'un combat de taureaux, dès le lever du soleil, il y a une espèce de prologue, de petite représentation gratuite pour les pauvres absolument dépourvus de tout moyen de payer leur entrée à la grande représentation, comme si cette fête devait être nécessairement vue par tout le monde ; comme si le plus pauvre avait un droit incontestable à être convié à recueillir au moins quelques miettes du festin. Dans cette circonstance, on lâche un taureau dont on a eu soin de garnir les cornes de pelotes de linge ou de cuir, afin qu'il fasse le moins de ravage possible parmi cette cohue de misérables acharnés après lui. Quand il a été bien tourmenté dans cette course matinale, et qu'il a blessé bon nombre d'imprudents, le taureau est abattu par un habile *matador*[1], et l'on fait sortir cette foule, pour céder la place à celle qui doit payer. Cette espèce de prologue eut lieu le jour dont je parle.

Dès que l'entrée du cirque fut ouverte aux spectateurs payants, ceux-ci se précipitèrent en foule. Tous les gradins, toutes les loges se garnirent en un clin d'œil, car les spectateurs affluaient par les quatre grandes portes du cirque. Les femmes de toutes les conditions s'y pressèrent dans leurs plus riches atours. Les yeux furent bientôt éblouis de la richesse des costumes, de la magnificence des parures d'or et de pierreries, et plus encore de l'éclat des jeunes beautés qui s'y montraient en foule. Jamais fête n'avait attiré plus de monde, occasionné plus de frais, donné lieu à plus de préparatifs.

[1] Tueur.

Tout le monde était placé, le *corégidor* était dans sa loge, le maître des cérémonies, dans son immense fauteuil ; mais la loge de Leurs Altesses était vide encore ainsi que toutes les places réservées à leur brillante cour. L'impatience était vive et bruyante, car si l'on brûlait de voir commencer la fête, on ne désirait pas moins de saluer d'acclamations méritées le glorieux Christophe Colomb.

Tristan s'était placé sur un des gradins inférieurs près de la *baranda*, en face de la loge de Leurs Altesses, et non loin de celle du *corégidor*. Lui aussi désirait revoir Colomb, et c'était l'unique motif qui l'avait fait venir à cette fête. A chaque arrivée de quelque important personnage, précédé et suivi de ses valets, les yeux se portaient vers la porte par où il entrait, et de joyeux *brouhaha* saluaient son entrée, et témoignaient bien plutôt du désappointement de la foule qui s'attendait à voir paraître Leurs Altesses, et non un simple gentilhomme.

Enfin, elles entrèrent suivies du plus brillant cortége, et accueillies par les plus vives acclamations, dont une part était pour la reine Isabelle, adorée du peuple, et l'autre part pour Christophe Colomb. Celui-ci marchait à côté du roi, qui s'appuyait sur son bras ; puis venaient tous les personnages de la cour, parmi lesquels figuraient don Ximenès, Porto Carrero, don Diègue, Médina Sidonia, Saavedra, et mille autres.

Leurs Altesses prirent place et firent asseoir Colomb à côté d'elles. Rien de plus beau, de plus éblouissant que l'aspect du vaste amphithéâtre en cet instant. Le plus imposant silence succéda tout à coup au bruit étourdissant qui se faisait avant l'entrée de la cour. Le roi se leva.

« Dieu, dit-il d'une voix éclatante, a réservé à notre règne une gloire immortelle. Il nous a envoyé un homme qui, s'ouvrant sur les mers une route inconnue avant lui, a pris possession en notre nom de terres nouvelles, fécondes, riches, et qui ne sont que le prélude de celles qu'il ira découvrir... Gloire à Dieu !...

— *Viva! viva!* gloire à Dieu! répéta de ses milliers de voix l'assemblée entière. »

Toutes les mains et toutes les têtes étaient levées vers le ciel.

« Gloire à Christophe Colomb! ajouta Ferdinand.

— Gloire à Christophe Colomb! dit après lui l'assemblée transportée d'enthousiasme. »

Et toutes les écharpes de soie, les éventails de nacre émaillée, les riches mouchoirs brodés, les chapeaux enrubanés s'agitèrent au milieu de nouveaux *viva*.

« Et gloire aux illustres souverains des Espagnes, dit à son tour Christophe Colomb, en s'inclinant devant Leurs Altesses. »

Le roi lui pressa la main; la reine lui donna la sienne à baiser. L'enthousiasme fut au comble et, pour un moment, on oublia les *toréadores*. Mais le roi s'était assis, et peu à peu le bruit s'apaisa.

Alors se présentèrent six alguazils vêtus de noir et la tête couverte de larges perruques. Ils étaient grotesquement montés sur des chevaux et tenaient en main chacun une baguette blanche. Ils saluèrent Leurs Altesses, puis traversèrent l'arène pour aller prendre les ordres du maître des cérémonies. Celui-ci leur jeta aussitôt, toute garnie de rubans, la clef des cases où étaient enfermés les dix taureaux. Mais avant de donner la liberté au premier taureau qui devait entrer dans la lice, ils allèrent chercher les dix cavaliers ou *picadores* qui s'étaient proposés pour combattre.

Ils entrèrent au bruit des fanfares guerrières, montés sur des chevaux magnifiques, à la manière des Maures, c'est-à-dire en tenant les jambes relevées en arrière, et ayant les pieds dans des bottines blanches à éperons dorés qui n'avaient qu'une pointe. Ils portaient des pantalons de peau blanche à doublure de fer; des gilets les uns d'or, les autres d'argent, de petites vestes en soie brillante, couvertes de tresses d'or ou d'argent, de paillettes ou de franges, et sur leurs têtes des chapeaux blancs à larges bords, à forme ronde, ornés de rubans de soie dont les couleurs correspondaient sans aucun doute à celles du *vestido*[1] de quelque belle et noble spectatrice.

Ils étaient armés chacun d'une *garoche*[2] longue de dix-huit pieds, faite d'un bois dur, peinte, dorée et munie à l'une de ses extrémités d'un gros bouton, du centre duquel sort une petite pointe aiguë et triangulaire. C'est avec cette arme qu'ils doivent irriter l'animal et repousser ses attaques. L'épée que le *picador* porte à son côté ne doit être tirée que lorsque le taureau l'a *insulté* soit en le blessant lui ou sa monture, soit en lui faisant tomber sa *garoche*, ou son manteau, ou son chapeau. Cette insulte doit être vengée sur-le-champ, et c'est dans cette circonstance seule que l'usage de l'épée est permis.

De bruyantes acclamations accueillirent la marche des *picadores*. Ils s'avancèrent jusqu'en face de la loge de Leurs Altesses et les saluèrent gracieusement. Au nombre de ces brillants cavaliers, tous nobles et renommés pour leur grâce et leur bravoure, se faisait remarquer le jeune don Luiz d'Avarès, en grande faveur auprès de Ferdinand et d'Isabelle qui aimaient son esprit, sa bonne mine et son courage.

L'entrée des *picadores* fut suivie de celle des *chulos*, dont la fonction est d'assister le *picador* en attirant sur eux la colère du taureau. Les *chulos* sont tous jeunes, lestes, pimpants et couverts d'un riche et élégant costume tout chamarré de rubans et de broderies. Ils tiennent à la main chacun une longue écharpe de soie dont les vives couleurs écarlates, jaunes, bleues, doivent faire diversion quand le moment sera venu pour eux d'entrer en lice. Ils saluèrent lestement les loges de la cour et l'assemblée, puis se retirèrent dans les ouvertures de la *baranda*.

Une nouvelle fanfare annonça l'entrée des *matadores*. Ils sont vêtus avec autant d'élégance que les *chulos*. Ils portent d'une main l'épée nue, et de l'autre la *muleta*, sorte de petit drapeau de soie d'une couleur vive, et qui sera si utile au moment décisif, car c'est le *matador* qui doit mettre fin à la lutte en abattant le taureau. Après avoir salué comme ceux qui les

---

[1] Vêtement. — [2] Lance.

avaient précédés, les *matadores* se retirèrent aussi dans les interruptions de la *baranda*.

Il ne resta plus dans l'arène que les *picadores*, qui, en attendant le signal du commencement des terribles jeux, se dispersèrent autour de la *baranda* pour aller saluer les dames sous les yeux desquelles ils étaient fiers de combattre.

Mais le signal ne se fit pas attendre. Les trompettes sonnèrent, et leur bruit éclatant fut aussitôt couvert par les cris joyeux et les *viva* de l'innombrable assemblée. Un énorme taureau à la robe fauve, aux cornes aiguës, à l'encolure puissante, bondit dans l'arène. Les *picadores* se rassemblèrent au centre du cirque.

Étourdi par le tumulte de l'assemblée, le taureau resta un moment immobile, puis il flaira le sable de ses larges naseaux comme s'il avait peur d'avancer. Des huées immenses et railleuses accueillirent sa poltronnerie; il leva la tête, regarda de ses yeux ardents les *picadores* qui s'avançaient lentement vers lui pour lui abréger le chemin; il se mit à trembler. Alors le cri de *lâche* partit de toutes les bouches; les vieillards sans force, les jeunes filles timides, les enfants même l'accablèrent de leurs sarcasmes. Les *picadores* avançaient toujours.

Le taureau, cependant, se remit peu à peu. Il commença par se battre les flancs avec sa queue à poil ras terminée par une touffe de longs crins; puis il laboura le sable de ses larges pieds, et soudain bondissant par un élan vigoureux, il se trouva sous le poitrail du cheval d'un des *picadores*. Celui-ci, pris à l'improviste et peu aguerri, n'eut pas le temps de se servir de sa *garoche*. Le taureau donna au cheval un coup de sa tête énorme en plein poitrail. La malheureuse bête en fut déchirée, soulevée, renversée, et le cavalier désarçonné roula sur le sable. Le taureau devenu plus furieux eut en un instant criblé de coups de cornes le pauvre cheval qui, malgré ses atroces blessures, se mit à galoper pour aller mourir à une des extrémités du cirque. Et les spectateurs applaudissaient à outrance et répétaient joyeusement: Vive le taureau à robe fauve! il s'est bien conduit! *viva! viva!*

Le *picador* avait reçu une grave *insulte*, ou plutôt toutes les insultes à la fois, et son honneur outragé ne lui permettait pas de différer d'un seul instant sa vengeance. Il s'était relevé rouge de dépit; et, grâce à l'intervention des *chulos* qui, l'ayant vu tomber, étaient accourus autour du taureau et s'étaient mis à le harceler, en lui lançant les écharpes de soie qu'ils tenaient dans leurs mains, il avait échappé à une mort certaine. Il tira son épée et marcha droit à la bête; celle-ci, soit crainte, soit pour se débarrasser des agaceries des *chulos*, se mit à fuir. L'insulte, par le fait même de cette fuite, se trouvait effacée, et le *picador*, dédaignant de poursuivre un ennemi qui prenait lâchement la fuite, rengaîna son épée et prit un autre cheval.

Cependant le taureau avait été poursuivi des huées des spectateurs. Le monstre, comme s'il eût compris toute l'injure qui lui était faite, rebroussa chemin subitement et se rua de nouveau au milieu des *picadores*. Repoussé par la *garoche* du premier qu'il attaque, il se tourne vers un second qui le reçoit de même avec la pointe acérée de sa lance. Le taureau tourne, bondit, fait voler un nuage de sable et de poussière autour de lui en y mêlant son ardente haleine. Bientôt sa rage augmente, car il s'est approché de la *baranda*, et une pluie de dards aigus ornés de papiers de toutes couleurs est tombée sur lui; il en est couvert. Eperdu et insensible aux coups des *picadores*, il parvient à en démonter un second qu'il écrase sous ses pieds, puis il se met à la poursuite du cheval qui fuit avec la rapidité de la flèche. Pendant ce temps on se hâte d'emporter le blessé.

A voir toute cette multitude haletante, le cou tendu vers l'arène, les yeux attachés sur le cheval et le taureau qui couraient sur les pas l'un de l'autre, le cheval poussé par la terreur, le taureau par la furie, on pouvait juger que le spectacle lui semblait attachant. Soudain un cri universel s'éleva. Le cheval et le taureau venaient de s'arrêter et ils combattaient corps à corps, le premier des pieds et des dents, le second de la tête. Mais la lutte fut courte. Le cheval brisa d'une ruade une corne au taureau, et celui-ci se vengea immédiatement en perçant de celle qui lui restait son adversaire qui tomba sur le cheval qui était déjà mort. L'intérêt allait augmenter encore.

Un signal fut donné, et les *picadores* se retirèrent pour laisser le champ libre aux *chulos*.

« Les *banderillas!* criait la multitude, posez les *banderillas!* »

Ce sont de petits bâtons de deux pieds de long environ terminés par une pointe de fer recourbée en crochet. Les *banderillas* dont on se servit en cette occasion étaient surmontées de petits drapeaux écarlates et garnies de rouleaux de papier remplis de poudre, auxquels on mettait le feu avant de les attacher. Les explosions qui en résultaient contribuaient à exciter la fureur des taureaux.

Un des *chulos* armé d'une de ces *banderillas* marcha au-devant du taureau en se présentant de face, ainsi le veut la loi du combat; car, en ces luttes extraordinaires, l'homme aurait honte de ne pas faire preuve de loyauté même envers un taureau.

Le *chulo* avançant lestement le bras le passa entre les deux cornes de la bête et lui planta sa *banderilla* sur le garrot[1]. Cette dangereuse opération fut faite en un clin d'œil; mais pourtant pas encore assez vite pour que le taureau n'eût le temps de se venger de ce nouvel outrage. Le *chulo* fut lancé en l'air et alla retomber tout meurtri à dix pas derrière le taureau, trop heureux de n'avoir pas eu du même coup la poitrine ouverte.

Les *viva* les plus énergiques retentirent en l'honneur, non pas de l'homme vaincu, mais du taureau vainqueur; car l'assemblée, juge impartial, distribue avec équité son blâme et ses applaudissements entre les combattants, qu'ils soient des hommes ou des taureaux.

La bête, excitée par la douleur que lui occasionnait la *banderilla* plantée dans ses chairs, et par la vue du petit drapeau rouge qui s'agitait sur ses épaules; irritée encore par le feu qui

---

[1] C'est, dans les chevaux et les taureaux, la partie qui joint le cou aux épaules.

faisait éclater les pétards qui garnissaient la *banderilla*, par les piqûres de celles qu'on ne cessait de lui lancer de toutes parts, et par les cris provocateurs de l'assemblée entière, courait çà et là, écumant de rage, se battant les flancs de sa queue, l'haleine en feu, les naseaux agités, ruisselant de sueur et de sang, car il était criblé des piqûres des *garoches* et des *banderillas*. Vainement on eût essayé d'augmenter encore sa furie; elle était à son comble. C'était le moment favorable pour l'apparition d'un nouveau combattant.

« Le *matador!* le *matador!* »

Tel fut le cri qui se répéta depuis la loge de Leurs Altesses jusqu'aux dernières extrémités de l'amphithéâtre. Le *matador* ou *toréador* ou bien encore *el guapo*, est celui qui doit mettre fin au combat en abattant le taureau arrivé au suprême degré de la fureur. Ce dangereux office n'est pas attribué à tout le monde. Il faut être de bonne race, distingué par sa bravoure, sa force et son adresse. Tous les vœux sont pour le *matador* avant le combat; tous les cœurs sont encore pour lui s'il sort vainqueur de la lutte.

A l'appel de son nom, le *matador* s'avança seul dans l'arène, et marcha gravement vers le taureau furieux. Il tenait d'une main son épée nue, et de l'autre sa *muleta* déployée afin d'attirer l'attention du taureau. Celui-ci, en effet, s'arrêta à la vue de ce nouvel ennemi. Il observe d'abord avec anxiété tous les mouvements de la *muleta*, puis tout à coup fond sur elle avec impétuosité, croyant que là est le véritable danger; mais la *muleta* est aussitôt écartée du corps et, au moment où le taureau passe sous le bras gauche du *matador*, celui-ci lui plonge, de la main droite, son épée dans le garrot. Le coup fut porté si adroitement et si prestement que les deux vertèbres furent divisées et le taureau tomba comme une masse pour ne plus se relever. Au silence solennel qui régnait depuis quelques instants succéda un immense cri d'admiration.

Le *matador*, plein d'une grâce parfaite, salua l'assemblée avec son fer ensanglanté, car il est glorieux de ne pas aban-

Le Combat du Taureau.

donner le fer dans la blessure. Des acclamations frénétiques éclatèrent de toutes parts. Une pluie de fleurs, de rubans, de sucreries, de pièces d'or et les plus gracieux sourires féminins furent la récompense du *matador*. Si le taureau eût tué l'homme, c'est au taureau que se fussent adressés les applaudissements, jusqu'à ce qu'un *matador* plus heureux l'eût fait tomber sous ses coups.

Le vainqueur s'approcha ensuite du taureau et détacha la devise que celui-ci portait sur le dos; puis se dirigeant vers une des jeunes femmes de l'assemblée, il la lui présenta sans redouter un refus, car la jeune femme était son amante, et la gloire du *matador* la rendait fière et heureuse. Pendant ce temps on s'occupait d'enlever de l'arène le taureau et les deux chevaux morts, et bientôt une nouvelle fanfare annonça un nouveau combat.

Après ce premier taureau, neuf autres parurent dans l'arène; neuf fois les combats recommencèrent avec des incidents toujours nouveaux; neuf fois les chances furent favorables aux hommes. Plusieurs avaient été mis hors de combat, mais aucun d'eux n'était blessé mortellement. Jusqu'alors la lutte n'avait été fatale qu'aux chevaux, dont douze avaient péri. Je ne parle point des taureaux, qui d'avance sont voués à la mort.

Le troisième taureau fut combattu par deux chiens énormes qui furent lancés plusieurs fois en l'air sans pouvoir être découragés, et plusieurs fois aussi ils se suspendirent au cou du taureau sans pouvoir le vaincre. On fut obligé de mettre fin à ce combat en retirant les chiens.

Une autre fois, un des taureaux s'élança sur la *baranda* pour la franchir, précisément en face du maître des cérémonies, gros homme qui, dans sa frayeur, se renversa avec tant de force sur le dossier de son fauteuil qu'il le brisa et tomba à la renverse dans la posture la plus grotesque, au grand contentement des témoins de cet accident. Grâce aux efforts de Tristan, qui était auprès de lui, le pauvre homme parvint à se relever. Pour le taureau, après être resté pendant plusieurs minutes sur la *baranda*, jambes deçà, jambes delà, il fut tiré de cette position par les coups de *garoches* qui l'assaillirent de toutes parts.

Mais la dixième course donna lieu à un événement qui, chez les autres nations, glacerait d'effroi tous les spectateurs et changerait la fête en deuil, mais qui, en Espagne, est considéré comme un simple incident d'autant plus attrayant qu'il est plus rare et plus terrible. Certes, il est peu de *toréadores*, même parmi les plus habiles, qui aient une existence bien longue; presque tous finissent par périr jeunes dans l'arène, leur champ de bataille à eux, aussi glorieux que le champ de bataille des plus fameux guerriers. Mais aussi, il en est peu qui aient une fin aussi tragique que celle que je vais raconter.

Le dernier taureau qui parut dans la lice était le plus fougueux, le plus sauvage et le plus gros. Sa robe était noire et blanche, deux longues cornes aiguës armaient son énorme tête. Quand il bondit dans l'arène, ses bonds furent si vigoureux, ses mugissements si puissants, que les chevaux hennirent, et que les *picadores* s'affermirent sur leurs selles et serrèrent leurs *garoches* d'une étreinte plus ferme. Le terrible combattant ne fit pas attendre longtemps les preuves de sa fougueuse puissance.

J'ai parlé de don Luiz d'Avarès, qui était au nombre des *picadores*. Le jeune favori des souverains se pavanait, dans son costume élégant et coquet, sous les yeux de Ferdinand et d'Isabelle, et plus encore peut-être sous les yeux des jeunes et belles femmes de la suite d'Isabelle. Il s'était montré vaillant et habile dans les divers combats qui avaient précédé, car il avait eu un cheval blessé et s'était tiré adroitement du danger. Il se réjouissait d'avance en pensant à la gloire qu'il avait acquise sous les yeux de son amante, et il ne songeait pas au terrible danger qui le menaçait. La lutte était commencée; les *picadores* harcelaient la bête sans lui laisser un moment de répit. Soudain le taureau bondit, et sa tête ayant brisé la *garoche* de don Luiz, se trouva sous le ventre du cheval monté par le jeune cavalier. Le cheval se cabre, mais il n'a pas le temps de se retirer assez vite, et les cornes du taureau lui entrent profondément dans les chairs. Le taureau, de son encolure prodigieuse, soulève le cheval et l'homme qu'il renverse sur le sable. Le cheval y reste, mais l'homme veut se relever, et furieux d'avoir été insulté par le taureau, il met l'épée à la main et se précipite sur l'animal pour en tirer vengeance. Le taureau, prompt comme la foudre, donne un violent coup de tête et cloue à ses longues cornes le malheureux don Luiz qui en est percé de part en part. Celui-ci, dans sa douleur, pousse un cri terrible, cri, cette fois du moins, qui n'est pas couvert par les acclamations de l'assemblée. L'animal, excité par sa victoire même, emporte sa proie autour de l'arène, poursuivi inutilement par les *chulos*.

Cependant, la pitié brise tous les cœurs. Don Luiz n'est pas mort, car il s'agite violemment sur la tête du taureau, mais en vain. Deux ruisseaux de sang inondent le cou du taureau, c'est le sang de don Luiz; il peut être sauvé encore, mais le temps presse.

Le roi se lève, son air est sombre et ses yeux suivent avec anxiété le malheureux don Luiz.

« Cette bourse, dit-il, à celui qui abattra le taureau et délivrera don Luiz! »

Personne ne fit un mouvement dans l'assemblée. La stupeur était universelle, le silence effrayant. Le taureau cependant galopait toujours, bravant les poursuites des *picadores* et des *chulos*. On ne pouvait frapper le taureau sur le garrot sans risquer d'atteindre en même temps don Luiz, et la règle du combat défend absolument aux *toréadores*, quoi qu'il arrive, de frapper autre part sous peine de félonie. La délivrance du malheureux dépendait donc du sang-froid et de l'adresse de celui qui voudrait l'entreprendre.

La reine se lève à son tour, et, enlevant le collier de pierreries qui ruisselait sur ses belles épaules:

« Ce riche collier, dit-elle, à celui qui sauvera don Luiz!

— De plus, ajouta le roi d'une voix éclatante, les trois premières grâces qu'il demandera! »

A cette promesse royale, un homme d'une trentaine d'années, franchissant la *baranda*, saute légèrement dans l'arène, ramasse l'épée que don Luiz avait laissée échapper de sa main défaillante, saisit une *banderilla* rouge des mains d'un des *chulos* et se place courageusement sur le passage du taureau. A cette vue l'assemblée sort de sa stupeur et bat des mains. Le taureau semble infatigable, sa queue vivement agitée bat l'air dans tous les sens, et sa course rapide n'est point ralentie par le poids vivant qu'il porte sur sa tête.

A son approche l'audacieux combattant agite sa *banderilla*. Le taureau la voit, se détourne et se précipite sur le drapeau rouge qui l'irrite encore. L'inconnu lui plonge, au même instant, son épée jusqu'au cœur en le frappant à la manière d'un *matador*, non loin du garrot et sans toucher Don Luiz. Le taureau vomit aussitôt des flots de sang, et, après quelques faibles élans, derniers efforts de sa rage, il tombe sans vie sur l'arène. Sa chute excite le délire du vaste amphithéâtre. Mais don Luiz respirait à peine. Il fut détaché de la tête du monstre et transporté par l'inconnu au pied de la loge de Leurs Altesses, où il expira sans pouvoir proférer un mot.

« Approchez, généreux combattant, dit la reine d'une voix émue. »

Le jeune inconnu s'avança jusqu'à la *baranda*. Une exclamation partit derrière la reine. Christophe Colomb venait de reconnaître son ami Tristan dans l'homme qui avait combattu, et cette vue lui avait fait pousser un cri de surprise et de joie. C'était en effet Tristan, qui, placé, comme je l'ai dit, près de la *baranda*, s'était jeté dans l'arène pour mériter la récompense promise par Ferdinand et par Isabelle. La reine se tournant vers Colomb, lui dit:

« Connaissez-vous ce jeune seigneur?

— C'est celui qui m'a suivi dans mon voyage, répondit Colomb, celui dont j'ai parlé plus d'une fois à Votre Altesse.

— Qu'il soit le bienvenu, dit Isabelle, je suis charmée de le voir. Pourquoi faut-il que je doive à une si funeste circonstance le plaisir de le rencontrer?

— Vous avez accompli, dit le roi à Tristan, tout ce qu'il

Le Collier.

était possible de faire pour sauver don Luiz, recevez les récompenses promises. Cette bourse... »

— L'or n'est point ce qui m'a fait combattre, interrompit Tristan avec une respectueuse fierté qui ne déplut point aux souverains.

— Cette récompense, dit la reine en lui présentant son riche collier, sera-t-elle plus digne de vous? »

En disant ces mots, elle descendit les quelques marches qui la séparaient de la *baranda* et se trouva à portée de Tristan. Celui-ci mit un genou en terre, et la reine lui remit le collier. Les *viva* de l'assemblée accompagnèrent cette double action.

« Je rendrai mille grâces à Votre Altesse, dit Tristan, s'il m'est permis de donner ce collier à celle que j'aime.

— Et pourquoi ne vous serait-il pas permis de le lui donner? demanda la reine.

— C'est qu'il faut, pour que cela soit possible, que le roi m'accorde les trois grâces qu'il a promises tout à l'heure.

— Approchez, dit le roi, et parlez. Quelles grâces demandez-vous?

— Permettez, dit Tristan, que j'aille vous entretenir un instant dans votre palais, car ce que j'ai à demander ne doit être entendu que de Vos Altesses.

— Soit, dit le roi. A ce soir, quand la nuit sera close; et jusque-là, que Dieu vous garde! »

Leurs Altesses saluèrent ensuite l'assemblée qui battit des mains et fit retentir l'air de ses *viva*, sur leur passage. Puis la foule s'écoula sur leurs pas. Une heure après, le vaste cirque vomissait encore des flots de spectateurs par ses quatre larges portes; et tous, en regagnant leur domicile, disaient que jamais le peuple de Tolède n'avait joui d'un spectacle aussi divertissant.

CHAPITRE V.

Déception. — Dernière entrevue avec Torquemada. — Encore l'estafier. — Une fête religieuse.

uand la nuit fut close, Tristan se rendit au palais de Leurs Altesses, et la première personne qu'il y rencontra fut Christophe Colomb qui était venu l'y attendre. Après les premiers compliments pleins de cordialité, Colomb dit à Tristan :

« Votre action a fait une vive impression sur l'esprit de la reine; aussi m'a-t-elle adressé une foule de questions sur vous, sur votre famille et votre état. Je n'ai pas jugé à propos de lui répondre catégoriquement. Je lui ai dit que je vous connaissais comme un homme capable de belles actions, mais que pour ce qui était de votre famille et de vos antécédents, je n'avais jamais songé à m'en informer. J'ai même éludé la question relative à votre nom, afin de vous laisser le soin de dire ou de taire ce qui vous concerne.

— J'admire votre prudence, lui dit Tristan en lui pressant la main, et je vous en remercie.

— Mais quant à vos qualités, reprit Colomb, je n'ai rien dissimulé; la reine et le roi vous connaissent comme je vous connais moi-même. Vous pouvez vous présenter, vous serez bien accueilli, de la reine surtout.

— Je n'attendais pas moins d'un ami tel que vous, répondit Tristan, et j'ai besoin de l'assurance que vous me donnez pour oser aller jusque chez Leurs Altesses réclamer l'exécution de leurs promesses.

— Je dois cependant vous dire, répliqua Colomb en prenant un air mystérieux et parlant bas à l'oreille de Tristan, que le roi a des scrupules relativement à ces trois grâces qu'il a juré d'accorder à votre demande.

— Oserait-il manquer à ses serments.

— Entre nous, vous savez qu'il en tient souvent peu de compte. Il a consulté Torquemada, qui lui a fait sentir, par je ne sais quels exemples tirés de l'histoire sainte et de l'histoire profane, toute l'imprudence de ces sortes de promesses.

— Mais la reine?

— La reine trouvait ce manque de foi indigne d'un souverain, mais le grand-inquisiteur a si bien combattu le sentiment d'Isabelle, que Ferdinand est décidé à ne rien accorder si vos demandes l'embarrassent.

— Je serai curieux de savoir quelle raison il opposera à une promesse si solennellement jurée.

— Il assure qu'il n'a prétendu engager sa parole que pour le cas où don Luiz ne serait pas mort.

— O misérable roi! s'écria Tristan avec indignation; roi fanatique et fourbe! tu ne mérites pas d'être servi par des gens vertueux! Je dédaigne de faire un appel à ta parole royale et à la religion du serment, car tu es sans probité, comme sans foi!

— Essayez toutefois, dit Colomb, la reine est dans vos intérêts.

— Mais, répondit Tristan, la reine ne peut rien contre les deux hommes qui l'obsèdent sans cesse. Vous m'avez ouvert les yeux. Insensé que j'étais de me fier à la parole d'un roi tel que Ferdinand! N'avait-il pas promis aussi de protéger le père de Béatrice? et depuis plus de cinq ans le seigneur d'Abadia languit dans les cachots de Tolède

— Il a pu oublier...

— Non! Je n'obtiendrais rien, ni pour eux ni pour moi, et je compromettrais ma liberté et ma vie; car sachez que je voulais demander d'abord la mise en liberté de d'Abadia; puis l'ordre de lui rendre sa fille que le désespoir a fait entrer dans un cloître; puis, ma grâce à moi-même pour pouvoir me réunir enfin à ma fiancée. Mais je me dénoncerais sans profit pour ceux qui me sont chers!

— Voyez du moins la reine Isabelle.

— Ce serait en vain. Adieu, Colomb, soyez plus heureux que moi, et si l'on vous fait des promesses, fasse le Ciel qu'elles soient sincères !

— Ah! si vous vouliez me suivre! s'écria Colomb, quelle gloire nous saurions acquérir ensemble! Car, vous le savez, de nouvelles découvertes m'attendent, et je vais bientôt partir; venez...

— Je ne puis quitter Tolède, répondit Tristan, des devoirs sacrés m'y retiennent maintenant.

— Je le sais, dit Colomb, et je n'insiste point. Adieu donc, mon ami, et que la santa Maria nous protége tous les deux ! »

Les deux amis se séparèrent, et Tristan s'éloigna du palais de Ferdinand. Il marchait la tête basse et profondément découragé par cette nouvelle déception. Il fut tiré de sa sombre rêverie par un coup brusquement frappé sur son épaule. Il se retourna vivement et en portant instinctivement la main sur son épée. Mais lorsqu'il reconnut l'homme qui venait de l'aborder, il ne sut s'il devait le fuir ou lui sauter à la gorge, car c'était l'estafier de Torquemada.

« Que me voulez-vous ? » lui dit vivement Tristan.

L'estafier, prenant un air mystérieux, lui répondit :

« Suivez-moi, je vous prie, du côté de la prison de la très-sainte inquisition...

— Moi? dit Tristan avec un mouvement d'effroi, vous vous trompez sans doute?

— Oh! ne craignez rien, seigneur Fernandez (on sait que c'était le nom qu'avait pris Tristan à Tolède); ne craignez rien, je ne vous veux aucun mal; loin de là, je m'intéresse à votre sort; suivez-moi donc sans défiance. »

Tristan jeta rapidement ses regards autour de lui pour s'assurer qu'il n'était pas entouré d'espions ou d'agents du saint-office, et il marcha sur les pas de son mystérieux compagnon. Il fallait traverser presque toute la ville pour atteindre la prison de l'inquisition. Arrivés, à travers l'obscurité qui régnait dans les rues, à un des nombreux carrefours du quartier où ils se trouvaient, ils furent arrêtés par une foule de peuple qui s'accroissait à chaque instant autour d'une sorte de fantôme noir. Celui-ci était monté sur un banc de pierre placé au-dessous d'une statue de la Vierge, dont la niche était creusée dans le mur d'une maison. Deux hommes portaient devant lui chacun une torche de résine, dont la rouge clarté donnait à ce tableau un aspect fantastique. Tristan et l'estafier se mêlèrent à la foule.

Le fantôme souleva son capuce, laissant ainsi à découvert sa tête de dominicain; puis, ayant écarté sa longue cape noire, il tira de dessous son bras un crucifix qu'il éleva devant les assistants. Ceux-ci se prosternèrent en se frappant la poitrine ; l'estafier n'avait pas été le dernier à se jeter à genoux en donnant les marques les plus exagérées de contrition. Il eût été dangereux pour Tristan de ne pas imiter son compagnon : il se mit donc à genoux.

« Chrétiens, mes frères, dit le dominicain, au nom de notre très-saint père le Pape, au nom de notre très-sainte inquisition, et par l'ordre de notre révérend père Thomas de Torquemada, par la grâce de Dieu et celle du saint-siége apostolique grand-inquisiteur de l'Espagne, nous faisons savoir à tous les fidèles présents et absents, que dans un mois, à pareil jour, il sera célébré, dans la ville de Tolède, un *auto-da-fé* général pour la plus grande gloire de Dieu et la conservation de la Foi. Soyez contrits, fidèles, et dénoncez les hérétiques!

— *Amen*, dit aussitôt l'estafier ; et son exclamation fut répétée par tous les assistants. »

Le frère prêcheur commença ensuite un sermon, sinon plein de bonnes raisons, du moins remarquable par sa violence, pour prouver aux malheureux qui l'écoutaient, que Dieu leur faisait un devoir d'observer scrupuleusement les préceptes de l'inquisition qui ordonnent de dénoncer pères, mères, enfants, amis, connaissances, étrangers, sous peine des châtiments les plus terribles. Et ces sermons en plein vent sont répétés dans toutes les rues, dans tous les carrefours, depuis le lever jusqu'après le coucher du soleil, et le peuple écoute sans frémir les paroles insensées de ces prédicateurs! Il se frappe la poitrine en signe de contrition; et chacun de ces malheureux cherche et désigne dans sa pensée qui de sa famille ou de ses amis il livrera aux inquisiteurs!

Le dominicain parla longtemps; c'était le dernier sermon de la journée; il voulut que le nombre des paroles tînt lieu de la profondeur des pensées.

— Est-ce que cet imbécile va me laisser à genoux jusqu'à la fin du sermon? se dit Tristan en voyant que l'estafier restait toujours prosterné.

Mais l'estafier, que le discours ennuyait aussi, après avoir dévotement baisé la terre, ce que Tristan ne crut pas devoir faire à son exemple, se leva tout à coup. Tristan n'avait pu se redresser aussi vivement que son compagnon, à cause de l'engourdissement qui s'était manifesté dans ses genoux peu habitués à ce genre d'exercice; de sorte que l'estafier put le voir dans sa pieuse attitude et lui en fit compliment, après quoi, ils s'enfoncèrent ensemble dans une rue sombre, tortueuse et complétement déserte. La voix seule du frère prêcheur s'y faisait entendre; mais à mesure qu'ils marchaient, son intensité diminuait sensiblement, et bientôt ils finirent par cesser de l'entendre. Il n'y eut plus autour d'eux que silence, obscurité, solitude. Tristan avait, par mesure de précaution, la main sur la garde de son épée, et il laissait l'estafier marcher de quelques pas en avant.

«La bonne place pour se débarrasser de cet homme et venger le père de Béatrice, pensait Tristan en caressant le pommeau de son épée! Si je pouvais soupçonner qu'il me tendît quelque piége!... Voyons, sachons ce qu'il veut de moi.

Il s'arrêta en faisant cette réflexion, et l'estafier, n'entendant plus le bruit de ses pas, revint vers lui en l'appelant.

« Il est temps, dit Tristan, que vous me fassiez connaître le motif qui m'a valu l'honneur de venir avec vous dans ce lieu écarté, disons le mot, dans ce coupe-gorge. Jusqu'ici je vous ai suivi aveuglément...

— Aussi, seigneur Fernandez, cette preuve de confiance me donne-t-elle la meilleure opinion de votre caractère.

— Cependant, reprit Tristan, à vous parler avec sincérité, cette ruelle est si sombre, si déserte et surtout si particulièrement favorisée de la très-sainte inquisition, que j'ai besoin, avant d'aller plus loin, de savoir si je puis marcher avec sécurité sur vos traces.

— Je vous l'ai dit, seigneur Fernandez, je m'intéresse vivement à vous, et je veux vous le prouver.

— C'est fort bien; mais considérez que cette rue se trouve être, en ce moment, terminée d'un bout par un dominicain prêchant contre les hérétiques, de l'autre, par la prison du saint-office, tandis que le milieu est occupé par deux hommes seuls, se connaissant à peine, et dont l'un est au service du grand-inquisiteur, et l'autre se demande s'il n'est pas dupe de quelque surprise ou victime de quelque erreur. Tout cela, je l'avoue, me fait réfléchir sur les suites de mon imprudente confiance.

— Vraiment? dit l'estafier d'un ton de bonhomie propre à rassurer Tristan qui, du reste, était sans craintes réelles; vous conviendrez du moins que, dans le cas où j'aurais eu quelque sinistre projet, je n'avais pas l'avantage de la position, puisque j'ai toujours marché devant vous.

— Mais pourquoi me conduire du côté de la prison?

— N'avez-vous pas entendu le frère prêcheur annoncer qu'il y aura dans un mois un auto-da-fé général?

— Sans doute, mais quel rapport y a-t-il entre cet auto-da-fé et la route que nous suivons?

— C'est que, comme vous le disiez vous-même, cette route est terminée par la prison du saint-office.

— Encore une fois, dit vivement Tristan, expliquez-vous.

— L'action que vous avez faite tantôt au cirque, répliqua l'estafier, est belle et m'a donné un vif désir de vous rendre quelques bons offices.

— A la bonne heure, je suis tout prêt à les accepter, répondit Tristan, s'ils peuvent s'accorder avec mes sentiments.

— N'en doutez pas, dit l'estafier qui reprit sa marche, et continuez de me suivre, car le temps me presse; je n'aime pas à dépasser les ordres de mon maître, et je dois être dans une heure auprès de sa personne. »

Tristan, désespérant d'obtenir une explication satisfaisante, prit le parti de suivre encore son mystérieux guide. Lorsqu'ils débouchèrent sur la place qui est devant la prison, l'estafier s'arrêta.

« Vous connaissez, dit-il, seigneur Fernandez, l'alcade de la prison du saint-office de Tolède?

— De qui voulez-vous parler? demanda Tristan qui se tenait toujours sur ses gardes.

— D'un homme bien fidèle, bien dévoué au saint-office, du seigneur Esteban?

— Oui, je le connais.

— Il paraît même que vous êtes de ses amis?

— Jusqu'ici je l'ai cru.

— Il a pour vous la plus grande estime, et je crois que vous en êtes digne, si j'en juge par la belle conduite que vous avez tenue au cirque.

— Je vous suis infiniment obligé, dit Tristan; mais où voulez-vous en venir?

— A vous prouver que je partage l'estime de votre ami Esteban pour vous. C'est pourquoi j'ai voulu vous ménager une petite surprise.

— Mais me direz-vous quelle est cette surprise? »

L'estafier prit alors un ton profondément mystérieux et important.

« Je puis, dit-il, si vous le désirez, vous faire entrer immédiatement comme gardien de la prison...

— Eh! par le Ciel! s'écria Tristan avec un violent mouvement de colère, était-il besoin de tant de précautions et de mystère pour une semblable confidence? Que ne commenciez-vous par là? je ne vous aurais pas soupçonné de vouloir me trahir, et vous auriez connu sur-le-champ mon sentiment. Moi, un des gardiens de la prison! ajouta-t-il avec dégoût.»

Mais une pensée subite, lumineuse, éclaira son esprit et

changea soudain sa répugnance en un vif désir d'accepter cet emploi.

« Mon intention n'était point de vous offenser en vous faisant cette proposition, répliqua l'estafier fort ébahi du peu de succès de sa démarche; je ne vous l'ai faite que sur les instances du seigneur Esteban qui m'a assuré que vous n'auriez aucune répugnance à être sous ses ordres.

— Mais oui, attendez donc, je ne comprenais pas bien.

— Puisque cela vous déplaît, seigneur Fernandez, je retire mon offre.

— Non pas, non pas, dit vivement Tristan qui devinait complétement l'intention d'Esteban; j'accepte, au contraire, la place que vous m'offrez, puisque c'est pour être sous les ordres de mon ami.

— Ah! dit l'estafier, je suis enchanté que vous me fournissiez cette occasion d'être agréable à mon cher Esteban. Quand voulez-vous entrer?

— Je vous avouerai en confidence, dit Tristan, que je suis, en ce moment, fort gêné dans mes affaires. J'ai, pour suivre Christophe Colomb dans son voyage, sacrifié un emploi qui me faisait vivre honorablement chez un riche négociant de la ville, de sorte qu'à vrai dire je suis sans ressources.

— Puisqu'il en est ainsi, dit l'estafier, le plus tôt sera le mieux. J'avais prévu cette circonstance, ou, pour être sincère, j'en avais été averti par Esteban, et je me suis muni d'avance de l'ordre du grand-inquisiteur pour vous faire entrer.

— Quelle généreuse attention! dit Tristan qui commençait à sentir diminuer son aversion pour cet homme.

— Et puisque nous sommes à la porte, continua l'estafier, autant aujourd'hui que demain.

— Je suis à vos ordres, dit Tristan. »

Ils traversèrent la place et s'avancèrent vers la prison. Avant de soulever l'énorme marteau de fer suspendu à la porte, l'estafier dit à Tristan :

« Dites bien à notre ami Esteban, quand je me serai retiré, que c'est pour lui être agréable que j'ai cherché à vous faire admettre dans la prison ; répétez-lui cela souvent, puis, ayez l'obligeance de lui glisser quelques mots sur la pénurie où je me trouve moi-même en ce moment. J'ai déjà si souvent puisé dans sa bourse, que j'ai honte de le faire encore ; mais, j'ai grand besoin d'informer ce généreux ami de ma désagréable position... Je compte sur vous... Quelques ducats... dix seulement... Vous promettez ?

— Tout ce que vous voudrez, dit Tristan, qui comprit le véritable mobile de l'empressement de l'estafier.

— Venez donc, que je vous présente moi-même à cet excellent ami. »

Le marteau de fer retentit, et Tristan fut admis comme gardien sous les ordres d'Esteban. Dans la nuit même, il me fut amené par celui-ci, et Dieu sait avec quelle joie nous nous trouvâmes réunis. Dans cet état de choses, mon évasion devenait l'affaire du monde la plus facile ; car Esteban, à qui les règlements de la prison interdisaient de visiter seul les prisonniers, n'avait plus besoin, une fois Tristan admis comme gardien sous ses ordres, d'avoir recours à un gardien ordinaire pour se faire accompagner dans ses rondes de jour ou de nuit ; nous pouvions nous concerter librement aussi souvent que nous le désirions. Aussi Tristan et Esteban voulaient-ils me faire évader immédiatement ; mais je m'opposai à ce projet. Là, en effet, n'était pas la difficulté. Une fois hors de la prison je ne serais pas sauvé pour cela. Esteban et Tristan se trouveraient au contraire nécessairement compromis, persécutés, mis à mort peut-être s'ils restaient à leur poste, attendant qu'on découvrît ma disparition. D'un autre côté, s'ils m'accompagnaient dans ma fuite, ils déclaraient par là même qu'ils étaient mes complices, et d'actives mesures pouvaient nous faire retomber dans le gouffre. Il valait donc mieux attendre, ou faire naître une occasion favorable qui nous permît de fuir tous les trois ensemble. Mais les jours s'écoulèrent, et cette occasion ne se présentait point. Il fallait cependant trouver un moyen pour me tirer de cette position critique, car, cette fois, j'étais menacé de figurer dans l'*auto-da-fé* général ; l'estafier l'avait même dit à Esteban. Celui-ci me parla d'un projet qu'il n'eut pas le temps, ou plutôt qu'il refusa de me communiquer, mais qui devait, s'il réussissait, nous mettre tous les trois à l'abri des poursuites et même du soupçon.

Le succès dépendait de tant de circonstances, il fallait si peu de chose pour le faire avorter, que je m'étonne encore aujourd'hui de l'audace de cette conception, et de l'audace, plus grande encore, qui nous en fit entreprendre l'exécution.

Le lendemain de l'admission de Tristan, qui avait eu lieu, si on se le rappelle, le soir même de la fête nationale que j'ai décrite, dès le matin, on avait vu sortir du palais de l'inquisition une nombreuse cavalcade composée de tous les membres du saint-office de Tolède, et précédée de la bannière de l'inquisition. Cette cavalcade s'était dirigée vers la *plaça Mayor* au son des trompettes, pour appeler le peuple sur son passage. Là, un membre du cortége, faisant l'office de crieur public, avait annoncé qu'à un mois de là il y aurait une exécution générale des personnes condamnées par le saint-office. Puis la cavalcade avait parcouru la ville, dont elle avait fait ensuite le tour, s'arrêtant de distance en distance pour renouveler sa proclamation.

Ainsi les inquisiteurs allaient faire succéder immédiatement à une fête nationale éminemment attrayante, une fête religieuse, horrible. Ils n'attendaient même pas que quelques jours se fussent écoulés, ils avaient hâte de l'annoncer ; ils mêlaient leurs affreux préparatifs à ceux de l'autre fête. Le peuple, la veille si joyeux et si exalté, accueillit dans un morne silence la sinistre nouvelle. Ah ! pourquoi, au lieu de se porter en foule sur le passage des inquisiteurs, le peuple ne s'enferme-t-il pas dans ses maisons, pour les laisser seuls, sur la place publique, exécuter leurs actes fanatiques ? Ces insensés périraient promptement dans la solitude. L'inquisition a besoin pour se soutenir d'être vivifiée par la présence de la foule. Celle-ci tremble sous leurs yeux, et leur audace augmente. Qu'ils soient réduits à étaler leur zèle dans le désert, et ils se cacheront eux-mêmes aux yeux de Dieu, pleins de honte et tués par l'indifférence et le mépris !

En attendant le jour fixé pour l'auto-da-fé, les prédicateurs dans les églises tonnèrent contre les hérétiques. Les dominicains et les franciscains se répandirent dans les carrefours de la ville pour exciter le peuple à dénoncer les hérétiques. Ils montaient pour prêcher sur des tréteaux, des tables, des bancs, et jusque sur les bornes des rues. Leurs discours, leurs cris, leurs gestes, leur costume, tout, dans ces circonstances, leur donne l'aspect de démons déchaînés pour souffler la trahison et la haine parmi les hommes. Le crucifix, dont leur main est armée, n'est plus que la torche incendiaire dont ils se servent pour allumer les dissensions intestines. Ah ! qu'ils sont loin les temps où les apôtres disaient aux hommes : *Que la paix soit avec vous.*

De la ville les frères prêcheurs se répandent bientôt dans les campagnes, où leurs discours ne font pas moins de mal qu'à la ville. A la suite de ces prédications en plein vent, on voit une foule de malheureux, l'esprit troublé par les tableaux sinistres que leur ont mis sous les yeux les prédicateurs, courir aux églises, se jeter aux genoux des prêtres, et s'accuser non-seulement eux-mêmes, mais encore ce qu'ils ont de plus cher au monde ; et, chose inouïe ! on voit les confesseurs fanatisés, ou terrifiés eux-mêmes par l'inquisition, abuser de la confession, et livrer au saint-office les misérables qui leur ont confié le secret de leurs pensées !

Et les inquisiteurs glorifient le Ciel, à la vue de toute cette misère ! Et ces fanatiques prient Dieu de la meilleure foi du monde ! Ils agissent avec sécurité comme s'ils avaient fait l'acte le plus naturel et le plus équitable ! Ils appellent sur leurs semblables la malédiction du Ciel et les vengeances de la terre, et ils s'endorment comme des justes qui auraient prêché l'amour et la paix ! et pas un remords ne vient troubler ces consciences ! Oh ! malheur à ceux qui sont condamnés à subir un tel renversement des lois divines et humaines !

J'avais fait souvent demander une entrevue à Torquemada

sans pouvoir l'obtenir. Dans quel but voulais-je revoir le grand-inquisiteur? Que pouvais-je attendre de cet homme que j'avais offensé cruellement autrefois, et qui, depuis tant d'années, me laissait languir dans le fond d'un cachot? Pouvais-je être à ses yeux autre chose qu'un hérétique obstiné ou un ennemi de sa personne? Son refus de m'entendre ne m'étonnait donc point, et pourtant je voulais le voir. Il me semblait que Davila avait dû, depuis mon incarcération, faire quelque nouvel abus de son influence; que les inquisiteurs avaient dû être mieux éclairés sur son compte, et qu'il me serait plus facile maintenant de prouver à Torquemada que tous les crimes qui m'étaient reprochés étaient le fait de cet infâme Davila. Je réitérai donc ma demande dès que j'appris qu'un auto-da-fé général se préparait. Je ne pouvais pas supposer qu'on m'exempterait toujours de la peine du feu. Torquemada, retenu pendant près de six années par la crainte d'offenser Leurs Altesses qui m'avaient promis leur inutile protection, craignant peut-être aussi de fouler aux pieds tous ses souvenirs de jeunesse, pouvait bien, tôt ou tard, étouffer tous ses scrupules et m'immoler à son zèle. J'étais d'ailleurs d'autant plus fondé à craindre pour mes jours, qu'il n'avait jamais répondu à mes sollicitations. Mais, la veille même de l'auto-da-fé, il parut à l'improviste dans mon cachot. Tristan, Esteban et l'estafier l'accompagnaient.

Dès qu'il parut, je ne sais quelle folle idée de vengeance me traversa l'esprit, mais je me sentis le plus vif désir d'être seul avec lui, et je lui demandai d'éloigner les témoins qui nous écoutaient.

« C'est inutile, me répondit-il brièvement, je connais leur fidélité et leur discrétion. Vous m'avez fait demander une entrevue; me voici, parlez.

— Cette entrevue que vous m'accordez enfin, je l'ai sollicitée plus d'une fois, pourquoi l'avez-vous différée si longtemps.

— Bien que la religion, la justice et mes propres sentiments me prescrivent envers les ennemis de la foi la plus excessive rigueur, j'ai voulu... en ce jour qui, peut-être, est le dernier pour vous... »

Il s'arrêta pour voir l'effet de ses paroles. Je reçus le coup avec une insensibilité apparente. Tristan et Esteban firent un mouvement vers moi, comme pour me protéger. Torquemada les arrêta de son regard perçant.

« Demeurez, dit-il, en se méprenant sur leur intention, vous voyez que cet homme est ferme sur ses jambes et qu'il ne réclame aucun soin. »

Quant à l'estafier, il était resté immobile, les bras en croix sur sa poitrine, la tête basse et dans une attitude, en apparence, profondément méditative. Mais je distinguais ses yeux verts, comme ceux d'un chat, qui épiaient tous mes mouvements et veillaient sur Torquemada.

« J'ai voulu, continua Torquemada, faire une exception en votre faveur, et m'assurer par mes yeux si vous méritez quelque indulgence.

— Ne m'avez-vous pas dit que ce jour est le dernier pour moi? ma vie est donc condamnée, et quoi que je fasse maintenant, mon sort est irrévocable. Cessez donc de me faire entrevoir une espérance que votre dessein n'est pas de réaliser, quand même vous en auriez le pouvoir.

— Depuis longtemps j'aurais pu vous abandonner à la rigueur du tribunal sacré...

— Plût à Dieu que vous l'eussiez fait!...

— Je le pouvais, vous dis-je, mais j'ai différé pourtant...

— La mort est moins cruelle que l'isolement où j'ai vécu.

— Ne vous en prenez qu'à vous-même des maux qui vous accablent. Si, obéissant aux injonctions formelles de nos lois, vous aviez dénoncé...

— Oui, interrompis-je aussitôt, si j'avais accusé des hommes innocents, on m'eût épargné... comme on a fait de Vidal d'Uranzo. A celui-là aussi on avait promis douceur et indulgence... Mais, au reste, ce misérable n'a subi qu'un châtiment mérité.

— Ne revenons pas sur un passé déjà loin de nous, dit

Torquemada. Et pour ne nous occuper que du présent, qu'avez-vous fait pour effacer le souvenir de vos crimes?

— Et qu'a-t-on fait aussi pour châtier l'auteur de toutes mes fautes?

— Celui que vous accusez est au-dessus des soupçons.

— Oui, quand c'est moi son accusateur.

— Coupable ou non, la conduite de Davila ne saurait excuser la vôtre.

— Lorsqu'un navire est jeté sur une côte par un courant, le pilote maudit le flot perfide et tâche de sauver le bâtiment. Est-ce là ce que vous faites, ô inquisiteurs?

— Si le repentir avait amolli votre âme, je vous aurais tendu la main; mais loin de renoncer à vos erreurs, vous y avez ajouté des crimes.

— Il eût fallu ne me point demander des actions indignes de mon caractère.

— J'espérais que le temps, l'expérience, le malheur vous rendraient plus soumis, et je vous retrouve plus endurci que jamais... Songez, songez à votre salut éternel!

— Je sais que bien des malheureux périront demain, et que ma place est marquée sur un des bûchers...

— Depuis trop longtemps la justice inflexible et impartiale retient son bras sur votre tête. Il faut qu'elle ait son cours.

— Ne croyez pas que je m'abaisse à vous demander grâce. Frappez, vous ne me ferez pas trembler.

— Insensé! dit Torquemada, j'ai pitié de votre folie. Cette grâce que vous refusez d'implorer, votre fille Béatrice l'invoque au nom du Ciel.

— Ma fille, dites-vous? Qu'est-elle devenue? Qu'en avez-vous fait? Pourquoi m'en parlez-vous? Serait-elle entre vos mains? Parlez, de grâce, je frémis de vous avoir entendu prononcer son nom!

— Votre fille vous croit mort au fond de ce cachot, et cette idée la tue!

— Et vous ne l'avez pas détrompée!

— Il ne tiendra qu'à vous qu'elle le soit.

— Que faut-il faire ?

— M'obéir ponctuellement sans vous écarter d'une ligne de ce que je vous prescrirai.

— Parlez donc, je suis prêt à vous écouter.

— Sachez d'abord que c'est par mon ordre que votre fille a été enlevée de la maison de la dame de Santangel. »

Ici un violent mouvement de Tristan interrompit le grand-inquisiteur, qui se tourna vers lui.

« Jeune homme, dit-il, pourquoi ce mouvement ? Je n'aime pas à être ainsi troublé dans mes entretiens, sachez-le.

— Il se ressent encore d'une légère indisposition qu'il a éprouvée tantôt, dit Esteban.

— Et puis, il est nouveau ici, ajouta l'estafier immobile, lui, comme un long pieu planté en terre. Que votre illustrissime révérence ait la bonté de l'excuser avec son extrême indulgence ordinaire, car il n'est pas encore familiarisé avec ce qu'il convient de faire.

— Il suffit. Je disais donc que votre fille avait été enlevée par mon ordre, bien que la dame de Santangel ait répandu le bruit que la jeune Béatrice s'était retirée volontairement du monde.

— Que votre illustrissime révérence me pardonne, dit l'estafier en se courbant jusqu'aux genoux de Torquemada, si j'interromps encore son discours, mais il me semble urgent d'emmener ce jeune gardien pour le secourir.

— Non, merci de grâce, dit vivement Tristan, je me sens mieux et je ne ferai plus un seul mouvement. »

En disant ces mots, il lançait des regards irrités sur l'officieux estafier qui, attentif au moindre signe de Torquemada, n'apercevait pas les yeux de Tristan. Esteban criait pendant ce temps de sa voix la plus sévère, sans qu'on pût savoir s'il s'adressait à Tristan ou à l'estafier.

« Silence donc, maudit bavard ! »

Chacun d'eux appliqua cette exclamation à son voisin, et Torquemada reprit :

« Les vœux que votre fille...

— Les vœux ! Je m'oppose à ces vœux ! m'écriai-je.

— Elle les prononcera quand j'en donnerai l'ordre, répliqua l'inquisiteur. »

Alors Torquemada, pour joindre l'effet à la menace, se tournant vers son estafier, lui dit :

« Donnez-moi mes tablettes. »

L'estafier les tira aussitôt de son pourpoint et les lui présenta; puis il prit une petite plume d'ivoire, qu'il trempa dans un encrier de corne de cerf, et la tendit à Torquemada en se courbant jusqu'à terre.

Torquemada prit la plume et écrivit quelques mots sur ses tablettes. Puis, les donnant avec la plume à son estafier :

« Portez cet ordre à la prieure du cloître où vous avez conduit la jeune Béatrice... C'est l'ordre de lui faire prononcer ses vœux immédiatement, ajouta le grand-inquisiteur en me regardant. »

L'estafier se mit à marcher à reculons et en saluant à chaque pas, pour sortir du cachot, afin d'aller exécuter l'ordre de Torquemada. Tristan était déjà devant la porte pour lui barrer le passage. L'estafier, qui ne le voyait pas, se heurta contre lui, et se redressant avec colère :

« Maladroit ! dit-il entre ses dents, vous ne faites que des sottises.

— Est-ce que vous n'entendez pas qu'on vous dit de rester ? répliqua Tristan en lui faisant exécuter une pirouette. »

Au même instant, en effet, Torquemada le rappelait et lui ordonnait d'attendre.

« Mais pourquoi ces vœux ? dis-je à l'inquisiteur. Qu'est-ce que des vœux qui ne sont pas volontaires ?

— Ils le sont, et mes ordres seuls en ont suspendu la prononciation... Je vous révèle tout ce qui concerne votre fille, pour vous prouver que son sort est à ma discrétion, ou plutôt à la vôtre, car ma conduite sera subordonnée à celle que vous tiendrez.

— Mais dans quel cloître avez vous enfermé ma fille ?

— C'est la seule circonstance que je ne vous révélerai point ; et vous en devinez le motif ?

— Vous craignez que je ne lui fasse parvenir quelques preuves de mon existence ?

— On ne peut pas mieux comprendre les choses.

— Vous voulez tuer la fille par le père, et accroître ainsi nos tourments ?

— Il dépend de vous de changer toutes mes résolutions.

— Dites-moi donc ce qu'il faut que je fasse.

— Demain, dans l'auto-da-fé qui aura lieu, vous déclarerez que vous abjurez toutes vos hérésies, que vous demandez grâce pour vos fautes anciennes et récentes, et que vous vous soumettez pour toute votre vie à une pénitence publique.

— Quelle cruauté ! quelle infamie !

— A ce prix, votre fille sera rendue à la liberté.

— J'abjurerai et je ferai pénitence.

— Bien. Tous vos complices dans l'affaire du docteur Arbuez n'ont pas été saisis. Deux, et peut-être plusieurs avec eux, ont échappé à nos recherches ; mais pour ne vous en citer que deux : Pédro Sanchez et Tristan de Léonis...

— Que puis-je faire à cet égard ?

— Vous jurerez de travailler de tout votre pouvoir à les faire tomber entre nos mains.

— Jamais !

— Votre fille...

— Plutôt la perte de tout ce que j'ai de cher au monde !

— Votre liberté et votre salut sont à ce prix !

— Plutôt la mort qu'une lâcheté ! jamais ! vous dis-je.

— Songez que les apprêts de votre supplice sont terminés, et qu'une mort affreuse vous attend ; songez-y !

— Je me ris des plus cruels supplices si, pour les éviter, il faut commettre une lâche trahison !

— Pensez à votre Béatrice qui pleure votre mort, et dont la félicité serait si grande si elle vous retrouvait sain et sauf.

— Pensez-y, seigneur... »

Celui qui venait de parler n'eut pas le temps d'en dire davantage, car Esteban articula un vigoureux *silence !* qui lui ferma la bouche. Cet indiscret interrupteur était Tristan, qui n'avait pu se défendre de joindre sa prière aux sollicitations de l'inquisiteur. Celui-ci revint à la charge, et déploya une persuasion d'autant plus entraînante qu'il me voyait prêt à céder.

« Oh! cessez de me tenter, m'écriai-je, ma raison est affaiblie, et je ne puis sans honte faire ce que vous exigez.

— Si vous consentez cependant, le bonheur peut renaître pour vous. Vous recouvrez votre liberté, votre fille vous est rendue, vos biens restitués, et une tranquillité parfaite et délicieuse succède à tous les maux de ces dernières années. De quel prix n'achèterait-on pas un tel bonheur?

— Voyons encore. Vous dites qu'il me faudrait abjurer en plein auto-da-fé?

— Oui.

— Je le ferai.

— Puis, il faudrait dénoncer...

— Non, le reste est trop horrible!... Non, retire-toi, démon tentateur, je ne t'écoute pas!

— Vos cendres seront jetées au vent!

— Que cette infamie retombe sur vous!

— Vous répondrez devant Dieu de la mort de votre enfant.

— Dieu, plus juste que vous, saura discerner les vrais coupables.

— Deux heures encore vous sont laissées pour prendre une résolution conforme à mes désirs. Passé ce temps il sera trop tard; votre fille, fiancée à un de vos complices, n'appartiendra qu'à Dieu! votre nom sera inscrit sur la liste des relaps condamnés aux flammes, et nulle puissance humaine ne saurait alors vous soustraire au supplice!

— Homme sans pitié, répondis-je, je méprise tes menaces!

— Eh bien! s'écria Tristan...

— Silence!... »

Et cette fois l'estafier lui-même mêla sa voix à celle d'Esteban pour empêcher Tristan de se trahir.

« Ce jeune homme est fou, continua l'estafier, et ne peut rester dans cette maison de pénitence.

— J'y mettrai bon ordre, dit Esteban, afin que cet étourdi ne renouvelle pas ces inconvenances. »

Torquemada allait sortir, l'estafier le pria de rester un instant de plus.

« Cet hérétique, dit-il à son maître, est d'une violence extrême, votre illustrissime révérence a pu le remarquer ; je m'étonne même qu'il n'ait pas proféré mille blasphèmes en vous parlant.

— Il n'est que trop vrai, ajouta Esteban.

— Il scandalise ses gardiens par l'impiété de ses paroles.

— Oui, dit Esteban, jamais hérétique n'a montré autant d'impiété et de violence.

— De plus, continua l'estafier, il a juré d'exciter le peuple à le délivrer pendant la procession de l'auto-da-fé.

— S'il en est ainsi, dit Torquemada, qu'on le bâillonne.

— Il le mérite bien, dit à son tour Tristan ; car, ajouta-t-il, en indiquant l'estafier, il n'est aussi sorte d'injures qu'il ne profère contre cet honnête homme, jusqu'à le représenter comme fourbe, hypocrite, menteur, avare, avide d'argent ; pardon, ce sont ses propres paroles. Il prétend même que vous ne l'avez fait arrêter que parce qu'il ne s'est pas trouvé assez riche pour satisfaire votre cupidité.

— Quelle calomnie ! dit l'estafier en s'humiliant devant son maître.

— C'est bien, dit Torquemada, je connais votre zèle.

— Vous n'oublierez pas, reprit l'estafier, que notre révérendissime maître vous a ordonné de bâillonner l'hérétique.

— Assurément, répondit Esteban.

— Ne s'est-il pas flatté aussi, ajouta l'estafier, de retrouver dans la foule beaucoup de ses anciens amis ? Il espère que sa vue seule opérera un soulèvement en sa faveur.

— C'est en effet son espoir, dit Esteban.

— Vous lui cacherez le visage au moyen d'un masque noir, dit le grand-inquisiteur.

— Il l'arrachera, s'empressa d'ajouter l'estafier, s'il a les mains libres.

— Vous les lui attacherez par derrière, dit Torquemada. Quant à vous, ajouta-t-il en se tournant vers moi, vous savez ce que j'attends de vous : songez aux maux terribles qui vont fondre sur vous ; le moment approche, profitez du peu d'instants qui vous restent pour mériter que la colère de Dieu se détourne de votre tête. »

Je ne trouvai aucune parole pour répondre au grand-inquisiteur ; non que la crainte des tourments glaçât mes facultés, mais comment peindre ma stupeur à la vue de Tristan et d'Esteban appelant d'atroces rigueurs sur moi ? J'étais confondu, brisé, anéanti ; il me semblait être la proie d'une affreuse illusion, et je restais sans mouvement, la langue desséchée, les yeux sans feu, l'âme plus accablée encore que les membres. Quel moment ! Combien est vif encore le souvenir de cet instant fatal, et tout ce qu'il me fit éprouver d'amère douleur !

Torquemada sortit de mon cachot, et l'estafier se penchant à l'oreille d'Esteban :

« Convenez, dit-il, que j'ai su disposer adroitement le grand-inquisiteur à vous accorder tout ce que vous vouliez.

— On ne saurait montrer plus de zèle et d'intelligence.

— Vous demandiez que l'hérétique fût masqué, il le sera ; mais ce n'était pas assez, j'ai voulu qu'il fût bâillonné et enchaîné, il apprendra par là ce que c'est que d'attenter à mon honneur et à ma vie. Allons, mon ami, demain les bûchers ! et vous, Fernandez, soyez une autre fois moins indiscret. Je prie mon ami Esteban de vous pardonner pour cette fois, à condition que vous redoublerez de zèle, de soumission envers Esteban, et que vous serez inflexible envers les ennemis de la sainte-inquisition. Vous pouvez faire vos preuves contre l'infâme hérétique que nous venons de voir ; l'occasion est belle pour réparer vos maladresses ; tourmentez-le bien, Dieu et la sainte-inquisition vous en sauront bon gré.

— Je n'y manquerai pas, répondit Tristan.

— J'ai à vous communiquer un secret de la plus haute importance, dit Esteban à l'estafier, au moment de se séparer de lui.

— Je ne puis vous écouter maintenant, dit l'estafier, je dois accompagner le révérend Torquemada jusqu'à son logis. Mais je reviendrai.

— Il faut que ce soit avant la fin de la nuit, dit Esteban, le jour ne doit pas me retrouver avec ce secret qui m'accable.

— Pauvre ami ! je vais me hâter de revenir.

— Vous en faites le serment, dit Esteban en faisant sonner quelques pièces d'or.

— De toute mon âme, s'empressa de répondre l'estafier. »

La voix du grand-inquisiteur appelant son valet se fit entendre, et l'estafier se hâta de le rejoindre.

Deux heures après, l'estafier revint avec un dominicain chargé de me préparer à la mort dans le cas où je ne céderais pas aux vues du grand-inquisiteur. Je ne daignai pas même répondre un seul mot aux questions que me fit l'estafier de la part de Torquemada. Quant au dominicain, son zèle et sa ténacité cédèrent promptement devant ma complète indifférence; il se retira, non sans avoir appelé sur ma tête maudite toutes les vengeances du Ciel et de l'enfer. Le digne homme !

Cependant, l'estafier était retourné auprès de son maître lui rendre compte de mon obstination. Esteban, avant de le laisser partir, avait fait auprès de lui de nouvelles instances pour en obtenir un entretien particulier.

« Je n'ai point oublié que je vous l'avais promis, dit l'estafier; mais maintenant c'est impossible, car mon révérend maître m'a chargé d'une mission qui va me tenir éloigné de sa personne pendant plus de deux mois.

— Pendant plus de deux mois ! s'écrièrent à la fois Tristan et Esteban, visiblement désappointés; et vous partez bientôt? demanda Esteban.

— Le grand-inquisiteur m'attend pour me donner ses dernières instructions. Vous connaissez sa vivacité, je craindrais de perdre ses bonnes grâces si je tardais un seul instant à retourner auprès de lui; et par le salut de mon âme ! je ne pourrais souffrir qu'un autre que moi fût chargé des ordres de mon maître.

— Fort bien, dit Tristan ; mais si vous ne pouvez recevoir notre confidence à présent, vous ne sauriez du moins nous refuser la grâce de vous souhaiter bon voyage. Lorsque vous aurez reçu les dernières instructions du révérend Torquemada, au moment de partir pour cette longue mission, ne viendrez-vous point presser la main de ceux qui s'honorent d'être vos amis?

— Je ferai mon possible.

— Deux mois sans vous revoir! reprit Esteban, c'est à mourir d'inquiétude, et pour moi je ne me consolerais pas de n'avoir point reçu vos adieux.

— Chers amis! s'écria d'un air béat l'estafier attendri, je viendrai un instant sur la fin de la nuit. »

Et après cette promesse, il retourna vers le grand-inquisiteur.

Le lendemain matin, un peu avant le jour, il revint en effet en costume de voyage, et portant sur le bras un immense manteau propre à le garantir de la fraîcheur des nuits, car il devait voyager jour et nuit.

« Je pars, leur dit-il; ne me retenez pas longtemps, je vous prie, le grand-inquisiteur me croit sur la route de Barcelone.

— Et vous ne pouvez recevoir la confidence de l'important secret dont je vous ai parlé ? demanda Esteban.

— Hâtez-vous, mon ami, répondit l'estafier, mais auparavant éloignez tous les témoins de ma présence, car si mon révérend maître savait que je m'arrête ici, il me ferait sentir les effets de sa colère ; et puis, les religieux dominicains et franciscains vont venir bientôt préparer les condamnés, et je ne veux pas qu'on me voie ici.

— Ne craignez rien, j'ai tout prévu, dit Esteban. Les religieux ne viendront que dans une heure, une demi-heure seulement avant que nous procédions à la toilette des condamnés, c'est l'usage : de ce côté donc, rien à craindre. Quant aux gardiens, ils sont occupés en ce moment à prendre leur premier repas : ils déjeunent. Je leur ai permis de faire bombance ce matin, car c'est fête, et d'ailleurs la journée sera fatigante, il faut se restaurer pour longtemps. Pour plus grande précaution, je les ai enfermés dans leur réfectoire; ils ne vous verront pas.

— Très-bien, je suis tranquille.

— Le lieu où je dois vous faire cette terrible confidence achèvera de dissiper toutes vos craintes, car c'est dans le cachot et en présence même de l'infâme hérétique d'Abadia que je dois vous dévoiler ce secret qui ne peut être connu que de vous et de lui.

— C'est quelque nouveau crime dont vous voulez le convaincre, je le devine.

— Un crime épouvantable !

— Je vous suis, mon ami, dit l'estafier.

— Pour vous, dit Esteban en s'adressant à Tristan, prenez le *san-benito*, le bâillon, les cordes et le *coroza* qui sont destinés à l'hérétique, car, immédiatement après notre entretien, nous nous occuperons de la toilette de ce grand criminel.

— Il serait mieux de commencer par là, dit aussitôt l'estafier peu soucieux de se trouver, moi les mains libres, en ma présence, et ajoutez que je serai charmé d'être le témoin de cette opération et même d'y prendre part.

— C'est un soin que nous vous disputerons, dit Tristan, car notre haine pour cet homme l'emporte encore sur la vôtre.

— Mais, dit l'estafier quand il fut à quelques pas de mon cachot, le religieux dominicain qui le prépare à la mort ?

— Il est parti depuis longtemps plein d'indignation, et en maudissant cet hérétique comme un damné, interrompit Esteban; voyez, il a marqué la porte de son cachot d'une croix sinistre comme un lieu qu'il faut éviter.

— Il serait dangereux d'y pénétrer, dit en s'arrêtant l'estafier; oui, notre imprudence pourrait nous être fatale.

— Cette indication marque que le criminel est abandonné à la justice de Dieu et des hommes, mais n'a rien de menaçant pour les hommes dont la sainteté est éprouvée; répondit

Esteban avec l'intention manifeste d'adresser ce compliment à l'estafier. »

Celui-ci ne manqua pas de se l'appliquer, ce qu'il fit voir par l'air hypocrite qu'il prit subitement.

« Ainsi, dit-il, je puis sans danger vous suivre dans le cachot malgré le signe de malédiction?...

— Sans danger, comme sans crainte, répondit Esteban en ouvrant la porte. »

Ils entrèrent dans mon cachot avec précaution, et je remarquai le soin avec lequel Esteban retira la clef, la remit en dedans et ferma la porte; mesure qu'il ne prenait jamais, même à l'égard des autres prisonniers; il posa ensuite sa lanterne sur une planche destinée à cet usage et placée dans un angle du cachot. Tristan se débarrassa des objets qu'il portait en les jetant à mes pieds. J'étais assis sur un escabeau à demi-pourri; je ne me levai point à la vue de ces trois hommes dont l'un était mon ennemi déclaré, et les deux autres tenaient à mon égard une conduite inexplicable pour moi. Je voulus prendre la parole pour accabler de mes reproches Esteban et Tristan qui n'avaient pas craint de se joindre à mes bourreaux. Esteban m'interrompit en disant que son gardien et lui m'écouteraient quand ils auraient terminé avec l'estafier du grand-inquisiteur. Puis je vis briller dans ses mains et dans celles de Tristan la lame d'un poignard. L'estafier applaudissait à toutes ces mesures de précaution. Esteban dit à Tristan :

« Prenez le bâillon... Bien. Il est bon que j'avertisse, avant tout, qu'au moindre cri, je frappe de ce poignard.

— Et celui-ci ne sera pas inactif, ajouta Tristan en montrant le sien.

— Et vous, seigneur d'Abadia, dit Esteban, levez-vous... levez-vous, ajouta-t-il vivement en voyant que je me tenais immobile, levez-vous et saisissez le bras gauche de cet homme, je me charge du bras droit... Pas de cris surtout! ou ce poignard fera son office!... »

Ces mots furent dits pendant qu'Esteban et moi nous saisissions l'estafier et le renversions par terre. L'estafier, sentant sur sa poitrine la pointe du poignard, retint le cri prêt à lui échapper. Tenu par deux hommes, dont l'un était dans toute la vigueur de l'âge, l'autre affaibli, il est vrai, par les souffrances, mais puisant de nouvelles forces dans cette occasion de recouvrer sa liberté, l'estafier voyait tous ses mouvements comprimés. En un clin d'œil, ses mains furent attachées par derrière.

« Ah! Ciel! que vous ai-je fait, seigneur Esteban, pour me traiter ainsi?

— Écoutez le secret que j'ai à vous apprendre, répondit Esteban. Il y a six ans que je suis l'ami du seigneur d'Abadia; je ne suis que le dépositaire de la fortune que le saint-office ne lui a pas enlevée, et c'est avec son argent que je vous ai alléché, et rendu si officieux.

— Jésus! mon Dieu!

— Et puis, regardez ce jeune gardien... C'est Tristan de Léonis!

— Sainte Vierge! dit avec accablement l'estafier.

— A présent, Tristan, continua Esteban, passez le bâillon, bridez ce dénonciateur, et triplez le nœud pour plus de sûreté.»

Tristan, afin d'avoir les deux mains libres, mit son poignard entre ses dents, et s'approcha aussitôt avec le bâillon; mais voyant que l'estafier serrait les dents avec force, il prit son poignard.

« Ouvrez la bouche, dit-il, ou par votre âme de fourbe, la pointe de ce petit instrument d'acier va servir à vous desserrer les mâchoires. »

Il introduisit en même temps la pointe de son poignard entre les dents de l'estafier, qui céda et fut bâillonné.

— Bien, dit Esteban; il est docile comme un enfant bien élevé. Maintenant, seigneur d'Abadia, vous comprenez?

— Je comprends, répondis-je, que je vous ai mal jugés tous deux.

— Je m'en suis aperçu, répondit Esteban, mais il valait mieux s'exposer à vos soupçons que d'hésiter dans cette affaire. Si vous aviez été prévenu de notre dessein, votre générosité vous eût inspiré des scrupules; maintenant il est trop tard pour reculer... Mais le temps presse... Hâtons-nous; si vous n'éprouvez pas trop de répugnance à sortir d'ici, ajouta-t-il en souriant, le moyen est tout trouvé : changez de vêtements et de rôle avec cet officieux estafier; puisqu'il veut bien prendre votre place, prenez la sienne. »

Et, sans attendre mon consentement, Tristan et Esteban se mirent en devoir de dépouiller l'estafier de tous ses vêtements; opération qui fut faite avec une dextérité admirable.

Le pourpoint, le haut-de-chausses, le vaste chapeau emplumé, la longue épée, les souliers éperonnés, toutes choses qui donnaient à l'estafier l'air d'un capucin matamore, lui furent enlevés avec une agilité surprenante.

« A la rigueur, me dit Esteban, vous pourriez vous passer de ses vêtements, son ample manteau vous en tiendrait lieu, et une fois hors d'ici, il vous serait facile de vous procurer des habits; mais, d'un côté, il paraîtra étrange à celui qui vous donnera un gîte, qu'un homme parcoure ainsi la ville dès le matin sans avoir préalablement revêtu les habits les plus nécessaires; de l'autre, il est indispensable que vous donniez les vôtres à l'estafier pour qu'il puisse aller à l'auto-da-fé...

— Quoi! vous pensez le faire figurer à ma place dans l'auto-da-fé?

— Et que pouvons-nous en faire?

— Il sera rôti, dit Tristan! »

Cette substitution de personnes, qui devait avoir des suites si cruelles pour l'estafier, nous parut dans le moment si bouffonne, que ce fut de la manière la plus joyeuse que se fit l'échange de mes vêtements contre ceux de l'estafier. Je ne me contentai point d'un échange incomplet, et bientôt nous eûmes terminé cette double toilette. Nous étions de la même taille; en temps ordinaire, j'aurais été plus gros que lui, mais mon long séjour dans les cachots, en faisant disparaître mon embonpoint, me permettait d'entrer dans des habits qui n'étaient pas faits pour moi.

Esteban et Tristan achevèrent de travestir l'estafier en le revêtant du *san-benito* et du *coroza*. Ainsi costumé, il était tellement méconnaissable qu'ils ne jugèrent point à propos de lui masquer le visage ; le *coroza* descendant jusqu'aux yeux, et le bâillon lui grossissant les traits, le défiguraient complétement.

« Maintenant vous pouvez sortir, seigneur d'Abadia, et une fois la journée qui commence passée, être tranquille sur votre sort ; car tantôt il sera constaté que vous avez été brûlé... dans la personne il est vrai de cet obligeant garçon, mais vous n'en serez pas moins rayé du nombre des vivants.

— Restera au grand-inquisiteur, dit Tristan, à rechercher son estafier. Il n'y a pas d'apparence qu'il s'avise jamais de soupçonner que les cendres qu'il aura fait jeter au vent soient celles de son valet dévoué.

— Esteban, dis-je touché de compassion pour l'estafier, ne nous serait-il pas possible d'épargner à ce malheureux un sort si funeste ? Car, dans tout ce qu'il a fait, il n'était que l'exécuteur des ordres de Torquemada.

— Sans doute, dit Tristan, mais ne pouvant pas atteindre la tête, attaquons toujours les pieds.

— D'ailleurs, ajouta Esteban, pas de funeste pitié, à moins que vous ne désiriez monter sur le bûcher qui a été préparé pour vous. Quand cet homme était libre il se réjouissait d'avance de votre supplice : qu'il subisse donc le sort qu'il a mérité.

— Ce n'est plus qu'une représaille, ajouta Tristan.

— Venez, dit Esteban, sortez de la prison, les rues sont encore désertes ; gagnez l'hôtellerie où était Tristan quand je l'ai rencontré, et là changez ces vêtements contre d'autres qui vous déguisent mieux encore en ne vous faisant ressembler à personne, puis attendez que cette journée soit passée, avant de prendre un parti. Je ferai en sorte que nous puissions nous revoir ce soir. Venez.

— Je vous attendrai, dis-je en me dirigeant avec mes sauveurs vers la porte de la prison, ne manquez pas l'un ou l'autre, à défaut de tous les deux, de venir me faire part de vos projets.

— Le plus important maintenant est de nous assurer que votre mort est bien constatée, dût votre remplaçant être brûlé à votre place; le reste ira sans effort. Aujourd'hui nous ne pouvons nous dispenser de paraître dans la cérémonie qui aura lieu. Mais demain !...

— Demain ! s'écria Tristan, demain la liberté pour tous !

— Oh ! pour vous, dit Esteban en riant, vous avez fait assez de sottises cette nuit devant le grand-inquisiteur pour que je vous fasse renvoyer, et dès demain vous serez chassé... de la prison.

— Et Béatrice ? ne l'arracherons-nous pas du cloître où on l'a enfermée contre son gré ?

— Nous verrons... Mais j'y pense, dit Esteban en s'arrêtant, cette mission de l'estafier, cet ordre écrit que lui a donné le grand-inquisiteur?... Cherchons dans les vêtements... rien!... le manteau !... ah ! une poche secrète !... un écrit !...

— Vive Dieu ! s'écria Tristan qui s'était saisi du papier, le grand-inquisiteur nous trompait... Béatrice n'est point dans un cloître, mais dans un simple béguinage ; et ce traître d'estafier était chargé de l'enlever pour la conduire au couvent des Carmélites de Barcelone... Voilà l'ordre de la livrer au porteur de ce papier, scellé du sceau du grand-inquisiteur !... Vive Dieu ! que la journée commence d'une belle façon !

— A ce soir, dit Esteban, ne tardez pas un instant à vous éloigner, seigneur d'Abadia, prenez l'ordre du grand-inquisiteur, et sortez vite, sortez... A ce soir...

— Adieu, dis-je en pressant Tristan et Esteban dans mes bras, courage ! espérance ! »

Je m'éloignai rapidement de ce fatal séjour et je gagnai l'hôtellerie où Tristan s'était logé au retour de son voyage avec Colomb. Je changeai aussitôt le chapeau ridicule et surmonté d'une grande plume noire que je tenais de l'estafier pour un d'une forme ordinaire, orné d'un simple ruban, car il était important de ne point attirer les yeux sur moi de quelque manière que ce fût.

Une demi-heure après mon départ, les archers, les alguazils et les exempts de police envahirent la place qui s'étend devant les murs de l'inquisition. Puis les religieux confesseurs entrèrent dans la prison et furent conduits aux différents cachots pour recevoir la confession tant de ceux qui devaient être brûlés, que de ceux qui devaient être condamnés aux galères, au fouet, ou à l'emprisonnement. Le dominicain qui était déjà venu une fois pour m'exhorter, s'étant présenté de nouveau, Esteban lui dit que, depuis son départ, je m'étais montré si impie, si blasphémateur, si violent; que j'avais proféré tant d'injures contre la religion et contre le confesseur même qu'on m'avait envoyé, qu'il eût été imprudent de me laisser le libre usage des mains et de la parole; que, suivant les ordres du grand-inquisiteur, il m'avait bâillonné et garrotté; que j'étais une âme désespérée, que le repentir n'entrerait jamais dans mon cœur, et que le mieux était de m'abandonner à mon sort, en priant Dieu de me toucher au moment suprême.

Le religieux insista pour entrer dans mon cachot. Dès que l'estafier l'aperçut, il commença à s'agiter violemment pour tâcher de faire comprendre de quel guet-apens il était victime. Mais les yeux prévenus du religieux ne virent dans ces mouvements que les signes d'une colère impie et dangereuse, et, après quelques vifs reproches sur son endurcissement, le malheureux estafier, qu'il avait pris pour moi, fut définitivement abandonné.

Cependant, le moment de la procession des condamnés était arrivé; l'*auto-da-fé* allait commencer. On avait fait des préparatifs considérables pour cette abominable fête. Partout aujourd'hui les sacrifices humains feraient horreur, mais en Espagne, mais pour les inquisiteurs, ce sont des *actes de foi*, des *auto-da-fé!*

J'étais d'abord resté assez longtemps absorbé dans les pensée que faisaient naître en moi les événements de cette dernière nuit, et cet état eût peut-être duré longtemps encore, si l'hôtelier n'avait pris la peine de me tirer de mes réflexions.

« Est-ce que mon hôte illustre laissera célébrer la fête sans y assister? dit-il avec force salutations. Pour moi, si j'étais libre d'y aller, je serais à cette heure sur la *Plaça-Mayor* où sont déjà ma femme, mon fils et mes deux filles.

— Et qui vous empêche de vous y rendre aussi, seigneur hôtelier?

— C'est qu'il faudrait fermer la porte de mon hôtellerie; mais, pour cela, il serait nécessaire que vous voulussiez bien aller aussi voir la cérémonie.

— Ah! cette fête a tant d'attraits pour vous?

— Je crois bien! je n'ai que ces jours-là de bon temps. Le jour des fêtes de la cour, le jour des taureaux, tout le monde se presse chez moi pour se réconforter en bien mangeant et buvant de même; mais les jours d'auto-da-fé, je puis renverser mes pots et décrocher ma crémaillère, personne ne s'en soucie. C'est pourquoi je profite de la circonstance pour me promener.

— Et je vous empêche aujourd'hui de prendre cet agréable passe-temps? Autrement dit, je vous gêne?

— Oh! seigneur, je ne me permets pas...

— Qu'à cela ne tienne, mon ami, je vais sortir, quoique je sois bien épuisé par la fatigue; car moi aussi je tiens à voir cette cérémonie jusqu'à la fin.

— Mais, seigneur, rien ne presse; vous pouvez déjeuner, et dormir ensuite trois bonnes heures; vous arriverez encore sur la *Plaça-Mayor* une heure avant la tête du cortége.

— S'il en est ainsi, je vais suivre votre conseil.

— Vous le pouvez; il est six heures; la corporation des *charbonniers* vient de passer pour aller à l'inquisition, il faut encore une heure pour que le cortége soit prêt à se mettre en marche. Vous savez qu'on fait une station à la porte de chaque église, de chaque chapelle, devant les statues de la Madone, et vous n'ignorez pas, sans doute, que les rues en sont garnies. J'en compte une douzaine; à un quart d'heure pour chaque station, c'est trois heures, et une heure encore d'attente, c'est quatre heures; je ne me suis pas trompé en vous disant que vous aviez le temps de déjeuner et de dormir.

— Eh bien donc, je me laisse guider par vous, mon cher hôtelier, vous m'éveillerez quand il sera temps de partir. »

Il vint en effet, trois heures après, pour m'éveiller, mais il n'en eut pas la peine, car je n'avais pu dormir. Trop d'agitation, trop de réflexions chassaient le sommeil loin de moi. Je me levai, m'enveloppant de mon mieux dans mon manteau, et abaissant mon chapeau jusque sur mes yeux, je me rendis sur la *Plaça-Mayor*. Ainsi le matelot échappé au danger terrible qui le menaçait, aime à contempler du rivage les écueils blanchis par l'écume des eaux, et les vagues furieuses qui devaient le briser.

Des balcons avaient été disposés pour Leurs Altesses, d'autres pour leur cour, et d'autres pour les envoyés des princes étrangers et leur suite. De grands échafauds avaient été dressés pour le peuple. A la droite du balcon de Leurs Altesses on remarquait un grand amphithéâtre composé d'une trentaine de gradins et destiné aux membres du conseil de la Suprême et aux autres conseils d'Espagne. Puis, chose digne de remarque, au-dessus de ces degrés on avait préparé un dais sombre, menaçant, sous lequel était le fauteuil du grand-inquisiteur qui se trouvait ainsi beaucoup plus élevé que Leurs Altesses. Disposition significative, audacieuse leçon qui apprend aux souverains que leur autorité est inférieure à celle des gardiens de la foi.

A la gauche du balcon de Leurs Altesses on avait dressé un second amphithéâtre destiné aux condamnés; puis une espèce de plate-forme au milieu de laquelle on voyait une petite estrade soutenant deux cages en bois, ouvertes par le haut et dans lesquelles on plaçait provisoirement chacun des condamnés pour entendre la lecture de sa sentence.

En face de ces cages se trouvaient deux chaires : l'une pour le *relateur* ou lecteur des jugements, l'autre pour le prédicateur. Enfin non loin de l'amphithéâtre des conseillers, on remarquait un autel, où brillait ce qu'ils appellent les signes du salut des hommes et les preuves de la miséricorde de Dieu. Un autel ! oui ! jadis l'espoir, l'asile des malheureux persécutés pour la foi, mais aujourd'hui !... funeste écueil de la paix et de la charité, sanglant prétexte aux persécutions du fanatisme. Oh ! quand donc ces temps de misère seront-ils à leur terme !

Déjà les balcons et les amphithéâtres publics étaient garnis de peuple. Ferdinand et Isabelle, suivis de toutes les dames et des plus grands seigneurs de la cour, parurent enfin sur le balcon qui leur était destiné. Un silence profond s'établit à leur arrivée, non qu'ils fussent moins aimés que le jour où ils avaient assisté, dans le cirque, aux combats de taureaux, mais parce que la préoccupation, la crainte, la terreur inspirées par la circonstance présente, étouffaient l'enthousiasme, et réprimaient les acclamations.

Une lugubre fanfare annonça bientôt l'apparition du cortège. Quelques instants après la tête déboucha sur la place. On vit d'abord paraître la corporation des charbonniers et des bûcherons, armés de piques et de mousquets. Ils s'avançaient sur deux files et les premiers, droit qu'ils s'attribuent en leur qualité de fournisseurs du bois nécessaire à la construction des bûchers. Après eux venaient les dominicains, fondateurs et soutiens de l'inquisition, précédés d'une croix blanche. Ils portaient chacun un cierge à la main, et avaient la tête entièrement couverte de leur capuchon. Puis, au milieu des deux files de dominicains, parut un des plus grands seigneurs de l'Espagne, le duc de Médina, portant l'étendard de l'inquisition, suivant le privilège dévolu de temps immémorial à la famille de ce personnage. L'étendard de l'inquisition était de damas rouge, et représentait d'un côté les armes d'Espagne, de l'autre, une épée nue entourée d'une couronne de lauriers. Je me demandais, en voyant cette couronne, quelle gloire avait jamais produite pour ma patrie l'inquisition. L'épée nue était le symbole significatif de sa cruelle vengeance ; les armes de l'Espagne exprimaient que ma belle patrie était soumise de gré ou de force à cette impitoyable institution ; mais des palmes glorieuses ! mais une couronne ! dans quel but ? A moins qu'elle ne fût destinée à immortaliser les milliers de victimes immolées par les inquisiteurs.

Immédiatement après le porte-étendard marchaient les *familiers* du saint-office. Cette partie du cortége n'était pas la moins nombreuse. A chaque apparition nouvelle, un sourd murmure se faisait entendre sur la place, et des réflexions plus ou moins justes, mais toujours prudentes, naissaient sur le compte de ces fanatiques passants.

Je me trouvais dans la foule à côté de deux hommes qui semblaient connaître tous les condamnés et tous les habitants de Tolède. C'étaient deux vieillards, pauvrement vêtus, deux vagabonds sans doute, dont la vie s'était passée à heurter à toutes les portes de la ville, soit pour mendier, soit pour espionner, ou pour s'entremettre dans toutes les affaires. Peut-être encore n'étaient-ils que des agents provocateurs, car leurs critiques étaient parfois mordantes et n'épargnaient pas plus le saint-office que ses victimes. Quoi qu'il en fût, ces deux hommes avaient eu des relations innombrables et en avaient gardé bonne mémoire, car ils nommaient tous ceux qui passaient et semblaient les marquer chacun par un trait caractéristique. Ce voisinage m'apprit mille particularités sur les condamnés, que sans cette rencontre j'aurais toujours ignorées. Mais d'un autre côté, je n'étais pas sans inquiétude pour le moment où l'estafier viendrait à passer parmi les *relaps* où il se trouvait à ma place. Ils avaient reconnu quelques personnes à leur taille, à leur allure, et avant d'avoir vu leur visage; s'ils allaient reconnaître aussi l'estafier du grand-inquisiteur! Quelle rumeur cette découverte occasionnerait! Quel événement fatal pour mes deux sauveurs et pour moi!

Après les *familiers* marchaient les victimes sur deux rangs, sans distinction d'âge ni de sexe, et seulement dans l'ordre des peines auxquelles elles étaient condamnées. D'abord venaient les *réconciliés*, ou condamnés à de simples pénitences, comme *légèrement suspects*. Ils avaient la tête et les pieds nus, tenaient à la main un cierge de cire verte, et portaient sur leurs épaules un *san-benito* de toile jaune sans croix ni aucun autre signe. Cent cinquante personnes figuraient parmi ces premiers condamnés. On distinguait entre autres deux enfants, cinq vieillards, un prêtre, un capucin, un médecin, un poëte et dix femmes. Pendant le défilé de cette première classe de victimes, le colloque suivant avait lieu entre mes deux voisins.

« Je n'ai pas vu passer le bonhomme Paul le Mauresque, qui s'appelait Mohammed quand il était Musulman, dit un des deux hommes.

— Sa fille, la jeune Marie, n'est pas non plus parmi les réconciliés.

— C'est que leur jugement est ajourné, sans doute ; car leur faute était légère et les rangeait dans la classe des réconciliés.

— Vous en parlez comme un qualificateur ou comme un dénonciateur de profession.

— Ce dont je me fais gloire, dit avec indifférence celui à qui s'adressait cette dernière qualification. Peut-être aussi que le bonhomme Paul se sera entêté et qu'il est avec sa fille dans les *violemment suspects*.

— C'est la jeune Marie la plus à plaindre, car elle n'est devenue suspecte d'hérésie qu'à l'exemple de son père.

— Le saint-office ne s'informant pas de la cause, mais du fait, il en résulte que la pauvre Marie, comme vous dites, suivra le sort de son père, si elle en a imité l'obstination.

— La vérité est que le bonhomme est quelquefois un terrible entêté, et que la jeune fille lui montre un tel dévouement, que s'il se perd, elle se perdra avec lui.

— Mais voyez !... qu'a donc fait la belle Garcia d'Alarçon qui marche la troisième? Elle si gracieuse, si gaie, si amoureuse ! Par *san Domingo*, je serais curieux de savoir quelle hérésie a pu entrer dans cette folle tête?

— Elle aura, le jour du sabbat, porté des vêtements plus propres qu'à l'ordinaire, ou pris garde de retirer le suif du morceau de mouton qu'elle voulait préparer pour son repas. Ces pratiques sont des délits de judaïsme [1].

— On dit qu'elle a été dénoncée par un de ses amants, un frère lai, qui s'est ainsi vengé de son inconstance.

— Cette vengeance est digne d'un capucin.

— Frère Antonio, qui l'a dénoncée, est le jeune carme marchant derrière le vieillard qui a le dos voûté. Antonio partagera la pénitence de la belle Garcia, parce qu'il ne l'a pas dénoncée assez vite. Il eût mieux fait de garder le secret.

— Le moine a eu des scrupules... après l'infidélité de sa maîtresse.

— Avis aux femmes qui vont chercher leurs amants chez les gens à scrupules.

— Des deux enfants qui suivent le vieillard, l'un n'a pas voulu dénoncer son père, coupable d'avoir mal parlé de l'inquisition; l'autre a dénoncé le sien, mais après avoir *judaïsé* pour obéir à son père.

— L'inquisition n'admet pas le respect filial au nombre des causes qui peuvent faire excuser l'hérésie.

— Aussi les enfants seront-ils pénitenciés comme leurs pères.

— Le vieillard voûté a blasphémé. Mais c'est du reste un vieil usurier que je verrais brûler avec plaisir. Il a ruiné cent familles.

— Qu'est-ce que cela? Le saint-office ne brûle pas pour si peu de chose. »

La seconde classe de victimes se composait des personnes condamnées à des peines corporelles et infamantes. C'étaient les *violemment suspects*. Ils marchaient comme les premiers la tête et les pieds nus, un cierge vert à la main, et ayant sur les épaules un *san-benito* avec une moitié de croix. Immédiatement après ceux-ci paraissaient les *hérétiques formels*, qui se reconnaissaient à la croix du *san-benito* qui était entière, tant sur le dos que sur la poitrine. Ils avaient en outre la mitre de carton ou *coroza* sur la tête, et au cou une corde de genêt.

Deux cents personnes se trouvaient comprises dans ces deux classes d'hérétiques. Je désirais vivement savoir si le Mauresque et sa fille seraient dans l'une de ces deux dernières classes d'hérétiques, car les suivantes allaient être celles des condamnés à mort, et je tremblais qu'ils n'y fussent, plutôt que je n'espérais de les voir absoudre. Mais mes deux voisins n'en parlèrent point, et pourtant pas un des condamnés n'échappa, je crois, à leurs observations. Ils citaient particulièrement un notaire bigame; un bénédictin coupable d'un crime honteux que ma plume se refuse à désigner par son nom; trois littérateurs ayant avancé et soutenu des propositions malsonnantes sur le pape et les inquisiteurs; un tondeur de draps judaïsant; un avocat coupable du même crime; un berger trigame; un maître d'écriture blasphémateur; un curé parjure envers l'inquisition; dix sorcières; treize béguines séduites; un capucin, leur séducteur. Grâce aux discours des deux vieillards qui se trouvaient à côté de moi, j'ai connu toutes les particularités qui concernaient les condamnés que j'ai nommés; je ne rapporterai que celles qui me paraissent les plus curieuses.

Le berger avait épousé une troisième femme du vivant de ses deux premières. Ses deux dernières femmes étaient sœurs, et il les avait obtenues de leur père à prix d'argent. Il reçut quatre cents coups de fouet, perdit la moitié de ses biens, et n'échappa à la peine des galères qu'à cause de son grand âge, et parce qu'il était aveugle. Sa dernière femme qui, de son côté, se trouvait dans le cas d'une triple union conjugale, puisque son premier mari vivait encore lorsqu'elle épousa le vieux berger, et que peu de temps après elle contracta un nouveau mariage, reçut le même nombre de coups de fouet. Le père, qui avait consenti à ces criminelles alliances, en fut quitte pour être hué et méprisé par le peuple.

Le curé avait dit que *l'inquisition faisait horreur aux anges, aux diables et aux hommes.* Mais son plus grand crime était d'avoir révélé le système des prisons du saint-office, malgré le serment qu'il avait fait de garder le plus inviolable secret sur tout ce qu'il avait vu dans ces prisons. On l'accusait aussi d'avoir mangé de la viande le vendredi, et d'avoir entretenu un commerce criminel avec deux sœurs. Si toutes les accusations qui donnent lieu aux condamnations prononcées par le saint-office étaient prouvées dans les formes prescrites par une impartiale et sage justice, on aurait quelquefois sans doute occasion de ratifier les jugements inquisitoriaux; mais il n'en est rien. L'accusateur, qu'il se nomme ou qu'il reste caché, a rarement tort, et l'accusé est presque toujours considéré comme coupable par les inquisiteurs; aux yeux des hommes sensés et équitables, il faut d'autres preuves.

Le capucin avait perverti toute une maison de béguines; sur dix-sept, il avait abusé de treize. Admis dans cette maison en qualité de directeur spirituel et de confesseur des dix-sept femmes, il était bientôt parvenu à se faire passer dans leur esprit pour un saint homme, aussi éclairé que charitable et indulgent; toutes ses paroles étaient reçues comme des oracles d'en haut; on l'écoutait sans défiance, on le croyait aveuglément. C'était où il attendait nos béguines.

« J'ai reçu, dit-il à chacune de ses crédules pénitentes, en
« profitant pour cette singulière confidence du secret de la
« confession, oui, j'ai reçu, ma sœur, de Notre-Seigneur
« Jésus-Christ, une grâce toute particulière, et qui me donne
« à moi-même une haute idée de ma vertu. Sachez qu'il a
« eu la bonté de se laisser voir à moi dans l'hostie consacrée
« au moment de l'élévation, et il m'a dit : *Presque* toutes les
« âmes que tu diriges dans ce béguinage me sont agréables,
« parce qu'elles ont un véritable amour pour la vertu, et
« qu'elles s'efforcent de marcher vers la perfection. Une sur-
« tout, ajouta le saint homme, en désignant par son nom
« celle à qui il parlait, se distingue entre toutes les autres.
« Son âme est si parfaite, qu'elle a déjà vaincu toutes ses af-
« fections terrestres, à l'exception d'une seule, la *sensualité*,
« qui la tourmente beaucoup, parce que l'ennemi de la chair
« est très-puissant sur elle à cause de sa jeunesse, de sa force
« et des grâces naturelles qui l'excitent vivement au plaisir;
« c'est pourquoi, afin de récompenser sa vertu, et pour qu'elle
« s'unisse parfaitement à mon amour et me serve avec une
« tranquillité dont elle ne jouit pas et qu'elle mérite cepen-
« dant par ses vertus, je te charge de lui accorder en mon
« nom la dispense dont elle a besoin pour son repos, en lui

« disant qu'*elle peut satisfaire sa passion, pourvu que ce soit ex-*
« *pressément avec toi*, et, qu'afin d'éviter tout scandale, elle
« garde sur ce point le secret le plus rigoureux avec tout le
« monde, sans en parler à personne, pas même à un autre
« confesseur, parce qu'elle ne péchera point, grâce à la dis-
« pense du précepte que je lui donne à cette condition, pour
« la sainte fin de voir cesser ses inquiétudes, et pour qu'elle
« fasse tous les jours de nouveaux progrès dans les voies de
« la sainteté [1]. »

Treize de ces béguines donnèrent ou feignirent de donner dans le piége, et si les quatre autres ne succombèrent point, c'est que le capucin ne leur fit point la même révélation, parce que trois d'entre elles étaient trop âgées, et la quatrième trop laide.

La plus jeune de ces femmes étant tombée dangereusement malade, fit appeler un autre confesseur à qui elle découvrit tout ce honteux mystère. Le saint-office s'empara de cette affaire qui lui présentait tous les caractères de l'hérésie. Le capucin fut arrêté; mais il soutint que le fait de l'apparition de Jésus-Christ était vrai. Il fut traité de menteur, d'hypocrite, et menacé d'être livré aux flammes : il persista; la veille du jugement qui devait le condamner, il avoua que tout ce qu'il avait dit aux béguines, il ne l'avait imaginé que pour arriver à satisfaire sa luxure.

« Je vous rends grâces, dit-il à ses juges qui l'avaient plu-
« sieurs fois averti du danger où il se mettait; le moment du
« triomphe de la vérité arrive; j'ai menti et juré à faux en
« tout. Faites écrire tout ce qu'il vous plaira, je le signerai. »

Après ces aveux, l'hérésie disparaissait et le capucin n'était plus passible que des peines portées contre les confesseurs suborneurs de leurs pénitentes. Mais il n'avait pas avoué immédiatement, et dans la persuasion qu'il y avait eu quelque réticence dans ses aveux, on résolut de le faire paraître dans l'auto-da-fé, après lequel on le condamna à diverses pénitences rigoureuses, puis on l'enferma dans un couvent.

[1] Voyez Llorente.

On remarquait encore dans cette classe de condamnés un pauvre laboureur, de race mahométane, qui reçut cent coups de fouet avec menace de quatre années de galères s'il retombait dans la même faute. Quelle était cette faute ? d'avoir qualifié de vol l'amende de deux ducats à laquelle les inquisiteurs voulaient faire condamner les Mauresques qui persisteraient à parler la langue arabe.

Après les pénitenciés parurent ceux qui devaient subir la mort. A défaut d'autre signe, on les aurait reconnus à la lugubre escorte qui accompagnait chacun d'eux. Chaque condamné à mort avait en effet à ses côtés deux religieux encapuchonnés et deux familiers. Ces malheureuses victimes du fanatisme se divisaient aussi en trois classes.

D'abord, ceux qui avaient fait des aveux complets avant le prononcé du jugement, et qui par là avaient évité la peine du feu. Ils devaient être *seulement* étranglés. Ni leur *san-bénito*, ni leur *coroza* ne portaient aucune image de flammes ou de diables, parce que le repentir de ces accusés, manifesté à temps, leur avait fait obtenir la grâce, sinon de la mort, du moins du bûcher.

Venaient ensuite ceux qui avaient été condamnés aux flammes, mais qui s'étaient repentis et avaient fait des aveux après le prononcé du jugement. Le *san-benito* et le *coroza* de cette classe d'hérétiques portaient l'image d'un brasier ardent sur lequel figurait un buste. La pointe des flammes était renversée, pour indiquer qu'elles avaient failli brûler le coupable, mais que celui-ci ne subirait point ce supplice de son vivant, à cause de son repentir. Il devait être étranglé avant d'être jeté au feu.

Après ces malheureux venaient les *obstinés*, les *relaps* qui devaient être *relaxés*. Leur *san-benito* jaune portait deux croix rousses : une sur le dos, l'autre sur la poitrine. Au bas de ces croix on avait peint, sur un brasier ardent, un buste entouré de flammes dans leur direction ascendante, pour indiquer que le coupable devait être brûlé vif. On avait peint aussi à profusion sur le *san-benito* des figures bizarres et grotesques de diables, pour signifier que ces esprits du mensonge étaient entrés dans l'âme du coupable. Le *coroza* était chargé des mêmes figures. Ajoutez à ce funèbre costume la corde de genêt, le cierge de cire verte; et pour plusieurs le bâillon, les chaînes aux mains; puis les voix lugubres des religieux qui entremêlaient leurs exhortations de prières plus lugubres encore, puis les gémissements, les sanglots, les plaintes étouffées de tous ces malheureux voués à un supplice barbare, et qui appelaient en vain la justice du Ciel à leur aide, et vous n'aurez pas encore l'idée du sinistre tableau que présentait ce cortége religieux.

Ces trois dernières classes de condamnés comprenaient vingt-sept personnes dont vingt devaient être brûlées vives. Mes deux voisins désignèrent entre autres : un docteur, convaincu de magie et de judaïsme; un franciscain descendant d'ancêtres juifs, et condamné aussi pour avoir prêché le judaïsme; un juge aussi judaïsant; deux béates visionnaires; un marchand, meurtrier d'un dénonciateur; un alcade, convaincu d'avoir favorisé la fuite d'un hérétique formel, et enfin, le Mauresque et sa fille.

Trois de ces condamnés étaient bâillonnés. Mes yeux erraient sans cesse de l'un à l'autre pour reconnaître l'estafier, ce qui me fut impossible : le bâillon et le bonnet de carton les défiguraient tellement que mes voisins eux-mêmes ne pouvaient reconnaître distinctement ces trois hommes. Cependant l'estafier devait s'y trouver, et cette conviction me fit prendre en pitié le sort de ces trois infortunés, dont l'un, serviteur zélé, trop zélé de l'inquisition, allait cependant périr d'une mort cruelle comme un de ses plus grands ennemis. Combien ces exécutions inquisitoriales ont-elles dû couvrir de trahisons, de vengeances personnelles, de crimes atroces dont les véritables auteurs n'étaient pas punis!

La fille du Mauresque pleurait, mais son père promenait ses yeux secs et hagards sur les spectateurs. Il cherchait évidemment quelqu'un dans la foule.

Lorsqu'il passa devant les deux vieillards mes voisins, l'un des deux fit un mouvement comme pour se dérober aux regards du Mauresque; mais celui-ci l'avait aperçu.

« Lâche chrétien ! dit le Mauresque, c'est toi qui nous as dénoncés : tes maîtres les inquisiteurs t'ont payé pour cette vile action, mais moi, je te voue au mépris des hommes. Sachez-le tous ! et prenez garde ! ce bon catholique est un dénonciateur ! »

Cette apostrophe, jetée en passant aux spectateurs, fit une grande impression sur tous ceux qui l'entendirent. Le dénonciateur et son digne compagnon restèrent, à partir de ce moment, isolés au milieu de la foule.

On vit paraître ensuite une statue de carton, portée par un des gardiens de la prison, et représentant un des condamnés aux flammes, mort longtemps avant l'auto-da-fé. On pouvait lire ses noms et ses crimes sur un grand écriteau attaché au dos de la statue; ses ossements étaient renfermés dans une caisse pour être brûlés, car les inquisiteurs n'épargnent pas même les restes inanimés de leurs victimes.

J'aperçus alors Esteban qui précédait de quelques pas six hommes portant, au moyen de bâtons passés dessous et transversalement, une large planche sur laquelle était étendu le cadavre d'un *relaps*. Il était revêtu du *san-benito* et du *coroza* des condamnés au bûcher. Un bâillon était dans sa bouche, et ses mains étaient attachées par derrière. C'était le corps du malheureux estafier, mort quelques heures auparavant, d'une congestion cérébrale occasionnée par la fureur excessive dont il avait éprouvé les accès quand il s'était trouvé seul dans le cachot, et par les coups terribles dont il s'était meurtri le visage et la tête contre les murs. Il était méconnaissable aux yeux mêmes du grand-inquisiteur. Esteban avait eu la précaution de faire précéder le corps d'un grand écriteau porté par un des gardiens où on lisait : Ce cadavre est celui de *Juan de la Abadia*, hérétique obstiné, relaps, etc. ; enfin, suivaient toutes mes qualifications.

Je me réjouis vivement de cette circonstance; car, bien que la mort de l'estafier me dût être attribuée, du moins je n'avais pas été le témoin des horribles souffrances qui l'attendaient sur le bûcher qui m'était destiné. Puisqu'il était mort à présent, il n'y avait pas grand inconvénient à ce qu'il fût réduit en cendres, et je le vis, sans détourner les yeux, subir toutes les conséquences de ma condamnation.

Quand toutes les victimes furent passées, on aperçut bientôt une grande cavalcade, composée des conseillers de la Suprême, des inquisiteurs et des membres du saint-office et du clergé. Ils gagnèrent gravement les places qui leur étaient réservées.

Après cette cavalcade, un grand mouvement eut lieu sur tous les balcons et les amphithéâtres; tous les regards se tournèrent vers l'entrée de la rue qui débouchait sur la place. Une fanfare se fit entendre, et une nouvelle cavalcade, plus brillante que celle qui venait de défiler, se présenta. C'était celle du grand-inquisiteur Torquemada, qui était, à ce qu'il me parut, devenu cardinal pendant ma longue captivité.

Il était monté sur une superbe cavale richement caparaçonnée. Il avait sur la tête une barrette rouge[1] et un chapeau de même couleur, de forme très-plate et à bords très-larges, d'où pendaient de longs cordons de soie rouge. Un immense manteau de pourpre de six aunes de queue l'enveloppait tout entier lui et sa monture. En avant, marchaient les clercs portant l'un la mitre, l'autre le rochet, un autre le mantelet, un autre la mozette, un autre la chape papale. Autour de lui se pressaient les dignitaires ecclésiastiques attachés à sa chapelle, et plusieurs évêques de différentes provinces de l'Espagne. Deux cents familiers ou gardes-du-corps l'escortaient suivant l'usage. Il traversa la place devant le balcon de Leurs Altesses, qu'il salua respectueusement, et se rendit ensuite au fauteuil qui lui était réservé.

Un profond silence s'établit alors; un prêtre, qui se tenait à l'autel, commença la messe jusqu'à l'Évangile. A ce moment, on mit au grand-inquisiteur, par-dessus le rochet qui couvrait sa soutane de pourpre, la mozette et la chape que por-

[1] Espèce de calotte de satin rouge sans doublure.

taient deux jeunes clercs ; puis, la mitre en tête, et un livre d'Évangiles en main, il descendit de son fauteuil élevé, comme je l'ai dit, au-dessus du balcon de Leurs Altesses, et s'approchant du roi et de la reine, il leur dit :

« Vos Altesses doivent faire le serment de protéger la foi catholique, apostolique et romaine, d'extirper les hérésies, et d'appuyer de toute leur autorité les actes de l'inquisition ; ce serment, roi et reine des Espagnes, ajouta-t-il en avançant le livre des Évangiles, le faites-vous?

— Nous le faisons, dirent en même temps les deux souverains.

— Et vous, chrétiens fidèles, reprit le grand-inquisiteur d'une voix éclatante en se tournant vers le peuple, jurez, à l'exemple de vos souverains, de défendre la foi catholique, apostolique et romaine, de contribuer à l'extirpation des hérésies, et d'appuyer, de tout votre pouvoir, les actes de l'inquisition !

— Nous le jurons, s'écrièrent d'une seule voix tous les assistants. »

Et toutes les mains étaient tendues vers le livre des Évangiles. La prudence me commandait de faire comme toute l'assemblée, et j'étendis le bras un des premiers, en cherchant des yeux mes voisins ; ils avaient disparu ; de sorte que je ne sais s'ils prêtèrent le même serment que moi. Le grand inquisiteur regagna sa place, et un jeune dominicain monta ensuite dans la chaire, et prononça un sermon rempli de louanges outrées pour le saint-office, d'imprécations contre les hérétiques présents, et de menaces effrayantes contre les chrétiens qui ne dénonceraient pas les hérétiques à venir. Voici quelques passages de ce singulier sermon, qui serait digne d'exécration s'il n'était souverainement ridicule.

« Jésus-Christ, dit le prédicateur, est accusé de supersti-
« tion ; ce crime est celui des inquisiteurs. Je réduirai mon
« discours à deux points : le premier, *l'obligation de dénoncer* ;
« le second, la *sainteté* des fonctions du juge-inquisiteur. La
« religion est une milice : chaque soldat doit avertir son chef

« s'il sait où il y a des ennemis ; s'il ne le fait pas, il mérite
« la peine due aux traîtres : le chrétien est soldat ; s'il ne dé-
« nonce pas les hérétiques, il trahit : il sera justement puni
« par les inquisiteurs...—Jacob quitte la maison de Laban, son
« beau-père, avec Rachel, pour prendre congé de lui ; pour-
« quoi manque-t-il aux égards dus par un gendre ? Parce que
« Laban est idolâtre, et lorsqu'il s'agit de la foi, il faut préférer
« la religion aux considérations humaines : donc, UN FILS DOIT
« DÉNONCER à l'inquisition un hérétique, LORS MÊME QU'IL S'AGIT
« DE SON PÈRE. — Moïse fut inquisiteur contre son aïeul d'a-
« doption, le roi Pharaon, en le faisant noyer dans la mer,
« parce qu'il était idolâtre ; et contre son propre frère Aaron,
« en lui reprochant d'avoir consenti à la fabrication du veau
« d'or : donc, lorsqu'il y a délit contre l'inquisition, IL NE FAUT
« AVOIR ÉGARD NI A LA QUALITÉ DE PÈRE, NI A CELLE DE FRÈRE. —
« Josué fut inquisiteur contre Achan, en le faisant brûler,
« pour avoir volé une partie du butin de Jéricho, qui devait
« être livré aux flammes : donc, IL EST JUSTE QUE LES HÉRÉTIQUES
« MEURENT DANS LE FEU. Achan était prince de la tribu de Juda,
« et cependant il fut dénoncé : donc, tout hérétique doit être
« dénoncé, fût-il prince du sang royal... — Le livre de l'A-
« pocalypse est scellé de sept sceaux, parce qu'il figure la
« procédure de l'inquisition, laquelle est si secrète, qu'elle
« semble scellée par mille sceaux. Il n'y a qu'un lion qui
« puisse l'ouvrir, et ce lion devient ensuite un agneau. Peut-
« on voir une image plus frappante d'un inquisiteur ? Pour la
« recherche des crimes, c'est un lion qui terrasse ; après les
« avoir découverts, C'EST UN AGNEAU QUI TRAITE TOUS LES COU-
« PABLES, écrits dans le livre, AVEC BONTÉ, DOUCEUR ET COMPAS-
« SION... Les odeurs aromatiques sont l'image des prières des
« saints ; ceux-ci ne sont autres que les inquisiteurs eux-
« mêmes, qui prient avant de porter leurs sentences... —LES
« INQUISITEURS N'ÉCORCHENT PERSONNE... Les inquisiteurs sont
« obligés d'employer le fer et de l'appliquer suivant les cir-
« constances et les besoins des coupables... Les inquisiteurs
« décident, INSPIRÉS PAR LA SCIENCE ET NON PAR LE DESPOTISME...

« Le jugement que porte un inquisiteur n'est dicté par aucune
« influence étrangère. »

Après que toutes ces belles maximes eurent été débitées avec emphase, en présence même des victimes de *la bonté, de la douceur et de la compassion* des inquisiteurs et au grand ébahissement des jeunes frères prêcheurs, appelés à monter un jour dans cette chaire, le relateur du saint-office se disposa à lire les sentences. On enferma deux condamnés, en commençant par les *réconciliés*, dans les deux petites cages dont j'ai parlé. Dès que la sentence de l'un fut lue, on le fit remplacer par un autre condamné, et pendant ce temps le relateur lisait la sentence du second. Lorsque vint le tour de ceux qui devaient subir la mort, soit par strangulation, soit par le feu, au lieu de les ramener à la place que chacun d'eux occupait avant d'aller entendre sa sentence, on les livrait immédiatement aux bourreaux de la justice séculière pour être conduits au bûcher.

La lecture des sentences avait marché vite et sans encombre jusqu'au tour du Mauresque. Sa fille était dans une des cages fatales, lorsqu'on l'appela lui-même pour prendre place dans l'autre. Il ne put supporter cette vue, ni les cris de son enfant, avec impassibilité. Briser contre terre son cierge funèbre, son *coroza*, arracher sa fille de la cage où elle était, lui ôter son *san-benito*, son *coroza* qu'il lança sur la place, fut l'affaire d'un instant. Il la tint dans ses bras ensuite avec tant de force qu'il fallut les lui meurtrir à coups de pommeau d'épée pour lui faire lâcher prise. On lui attacha enfin les mains au dos. Pendant ce temps, il accablait d'outrages le roi, la reine, les inquisiteurs, et appelait le peuple à son aide; mais en vain : le peuple n'a d'énergie que pour souffrir, et non pour punir ses oppresseurs. On termina cependant la lecture des deux sentences, et quatre religieux conduisirent le Mauresque et sa fille au même lieu que les autres *relaxés*. Mais au moment où on la remettait aux mains du bourreau, la jeune fille résiste, renouvelle ses cris, ses prières, non pour elle, mais pour son père qui la regarde, l'écoute d'un air triste, sans paraître comprendre maintenant ce qui se passe sous ses yeux. Le malheureux était fou !

REVUE HISTORIQUE

Un Auto da-fé

Que dis-je, malheureux! trop heureux, hélas! de n'avoir pas eu la conscience de son être dans ces moments funestes. Le bourreau saisit la jeune fille et la traîne sur les genoux jusqu'au fatal poteau, et cela sous les yeux du roi et de la reine! sous les yeux de dix mille personnes! des pères! des mères! des jeunes gens! bien plus, sous les yeux de leur Dieu! de leur Christ! de leur Sauveur! qui du haut de sa croix ne s'est pas précipité sur ces monstres pour prendre la défense de deux innocents!

Je n'ai pu résister à ce tableau déchirant et je me suis détourné, l'âme navrée de douleur en pensant à ma Béatrice, et en faisant un retour sur moi-même, dont la position avait tant de conformité avec celle du Mauresque. Non, ceux qui liront le récit de ces funèbres tableaux n'y ajouteront point foi, ils me taxeront de mensonge. Plût à Dieu! Si mes paroles manquent de vérité, c'est par insuffisance plutôt que par exagération. Tout éloignés que sont de moi ces événements, je ne puis me les retracer sans émotion et sans horreur.

Lorsque la lecture de tous les jugements fut terminée, le grand-inquisiteur se levant de son fauteuil, et couvert de sa mitre et de sa chape papale, prononça l'absolution de ceux qui étaient admis à la *réconciliation*, après quoi il se retira dans l'appareil avec lequel il était venu. Leurs Altesses quittèrent aussi leur balcon, puis les réconciliés et les pénitenciés défilèrent sur la place pour retourner à la prison du saint-office. Quant aux infortunés *relaxés*, déjà ils étaient au *quemadero*[1]. Je n'eus pas la moindre idée d'y aller, et je n'appris que par l'hôtelier et sa famille tous les incidents tragiques de cette funèbre exécution. Quand les infortunés qui allaient périr furent tous attachés aux différents poteaux qui avaient été préparés pour eux, les religieux leur demandèrent encore s'ils voulaient mourir en bons chrétiens. Le juge, les deux béates et l'alcade répondirent affirmativement. Les bourreaux alors les étranglèrent avant de mettre le feu aux bûchers. Quant au docteur, il se mit à railler les inquisiteurs en leur donnant les noms les plus bizarres qu'un

[1] Lieu du feu.

magicien pût trouver dans son grimoire. Le feu et la fumée l'environnaient de toutes parts, que sa voix raillait encore.

Le Mauresque avait été, par un raffinement de cruauté, attaché au même poteau que sa fille. Lorsque celle-ci vit mettre le feu à son bûcher, elle poussa ce cri : Mon père !!! d'une voix si pleine de terreur, que le Mauresque, qui jusque-là était resté la tête basse et indifférent à tout ce qui se passait devant ses yeux, se redressa subitement, et tournant la tête vers sa fille, il la reconnut. La raison revenait à ce malheureux au moment suprême. Il jeta les yeux de tous côtés, essaya de se mouvoir, parut ne pas trouver d'abord l'obstacle qui l'empêchait de le faire ; enfin, il comprit tout, un seul instant sa funeste destinée lui apparut dans toute son horreur.

« Mon père, dit la malheureuse jeune fille, secourez-moi !
— Attends, répondit le père. »

Et réunissant tout ce qui restait de force dans son corps débile, il donna une secousse au poteau qui en fut à peine ébranlé. Puis il se tut et retomba dans son apathie première.

« O mes bons seigneurs, dit la pauvre Marie, ayez donc pitié de mon père ! Puisque vous êtes décidés à me faire mourir, je le veux bien ; mais lui ! un faible vieillard ! détachez-le ! j'aurai la force de mourir sans me plaindre, je vous rendrai grâces !... Hâtez-vous ! je vous en conjure ! le feu monte ! la fumée va le suffoquer ! O ma mère ! si tu nous vois, pourquoi ne viens-tu pas à notre secours ! Les barbares ! brûler vivants un vieillard ! des femmes ! ils n'ont donc jamais connu leurs mères, ni leurs sœurs, ni leurs pères !... Ah !... »

Ce dernier cri fut déchirant. Le feu venait d'atteindre le père et la jeune fille. Pendant que la flamme les dévorait, la fumée les étouffait, leur épargnant du moins de longues et atroces douleurs. Quand toutes les victimes furent consumées, ainsi que les restes de ceux qui étaient morts avant l'auto-da-fé, on en jeta les cendres au vent, afin qu'aucune parcelle de ces maudits ne pût être recueillie et conservée.

Oh ! qui pourrait dire combien de victimes innocentes, combien de malheureux, qui n'étaient pas plus hérétiques que l'estafier, ont péri dans ces aveugles exécutions? Combien d'accusés qui ne l'étaient que par suite de vengeances particulières et de calomnies? Il est si facile de se faire croire des inquisiteurs quand on accuse!

Pendant qu'on brûlait le corps de son estafier, Torquemada le croyait occupé de la mission qu'il lui avait confiée, et il allait attendre patiemment son retour, sauf à faire au bout de deux mois d'inutiles recherches pour en retrouver les traces. Ses cendres venaient d'être dispersées sous le nom des miennes, et moi, je regagnais à la hâte mon hôtellerie, plus ennemi que jamais de l'inquisition et de ses cruels suppôts.

CHAPITRE VI.

<small>La béguine. — La caravane. — Poursuite dans les montagnes. — Le duel. — Mort de Torquemada.</small>

Le lendemain de l'auto-da-fé, Torquemada, sombre et troublé par les remords, était depuis une heure enfermé dans la fatale chambre d'où étaient sorties tant de lois acerbes contre les hérétiques. Il faisait de vains efforts pour écarter de sa pensée le souvenir de la funèbre fête de la veille. Ses mouvements brusques, saccadés; son agitation continuelle, ses soupirs fréquents et profonds attestaient son impatience. Incapable de se livrer à aucun travail, il avait repoussé loin de lui le manuscrit où il préparait des articles additionnels à ses *Instructions*. Souvent il se levait de son vaste fauteuil de cuir, entr'ouvrait la porte de son cabinet et prêtait l'oreille; puis, ne distinguant aucun bruit, il s'éloignait avec de visibles marques de colère, et se laissait tomber sur son fauteuil en murmurant contre la lenteur de celui qu'il semblait attendre. Enfin on frappa discrètement à la porte; Torquemada s'étant levé s'avança vivement en criant à celui qui avait frappé : « Entrez! » C'était un de ses familiers.

« Eh bien? dit aussitôt Torquemada, a-t-on exécuté mes ordres?

— La jeune fille n'a été demandée qu'hier dans la soirée au béguinage, peu de temps après l'auto-da-fé.

— Après l'auto-da-fé? Pourquoi ce retard? Je punirai le téméraire qui a contrevenu à mes ordres! Il devait partir le matin, avant le jour; ma volonté n'est-elle plus sacrée pour lui?

— Mon illustrissime maître connaît le zèle de son estafier; il est à croire qu'une cause imprévue lui aura fait différer l'exécution des ordres qu'il avait reçus.

— Oui, il n'aura pas voulu quitter la ville avant d'avoir assisté à l'auto-da-fé. Ce zèle est excusable, sans doute; mais moi, je désirais vivement que cette jeune fille ne fût point ce jour-là, et pendant cette fête, à Tolède... Je voulais lui laisser ignorer le sort de son père.

— Elle n'en a point été instruite.

— C'est bien. Mes ordres portaient aussi que la jeune fille serait bien traitée, s'y est-on conformé?

— Exactement. Mais je dois dire à votre illustrissime révérence que la jeune béguine ayant manifesté quelque répugnance à sortir de la retraite où elle était enfermée depuis cinq ans, la supérieure a cru devoir faire quelques objections à la demande de votre envoyé.

— Sont-ce là ses affaires? dit Torquemada avec emportement; de quoi se mêle cette femme?... Enfin, a-t-on passé outre?

— C'est ce qu'aurait fait votre serviteur, sans s'inquiéter ni des remontrances, ni de l'opposition de la supérieure; mais celle-ci, mieux éclairée sur ses devoirs, a fini par céder, et la jeune fille fut remise à votre estafier.

— Enfin, elle est partie?

— Depuis hier.

— Bien! » dit Torquemada d'un ton de profonde satisfaction. Puis oubliant qu'il n'était pas seul : « Qu'on éloigne cette jeune fille, dit-il à haute voix, qu'on lui rende, si l'on veut, la liberté, pourvu qu'elle quitte le sol de l'Espagne. Sa présence dans ce pays m'accablait; je ne sais ce que j'éprouve, mais il me semble que la distance qui la sépare de moi ne sera jamais assez grande... Ah! le devoir! la nécessité! la justice! que ces mots cachent souvent d'horribles remords! Pourtant son père méritait le châtiment qu'il a subi!

— Pourquoi ces craintes?... Votre illustrissime révérence ne saurait faire autre chose que des actes de justice. D'Abadia...

— Taisez-vous, s'écria brusquement Torquemada; qui vous prie de parler de cet homme devant moi? Ne pourrai-je donc chasser son image de mon esprit sans qu'un indiscret serviteur cherche à l'y maintenir? Sortez!... »

Le familier ne se fit pas réitérer cet ordre; mais au moment où il allait franchir le seuil de la chambre, Torquemada le rappela.

« Il faut, dit-il, que vous partiez sur-le-champ. Courez sur leurs traces, et ordonnez de ma part au serviteur qui accompagne la jeune fille, de lui faciliter les moyens de quitter l'Espagne. Je veux qu'on la laisse libre...; assez de persécutions sur cette famille... Allez... Mais non, restez...; plus tard...; qu'on me laisse seul. »

Le remords était enfin entré dans cette âme insensible et farouche. Resté seul, il ne put retrouver le calme qui le fuyait depuis le dernier auto-da-fé.

Pour nous, voici ce que nous avions fait à l'issue de la funèbre fête. Lorsque la nuit fut arrivée, Tristan vint me trouver à l'hôtellerie où je m'étais réfugié.

« Esteban m'a chassé de la prison, dit-il joyeusement, par ordre du grand-inquisiteur, après m'avoir fait prêter serment devant les autres gardiens de garder le silence sur tout ce que j'ai vu. Oui certes, je me tairai, et jamais secret n'aura été mieux gardé.

— Nous ne pouvons différer davantage de délivrer Béatrice, dis-je à Tristan; Esteban sera forcé d'attendre une occasion pour quitter une place où il n'est plus nécessaire; ainsi, malgré l'utilité de son concours, il faut nous en passer en cette circonstance.

— Je suis prêt à exécuter vos ordres », répondit Tristan.

Nous sortîmes de l'hôtellerie après que j'eus repris le vaste chapeau gris de l'estafier, pour mieux dissimuler mes traits. La première précaution à prendre était de nous assurer des moyens de transport. Les muletiers ne manquant pas à Tolède, nous eûmes bientôt terminé nos arrangements avec l'un d'eux. Celui à qui nous nous adressâmes était trop bon catholique pour hésiter à se mettre, lui et ses bêtes, à notre disposition. Persuadé que c'était pour le service du grand-inquisiteur, il ne nous demanda pas un maravédis d'avance, et nous dit qu'il serait temps de régler le compte au retour du voyage. Nous nous dirigeâmes ensuite vers le béguinage où était Béatrice.

Les *béguinages* sont des communautés formées de veuves ou de filles qui, sans faire de vœux, se réunissent dans un but de dévotion. Elles portent un habillement noir assez semblable à celui des autres religieuses, suivent certaines règles générales, font leurs prières en commun et à des heures marquées, et passent le reste du temps à différents ouvrages ou même à soigner les malades. Elles peuvent se retirer de la communauté et se marier; mais tant qu'elles en font partie elles sont tenues d'obéir à leur supérieure. Comme le désir de trouver en commun un bien-être que l'isolement ne peut procurer a souvent plus de part que la dévotion à toutes ces réunions de femmes, il en est résulté que plus d'une béguine a passé pardessus la règle pour satisfaire sa passion mondaine; de là quelquefois des procès scandaleux, comme dans l'affaire du béguinage dont j'ai parlé plus haut. Il arrive aussi, en pareil cas, que le grand-inquisiteur intervient avec sa rigidité inexorable, et rétablit l'ordre parmi les béguines en les disséminant dans des couvents où elles sont forcées de prendre le voile.

Craignant que Béatrice ne reconnût Tristan et ne nous trahît involontairement, j'ordonnai à celui-ci de rester à la porte extérieure, et je pénétrai seul dans l'enceinte du béguinage où je m'annonçai comme envoyé du grand-inquisiteur. Je restai au parloir pendant qu'on allait prévenir la supérieure. Ce parloir était divisé en deux parties par une grille en bois. D'un côté se tenaient les béguines lorsqu'elles recevaient des visites, de l'autre, les parents ou les amis visiteurs. Rien de bien sévère dans l'aspect de ce parloir qui pouvait donner une idée de la règle intérieure de la communauté. L'esprit religieux y avait généreusement donné l'hospitalité à l'esprit mondain. A tel point même que celui-ci avait pour ainsi dire relégué le premier dans l'antichambre. Au delà de la grille de bons fauteuils commodes et doux, placés dans la partie du parloir réservée aux béguines; des tapis plus doux encore pour préserver leurs pieds du contact malsain des dalles humides; d'agréables peintures répandues habilement sur les murs pour récréer les yeux des saintes femmes; de piquantes devises, de gracieuses légendes destinées à l'explication de ces peintures, tout respirait de ce côté de la grille l'air parfumé, joyeux, brillant des vanités de la terre.

Mais en deçà, c'est-à-dire dans la partie du parloir réservée aux visiteurs, de simples bancs de bois, des dalles toutes nues, des murailles grises et sévères comme celles d'une église, dénotaient le couvent, le saint lieu; du côté des béguines, en un mot, les douceurs de la vie; du côté du public, les privations de la religion. Cet arrangement était contraire à l'idée que je me faisais d'une maison religieuse, mais il répondait parfaitement aux espérances des femmes qui désiraient quitter le monde sans renoncer à ses pompes.

La supérieure ne tarda pas à se rendre au parloir. C'était une femme d'une trentaine d'années, de petite taille, brune, vive, loquace, au geste prompt, à l'air absolu. Je compris, dès l'abord, que notre expédition rencontrerait des difficultés que nous n'avions pas prévues.

Je déclinai mes qualités ou plutôt celles de l'estafier de Torquemada devant la supérieure, qui me reçut avec de grandes démonstrations de déférence, en me demandant le sujet de ma visite. Je lui présentai l'ordre du grand-inquisiteur. Alors commença un flux de paroles sans fin, capable de déconcerter un homme moins intéressé que moi au succès de l'entreprise. Elle parla pendant un quart d'heure sans me laisser le temps de placer un mot, et sans que je comprisse rien à tout ce qu'elle débita, si ce n'est que l'ordre du grand-inquisiteur lui causait un vif déplaisir.

« Enfin, madame, lui dis-je en l'interrompant, que prétendez-vous faire ?

— Je prétends, seigneur, savoir pour quel motif le grand-inquisiteur nous enlève cette jeune fille, modèle de toutes les personnes qui sont ici ? Car enfin, nous ne lui connaissons pas un défaut : douceur, amabilité, grâce, innocence ; elle possède, en un mot, tout ce qui peut la faire respecter et chérir. J'ai beau l'examiner, je ne découvre, ni dans sa conduite, ni dans ses discours, rien qui puisse justifier l'injuste rigueur..., oui, monsieur, c'est le mot, l'injuste rigueur du révérend Torquemada envers nous ; car c'est nous faire un affront, à moi, à tout le béguinage, que de nous enlever cette jeune fille ; c'est proclamer qu'il s'est fait dans cette maison des actions répréhensibles. Eh bien ! voyons, monsieur, parlez, dites-moi, de grâce, de quel crime nous sommes coupables. Vous, qui approchez de si près le grand-inquisiteur, vous, le confident de ses pensées ? Vous, chargé de l'exécution de...

— Je ne connais pas plus que vous, madame, dis-je en interrompant encore la supérieure, les raisons de cette conduite, car mon maître n'a pas pour habitude de confier le secret de ses pensées à ses serviteurs...

— Il faut qu'on l'ait trompé sur le compte de cette jeune fille.

— Trompé ou non, le grand-inquisiteur m'ordonne d'enlever d'ici la jeune Béatrice, et je dois obéir.

— Mais moi, seigneur, je veux auparavant voir le révérend...

— A cette heure avancée ? Perdez-vous la raison ? dis-je avec plus de brusquerie que de

— Les fous sont plutôt

insensés, et ceux qui sont chargés de les exécuter, ajouta-t-elle en me faisant une révérence pleine d'ironie.

— Je n'ai pas mission d'écouter tous vos discours, madame; voulez-vous, à l'instant, me livrer la jeune fille?

— Eh bien, sachez, monsieur, que dans l'état de faiblesse où elle se trouve, c'est vouloir la faire mourir que de l'arracher à nos soins.

— Elle est malade, dites-vous? sa vie serait en danger?

— Ah! je vois que vous n'êtes pas sans pitié, seigneur; retournez auprès du grand-inquisiteur, et dites-lui que depuis que cette jeune fille est ici elle n'a cessé un seul jour de souffrir et de verser des larmes. En vain je l'ai interrogée, pressée, rien n'a pu faire échapper de son cœur le secret qui la mine insensiblement. J'ai cherché à la consoler; ma tendresse pour elle me fit inventer des distractions, des plaisirs propres à dissiper un chagrin moins profond; mais le sien a résisté à toutes mes consolations, et sa vie est sérieusement menacée.

— Madame, que m'apprenez-vous? dis-je d'une voix émue.

— Et c'est dans un pareil moment que je reçois l'ordre de la livrer pour être conduite je ne sais où! On veut la tuer, vous dis-je, en lui imposant un pareil voyage. A Barcelone! juste Ciel! est-ce qu'une frêle créature comme elle pourrait jamais, en bonne santé même, supporter une telle fatigue? Dans l'état où elle est, deux journées de marche suffiront pour la faire mourir!... »

Je ne pouvais en vouloir à cette femme pour la tendresse qu'elle témoignait à ma fille, et ses paroles m'avaient fortement remué. Cependant, craignant que ce qu'elle me disait sur la santé de Béatrice ne fût qu'un prétexte pour ne point s'en séparer, j'insistai avec force pour que ma fille me fût présentée. Mais la supérieure ne voulut pas même accéder à cette demande.

« Seul je puis être juge de l'état de la jeune Béatrice, dis-je avec une nouvelle insistance.

— Je vous atteste que sa faiblesse est extrême...

— Il faut que je la voie de mes propres yeux pour que je puisse en faire part à mon maître.

— Oui, pour que vous abusiez de ma confiance...

— Madame, l'ordre est formel, cependant.

— Je vous dis qu'un pareil ordre n'a pas le sens commun, et que je le ferai bien révoquer au grand-inquisiteur.

— Quoi! vous pensez que mon maître...

— Je sais que sa colère est terrible, et qu'il n'aime pas la contradiction, j'en suis désolée; mais il faudra bien qu'il m'écoute, et je vais de ce pas le trouver, si vous voulez bien m'accompagner.

— Madame, écoutez-moi...

— Que vous importe, seigneur, que cette jeune fille soit ici ou à Barcelone, qu'elle soit béguine ou carmélite?

— Il m'importe, avant tout, d'exécuter les ordres du grand-inquisiteur, dont la colère, comme vous le disiez, est terrible.

— Eh bien, je la braverai, moi qui ne suis qu'une femme, et, de plus, les mauvaises rencontres que je pourrai faire dans les rues désertes de la ville, puisque vous refusez de m'accompagner. Il n'est pas une heure indue; la nuit est sombre, il est vrai, mais la soirée n'est pas avancée. »

La béguine, en disant ces mots, rabattit son voile sur son visage, prit une lanterne à sa main, appela la tourière, choisit dans un trousseau de clefs qu'elle portait celle de la grille du parloir, ouvrit la porte et passa de mon côté.

« Vous ne sortirez pas, dis-je à la supérieure en me plaçant devant elle.

— Mais c'est une tyrannie! s'écria la béguine irritée.

— Appelez cela comme vous voudrez, dis-je, mais vous ne pouvez voir le grand-inquisiteur. Je vous ai communiqué ses ordres formels, impératifs...

— Vous êtes donc aussi dur que celui qui vous a envoyé?

— Mon maître commande, j'obéis aveuglément. Je dois être à dix lieues de Tolède quand le jour paraîtra.

— Mais cette jeune fille...

— Encore? finissons, je vous prie. Votre résistance ne saurait m'empêcher d'exécuter mes ordres...

— Je le sais, votre zèle m'était connu avant votre personne; mais j'ignorais que vous fussiez impitoyable.

— Je ne suis pas le maître d'agir autrement que je ne fais.

— Voilà où est le mal, qu'il faille fermer les yeux sur des ordres aussi extraordinaires.

— Demain vous pourrez, si bon vous semble, aller chez le grand-inquisiteur lui porter vos remontrances, mais en ce moment livrez-moi la jeune fille, si mieux vous n'aimez que j'aille l'arracher de sa retraite.

— Ah! que ne fait-il grand jour, je serais déjà chez le grand-inquisiteur.

— Eh! bon dieu! je vous livre passage, allez; mais moi, pendant ce temps, je saurai me faire amener la jeune Béatrice. »

Je m'écartai, en effet, pour laisser passer la supérieure, et je franchis la grille, de sorte que je me trouvai dans la partie réservée aux béguines. La supérieure poussa un cri et se précipita vers moi pour m'arrêter.

« Quoi! monsieur, vous osez violer cet asile où jamais un homme n'a mis le pied?

— Il faut bien que j'aille chercher la jeune fille, puisque vous tenez à ce que je m'en donne la peine.

— On m'avait dit que le serviteur du grand-inquisiteur était si doux, si complaisant, si charitable! Ah! quelle erreur! je ne vois qu'un homme dur, intraitable...

— Et moi, qu'une femme dont le babil m'oblige à ce e violence. Conduisez-moi, ou, par le Ciel! je me conduirai seul, et tant pis, ma foi, si je pénètre encore dans des retraites où jamais homme n'a mis le pied!

— Oui? Eh bien! faites, si vous l'osez!

— Connaissez-vous enfin le sceau du grand-inquisiteur? Voulez-vous obéir à ses ordres formels?

— Je me ris de ces ordres qui n'ont ni raison ni justice.

— Vous répondrez des suites de votre résistance.

— Encore des menaces! Allons, exécutez-les donc une

bonne fois, pour que je sache jusqu'où le zèle peut pousser un homme de votre caractère. »

Il n'y avait pas moyen de faire entendre raison à cette maudite femme. Je ne pouvais céder, cependant; bizarre nécessité de ma destinée! j'étais dans l'obligation d'employer la violence envers une personne qui se montrait pleine d'attachement pour ma fille, j'allais l'arracher à la tendresse de cette femme avec autant d'ardeur que j'aurais voulu l'arracher autrefois à ceux qui la torturaient! Avant d'en venir à cette extrémité, je tentai un nouvel effort.

« Vous n'ignorez pas, ma sœur, lui dis-je d'un ton affectueux, que le grand-inquisiteur est inflexible : à quoi donc servirait votre résistance? à faire modifier les ordres pleins de bienveillance qu'il a donnés pour cette jeune fille. L'intérêt seul de Béatrice exige qu'elle soit éloignée d'ici, et c'est avec les plus grands égards qu'elle sera traitée. Les ordres sont précis. Elle n'est coupable d'aucune faute, et je sens que je la traiterai comme ma propre enfant. Sa santé est chancelante et exige des soins? j'aurai la plus tendre sollicitude pour elle; j'ai fait seller une mule au pas doux et sûr, et les meilleures hôtelleries, à défaut des couvents, nous serviront de gîte aussi souvent qu'il sera nécessaire; nous voyagerons à petites journées... Rassurez-vous donc, et livrez-moi de suite la jeune fille, afin que je rende bon compte au grand-inquisiteur et de votre docilité et de ma mission. »

Ces mots produisirent un bon effet sur la béguine; mais ce qui acheva, je crois, de la décider fut l'apparition soudaine de Tristan, qui, s'impatientant d'attendre dans la rue, s'était fait ouvrir l'entrée du béguinage. Sa vue effraya la béguine.

« Vous voyez, dis-je, qu'une plus longue résistance serait inutile et ne servirait qu'à vous attirer quelque traitement fâcheux.

— Puisqu'il le faut, monsieur, dit-elle, je vais vous la chercher. Mais il n'y a que les hommes qui soient capables d'une telle cruauté.

— Est-ce que cette béguine faisait la récalcitrante? demanda Tristan pendant que la supérieure était allée chercher Béatrice.

— Elle avait deux armes contre moi, lui dis-je, son babil et son entêtement... Mais retire-toi, il ne faut pas que Béatrice te voie ici; tu n'es pas assez méconnaissable... Quant à moi, je ne crains pas qu'elle me reconnaisse; outre les années et les rides qui ont changé mes traits, ce chapeau les dérobe à la vue, et mon habillement achève de me travestir complétement. Et puis, elle est si loin de se douter qu'elle va me voir!... Allons, je les entends, va m'attendre dans la rue... »

Il sortit aussitôt. La béguine parut presque au même instant, amenant Béatrice par la main.

« Venez, mon enfant, dit-elle, il faut céder à la nécessité. Ces seigneurs vous traiteront avec égard. Eh bien? ajouta-t-elle en s'interrompant, où donc est le jeune seigneur qui est entré il n'y a qu'un instant ici?... Surtout, continua la béguine sans attendre ma réponse, ménagez cette enfant, voyez comme elle est pâle. »

En disant ces mots, elle approcha sa lumière du visage de Béatrice. Combien je la trouvai changée, en effet! Mais cette vue était trop dangereuse pour moi; j'allais me trahir, et je détournai les yeux.

« Hâtons-nous, dis-je d'une voix altérée par l'émotion. »

Alors, ce furent des cris, des sanglots, des larmes qu'il ne m'était pas possible d'arrêter, bien qu'un mot eût suffi pour cela; mais ce mot je ne pouvais le prononcer, et Béatrice devait ignorer encore quelques instants qu'elle allait retrouver son père.

La béguine voulut nous accompagner jusque sur le seuil extérieur de sa maison. Il ne nous fut pas possible de nous débarrasser de sa lumière ni de ses recommandations tant que nous fûmes à portée de l'entendre et d'en être vus. Mais nous n'avions pas fait dix pas dans la rue que, pressant Béatrice sur mon cœur, je lui dis à demi-voix:

« Béatrice, ne crains rien, ton père et Tristan sont avec toi. »

Elle poussa un cri de surprise et de joie, et, surmontant son extrême émotion, elle nous suivit d'un pas ferme et rapide. La béguine, qui était sur sa porte, entendant le cri de ma fille y répondit, et se mit à courir de notre côté. Il fallait cependant se délivrer de cette importune, Tristan s'en chargea. Il alla au-devant, et lui dit, en lui barrant le passage :

« La soirée est sombre, la rue est déserte; ma sœur, rentrez, et ne faites pas l'imprudence de vous exposer à de fâcheuses rencontres.

— Je ne saurais en faire de plus mauvaise que la vôtre, répondit-elle d'un ton piqué, et, si ce n'était pour l'honneur de notre béguinage, je braverais tout pour protéger cette jeune fille contre votre brutalité.

— Allons, ma sœur, dit Tristan en lui soufflant sa lanterne, si vous n'étiez pas si respectable je vous dirais la pensée qui me vient en vous voyant si entêtée.

— Et quelle pensée, beau sire? demanda la béguine d'un ton décidé.

— C'est que, pour la paix de l'époux qui vous était destiné, vous avez bien fait de renoncer au mariage ; car, par le Ciel ! vous êtes insupportable. »

Tristan n'attendit pas la réplique de la béguine, il tourna rapidement sur ses talons et nous rejoignit au détour de la rue. Une heure après, nous étions tous les trois sur la route de Cuença; un muletier nous servait de guide; et nous étions assez bien montés. Béatrice était assise sur une bonne mule, et Tristan et moi nous l'escortions de chaque côté. Je crus devoir suivre aussi longtemps que possible l'itinéraire indiqué par Torquemada, c'est-à-dire la route de Tolède à Barcelone, ayant soin de faire contribuer aux frais de notre voyage les meilleurs couvents de femmes qui se trouvaient sur notre route. Le sceau du grand-inquisiteur nous ouvrait toutes les portes. Béatrice, sur ma recommandation expresse, était la bienvenue dans ces maisons de Dieu, et l'on s'empressait de la choyer de toutes les manières. J'aurais pu user du même moyen pour Tristan et pour moi en nous faisant héberger dans les couvents d'hommes; mais je craignais de rencontrer quelque moine qui eût connu l'estafier. Je pouvais tout perdre en me montrant, il était plus prudent à moi de me dérober à la vue des hommes. Tristan et moi nous nous logeâmes dans les hôtelleries.

Après douze journées de marche nous arrivâmes à Téruel. Je pensai qu'il était temps de nous séparer de notre conducteur et de le renvoyer demander au révérend Torquemada le prix de la location des chevaux et de la mule qui nous avaient transportés. Je lui donnai à cet effet un bon sur le trésor inquisitorial de Tolède, et il partit. Tristan ayant reçu d'Esteban une somme assez forte, nous pûmes, grâce à la manière économique dont nous avions opéré notre voyage, acheter de nouvelles montures pour remplacer celles du muletier. Cette affaire terminée, nous nous mîmes en marche; mais au lieu de reprendre la direction de Barcelone, nous tournâmes vers le nord en longeant la frontière de l'Aragon, afin de gagner les monts Pyrénées, au pied desquels nous parvînmes au bout de quinze autres journées.

A cette époque, les juifs sortaient en foule de l'Espagne pour se mettre à l'abri des persécutions de l'inquisition. Comme ils emportaient avec eux leurs effets les plus précieux et beaucoup d'argent, ils étaient souvent harcelés et pillés par des bandes de voleurs qui s'étaient organisées dans ce but.

D'autres associations, plus fatales encore aux fugitifs, furent celles qui se formèrent non pour les piller, mais pour les persécuter. Sous prétexte de faire preuve d'un beau zèle pour la foi, des fanatiques se réunirent et donnèrent la chasse à ces malheureux juifs qui, bien que n'ayant jamais embrassé le catholicisme, étaient généralement désignés sous le nom d'hérétiques. De là le besoin pour les juifs de voyager par troupes de vingt à trente personnes, quelquefois davantage; de là encore l'obligation d'avoir des armes pour repousser les attaques des deux sortes de bandits, les voleurs et les fanatiques.

Le soir du jour où nous arrivâmes au pied des Pyrénées,

nous avions fait une halte dans un lieu écarté de la route. Nous voulions reprendre haleine avant de gravir les montagnes escarpées au delà desquelles nous allions chercher un asile. Le repos était d'ailleurs indispensable pour Béatrice surtout, en qui la fatigue avait allumé une fièvre ardente. Mon inquiétude était extrême sur l'issue de ce mal, car nous étions loin de tout secours, et j'aurais voulu ne point retourner sur mes pas. Au moment où nous nous consultions sur le parti à prendre, nous entendîmes du côté de la plaine que nous venions de traverser, un coup de sifflet auquel répondit au loin dans la montagne un signal de même nature.

Ces signaux étaient bien faits pour augmenter nos craintes; car, quels que fussent les bandits qui nous menaçaient en ce moment, il eût été aussi funeste pour nous d'être dévalisés, que d'être attaqués par des agents du saint-office. Nous fûmes bientôt convaincus que si des bandits rôdaient dans les environs, ce n'était pas nous qui excitions le plus leur ardeur. Peu d'instants après les signaux que nous avions entendus, nous distinguâmes le bruit des pas d'une troupe de voyageurs qui se dirigeaient rapidement de notre côté.

Lorsqu'ils furent près de nous, nous n'aperçûmes d'abord que des hommes, parce qu'ils formaient en marchant une espèce de carré au milieu duquel ils avaient enfermé les femmes et les enfants. A notre aspect, ils avaient pris une attitude menaçante; mais il ne nous fut pas difficile de les détromper de l'idée qu'ils avaient conçue que nous étions des ennemis pour eux. Je leur dis en peu de mots notre aventure, et ils nous apprirent qu'ils étaient des juifs.

La crainte de tomber entre les mains des bandits qui infestaient les routes de la Catalogne les avait engagés à se diriger vers les Pyrénées, route moins suivie et sur laquelle ils avaient moins à craindre d'être attaqués; mais ils avaient été trompés dans leur attente; car depuis la veille ils étaient suivis, surveillés et incessamment menacés par une troupe nombreuse de brigands qui n'attendaient qu'une occasion favorable pour les attaquer.

« Qu'un même sort nous réunisse, dis-je au chef de la caravane, comme vous nous fuyons la persécution ; donnez-nous place parmi vous ; que l'antique hospitalité de vos pères nous offre un asile dans vos rangs. Nous combattrons et nous mourrons ensemble. »

Le chef de cette caravane était un vieillard à l'aspect grave et noble ; il semblait un père vénéré au milieu de sa nombreuse famille ; véritable patriarche dont les mœurs étaient douces, l'autorité respectée, les conseils toujours suivis. Sur son ordre, on nous accueillit avec empressement, et les femmes surtout prodiguèrent toutes sortes de soins à Béatrice. Mais hélas ! le mal qui la dévorait faisait des progrès rapides. Pendant qu'on s'occupait de lui procurer quelque soulagement, le vieillard donnait ses ordres pour établir le campement de sa troupe. Des tentes furent dressées, des sentinelles placées en différents endroits ; puis on prépara les armes comme pour un combat. Ces armes étaient fort variées, chacun des voyageurs ayant apporté celles qu'il possédait au moment de son départ. Il y avait des lances, des javelots, des masses d'arme, des épées, des poignards, quelques cuirasses, quelques casques. Les bagages furent placés au centre du camp, avec les femmes et les enfants. Quant aux vieillards et aux adolescents même ils prirent place au milieu des combattants. Ceux qui avaient des chevaux se placèrent en avant et en arrière du camp, des deux côtés d'où étaient partis les signaux. Nous demandâmes, Tristan et moi, à figurer au premier rang, faveur qui nous fut accordée aussitôt. Nous étions une quarantaine de combattants.

Vers le milieu de la nuit la lune se leva. Les signaux se renouvelèrent dans la plaine et du côté de la montagne ; bientôt après les sentinelles placées en arrière du camp signalèrent l'arrivée d'une troupe de cavaliers, et se replièrent sur nous. Puis nous vîmes distinctement, grâce à la clarté de la lune, les cavaliers qui s'avançaient de notre côté. Quand ils furent à portée de la voix, ils crièrent : « Qui vive ! »

— Des voyageurs paisibles qui ne demandent que le passage libre pour franchir la montagne, leur fut-il répondu.

— Pourquoi voulez-vous passer de l'autre côté de la montagne ? Il faut que vous soyez marchands ou hérétiques.

— Nous ne sommes ni marchands ni hérétiques ; nous allons où bon nous semble, sans nuire à personne.

— Quelle garantie nous donnerez-vous de la sincérité de vos paroles?

— Qui êtes-vous, vous-mêmes, pour nous interroger? dit le vieillard qui nous commandait.

— Nous sommes des archers, fidèles serviteurs de la sainte inquisition, occupés, en son nom, de pourchasser les hérétiques qui emportent avec eux les richesses de l'Espagne.

— Arrière donc ! Car loin d'enlever les richesses de l'Espagne, nous n'emportons qu'une faible partie de ce qui est à nous.

— S'il en est ainsi, répliqua une voix qui ne m'était pas inconnue, livrez-nous deux otages, et laissez-vous visiter.

— Ni l'un ni l'autre, répliqua le vieillard, à moins que vous ne prouviez que vous n'en voulez ni à notre vie, ni à notre argent.

— Vous saurez bientôt qui nous sommes aux coups d'épée qui vont pleuvoir sur vos têtes, si vous n'envoyez sur-le-champ deux otages ici, répondit la même voix que j'avais déjà reconnue.

— Vos menaces ni vos coups d'épée ne nous inquiètent. Sachez que nous vous renvoyons les premières, et que pour les coups, nous vous les rendrons.

— Nous allons voir. »

Sur un ordre de leur chef, les archers se précipitèrent sur nous. Ils étaient une quinzaine. Nous les reçûmes avec un sang-froid dont ils durent être étonnés, car ils ne s'attendaient pas à éprouver tant de résistance. Celui qui commandait eut beau multiplier ses ordres pour retenir ses hommes, ils tournèrent bride après avoir échangé quelques coups avec nous, et prirent la fuite dans toutes les directions. Le cliquetis des armes, le mouvement du combat me rendirent toute ma première vigueur. Je me laissai emporter au feu d'une ardeur que je n'avais pas ressentie depuis longtemps, et, m'attachant aux pas de celui dont la voix m'avait frappé, je le poursuivis à outrance. De son côté, Tristan, qui ne m'avait point perdu de vue, poussait, l'épée dans les reins, un autre fuyard qui galopait à côté de celui que je poursuivais.

En peu d'instants nous fûmes hors de la vue des combattants des deux partis. Nous suivions la route et notre course était si rapide, que nous ne remarquâmes point un cavalier qui s'était rangé sur le côté du chemin pour nous laisser passer.

« A moi ! criait le fuyard que pressait Tristan, à mon aide ! seigneur Davila ; vous qui êtes sinon plus aguerri que moi, du moins mieux monté, me laisserez-vous périr sous les coups du juif dont l'épée me déchire déjà les reins ? A moi !... Qui que vous soyez qui me poursuivez, faites-moi grâce, et je vous promets de ne plus me mêler de vos affaires.

— Arrête, criait Tristan, si tu ne veux que mon épée te passe dans le corps jusqu'à la garde. »

Mais le fuyard, loin d'écouter Tristan, piquait plus vigoureusement son cheval, en invoquant le secours de son compagnon.

« Ne m'étourdis pas ainsi de tes cris, maudit poltron, répondit celui qui fuyait devant moi.

— Chacun son métier, criait l'autre. Seigneur Davila, vous étiez né pour être fiscal, moi pour dénoncer... Judas, mon patron, tire-moi de ce mauvais pas.

— Te tairas-tu, chien de bavard ? s'écria celui que je poursuivais avec une ardeur toujours nouvelle. »

En ce moment, un long coup de sifflet retentit dans la plaine, à deux cents pas de nous.

« Ah ! s'écrièrent en même temps les deux fuyards, voilà du secours ! A moi ! » s'écria le plus poltron de toute la force de sa voix.

Une grande clameur répondit à son appel. J'ordonnai aussitôt à Tristan de s'arrêter et je m'arrêtai moi-même pour rebrousser chemin. Je m'aperçus alors que nous étions assez loin de nos compagnons. Sans perdre de temps, nous tournâmes bride pour revenir à notre point de départ. Nous eûmes bientôt atteint le cavalier qui s'était rangé de côté pour nous laisser passer.

« Peste! dit-il quand nous fûmes près de lui et en faisant prendre à son cheval l'allure des nôtres pour pouvoir nous accompagner, quelle vitesse vous m'avez fait voir, seigneurs cavaliers!

— Esteban! nous écriâmes-nous, Tristan et moi, en le reconnaissant.

— Comment, c'est vous! dit-il avec joie.

— Par le Ciel! dit Tristan, il s'en est peu fallu que nous ne nous revissions jamais, car nous étions lancés de manière à les poursuivre jusque chez le grand-inquisiteur, s'ils n'avaient pas rencontré des compagnons.

— Le fait est que vous faisiez là un salutaire exercice. Mais quels ennemis vouliez-vous donc pourfendre?

— Des archers de fraîche date, des mal-appris qui sont venus sans raison nous attaquer, et que nous avons repoussés vigoureusement.

— N'étaient-ils que deux?

— Ils étaient une quinzaine.

— Et vous les avez mis en déroute à vous deux?

— Nous étions en force, car nous avons trouvé de nombreux compagnons.

— Et vous vous êtes attachés à ces deux fuyards?

— Les noms qu'ils se donnaient, dis-je, m'ont frappé d'étonnement. Je voudrais pour beaucoup avoir atteint ces deux hommes.

— Seraient-ils par hasard d'anciennes connaissances?

— Davila, Judas, fiscal, dénoncer, voilà les mots que j'ai saisis... Il serait bizarre que ces deux misérables se fussent trouvés au bout de nos épées, et que la vengeance ne nous eût pas mieux servis... Mais quelle apparence?...

— Attendez donc..., dit vivement Esteban, le fiscal n'est plus à Saragosse, on l'a privé de ses fonctions...

— Punition tardive, mais méritée!

— Depuis ce temps on ne sait à Saragosse ce qu'il est devenu.

Quelques-uns disent qu'il s'est affilié à des bandes de fidèles pour harceler les juifs qui veulent s'expatrier ; d'autres, jugeant mieux de l'homme et de ses mœurs, assurent qu'il est parmi des bandits pour piller et tuer les malheureux qu'il ne peut envoyer au bûcher.

— Le scélérat ! Et je l'aurais laissé échapper !

— Il paraît que sa destitution lui est parvenue le jour même de l'auto-da-fé de Tolède.

— S'il était coupable, pourquoi me brûlait-on ?

— En punissant l'accusateur et l'accusé, on est plus certain d'atteindre le coupable, dit Tristan.

— Depuis cet auto-da-fé, le grand-inquisiteur n'est plus abordable ; il est devenu soupçonneux, farouche ; il ne paraît que rarement en public ; la terreur et les remords l'agitent sans cesse ; le doigt de Dieu, comme disent ses suppôts en parlant des hérétiques, l'a marqué du sceau de la damnation. Votre nom, seigneur d'Abadia, s'échappe souvent de sa bouche dans ses moments de délire. Et quand il est plus calme, il ne peut l'entendre prononcer sans terreur.

— Je suis donc enfin vengé !

— Lorsque je voulus faire renvoyer Tristan, reprit Esteban, je me présentai chez le grand-inquisiteur, le soir même qui suivit l'auto-da-fé. Dès que je fus devant lui, je me disposai à lui faire un rapport très-détaillé sur les fautes prétendues que je voulais libéralement mettre sur le compte de mon gardien ; je commençai par lui rappeler les interruptions inconvenantes que Tristan s'était permises dans votre dernière entrevue, et je prononçai votre nom... Tout à coup, ses yeux brillèrent d'un éclat extraordinaire, il se leva brusquement, et, venant à moi, il s'écria plein de colère : « Taisez-vous ! chassez-moi ce gardien ! et sortez vous-même ! »

— L'exécution de ses ordres ne se fit pas attendre, dit Tristan, car une heure après j'ai reçu mon congé.

— Le lendemain, un des valets de Torquemada est venu s'informer si j'avais congédié le gardien. Je fis part à cet envoyé de l'accueil que j'avais reçu du grand-inquisiteur, et le valet à son tour me raconta qu'une scène à peu près semblable venait d'avoir lieu entre le grand-inquisiteur et lui, à la suite d'un rapport qu'il lui avait fait sur la manière dont Béatrice était sortie du béguinage. C'était encore votre nom qui avait excité sa colère. Je me promis de tenter une nouvelle épreuve pour mon propre compte. Je me fis donner par le valet les détails qu'il avait recueillis au béguinage; puis, dès qu'il fut parti, je pris chez l'hôtelier quelques informations indirectes sur vous; de là j'allai chez le muletier, dont la femme compléta de la manière la plus satisfaisante les renseignements que je voulais avoir. Une fois certain de votre heureux départ, je résolus d'aller prochainement chez le grand-inquisiteur essayer à mon tour de me faire congédier.

— Pressons un peu nos montures, dis-je en interrompant Esteban dans son récit, car nous sommes encore loin du lieu où nous allons, et il me semble entendre des pas de chevaux derrière nous.

— Trois jours après votre départ, reprit Esteban, je me rendis chez le grand-inquisiteur. Je le trouvai plus pâle et plus agité que jamais. Devant lui, sur sa table, était sa défense de licorne; cette table était chargée aussi de papiers du milieu desquels sortait une pointe d'acier qui ressemblait assez à celle d'un poignard. Il était, en un mot, dans les dispositions les plus capables de faire réussir mon projet. « Que voulez-vous encore? » dit-il d'un ton farouche, dès qu'il m'aperçut. J'avais de mon côté l'air le plus sombre, le plus taciturne que j'eusse pu prendre. « Je viens, répondis-je, vous avertir que l'hérétique d'Abadia m'est apparu cette nuit...

« — C'est faux!... s'écria le grand-inquisiteur.

« — En songe, m'empressai-je d'ajouter en voyant qu'il n'était pas disposé à croire à une apparition surnaturelle.

« — Qu'ai-je à faire de vos rêveries? reprit-il; laissez-moi.

« — Que votre révérence me pardonne cette importunité, continuai-je; mais trois nuits de suite, à la même heure, j'ai revu ce maudit hérétique d'Abadia.

« — Encore! s'écria le grand-inquisiteur, faut-il vous chasser d'ici? de Tolède? de l'Espagne? Quoi! toujours ce nom! Ne pourrai-je me délivrer de la vue de ceux qui ont connu cet homme? Ne vous ai-je pas dit de sortir? Laissez-moi...

« Je ne fis aucun mouvement pour lui obéir. Il ne put se contenir plus longtemps, et, dans sa colère, il saisit son poignard, et le brandissant vers moi : « Ne me résistez pas, s'écria-t-il, ou, par la sainte inquisition, je ne vous ferai pas attendre le châtiment. Je veux qu'aujourd'hui même vous quittiez Tolède... Vous ne pouvez plus servir le saint-office. »

« C'était ce que je voulais lui faire dire. Il appela aussitôt le personnage qui remplaçait auprès de lui l'estafier, et lui dit de m'accompagner à la prison, où je lui remettrais sur-le-champ les registres, les clefs et tous mes pouvoirs; ce que je ne manquai pas d'exécuter au plus vite, et bientôt je quittai Tolède. Je suivis vos traces jusqu'à Teruel. Là, mes renseignements m'apprirent que vous aviez quitté la direction de Barcelone pour prendre la route du Nord. Je me hâtai d'aller à Saragosse pour retirer des mains de mon dépositaire l'argent que je lui avais confié après l'avoir reçu de votre libéralité; j'appris là les particularités que je vous ai rapportées sur Davila, et j'ai bientôt repris mon voyage, me dirigeant aussi vers le point des Pyrénées où je supposais que vous alliez.

— Hâtons-nous, dit Tristan; Davila et sa bande s'approchent de plus en plus.

— Tant mieux, dit Esteban, s'ils reviennent, je serai charmé de vous avoir rencontrés assez tôt pour pouvoir me mêler de la partie... Mais qu'avez-vous fait de la jeune Béatrice?

— Elle est confiée aux soins des femmes juives dont les maris se sont si vaillamment conduits tout à l'heure contre les archers.

— Sont-ils nombreux? demanda Esteban.

— Ils sont une quarantaine d'hommes déterminés, comme le sont des malheureux qu'on persécute et qui ont à défendre ce qu'ils ont de plus cher au monde, leurs femmes, leurs enfants et leurs richesses.

— Et ils ont des armes?

— Suffisamment pour se défendre lorsqu'ils seront dans les montagnes.

— Qu'ils se hâtent de les gagner, car la troupe qui les a attaqués n'est pas seule dans cette contrée. Tous ces prétendus archers, fidèles défenseurs de la foi, ne sont en réalité que des bandits déguisés qui tiennent plus à l'argent des fugitifs qu'à leur conversion.

— Je n'en doute plus, dis-je, depuis que Davila en est le chef. »

En cet instant, nous distinguâmes parfaitement le bruit des chevaux de ceux qui nous suivaient.

Nous mîmes alors nos chevaux au galop, et un quart d'heure après nous arrivâmes au lieu du campement. Mais, ô malheur funeste! fatalité acharnée à ma poursuite! les juifs étaient partis! Dans quelle direction? Avaient-ils pris la route qui serpentait sur le flanc de la montagne? ou, comme ils en avaient exprimé l'intention, s'étaient-ils réfugiés dans la forêt qu'on apercevait à droite du champ où ils avaient campé? Nous ne pouvions hésiter longtemps, car les archers approchaient. Après avoir écouté attentivement si nous entendions quelque bruit qui pût nous guider du côté de la montagne, ou du côté de la forêt, nous nous trouvâmes plus irrésolus qu'auparavant, car le silence était complet dans ces deux directions. Cependant il fallait partir, sans quoi nous allions avoir sur les bras les cavaliers que nous avions poursuivis. Nous lançâmes à tout hasard nos chevaux dans la direction de la forêt, suivis de près par les archers qui nous avaient aperçus. Cette partie extrême de la forêt était fort étroite et formait une espèce de fer à cheval. Rien n'était donc plus facile que de nous investir et de nous couper toute retraite, d'autant plus que nous ne pouvions, avec nos chevaux, avancer bien loin dans des sentiers couverts et embarrassés de ronces et d'épines. Nous avions mis pied à terre; obligés de nous tenir sur la lisière de la forêt, nous entendions les discours de nos ennemis. Ils prenaient leurs mesures pour ne pas nous laisser échapper lorsque le jour serait venu, et il ne tarderait pas à paraître. Nous entendîmes Davila, car c'était bien lui qui commandait cette troupe d'archers ou soi-disant tels, dire à ses hommes :

« Il y aura bonne capture dans ce bois ; qu'ils soient juifs, hérétiques ou bandits, c'est tout un ; ils nous ont poursuivis, pas de quartier !... Judas, reste à ce poste, et au moindre bruit sonne de ta trompe... si la peur ne te prive pas de ton haleine.

— Oui », dit en tremblant celui à qui venait de s'adresser cet ordre.

Davila continua à donner des ordres pour se rendre maître de toutes les issues de cette partie de la forêt. Nous étions dans la position la plus périlleuse : nos chevaux, si nous restions dans la forêt, étaient un embarras pour nous ; si nous voulions nous en servir, il fallait rentrer dans la plaine, mais alors nous serions vus et poursuivis. Si du moins nous avions eu, en prenant l'une ou l'autre route, la perspective de rencontrer les juifs qui emmenaient Béatrice, nous n'aurions pas hésité longtemps à suivre les détours inconnus de la forêt, ou à nous précipiter dans la plaine.

Ce fut ce dernier parti qui nous parut le plus praticable et le plus propre à nous rapprocher de Béatrice. Le jour, qui commençait à poindre, ne nous permettait pas de balancer. Nous sortîmes du fourré. Judas ne nous attendit pas pour nous livrer passage, il s'éloigna à toute bride, mais il avertit ses compagnons en sonnant de sa trompe. Davila s'élança sur nos pas avec plus de célérité que de prudence, sans s'assurer s'il était suivi. Heureusement pour lui, trois de ses compagnons et Judas quatrième s'élancèrent dès l'abord sur ses traces ; les autres suivirent de plus loin.

Nous gagnâmes le chemin tortueux de la montagne. Nos ennemis étaient nombreux et bien armés ; les attaquer de front eût été vouloir succomber. Notre fuite les divisa. Un coup d'œil jeté en arrière nous fit connaître sur-le-champ notre position. L'ex-fiscal et Judas, mieux montés que leurs compagnons, avaient pris les devants ; quelques-uns des archers venaient après à des distances différentes, plusieurs s'étaient arrêtés, leurs chevaux refusant de gravir la pente pierreuse de la montagne, et il nous parut certain que d'autres ne tarderaient pas à s'arrêter aussi.

Après une demi-heure d'une ascension plus rapide qu'il ne semblerait possible de l'obtenir avec des chevaux sur la pente d'une montagne, nous arrivâmes sur un vaste plateau accidenté de rocs, de ravins peu profonds, borné d'un côté par une masse énorme de rochers qui semblaient avoir été la base inébranlable d'une colonne monstrueuse écrasée par le poids de plusieurs milliers de siècles, et dont les débris auraient été semés çà et là sur le plateau; de l'autre par une suite de pics si prodigieusement élevés, que leurs têtes chargées de neiges éternelles se perdaient dans les nuages. On voyait de ce plateau fort élevé tout le gigantesque troupeau de monts serrés les uns contre les autres, courant de l'est à l'ouest, de la Méditerranée à l'Océan; barrière immuable entre la France et l'Espagne, matériaux éternels amoncelés par la main infatigable de la nature, comme ces pierres que l'ouvrier entasse pour la construction d'un édifice.

Arrivés en cet endroit, n'apercevant plus nos ennemis d'aucun côté, nous laissâmes reposer nos chevaux harassés. L'herbe était rare, mais quelques broussailles leur tinrent lieu de fourrage : ils s'étaient d'ailleurs restaurés dans la forêt. Pendant ce repos, nous cherchâmes à découvrir les traces de ceux qui emmenaient Béatrice. Le jour était complet, notre vue s'étendait au loin, mais rien ne nous indiquait la présence ou le passage d'une troupe d'hommes dans ces parages. Quelles traces d'ailleurs pouvaient laisser les pieds sur un sol rocheux où les chemins n'étaient rien autre chose que les lits desséchés et pierreux des torrents qui se formaient souvent de la fonte des neiges? Nos recherches furent donc infructueuses. Si quelque chose pouvait nous rassurer, Tristan et moi, dans ce fâcheux contre-temps, c'était l'idée que ma fille se trouvait entre les mains de femmes qui lui avaient déjà prodigué mille soins sous nos yeux.

Un temps assez long s'étant écoulé sans que nous revissions

les archers, nous espérions en être délivrés pour toujours. Mais un signal résonna dans le lointain, et peu de temps après les archers parurent à l'extrémité du plateau que nous explorions. Cette fois, nous pûmes les compter, puisqu'ils ne se montraient que successivement. Ils étaient une vingtaine, à ce qu'il nous sembla. Ils nous observèrent d'abord sans faire aucun mouvement. La prudence leur commandait cette conduite, car nous pouvions nous être réunis à la caravane juive, et dans ce cas être en mesure de les battre encore une fois. Ils pouvaient supposer aussi que nos compagnons se dérobaient à leur vue derrière les masses de rochers épars sur le plateau ou dans le creux des ravins. Une bruyante clameur poussée au loin par un grand nombre de voix les confirma dans cette pensée. Etait-ce un appel que nous faisaient les juifs? étaient-ils attaqués eux-mêmes? allions-nous avoir affaire à de nouveaux ennemis?

En attendant que nous fussions éclairés à cet égard, nous étions remontés à cheval et nous ne perdions pas de vue Davila et ses compagnons. L'ex-fiscal parut leur indiquer diverses positions qu'ils devaient occuper. A mesure qu'il parlait, quelques cavaliers se détachaient du groupe et se dirigeaient vers les points que les gestes de leur chef semblaient désigner. Ces dispositions nous paraissant menaçantes, nous nous éloignâmes à toute bride.

Les archers, oubliant les ordres de Davila, se mirent à notre poursuite en suivant diverses directions. Comme la première fois, Davila et Judas prirent les devants sur leurs compagnons grâce à la vitesse de leurs chevaux. Une éminence formée par un roc se présenta, nous la tournâmes; Davila, Judas et deux autres archers la tournèrent à notre exemple. Plus loin, une fissure profonde et large de trois ou quatre pieds nous barrait le chemin; nos chevaux la franchirent sans broncher. Celui de Davila n'hésita pas non plus; ceux des deux autres archers sautèrent également; mais le cheval de Judas, aussi brave que le cavalier qu'il portait, s'arrêta soudain à la vue de cette crevasse sans fond. Judas en prit bien vite son parti, et au lieu de franchir le mauvais pas, il chercha par un long détour à l'éviter.

Nous étions donc, en ce moment, trois contre trois; les chances venaient de s'égaliser. Mais cette égalité ne fut pas de longue durée, car, au sortir d'un ravin, nous nous trouvâmes en face de deux nouveaux archers. Ceux-ci, au lieu de courir sur nos traces, avaient fait un circuit pour venir sur notre passage. S'ils eussent été habiles nous étions perdus. Mais leur surprise fut plus grande que la nôtre lorsqu'ils nous virent, comme s'ils ne s'étaient pas attendus à nous rencontrer; ils perdirent la tête. Quant à nous, qui avions préparé nos esprits à tout événement, nous les saluâmes en passant chacun d'un coup d'épée, et notre course qui ne s'était point ralentie reprit une nouvelle vitesse.

Nous n'avions pas le choix des routes sur ce terrain inconnu, aussi nous trouvâmes-nous engagés, sans nous en apercevoir, dans un chemin tortueux, espèce de défilé étroit et profond creusé par les torrents. Nous étions sur un sol sablonneux et doux. Des empreintes de pas nombreux et de différentes dimensions frappèrent nos regards; l'espoir nous revint avec la pensée que nous étions sur les traces des juifs. Mais nous courions avec moins de vitesse, car nos chevaux étaient épuisés, et la mobilité du sol, ainsi que la disposition du chemin, s'opposaient à leur rapidité. Nos ennemis gagnaient du terrain sur nous. Le chemin tourna brusquement, et, ce détour franchi, nous aperçûmes, à quelques centaines de pas, l'entrée d'une caverne. Plusieurs hommes qui se trouvaient en avant s'y précipitèrent dès qu'ils nous virent. Nouvelle inquiétude pour nous; le chemin n'avait pas d'issue de ce côté et nous étions poursuivis; nous allions être ainsi entre deux ennemis, si les gens de la caverne en étaient pour nous.

Cependant, nous étions fondés à croire que c'étaient les juifs que nous désirions retrouver. Ainsi, derrière nous le péril était certain; devant nous il était douteux: nous n'hésitâmes pas.

« En avant! » dis-je à mes deux compagnons.

Et nous piquâmes nos montures qui firent un dernier effort.

Encore quelques pas et nous entrions à toute bride dans la caverne vaste et élevée comme la nef d'une église. Le cheval d'Esteban s'abattit à cent pas de l'entrée. Tristan et moi nous nous arrêtâmes aussi promptement que nous le permit l'élan de nos chevaux, et nous revînmes vers lui pour le défendre. Il était engagé sous le corps de son cheval qui se mourait. Davila, puis deux archers, puis Judas, et enfin plusieurs autres arrivèrent successivement. Nous nous plaçâmes résolument entre eux et Esteban qui cherchait à se dégager. Je m'attachai à Davila, et celui-ci semblait, de son côté, n'en vouloir qu'à moi seul.

L'étroit défilé, ou plutôt la ruelle où nous étions, ne permettait pas à tous les archers de prendre part au combat en même temps; de sorte que, bien que n'étant dans le premier moment que deux, Tristan et moi, nous pouvions lutter avec avantage contre un nombre d'ennemis beaucoup plus considérable.

L'attention que nous mîmes dans l'attaque et dans la défense ne nous permit pas de surveiller les mouvements de tous nos adversaires. Aussi l'un d'eux eut-il la faculté de s'éloigner, sans être aperçu, du champ de bataille. Il revint à l'extrémité de l'éminence de terre et de pierres qui se trouvait à l'entrée du chemin creux et qui, s'élevant insensiblement le long du chemin à mesure qu'il se prolongeait, finissait par atteindre une grande hauteur en s'unissant au terrain qui recouvrait la caverne. Il mit pied à terre, attacha la bride de son cheval à un quartier de roc, et gravit en rampant, pour n'être pas aperçu, jusqu'à la hauteur d'Esteban qui, gêné dans ses efforts, ne pouvait parvenir à se dégager de dessous son cheval mort. Arrivé là, cet homme descendit, grâce aux profondes anfractuosités du terrain, jusque dans le chemin creux, et il se précipita sur Esteban. Celui-ci, qui apercevait le danger, avait fait tous ses efforts pour tirer son épée du fourreau; mais ce fourreau s'était courbé, l'épée était brisée, et Esteban se trouvait sans défense et à la merci d'un traître bien armé.

« A moi ! s'écria Esteban. »

Son cri et son air menaçant éveillèrent les craintes de son ennemi qui n'avança plus qu'avec précaution.

« Va, dis-je à Tristan. »

Celui-ci tourna bride aussitôt et se précipita vers Esteban; mais ce fut pour être témoin de la mort du plus dévoué de tous les hommes. Le traître qui venait de se glisser vers lui le frappait de sa dague à la gorge. Tristan ne fit pas attendre à Esteban sa vengeance. Il mit pied à terre, et, après quelques instants de combat, abattit le traître qui venait de tuer un homme sans défense : ce traître était Judas.

Tout cela se passa en beaucoup moins de temps que je n'en mets à le raconter. Tristan reprit son cheval et revint à moi. J'avoue qu'il était temps ; j'étais vivement pressé par Davila et deux autres archers dont je parais les coups sans pouvoir leur en porter à mon tour.

Cependant, les hommes qui, dans leur frayeur, nous avaient pris pour des ennemis et s'étaient enfoncés dans les profondeurs de la caverne, entendant un cliquetis d'armes, vinrent s'assurer de la cause du combat. Nous reconnaissant à nos costumes et voyant quel danger nous courions, plusieurs sortirent de la caverne, et se hâtèrent de venir se mêler au combat; pendant ce temps, d'autres gravissant la hauteur par où Judas s'était glissé jusqu'à Esteban, coururent rapidement à l'entrée du chemin pour prendre à dos Davila et ses compagnons au nombre de six. Grâce à cette manœuvre, nous nous rendîmes maîtres de ces brigands. Ils furent aussitôt désarmés et garrottés, après quoi nous les entraînâmes dans la caverne. On y transporta également le corps d'Esteban, et Judas qui respirait encore.

Ai-je besoin de dire que je me retrouvais avec les juifs qui nous avaient rencontrés la veille? Je demandai ma fille. Le vieillard, chef des fugitifs, me prit la main, et me la posant sur le cœur :

« Ta fille n'aura bientôt plus d'existence que là, dit-il d'une voix grave.

— Que dites-vous? » s'écria Tristan d'un air consterné.

Pour moi, je ne compris que trop bien la pensée du vieillard. On nous conduisit à un angle obscur de la caverne. Là, Béatrice, près de rendre le dernier soupir, était couchée sur un lit de peaux de moutons et recouverte d'un manteau; plusieurs femmes l'entouraient. La nuit précédente, peu de temps après nous être mis à la poursuite des archers, un délire violent s'était déclaré; il venait de cesser, mais pour faire place à un accablement qui détruisait tout espoir de la sauver. J'eus besoin de recueillir toutes les forces de mon âme pour supporter ce nouveau coup; et moi, accablé de tant de misères, il me fallut encore trouver des paroles pour calmer le désespoir de Tristan.

Cependant, la raison était revenue peu à peu à Béatrice; elle nous reconnut.

« Je n'espérais plus vous revoir », dit-elle avec peine.

Et un vif sentiment de joie ranima pour un instant son visage décoloré.

« Tristan, ajouta-t-elle, donnez-moi votre main. »

Tristan se mit à genoux à côté d'elle et posa sa main dans la sienne.

« Pourquoi pleurez-vous? nos malheurs touchent à leur terme... Oh! comme nous allons être heureux!... Mon Tristan, ne voulez-vous plus être mon époux?

— Béatrice! s'écria Tristan, c'est de vous que j'attends ce titre sacré.

— Tenez, dit Béatrice, voici l'anneau que vous me donnâtes autrefois de la part de mon père... J'ai promis de vous le rendre en sa présence... Mon père, y consentez-vous?

— N'êtes-vous pas mes deux enfants? dis-je en étouffant mes sanglots.

— Bénissez donc, ô mon père, le serment que je fais à Tristan de n'être qu'à lui. Oui, mon Tristan, je suis ta bien-aimée, ton amante, ta femme. »

En disant ces mots, elle remit au doigt de Tristan l'anneau d'or que j'avais donné à ce dernier quelques instants avant la mort d'Arbuez. Tristan, se penchant vers elle, la souleva légèrement, et un chaste et suprême baiser cimenta l'union de nos deux enfants. Cette scène avait rempli de recueillement tous ceux qui en étaient les témoins, et une douce illusion dissipant nos craintes, nous espérâmes que Béatrice ne serait point ravie à notre tendresse. Mais, hélas! cette illusion fut courte et ne servit qu'à rendre notre désespoir plus cruel. La mort fut inexorable, elle nous enleva notre malheureuse Béatrice avant la fin de la journée.

Vers le milieu de la nuit, le vieillard vint me trouver et me dit :

« Tu n'oublies pas, mon fils, qu'il faut quitter ces montagnes dès que le jour paraîtra ; décide donc de quelle manière tu veux que les restes vénérés de ton enfant soient rendus à la terre. Si tu es chrétien, prie sans crainte suivant ta foi ; le fanatisme nous est en horreur, et nous serions aussi fanatiques que les inquisiteurs, si nous prétendions t'imposer une croyance qui ne soit pas la tienne.

— Je suis avec vous, m'écriai-je, et je n'ai pas d'autre Dieu que le vôtre.

— S'il en est ainsi, permets que nos prières s'unissent aux tiennes, et que nos cérémonies consacrent le lieu où ta fille a trouvé le repos. »

Les femmes juives rendirent alors les derniers devoirs à Béatrice. Deux tombes furent creusées dans le roc au fond de la caverne, une pour Béatrice, l'autre pour le généreux Esteban. Ces deux infortunés furent inhumés suivant le rite des juifs. Nous amoncelâmes sur ces deux tombes de gros quartiers de rocher pour les défendre contre les attaques des bêtes sauvages.

Une de ces tombes devait bientôt être rouverte.

Dès que le jour fut arrivé, le vieillard vint encore me trouver.

« L'heure de partir est venue, dit-il, que ferons-nous de nos prisonniers ? »

Cette question me rappelant que le premier auteur de tous

Le vieillard priant sur le tombeau de Béatrice.

mes malheurs était entre mes mains, je répondis au vieillard, pendant que nous allions auprès des prisonniers :

« Un de ces hommes m'appartient; nul que moi ne doit décider de son sort. Quant aux autres, disposez-en à votre volonté.

— Choisis donc, me dit le vieillard, dès que nous fûmes auprès des prisonniers, et que les autres s'en aillent en liberté, si tu y consens.

— J'y consens, dis-je aussitôt.

— Et vous, mes enfants? demanda le vieillard en s'adressant à ses compagnons.

— Notre père a décidé, dirent tous les assistants, qu'il soit fait suivant son désir.

— Faites avancer ces hommes. »

On amena les prisonniers devant le vieillard.

« Quel est celui que tu choisis parmi eux pour le retenir? me demanda-t-il.

— Celui-ci, dis-je en désignant le fiscal.

— Tu veux tirer vengeance de cet homme, sans doute?

— Je veux qu'il expie ses crimes. Sa mort vengera l'humanité.

— Pense encore, mon fils, que la vie est courte, et que la vengeance laisse souvent des remords après elle. Si cet homme t'a offensé, vois, mon fils, si son offense est de celles qui se pardonnent.

— Eh bien, dis-je, écoutez son histoire, et prononcez entre lui et moi.

— Ainsi, tu t'opposes à sa mise en liberté?

— Oui.

— Qu'on le retienne donc. Quant à vous, ses compagnons, allez rapporter aux inquisiteurs et notre générosité pour vous, et notre mépris pour eux. »

Les prisonniers s'éloignèrent, et Davila fut retenu. Judas, les voyant partir et ne pouvant les suivre à cause de la blessure que Tristan lui avait faite, les pria d'une voix lamentable de l'emporter. Ils se disposaient à le faire.

« Ce misérable doit subir la destinée de son digne patron, dit Tristan, puisqu'il a imité ses crimes.

— Laissez-le, dit alors le vieillard aux prisonniers qui sortirent aussitôt de la caverne.

— Que t'ai-je fait de plus que les autres, me dit Davila, pour en vouloir à ma liberté et à ma vie?

— Ce que tu m'as fait?... Ne m'as-tu pas encore regardé? ou suis-je donc changé au point que tu ne puisses me reconnaître? »

En disant ces mots, je me découvris la tête, je jetai le manteau qui couvrait mes épaules, et je me rapprochai du fiscal.

« Faut-il, ajoutai-je, que je te rappelle toute ton infâme conduite?

— D'Abadia! murmura le fiscal en me reconnaissant.

— Lui-même, prêt à te demander compte de tes crimes.

— Mes crimes, si j'en ai commis, sont le résultat de ma position; j'étais fiscal, j'accusais par état.

— Et tu payais des dénonciateurs pour te venger de ceux qui te méprisaient... Mais c'est assez. Tu ne prétends pas me convaincre de ta vertu, et voici tes juges, dis-je en montrant le vieillard et ses compagnons; qu'ils écoutent, et qu'ils prononcent. »

On se serra autour de moi pour mieux entendre, et je racontai brièvement tous mes malheurs, depuis ma première pénitence jusqu'à ma sortie des cachots de Tolède la veille de l'auto-da-fé, et jusqu'à la mort de Béatrice et d'Esteban qui venaient de succomber sous mes yeux.

« Si tu nous demandes notre avis, me dit le vieillard dès que j'eus terminé mon récit, nous te dirons que ces deux hommes méritent la mort.

— La mort la plus cruelle et la plus ignominieuse, dirent les assistants.

— Faites de ce misérable ce que vous voudrez, dis-je au vieillard en parlant de Judas; vous avez été témoin de son dernier exploit. Toute sa vie n'est qu'une suite de trahisons, de calomnies, de lâchetés... Le supplice le plus infâme sera le plus digne de lui. Punissez-le.

— Son digne patron, reprit aussitôt Tristan, après avoir trahi un homme qui ne lui avait fait aucun mal, s'est pendu. Que ce traître soit donc pendu comme Judas dont il porte le nom. »

Sur l'ordre du vieillard, quatre des plus robustes saisirent Judas et l'emportèrent à l'entrée de la caverne où ils eurent bientôt établi une potence. Au moment d'y être suspendu, Judas se mit à pousser de grands gémissements et à demander grâce; puis, voyant qu'il n'était pas écouté, il implora quelques minutes de répit pour recommander son âme à Dieu, « regrettant, disait-il, de ne pouvoir se confesser »; toutes choses qui dénotaient sa lâcheté plutôt que son repentir. Il fut pendu en présence de Davila, que cette exécution ne laissa point insensible, car il devint pâle comme un mort quand il vit les terribles mouvements de son digne serviteur.

« Maintenant, dit le vieillard, que décides-tu relativement à cet autre prisonnier?

— Puisque sa main sait tenir une épée, répondis-je, qu'il défende sa vie contre moi.

— Il ne mérite pas tant d'honneur, s'écria Tristan pendant que nous gagnions l'entrée de la caverne. Quoi! le scélérat qui a osé réclamer contre vous et contre Béatrice les tortures et les bûchers se battrait en combat singulier contre un noble et loyal seigneur! non, par le Ciel! non! »

Je priai le vieillard de faire rendre à Davila son épée, et prenant la main de Tristan :

« Tristan, lui dis-je, mon bras est sûr et ferme, et je ne veux pas qu'il meure d'une autre main que la mienne.

— Mais le plus lâche, le moins habile, peut quelquefois surprendre le plus brave et le mieux aguerri.

— Je veux lui percer la gorge avec l'épée même de l'estafier de Torquemada. Une pareille épée ne pouvait se tremper que dans un sang ignoble.

— Puisqu'il faut un combat singulier, dit Tristan, c'est contre moi qu'il se battra.

— Crains-tu donc que je ne succombe? ou n'ai-je pas assez d'injures à venger? Et quand il me tuerait, d'ailleurs, que laissé-je, après moi?

— Eh! qu'ai-je moi-même à regretter, si c'est moi qui meurs! ne laissons-nous pas ici tout ce que nous avions de plus cher au monde? O Béatrice! c'est à moi de te venger! »

Tristan tira aussitôt son épée et attaqua le fiscal qui se mit en défense, mais si maladroitement, que je fus bientôt rassuré sur l'issue du combat. Nous étions dans le chemin, à quelques pas de l'entrée de la caverne. Tous les compagnons du vieillard nous avaient suivis. Une sorte de muraille de pierre et de terre s'élevait de chaque côté du chemin; les enfants et les femmes se placèrent sur les pierres en saillie, et les hommes se rangèrent autour des combattants de manière à laisser libre l'espace nécessaire à leurs mouvements. J'avais aussi l'épée à la main, et je suivais avec attention tous les mouvements des deux adversaires. Il fut bientôt évident pour moi que Tristan faisait des fautes volontaires qui l'eussent bientôt perdu s'il avait eu affaire à un homme quelque peu habile. Non-seulement il ne profitait pas des fautes de son adversaire, mais il semblait encore mettre de l'affectation à laisser sa poitrine à découvert. Une vive anxiété avait remplacé ma première confiance. Tristan était habile, je le savais, et je ne m'expliquais point d'abord la raison de sa conduite. Mais, hélas, je ne tardai pas à comprendre sa fatale intention. Je voulus l'avertir alors, le détourner de son dessein, il était trop tard. Tristan tombait au même moment frappé au cœur du coup d'épée du fiscal; il s'était enferré lui-même. Sa mort fut prompte comme la foudre. Le malheureux Tristan, désespéré de la perte de Béatrice, n'avait pas voulu lui survivre.

Ainsi, tout ce que j'aimais avait péri de la main ou par suite des trames criminelles de ce Davila. Que n'avait-il plusieurs existences pour que je pusse les lui arracher!

Je m'élançai sur lui; soit que ma main qui n'avait pas tenu

d'épée depuis six années au moins eût perdu toute sa souplesse, soit que la fureur qui s'était emparée du fiscal lui tînt lieu d'adresse, il se défendit longtemps, me blessa et faillit même me tuer, m'étant heurté le pied contre le corps du malheureux Tristan. Mais à mon tour j'attaquai le fiscal avec furie. Quelques instants ne s'étaient pas écoulés, que le corps de ce misérable roulait auprès de celui de mon fils Tristan.

On suspendit ce cadavre au gibet de Judas. Quant au corps de Tristan, je le fis mettre dans la tombe de Béatrice, funèbre lit nuptial de deux enfants nés pour être heureux, mais que les malheurs de ma vie avaient enveloppés d'un réseau inextricable.

Comme nous finissions cette triste cérémonie, quelques-uns des juifs qui étaient restés hors de la caverne amenèrent un pâtre qui gardait des chèvres dans les environs. Nous le forçâmes de nous servir de guide pour achever notre voyage dans les montagnes, et le lendemain nous descendions enfin le penchant des Pyrénées qui est du côté de la France. Le soir, nous étions dans le comté de Comminges. Après quelques jours de repos, je me séparai de mes généreux compagnons pour me rendre à Toulouse, où j'avais envoyé depuis longtemps la moitié de ma fortune.

Depuis ce temps, je vis dans la tristesse, seul, sous un nom supposé, maudissant tous les jours l'inquisition et Torquemada, doutant de la raison de mes semblables, certain de leur iniquité quand le fanatisme trouble leur esprit, et faisant des vœux pour que ma belle patrie soit délivrée un jour du serpent qui la dévore.

Six ans encore le farouche Torquemada exerça ses fureurs sur ma patrie. Il n'avait plus que le souffle, la vie lui échappait déjà qu'il ordonnait encore des exécutions, qu'il allumait encore des bûchers. Que sa mort apprenne, du moins à ses successeurs, à respecter l'humanité. Il mourut dans son lit[1], il est vrai, mais ses derniers moments furent ceux d'un damné. Le remords fit paraître devant ses yeux tout l'effrayant cortége de ses victimes horriblement mutilées, le troublant de leurs

[1] En 1498.

cris, de leurs malédictions ; en vain il criait grâce, elles étaient enfin inexorables à leur tour comme il l'avait été pour elles.

Nota. Ici se terminent les *Mémoires d'une victime du saint-office*. D'Abadia n'est point un personnage imaginaire ; il vivait réellement du temps de Torquemada, et fut une des innombrables victimes du saint-office ; il mourut deux ans après avoir écrit l'histoire de sa vie. Bien que les *Mémoires* qui lui sont attribués donnent des détails suffisants sur les causes de l'établissement de l'inquisition, sur ses progrès, sa procédure, ses cachots, ses pénitences, ses exécutions cruelles, en un mot sur tout ce qui peut servir à dévoiler la perfidie, l'inhumanité de cette exécrable institution, nous allons ajouter à ces détails historiques un dernier chapitre. Il comprendra les faits les plus curieux et les procès les plus extraordinaires qui ont eu lieu sous les successeurs de Torquemada, depuis Deza, le second inquisiteur-général, jusqu'à François Mier y Campillo, qui fut le dernier en 1820.

CHAPITRE VII [1].

Les successeurs de Torquemada. — Procès curieux et extraordinaires. — Destruction du sanglant tribunal. — Tableau général des victimes de l'inquisition d'Espagne.

Don Diègue Deza, archevêque de Séville, fut le deuxième grand-inquisiteur. Digne successeur de Torquemada, il commença l'exercice de ses fonctions en promulguant des ordonnances propres à donner plus d'activité au tribunal de l'inquisition, qui pourtant ne laissait rien à désirer sous ce rapport. Grâce à ses instances et à son zèle

[1] La plupart des détails renfermés dans ce chapitre sont tirés des précieux documents sur l'inquisition laissés par Antonio Llorente, et réunis sous le titre d'*histoire critique de l'inquisition d'Espagne*.

fanatique, l'inquisition fut établie en Sicile, à Naples, à Grenade. Les Maures qui étaient restés en Espagne en furent chassés; les juifs essuyèrent de nouvelles persécutions. Deza souleva tant de haine contre lui, qu'il fut obligé de se démettre de son ministère. Il échut à Ximenès de Cisneros, archevêque de Tolède, dont il est question dans les *Mémoires*.

Ximenès fut élu au moment où la conspiration contre le saint-office était devenue presque générale. Lucero, inquisiteur de Cordoue, n'avait pas peu contribué à exciter l'aversion par son caractère dur et son zèle aveugle : aussi l'appelait-on le *Tenebrero*, le *ténébreux*, par opposition à son nom de *Lucero*, qui veut dire *lumineux*. On trouve dans les correspondances de cette époque ces lignes :

« Pour ce qui est de la conduite des affaires de l'inquisition, le moyen qu'on a pris a été de s'en rapporter absolument à l'archevêque de Séville, à Lucero et à Jean de la Fuente, qui ont déshonoré toutes ces provinces et dont les agents ne reconnaissaient pour la plupart ni Dieu ni justice, tuant, volant et outrageant les filles et les femmes, à la honte et au grand scandale de la religion. Les dommages et les malheurs que les mauvais ministres de l'inquisition ont causés sont si grands et si multipliés, qu'il serait impossible, à qui que ce fût, de n'en être pas vivement affligé [1]. »

Le cardinal Ximenès de Cisneros avait du talent, des connaissances et de l'équité. Né pour les grandes entreprises, il avait reçu de la nature ce degré d'ambition sans lequel les grands hommes seraient peut-être inconnus sur la terre; et cette impulsion de son âme l'avait fait appeler à la tête d'un établissement dont il était l'ennemi. En effet, Ximenès avait fait de grands efforts pour s'opposer à l'invasion de l'inquisition en Castille. Quand elle y fut établie, il en demanda la réforme en insistant surtout sur la nécessité d'abolir le secret de la procédure. Puis, lorsqu'il fut à la tête du redoutable établissement, il s'opposa aux réformes qu'il avait proposées lui-même; il étendit l'inquisition aux Canaries, à Cuença, à Oran,

[1] Lettre de *Gonzalo de Ayora*.

et jusqu'en Amérique. Tant le plaisir de gouverner trouble l'esprit des hommes les plus sages; tant l'humanité est sujette à l'erreur et à la contradiction !

Parmi le grand nombre de procès qui furent jugés sous le ministère de Ximenès, en voici un qui mérite d'être rapporté. En 1511, celui d'une femme, connue sous le nom de *la Béate*, fit beaucoup de bruit. Son père était un laboureur de Piedrahita, dans le diocèse d'Avila.

Élevée à Salamanque, elle se livra avec tant d'ardeur aux exercices de l'oraison et de la pénitence, que son esprit, affaibli par les austérités, en fut troublé, et qu'elle tomba dans des illusions. Elle prétendait voir continuellement Jésus-Christ et la Sainte Vierge, et leur parlait devant tout le monde, comme s'ils eussent été présents pour l'entendre. Elle se disait l'épouse de Jésus-Christ, et, persuadée que la Sainte Vierge l'accompagnait partout, elle s'arrêtait à toutes les portes où elle voulait entrer, se rangeait comme pour céder le pas à quelqu'un qui aurait été avec elle, et assurait que la mère de Dieu la pressait de passer la première en qualité d'épouse de Dieu, son fils ; honneur qu'elle refusait par humilité, en disant assez haut pour être entendue : « O Vierge ! si vous n'aviez pas enfanté le Christ, je n'aurais pas obtenu d'être son épouse; il convient que la mère de mon époux passe avant moi. »

Elle était continuellement en extase; la raideur de ses membres et de ses nerfs était alors si grande pendant que ses mains et son visage perdaient leur couleur naturelle, qu'il semblait que ses doigts n'eussent plus d'articulations, et que son corps fût incapable d'exécuter aucun mouvement. Le peuple était persuadé qu'elle faisait des miracles.

Le roi, ayant été informé de tout ce qui se passait, ordonna qu'on la fît venir à Madrid. Il lui parla, ainsi que le grand-inquisiteur; des théologiens de tous les ordres furent consultés, mais ils ne furent point d'accord. Les uns disaient que cette fille était une sainte; les autres, qu'elle était plongée dans l'illusion et dominée par le fanatisme. Personne ne l'accusait d'hypocrisie ni de mensonge, et c'était peut-être là qu'il fallait chercher la véritable cause de l'état de cette femme.

On s'adressa à Rome pour savoir ce qu'on devait faire, et le pape chargea son nonce et deux évêques de découvrir la vérité et d'arrêter le scandale dans sa source, s'il était prouvé que l'esprit de Dieu n'eût aucune part à l'état de cette fille. Le roi et le grand-inquisiteur avaient bonne opinion de la béate et la croyaient inspirée. Les commissaires du pape ne trouvèrent rien à reprendre dans sa conduite ni dans ses discours, et ils crurent qu'il fallait attendre que la Providence fît connaître si l'esprit qui l'animait était de Dieu ou du démon.

Les inquisiteurs entreprirent de lui faire son procès en examinant si les apparitions qu'elle disait avoir, et les discours qu'elle prononçait dans ces circonstances, ne devaient pas la faire soupçonner coupable de l'hérésie des *illuminés*. Mais, comme le roi et l'inquisiteur-général de Castille semblaient la protéger, elle se tira heureusement de cette épreuve, et son état continua d'être un problème.

Cette heureuse fin d'une affaire qui n'avait pu avoir pour cause que l'imposture ou la folie, forme un contraste singulier avec la peine du feu que subirent plusieurs milliers d'hommes, pour avoir refusé de travailler le samedi, ou commis d'autres actions aussi insignifiantes, mais qui n'en étaient pas moins regardées comme des preuves de judaïsme.

Ximenès mourut et eut pour successeur le cardinal Adrien, évêque de Tortose. Jamais l'inquisition d'Espagne ne fut aussi sérieusement menacée d'être détruite que sous cet inquisiteur-général. Charles-Quint était jeune alors, et il s'était rendu en Espagne avec la ferme résolution d'y abolir l'inquisition. Son précepteur, Guillaume de Croy, Jean Selvagio, son grand-chancelier, et d'autres savants jurisconsultes qui jouissaient de sa confiance lui avaient inspiré cette résolution. Déjà une ordonnance excellente, qui réformait tous les abus des lois inquisitoriales, était prête et allait être promulguée, lorsque le chancelier Selvagio mourut, laissant au cardinal Adrien toute liberté de changer les bonnes intentions de Charles-Quint. Le jeune roi devint bientôt le protecteur passionné de l'inquisition.

Adrien ayant été élu pape, don Alphonse Manrique, archevêque de Séville, lui succéda en qualité d'inquisiteur-général en 1523. Sous cet inquisiteur eurent lieu les procès suivants.

Le 8 du mois de décembre 1528, une certaine Catherine, domestique de Pierre Fernandez, lieutenant du comte de Benavente, dénonça un Mauresque nommé Jean Médina, chaudronnier, habitant du lieu de Benavente et natif de Ségovie, vieillard de soixante-onze ans. Elle dit que, vers 1510, c'est-à-dire dix-huit ans auparavant, elle avait demeuré pendant un an et cinq semaines dans la même maison que le dénoncé, avec Pierre, Louis et Béatrice Médina ses enfants, et un autre Pierre qui était son gendre. Elle s'aperçut que ni Jean ni ses enfants ne mangeaient jamais de la viande de porc et qu'ils s'abstenaient de boire du vin; qu'ils se lavaient les pieds et les jambes et la moitié du corps tous les samedis et les dimanches, suivant l'usage des Maures; elle ajouta qu'elle n'avait vu faire cette dernière action qu'à Jean, et jamais à ses fils, parce qu'ils s'enfermaient dans une chambre pour se laver.

Sans autre information ni preuve, les inquisiteurs de Valládolid sommèrent Jean de venir se mettre à la disposition du tribunal. Ils lui firent les questions générales ordinaires, auxquelles Jean répondit qu'il avait été baptisé en 1502, et qu'il ne se souvenait point d'avoir rien fait ni rien vu faire à personne, depuis ce moment, de ce qui était commandé dans la loi de Mahomet.

Le procureur fiscal ayant présenté son acte d'accusation, Jean avoua, dans sa réponse, qu'il n'avait jamais mangé de la chair de porc, ni bu du vin, puisqu'il n'en faisait aucun usage; peut-être parce que, ayant été baptisé à l'âge de quarante-cinq ans, il n'avait eu aucune envie de manger de l'une ni de boire de l'autre, et qu'il n'avait pas voulu en prendre l'habitude, après s'en être passé pendant si longtemps; qu'il était également certain qu'il s'était lavé tous les samedis au soir et tous les dimanches matin, parce que son métier de chaudronnier l'obligeait de le faire; mais que celui qui avait donné un mauvais sens à toutes ces actions était certainement coupable d'une intention criminelle.

Les inquisiteurs admirent la preuve des faits, et lui en communiquèrent le résultat, qui n'était que la dénonciation elle-même. L'accusé se défendit par les mêmes raisons qu'il avait alléguées. Il établit un interrogatoire de cinq articles; les deux premiers tendaient à prouver son catholicisme, les trois autres, à justifier la récusation qu'il faisait des personnes désignées, entre autres de sa dénonciatrice, qui était blanchisseuse, et qui était devenue, disait-il, son ennemie déclarée, depuis une vive querelle qu'ils avaient eue ensemble, et à la suite de laquelle il avait cessé de lui donner son linge à blanchir; outre qu'elle jouissait d'une mauvaise réputation et qu'on savait généralement qu'elle avait l'habitude de tromper et de mentir.

Le 18 mars 1530, il fut décrété que Jean serait menacé d'être mis à la question, et que pour cela il serait enfermé dans le *cachot du tourment*. S'il s'avouait hérétique, on devait revoir le procès, et s'il persistait à tout nier, il ne devait être puni que d'une légère amende pécuniaire. Il fut cité pour la seconde fois, et sommé de se rendre dans les prisons du saint-office. La terrible menace de la torture lui fut faite, et afin d'en rendre l'effet plus sûr, on le dépouilla de ses vêtements, et il fut attaché au chevalet.

Le respectable vieillard conserva toute sa fermeté; il déclara qu'il ne pouvait dire autre chose sans mentir, et que tout ce qu'il ajouterait lui serait arraché par la crainte des tourments. On l'éloigna de ce théâtre de douleur et on le remit en prison; enfin, il en fut tiré pour paraître dans un *auto-da-fé* public, tenant un cierge à la main. Il entendit la lecture de son jugement portant qu'il était acquitté à l'égard de l'*instance*, mais que l'inquisition le condamnait à payer une somme de quatre ducats comme frais de procès, pour le soupçon d'hérésie dont il était toujours prévenu.

Le fond et le mode de cette procédure effrayent par leur injustice, et l'imagination ne peut trouver de tribunal comparable à celui-ci. Combien on doit regretter que la généreuse Espagne ait secoué un joug aussi glorieux, et que les inquisiteurs se soient perdus par leurs excès mêmes ! Cependant ne désespérons pas de les revoir; l'ultramontanisme n'est pas mort, et, les jésuites aidant, nous pourrons être encore témoins de nouveaux miracles de fanatisme.

Ce fut sous le cinquième inquisiteur-général que les opinions de Luther, Calvin et autres réformateurs commencèrent à se répandre. La circulation des livres étant un des moyens les plus sûrs de propager une doctrine, on prit, dans cette circonstance, les mesures les plus sévères pour l'empêcher. Visites domiciliaires, censures, anathèmes, *auto-da-fé* de livres, d'estampes, de tableaux; tout fut mis en usage. On en vint au point de s'attaquer aux éventails, aux tabatières, aux miroirs, aux meubles, lorsqu'on y découvrait quelque figure mythologique qui paraissait trop indécente. Mais, d'un autre côté, on laissait circuler librement des livres pleins de superstitions et de mensonges, faits pour tromper les hommes simples et les femmes crédules, en leur persuadant qu'il était accordé des indulgences plénières à tous les pécheurs, pour une courte prière adressée au saint ou à la sainte dont l'image était vénérée dans tel ou tel couvent; pour porter un scapulaire, une médaille ou une relique; pour baiser un os que l'on croyait, sans raison ni preuve, être une dent mâchelière de sainte Polonie, ou un os de la poitrine de sainte Agathe, ou des yeux de sainte Lucie, des reins de saint Raymond, de l'épine de sainte Rita de Casia ; ou pour porter seulement le chapelet, pour baiser la robe d'un moine, ou habiller quelque saint de l'église de son couvent; et enfin, une foule d'autres faveurs imaginaires pour des pratiques futiles que le goût faisait substituer à des œuvres d'une piété solide et raisonnable.

Ce fut sous le même Manrique que l'inquisition eut à s'occuper aussi particulièrement de la secte des sorciers. « Les adorateurs du démon sont aussi anciens dans le monde que l'opinion des philosophes qui ont supposé l'existence de deux principes opposés l'un à l'autre, et occupés à conserver et à gouverner l'univers : l'un, principe du bien, ou *Oromaze*, *Dieu;* l'autre, principe du mal, ou *Arimane, diable, démon, Satan,* ou *Lucifer.* »

La doctrine des deux principes une fois introduite dans le monde, il s'est trouvé, dans tous les temps, des hommes pervers qui ont adoré le démon. Il est à remarquer, en effet, « que souvent ces prétendus adorateurs du démon ne sont que des gens de mauvaise vie, dont le crime se borne aux pratiques superstitieuses qu'on a reprochées aux sorciers, aux magiciens et aux enchanteurs. » Les premières dupes, dans une affaire de sorcellerie, ce sont les sorciers et les magiciens eux-mêmes; on ne doit donc pas être surpris que d'autres y soient trompés.

Quelques-uns de ces jongleurs ne sont pas dupes de l'illusion; mais, comme leur but est d'en imposer, ils feignent d'exécuter, de voir et de connaître ce qu'ils ne pratiquent, ne voient ni ne connaissent. Ce qu'il y a de certain, c'est qu'à mesure que les lumières ont fait des progrès dans le monde, on y a vu diminuer le nombre de ces charlatans. On remarquera encore que ces prétendus agents du diable ont été bien plus communs parmi les femmes que chez les hommes; et cela ne doit point surprendre, si l'on fait attention à tout ce que peut produire la faiblesse de leur sexe.

L'inquisition de Calahorra avait fait brûler trente femmes comme sorcières et magiciennes en 1507. Mais le procès de ce genre qui fit le plus de bruit fut celui du fameux Torralba, médecin de Cuença. L'auteur du roman de *Don Quichotte*, parlant du voyage que ce fameux chevalier vient d'entreprendre dans les airs, afin de détruire l'enchantement qui a couvert de barbe le menton des dames du château du duc, représente don Quichotte monté sur *Chevillard* avec Sancho-Pança derrière lui, et ayant tous les deux les yeux ceints d'un bandeau; il prend envie à l'écuyer de découvrir les siens pour voir s'il est arrivé dans la région du feu, don Quichotte lui dit :

« Garde-toi bien de le faire, et souviens-toi de la *véritable histoire du licencié Torralba,* que les diables emportèrent dans l'air, à cheval sur un roseau, les yeux bandés, et qui arriva à Rome en douze heures, où il descendit à la *Tour de Nona*, qui est une rue de cette ville, d'où il put voir tout le fracas, le choc et la mort de Bourbon, et qui le lendemain matin était déjà de retour à Madrid, où il rendit compte de tout ce qu'il avait vu... »

Le parti que Cervantes a tiré de cette histoire m'engage à entrer dans quelques détails sur Torralba, qui fit connaître lui-même sa vie dans les audiences des inquisiteurs de Cuenca. Il était entré dans leurs prisons en janvier 1528, et sa sentence fut prononcée le 6 mars 1531. La vérité de tous les faits merveilleux de son histoire n'a d'autre garant que sa propre confession et les rapports des témoins à qui il avait fait croire tout ce qu'il raconta. Dans les huit déclarations qu'il fit pendant le cours de son procès, Torralba eut soin de ne citer que des personnes mortes, à l'exception d'un seul témoin, qui se décida à le dénoncer à l'inquisition par scrupule, quoiqu'il eût été étroitement lié d'amitié avec lui. On a dû faire remarquer cette circonstance, afin de faire connaître quel degré de confiance il est permis d'avoir dans quelques articles de son récit.

Eugène Torralba naquit à Cuenca. A l'âge de quinze ans il alla à Rome, où il fut page de don François Soderini, évêque de Volterre. Il étudia la philosophie et la médecine sous différents maîtres. Parvenu au grade de docteur en médecine, il eut plus d'une fois de vives discussions avec ses maîtres sur l'immortalité de l'âme, tomba dans le pyrrhonisme et commença à mettre tout en doute; mais comme la foi qu'il avait reçue de ses pères ne s'était pas éteinte entièrement dans son esprit, il ne sut plus de quel côté était la vérité.

Parmi les amis qu'il s'était faits à Rome, était un certain moine de Saint-Dominique, appelé Fr. Pierre. Celui-ci lui dit un jour qu'il avait à son service un ange de l'ordre des bons Esprits, dont le nom était *Zequiel*, si puissant dans la connaissance de l'avenir et des choses cachées, qu'aucun autre ne l'égalait; mais d'une nature si particulière, qu'au lieu d'obliger les hommes à un pacte avant de leur communiquer ses connaissances, il avait en horreur ce moyen ; qu'il voulait rester toujours libre, et servir seulement par amitié celui qui mettait en lui sa confiance ; qu'il lui permettait même de faire part aux autres de ses secrets ; mais que toute contrainte employée pour obtenir de lui des réponses, l'éloignerait à jamais de la société de l'homme auquel il se serait attaché...

Torralba témoigna le plus grand empressement pour faire connaissance avec l'Esprit de Fr. Pierre. *Zequiel* parut bientôt sous la figure d'un jeune homme blanc et blond, vêtu d'un habit couleur de chair et d'un surtout noir. Il dit à Torralba :

« Je serai à toi pour tout le temps que tu vivras, et te suivrai partout où tu seras obligé d'aller. »

Depuis cette promesse, *Zequiel* se montrait à Torralba, aux différents quartiers de la lune, et toutes les fois qu'il avait à se transporter d'un endroit dans un autre, tantôt sous la figure d'un voyageur, tantôt sous celle d'un ermite. *Zequiel* ne parlait jamais contre la religion chrétienne ; jamais il ne lui insinua aucun principe ni ne lui conseilla aucune action criminelle... Quand Torralba fut en prison, son Esprit continua de le visiter, mais rarement, et sans lui révéler aucun secret.

Torralba vint en Espagne et se livra à la chiromancie qu'il pratiqua avec succès... La plupart des annonces faites par *Zequiel* étaient relatives aux affaires politiques. Ainsi, en 1510, Torralba se trouvant à la cour du roi Ferdinand, *Zequiel* lui dit que ce prince recevrait bientôt une nouvelle désagréable. Torralba se hâta d'en faire part à l'archevêque de Tolède, Ximenès de Cisneros, et à Gonzale de Cordoue, et le même jour un courrier apporta des lettres d'Afrique qui annonçaient le mauvais succès de l'expédition entreprise contre les Maures...

Ximenès ayant appris que le cardinal de Volterre avait vu *Zequiel*, désira le voir aussi, et connaître la nature et les qualités de cet Esprit. Torralba, pour plaire à l'archevêque, supplia l'ange de se montrer à lui sous la figure humaine qui lui conviendrait le mieux, mais *Zequiel* ne jugea point à propos de paraître ; seulement, pour adoucir la rigueur de son refus, il chargea Torralba de dire à Ximenès de Cisneros qu'il parviendrait à être roi, ce qui se vérifia, au moins quant au fait, puisqu'il fut gouverneur absolu de toutes les Espagnes et des Indes.

Une autre fois, étant toujours à Rome, l'ange lui dit que Pierre Margano perdrait la vie s'il sortait de la ville. Torralba, n'ayant pu avertir à temps son ami, celui-ci sortit de Rome et fut assassiné.

Torralba eut un jour une extrême envie de voir son intime ami, Thomas de Becara, qui était alors à Venise. *Zequiel*, qui connut son désir, le mena dans cette ville, et le ramena à Rome en si peu de temps, que les personnes qui faisaient sa société ordinaire ne s'aperçurent point qu'il leur eût manqué.

Enfin, après plusieurs autres événements du même genre, prédits ou accomplis par *Zequiel*, celui-ci dit au docteur « que le 6 mai 1525, la ville de Rome serait prise par les troupes de l'empereur. » Torralba, qui désirait vivement voir un événement si important pour une ville qu'il regardait comme sa seconde patrie, pria son Esprit familier de le conduire à Rome pour en être témoin. *Zequiel* l'ayant permis, ils sortirent ensemble de Valladolid à onze heures du soir, comme pour se promener : ils n'étaient pas encore fort loin de la ville, lorsque l'ange remit à Torralba un bâton plein de nœuds, en lui disant: *Ferme les yeux, ne t'effraye pas; prends ceci dans ta main, et il ne t'arrivera rien de fâcheux.*

Lorsque le moment de les ouvrir fut arrivé, il se vit si près de la lune, qu'il pouvait la toucher avec la main. La nuée noire qui l'environnait fit place aussitôt à une vive lumière, qui fit craindre à Torralba d'en être consumé; *Zequiel*, s'en étant aperçu, lui dit : *Rassure-toi*... Torralba ferma de nouveau les yeux, et crut, au bout de quelque temps, qu'ils étaient arrivés à terre. *Zequiel* l'avertit d'ouvrir les yeux et lui demanda s'il savait où il était. Le docteur ayant regardé autour de lui, reconnut qu'il était à Rome et dans la *Tour de Nona*. Ils n'avaient mis qu'une heure à faire ce voyage.

Torralba parcourut Rome avec *Zequiel* et vit le sac de cette ville; il vit mourir le connétable de France, Charles de Bourbon ; le pape s'enfermer dans le château Saint-Ange, et enfin tous les événements de cette terrible journée. En une heure et demie, il fut de retour à Valladolid, où *Zequiel* le quitta en lui disant : *Désormais, tu devras croire tout ce que je te dirai.*

On ne parla bientôt plus de Torralba, que comme d'un grand et véritable nécromancien, sorcier, enchanteur et magicien. Tous ces bruits l'ayant fait dénoncer, il fut arrêté à Cuença par les gens de l'inquisition au commencement de l'année 1528. Son dénonciateur fut don Diègue Zugniga, qui avait été son ami et le témoin confidentiel du récit des prodiges de *Zequiel*....

Lorsque les juges se crurent assez instruits, ils se réunirent pour donner leurs voix ; mais ayant opiné diversement, le tribunal s'adressa au conseil de la *suprême*. Celui-ci décréta que Torralba serait appliqué à la question, *autant que son âge et sa qualité le permettaient*... Il subit la question qu'il ne méritait point comme hérétique obstiné, car il ne l'était pas ; mais seulement comme un fou, qu'il fallait avertir de son état. En effet, outre l'absurdité des prodiges qu'il assurait avoir vus ou opérés, il se contredit plusieurs fois, dans huit déclarations qu'on obtint de lui ; ce qui arrive toujours à ceux qui mentent beaucoup dans des circonstances et à des époques différentes. Il subit la peine d'un *auto-da-fé* public général après avoir passé plus de trois ans dans les prisons du saint-office.

Sous le sixième inquisiteur-général, Jean Pardo de Tabera, archevêque de Tolède, eut lieu le procès d'une religieuse de Cordoue qui, depuis longtemps, passait pour une grande sainte. Elle se nommait Madeleine de la Croix, et était religieuse de Saint-François, du couvent de Sainte-Elisabeth de Cordoue.

Avant de faire l'histoire de son procès, voici quelques détails sur l'opinion qu'on avait eue de sa sainteté pendant l'espace de trente-huit ans ; nous les trouvons dans la déclaration faite par un témoin de son procès, personnage de dignité et de mérite, lequel s'exprime ainsi :

« La bonne réputation que Madeleine s'était faite partout,

« et à laquelle chacun rendait justice depuis si longtemps,
« m'inspira le désir de la connaître, dans un moment où ce
« qu'on m'en racontait excitait mon admiration, et où je
« voyais tout le monde s'entretenir de sa sainteté, non-seule-
« ment le peuple, mais encore les personnes de la plus grande
« considération, telles que des cardinaux, des archevêques,
« des évêques, des ducs, des comtes, les plus grands sei-
« gneurs, des savants, des religieux de tous les ordres; j'ap-
« pris surtout que le cardinal de Séville, don Alphonse Man-
« rique, était venu de Séville pour la voir dans son couvent,
« et que dans ses lettres il la nommait *sa très-chère fille*, et se
« recommandait à ses prières; que les inquisiteurs de Cordoue
« lui témoignaient un grand respect, et que le cardinal Qui-
« gnones, général des religieux franciscains, avait fait exprès
« le voyage de Rome, suivant l'opinion commune, pour voir et
« pour entretenir *sa sœur Madeleine de la Croix*. J'avais vu ar-
« river aussi don Jean Reggio, nonce de la cour de Rome, qui
« voulait satisfaire sa curiosité; et notre impératrice elle-même
« lui avait envoyé son portrait, qui est encore dans le couvent,
« afin qu'elle se souvînt d'elle dans ses prières. Ce portrait était
« accompagné du bonnet et de la chemise de baptême du
« prince Philippe, que Madeleine devait bénir. La princesse
« l'appelait dans ses lettres *sa très-chère mère et la plus heureuse*
« *créature qu'il y eût au monde*. On parlait d'elle dans presque
« toute la chrétienté, et on n'élevait pas le moindre doute sur
« son mérite ni sur sa sainteté. Les prédicateurs la louaient
« dans les chaires; chacun lui rendait le même hommage,
« soit en public, soit en particulier; *elle était l'objet de la plus*
« *douce affection de tous les confesseurs de la communauté et des*
« *provinciaux de l'ordre*, et les personnes les plus avancées dans
« les voies de la piété croyaient reconnaître dans Madeleine de
« la Croix une nouvelle manière de vivre saintement... Elle
« était, en effet, affable envers tout le monde, charitable avec
« modestie, compatissante et d'un si bon exemple, qu'elle en-
« gageait tout le monde à servir Dieu. Sa conversation avait
« porté un grand nombre de personnes à embrasser la vie re-

« ligieuse. Son adresse à conduire les affaires était si merveil-
« leuse, qu'on venait la consulter de tous côtés, et que son
« couvent pouvait être comparé à une chancellerie. »

D'autres témoins parlaient aussi de ses ravissements d'esprit et de ses extases, ainsi que de diverses prophéties qu'elle avait faites et qui s'étaient réalisées. Mais cette belle réputation de sainteté ne l'empêcha pas de figurer dans un auto-da-fé, le 3 mai 1546. C'est que Madeleine de la Croix était une hypocrite dont la fourberie fut dévoilée trop tard, mais qu'elle porta jusque dans ses déclarations. Il était dit dans la relation de son procès « que Madeleine de la Croix avait déclaré dans sa confession qu'à l'âge de cinq ans le démon lui apparut sous la forme d'un ange de lumière et lui annonça qu'elle serait une grande sainte, en l'exhortant à mener dès ce moment une vie dévote... » Parvenue à l'âge de douze ans, elle passait déjà pour sainte; afin de conserver cette réputation, elle faisait beaucoup de bonnes œuvres et de faux miracles... Un jour le démon se montra à elle sous la figure d'un beau jeune homme, lui dit qu'il était un des séraphins tombés du ciel et lui tint compagnie depuis l'âge de cinq ans. Son nom était *Balban;* il avait un compagnon nommé *Pithon;* il lui fit entendre qu'en persévérant dans la vie qu'elle avait commencée, *elle pourrait jouir avec lui de tous les plaisirs dont son esprit concevrait la pensée,* et qu'il se chargeait d'augmenter la réputation de sainteté qu'elle s'était déjà faite... Cette promesse fut suivie d'un pacte exprès avec le démon, par lequel elle s'engagea à suivre ses conseils; depuis ce moment le démon lui avait servi d'incube...

Madeleine, ayant pris l'habit de religieuse, lorsque déjà sa réputation de sainteté était bien établie, avait coutume de jeter un cri au moment de recevoir la communion, et de feindre des extases que les autres religieuses prenaient pour véritables. Dans un de ces ravissements, on lui perça les pieds avec des épingles pour voir si elle paraîtrait souffrir; elle éprouva, en effet, de très-vives douleurs, mais sans en rien témoigner, pour ne pas nuire à la bonne opinion qu'on avait d'elle; le même motif la porta à se crucifier plusieurs fois dans sa cellule, à se faire des blessures dans les mains, aux pieds et au côté, pour les montrer ensuite dans certains jours de fête.

Son démon, dit-elle, la transporta un jour à Rome, où elle entendit la messe et communia de la main d'un prêtre qui était en état de péché mortel; pendant ses voyages on ne s'apercevait pas de son absence dans le couvent, parce qu'alors *Pithon*, l'ami de *Balban*, prenait la forme de Madeleine et se trouvait partout à sa place... Balban lui ayant proposé un jour une chose malhonnête, elle le rebuta, ce qui le mit dans une telle colère qu'il l'enleva très-haut et la laissa retomber sur la terre d'où elle fut emportée en fort mauvais état dans sa chambre.

Un jour, se trouvant dans la compagnie des religieuses, elle s'écria : *sainte Marie, sauvez-moi!* On lui demanda le motif de cette prière, et elle répondit qu'une âme du purgatoire venait de lui apparaître, implorant son secours et criant : *Sauvez-moi, Madeleine!* ce qui lui avait fait adresser cette prière à la mère de Dieu.

Elle fit accroire aux religieuses et à d'autres personnes, que le jour de l'Annonciation de la Sainte Vierge, elle avait conçu du Saint-Esprit, l'enfant Jésus, et l'avait enfanté le jour de Noël; qu'elle l'avait enveloppé dans ses cheveux, qui de noirs qu'ils étaient devinrent rouges; l'enfant la quitta quelque temps après. On voulut avoir alors de ses cheveux pour reliques, et elle en donna à plusieurs personnes.

« Elle persuada à ceux qui la voyaient habituellement que plusieurs prêtres et moines entretenaient des concubines sans offenser Dieu, parce que ce n'était pas un péché d'en avoir. Elle fit manger de la viande à différentes personnes les jours d'abstinence, et elle en engagea d'autres à travailler les jours de fêtes, en les assurant que ce n'était pas défendu.

Elle voulut persuader, pendant onze ans, qu'elle ne mangeait rien, et ne prenait pour toute nourriture que la sainte Eucharistie, tandis qu'elle mangeait et buvait à l'aide de quelques religieuses ses confidentes, aussi fourbes qu'elle. Elle avoua encore plusieurs prétendues autres révélations et apparitions d'âmes, de saints, de démons; beaucoup de fausses prophéties, de guérisons simulées, et une foule d'autres faits qui prouvent tout l'abus que Madeleine avait fait pour tromper le monde au moyen de la réputation de sainteté qu'elle s'était acquise.

Elle fut victime de l'illusion de ses premières années, et devint ensuite une fourbe très-adroite. En effet, de quel talent ne fallait-il pas qu'elle fût douée pour entretenir pendant trente-huit ans l'idée qu'on avait de sa personne, et qui se serait même soutenue pendant toute sa vie, si elle n'eût pas cherché à persuader qu'elle n'avait besoin que du pain eucharistique pour se sustenter? Cette prétention fut l'écueil de son hypocrisie.

Quelques religieuses ayant eu des soupçons sur ce qu'elle faisait, l'observèrent, et découvrirent tout, la dernière année qu'elle fut supérieure. Il était tout simple qu'il y en eût parmi elles qui fussent mécontentes d'avoir vu Madeleine élue abbesse tant de fois. Celles qui avaient eu la prétention et l'espérance de l'être, eurent les yeux attentifs à sa conduite, et le soin qu'elles mirent à l'observer leur fit découvrir la vérité. Elles en avertirent le provincial, le gardien et les confesseurs, qui tous repoussèrent ce qu'on leur disait, comme une calomnie.

Madeleine tomba sérieusement malade; elle fit alors par écrit et de vive voix l'aveu de tout ce qu'elle avait imaginé pour tromper le monde et la communauté... Les sbires de l'inquisition vinrent alors se saisir de sa personne et la conduisirent dans les prisons du saint-office.

Elle fut condamnée à sortir de sa prison en habit de religieuse et sans voile, la corde au cou, un bâillon dans la bouche et un cierge allumé dans ses mains; à se rendre dans cet état à la cathédrale de Cordoue, où il serait préparé un échafaud pour la cérémonie de son *auto-da-fé*, sur lequel elle entendrait la lecture de son jugement et de ses motifs, et le sermon d'usage; à être enfermée ensuite dans un couvent de religieuses de l'ordre de Saint-François, hors de la ville; à y passer le reste de ses jours, sans voile, et privée du droit de voter et de paraître dans les assemblées de sa communauté ; à manger tous les vendredis dans le réfectoire au rang des religieuses en pénitence ; à ne pouvoir jamais parler à d'autres personnes qu'aux religieuses de la communauté, au confesseur et au prélat, sans la permission expresse de l'inquisition ; à ne communier qu'au bout de trois ans, si ce n'est en cas de maladie grave; et, si elle manquait à quelqu'un des articles de son jugement, elle devait être considérée comme relapse et comme ayant abjuré la sainte foi catholique.

Ainsi, cette femme, convaincue de fourberie et d'infidélité dans l'usage qu'elle a fait des aumônes qui lui ont été confiées, et criminelle sous tous les rapports, échappe à la justice, sans autre peine que la honte d'une courte exposition ; car la réclusion, étant l'état ordinaire d'une religieuse, ne peut être regardée comme un châtiment pour Madeleine ; tandis que beaucoup d'hommes célèbres par leurs vertus ont été victimes de l'inquisition pour une simple erreur de l'entendement, laquelle n'avait souvent de réalité que celle que lui donnait l'ignorance des qualifications.

« Si j'avais été inquisiteur, j'aurais voté pour la réclusion de Madeleine dans une maison de femmes de mauvaise vie, que j'aurais chargées de lui administrer la discipline tous les jours jusqu'à la sortie du séraphin *Balban*, du compagnon *Pithon* et de toutes les légions de diables, qu'au temps même de ses confessions la fourbe feignait d'avoir encore, tandis que ses véritables démons n'étaient autres que l'*orgueil* et la *luxure*. »

Peut-on lire sans indignation les lignes suivantes :

« *Marie de Bourgogne* était née à Saragosse, d'un père français, bourguignon, de race juive. Un esclave, nouveau chrétien, qui avait renoncé à la religion de Moïse pour devenir libre, et qui, étant retourné dans la suite au judaïsme, fut condamné à être brûlé, dénonça, en 1552, Marie de Bourgogne, qui habitait la ville de *Murcie*, et était déjà parvenue à sa quatre-vingt-cinquième année. Cet homme déposa qu'avant sa conversion, quelqu'un lui ayant demandé s'il était chrétien, il répondit qu'il était juif, et qu'alors Marie lui avait dit : *Tu as raison, car les chrétiens n'ont ni foi ni loi.* Ceci paraîtra incroyable ; mais le procès prouva qu'en 1557 elle était encore en prison, jusqu'à ce qu'on eut acquis assez de preuves pour la condamner. »

Après les avoir inutilement attendues, les inquisiteurs ordonnèrent la question contre Marie, qui avait alors quatre-vingt-dix ans, et que les lois mêmes de l'inquisition protégeaient contre cette mesure, puisque le conseil ne permettait en pareil cas que les menaces, et jamais la torture à l'égard des personnes avancées en âge, quoiqu'on les conduisît dans la *chambre du tourment*, et qu'on disposât tout en leur présence pour la question afin de les intimider. Il est certain aussi que l'inquisiteur *Cano* dit que Marie subit la question *modérée*, et qu'elle y résista, malgré son grand âge ; mais telles furent les suites d'une peine si *doucement* appliquée, suivant l'expression de l'inquisiteur, que l'infortunée Marie cessa de vivre et de souffrir quelques jours après dans sa prison.

Ce n'est pas tout. « L'inquisition, toujours aveugle dans son prétendu zèle pour la foi, prit sujet de quelques mots qui avaient échappé à Marie de Bourgogne pendant la question, et qu'elle avait ensuite ratifiés afin de mettre fin à ses tourments, pour continuer le procès contre sa mémoire, contre son cadavre et ses biens, qui étaient assez considérables. Le tribunal fut confirmé dans cette résolution par les rapports de quelques autres personnes, et il décréta, le 8 du mois de septembre 1560, l'*auto-da-fé* de Marie, après l'avoir déclarée hérétique judaïsante, morte contumace, et condamné sa mémoire, ses enfants et ses descendants en ligne masculine à l'infamie, ses ossements et son effigie au feu, et ses biens à la confiscation au profit du fisc. Je demande si la furie des tigres est comparable à celle des inquisiteurs de Murcie ? »

L'inquisiteur-général était alors Ferdinand Valdès, archevêque de Séville, et le roi d'Espagne Philippe II, fils et successeur de Charles-Quint. Ce Philippe II déploya constamment le zèle le plus fanatique en faveur du saint-office. Il ne se contenta pas de l'étendre jusqu'en Amérique, jusqu'à Lima, jusque dans les îles; il voulut encore le voir en pleine mer! Et, grâce à ses instances, le pape lui expédia un bref par lequel l'inquisiteur-général d'Espagne fut autorisé à créer un tribunal inquisitorial sur les navires. On le désigna d'abord sous le nom d'*Inquisition des galères*, et ensuite sous celui d'*Inquisition des flottes et des armées*. Ce tribunal ambulant n'eut qu'une existence de courte durée, parce qu'on ne tarda pas à s'apercevoir qu'il mettait des entraves à la navigation.

Sous ce même inquisiteur Valdès, sous ce même Philippe II, eut lieu, en 1559, un auto-da-fé solennel à Valladolid, contre des luthériens.

On y brûla, entre autres victimes, le docteur Augustin Cazala, prêtre et chanoine de Salamanque, aumônier et prédicateur du roi et de l'empereur. Il descendait d'ancêtres juifs par son père et sa mère.

On l'accusa de professer l'hérésie luthérienne; d'avoir dogmatisé hautement dans le conventicule luthérien de Valladolid et entretenu des correspondances avec celui de Séville. Cazala nia tous les faits qui lui étaient imputés, dans plusieurs déclarations qu'il confirma par son serment et dans d'autres qu'il présenta lorsque la *publication des preuves* eut lieu.

La question fut ordonnée, et le chanoine de Salamanque fut conduit, le 4 mars, dans le cachot où il devait la subir. On n'eut pas besoin d'en venir à cette mesure, l'accusé ayant promis de faire des aveux; il les donna par écrit et les ratifia, le 16, en avouant qu'il était luthérien, mais non dogmatisant, comme on le lui imputait, puisqu'il n'avait enseigné sa doctrine à personne.

Il exposa les motifs qui l'avaient empêché jusqu'alors de faire cette déclaration, et promit d'être à l'avenir bon catholique, si on lui accordait sa réconciliation; mais les inquisiteurs ne jugèrent pas qu'on dût lui faire grâce de la peine capitale, parce que les témoins soutenaient qu'il avait dogmatisé.

Le condamné continua cependant à donner tous les signes possibles de conversion jusqu'au moment du supplice; et lorsqu'il vit que la mort était inévitable, il se mit à prêcher ses compagnons d'infortune.

Le 20 du mois de mai, veille de sa mort, il reçut la visite de Fr. Antoine de la Carrera, moine de Saint-Jérôme, que les inquisiteurs lui envoyaient. Celui-ci lui annonça de leur part qu'ils n'avaient pas été satisfaits de ses déclarations, parce que le procès contenait beaucoup plus de choses, et qu'il ferait bien, pour l'intérêt de sa conscience, de dire tout ce qu'il savait de lui-même et sur le compte des autres. Cazala répondit que, sans porter un faux témoignage, il ne pouvait en dire davantage, parce qu'il avait tout déclaré.

On lui répliqua qu'il avait persisté jusqu'alors à nier qu'il eût dogmatisé, quoique le contraire fût prouvé par les dépositions des témoins.

Il répondit qu'on lui avait injustement reproché ce crime; qu'à la vérité il était coupable de n'avoir pas désabusé ceux qui avaient embrassé de mauvais sentiments; mais qu'il n'avait jamais parlé de ses opinions qu'à des personnes qui pensaient comme lui. Carrera l'exhorta alors à se préparer à mourir le lendemain.

Cette nouvelle fut un coup de foudre pour Cazala qui s'attendait à être admis à la réconciliation et à la pénitence; il demanda s'il pouvait espérer de voir commuer sa peine. Carrera lui dit que s'il avouait ce qu'il avait caché jusqu'alors, on aurait peut-être compassion de son état; mais que, sans cette condition, il n'avait rien à espérer.

Eh bien! dit Cazala, il faut donc se préparer à mourir dans la grâce de Dieu; car il est impossible que j'ajoute rien à ce que j'ai dit, à moins de mentir!

Il commença alors à s'encourager lui-même à la mort; il se confessa plusieurs fois dans la même nuit et le lendemain matin à Carrera. Lorsqu'il fut arrivé dans le lieu de l'*auto-da-fé*, il demanda la permission de prêcher ceux qui allaient partager son supplice; il ne put l'obtenir en ce moment, mais bientôt il leur adressa quelques paroles. Lorsqu'il eut été attaché au fatal collier, il se confessa pour la dernière fois, et son confesseur fut si touché de ce qu'il avait vu et entendu dans l'espace de vingt-quatre heures, qu'il écrivit dans la suite qu'il ne doutait pas que le docteur Cazala ne fût dans le ciel. Sa qualité de repentant fut cause qu'on l'étrangla avant de livrer son corps aux flammes.

François de Vibero Cazala, frère d'Augustin, prêtre, nia d'abord les charges qui lui étaient imputées, avoua tout dans la question, ratifia ses aveux, et demanda à être admis à la réconciliation. Cette grâce lui fut refusée, et on le condamna à être livré au bras séculier, quoiqu'il ne fût ni relaps, ni dogmatisant, parce qu'on aima mieux supposer que « son repentir n'avait pour cause que la crainte de la mort. »

Il prouva cependant le contraire, car lorsqu'il fut sur l'échafaud, voyant son frère si repentant et si zélé pour la doctrine catholique, il se moqua de ses exhortations, lui fit un geste de mépris, pour lui faire entendre qu'il n'était qu'un lâche, et expira au milieu des flammes fort tranquille, et sans donner un seul signe de douleur ni de repentir. Il avait été dégradé comme prêtre, ainsi que son frère, avant de monter sur l'échafaud.

Doña Béatrix de Vibero Cazala, sœur des deux victimes précédentes, suivit d'abord un système de dénégation, déclara tout dans la torture, et demanda à être réconciliée; mais elle ne put obtenir que deux voix contre dix. On eut recours au conseil de la *suprême* qui décida qu'elle subirait la peine de mort. Béatrix se confessa, fut étranglée et livrée ensuite aux flammes.

Alphonse Perez, prêtre de Palencia, docteur en théologie, nia les faits qu'on lui imputait. Soumis à la question, la violence des tourments lui arracha l'aveu des charges. Il témoigna du repentir, et après avoir été dégradé et étranglé, il fut brûlé comme les autres.

Le licencié Antoine Herrezuelo, avocat de la ville de Toro, condamné comme luthérien, mourut dans les flammes sans donner aucun signe de repentir. Pendant qu'on le menait au supplice, le docteur Cazala lui adressa en particulier quelques exhortations, et redoubla d'efforts au pied de l'échafaud; mais ce fut inutilement : Antoine se moqua de ses discours, quoiqu'on l'eût déjà attaché au poteau au milieu du bois qui commençait à s'allumer. Un des archers qui entouraient le bûcher, furieux de voir tant de courage, plongea sa lance dans le corps de Herrezuelo, dont le sang coulait encore lorsqu'il fut atteint par les flammes : il mourut sans proférer une seule parole.

Le second auto-da-fé, qui fut célébré au mois d'octobre de la même année à Valladolid, ne fut pas moins horrible que le premier. L'inquisition de Séville donnait aussi à cette époque deux spectacles du même genre. Parmi les victimes qui périrent à Séville, on remarque :

Dona Marie de Bohorgues, d'une des premières maisons de Séville... Elle n'avait pas encore vingt ans accomplis lorsqu'on l'arrêta comme luthérienne. Elle connaissait parfaitement la langue latine, et assez bien la langue grecque... Elle fut conduite dans les prisons secrètes, avoua les opinions qu'on lui imputait, et les défendit comme catholiques, en prouvant à sa manière qu'elles n'étaient point hérétiques, et qu'au lieu de la punir on ferait bien de penser comme elle. A l'égard des faits et des propos contenus dans les déclarations des témoins, elle avoua ceux qui lui parurent véritables; mais elle nia les autres, soit qu'ils fussent faux ou mal établis, soit qu'elle en eût perdu le souvenir, ou que, craignant de compromettre plusieurs personnes si elle les avouait, elle refusât de s'en reconnaître coupable.

Cette conduite fut cause qu'on eut recours à la question; alors elle déclara que sa sœur, Jeanne de Bohorgues, connaissait ses sentiments, et qu'elle ne les avait point désapprouvés. Marie fut condamnée à la *relaxation* d'après les charges de son procès et conformément aux lois ordinaires de l'inquisition.

Cependant, comme on attend jusqu'à la veille de l'*auto-da-fé* pour notifier la sentence à l'accusé, et que même alors, au lieu de lui en donner lecture, on se contente de lui dire de se préparer à la mort pour le lendemain, les inquisiteurs de Séville décidèrent qu'on exhorterait Marie à se convertir avant de la conduire à l'*auto-da-fé*. On lui envoya successivement deux prêtres jésuites et deux dominicains, qui devaient la ramener à la foi de l'Église. Ils revinrent pleins d'admiration pour la science de la prisonnière, et mécontents de son opiniâtreté à repousser les interprétations qu'ils lui avaient données des textes de l'Ecriture sainte, qu'elle expliquait dans le sens luthérien.

La veille de l'*auto-da-fé*, deux nouveaux dominicains se joignirent aux premiers pour tenter un dernier effort sur l'esprit de Marie, et ils furent suivis de plusieurs autres théologiens de différents ordres religieux. Marie les reçut avec autant de plaisir que de politesse; mais elle leur dit qu'ils pouvaient s'épargner la peine de lui parler de leur doctrine, attendu que, quelque part qu'ils prissent à son salut, ils n'y attachaient pas plus d'importance qu'elle-même, qui était la plus intéressée dans cette affaire; qu'elle renoncerait à ses sentiments si elle y trouvait la moindre incertitude; mais que, si elle avait été convaincue de leur vérité avant de tomber entre les mains de l'inquisition, elle l'était bien plus, depuis que tant de théologiens *papistes* n'avaient pu, après plusieurs tentatives, lui opposer des arguments qu'elle n'eût prévus et auxquels elle n'eût préparé une réponse aussi solide que concluante.

Au moment même du supplice, don Jean Ponce de Léon, qui venait d'abjurer l'hérésie, engagea Marie à embrasser la doctrine des docteurs qui étaient allés l'instruire dans sa prison. Marie reçut fort mal ses conseils, et l'appela *ignorant*, *idiot* et *bavard*. Elle ajouta qu'il n'était plus temps de disputer, et que ce qui lui restait de moments à vivre devait être employé à méditer sur la passion et sur la mort du Rédempteur. Malgré tant d'opiniâtreté, quelques prêtres et un grand nombre de moines, voyant qu'on avait déjà mis le collier à Marie, demandèrent avec instance qu'ont eût égard à sa grande jeunesse et à son mérite surprenant, et qu'on se contentât de lui entendre dire le *credo* si elle offrait de le réciter. Les inquisiteurs accordèrent ce qui leur était demandé. Mais à peine Marie l'eut-elle fini, qu'elle commença à interpréter les articles sur l'Eglise catholique, et le jugement des vivants et des morts, dans le sens de Luther. On ne lui donna pas le temps de finir ; le bourreau l'étrangla, et elle fut brûlée après sa mort.

Au nombre des quatre-vingts individus condamnés à des pénitences dans l'*auto-da-fé* dont il est question, se trouvait un mulâtre, domestique d'un gentilhomme de *Puerto de Santa-Maria;* il avait été dénoncé comme faux délateur. Ce misérable, ayant dérobé un crucifix, en avait séparé la figure, et après l'avoir serré au cou avec une corde, il l'avait caché, avec un fouet, au fond d'un coffre dans la maison de son maître, et ensuite il avait rapporté aux inquisiteurs que celui-ci fouettait et traînait tous les jours cette image, et que, si on se transportait dans sa maison sans perdre de temps, on pourrait se convaincre de la vérité de sa déposition.

Les objets y ayant été trouvés, le gentilhomme fut traduit dans les prisons secrètes du saint-office; on parvint dans la suite à découvrir la vérité, après quelques recherches dirigées par l'accusé lui-même, qui soupçonna son esclave de l'avoir dénoncé par un motif de vengeance. On rendit la liberté au gentilhomme, et le calomniateur fut condamné à recevoir quatre cents coups de fouet et à six ans de galères. Il subit la première partie de sa peine dans le *Puerto de Santa-Maria...* Une loi des fondateurs du saint-office condamnait cette espèce de coupables à la peine du talion ; mais le besoin d'encourager l'esprit de dénonciation la fit toujours négliger par les inquisiteurs

En 1560, autre auto-da-fé à Séville, dans lequel cinq femmes de la même famille sont brûlées, savoir : la mère avec ses trois filles, et une de ses sœurs.

Une de ces malheureuses ayant été arrêtée avant sa mère et ses deux sœurs, on la mit à la question pour lui faire révéler ses complices; comme on ne put rien obtenir, l'inquisiteur eut recours à la ruse. Il la fit conduire dans la salle des audiences, y resta seul avec elle, et lui déclara qu'il l'avait prise en affection, et qu'il avait résolu de faire tout pour la sauver. Il renouvela sa promesse pendant plusieurs jours, en se montrant vivement affligé de ses malheurs, et, lorsqu'il s'aperçut qu'il avait gagné la confiance de sa victime, il lui fit entendre que sa mère et ses sœurs couraient le plus grand danger d'être arrêtées, et que beaucoup de témoins étaient prêts à déposer contre elles; que l'affection qu'il avait conçue pour sa personne devait l'engager à lui confier tout ce qui les concernait, afin qu'il se mît en mesure de les défendre et de les sauver d'une mort inévitable.

L'accusée tomba dans le piége : elle dit à l'inquisiteur que sa mère et ses sœurs partageaient tous ses sentiments. L'entretien finit, mais le perfide ayant fait citer cette fille devant le tribunal, il lui fit confirmer tous les détails qu'elle lui avait donnés. Sa mère, ses sœurs et sa tante ne tardèrent pas à être arrêtées et conduites au bûcher après avoir entendu leur jugement dans l'*auto-da-fé*.

On vit périr dans le même *auto-da-fé*, Melchior del Salto, originaire de Grenade et habitant de Séville; il était tondeur de draps. Son crime était d'avoir conspiré contre l'alcade des prisons, après y avoir été enfermé comme suspect d'hérésie; il avait même blessé si grièvement son assistant, que celui-ci mourut quelques jours après.

Guillaume Franco, originaire de Flandre, s'était établi à Séville. Des liaisons trop intimes d'un prêtre avec sa femme avaient troublé son bonheur domestique, et il gémissait de voir que sa condition d'homme pauvre ne lui permettait pas de mettre fin à son déshonneur. Se trouvant un jour dans une compagnie où l'on traitait la matière du purgatoire, il dit : *J'en ai bien assez de celui que je trouve dans la société de ma femme, et il n'en faut pas d'autre pour moi.* Le propos fut rapporté à l'inquisition, qui fit traduire Franco dans ses prisons secrètes, comme suspect de luthéranisme : il parut dans l'*auto-da-fé* et fut condamné à une réclusion dont les inquisiteurs pouvaient seuls fixer le terme.

Diègue de Virues, jurat de Séville, c'est-à-dire membre de la municipalité, parut dans l'*auto-da-fé*, en chemise, avec un cierge à la main; il abjura comme violemment suspect d'être tombé dans l'hérésie de Luther, et fut condamné à payer cent ducats pour les frais du saint-office. On l'accusait d'avoir dit, en voyant le reposoir du jeudi saint, *qu'il était à regretter que l'on fît de si grandes dépenses pour cet objet, pendant qu'on laissait manquer de pain beaucoup de familles que l'on pourrait soulager d'une manière qui serait plus agréable à Dieu, avec le le superflu de l'argent destiné à cet usage.*

Cette proposition, examinée avec d'autres yeux que ceux des inquisiteurs, eût-elle attiré sur son auteur le soupçon violent de luthéranisme? Il est bon de savoir que les dépenses du reposoir de la cathédrale de Séville, en cire et en autres objets de décoration, étaient immenses, et qu'elles avaient donné lieu à des chansons et à plusieurs bons mots.

Pierre Perez, étudiant du diocèse de Calahorra, et Pierre de Torres, son compagnon d'études à Séville, parurent ensemble dans la même cérémonie, et abjurèrent l'hérésie, comme légèrement suspects. Ils furent exilés de la ville pour deux ans, et le second fut obligé de payer une amende de cent ducats pour certains *actes luthériens* qu'on lui reprochait, c'est-à-dire, pour avoir copié quelques vers d'un auteur inconnu, dont la structure était telle que, lus d'une certaine manière, ils offraient l'éloge de Luther, et de l'autre, sa satire. Quel crime pour de jeunes étudiants!

« Louis, Américain, était un mulâtre de QUATORZE ANS; il parut dans l'*auto-da-fé*, les pieds nus, en chemise, la corde au cou, et fut condamné à recevoir deux cents coups de fouet et à servir toute sa vie sur les galères du roi, sans jamais pouvoir être absous ni racheté. Il était regardé comme complice de Melchior del Salto, condamné au feu dans ce même *auto-da-fé*, pour sa querelle avec l'alcade de la prison du saint-office.

Gaspard de Benarides était l'alcade dont il s'agit, ce qui ne le sauva pas de la honte de paraître aussi dans l'*auto-da-fé* en chemise, avec un cierge à la main ; il fut banni de Séville à perpétuité et perdit sa place ; on le condamna comme *ayant manqué de zèle et d'attention dans sa charge.* Que l'on compare cette qualification et la sentence qui en fut la suite avec l'espèce de délit dont il était accusé. Il dérobait une partie des faibles rations des prisonniers, ce qu'il leur en portait était de mauvaise qualité, et il le leur faisait payer comme bon; il ne mettait aucun soin à préparer leur nourriture qui était mal cuite et mal assaisonnée; il trompait sur le prix du bois, et comptait des dépenses qu'il ne faisait point.

Si quelque détenu se plaignait, il le transférait dans un cachot humide et obscur dans lequel il le laissait quinze jours, ou même plus longtemps, pour le punir d'avoir osé se plaindre. Il ne manquait pas de dire qu'il agissait par ordre des inquisiteurs, et lorsqu'il l'en faisait sortir, c'était toujours à ses sollicitations qu'il était redevable de ce changement. Un prisonnier demandait-il une audience, Gaspard, craignant que ce ne fût pour le dénoncer, évitait d'en parler aux inquisiteurs, et disait le lendemain qu'ils avaient répondu que leurs grandes occupations ne leur permettaient pas d'accorder des audiences volontaires; enfin, il n'y avait pas d'injustice criante qu'il ne commît à l'égard de ses prisonniers, jusqu'au moment où la rixe qui le fit condamner vint dévoiler sa conduite. N'avait-on pas plus de choses à reprocher à ce monstre qu'à Melchior del Salto et à Louis le mulâtre?

Marie Gonzalez, servante de l'alcade Gaspard, parut dans l'*auto-da-fé*, en chemise, la corde au cou, avec le *san-benito* et le bâillon à la bouche; on la condamna à recevoir deux cents coups de fouet et au bannissement pour dix ans; son crime était d'avoir reçu de l'argent de quelques prisonniers, et de leur avoir permis de se voir et de s'entretenir.

Pierre Herrera, de Séville, fut condamné à la même peine; on y ajouta celle de dix années de galères et de la perte de ses gages. Il avait commis le même délit que Marie, en exerçant les mêmes fonctions.

Giles le Flamand, né à Amsterdam, subit la peine de cent coups de fouet et fut banni de Séville, après avoir assisté à l'*auto-da-fé* en chemise et un cierge à la main. Il avait su qu'un prisonnier de l'inquisition, récemment arrivé d'Amérique, s'occupait déjà des moyens de s'évader, et il ne l'avait pas dénoncé.

Dona Jeanne Bohorques FUT DÉCLARÉE INNOCENTE!!! Elle était sœur de Marie Bohorques, que nous avons vue périr dans l'*auto-da-fé* précédent. Jeanne fut conduite dans les prisons secrètes, lorsque sa malheureuse sœur eut déclaré qu'elle lui avait fait connaître ses sentiments, et qu'elle ne les avait pas combattus; comme si le silence prouvait qu'on admet une doctrine, et qu'il ne fût pas souvent motivé sur l'impossibilité d'entendre la matière, et de remplir par conséquent l'obligation de dénoncer.

Jeanne Bohorques était grosse de six mois; cependant les inquisiteurs n'attendirent pas qu'elle fût délivrée pour suivre son procès; traitement barbare dont on ne doit pas être surpris après l'injustice qu'on avait commise en la faisant arrêter sans avoir acquis la preuve de son prétendu crime. Elle accoucha dans la prison; on lui ôta son enfant au bout de huit jours, au mépris des droits les plus saints de la nature, et elle fut enfermée dans un des cachots ordinaires du saint-office. On crut avoir pourvu à tout ce que l'humanité réclamait pour elle, en lui faisant occuper un logement moins incommode que la prison ordinaire.

Le hasard lui procura la consolation d'avoir pour compagne de logement une jeune fille qui fut ensuite brûlée comme luthérienne, et qui, sensible à son état, lui prodigua les soins les plus tendres pendant sa convalescence. Elle en eut bientôt besoin elle-même. Livrée à la question, tous ses membres furent meurtris et disloqués, et ce fut Jeanne Bohorques qui l'assista à son tour dans cette situation douloureuse.

La jeune fille n'était pas encore bien rétablie, lorsque Jeanne fut conduite dans la chambre du tourment et soumise à la même épreuve. Elle y nia tout. Les cordes dont ses membres, encore faibles, étaient pressés, pénétrèrent jusqu'aux os, et plusieurs vaisseaux s'étant rompus dans l'intérieur de son corps, Jeanne commença à rendre des flots de sang par la bouche. Elle fut ramenée mourante dans sa prison et cessa de souffrir quelques jours après. Les inquisiteurs crurent expier ce cruel homicide en DÉCLARANT JEANNE BOHORQUES INNOCENTE!!!

Sous quelle accablante responsabilité ces cannibales ont dû paraître au tribunal de la Divinité!

De 1556 à 1598, sous Philippe II, roi froidement cruel, et sous le ministère de l'inquisiteur-général Valdès, le nombre des *auto-da-fé* fut immense, et celui des victimes incalculable. Une foule de savants, de littérateurs, de prélats, de théologiens, de magistrats, de vertueux, de saints personnages furent persécutés, notés d'infamie, incarcérés, proscrits par l'implacable tribunal. Des princes et des souverains même ne furent pas épargnés.

Une affaire qui fit à cette époque une profonde sensation, et qui était de nature à la produire telle, fut le procès et la mort de don Carlos d'Autriche, fils et héritier présomptif de Philippe II. Longtemps les auteurs ont attribué à l'inquisition le jugement de ce prince, et ce qui a pu donner cours à cette opinion, c'est que le Conseil d'État ayant été appelé à émettre son avis relativement aux crimes reprochés à don Carlos, il fut présidé par don Diègue Espinosa, favori du roi, et alors inquisiteur-général. La vérité est qu'il n'a jamais existé de procédure ni de jugement inquisitorial contre ce prince, et qu'il fut condamné par sentence verbale, approuvée par Philippe II, son père. Voici les faits, d'après des données originales et authentiques.

Don Carlos naquit à Valladolid le 8 juillet 1545. Il perdit sa mère, Marie de Portugal, princesse des Asturies, quatre jours après sa naissance. Dès son enfance, on l'entoura des meilleurs précepteurs, et rien ne fut négligé pour développer son esprit. Mais le jeune prince n'aimait pas l'étude. On en trouve la preuve dans une lettre que Philippe II, son père, écrivait au précepteur de don Carlos, âgé alors de treize ans. Philippe remercie le maître des soins qu'il apporte à inspirer à son élève du goût pour la lecture.... Il lui prescrit de continuer sur le même plan, et ajoute : *Cela doit se faire ainsi; quoique don Carlos n'en profite pas comme il le faudrait, ce ne sera pas inutile. J'écris aussi à don Garcia de faire bien attention au choix de ceux qui voient et fréquentent le prince; il vaudrait mieux qu'on lui mît dans la tête le goût de l'étude que plusieurs autres choses.* Philippe avait conçu depuis longtemps une bien mauvaise idée du caractère de son fils; il avait été instruit que ce prince s'amusait à égorger lui-même les petits animaux qu'on lui apportait de la chasse, et qu'il paraissait transporté de joie en les voyant palpiter et mourir.

Malgré les recommandations de Philippe, éloigné de l'Espagne, on s'occupa beaucoup plus de développer la santé et la constitution physique de don Carlos, que de réprimer ses inclinations violentes. A l'âge de treize ans, il fut question de le marier à Isabelle, fille de Henri II, roi de France, laquelle avait douze ans. Mais bientôt Marie, reine d'Angleterre et femme de Philippe, mourut.

Cet événement changea les dispositions du roi de France, qui crut améliorer la fortune de sa fille en la mariant au roi d'Espagne plutôt qu'à l'héritier présomptif. Et la suite fit voir combien il avait eu raison, puisque Philippe vécut encore quarante-huit ans après qu'il eut épousé Isabelle, ce qui aurait fait attendre bien longtemps la couronne à la princesse.

Les fiancés furent mariés à Tolède, le 2 février 1560. Don Carlos, fils du roi, leur servit de parrain; la princesse douairière de Portugal, sœur du monarque, fut la marraine. On tint alors une assemblée des cortès, dont les membres prêtèrent serment de fidélité à don Carlos, et le reconnurent pour successeur à la couronne de son père. La jeune reine ne put assister à cette cérémonie parce qu'elle fut attaquée de la petite vérole peu de jours après ses noces.

Don Carlos était aussi tombé malade de la fièvre quarte, quelque temps avant l'arrivée de la reine en Espagne. Quoique cette maladie ne l'eût pas empêché de se promener à cheval et d'assister à l'assemblée des cortès le jour de la prestation du serment, il résulte cependant des mémoires laissés par des auteurs contemporains, qu'il était maigre, faible et pâle; cette circonstance ôte de ses couleurs au portrait supposé de sa bonne mine, que quelques auteurs ont tiré de leur imagination, pour faire croire à la vraisemblance de l'inclination de la jeune reine pour le prince. Philippe II était très-bien à l'âge de trente-trois ans, et la reine ne pouvait renoncer à la splendeur d'un trône pour une inclination faible ou nulle en faveur d'un prince dont la figure portait l'empreinte de la pâleur et de la maladie. Elle avait d'ailleurs assez de quoi s'occuper de sa propre situation qui l'exposait à perdre entièrement sa beauté.

Devenue convalescente, elle connut sans doute l'éducation négligée du prince, ses qualités morales et son orgueil insupportable. Elle n'ignora pas qu'il traitait indignement ses gens, soit par ses propos, soit par ses actions; que, quand il était en colère, il brisait tout ce qu'il pouvait saisir; et elle avait probablement été informée de la manière dont ce prince s'était comporté le jour du serment avec le respectable duc d'Albe. Celui-ci était chargé de tout ce qui était relatif au cérémonial pour la tenue des cortès, et le grand nombre d'occupations que cette charge lui donna dans ce jour solennel fut cause qu'il oublia de se rendre auprès de don Carlos au moment où il devait prêter son serment; on le chercha, et on parvint à le trouver; mais le jeune prince, furieux, l'insulta au point de l'exposer à perdre le respect qu'il lui devait. Son père l'obligea à faire des excuses au duc d'Albe; mais il n'était plus temps, ils se haïrent mortellement toute leur vie.

A l'âge de dix-neuf ans, don Carlos fit une chute dans l'escalier de son palais; il roula plusieurs marches et se fit des blessures dans quelques parties du corps, principalement à l'épine du dos et à la tête; quelques-unes semblaient devoir être mortelles.

Aussitôt que le roi fut instruit de cet accident, il partit en toute hâte pour se rendre auprès du prince et lui faire administrer tous les secours nécessaires. Il ordonna en outre à tous les archevêques, évêques et autres supérieurs ecclésiastiques, ainsi qu'à tous les chapitres, d'adresser des prières à Dieu pour le rétablissement de son fils.

Le monarque, le croyant déjà à l'article de la mort, fit apporter le corps du bienheureux Diego, religieux lai franciscain, par l'intercession duquel on disait que Dieu avait opéré de grands miracles. Ce corps fut placé sur celui de don Carlos, et le prince ayant commencé à se sentir mieux dès ce moment, on attribua ce bien à la protection de saint Diego, qui fut canonisé peu de temps après à la sollicitation de Philippe.

Cependant, indépendamment du bienheureux Diego, le docteur André Basilio, médecin du roi, donna des soins au malade. S'étant aperçu que les blessures et les contusions que don Carlos avait reçues à la tête y avaient accumulé une quantité considérable d'humeur, il crut que si l'on ne faisait pas une opération pour en débarrasser le cerveau, la mort était inévitable. Il lui ouvrit donc le crâne, en fit sortir toutes ces eaux et sauva le malade. Le prince ne se rétablit cependant pas entièrement ; il resta sujet à des douleurs et à des faiblesses dans la tête, qui non-seulement l'empêchaient de se livrer à l'étude avec quelque application, mais lui causaient quelquefois un certain désordre dans les idées qui rendait son caractère encore plus insupportable : étaient-ce là d'excellentes dispositions pour exciter de tendres sentiments dans le cœur d'une princesse vertueuse ?

Don Carlos, malgré le zèle de ses maîtres, était sans instruction et incapable d'écrire même une lettre. Il laissait souvent ses phrases incomplètes, et donnait à entendre une idée différente de celle qu'on savait qu'il voulait exprimer. Voici le texte entier d'une de ses lettres : « A mon maître l'évêque. « Mon maître, j'ai reçu votre lettre dans le bois. Je me porte « bien. Dieu sait combien je serais charmé d'aller vous voir « avec la reine : faites-moi savoir comment vous vous êtes « porté en cela, et s'il y a eu beaucoup de frais. Je suis allé « d'Alameda à Buitrago, et cela m'a paru très-bien. J'allais au « bois en deux jours ; je suis revenu à présent ici en deux « jours, où je suis depuis mercredi jusqu'à aujourd'hui. Je me « porte bien ; je finis. De la campagne, le 2 juin. Mon meilleur « ami que j'ai dans ce monde ; je ferai tout ce que vous me « demanderez. Moi le prince. »

Il se livrait, sans la moindre retenue, à toute l'impétuosité de ses passions. Quelques traits vont prouver jusqu'à quel point ce prince était digne des éloges qu'on lui a donnés si libéralement dans quelques ouvrages.

Étant un jour à la chasse dans le bois d'*Aceca*, il se mit dans une telle colère contre don Garcia de Tolède, son gouverneur, qu'il courut à lui pour le battre. Le seigneur, craignant de manquer au respect qu'il devait à son prince, prit la fuite et ne s'arrêta qu'à Madrid.

Don Diègue Espinosa, depuis cardinal et évêque de Siguenza, inquisiteur-général et conseiller d'État, était président du conseil de Castille. Il bannit de Madrid le comédien Cisneros, dans le moment où celui-ci allait représenter une comédie dans l'appartement de don Carlos. Le prince, instruit de ce qui se passait, demanda au président de suspendre le départ de Cisneros jusqu'après la représentation. N'ayant pas reçu de réponse favorable, il courut après lui dans le palais même avec un poignard à la main; transporté de colère il l'insulta publiquement, en lui disant : « Qu'est-ce que c'est qu'un prestolet comme celui-là, qui ose me résister en empêchant Cisneros de venir faire ce que je désire? Par la vie de mon père, je veux vous tuer! » Il l'aurait fait si quelques grands d'Espagne qui étaient présents ne se fussent mis entre les deux, et si le président n'avait pris le parti de se retirer.

Don Alphonse de Cordova, chambellan du prince, couchait dans son appartement. Il lui arriva une fois de ne pas s'éveiller assez tôt pour accourir au bruit de la sonnette de don Carlos. Celui-ci quitta son lit en fureur et voulut jeter son chambellan par la fenêtre.

Il manqua souvent au respect qu'il devait à l'âge et à la dignité du prince d'Evoli. — Il donna, dans diverses occasions, des soufflets à des domestiques. — Son bottier lui ayant apporté un jour des bottes trop étroites, il voulut qu'on les coupât en morceaux et qu'on les fît cuire; les bottes cuites, il força ce malheureux à les manger, et celui-ci en fut si incommodé qu'il en pensa perdre la vie.

Il sortait du palais pendant la nuit, malgré les conseils qu'on lui donnait de ne pas le faire. Sa conduite devint en peu de temps si déréglée et si scandaleuse, qu'elle offrit de fortes raisons de douter qu'il fût encore propre au mariage, et que sa tête conservât le jugement nécessaire pour gouverner l'État après la mort de son père.

Qui pourrait croire que la reine ignorât des scènes aussi multipliées et si publiques? Et si l'on avoue qu'elle en était instruite, comme cela ne pouvait manquer d'arriver, il n'est pas possible de lui supposer avec raison aucune inclination pour don Carlos.

Toutes ces actions pouvaient peut-être trouver leur excuse dans la fougue du caractère du prince; mais à ses fautes il voulut ajouter des crimes et courut à sa perte.

En 1565, il voulut passer en Flandre en secret et malgré la volonté de son père. Ses flatteurs lui procurèrent une somme de cinquante mille écus et quatre déguisements complets pour sortir de Madrid. Il s'agissait de se faire déclarer chef souverain des Pays-Bas, en promettant la liberté des opinions religieuses. Don Carlos écrivit à presque tous les grands d'Espagne pour demander leur appui dans une entreprise qu'il avait projetée : il reçut des réponses favorables; le plus grand nombre renfermaient cependant pour condition que cette entreprise ne serait pas dirigée contre le roi son père.

L'amiral de Castille ne se contenta pas de cette précaution. Le silence mystérieux dont cette prétendue entreprise était enveloppée, et la connaissance qu'il avait du peu de bon sens du prince, lui firent soupçonner qu'elle pourrait être criminelle. Il remit au monarque la lettre de son fils.

A cette époque, les démarches de don Carlos n'avaient encore d'autre but que de lui procurer de l'argent pour effectuer son voyage. Mais à mesure que les fonds lui parvenaient, il conservait de nouvelles espérances et livrait son âme à des projets plus criminels. Il avait enfin l'horrible dessein d'ôter la vie à son père. Il allait alors agir sans prévoyance, sans aucun plan et sans discernement; il fit voir que son entreprise était plutôt celle d'un fou que celle d'un scélérat et d'un conspirateur, car il ne fut pas maître de son secret, et ne prit aucune précaution contre le danger auquel il s'exposait lui-même dans cette tentative.

Un des huissiers de la chambre de don Carlos a laissé le récit suivant de l'arrestation du jeune prince : « Il y avait, dit ce « témoin oculaire, plusieurs jours que le prince mon maître « ne goûtait un moment de repos : il disait continuellement « qu'il désirait tuer un homme qu'il haïssait. Il fit part de ce « dessein à don Jean d'Autriche (son oncle), à qui il cacha le « nom de la personne à qui il en voulait. Le roi alla à l'Escu-« rial, d'où il envoya chercher don Jean. On ignore quel fut « l'objet de leur entretien ; on croit seulement qu'il roula sur « les sinistres projets du prince. Don Jean découvrit sans doute « ce qu'il savait

« Aussitôt le roi envoya chercher en poste le docteur Velasco; « il causa avec lui de ses projets et des ouvrages de l'Escurial, « donna des ordres et ajouta qu'il n'y reviendrait pas de sitôt. « Sur ces entrefaites, arriva le jour du jubilé, que toute la « cour était dans l'usage de gagner aux fêtes de Noël ; le prince « alla le soir du samedi au couvent de Saint-Jérôme. J'étais de « garde auprès de sa personne.

« Son Altesse royale s'étant confessée dans ce couvent, « ne put obtenir l'absolution, à cause des mauvais desseins « qu'elle avait. Elle s'adressa à un autre confesseur, qui la lui « refusa aussi. Le prince lui dit : *Décidez-vous plus vite*. Le moine « répondit : *Que Votre Altesse fasse consulter ce cas par des sa-« vants*. Il était huit heures du soir.

« Le prince envoya chercher dans sa voiture les théologiens « du couvent d'Atocha. Il en vint quatorze, deux à deux ; il « nous envoya à Madrid chercher les deux moines Albarado, « l'un *augustin*, l'autre *mathurin*. Il disputa avec tous et s'obs-« tina à vouloir être absous, en répétant toujours qu'il en « voudrait à un homme jusqu'à ce qu'il l'eût tué. Tous ces « religieux ayant dit que ce que le prince demandait était « impossible, il imagina un autre moyen et voulut qu'on lui

« donnât une hostie non consacrée, afin que la cour crût qu'il
« avait rempli les mêmes devoirs que les autres membres de la
« famille royale. Cette proposition jeta tous les religieux dans
« la plus grande consternation...

« Tout allait très-mal : le prieur du couvent d'Atocha
« prit le prince à part, et chercha adroitement à lui faire dire
« quel était le rang de l'individu qu'il voulait tuer ; il répon-
« dait que c'était un homme d'une très-haute qualité, et il s'en
« tenait là. Enfin, le prieur le trompa en disant : *Seigneur,*
« *dites quel homme c'est ; il sera peut-être possible de vous donner*
« *l'absolution suivant le genre de satisfaction que Votre Altesse se*
« *propose de tirer.* Le prince dit alors que c'était au roi son
« père qu'il en voulait, et qu'il entendait avoir sa vie.

« Le prieur lui dit alors avec calme : *Votre Altesse veut-elle*
« *tuer seule le roi son père, ou bien se servir de quelqu'un ?* Le prince
« tint si fortement à son projet, qu'il n'obtint pas l'absolution
« et ne put gagner le jubilé. Cette scène finit à deux heures
« après minuit ; tous les religieux se retirèrent accablés de tris-
« tesse, et son confesseur plus que les autres. Le lendemain j'ac-
« compagnai le prince à son retour au palais, et l'on envoya
« à l'Escurial informer le roi de tout ce qui venait d'arriver.

« Le monarque se transporta à Madrid. Le lendemain il alla,
« accompagné de son frère et des princes, entendre la messe
« en public. Don Jean, malade de chagrin, fut voir don Carlos
« ce jour-là. Celui-ci fit fermer les portes et lui demanda quel
« avait été le sujet de sa conversation avec le roi son père ?...
« Lorsqu'il vit que son oncle ne lui répondait pas suivant son
« désir, il tira l'épée. Don Jean recula jusqu'à la porte, et la trou-
« vant fermée, il se mit en garde, en disant : *Que Votre Altesse*
« *s'arrête !* Ceux qui étaient dehors l'ayant entendu, ouvrirent
« les portes. Don Jean se retira dans son hôtel.

« Le prince, se sentant indisposé, se coucha jusqu'à six
« heures du soir ; alors il se leva et mit une robe de chambre.
« Comme il était encore à jeun à huit heures, il se fit porter
« un chapon bouilli ; à neuf heures et demie, il se remit au lit ;
« j'étais encore de service ce jour-là, et je soupai au palais.

« A onze heures du soir, je vis le roi qui descendait l'escalier ;
« il était accompagné du duc de Feria, du grand-prieur, du
« lieutenant-général des gardes et de douze de ces derniers.
« Le monarque était armé par-dessus ses habits et avait la tête
« couverte d'un casque; il s'achemina vers la porte où j'étais ;
« il me fut ordonné de la fermer et de ne l'ouvrir à qui que ce
« fût. Tous les personnages étaient déjà entrés dans la chambre
« du prince, quand il cria : *qui est là ?* Les officiers s'étaient ap-
« prochés du chevet de son lit et s'étaient emparés de son
« épée et de sa dague : le duc de Feria avait pris aussi une ar-
« quebuse chargée de deux balles. Le prince ayant jeté des
« cris et s'étant répandu en menaces, on lui répondit : *le Con-
« seil d'État est ici.*

« Il voulut se saisir de ses armes et en faire usage, et il sau-
« tait déjà de son lit, lorsque le roi entra. Son fils lui dit alors :
« *Qu'est-ce que Votre Majesté veut de moi ?* — Vous allez le savoir,
« lui répondit le monarque. On condamna bientôt les portes
« et les fenêtres. Le roi dit à don Carlos de rester tranquille
« dans cette chambre jusqu'à ce qu'il lui envoyât des ordres
« ultérieurs ; il appela ensuite le duc de Feria et lui dit : *Je vous
« charge de la personne du prince afin que vous en preniez soin et le
« gardiez ;* s'adressant ensuite à Louis Quijada, au comte de
« Lerma et à don Rodrigo de Mendoza, il leur dit : — Je vous
« charge de servir et de contenter le prince ; ne faites rien de ce
« qu'il vous commandera sans que j'en sois auparavant averti.
« J'ordonne que tout le monde le garde fidèlement, sous peine
« d'être déclaré traître.

« A ces mots, le prince commença à jeter les hauts cris, en
« disant : —Votre Majesté ferait mieux de me tuer que de me
« tenir prisonnier ; c'est un grand scandale pour le royaume;
« si elle ne le fait, je saurai bien me tuer moi-même. Le roi
« répondit : Qu'il se gardât bien de le faire, parce que de
« telles actions n'appartiennent qu'à des fous. Le prince
« répliqua : —Votre Majesté me traite si mal, qu'elle me forcera
« d'en venir à cette extrémité, non comme fou, mais comme
« désespéré. Il y eut encore d'autres choses dites de part et

« d'autre, et rien de terminé, parce que ni le lieu ni le temps
« ne le permettaient. »

Philippe créa une commission spéciale pour le procès de don Carlos. Au nombre des commissaires se trouvait don Diègue Espinosa, inquisiteur-général, qui siégeait *seulement* en qualité de conseiller d'État, ce qui n'a pas empêché quelques écrivains de croire que la procédure était inquisitoriale. Le roi voulut donner à cette affaire l'importance d'une procédure pour crime de lèse-majesté.

L'ordonnance relative au régime de la prison de don Carlos était observée avec une telle rigueur, que la reine et la princesse dona Jeanne ayant voulu lui rendre visite pour le consoler, le roi ne voulut pas le leur permettre. Ce monarque se méfiait tellement de tout le monde, qu'il vécut lui-même dans une espèce de captivité, et cessa de faire ses voyages accoutumés à ses maisons de plaisance d'Aranjuez, du Pardo et de l'Escurial; il s'était renfermé dans son appartement; il ne pouvait pas entendre le moindre bruit sans se mettre à la fenêtre, afin d'en savoir la cause et les suites, tant il était dans l'appréhension de quelque tumulte. Il avait toujours soupçonné les Flamands ou d'autres personnes d'être partisans du prince, ou au moins d'en affecter les apparences.

Cependant don Carlos, qui n'était pas accoutumé à maîtriser ses passions, ne sut jamais faire usage des moyens convenables pour adoucir sa disgrâce. Il se livrait continuellement aux plus grandes impatiences. Il refusa de se confesser pour se mettre en état de remplir le devoir de religion dont la famille royale d'Espagne s'acquittait toujours le dimanche des Rameaux.

Plusieurs tentatives furent faites auprès du prince pour le ramener à des sentiments plus chrétiens, et une lettre de son premier aumônier, qu'il avait toujours traité avec la plus grande distinction, n'eut pas plus de succès que les autres tentatives. On remarque dans cette lettre le passage suivant :
« Votre Altesse peut bien s'imaginer ce que fera et dira tout
« le monde, quand on saura qu'elle ne se confesse pas, et

« qu'on découvrira d'autres choses terribles sur son compte ; « quelques-unes le sont à tel point, que si elles regardaient « tout autre que Votre Altesse, *le saint-office serait dans le cas de* « *rechercher si elle est chrétienne ou non.* » On se rappelle que don Carlos avait voulu communier avec des hosties non consacrées.

Le désespoir dans lequel don Carlos tomba bientôt fut cause qu'il n'observa plus le moindre régime dans ses repas ni dans son sommeil. La colère qui le dominait lui ayant allumé le sang, ses organes s'échauffèrent à un tel point, que l'eau glacée, dont il faisait un usage continuel, ne pouvait plus les calmer. Il fit mettre dans son lit une grande quantité de glace afin de tempérer la sécheresse de sa peau qui lui était devenue insupportable. Il marchait nu et sans chaussure sur les carreaux, et restait les nuits entières dans cet état. Dans le mois de juin, il refusa toute espèce de nourriture, et ne prit pendant onze jours que de l'eau à la glace. Il s'affaiblissait à un tel point, qu'on croyait qu'il n'avait plus longtemps à vivre. Le roi, instruit de son état, vint lui faire une visite et lui adressa quelques paroles de consolation ; l'effet qui en résulta fut d'engager le prince à manger plus qu'il ne convenait à son état, son estomac étant privé de la chaleur nécessaire au travail de la digestion, et cet excès lui causa une fièvre maligne...

Cependant la procédure était terminée, et il résultait des pièces qu'on avait réunies, qu'on ne pouvait se dispenser de condamner le prince à la peine de mort. Philippe fut néanmoins sollicité de faire, en cette circonstance, usage de son autorité souveraine et de commuer la peine capitale en un châtiment moins terrible.

Philippe II dit alors que son cœur lui dictait de suivre l'avis de ses conseillers, mais que sa conscience ne le lui permettait point ; qu'il ne pensait pas qu'il en résultât aucun bien pour l'Espagne ; qu'il croyait au contraire que le plus grand malheur qui pût arriver à son royaume, serait d'être gouverné par un monarque privé d'instruction, de talent, de jugement, de vertus, et rempli de vices, de passions, surtout irascible, féroce et sanguinaire; que toutes ces considérations le forçaient, malgré l'amour qui l'attachait à son fils, et le déchirement que lui causait un sacrifice aussi terrible, de laisser continuer la procédure d'après les formes prescrites par les lois. Néanmoins, considérant que la santé de son fils était, par suite des écarts de son régime, dans un état si déplorable qu'il n'y avait aucun espoir de le sauver, il croyait que ce serait adoucir ses dernières peines, que de négliger un peu les soins qu'on lui donnait, pour satisfaire toutes ses envies dans le boire et le manger; car, d'après le désordre de ses idées, il ne pourrait manquer de commettre des excès qui le conduiraient bientôt au tombeau...

Le cardinal Espinosa et le prince d'Évoli, connaissant la sentence portée de vive voix par Philippe II, imaginèrent qu'on remplirait ses véritables intentions en précipitant le moment de la mort de don Carlos... En conséquence le prince d'Évoli eut une conférence avec le médecin Olivarès; il lui parla avec ce ton important et mystérieux que les gens versés dans la politique des cours savent si bien employer quand cela convient aux vues du souverain et à leurs propres desseins...

Le docteur Olivarès comprit fort bien qu'on lui demandait l'exécution d'une sentence de mort prononcée par le roi; qu'on voulait qu'elle fût exécutée de manière que l'honneur du prince restât sans atteinte, et qu'il fallait que cela ressemblât à une mort naturelle amenée par le dernier période de la maladie...

Le 20 juillet, le docteur Olivarès ordonna une médecine que don Carlos prit. Louis Cabrera, employé au palais dans ce moment-là, dit, dans l'histoire de Philippe II, que « *cette médecine ne fut suivie d'aucun bon résultat, et la maladie paraissant mortelle*, le médecin annonça au malade qu'il était bon qu'il « se disposât à mourir en bon chrétien et à recevoir les sa- « crements. »

Un autre historien du même prince dit, en parlant de la médecine administrée par Olivarès, que « le médecin purgea « don Carlos sans qu'il en résultât rien de bon, mais non

« sans ordre ni sans délibération, et que la maladie se présenta
« bientôt avec des symptômes mortels... »

Un autre écrivain dit encore : « Don Carlos mourut d'une
« maladie qui lui fut causée en partie pour avoir refusé de
« prendre de la nourriture, en partie pour en avoir pris avec
« excès et avoir mis de la neige dans son breuvage, ou enfin
« par la douleur de l'esprit, *s'il est vrai néanmoins qu'il n'y ait*
« *pas eu de violence.* »

Il paraît donc hors de doute que la mort de don Carlos ait
été le résultat d'un empoisonnement prescrit, non par Philippe II, mais par ses conseillers, croyant agir dans les vues du
roi. Cette mort cependant a soulevé une vive controverse entre
les historiens et attiré d'amers reproches à Philippe II. Et pourtant, si jamais père eut le droit d'être inflexible, ce fut assurément le père de don Carlos. Au reste, nous ne discuterons pas
cet événement mystérieux, nous nous contentons de raconter
les faits.

Don Carlos, instruit par Olivarès que sa maladie était sans
remède et sa mort prochaine, et engagé en même temps par
ce médecin à s'y préparer, voulut qu'on appelât F. Diègue
de Chaves, son confesseur ordinaire ; ses ordres furent exécutés le 21 juillet. Le prince chargea ce religieux de demander
en son nom pardon au roi son père. Celui-ci lui fit répondre
qu'il le lui accordait de tout son cœur, ainsi que sa bénédiction, et qu'il espérait que son repentir le lui ferait obtenir de
Dieu... Les ministres proposèrent au roi de voir son fils et de
lui donner une autre fois en personne sa bénédiction... Philippe se rendit dans l'appartement du malade qui était à la dernière extrémité et lui donna une seconde fois sa bénédiction
sans être aperçu ; cela étant fait, il se retira tout en pleurs. Son
départ fut bientôt suivi de la mort de don Carlos, qui expira à
quatre heures du matin, le 14 juillet 1568.

On ne fit rien pour cacher la mort de ce prince, on l'enterra au contraire avec toute la pompe due à son rang, dans l'église du couvent des religieuses de Saint-Dominique *el Réal* de
Madrid, mais il n'y eut pas d'oraison funèbre.

Ainsi l'inquisition n'eut aucune part au procès ni à la mort de don Carlos, bien que ce prince eût commis plus de crimes qu'il n'en fallait pour être brûlé, en cherchant à se jouer du sacrement de l'Eucharistie et en refusant obstinément de se confesser tant qu'il crut pouvoir revenir à la santé. Ces événements servirent du moins de juste châtiment au sanguinaire Philippe qui laissait décimer ses peuples par les inquisiteurs.

Sous Philippe III, plus digne du froc dominicain que du sceptre royal, eurent lieu plusieurs *auto-da-fé* où l'on brûla un grand nombre de sorciers. L'histoire de *Sarah*, insérée dans les *Mémoires*, peut donner une idée suffisante des extravagances auxquelles l'imagination peut entraîner les hommes et de l'extravagance plus grande encore des inquisiteurs qui ne manquaient pas de prendre au sérieux toutes les fables de la sorcellerie et de brûler ceux qui étaient accusés d'y participer. Bien que la secte des sorciers, dont onze membres furent *relaxés* et dix-huit *pénitenciés* en 1610, offre quelque différence dans ses pratiques secrètes avec les sectes d'autres contrées, nous n'en parlerons pas davantage, dans la crainte que ces détails n'offrent peu d'attrait au lecteur.

En 1654, sous Philippe IV, autre *auto-da-fé* dans lequel figure Simon Nugnez, docteur en médecine. Son crime était d'avoir fait un pacte avec le démon, ce qui était prouvé aux yeux des savants juges du saint-office par le fait *d'avoir reçu dans son oreille un gros taon qui lui disait sans cesse : Ne parle pas de religion*. Ce n'était pas trop pour un crime aussi évident d'être condamné à une demi-douzaine de pénitences et à une amende de trois cents ducats.

Dans le même *auto-da-fé* parut Balthazar Lopez, sellier des écuries du roi. Il avait entraîné un de ses parents dans le judaïsme, en lui prouvant que le Messie n'était pas encore venu. Son caractère facétieux lui suggéra des plaisanteries que la mort seule fit cesser.

Un des religieux qui l'accompagnaient l'exhortait à rendre grâce à Dieu de ce qu'il allait entrer dans le paradis sans qu'il lui en coûtât rien.

« Que dites-vous, mon père? s'écria-t-il. La confiscation ne m'emporte-t-elle pas deux cent mille ducats, et même sans que je sois sûr que mon marché tienne? »

Étant sur le bûcher, il s'aperçut que le bourreau s'y prenait mal pour étrangler deux condamnés.

« Pierre, lui dit-il, si tu m'étrangles aussi mal que ces deux pauvres diables, tu feras mieux de me brûler vif. »

Lorsqu'on l'eut mis devant le poteau, l'exécuteur voulut lui lier les pieds.

« Pour Dieu ! dit Balthazar en colère, si tu m'attaches, je ne crois plus en Jésus-Christ; prends ce crucifix. »

Et, sans attendre, il le jeta à terre. Au moment où le bourreau commençait à l'étrangler, son confesseur lui demanda s'il avait une véritable douleur de ses péchés ; et Balthazar, malgré la difficulté qu'il avait déjà de se faire entendre, répondit avec vivacité :

« Mais, mon père, croyez-vous que ce soit le moment de plaisanter ? »

L'absolution lui fut donnée, on l'étrangla et il fut brûlé.

Philippe V, petit-fils de Louis XIV, parvint au trône d'Espagne le 1er novembre 1700. On s'imagina faire une chose agréable au nouveau roi en célébrant son avénement par un *auto-da-fé solennel*. Mais Philippe ne voulut point suivre l'exemple de ses quatre prédécesseurs, qui s'étaient déshonorés par leur fanatisme, et il refusa d'être témoin de cette scène barbare. Il protégea néanmoins le saint-office, restant fidèle aux principes que Louis XIV lui avait inculqués. On sait que le vieux roi se livra pendant les dernières années de sa vie à toutes les pratiques de la fausse dévotion. Il ne lui manqua que de se retirer dans une solitude pour justifier le proverbe : *Quand le diable devient vieux, il se fait ermite.*

En 1743, Dona Agueda de Luna fut accusée d'avoir embrassé l'hérésie de Molinos et d'avoir fait un pacte avec le démon. Voici en peu de mots son histoire.

Dona Agueda entra religieuse carmélite dans le couvent de Lerma, en 1712, avec une si grande réputation de vertu qu'on la regardait comme une sainte. L'année suivante, elle avait déjà embrassé l'hérésie de Molinos, et elle en suivait les principes avec tout le dévouement du sectaire le plus décidé. Elle passa plus de vingt ans dans le couvent, et sa renommée ne fit que s'accroître par les récits de ses extases et de ses miracles, adroitement répandus par le frère Jean de Longas, le prieur de Lerma, le provincial et d'autres religieux du premier rang, qui tous étaient complices de la fourberie de la mère Agueda, et intéressés à faire croire à sa sainteté...

Un des prodiges simulés de la mère Agueda, qui excitait la plus grande surprise, et qu'on regardait comme la cause de beaucoup d'autres merveilles, était la faculté qu'avait cette prétendue sainte d'évacuer certaines pierres qu'une de ses complices composait avec de la brique réduite en poudre et mêlée avec des substances aromatiques, et sur lesquelles on voyait d'un côté l'empreinte d'une croix, de l'autre celle d'une étoile ; l'une et l'autre couleur de sang.

On disait dans le monde que, pour récompenser la vertu admirable de la mère Agueda, Dieu lui avait accordé la faveur singulière de rendre ces pierres miraculeuses pour la guérison des maladies, par la voie des urines, en éprouvant des douleurs pareilles à celles qui accompagnent l'enfantement. Ces douleurs, en effet, n'étaient pas inconnues à dona Agueda, qui les avait ressenties plusieurs fois à Lerma et à Corella, soit au milieu des avortements qu'elle s'était procurés, soit dans les accouchements naturels où elle avait été assistée par les moines ses complices et par des religieuses qui avaient été séduites.

La mère Agueda voulut aller plus loin ; dans son désir de faire de nouveaux miracles pour rendre sa réputation encore plus brillante, elle invoqua le démon, et, s'il faut s'en rapporter aux informations qui furent faites pendant le procès, elle fit un pacte avec lui, en lui donnant son âme, par un acte en forme, écrit de sa main, et en l'adorant comme son maître, véritablement Dieu tout-puissant, et en reniant Jésus-Christ, sa religion et tout ce qu'elle enseigne.

Enfin, après avoir rempli sa vie de mille iniquités secrètes et cachées sous le voile du jeûne et des autres signes extérieurs de la sainteté, la mère Agueda fut dénoncée au saint-office de Logrono, qui la fit enfermer dans ses prisons secrètes, où elle mourut des suites de la torture avant que son procès fût en état d'être jugé. Elle confessa, au milieu des tourments qu'on lui fit souffrir, que sa prétendue sainteté n'avait été qu'une imposture, parut se repentir dans ses derniers moments, se confessa et reçut l'absolution.

Frère Jean de la Vega, provincial des carmes déchaussés, avait été, dès l'année 1715, le directeur spirituel et l'un des complices de la mère Agueda, n'ayant alors que trente-cinq ans; il en avait eu cinq enfants, d'après les preuves de son procès; et ses discours avaient perverti d'autres religieuses, en leur faisant croire que ce qu'il leur conseillait était la véritable vertu. Il avait écrit la vie de sa principale élève, et il en parlait comme du vrai modèle de la sainteté… Il s'acquit lui-même une si grande réputation, qu'on le nommait l'*extatique;* les moines qu'il avait pour complices publiaient partout que, depuis saint Jean de la Croix, il n'y avait pas eu en Espagne de religieux plus ami de la pénitence que lui. Il fit faire le portrait de la mère Agueda, qui fut exposé dans le chœur de la chapelle du couvent. On lisait au bas quatre vers à double entente, dont voici la substance :

> O doux Jésus! que dans mon cœur
> Ta main vienne planter la fleur;
> Le fruit viendra dans sa saison,
> Car le terrain en est très-bon.

Et ce fertile terrain, pour ne parler que des fleurs que frère Jean y avait plantées, avait produit *cinq fruits venus dans leur saison.*

Frère Jean de la Vega, accusé aussi d'avoir fait un pacte avec le démon, nia le fait au milieu même des tortures; mais il avoua un crime beaucoup plus grave et surtout plus réel, c'est qu'il avait reçu, en qualité de provincial, l'argent de onze mille huit cents messes qui n'avaient pas été dites. Il fut envoyé dans un couvent pour toute punition.

Ces deux hypocrites avaient corrompu la jeune dona Vicenta de Loya, nièce de la mère Agueda. Leurs funestes leçons eurent tant de succès, que la mère Agueda tenait de ses propres mains sa nièce Vicenta lorsque le provincial fit le premier outrage à la pudeur de cette jeune fille. L'œuvre, disaient-ils, serait plus méritoire aux yeux de Dieu.

Ce fut cette religieuse et quelques autres qui dénoncèrent le lieu où les enfants de la mère Agueda et de frère Jean étaient mis à mort et enterrés. On y fit des perquisitions, et la découverte de plusieurs ossements prouva la vérité de la déclaration. Toutes les religieuses de cet infâme repaire du vice et du crime furent dispersées dans d'autres couvents qui ne valaient pas mieux, et la communauté fut entièrement renouvelée.

Sous le règne de Ferdinand VI, fils et successeur de Philippe V, l'opinion fait de rapides progrès, les lumières s'étendent, la barbarie commence à faire place à une certaine modération, sinon dans les lois de l'inquisition, du moins dans ceux qui sont chargés de les appliquer. La franc-maçonnerie, qui était un objet entièrement nouveau pour l'inquisition, l'occupe particulièrement pendant le règne de Ferdinand VI. Déjà la franc-maçonnerie avait été excommuniée par le pape Clément XII, et repoussée par Philippe V. Les inquisiteurs ne pouvaient manquer de joindre leurs rigueurs à celles de ces deux souverains. Aussi plusieurs personnes, accusées de franc-maçonnerie, furent-elles condamnées aux galères. Voici les détails d'un procès de ce genre, jugé à Madrid en 1757.

Pierre Tournon, Français, né à Paris, vint s'établir à Madrid. Il avait été appelé en Espagne et pensionné par le gouvernement, pour y monter une fabrique de boucles de cuivre et former des ouvriers espagnols. Il fut dénoncé au saint-office comme suspect d'hérésie, par un de ses élèves, qui ne fit qu'obéir, dans cette circonstance, à l'obligation que son confesseur lui avait imposée à l'époque de la communion pascale.

A la suite de l'information secrète, il résulta des déclarations uniformes de trois témoins, que le dénoncé était franc-maçon. Il fut traduit dans les prisons secrètes le 20 mai. On trouve dans le procès-verbal de la première des trois audiences de *monitions,* un dialogue qu'on ne sera peut-être pas fâché de retrouver ici.

L'Inquisiteur. Jurez-vous à Dieu et à cette sainte croix de dire la vérité ?

Pierre Tournon. Oui, je le jure.

L'Inq. Comment vous appelez-vous ?

R. Pierre Tournon.

L'Inq. De quel pays êtes-vous ?

R. De Paris.

L'Inq. Quel motif vous a fait venir en Espagne ?

R. J'y suis venu pour établir une fabrique de boucles de cuivre.

L'Inq. Depuis quel temps résidez-vous à Madrid ?

R. Depuis trois ans.

L'Inq. Savez-vous ou présumez-vous pourquoi vous avez été arrêté et traduit dans les prisons du saint-office ?

R. Non ; mais je suppose que c'est pour avoir dit que j'étais franc-maçon.

L'Inq. Pourquoi le supposez-vous ?

R. Parce que j'ai appris à mes élèves que je l'étais, et je crains qu'ils ne m'aient dénoncé ; car je me suis aperçu, depuis quelque temps, qu'ils ne me parlent plus qu'avec une sorte de mystère, et leurs questions me portent à croire qu'ils me regardent comme un hérétique.

L'Inq. Leur avez-vous dit la vérité ?

R. Oui.

L'Inq. Vous êtes donc franc-maçon ?

R. Oui.

L'Inq. Depuis quand l'êtes-vous ?

R. Depuis vingt ans.

L'Inq. Avez-vous assisté aux assemblées des francs-maçons?

R. Oui, pendant que j'étais à Paris.

L'Inq. Vous y êtes-vous trouvé en Espagne?

R. Non; j'ignore même s'il y a des loges de francs-maçons.

L'Inq. S'il y en avait, y auriez-vous assisté?

R. Oui.

L'Inq. Êtes-vous chrétien, catholique romain?

R. Oui; j'ai été baptisé dans l'église Saint-Paul, de Paris, qui était la paroisse de mes père et mère.

L'Inq. Comment, avec votre qualité de chrétien, osez-vous vous trouver aux assemblées maçonniques, sachant ou devant savoir qu'elles sont contraires à la religion?

R. Je n'ai jamais su cela; j'ignore même à présent si cela est; parce que je n'y ai rien vu ni entendu de contraire à la religion.

L'Inq. Comment pouvez-vous le nier, puisque vous savez qu'on professe, dans la franc-maçonnerie, l'*indifférence* en matière de religion, laquelle est contraire à l'article de foi qui nous enseigne que les hommes ne peuvent se sauver qu'en professant la religion catholique, apostolique et romaine?

R. On ne professe point cette *indifférence* parmi les francs-maçons; ce qu'il y a de certain, c'est que, pour être reçu franc-maçon, il est *indifférent* que l'on soit catholique ou non.

L'Inq. Donc la franc-maçonnerie est un corps *anti-religieux*.

R. Cela ne peut être non plus, car l'objet de son institution n'est pas de combattre ni de nier la nécessité ou l'utilité d'une religion, mais d'exercer la bienfaisance à l'égard du prochain malheureux, de quelque religion qu'il soit, et surtout s'il est membre de la société.

L'Inq. Une preuve que l'*indifférentisme* est le caractère religieux de la franc-maçonnerie, c'est qu'on n'y confesse point la très-sainte Trinité de Dieu le Père, de Dieu le Fils, de Dieu le Saint-Esprit, trois personnes distinctes, un seul Dieu véritable; puisque les francs-maçons ne reconnaissent qu'un seul Dieu, qu'ils appellent le *Grand Architecte de l'univers,* ce qui revient à dire avec les philosophes hérétiques naturalistes, qu'il n'y a pas d'autre religion véritable que la *religion naturelle*, dans laquelle on croit à l'existence d'un Dieu créateur, comme *auteur de la nature*, regardant tout le reste comme une invention purement humaine.

R. Dans les loges maçonniques on ne s'occupe ni de soutenir ni de combattre le mystère de la sainte Trinité, ni d'approuver ou de rejeter le système religieux des philosophes *naturalistes;* Dieu y est désigné sous le nom de *Grand Architecte de l'univers,* par une de ces nombreuses allégories que les noms maçonniques présentent, et qui ont rapport à l'architecture.

L'Inq. Croyez-vous, comme catholique, que ce soit commettre le péché de superstition, de confondre les choses saintes et religieuses avec les choses profanes?

R. Je ne suis pas assez instruit sur toutes les choses particulières qui sont défendues comme opposées à la pureté de la religion chrétienne; mais j'ai cru jusqu'à présent que celui qui confondrait, par mépris ou par une vaine croyance, les unes avec les autres, afin de produire par leur mélange des effets surnaturels, se rendrait coupable du péché de superstition.

L'Inq. Est-il vrai que, dans les cérémonies qui accompagnent la réception d'un nouveau maçon, on voit paraître l'image de Notre-Seigneur Jésus-Christ crucifié, avec le cadavre d'un homme, une tête de mort et d'autres objets profanes de ce dernier genre?

R. Les statuts généraux de la franc-maçonnerie ne prescrivent rien de semblable; si on y fait usage quelquefois de ces choses, c'est sans doute par l'effet de quelque coutume particulière qu'on y a adoptée, ou de quelque autre disposition arbitraire des membres de la corporation qui sont chargés de tout préparer pour la réception des candidats; car chaque oge a ses usages et ses cérémonies particulières.

L'Inq. Ce n'est pas là ce qu'on vous a demandé; répondez s'il est vrai que tout cela s'observe dans les loges des maçons?

R. Oui ou non, suivant les dispositions faites par ceux qui sont chargés des cérémonies de l'initiation.

L'Inq. Les choses se sont-elles passées ainsi quand vous avez été reçu?

R. Non.

L'Inq. Quel serment faut-il prêter pour être reçu franc-maçon?

R. On jure de garder le secret.

L'Inq. Sur quelles choses?

R. Sur les choses dont la publication pourrait avoir des inconvénients.

L'Inq. Ce serment est-il accompagné d'exécrations?

R. Oui.

L'Inq. Comment les fait-on?

R. On consent à souffrir tous les maux et toutes les peines qui peuvent affliger le corps et l'âme si on viole la promesse que l'on a faite avec serment.

L'Inq. Quelle importance peut avoir cette promesse pour qu'on croie pouvoir faire prêter, sans indécence, un serment exécratoire aussi redoutable?

R. Celle du bon ordre dans la société.

L'Inq. Que se passe-t-il dans ces loges pour que sa publication pût faire naître des inconvénients, si elle avait lieu?

R. Rien, si on veut l'entendre sans préoccupation et sans préjugé; mais, comme on est généralement dans l'erreur sur cette matière, il faut éviter de donner lieu aux interprétations de la malignité; et l'on tomberait dans cet abus, si l'on racontait ce qui se passe dans les loges, les jours où les frères s'assemblent.

L'Inq. Que fait-on dans les loges d'un crucifix, si la réception d'un franc-maçon n'est pas regardée comme un acte religieux?

R. On le présente pour pénétrer l'âme d'un plus profond respect au moment où le novice va jurer. On ne le voit point dans toutes les loges, et il ne paraît que lorsqu'il s'agit de conférer certains grades.

L'Inq. Pourquoi y apporte-t-on une tête de mort?

R. Afin que l'idée de la mort inspire plus d'horreur pour le parjure.

L'Inq. A quelle fin y voit-on le cadavre d'un homme?

R. Afin de rendre plus complète l'allégorie de Hiran, architecte du temple de Jérusalem, qui fut, dit-on, assassiné par des traîtres, et pour faire concevoir une plus grande détestation de l'assassinat et des autres vices nuisibles au prochain pour lequel nous devons être des frères bienfaisants.

L'Inq. Est-il vrai qu'on célèbre dans les loges la fête de saint Jean, et que les maçons ont choisi ce saint pour leur patron?

R. Oui.

L'Inq. Quel culte lui rend-on pour célébrer cette fête?

R. On ne lui en rend aucun, pour ne pas le mêler avec des distractions purement profanes. Cette célébration se borne à un repas de frères, après lequel on lit un discours pour porter les convives à l'exercice de la bienfaisance à l'égard de leurs semblables, en l'honneur de Dieu, le Grand Architecte, créateur et conservateur de l'univers.

L'Inq. Est-il vrai qu'on honore dans les loges le soleil, la lune et les étoiles?

R. Non.

L'Inq. Est-il vrai qu'on y expose leurs images ou leurs symboles?

R. Oui.

L'Inq. Pourquoi?

R. Afin de rendre plus sensibles les allégories de la grande, continuelle et véritable lumière que les loges reçoivent du Grand Architecte du monde, et parce que ces représentations apprennent aux frères et les engagent à être bienfaisants.

L'inquisiteur insiste pour que Pierre Tournon convienne des faits qui lui sont reprochés; mais il persista dans ses réponses aux deux autres audiences, et le jugement fut prononcé et signifié à Pierre Tournon, au mois de décembre 1757. L'accusé fut, *par un effet de la compassion et de la miséricorde du saint-office condamné à une année de détention*, à l'expiration de laquelle il fut banni de l'Espagne pour toujours, avec menace d'être brûlé s'il s'avisait jamais d'y rentrer sans la permission du saint-office. Il est à croire que Pierre Tournon ne mit pas les inquisiteurs dans la nécessité d'exécuter leur menace.

A partir de cette époque, c'est-à-dire sous les règnes de Charles III, Charles IV et Ferdinand VII, les lumières sont en progrès; les inquisiteurs font toujours des victimes, mais plus rarement, et leurs condamnations sont appuyées de motifs plus concluants que par le passé. Bon nombre de procès sont même suspendus ou annulés faute de preuves suffisantes; preuves qui, sous Torquemada et ses premiers successeurs, auraient conduit au bûcher. N'en attribuons pas la gloire aux inquisiteurs, mais à la raison publique et à la philosophie qui, pénétrant partout, même en Espagne, chassait devant elle le fanatisme, les abus, les préjugés.

C'est au règne de Charles IV qu'appartient le procès du Marseillais Michel Maffre des Rieux. Cet accusé persista à dire depuis son premier interrogatoire qu'il avait été élevé dans la religion catholique et qu'il avait persévéré dans sa foi jusqu'à une époque antérieure de cinq ans au jour de son arrestation ; que la lecture des ouvrages de Rousseau, de Voltaire et des autres philosophes lui avait fait croire alors qu'il n'y avait de religion sûre que la religion naturelle, et que les autres n'étaient que des inventions des hommes ; mais que, dans tout ce qu'il avait fait, il s'était proposé de bonne foi la vérité pour but, et qu'il était disposé en conséquence à se soumettre de nouveau à la religion catholique, si quelqu'un voulait lui en faire voir la vérité. Le maître Magi, religieux de la Merci, entreprit cette œuvre, et eut plusieurs conférences avec lui. Il parvint à l'amener à s'avouer vaincu, *soit*, disait-il au maître, *que vous ayez raison, soit que votre savoir surpasse le mien.*

Cette disposition fut cause que, pendant toute la durée de

son procès, le Marseillais se montra disposé à se réconcilier à l'Eglise catholique. La seule condition qu'il mettait à son retour aux principes religieux, était qu'on lui rendrait la liberté et qu'il pourrait retourner dans sa maison, attendu que non-seulement il ne se reconnaissait pas coupable, quoiqu'il eût abandonné la religion chrétienne pour embrasser la religion naturelle, mais encore parce qu'il croyait avoir fait une œuvre méritoire aux yeux du Créateur; en suivant le parti que sa raison lui avait indiqué pour arriver au bonheur d'une autre vie, de la même manière qu'il le faisait encore à présent par son retour à ses premiers principes de religion, après avoir été convaincu qu'il s'était écarté de la bonne route; et enfin qu'il ne pouvait croire qu'il fût soumis à l'autorité ordinaire de l'inquisition, qui n'avait de droit que sur ceux qui, sans être de bonne foi, embrassaient l'hérésie avec obstination.

La coutume du tribunal est de promettre à chaque audience que le prisonnier sera traité avec indulgence et compassion, s'il est reconnu qu'il a fait une confession pleine et sincère. La franchise du Marseillais était si grande que mille preuves indirectes ne permettaient pas d'en douter; il avait déclaré que, dans son système, le mensonge était un des plus grands crimes contre la religion naturelle; aussi, non-seulement il ne nia jamais rien de ce qui était vrai, quoiqu'il dût craindre les suites de sa bonne foi, mais il s'applaudissait encore de s'appeler *l'homme de la nature*. Plein de confiance, il s'attendait à être réconcilié en secret et sans pénitence, ou du moins à n'en subir qu'une fort légère...

Un matin, le geôlier entre dans sa chambre, accompagné de six ou sept *familiers*. On lui dit de quitter son habit, son haut-de-chausses et ses bas, et de prendre un gilet et une culotte de drap gris, des bas de la même étoffe, et un grand et hideux scapulaire de *san benito*; de recevoir une corde de genêt au cou et un flambeau de cire verte à la main, pour se rendre en cet état dans la salle des audiences où il doit entendre la lecture de son jugement. Le malheureux s'effraye, s'irrite, entre en fureur; mais comme il ne peut rien contre la force, il obéit après avoir longtemps résisté. Malgré l'appareil qui frappe ses yeux, il pense qu'en entrant dans la salle des audiences il n'y trouvera que les inquisiteurs et les autres employés du tribunal, à qui il est expressément défendu de publier ce qui s'y passe. Mais à peine a-t-il paru sur la porte qu'il aperçoit une nombreuse assemblée de chevaliers, de dames et d'autres personnes qui, ayant appris qu'il doit y avoir le même jour un *auto-da-fé* particulier de réconciliation dans les salles du saint-office, les portes ouvertes, sont accourues pour être témoins de ce spectacle.

Consterné de ce qui se passe, des Rieux n'est plus maître de lui-même; dans les transports de sa colère, il vomit mille imprécations contre la barbarie, l'inhumanité et la vile astuce des inquisiteurs; et, au milieu des discours que son désespoir lui arrache, on lui entend prononcer ces paroles : *S'il est vrai que la religion catholique commande de faire ce que vous faites, je l'abhorre encore une fois, parce qu'il est impossible qu'une religion qui déshonore les hommes sincères soit véritable.*

Les choses furent poussées si loin qu'on fut obligé d'employer la force pour le ramener en prison. Lorsqu'il y fut arrivé, il passa trente heures sans vouloir prendre aucune nourriture, demandant à être conduit promptement au bûcher, et menaçant de se donner la mort si on la lui faisait attendre. Le cinquième jour, le malheureux exécuta sa funeste résolution, malgré les précautions qu'on avait prises pour l'empêcher. Il se pendit dans sa prison après avoir avalé un morceau de linge pour être plus promptement étouffé.

La veille, il avait demandé de l'encre et du papier, et avait écrit quelques vers français alexandrins, sous forme de prière, dont voici la substance : « O Dieu! auteur de la na-
« ture humaine, être essentiellement pur, qui aimez la sincé-
« rité dans les âmes, recevez la mienne qui va se réunir à
« votre divinité dont elle est émanée; je vous la renvoie, Sei-
« gneur, avant le temps, afin de quitter le séjour des bêtes
« féroces qui ont usurpé le nom d'hommes; recevez-la favo-
« rablement, puisque vous voyez la pureté des sentiments qui

« m'ont toujours animé. Otez de la terre l'horrible monstre, le
« tribunal qui déshonore l'humanité et vous-même autant
« que vous le permettez.   « L'HOMME DE LA NATURE. »

Ceci se passait vers le commencement de ce siècle.

Charles IV abdiqua la couronne le 19 mars 1808, et son fils Ferdinand VII fut proclamé roi. Mais Charles IV protesta bientôt que son abdication n'avait pas été libre ; mais qu'elle lui avait été arrachée, au milieu d'une sédition, par la crainte d'exposer ses jours et ceux de la reine, son épouse. Ferdinand n'eut aucun égard à cette protestation de son père. Napoléon profita de cet événement, et pendant que Charles IV était à Marseille, et Ferdinand VII à Valençay, l'empereur proclama son frère Joseph roi d'Espagne. Toutes les villes se soumirent, à l'exception de Cadix, d'Alicante et de Carthagène, où les troupes françaises n'avaient pas encore pénétré.

Napoléon, usant de ses droits de conquérant, décréta à Chamartin, village près de Madrid, LE 4 DÉCEMBRE 1808, la SUPPRESSION du tribunal du saint-office, *comme attentatoire à la souveraineté.*

Le 22 février 1813, les *cortès* suppriment à leur tour l'inquisition. Malheureusement la campagne de Russie et ses désastres anéantissent l'autorité française en Espagne. Ferdinand VII y rentre en roi au mois de mars 1814, et le serpent inquisitorial relève la tête. Un décret rétablit le saint-office le 21 juillet 1814.

Le pape Pie VII abolit la torture dans tous les tribunaux de l'inquisition en 1816, et fait d'utiles réformes dans la procédure du saint-office.

Enfin, en 1820, les cortès proclament de nouveau la constitution de 1812, et l'inquisition est définitivement abolie.

D. François Mier y Campillo, évêque d'Almeira, quarante-cinquième et dernier inquisiteur-général, avait publié un édit, qui, tout en contenant des maximes absurdes, pouvait faire honneur au saint-office ; mais l'expérience avait prouvé depuis longtemps que la douceur et la modération recommandées dans les édits des inquisiteurs, sont immédiatement suivies des résultats les plus déplorables. Jamais les fausses dénonciations, enfantées par la haine et la malveillance, le ressentiment, la vengeance, l'envie et l'esprit de parti, ne produisirent d'effets plus désastreux qu'en ce moment. Les prisons secrètes et les bagnes se remplirent de nouvelles victimes de l'inquisition, et les îles se peuplèrent d'illustres proscrits.

L'atrocité des traitements que l'on fit endurer aux membres des deux assemblées des cortès, et à tous les hommes qui, pendant la guerre, avaient le mieux servi l'Espagne, faisait justement craindre de voir renaître pour ce royaume ces siècles d'ignorance et de barbarie où l'on décimait sa population. Mais l'irrésistible force de l'opinion ne cessa de lutter contre le despotisme armé et contre le saint-office. Un cri libérateur se fit entendre dans l'Ile-de-Léon, et ces mêmes troupes, que l'on y avait rassemblées pour aller river les fers des peuples de l'Amérique, proclamèrent de nouveau, en 1820, cette même constitution que les Espagnols avaient cimentée de leur sang huit ans plus tôt. Toutes les provinces se déclarèrent promptement pour le régime constitutionnel. Le gothique édifice sur lequel reposait le pouvoir absolu, ne trouvant aucun appui dans la nation, s'écroula de lui-même, et l'inquisition, ses familiers et ses bûchers disparurent du sol castillan.

Partout où il y avait un tribunal du saint-office, le peuple en enfonça les portes, délivra les victimes qui y gémissaient, démolit les palais des inquisiteurs et leurs affreux cachots, brisa les cruels instruments des tortures, érigea des trophées à la constitution sur l'emplacement qu'avaient si longtemps souillé ces odieux manoirs [1].

Ces tableaux de l'inquisition laisseraient encore quelque chose à désirer si nous ne les faisions suivre d'un rapide calcul des victimes de cette sanglante institution. On a pris pour base de ces calculs non l'exagération, mais, au contraire, une modération extrême; dans le doute on a toujours adopté le chiffre le moins élevé.

Il résulte de ce consciencieux dénombrement que, de 1481

[1] Léonard Gallois, *Histoire abrégée de l'inquisition*.

à 1498, c'est-à-dire pendant la durée du ministère de Torquemada, qui fut de *dix-huit ans*, le saint-office a BRULÉ HUIT MILLE HUIT CENT individus en personnes; SIX MILLE CINQ CENTS en effigie, après leur mort ou leur fuite; et qu'il en a réconcilié avec diverses peines, QUATRE-VINGT-DIX MILLE QUATRE. En sorte que le total des victimes de l'inquisition, *en dix-huit ans seulement*, s'est élevé à CENT CINQ MILLE TROIS CENT QUATRE !

RÉCAPITULATION GÉNÉRALE.

		Brûlés vifs.	Brûlés en effigie.	Condamnés à differ. peines.
De 1481 à 1498	18 ans, Torquemada....	8,800	6,500	90,004
De 1498 à 1507	8 ans, Deza..........	1,664	832	32,456
De 1507 à 1517	11 ans, Cisneros.......	2,536	1,368	47,263
De 1517 à 1524	7 ans, Adrien........	1,344	672	26,214
De 1524 à 1539	15 ans, Manrique......	2,250	1,125	11,250
De 1539 à 1545	7 ans, Tabera........	840	420	4,200
De 1545 à 1546	1 an, Loaisa.........	120	60	
De 1546 à 1572	26 ans, Valdès-Espinosa.	3,120	1,560	16.600
De 1572 à 1594	22 ans, Quiroga.......	2,816	1.408	14,080
De 1594 à 1700	106 ans, ...	7,424	2,760	35,608
De 1700 à 1759	59 ans	1,710	865	9,290
De 1759 à 1788	29 ans	4	»	56
De 1788 à 1820	32 ans	»	1	42
En tout.............		32,628	17,571	287,663

Ainsi, de 1481 à 1820, c'est-à-dire dans l'espace de TROIS CENT TRENTE-NEUF ANS, l'inquisition a brûlé vifs, ou en effigie, ou condamné aux galères, à la prison, au bannissement, à diverses pénitences, TROIS CENT TRENTE-SEPT MILLE HUIT CENT SOIXANTE-DEUX VICTIMES ; environ MILLE par année !

Si l'on ajoutait au nombre des victimes immolées par l'inquisition d'Espagne, tous les malheureux qui ont été condamnés par les tribunaux de Mexico, Lima et Carthagène des Indes, de Sicile, Sardaigne, Oran, Malte et des galères de mer, le nombre en serait véritablement incalculable. Ce serait bien autre chose encore si l'on comptait comme victimes du saint-office tous ceux qui furent précipités dans l'infortune à la suite des tentatives violentes faites pour établir l'inquisition à Naples, à Milan et en Flandre, puisque tous ces pays étaient soumis à la domination espagnole, et par conséquent, à l'influence des *auto-da-fé* espagnols.

FIN.

TABLE DES MATIÈRES.

	Pages.
Préface.	4
Introduction.	9

PREMIÈRE PARTIE.

Chapitre. Ier. Le Vieillard.—Le Fugitif.—La Caverne.—Le Précipice. 21

II. La Maison mystérieuse. 36

III. LES MÉMOIRES D'UNE VICTIME.—La *Race maudite.*—Arrestation.—Le *San Benito.*—L'*Auto-da-fé* de réconciliation.—Sentence. 45

IV. Suite des mémoires.—Le Prêtre tolérant.—Conciliabule.—Ferdinand V et Isabelle.—Torquemada.—Les *Instructions.*—Maître Epila.—La Licorne du grand inquisiteur. 64

V. Suite des mémoires.—Suite des *Instructions.*—Une Lutte.—Assassinat de maître Epila.—Honneurs extraordinaires rendus à sa mémoire.—Fuite.—Vidal d'Uranzo.—Persécutions innombrables. 106

VI. Suite des mémoires.—Bernard Léofante.—Danger que court Juan d'Abadia.—Histoire de quatre jours de bonheur. 148

VII. Les Familiers du saint-office.—Esteban.—Les Auto-da-fé de Villa-Réal.—L'Estafier du grand inquisiteur.—Arrestation.—Retour à Sarragosse.—Un Ami.—Les Cachots.—Vengeance. 187

VIII. Journal.—La Taverne rouge.—Le Mendiant.—Un Mystère. 230

IX. Sarah la Sorcière.—L'Audience.—Les Ruines.—Le Dénonciateur.—Frère Barnabé. 261

X. Béatrice.—Le Bracelet.—Le Père et l'Amante. 319

TABLE DES MATIÈRES.

DEUXIÈME PARTIE.

CHAPITRE Iᵉʳ. La Clef de l'énigme.—Voyage sous terre.—L'Ermite.—Un Défenseur. 359

II. L'hérétique.—Deux Souverains et le Grand Inquisiteur. 385

III. Une Réparation.—Plus d'Espérance.—Expulsion des Juifs.—Prise de Grenade.—Tristan s'embarque avec Christophe Colomb. 409

IV. L'Estafier trouve un ami.—Une Fête nationale. 441

V. Déception.—Dernière entrevue avec Torquemada.—Encore l'Estafier.—Une Fête religieuse. 468

VI. La Béguine.—La Caravane.—Poursuite dans les montagnes. Le Duel.—Mort de Torquemada. 515

VII. Les Successeurs de Torquemada.—Procès curieux et extraordinaires.—Destruction du sanglant tribunal.—Tableau général des victimes de l'inquisition d'Espagne. 550

FIN DE LA TABLE.

Imprimerie de HENNUYER et Cᵉ, rue Lemercier, 24, Batignolles.

PLACEMENT DES GRAVURES.

Les Châtelains.	Frontispice.
La Pénitence.	65
Assassinat d'Arbuez.	128
D'Abadia racontant l'histoire des quatre jours de bonheur.	155
Baldach précipité dans un abîme.	228
La Ronde des Sorcières.	271
D'Abadia chez l'Archevêque.	381
Le Crucifix.	405
Le Combat des taureaux.	463
Le Collier.	467
L'Auto-da-fé.	512
Le Vieillard au tombeau de Béatrice.	544

Imprimerie de HENNUYER et Cⁱᵉ, rue Lemercier, 24. Batignolles.

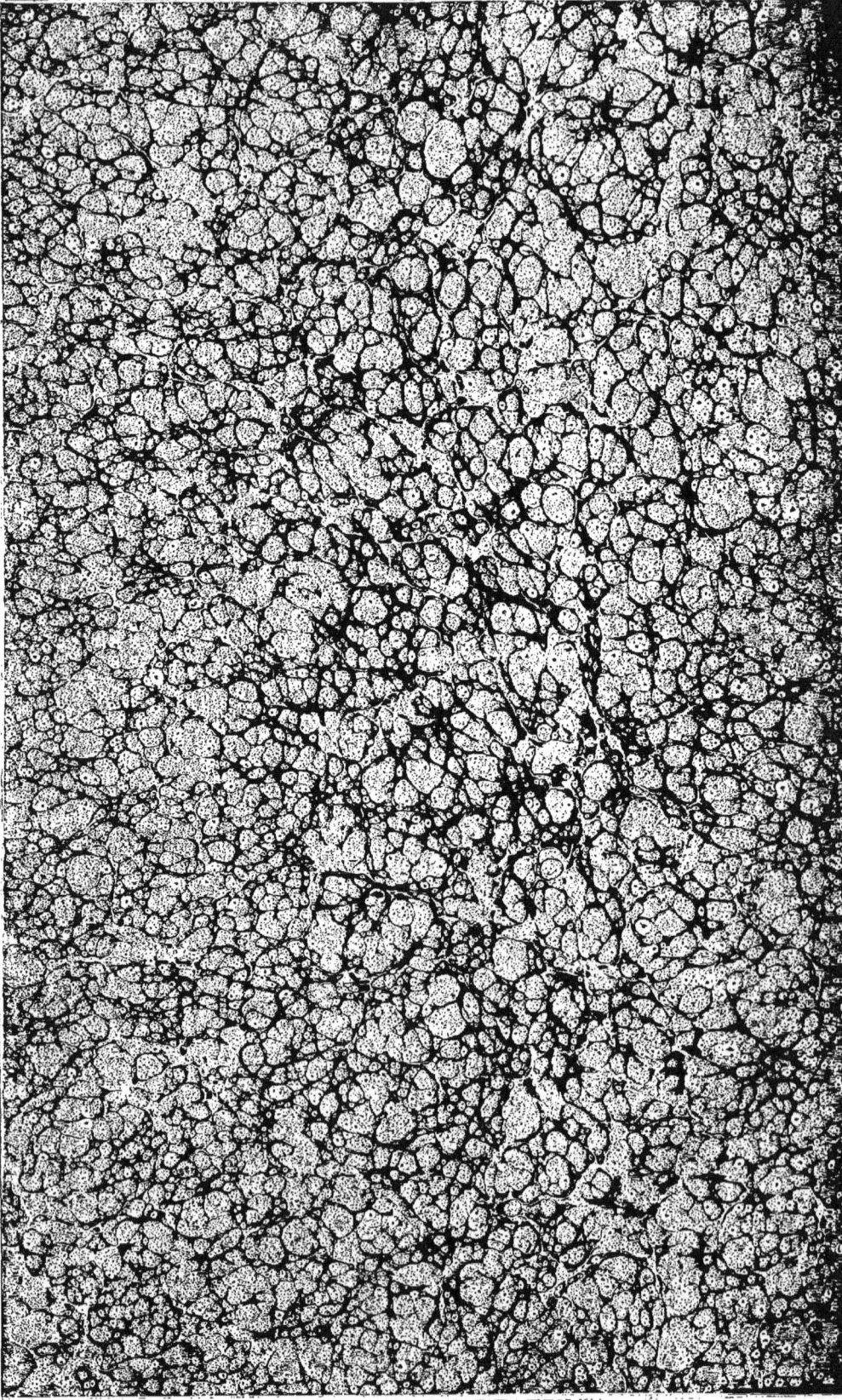

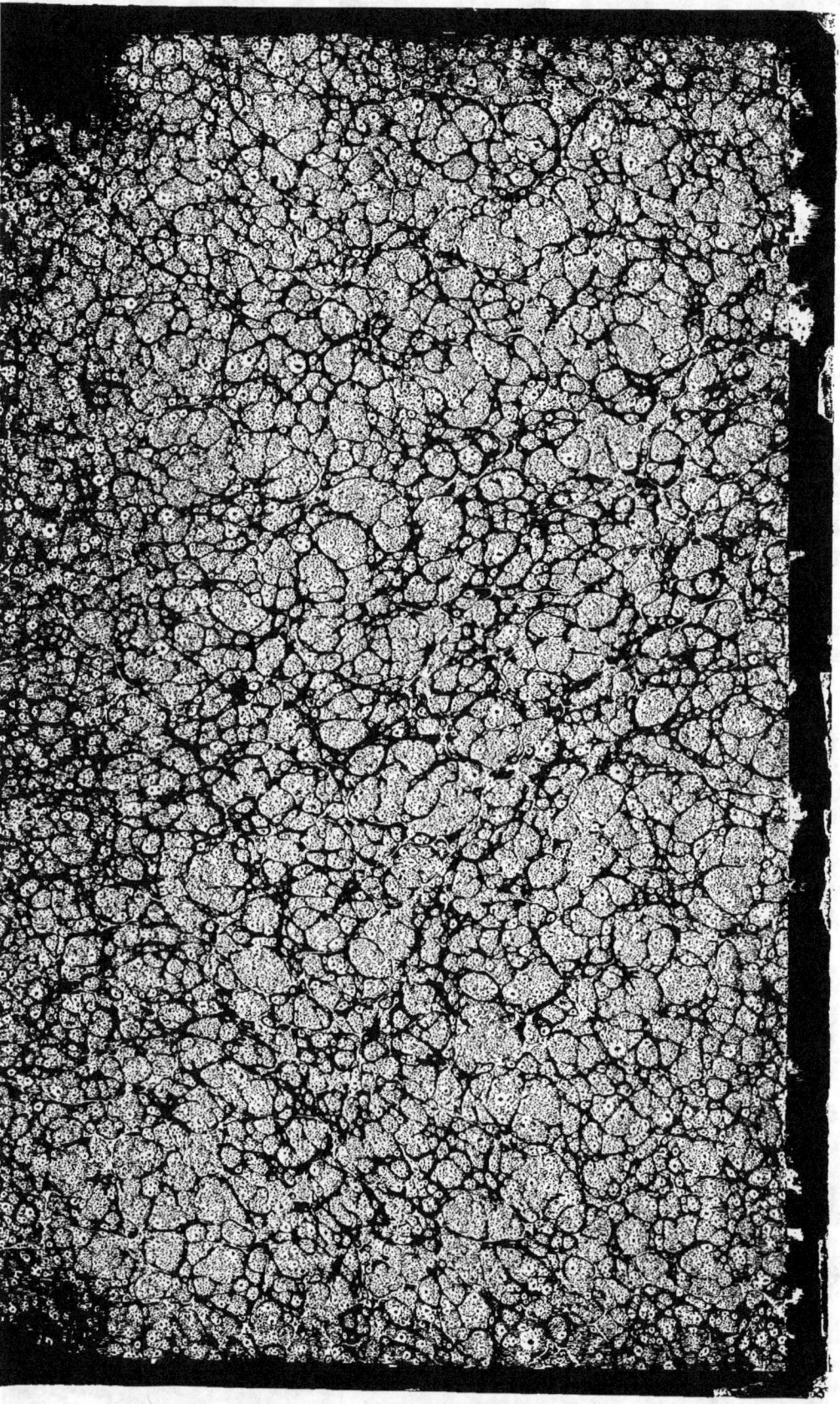

www.ingramcontent.com/pod-product-compliance
Lightning Source LLC
Chambersburg PA
CBHW050317240426
43673CB00042B/1445